列車編成席番表　2024 春

’91年版発刊以来の趣旨

旅に出るとき、座席指定の列車のきっぷを買うとします。すると「何号車何番何席」、例えば「6号車5番Ｅ席」などと示されます。ちなみに「Ｅ席」というのは、東海道・山陽新幹線の普通車の場合ですと、2列座席の窓側かつ「山側」で、富士山が見えることで人気のある文字どおり「いい席」です。新幹線の普通車は、東北・上越新幹線の車両も含めて、もう一方の側は3列座席であることが一般的ですので、Ａ席からＥ席まで横に5席並ぶわけです。ところが在来線では新幹線に比べると車体が小さいことから、片側2列ずつの計4列、すなわちＡ席からＤ席まででです。

ところで、これらの座席の番号はどのような順序で付けられているのでしょうか。

1番は上り方からでしょうか。下り方からでしょうか。そして何番まであって、Ａ席というのはどちら側からでしょうか。さらにこれらの車両は何両連結で、各車両の座席数、1本の編成の定員は何名なのでしょうか。このようなことは簡単なようでも、いざとなるとなかなかわかりません。近年は、グリーン車の3列座席化、2階建て車両や趣向を凝らした観光列車、グランクラスといった新サービスの登場な[illegible]同一の車種であ[illegible]ですが、もちろん例外[illegible]はＡ・Ｂなどを使わず、すべて数[illegible]するところもあります。

また、トイレや洗面所、車いす対応の設備などが列車のどのあたりにあるか、などということも簡単にはわかりません。車内見取図が欲しいところです。

このような列車の席番、車内見取りを明らかにするためには、列車1本1本について、編成単位でとらえるのがベストとの結論に達しました。

この趣旨は、みなさまに多大なご理解をいただき、お陰さまで、鉄道を愛好する方々のみならず、一般の旅行者、鉄道現業に携わる方、さらには旅行代理店様に至るまで、幅広いご利用をいただいております。また、車内見取りが編成単位でわかるということから、弊社が車両番号でまとめております『ＪＲ電車編成表』『ＪＲ気動車客車編成表』『私鉄車両編成表』に次ぐ、第4作目の“編成表”の地位も確立できました。さらに、これらの姉妹書として、ＪＲの普通列車の車種・編成両数がすべてわかる『普通列車編成両数表』も編集・刊行させていただいております。

『2024 春』の見どころ

ＪＲグループ 2024.03.16 ダイヤ改正を踏まえて編集しています。この改正では、北陸新幹線金沢～敦賀間開業が大きな話題で、東京～福井間は２時間 51 分、東京～敦賀間は３時間８分と所要時間が大幅に短縮します。一方、大阪～金沢間「サンダーバード」、名古屋～金沢間「しらさぎ」は運転区間が敦賀までと変更、接続の北陸新幹線「つるぎ」に乗り換えて福井、金沢方面に向かう形態と変わり、新幹線開業により大阪・名古屋～金沢間の所要時間は２時間９分と時間短縮が図られています。

東海道・山陽新幹線では、10 月の「Ｓ Work Ｐシート」提供開始に続いて、ビジネスブースを設置したＮ 700 Ｓの運転本数が増えたほか、喫煙ルームは九州新幹線も含めてこの改正にて廃止、全車全室禁煙となっています。

山形新幹線では新型車両 E8 系がデビュー、E5 系との併結運転にて宇都宮～福島間の最高速度を 300km/h に引き上げ、所要時間短縮が図られています。なお「つばさ」と併結していた「やまびこ」は、改正から全列車がこの E5 系に変更、E2 系を使用する列車は単独にて運転の「やまびこ」「なすの」のみと大幅に減少しています。

在来線では、国鉄時代から岡山～出雲市間にて活躍を続けてきた 381 系「やくも」が、４月６日から運転を開始する新型車両 273 系への置換えが決定、運転終了へのカウントダウンが始まります。また、この「やくも」は３月改正から全車指定席に変更となりますが、ほかにＪＲ東日本「しおさい」「わかしお」「さざなみ」「新宿さざなみ」「新宿わかしお」、ＪＲ西日本「サンダーバード」「しらさぎ」「スーパーはくと」「スーパーいなば」、ＪＲ北海道「北斗」「おおぞら」「とかち」「すずらん」が変更。特急列車のスタンダードになりつつあります。

このほかの話題は、ＪＲ東日本は「つがる」の速達性を向上のため、より停車駅を絞った「スーパーつがる」の誕生と観光列車「ひなび(陽旅)」「ＳＡＴＯＮＯ（さとの)」の運転開始。ＪＲ西日本は大和路線に通勤特急「らくラクやまと」のデビュー、「びわこエクスプレス」の列車名を「らくラクびわこ」へ改称、10 月から運転を開始していた有料座席サービス「快速うれしート」（大和路線）の拡大。ＪＲ北海道は快速「エアポート」増発。またＪＲ九州ではＳＬ列車「ＳＬ人吉」が引退。私鉄では東武の「スペーシアＸ」車両増備による運転本数拡大等のほか、東急東横線にて開始した有料座席サービス「Ｑ ＳＥＡＴ」の掲載を開始しました。

末尾ながら、本書の編集にあたりましてご協力を賜りましたＪＲ各社、私鉄各社の各位に厚く御礼申し上げます。

2024 年2月　ジェー・アール・アール

●表 紙 写 真：いよいよ本格デビューするE ８系「つばさ」。車内外とも、山形県の風物がモチーフになったカラーリングが目を引く期待の新車だ。
2023.6.25　奥羽本線赤湯～高畠

●裏表紙写真：北陸新幹線の敦賀開業で運転区間が大幅に短縮される特急「サンダーバード」。全車指定席化とともに、新たな時代を迎える。
2018.11.7　北陸本線牛ノ谷～細呂木

目　次

※一部の臨時列車・団体専用車両は、もくじ・INDEXでの掲載を割愛しています。

東海道・山陽新幹線 「のぞみ」編成席番表 －1

←博多・新大阪　　東京→

【⬆ 主な車窓風景】 小倉港(北九州港)、下関総合車両所新山口支所、三原城跡歴史公園、福山城、姫路城、阪神競馬場、大阪新幹線車両基地、阪急京都線並走(上牧～大山崎付近)、天王山、京都鉄道博物館(京都市街地)、比叡山、比良山地、安土城、近江鉄道並走(五箇荘～高宮付近)、琵琶湖、伊吹山、清洲城、乗鞍岳(冬・雪山)、名古屋市街地、御嶽山(冬・雪山)、浜名湖、ＪＲ浜松工場、掛川城、静岡車両区、富士山、丹沢山地、多摩川丸子橋、東京タワー、山手線など並走

のぞみ // Ｎ 700A Ｘ・Ｋ編成＝ＪＲ東海（Ｘ編成）・ＪＲ西日本（Ｋ編成）

号車	種別（定員）	座席	番号	車両形式	設備
1号車	自由（65）	E D C B A	1～13	783	運転室、洋、洗面
2号車	自由（100）	E D C B A	1～20	787	
3号車	自由（85）	E D C B A	1～17	786 500	業務、洋、荷物、洗面
4号車	指定（100）	E D C B A	1～20	785	
5号車	指定（90）	E D C B A	1～18	785 300	洋、荷物、洗面
6号車	指定（100）	E D C B A	1～20	786	
7号車	指定（75） S Work車両	E D C B A	1～15	787 400	洋、業務、荷物、洗面
8号車	グリーン（68）	D C B A	1～17	775	車掌室
9号車	グリーン（64）	D C B A	1～16	776	業務、洋、荷物、洗面
10号車	グリーン（68）	D C B A	1～17	777	
11号車	指定（63）	E D C B A	1～13（12・13番C席は車いす対応）	786 700	業務、多目的、洋、洗面
12号車	指定（100）	E D C B A	1～20	785 600	
13号車	指定（90）	E D C B A	1～18	785 500	洋、荷物、洗面
14号車	指定（100）	E D C B A	1～20	786 200	
15号車	指定（80）	E D C B A	1～16	787 500	業務、洋、荷物、洗面
16号車	指定（75）	E D C B A	1～15	784	運転室

【⬇ 主な車窓風景】 小倉城、瀬戸内海(周防灘)、周南コンビナート、広島市街地、MAZDA Zoom-Zoomスタジアム広島(広島市街地)、岡山城(岡山市街地)、瀬戸内海(播磨灘)、淡路島、網干総合車両所宮原支所(下り列車)、東寺五重塔(京都市)、鈴鹿山地、鉄道総合技術研究所風洞技術センター(米原)、ナゴヤ球場、三河湾、浜名湖(遠州灘側)、駿河湾、小田原城、相模湾、横須賀線・湘南新宿ライン並走(西大井～武蔵小杉付近)、東京総合車両センター

◇ 2015.03.14 改正から、東海道新幹線にて 285km/h 運転開始（山陽新幹線最高速度は 300km/h）。最短列車、東京～博多間４時間 52 分、東京～新大阪間２時間 21 分
◇ 年末年始期間（2023.12.28 ～ 2024.01.04）から、「のぞみ」１～３号車自由席を指定席に変更、全車指定席にて運行。
04.26 ～ 05.06 までのゴールデンウイークも実施。今後はお盆期間の最繁忙期にも運行の計画。詳細は最新のＪＲ東海、ＪＲ西日本ホームページ等にて確認
◇「のぞみ」には、この４頁のほか５～７頁の車両を充当
▽ ７号車は「S Work 車両」。S Work 車両はＥＸ予約・スマートＥＸ専用商品。利用に際しては「ＥＸ・ご予約」（ネット予約）から「ＥＸ予約S Work席」を選択。
より広く快適に仕事ができる「S Work Pシート」（６～ 10 Ａ・Ｃ席）も 2023.10.20 から提供開始（追加料金 1,200 円）
▽「特大荷物スペースつき座席」を設置。設置車両は「のぞみ」は４～ 10・12 ～ 16 号車。下り（東京発等）は網掛け部の座席。上り（東京行等）は当該車両の１番席。
特大荷物は３辺（高さ＋横幅＋奥行）合計が 160cm を超え 250cm 以内のサイズ。事前予約制。事前予約なく車内に特大荷物を持ち込んだ場合は、持ち込み手数料（1,000 円税込）が発生。
ベビーカーやスポーツ用品・楽器等を持ち込む場合は、特大荷物のルールは適用されないが、利用する場合は事前予約制にて予約。詳しくは関係各社のホームページを参照
▽ 2023.05.24 から「特大荷物コーナーつき座席」サービス開始。指定席・グリーン席に設定する「特大荷物コーナーつき座席」を求めることで、
デッキ部洗面所横の特大荷物コーナー（㋺荷物と表示）が利用できる。座席指定の際に、「特大荷物コーナーつき座席」を選択（加算料金なし）。
サイズは上段：３辺の長さがそれぞれ 80cm 以内×60cm 以内×50cm 以内、下段：３辺の長さがそれぞれ 80cm 以内×60cm 以内×40cm 以内
▽ 喫煙ルームは 2024.03.16 改正にて廃止。全車全室禁煙に
▽ 11 号車に車いす対応座席を設置
▽ 車体傾斜システム（１度傾斜）、セミアクティブ制振制御装置、全周型ホロなどの採用により、乗り心地、車内静粛性、車内快適性が大幅に向上。
さらにＮ 700 Ａに準拠、中央締結ブレーキディスク、台車振動検知システム、定速走行装置などのシステムが加わり、Ｎ 700A と改造、車号変更を実施
▽ 携帯電話の使用は全線にて可能、無料 Wi-Fi「Shinkansen Free Wi-Fi」サービス実施
▽ 東海道新幹線での車内販売の営業は 2023.10.31 にて終了。11.01 からグリーン車では東海道新幹線モバイルオーダーサービスを開始
▽ 山陽新幹線での車内販売の営業は、グリーン車車内を除いて 2024.03.15 にて終了
▼ 座席／普通車＝回転式（座席下ペダル）リクライニングシート。シートピッチ 1040mm
　　　グリーン車＝回転式（座席下ペダル）リクライニングシート。シートピッチ 1160mm
▼ 普通車はＢ席（460mm）以外のシート幅（430mm）を各 10mm 拡大　▼ ⓘ（モバイル用電源コンセント）／グリーン車は中央肘掛部に全席設置。普通車は窓側および最前部、最後部客室仕切り壁に設置
▼ 全席背面テーブルをＡ4 サイズに拡大するとともに、グリーン車ではスライド機能を付加
▼ 窓側全席に個別空調吹出口を設置（窓上部付近）　▼ ８号車の車掌室に AED を設置　▼ おむつ交換台のあるトイレには印を付加。トイレ内に なし
▼ 11 号車多機能トイレ（）にはオストメイト対応　▼ 洋式トイレ／便座下げセンサーを装備　▼ 窓配置は座席ごと独立の小窓（■）
◇ Ｘ編成はＪＲ東海（2000 代）、Ｋ編成はＪＲ西日本（5000 代）。ともにＮ 700 系から改造（Ｘ編成は元０代、Ｋ編成は 3000 代）

←博多・新大阪　　東京→

【⬆ 主な車窓風景】 小倉港(北九州港)、下関総合車両所新山口支所、三原城跡歴史公園、福山城、姫路城、阪神競馬場、大阪新幹線車両基地、阪急京都線並走(上牧〜大山崎付近)、天王山、京都鉄道博物館(京都市街地)、比叡山、比良山地、安土城、近江鉄道並走(五箇荘〜高宮付近)、琵琶湖、伊吹山、清洲城、乗鞍岳(冬・雪山)、名古屋市街地、御嶽山(冬・雪山)、浜名湖、ＪＲ浜松工場、掛川城、静岡車両区、富士山、丹沢山地、多摩川丸子橋、東京タワー、山手線など並走

のぞみ // Ｎ700Ａ Ｇ・Ｆ編成＝ＪＲ東海（Ｇ編成）・ＪＲ西日本（Ｆ編成） // Ｎ700Aなどと共通運用

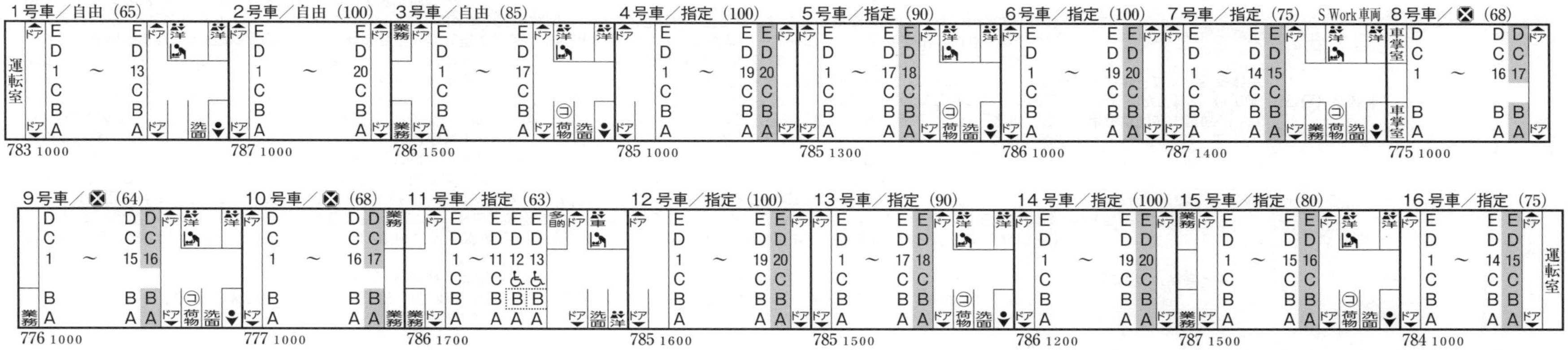

号車	種別（定員）	座席	設備	形式
1号車	自由（65）	運転室／A〜E 1〜13	ドア、洋、おむつ交換台、洗面、●	783 1000
2号車	自由（100）	A〜E 1〜20	ドア	787 1000
3号車	自由（85）	A〜E 1〜17	業務、ドア、洋、おむつ交換台、㋱荷物、洗面、●	786 1500
4号車	指定（100）	A〜E 1〜20	ドア	785 1000
5号車	指定（90）	A〜E 1〜18	ドア、洋、おむつ交換台、㋱荷物、洗面、●	785 1300
6号車	指定（100）	A〜E 1〜20	ドア	786 1000
7号車（S Work車両）	指定（75）	A〜E 1〜15	ドア、洋、おむつ交換台、業務、㋱荷物、洗面、●	787 1400
8号車	⊠（68）	車掌室／A〜D 1〜17	ドア	775 1000
9号車	⊠（64）	A〜D 1〜16	業務、ドア、洋、おむつ交換台、㋱荷物、洗面、●	776 1000
10号車	⊠（68）	A〜D 1〜17	ドア、業務	777 1000
11号車	指定（63）	A〜E 1〜11、12・13（♿）	業務、ドア、多目的、多機能トイレ、おむつ交換台、洗面、洋	786 1700
12号車	指定（100）	A〜E 1〜20	ドア	785 1600
13号車	指定（90）	A〜E 1〜18	ドア、洋、おむつ交換台、㋱荷物、洗面、●	785 1500
14号車	指定（100）	A〜E 1〜20	ドア	786 1200
15号車	指定（80）	A〜E 1〜16	業務、ドア、洋、おむつ交換台、㋱荷物、洗面、●	787 1500
16号車	指定（75）	A〜E 1〜15／運転室	ドア	784 1000

【⬇ 主な車窓風景】 小倉城、瀬戸内海（周防灘）、周南コンビナート、広島市街地、MAZDA Zoom-Zoomスタジアム広島（広島市街地）、岡山城（岡山市街地）、瀬戸内海（播磨灘）、淡路島、網干総合車両所宮原支所（下り列車）、東寺五重塔（京都市）、鈴鹿山地、鉄道総合技術研究所風洞技術センター（米原）、ナゴヤ球場、三河湾、浜名湖（遠州灘側）、駿河湾、小田原城、相模湾、横須賀線・湘南新宿ライン並走（西大井〜武蔵小杉付近）、東京総合車両センター

◇「のぞみ」には、この5頁のほか4・6・7頁の車両を充当
▽ 7号車は「S Work車両」。S Work車両はＥＸ予約・スマートＥＸ専用商品。利用に際しては「ＥＸ・ご予約」（ネット予約）から「ＥＸ予約S Work席」を選択。
　より広く快適に仕事ができる「S Work Pシート」（6〜10Ａ・Ｃ席）も2023.10.20から提供開始（追加料金1,200円）
▽「特大荷物スペースつき座席」を設置。設置車両は「のぞみ」は4〜10・12〜16号車。下り（東京発等）は網掛け部の座席。上り（東京行等）は当該車両の1番席。
　特大荷物は3辺（高さ＋横幅＋奥行）合計が160cmを超え250cm以内のサイズ。事前予約制。事前予約なく車内に特大荷物を持ち込んだ場合は、持ち込み手数料（1,000円税込）が発生。
　ベビーカーやスポーツ用品・楽器等を持ち込む場合は、特大荷物のルールは適用されないが、利用する場合は事前予約制にて予約。詳しくは関係各社のホームページを参照
▽ 2023.05.24から「特大荷物コーナーつき座席」サービス開始。指定席・グリーン席に設定する「特大荷物コーナーつき座席」を求めることで、
　デッキ部洗面所横の特大荷物コーナー（㋱荷物と表示）が利用できる。座席指定の際に、「特大荷物コーナーつき座席」を選択（加算料金なし）。
　サイズは上段：3辺の長さがそれぞれ80cm以内×60cm以内×50cm以内、下段：3辺の長さがそれぞれ80cm以内×60cm以内×40cm以内
▽ 喫煙ルームは2024.03.16改正にて廃止。全車全室禁煙に　▽ 11号車に車いす対応座席を設置
▽ 車体傾斜システム（1度傾斜）、セミアクティブ制振制御装置、全周型ホロ型などの採用のほか、
　中央締結ブレーキディスク、台車振動検知システム、定速走行装置などの最新システムが加わり、乗り心地、車内静粛性、車内快適性がN700系よりもさらに向上
▽ 携帯電話の使用は全線にて可能、無料Wi-Fi「Shinkansen Free Wi-Fi」サービス実施
▽ 東海道新幹線での車内販売の営業は2023.10.31にて終了。11.01からグリーン車では東海道新幹線モバイルオーダーサービスを開始
▽ 山陽新幹線での車内販売の営業は、グリーン車車内を除いて2024.03.15にて終了
▼ 座席／普通車＝回転式（座席下ペダル）リクライニングシート。シートピッチ1040mm　グリーン車＝回転式（座席下ペダル）リクライニングシート。シートピッチ1160mm
▼ 普通車はB席（460mm）以外のシート幅（430mm）を各10mm拡大
▼ ⓘ／グリーン車は中央肘掛部に全席設置。普通車は窓側および最前部、最後部客室仕切り壁に設置
▼ 全席背面テーブルをA4サイズに拡大するとともに、グリーン車ではスライド機能を付加
▼ 窓側全席に個別空調吹出口を設置（窓上部付近）　▼ 8号車の車掌室にAEDを設置　▼ 洋式トイレ／便座下げセンサーを装備　▼ おむつ交換台のあるトイレにはおむつ交換台印を付加。トイレ内に男性用トイレなし
▼ G14編成以降とＦ2編成以降の増備車両は、トイレ便座に温水洗浄機能を装備　▼ 11号車多機能トイレ（多機能トイレ）にはオストメイト対応　▼ 窓配置は座席ごと独立の小窓（■）
◇ G編成はJR東海（1000代）、F編成はJR西日本（4000代）

←新大阪　　　　東京→

【⬆ 主な車窓風景】 大阪新幹線車両基地、阪急京都線並走(上牧～大山崎付近)、天王山、京都鉄道博物館(京都市街地)、比叡山、比良山地、安土城、近江鉄道並走(五箇荘～高宮付近)、琵琶湖、伊吹山、清洲城、乗鞍岳(冬・雪山)、名古屋市街地、御嶽山(冬・雪山)、浜名湖、ＪＲ浜松工場、掛川城、静岡車両区、富士山、丹沢山地、多摩川丸子橋、東京タワー、山手線など並走

のぞみ // Ｎ700Ｓ Ｊ・Ｈ編成＝ＪＲ東海（Ｊ編成）・ＪＲ西日本（Ｈ編成）

号車	区分（定員）	座席	形式	備考
1号車	自由（65）	A～E 1～13	743	運転室
2号車	自由（100）	A～E 1～20	747	洋・洗面
3号車	自由（85）	A～E 1～17	746 500	業務・洋・荷物・洗面
4号車	指定（100）	A～E 1～20	745	
5号車	指定（90）	A～E 1～18	745 300	洋・荷物・洗面
6号車	指定（100）	A～E 1～20	746	
7号車	指定（75）	A～E 1～15	747 400	S Work車両・ビジネスブース・業務・洋・荷物・洗面
8号車	⊠（68）	A～D 1～17	735	車掌室
9号車	⊠（64）	A～D 1～16	736	業務・洋・荷物・洗面
10号車	⊠（68）	A～D 1～17	737	
11号車	指定（63）	A～E 1～13（12・13 B・C 車いす対応）	746 700	業務・多目的・多機能トイレ・洗面・洋
12号車	指定（100）	A～E 1～20	745 600	
13号車	指定（90）	A～E 1～18	745 500	洋・荷物・洗面
14号車	指定（100）	A～E 1～20	746 200	
15号車	指定（80）	A～E 1～16	747 500	業務・洋・荷物・洗面
16号車	指定（75）	A～E 1～15	744	運転室

【⬇ 主な車窓風景】 東寺五重塔(京都市)、鈴鹿山地、鉄道総合技術研究所風洞技術センター(米原)、ナゴヤ球場、三河湾、浜名湖(遠州灘側)、駿河湾、小田原城、相模湾、横須賀線・湘南新宿ライン並走(西大井～武蔵小杉付近)、東京総合車両センター

◇ Ｎ700Ｓは2020.07.01から営業運転開始。Ｎ700Ａ、Ｎ700Ａと共通運用　◇ Ｊ編成はＪＲ東海（０代）、Ｈ編成はＪＲ西日本（3000代）
▽ ７号車は「S Work車両」。S Work車両はＥＸ予約・スマートＥＸ専用商品。利用に際しては「ＥＸ・ご予約」（ネット予約）から「ＥＸ予約S Work席」を選択。
より広く快適に仕事ができる「S Work Ｐシート」（６～10Ａ・Ｃ席）も2023.10.20から提供開始（追加料金1,200円）
▽ ７・８号車にて、従来の「Shinkansen Free Wi-Fi」に加え、約２倍の通信容量を備えた新しい無料Wi-Fiサービス開始
▽ ㋹はビジネスブース。ビジネスブースは打ち合わせWeb会議などで一時的に利用できる個室。2022.05.09から運用を開始。
利用対象は７号車利用が条件、利用人数は１グループ２名まで。利用法、充当列車（東京～博多間）など詳しくはＪＲ東海ホームページ等を参照。
▽「特大荷物スペースつき座席」を設置。設置車両は「のぞみ」は４～10・12～16号車。下り（東京発等）は網掛け部の座席。上り（東京行等）は当該車両の１番席。
特大荷物は３辺（高さ＋横幅＋奥行）合計が160cmを超え250cm以内のサイズ。事前予約制。事前予約なく車内に特大荷物を持ち込んだ場合は、持ち込み手数料（1,000円税込）が発生。
ベビーカーやスポーツ用品・楽器等を持ち込む場合は、特大荷物のルールは適用されないが、利用する場合は事前予約制にて予約。詳しくは関係各社のホームページを参照
▽ 2023.05.24から「特大荷物コーナーつき座席」サービス開始。指定席・グリーン席に設定する「特大荷物コーナーつき座席」を求めることで、
デッキ部洗面所横の特大荷物コーナー（㋙荷物と表示）が利用できる。座席指定の際に、「特大荷物コーナーつき座席」を選択（加算料金なし）。
サイズは上段：３辺の長さがそれぞれ80cm以内×60cm以内×50cm以内、下段：３辺の長さがそれぞれ80cm以内×60cm以内×40cm以内
▽ 喫煙ルームは2024.03.16改正にて廃止。全車全室禁煙に
▽ 東海道新幹線での車内販売の営業は2023.10.31にて終了。11.01からグリーン車では東海道新幹線モバイルオーダーサービスを開始
▽ 山陽新幹線での車内販売の営業は、グリーン車車内を除いて2024.03.15にて終了
▽ 11号車に車いす対応座席を設置
▽ 車体傾斜システム（１度傾斜）、高性能フルアクティブ（普通車はセミアクティブ）制振制御装置などを採用、Ｎ700Ａよりもさらに乗り心地、車内静粛性、車内快適性が向上
▼ 座席／普通車＝回転式（座席下ペダル）リクライニングシート。シートピッチ1040mm。リクライニングレバー形状の最適化による操作性向上。座席幅はＢ席が460mm、それ以外440mm
グリーン車＝回転式（座席下ペダル）リクライニングシート。シートピッチ1160mm。Ｎ700Ａよりもさらに座面と背もたれ角度を最適化、足元スペース拡大等。座席幅は480mm。
荷棚と一体化した大型側面パネルの採用により、１人ひとりの空間を演出した構造。車内照明はＬＥＤ関節照明を採用、停車駅に近づくと荷棚の照度を上げる
▼ ⓘ／各座席の肘掛部に設置　▼ 背面テーブルをＮ700Ａなどと同様に採用、グリーン車はインアームテーブルの面積を拡大
▼ ８号車の車掌室にＡＥＤを設置　▼ 洋式トイレ／便座下げセンサーを装備。トイレ便座に温水洗浄機能を装備
▼ 11号車多機能トイレ（♿）はオスメイト対応　▼ 窓配置は座席ごと独立の小窓（■）　▼ バッテリー自走システムを装備

←新大阪　　　　東京→

【⬆ 主な車窓風景】 大阪新幹線車両基地、阪急京都線並走(上牧～大山崎付近)、天王山、京都鉄道博物館(京都市街地)、比叡山、比良山地、安土城、近江鉄道並走(五箇荘～高宮付近)、琵琶湖、伊吹山、清洲城、乗鞍岳(冬・雪山)、名古屋市街地、御嶽山(冬・雪山)、浜名湖、ＪＲ浜松工場、掛川城、静岡車両区、富士山、丹沢山地、多摩川丸子橋、東京タワー、山手線など並走

のぞみ // Ｎ 700 Ｓ Ｊ・Ｈ編成＝ＪＲ東海（Ｊ編成） Ｊ 13 編成以降・JR西日本（Ｈ編成） H3 編成以降 //（11 号車 車いすスペース６席）

号車	座席	席番	車両番号
1号車／自由（65）	E D C B A	1～13（運転室）	743
2号車／自由（100）	E D C B A	1～20	747
3号車／自由（85）	E D C B A	1～17	746 500
4号車／指定（100）	E D C B A	1～19 20	745
5号車／指定（90）	E D C B A	1～17 18	745 300
6号車／指定（100）	E D C B A	1～19 20	746
7号車／指定（75） S Work車両	E D C B A	1～14 15（Ⓑ）	747 400
8号車／☒（68）	D C B A	1～16 17（車掌室）	735
9号車／☒（64）	D C B A	1～15 16	736
10号車／☒（68）	D C B A	1～16 17	737
11号車／指定（56+3）	E D C B A	1～10 11 12 13（多目的）	746 700
12号車／指定（100）	E D C B A	1～19 20	745 600
13号車／指定（90）	E D C B A	1～17 18	745 500
14号車／指定（100）	E D C B A	1～19 20	746 200
15号車／指定（80）	E D C B A	1～15 16	747 500
16号車／指定（75）	E D C B A	1～14 15（運転室）	744

【⬇ 主な車窓風景】 東寺五重塔(京都市)、鈴鹿山地、鉄道総合技術研究所風洞技術センター(米原)、ナゴヤ球場、三河湾、浜名湖(遠州灘側)、駿河湾、小田原城、相模湾、横須賀線・湘南新宿ライン並走(西大井～武蔵小杉付近)、東京総合車両センター

◇ Ｎ 700 Ｓは 2020.07.01 から営業運転開始。Ｎ 700 A、Ｎ 700 Ａと共通運用。
充当列車は、「のぞみ」1・7・11・15・19・23・27・35・45・47・55・59・69・73・271 号、4・10・14・28・34・38・40・44・50・54・62・74 号等のほか、
「ひかり」「こだま」にも充当。詳細はＪＲ東海ホームページ「Ｎ 700 Ｓ運行予定」（「東海道・山陽新幹線の時刻表」）、最新のＪＲ時刻表を参照
▽ ７号車は「S Work 車両」。S Work 車両はＥＸ予約・スマートＥＸ専用商品。利用に際しては「ＥＸ・ご予約」（ネット予約）から「ＥＸ予約S Work席」を選択。
より広く快適に仕事ができる「S Work Pシート」（６～10 Ａ・Ｃ席）も 2023.10.20 から提供開始（追加料金 1,200 円）
▽ ７・８号車にて、従来の「Shinkansen Free Wi-Fi」に加え、接続制限がなく、約２倍の通信容量を備えた新しい無料Wi-Fiサービス「S Wi-Fi for Biz」開始（このN700 Ｓのみ）
▽ ７号車 Ⓑは、打ち合わせなどで一時的に利用できる「ビジネスブース」（７号車利用客専用。有料）（このN700 Ｓのみ）。利用法、充当列車はJR東海ホームページ等参照
◇ 2021.04.20 から運行開始した Ｊ 13 編成以降。11 号車、車いすスペースが６席と増え、号車の座席数は 56 名。なおＥ席側の車いすスペース３席（11 ～ 13E席）は座席がないが席番表示があるため、
座席数は 56+3 名と表示（11 ～ 13 Ｂ席は車いす対応座席と表示）
▽「特大荷物スペースつき座席」を設置。設置車両は「のぞみ」は４～ 10・12 ～ 16 号車。下り（東京発等）は網掛け部の座席。上り（東京行等）は当該車両の１番席。
特大荷物は３辺（高さ＋横幅＋奥行）合計が 160cm を超え 250cm 以内のサイズ。事前予約制。事前予約なく車内に特大荷物を持ち込んだ場合は、持ち込み手数料（1,000 円税込）が発生。
ベビーカーやスポーツ用品・楽器等を持ち込む場合は、特大荷物のルールは適用されないが、利用する場合は事前予約制にて予約。詳しくは関係各社のホームページを参照
▽ 2023.05.24 から「特大荷物コーナーつき座席」サービス開始。指定席・グリーン席に設定する「特大荷物コーナーつき座席」を求めることで、
デッキ部洗面所横の特大荷物コーナー（㋙荷物と表示）が利用できる。座席指定の際に、「特大荷物コーナーつき座席」を選択（加算料金なし）。
サイズは上段：３辺の長さがそれぞれ 80cm以内×60cm以内×50cm以内、下段：３辺の長さがそれぞれ 80cm以内×60cm以内×40cm以内
▽ 喫煙ルームは 2024.03.16 改正にて廃止。全車全室禁煙に
▽ 東海道新幹線での車内販売の営業は 2023.10.31 にて終了。11.01 からグリーン車では東海道新幹線モバイルオーダーサービスを開始
▽ 山陽新幹線での車内販売の営業は、グリーン車車内を除いて 2024.03.15 にて終了
▽ 11 号車に車いす対応座席を設置
▽ 車体傾斜システム（１度傾斜）、高性能フルアクティブ（普通車はセミアクティブ）制振制御装置などを採用。Ｎ 700 Ａよりもさらに乗り心地、車内静粛性、車内快適性が向上
▽ 携帯電話の使用は全線にて可能。無料Ｗi－Ｆi「Shinkansen Free Wi-Fi」サービス実施　▽ 車内販売営業
▼ 座席／普通車＝回転式（座席下ペダル）リクライニングシート。シートピッチ 1040mm。リクライニングレバー形状の最適化による操作性向上。座席幅はB席が 460mm、それ以外 440mm（車いすスペース部 430mm）
グリーン車＝回転式（座席下ペダル）リクライニングシート。シートピッチ 1160mm。Ｎ 700 Ａよりもさらに座面と背もたれ角度を最適化、足元スペース拡大等。座席幅は 480mm。
荷棚と一体化した大型側面パネルの採用により、１人ひとりの空間を演出した構造。車内照明はＬＥＤ関節照明を採用、停車駅に近づくと荷棚の照度を上げる
▼ ⓘ／各座席の肘掛部に設置　▼ 背面テーブルをＮ 700 Ａなどと同様に採用、グリーン車はインアームテーブルの面積を拡大　▼ ８号車の車掌室にＡＥＤを設置
▼ 洋式トイレ／便座下げセンサーを装備。トイレ便座に温水洗浄機能を装備　▼ 11 号車多機能トイレ（♿）はオスメイト対応　▼ 窓配置は座席ごと独立の小窓（■）　▼ バッテリー自走システムを装備
◇ Ｊ編成はＪＲ東海（０代）

←博多・新大阪　　　　　　　　　　名古屋・東京→

【⬆ 主な車窓風景】 小倉港(北九州港)、下関総合車両所新山口支所、三原城跡歴史公園、福山城、姫路城、阪神競馬場、大阪新幹線車両基地、阪急京都線並走(上牧～大山崎付近)、天王山、京都鉄道博物館(京都市街地)、比叡山、比良山地、安土城、近江鉄道並走(五箇荘～高宮付近)、琵琶湖、伊吹山、清洲城、乗鞍岳(冬・雪山)、名古屋市街地、御嶽山(冬・雪山)、浜名湖、ＪＲ浜松工場、掛川城、静岡車両区、富士山、丹沢山地、多摩川丸子橋、東京タワー、山手線など並走

ひかり // Ｎ700A Ｘ・Ｋ編成＝ＪＲ東海（Ｘ編成）・ＪＲ西日本（Ｋ編成）

号車	種別（座席数）	席番	座席	車両形式
1号車	自由（65）	1～13	A B C D E	783
2号車	自由（100）	1～20	A B C D E	787
3号車	自由（85）	1～17	A B C D E	786 500
4号車	自由（100）	1～20	A B C D E	785
5号車	自由（90）	1～18	A B C D E	785 300
6号車	指定（100）	1～19 20	A B C D E	786
7号車（S Work車両）	指定（75）	1～14 15	A B C D E	787 400
8号車	⊠（68）	1～16 17	A B C D	775
9号車	⊠（64）	1～15 16	A B C D	776
10号車	⊠（68）	1～16 17	A B C D	777
11号車	指定（63）	1～11 12 13	A B C D E	786 700
12号車	指定（100）	1～19 20	A B C D E	785 600
13号車	指定（90）	1～17 18	A B C D E	785 500
14号車	指定（100）	1～19 20	A B C D E	786 200
15号車	指定（80）	1～15 16	A B C D E	787 500
16号車	指定（75）	1～14 15	A B C D E	784

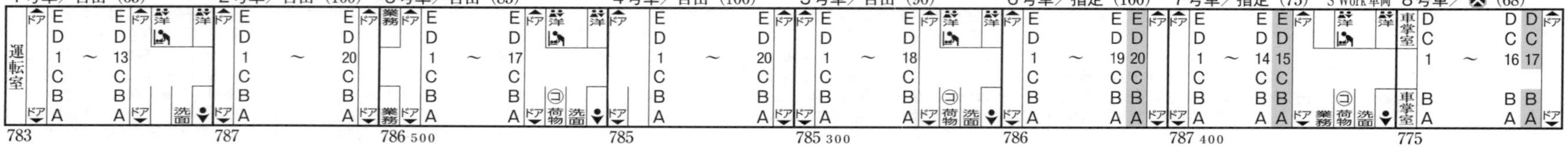

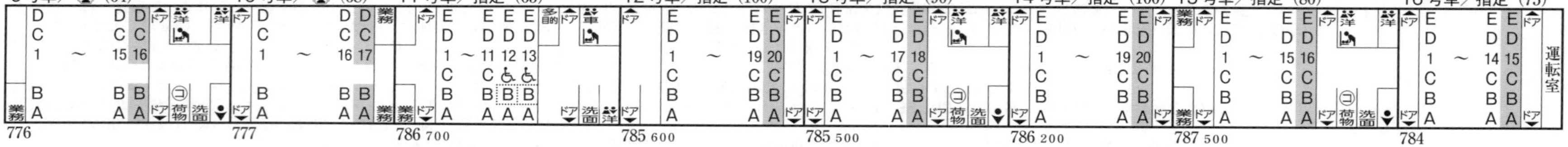

【⬇ 主な車窓風景】 小倉城、瀬戸内海(周防灘)、周南コンビナート、広島市街地、MAZDA Zoom-Zoomスタジアム広島(広島市街地)、岡山城(岡山市街地)、瀬戸内海(播磨灘)、淡路島、網干総合車両所宮原支所(下り列車)、東寺五重塔(京都市)、鈴鹿山地、鉄道総合技術研究所風洞技術センター(米原)、ナゴヤ球場、三河湾、浜名湖(遠州灘側)、駿河湾、小田原城、相模湾、横須賀線・湘南新宿ライン並走(西大井～武蔵小杉付近)、東京総合車両センター

▽ 7号車は「S Work車両」。S Work車両はＥＸ予約・スマートＥＸ専用商品。利用に際しては「ＥＸ・ご予約」（ネット予約）から「ＥＸ予約S Work席」を選択。
より広く快適に仕事ができる「S Work Pシート」（6～10 A・C席）も 2023.10.20 から提供開始（追加料金 1,200 円）
▽「特大荷物スペースつき座席」を設置。設置車両は「ひかり」は6～10・12～16号車。下り（東京発等）は網掛け部の座席。上り（東京行等）は当該車両の１番席。
特大荷物は3辺（高さ＋横幅＋奥行）合計が 160cm を超え 250cm 以内のサイズ。事前予約制。事前予約なく車内に特大荷物を持ち込んだ場合は、持ち込み手数料（1,000 円税込）が発生。
ベビーカーやスポーツ用品・楽器等を持ち込む場合は、特大荷物のルールは適用されないが、利用する場合は事前予約制にて予約。詳しくは関係各社のホームページを参照
▽ 2023.05.24 から「特大荷物コーナーつき座席」サービス開始。指定席・グリーン席に設定する「特大荷物コーナーつき座席」を求めることで、
デッキ部洗面所横の特大荷物コーナー（㋺荷物と表示）が利用できる。座席指定の際に、「特大荷物コーナーつき座席」を選択（加算料金なし）。
サイズは上段：3辺の長さがそれぞれ 80cm 以内×60cm 以内×50cm 以内、下段：3辺の長さがそれぞれ 80cm 以内×60cm 以内×40cm 以内
▽ 喫煙ルームは 2024.03.16 改正にて廃止。全車全室禁煙に
▽ 11号車に車いす対応座席を設置
▽ 車体傾斜システム（1度傾斜）・セミアクティブ制振制御装置・全周型ホロなどの採用により、乗り心地、車内静粛性、車内快適性が大幅に向上。
さらにＮ700 Aに準拠、中央締結ブレーキディスク、台車振動検知システム、定速走行装置などのシステムが加わり、Ｎ700Aと改造、車号変更を実施
▽ 東海道新幹線での車内販売の営業は 2023.10.31 にて終了。11.01 からグリーン車では東海道新幹線モバイルオーダーサービスを開始（山陽新幹線は営業なし）
▽ 携帯電話の使用は全線にて可能、無料 Wi-Fi「Shinkansen Free Wi-Fi」サービス実施
▼ 座席／普通車＝回転式（座席下ペダル）リクライニングシート。シートピッチ 1040mm　グリーン車＝回転式（座席下ペダル）リクライニングシート。シートピッチ 1160mm
▼ 普通車はＢ席（460mm）以外のシート幅（430mm）を各 10mm 拡大
▼ ⑪／グリーン車は中央肘掛部に全席設置。普通車は窓側および最前部、最後部客室仕切り壁に設置
▼ 全席背面テーブルをA4サイズに拡大するとともに、グリーン車ではスライド機能を付加　▼ 窓側全席に個別空調吹出口を設置（窓上部付近）
▼ おむつ交換台のあるトイレには印を付加。トイレ内になし　▼ 11号車多機能トイレ（）にはオストメイト対応　▼ 洋式トイレ／便座下げセンサーを装備
▼ 8号車の車掌室にAEDを設置　▼ 窓配置は座席ごと独立の小窓（■）
◇ Ｎ700 AのＧ・Ｆ編成等が充当となることがある。この場合は9頁参照
◇ 2024.03.16 改正 「ひかり」633・663・669号、638・644・648号は10頁のＮ700 Ｓ編成を充当（ただし車両が変わる場合もある）
◇ Ｘ編成はＪＲ東海（2000代）、Ｋ編成はＪＲ西日本（5000代）。ともにＮ700系から改造（Ｘ編成は元0代、Ｋ編成は3000代）
◇ 充当列車　東京～名古屋・新大阪・岡山間のすべての「ひかり」と新横浜～広島間533号、名古屋～博多間531号、名古屋～岡山間535号

←広島・岡山・新大阪　　東京→

【⬆ 主な車窓風景】 福山城、姫路城、阪神競馬場、大阪新幹線車両基地、阪急京都線並走(上牧～大山崎付近)、天王山、京都鉄道博物館(京都市街地)、比叡山、比良山地、安土城、近江鉄道並走(五箇荘～高宮付近)、琵琶湖、伊吹山、清洲城、乗鞍岳(冬・雪山)、名古屋市街地、御嶽山(冬・雪山)、浜名湖、ＪＲ浜松工場、掛川城、静岡車両区、富士山、丹沢山地、多摩川丸子橋、東京タワー、山手線など並走

ひかり // N 700A G・F編成＝JR東海（G編成）・JR西日本（F編成） // N 700Aなどと共通運用

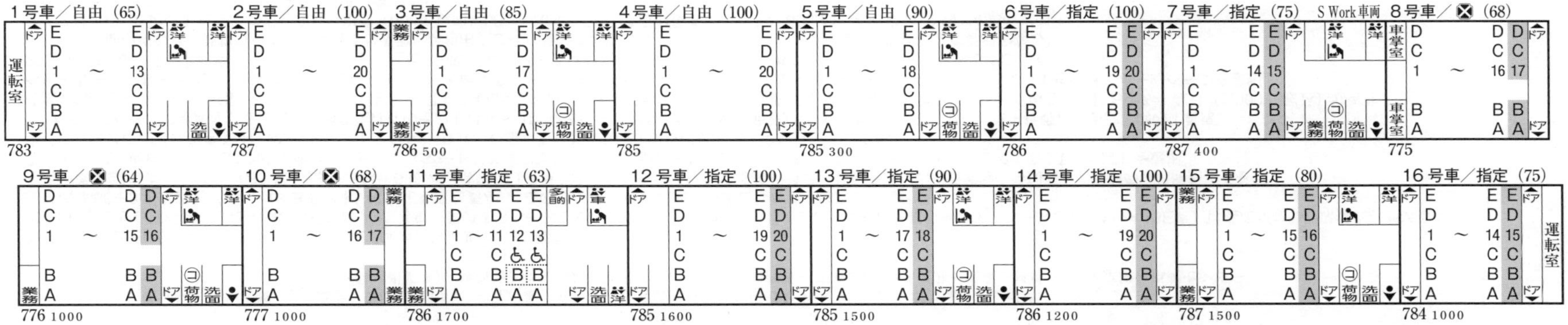

号車	種別（座席数）	席番	形式
1号車	自由（65）	A～E 1～13（運転室）	783
2号車	自由（100）	A～E 1～20	787
3号車	自由（85）	A～E 1～17	786 500
4号車	自由（100）	A～E 1～20	785
5号車	自由（90）	A～E 1～18	785 300
6号車	指定（100）	A～E 1～20	786
7号車	指定（75）S Work車両	A～E 1～15	787 400
8号車	⊠（68）	A～D 1～17（車掌室）	775
9号車	⊠（64）	A～D 1～16	776 1000
10号車	⊠（68）	A～D 1～17	777 1000
11号車	指定（63）	A～E 1～11、12・13（車いす対応 B・C席）	786 1700
12号車	指定（100）	A～E 1～20	785 1600
13号車	指定（90）	A～E 1～18	785 1500
14号車	指定（100）	A～E 1～20	786 1200
15号車	指定（80）	A～E 1～16	787 1500
16号車	指定（75）	A～E 1～15（運転室）	784 1000

【⬇ 主な車窓風景】 MAZDA Zoom-Zoomスタジアム広島(広島市街地)、瀬戸内海(播磨灘)、淡路島、網干総合車両所宮原支所(下り列車)、東寺五重塔(京都市)、鈴鹿山地、鉄道総合技術研究所風洞技術センター(米原)、ナゴヤ球場、三河湾、浜名湖(遠州灘側)、駿河湾、小田原城、相模湾、横須賀線・湘南新宿ライン並走(西大井～武蔵小杉付近)、東京総合車両センター

▽ 車内販売営業。詳細は最新のJR時刻表などで確認
▽ 7号車は「S Work車両」。S Work車両はＥＸ予約・スマートＥＸ専用商品。利用に際しては「ＥＸ・ご予約」（ネット予約）から「ＥＸ予約S Work席」を選択。
より広く快適に仕事ができる「S Work Pシート」（6～10Ａ・Ｃ席）も2023.10.20から提供開始（追加料金1,200円）
▽「特大荷物スペースつき座席」を設置。設置車両は「ひかり」は6～10・12～16号車。下り（東京発等）は網掛け部の座席。上り（東京行等）は当該車両の1番席。
特大荷物は3辺（高さ＋横幅＋奥行）合計が160cmを超え250cm以内のサイズ。事前予約制。事前予約なく車内に特大荷物を持ち込んだ場合は、持ち込み手数料（1,000円税込）が発生。
ベビーカーやスポーツ用品・楽器等を持ち込む場合は、特大荷物のルールは適用されないが、利用する場合は事前予約制にて予約。詳しくは関係各社のホームページを参照
▽ 2023.05.24から「特大荷物コーナーつき座席」サービス開始。指定席・グリーン席に設定する「特大荷物コーナーつき座席」を求めることで、
デッキ部洗面所横の特大荷物コーナー（㋺荷物と表示）が利用できる。座席指定の際に、「特大荷物コーナーつき座席」を選択（加算料金なし）。
サイズは上段：3辺の長さがそれぞれ80cm以内×60cm以内×50cm以内、下段：3辺の長さがそれぞれ80cm以内×60cm以内×40cm以内
▽ 喫煙ルームは2024.03.16改正にて廃止。全車全室禁煙に
▽ 11号車に車いす対応座席を設置
▽ 車体傾斜システム（1度傾斜）・セミアクティブ制振制御装置・全周型ホロなどの採用のほか、
中央締結ブレーキディスク、台車振動検知システム、定速走行装置などの最新システムが加わり、乗り心地、車内静粛性、車内快適性がN700系よりもさらに向上
▽ 携帯電話の使用は全線にて可能、無料Wi-Fi「Shinkansen Free Wi-Fi」サービス実施
▽ 東海道新幹線での車内販売の営業は2023.10.31にて終了。11.01からグリーン車では東海道新幹線モバイルオーダーサービスを開始（山陽新幹線は営業なし）
▼ 座席／普通車＝回転式（座席下ペダル）リクライニングシート。シートピッチ1040mm
グリーン車＝回転式（座席下ペダル）リクライニングシート。シートピッチ1160mm
▼ 普通車はB席（460mm）以外のシート幅（430mm）を各10mm拡大
▼ ⓘ／グリーン車は中央肘掛部に全席設置。普通車は窓側および最前部、最後部客室仕切り壁に設置
▼ 全席背面テーブルをA4サイズに拡大するとともに、グリーン車ではスライド機能を付加
▼ 窓側全席に個別空調吹出口を設置（窓上部付近）　▼ 8号車の車掌室にAEDを設置　▼ 洋式トイレ／便座下げセンサーを装備　▼ おむつ交換台のあるトイレには印を付加。トイレ内に なし
▼ G14編成以降とF2編成以降の増備車両は、トイレ便座に温水洗浄機能を装備　▼ 11号車多機能トイレ（♿）にはオストメイト対応　▼ 窓配置は座席ごと独立の小窓（■）
◇ G編成はJR東海（1000代）、F編成はJR西日本（4000代）

東海道新幹線「ひかり」編成席番表 －3

←新大阪　　東京→

【⬆ 主な車窓風景】 大阪新幹線車両基地、阪急京都線並走(上牧～大山崎付近)、天王山、京都鉄道博物館(京都市街地)、比叡山、比良山地、安土城、近江鉄道並走(五箇荘～高宮付近)、琵琶湖、伊吹山、清洲城、乗鞍岳(冬・雪山)、名古屋市街地、御嶽山(冬・雪山)、浜名湖、ＪＲ浜松工場、掛川城、静岡車両区、富士山、丹沢山地、多摩川丸子橋、東京タワー、山手線など並走

ひかり // Ｎ 700 Ｓ Ｊ・Ｈ編成＝ＪＲ東海（Ｊ編成） Ｊ 13 編成以降・JR西日本（Ｈ編成） H3 編成以降 //（11 号車 車いすスペース６席）

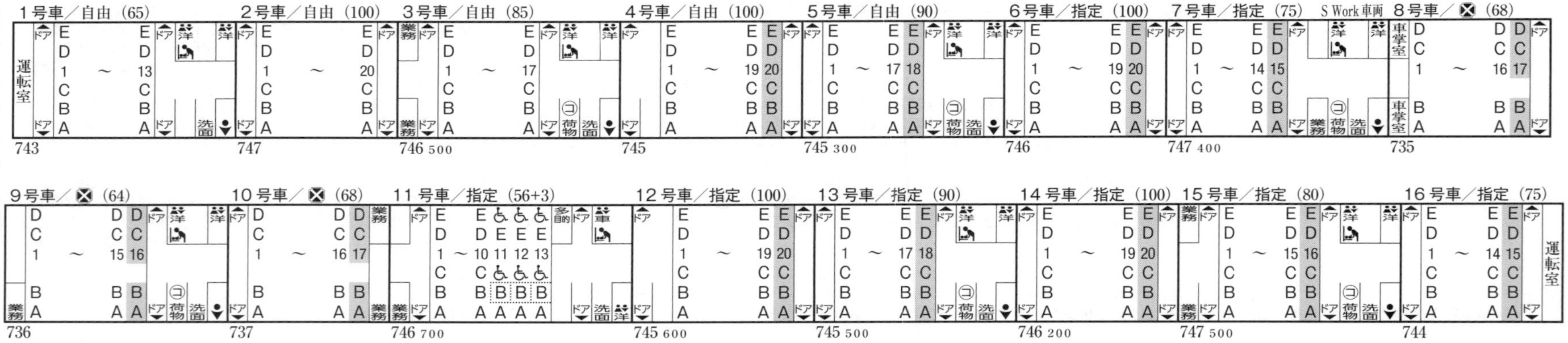

号車	種別（座席数）	座席	車両番号
1号車	自由（65）	運転室／E D 1～13 C B A	743
2号車	自由（100）	E D 1～20 C B A	747
3号車	自由（85）	E D 1～17 C B A	746 500
4号車	自由（100）	E D 1～20 C B A	745
5号車	自由（90）	E D 1～18 C B A	745 300
6号車	指定（100）	E D 1～20 C B A	746
7号車	指定（75） S Work車両	E D 1～15 C B A	747 400
8号車	⊠（68）	車掌室／D C 1～17 B A	735
9号車	⊠（64）	D C 1～16 B A	736
10号車	⊠（68）	D C 1～17 B A	737
11号車	指定（56+3）	E D 1～13 C B A（10・11・12・13 E 車いすスペース、11～13 B 車いす対応座席）	746 700
12号車	指定（100）	E D 1～20 C B A	745 600
13号車	指定（90）	E D 1～18 C B A	745 500
14号車	指定（100）	E D 1～20 C B A	746 200
15号車	指定（80）	E D 1～16 C B A	747 500
16号車	指定（75）	E D 1～15 C B A／運転室	744

【⬇ 主な車窓風景】 東寺五重塔(京都市)、鈴鹿山地、鉄道総合技術研究所風洞技術センター(米原)、ナゴヤ球場、三河湾、浜名湖(遠州灘側)、駿河湾、小田原城、相模湾、横須賀線・湘南新宿ライン並走(西大井～武蔵小杉付近)、東京総合車両センター

◇ Ｎ 700 Ｓは 2020.07.01 から営業運転開始。Ｎ 700 ᴀ、Ｎ 700 Ａと共通運用。
◇ 2021.04.20 から運行開始した Ｊ 13 編成以降。11 号車、車いすスペースが６席と増え、号車の座席数は 56 名。なおＥ席側の車いすスペース３席（11 ～ 13E席）は座席がないが席番表示があるため、座席数は 56+3 名と表示（11 ～ 13 Ｂ席は車いす対応座席と表示）。このほかＮ 700 Ｓ編成を対象としたサービスは７頁参照
◇ 充当列車は、「ひかり」633・663 号、638・644・648 号。詳細はＪＲ東海ホームページ「Ｎ 700 Ｓ運行予定」(「東海道・山陽新幹線の時刻表」)、最新のＪＲ時刻表を参照
▽ ７号車は「S Work車両」。S Work車両はＥＸ予約・スマートＥＸ専用商品。利用に際しては「ＥＸ・ご予約」（ネット予約）から「ＥＸ予約S Work席」を選択。
より広く快適に仕事ができる「S Work Ｐシート」（６～ 10 Ａ・Ｃ席）も 2023.10.20 から提供開始（追加料金 1,200 円）
▽「特大荷物スペースつき座席」を設置。設置車両は「のぞみ」は４～ 10・12 ～ 16 号車。下り（東京発等）は網掛け部の座席。上り（東京行等）は当該車両の１番席。
特大荷物は３辺（高さ＋横幅＋奥行）合計が 160cmを超え 250cm以内のサイズ。事前予約制。事前予約なく車内に特大荷物を持ち込んだ場合は、持ち込み手数料（1,000 円税込）が発生。
ベビーカーやスポーツ用品・楽器等を持ち込む場合は、特大荷物のルールは適用されないが、利用する場合は事前予約制にて予約。詳しくは関係各社のホームページを参照
▽ 2023.05.24 から「特大荷物コーナーつき座席」サービス開始。指定席・グリーン席に設定する「特大荷物コーナーつき座席」を求めることで、
デッキ部洗面所横の特大荷物コーナー（㋵荷物と表示）が利用できる。座席指定の際に、「特大荷物コーナーつき座席」を選択（加算料金なし）。
サイズは上段：３辺の長さがそれぞれ 80cm以内×60cm以内×50cm以内、下段：３辺の長さがそれぞれ 80cm以内×60cm以内×40cm以内
▽ 喫煙ルームは 2024.03.16 改正にて廃止。全車全室禁煙に
▽ 11 号車に車いす対応座席を設置
▽ 車体傾斜システム（１度傾斜）、高性能フルアクティブ（普通車はセミアクティブ）制振制御装置などを採用。Ｎ 700 Ａよりもさらに乗り心地、車内静粛性、車内快適性が向上
▽ 携帯電話の使用は全線にて可能。無料Ｗi‐Ｆi「Shinkansen Free Wi-Fi」サービス実施
▽ 東海道新幹線での車内販売の営業は 2023.10.31 にて終了。11.01 からグリーン車では東海道新幹線モバイルオーダーサービスを開始（山陽新幹線は営業なし）
▼ 座席／普通車＝回転式（座席下ペダル）リクライニングシート。シートピッチ 1040mm。リクライニングレバー形状の最適化による操作性向上。座席幅はＢ席が 460mm、それ以外 440mm
グリーン車＝回転式（座席下ペダル）リクライニングシート。シートピッチ 1160mm。Ｎ 700 Ａよりもさらに座面と背もたれ角度を最適化、足元スペース拡大等。座席幅は 480mm。
荷棚と一体化した大型側面パネルの採用により、１人ひとりの空間を演出した構造。車内照明はＬＥＤ関節照明を採用、停車駅に近づくと荷棚の照度を上げる
▼ ⓘ／各座席の肘掛部に設置　▼ 背面テーブルをＮ 700 Ａなどと同様に採用、グリーン車はインアームテーブルの面積を拡大
▼ ８号車の車掌室にＡＥＤを設置　▼ 洋式トイレ／便座下げセンサーを装備。トイレ便座に温水洗浄機能を装備
▼ 11 号車多機能トイレ（🚻）はオスメイト対応　▼ 窓配置は座席ごと独立の小窓（■）　▼ バッテリー自走システムを装備　◇ Ｊ編成はＪＲ東海（０代）

←新大阪　　東京→

【⬆ 主な車窓風景】 大阪新幹線車両基地、阪急京都線並走(上牧～大山崎付近)、天王山、京都鉄道博物館(京都市街地)、比叡山、比良山地、安土城、近江鉄道並走(五箇荘～高宮付近)、琵琶湖、伊吹山、清洲城、乗鞍岳(冬・雪山)、名古屋市街地、御嶽山(冬・雪山)、浜名湖、ＪＲ浜松工場、掛川城、静岡車両区、富士山、丹沢山地、多摩川丸子橋、東京タワー、山手線など並走

こだま // Ｎ700A Ｘ・Ｋ編成＝ＪＲ東海（Ｘ編成）・ＪＲ西日本（Ｋ編成）

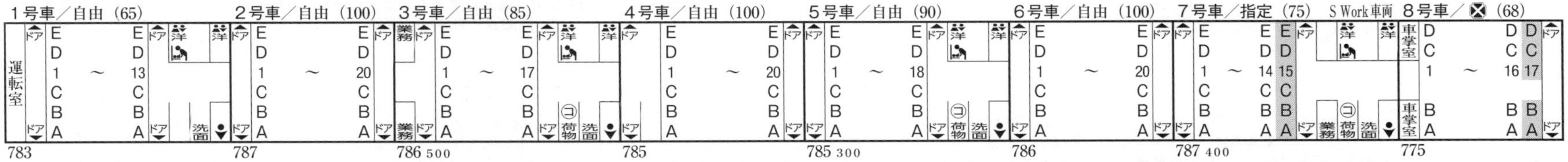

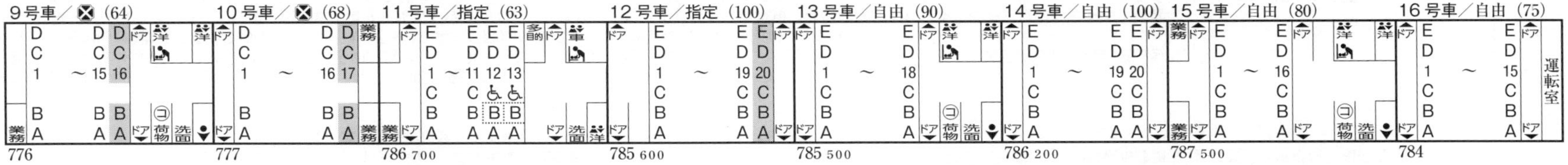

号車	区分（定員）	座席	設備	形式
1号車	自由（65）	運転室／E D C B A 1～13	洋・洗面・♿	783
2号車	自由（100）	E D C B A 1～20		787
3号車	自由（85）	業務／E D C B A 1～17	洋・㋵荷物・洗面	786 500
4号車	自由（100）	E D C B A 1～20		785
5号車	自由（90）	E D C B A 1～18	洋・㋵荷物・洗面	785 300
6号車	自由（100）	E D C B A 1～20		786
7号車	指定（75） S Work車両	E D C B A 1～14 15	洋・業務・㋵荷物・洗面	787 400
8号車	⊠（68）	車掌室／D C B A 1～16 17		775
9号車	⊠（64）	業務／D C B A 1～15 16	洋・㋵荷物・洗面	776
10号車	⊠（68）	D C B A 1～16 17	業務	777
11号車	指定（63）	業務／E D C B A 1～11 12 13（12・13 C席 ♿）	多目的・洋・車いす・洗面	786 700
12号車	指定（100）	E D C B A 1～19 20		785 600
13号車	自由（90）	E D C B A 1～18	洋・㋵荷物・洗面	785 500
14号車	自由（100）	E D C B A 1～19 20		786 200
15号車	自由（80）	業務／E D C B A 1～16	洋・㋵荷物・洗面	787 500
16号車	自由（75）	E D C B A 1～15／運転室		784

【⬇ 主な車窓風景】 東寺五重塔(京都市)、鈴鹿山地、鉄道総合技術研究所風洞技術センター(米原)、ナゴヤ球場、三河湾、浜名湖(遠州灘側)、駿河湾、小田原城、相模湾、横須賀線・湘南新宿ライン並走(西大井～武蔵小杉付近)、東京総合車両センター

▽ 7号車は「S Work車両」。S Work車両はＥＸ予約・スマートＥＸ専用商品。利用に際しては「ＥＸ・ご予約」（ネット予約）から「ＥＸ予約S Work席」を選択。
より広く快適に仕事ができる「S Work Pシート」（6～10 A・C席）も 2023.10.20 から提供開始（追加料金 1,200 円）
▽「特大荷物スペースつき座席」を設置。設置車両は「こだま」は7～10・12 号車。下り（東京発等）は網掛け部の座席。上り（東京行等）は当該車両の１番席。
特大荷物は３辺（高さ＋横幅＋奥行）合計が 160cm を超え 250cm 以内のサイズ。事前予約制。事前予約なく車内に特大荷物を持ち込んだ場合は、持ち込み手数料（1,000 円税込）が発生。
ベビーカーやスポーツ用品・楽器等を持ち込む場合は、特大荷物のルールは適用されないが、利用する場合は事前予約制にて予約。詳しくは関係各社のホームページを参照
▽ 2023.05.24 から「特大荷物コーナーつき座席」サービス開始。指定席・グリーン席に設定する「特大荷物コーナーつき座席」を求めることで、
デッキ部洗面所横の特大荷物コーナー（㋵荷物と表示）が利用できる。座席指定の際に、「特大荷物コーナーつき座席」を選択（加算料金なし）。
サイズは上段：３辺の長さがそれぞれ 80cm 以内×60cm 以内×50cm 以内、下段：３辺の長さがそれぞれ 80cm 以内×60cm 以内×40cm 以内
▽ 11 号車に車いす対応座席を設置
▽ 喫煙ルームは 2024.03.16 改正にて廃止。全車全室禁煙に　▽ 車内販売の営業なし
◇ 充当列車
東京～新大阪間 703・707・711・715・719・723・727・731・735・739・755 号、
708・712・716・720・724・728・732・736・740・744・748・752 号
東京～名古屋間 701・705・709・713・717・721・729・737・741・743・745・747・749・751・753・757 号、
700・702・704・706・710・714・718・722・726・730・734・742・750 号
東京～三島間 801【運転日注意】・803・805・807・815 号、800・820 号
東京～静岡間 809・813 号　東京～浜松間 811 号、808・818・822 号
三島～新大阪間 765・767 号、760・762 号　静岡～新大阪間 763 号、 名古屋～新大阪間 766・768 号
◇「こだま」701・703・705・723・765 号　土曜・休日の 13・14 号車は指定席
◇「こだま」724・726・728・730・732・734・736・740・742 号　13 号車は指定席
◇「こだま」708・710・712・714・716・718・720・722・760・762・766・768 号　土曜・休日の 13 号車は指定席
◇「こだま」707・709・711・713・715・717・719・721・767・744・748・750・752 号　13・14 号車は指定席
▽ 13・14 号車、指定席となる日は、「特大荷物スペースつき座席」を 13・14 号車に設置（場所は４頁を参照）
◇ N 700 AのG・F編成が充当となることがある。この場合は 12 頁参照
◇ Ｘ編成はＪＲ東海（2000 代）、Ｋ編成はＪＲ西日本（5000 代）。ともにＮ700 系から改造（Ｘ編成は元０代、Ｋ編成は 3000 代）　▼ 車内設備等の詳細は４頁参照

←新大阪　東京→

【⬆ 主な車窓風景】 大阪新幹線車両基地、阪急京都線並走(上牧～大山崎付近)、天王山、京都鉄道博物館(京都市街地)、比叡山、比良山地、安土城、近江鉄道並走(五箇荘～高宮付近)、琵琶湖、伊吹山、清洲城、乗鞍岳(冬・雪山)、名古屋市街地、御嶽山(冬・雪山)、浜名湖、ＪＲ浜松工場、掛川城、静岡車両区、富士山、丹沢山地、多摩川丸子橋、東京タワー、山手線など並走

こだま // N 700A G・F編成＝ＪＲ東海（G編成）・ＪＲ西日本（Ｆ編成） // N 700Aと共通運用

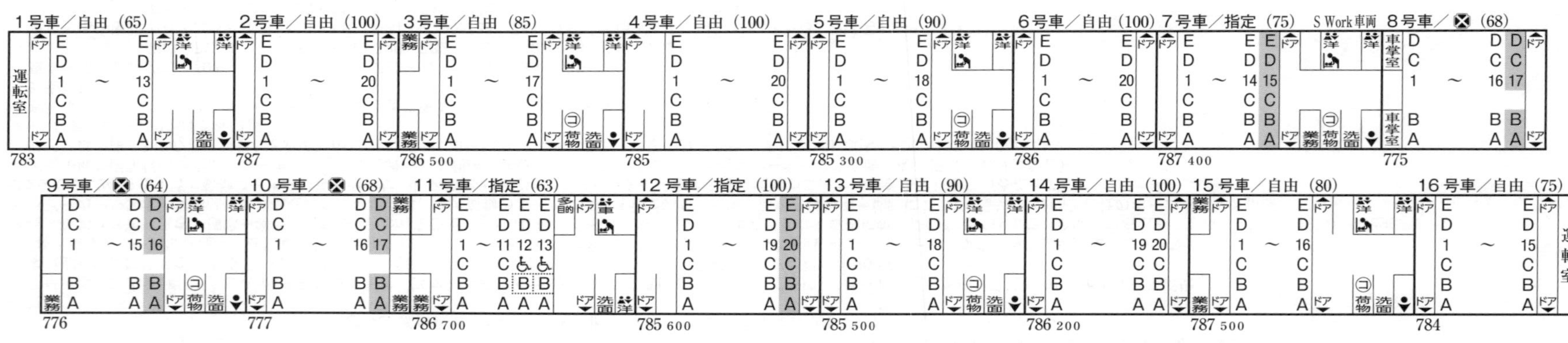

【⬇ 主な車窓風景】 東寺五重塔(京都市)、鈴鹿山地、鉄道総合技術研究所風洞技術センター(米原)、ナゴヤ球場、三河湾、浜名湖(遠州灘側)、駿河湾、小田原城、相模湾、横須賀線・湘南新宿ライン並走(西大井～武蔵小杉付近)、東京総合車両センター

▽ 車内販売の営業なし　▽ 携帯電話の使用は全線にて可能、無料Wi-Fi「Shinkansen Free Wi-Fi」サービス実施
▽ 7号車は「S Work車両」。S Work車両はＥＸ予約・スマートＥＸ専用商品。利用に際しては「ＥＸ・ご予約」（ネット予約）から「ＥＸ予約S Work席」を選択。
より広く快適に仕事ができる「S Work Pシート」（6～10 A・C席）も2023.10.20 から提供開始（追加料金 1,200 円）
▽「特大荷物スペースつき座席」を設置。設置車両は「こだま」は7～10・12 号車。下り（東京発等）は網掛け部の座席。上り（東京行等）は当該車両の１番席。
特大荷物は3辺（高さ＋横幅＋奥行）合計が 160cm を超え 250cm 以内のサイズ。事前予約制。事前予約なく車内に特大荷物を持ち込んだ場合は、持ち込み手数料（1,000 円税込）が発生。
ベビーカーやスポーツ用品・楽器等を持ち込む場合は、特大荷物のルールは適用されないが、利用する場合は事前予約制にて予約。詳しくは関係各社のホームページを参照
▽ 2023.05.24 から「特大荷物コーナーつき座席」サービス開始。指定席・グリーン席に設定する「特大荷物コーナーつき座席」を求めることで、
デッキ部洗面所横の特大荷物コーナー（㋙荷物と表示）が利用できる。座席指定の際に、「特大荷物コーナーつき座席」を選択（加算料金なし）。
サイズは上段：3辺の長さがそれぞれ 80cm 以内×60cm 以内×50cm 以内、下段：3辺の長さがそれぞれ 80cm 以内×60cm 以内×40cm 以内
▽ 喫煙ルームは 2024.03.16 改正にて廃止。全車全室禁煙に
▽ 11 号車に車いす対応座席を設置
▽ 車体傾斜システム（1度傾斜）・セミアクティブ制振制御装置・全周型ホロなどの採用のほか、
中央締結ブレーキディスク、台車振動検知システム、定速走行装置などの最新システムが加わり、乗り心地、車内静粛性、車内快適性が N700 系よりもさらに向上
▼ 座席／普通車＝回転式（座席下ペダル）リクライニングシート。シートピッチ 1040mm
グリーン車＝回転式（座席下ペダル）リクライニングシート。シートピッチ 1160mm
▼ 普通車はB席（460mm）以外のシート幅（430mm）を各 10mm 拡大
▼ ⓘ／グリーン車は中央肘掛部に全席設置。普通車は窓側および最前部、最後部客室仕切り壁に設置
▼ 全席背面テーブルをA4 サイズに拡大するとともに、グリーン車ではスライド機能を付加
▼ 窓側全席に個別空調吹出口を設置（窓上部付近）　▼ 8号車の車掌室にAEDを設置　▼ 洋式トイレ／便座下げセンサーを装備　▼ おむつ交換台のあるトイレには印を付加。トイレ内に なし
▼ G14 編成以降とＦ２編成以降の増備車両は、トイレ便座に温水洗浄機能を装備　▼ 11 号車多機能トイレ（）にはオストメイト対応　▼ 窓配置は座席ごと独立の小窓（■）
◇ 充当列車は 11 頁を参照
◇ G編成はJR東海（1000 代）、Ｆ編成はJR西日本（4000 代）

←新大阪　　東京→

【⬆ 主な車窓風景】 大阪新幹線車両基地、阪急京都線並走(上牧～大山崎付近)、天王山、京都鉄道博物館(京都市街地)、比叡山、比良山地、安土城、近江鉄道並走(五箇荘～高宮付近)、琵琶湖、伊吹山、清洲城、乗鞍岳(冬・雪山)、名古屋市街地、御嶽山(冬・雪山)、浜名湖、ＪＲ浜松工場、掛川城、静岡車両区、富士山、丹沢山地、多摩川丸子橋、東京タワー、山手線など並走

こだま // N 700S　J・H編成＝ＪＲ東海（J編成） J 13 編成以降・JR西日本（H編成） H3 編成以降 //（11 号車 車いすスペース6席）// N 700Aなどと共通運用

号車	1号車	2号車	3号車	4号車	5号車	6号車	7号車	8号車
種別	自由 (65)	自由 (100)	自由 (85)	自由 (100)	自由 (90)	自由 (100)	指定 (75) S Work車両	⊠ (68)
席番	運転室 E D 1～13 C B A	E D 1～20 C B A	②E D 1～17 C B A	E D 1～20 C B A	E D 1～18 C B A	E D 1～20 C B A	E D 1～14 15 C B A	車掌室 D C 1～16 17 B A 車掌室
番号	743	747	746 500	745	745 300	746	747 400	735

号車	9号車	10号車	11号車	12号車	13号車	14号車	15号車	16号車
種別	⊠ (64)	⊠ (68)	指定 (56+3)	指定 (100)	自由 (90)	自由 (100)	自由 (80)	自由 (75)
席番	D C 1～15 16 B A	D C 1～16 17 B A ③	E D 1～10 11 12 13 C B A (11～13 E・C 車いすスペース)	E D 1～20 C B A	E D 1～18 C B A	E D 1～20 C B A	②E D 1～16 C B A	E D 1～15 C B A 運転室
番号	736	737	746 700	745 600	745 500	746 200	747 500	744

【⬇ 主な車窓風景】 東寺五重塔(京都市)、鈴鹿山地、鉄道総合技術研究所風洞技術センター(米原)、ナゴヤ球場、三河湾、浜名湖(遠州灘側)、駿河湾、小田原城、相模湾、横須賀線・湘南新宿ライン並走(西大井～武蔵小杉付近)、東京総合車両センター

◇ 充当列車は、東京～名古屋間 725・733 号、738・746・754 号
　東京～三島間 802・816 号、東京～静岡間 804 号
　静岡～新大阪間 764 号、名古屋～新大阪間 761 号。詳細はＪＲ東海ホームページ「N 700 S運行予定」(「東海道・山陽新幹線の時刻表」) 等参照
◇「こだま」738 号の 13 号車指定席
◇「こだま」754・764 号　土曜・休日の 13 号車は指定席
◇「こだま」746 号　13・14 号車は指定席
▽ 車内販売の営業なし　▽ 携帯電話の使用は全線にて可能、無料Wi-Fi「Shinkansen Free Wi-Fi」サービス実施
▽ 7号車は「S Work車両」。S Work車両はＥＸ予約・スマートＥＸ専用商品。利用に際しては「ＥＸ・ご予約」(ネット予約) から「ＥＸ予約S Work席」を選択。
より広く快適に仕事ができる「S Work Pシート」(6～10 A・C席) も 2023.10.20 から提供開始 (追加料金 1,200 円)
▽「特大荷物スペースつき座席」を設置。設置車両は「こだま」は7～10・12 号車。下り (東京発等) は網掛け部の座席。上り (東京行等) は当該車両の1番席。
特大荷物は3辺 (高さ＋横幅＋奥行) 合計が 160cm を超え 250cm 以内のサイズ。事前予約制。事前予約なく車内に特大荷物を持ち込んだ場合は、持ち込み手数料 (1,000 円税込) が発生。
ベビーカーやスポーツ用品・楽器等を持ち込む場合は、特大荷物のルールは適用されないが、利用する場合は事前予約制にて予約。詳しくは関係各社のホームページを参照
▽ 2023.05.24 から「特大荷物コーナーつき座席」サービス開始。指定席・グリーン席に設定する「特大荷物コーナーつき座席」を求めることで、
デッキ部洗面所横の特大荷物コーナー (㊁荷物と表示) が利用できる。座席指定の際に、「特大荷物コーナーつき座席」を選択 (加算料金なし)。
サイズは上段：3辺の長さがそれぞれ 80cm 以内×60cm 以内×50cm 以内、下段：3辺の長さがそれぞれ 80cm 以内×60cm 以内×40cm 以内
▽ 喫煙ルームは 2024.03.16 改正にて廃止。全車全室禁煙に　▽ N 700 S編成を対象としたサービスは7頁参照
▽ 11 号車に車いす対応座席を設置
▽ 車体傾斜システム (1度傾斜)、高性能フルアクティブ (普通車はセミアクティブ) 制振制御装置などを採用。N 700 Aよりもさらに乗り心地、車内静粛性、車内快適性向上
▼ 座席／普通車＝回転式 (座席下ペダル) リクライニングシート。シートピッチ 1040mm　グリーン車＝回転式 (座席下ペダル) リクライニングシート。シートピッチ 1160mm
▼ 普通車はB席 (460mm) 以外のシート幅 (430mm) を各 10mm 拡大
▼ ⓘ／グリーン車は中央肘掛部に全席設置。普通車は窓側および最前部、最後部客室仕切り壁に設置
▼ 全席背面テーブルをA4 サイズに拡大するとともに、グリーン車ではスライド機能を付加
▼ 窓側全席に個別空調吹出口を設置 (窓上部付近)　▼ 8 号車の車掌室にAEDを設置　▼ 洋式トイレ／便座下げセンサーを装備　▼ おむつ交換台のあるトイレには印を付加。トイレ内に なし
▼ 11 号車多機能トイレ () にはオストメイト対応　▼ 窓配置は座席ごと独立の小窓 (■)
◇ G編成はJR東海 (1000 代)、F編成はJR西日本 (4000 代)

東海道新幹線「こだま」編成席番表 －4

←新大阪・浜松・静岡・三島　　東京→

【⬆ 主な車窓風景】大阪新幹線車両基地、阪急京都線並走(上牧～大山崎付近)、天王山、京都鉄道博物館(京都市街地)、比叡山、比良山地、安土城、近江鉄道並走(五箇荘～高宮付近)、琵琶湖、伊吹山、清洲城、乗鞍岳(冬・雪山)、名古屋市街地、御嶽山(冬・雪山)、浜名湖、ＪＲ浜松工場、掛川城、静岡車両区、富士山、丹沢山地、多摩川丸子橋、東京タワー、山手線など並走

こだま // Ｎ 700A Ｘ・Ｋ編成＝ＪＲ東海（Ｘ編成）・ＪＲ西日本（Ｋ編成）

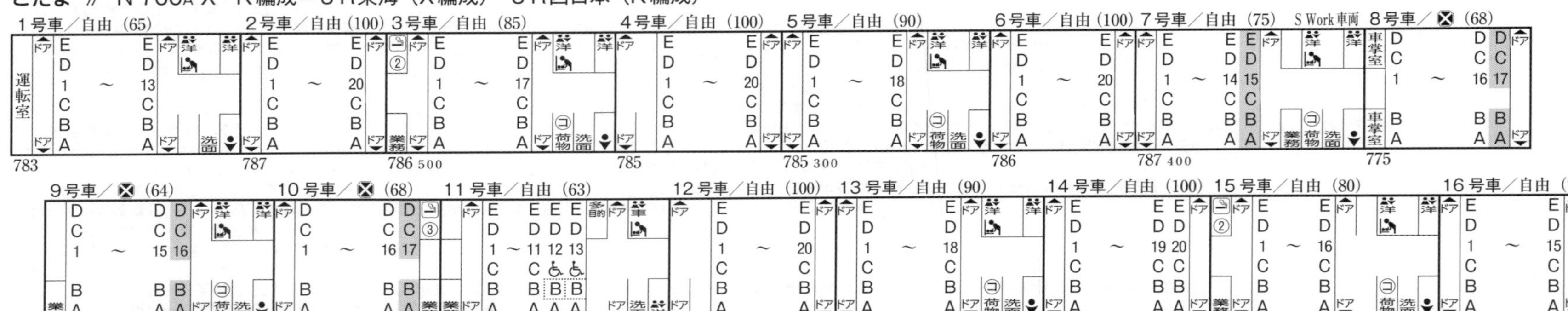

【⬇ 主な車窓風景】東寺五重塔(京都市)、鈴鹿山地、鉄道総合技術研究所風洞技術センター(米原)、ナゴヤ球場、三河湾、浜名湖(遠州灘側)、駿河湾、小田原城、相模湾、横須賀線・湘南新宿ライン並走(西大井～武蔵小杉付近)、東京総合車両センター

◇ 充当編成は、この編成のほか、Ｎ 700 Ａ（12 頁）、Ｎ 700 Ｓ（13 頁）が充当となる日もある
▽ ７号車は「S Work車両」。S Work車両はＥＸ予約・スマートＥＸ専用商品。利用に際しては「ＥＸ・ご予約」（ネット予約）から「ＥＸ予約S Work席」を選択。
より広く快適に仕事ができる「S Work Pシート」（6～10 Ａ・Ｃ席）も 2023.10.20 から提供開始（追加料金 1,200 円）
▽「特大荷物スペースつき座席」を設置。設置車両は７～10 号車。下り（東京発等）は網掛け部の座席。上り（東京行等）は当該車両の１番席。
特大荷物は３辺（高さ＋横幅＋奥行）合計が 160cm を超え 250cm 以内のサイズ。事前予約制。事前予約なく車内に特大荷物を持ち込んだ場合は、持ち込み手数料（1,000 円税込）が発生。
ベビーカーやスポーツ用品・楽器等を持ち込む場合は、特大荷物のルールは適用されないが、利用する場合は事前予約制にて予約。詳しくは関係各社のホームページを参照
▽ 2023.05.24 から「特大荷物コーナーつき座席」サービス開始。指定席・グリーン席に設定する「特大荷物コーナーつき座席」を求めることで、
デッキ部洗面所横の特大荷物コーナー（㋥荷物と表示）が利用できる。座席指定の際に、「特大荷物コーナーつき座席」を選択（加算料金なし）。
サイズは上段：３辺の長さがそれぞれ 80cm 以内×60cm 以内×50cm 以内、下段：３辺の長さがそれぞれ 80cm 以内×60cm 以内×40cm 以内
▽ 喫煙ルームは 2024.03.16 改正にて廃止。全車全室禁煙に
▽ 車体傾斜システム（１度傾斜）・セミアクティブ制振制御装置・全周型ホロなどの採用により、乗り心地、車内静粛性、車内快適性が大幅に向上。
さらにＮ 700 Ａに準拠、中央締結ブレーキディスク、台車振動検知システム、定速走行装置などのシステムが加わり、Ｎ 700A と改造、車号変更を実施
▽ 車内販売の営業なし　▽ 携帯電話の使用は全線にて可能、無料 Wi-Fi「Shinkansen Free Wi-Fi」サービス実施
▼ 座席／普通車＝回転式（座席下ペダル）リクライニングシート。シートピッチ 1040mm　グリーン車＝回転式（座席下ペダル）リクライニングシート。シートピッチ 1160mm
▼ 普通車はＢ席（460mm）以外のシート幅（430mm）を各 10mm 拡大
▼ ⑪／グリーン車は中央肘掛部に全席設置。普通車は窓側および最前部、最後部客室仕切り壁に設置
▼ 全席背面テーブルを A4 サイズに拡大するとともに、グリーン車ではスライド機能を付加
▼ 窓側全席に個別空調吹出口を設置（窓上部付近）　▼ おむつ交換台のあるトイレには印を付加。トイレ内に なし
▼ 11 号車多機能トイレ（）にはオストメイト対応　▼ 洋式トイレ／便座下げセンサーを装備　▼ ８号車の車掌室に AED を設置　▼ 窓配置は座席ごと独立の小窓（■）

◇ 充当列車は、東京～三島間 806・810 号　東京～静岡間 812 号　東京～浜松間 814 号（グリーン車を除き自由席）
◇「こだま」812・814 号の土曜・休日は７・11・12 号車　指定席
▽ 13・14 号車、指定席となる日は、「特大荷物スペースつき座席」を 13・14 号車に設置（場所は４頁を参照）
◇ Ｘ編成はＪＲ東海（2000 代）、Ｋ編成はＪＲ西日本（5000 代）。ともにＮ 700 系から改造（Ｘ編成は元０代、Ｋ編成は 3000 代）

「みずほ」編成席番表

←鹿児島中央・博多　　　　新大阪→

【↑ 主な車窓風景】 不知火海(八代海)、雲仙岳(有明海)、HAWKSベースボールパーク筑後、福岡市街地、小倉港(北九州港)、下関総合車両所新山口支所、三原城跡歴史公園、福山城、姫路城、阪神競馬場

みずほ // N700系S・R編成＝JR西日本（S編成）・JR九州（R編成）
601·603·605·607·609·611·613号、600·602·604·606·608·610·612·614号〔新大阪～鹿児島中央間〕、615号〔新大阪～熊本間〕

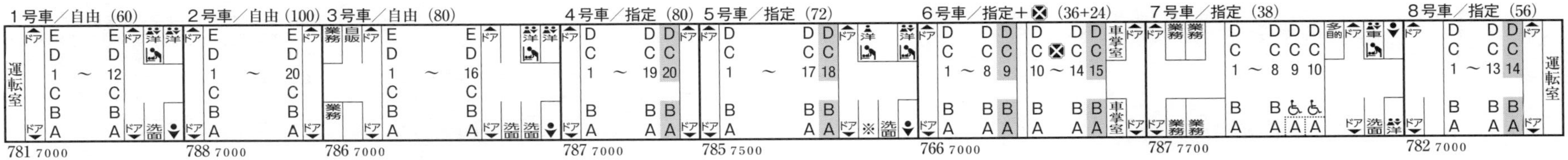

号車	1号車／自由 (60)	2号車／自由 (100)	3号車／自由 (80)	4号車／指定 (80)	5号車／指定 (72)	6号車／指定＋⊠ (36+24)	7号車／指定 (38)	8号車／指定 (56)
座席	E D 1～12 C B A	E D 1～20 C B A	E D 1～16 C B A	D C 1～19 20 B A	D C 1～17 18 B A	D C 1～8 9 B A ／ D C⊠ 10～14 15 B A	D C 1～8 9 10 B A	D C 1～13 14 B A
設備	運転室、ドア、洋、洋、洗面	ドア	業務、自販、ドア、業務、洋、洋、洗面	ドア、洋、洗面	ドア、洋、洋、※、洗面	ドア、車掌室	業務、業務、多目的、ドア、洋、洗面	ドア、運転室
形式	781 7000	788 7000	786 7000	787 7000	785 7500	766 7000	787 7700	782 7000

【↓ 主な車窓風景】 熊本総合車両所、阿蘇五岳・外輪山、熊本城(熊本市街地)、博多総合車両所、小倉城、瀬戸内海(周防灘)、周南コンビナート、広島市街地、MAZDA Zoom-Zoomスタジアム広島、岡山城(岡山市街地)、瀬戸内海(播磨灘)、淡路島、網干総合車両所宮原支所(下り列車)

◆「みずほ」603・609・611・613号、602・604・606・612号の運転日は、最新のＪＲ時刻表等にて確認。
　また、「みずほ」615号は、鹿児島中央まで延長運転する日がある
▽ 7号車に車いす対応座席を設置
▽「特大荷物スペースつき座席」を設置。設置車両は4～6・8号車。下り（新大阪発等）は網掛け部の座席。上り（新大阪行等）は当該車両の1番席（6号車は10番席も）。
　特大荷物は3辺（高さ＋横幅＋奥行）合計が160cmを超え250cm以内のサイズ。事前予約制。事前予約なく車内に特大荷物を持ち込んだ場合は、持ち込み手数料（1,000円税込）が発生。
　ベビーカーやスポーツ用品・楽器等を持ち込む場合は、特大荷物のルールは適用されないが、利用する場合は事前予約制にて予約。詳しくは関係各社のホームページを参照
▽ 喫煙ルームは2024.03.16改正にて廃止。全車全室禁煙に
▽ セミアクティブ制振制御装置・全周型ホロなどの採用により、乗り心地、車内静粛性、車内快適性が大幅に向上
▽ 車内販売の営業なし
▽ 携帯電話は、2020.05.30、九州新幹線川内～鹿児島中央間のトンネル内でも利用サービスが開始となったため全線にて利用可能に
　無料Wi-Fi「Shinkansen Free Wi-Fi」サービス実施
▼ 座席／普通車＝回転式（座席下ペダル）リクライニングシート。シートピッチ1040mm
　　　4～8号車は2＆2シートを採用、グリーン車並みのシート幅が特徴
　　グリーン車＝回転式（座席下ペダル）リクライニングシート。シートピッチ1160mm
▼ ⓘ／グリーン車は中央肘掛部に全席設置。普通車は窓側および最前部、最後部客室仕切り壁に設置
▼ 全席背面テーブルをA4サイズに拡大するとともに、グリーン車ではスライド機能を付加
▼ 窓側全席に個別空調吹出口を設置（窓上部付近）
▼ 6号車2CD付近荷棚にAEDを設置
▼ おむつ交換台のあるトイレには印を付加
▼ 7号車多機能トイレにはオストメイト対応
▼ 洋式トイレ／便座下げセンサーを装備
▼ 5号車※印はパウダールーム
▼ 窓配置は座席ごと独立の小窓（■）

「さくら」編成席番表

←鹿児島中央・博多　　新大阪→

【⬆ 主な車窓風景】 不知火海(八代海)、雲仙岳(有明海)、HAWKSベースボールパーク筑後、福岡市街地、小倉港(北九州港)、下関総合車両所新山口支所、三原城跡歴史公園、福山城、姫路城、阪神競馬場

さくら // N700系S・R編成＝JR西日本（S編成）・JR九州（R編成）
541·543·545·547·549·551·553·555·557·559·561·563·565·567·569·571号、
542·544·546·548·550·552·554·556·558·560·562·564·566·568·570·572号〔新大阪～鹿児島中央間〕
573号、540号〔新大阪～熊本間〕
401号、406号〔広島～鹿児島中央間〕

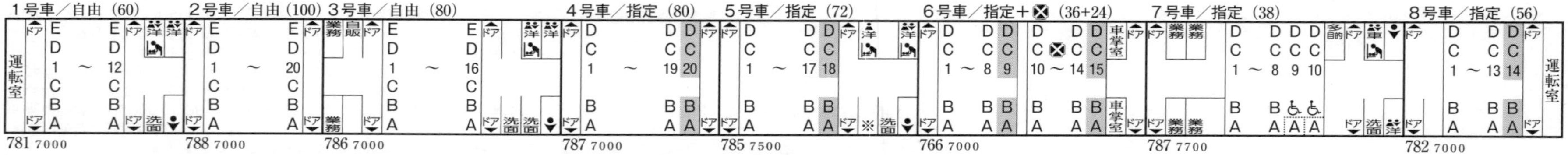

号車	1号車	2号車	3号車	4号車	5号車	6号車	7号車	8号車
設備	自由 (60)	自由 (100)	自由 (80)	指定 (80)	指定 (72)	指定＋⊠ (36+24)	指定 (38)	指定 (56)
座席	E・D・C・B・A 1～12	E・D・C・B・A 1～20	E・D・C・B・A 1～16	D・C・B・A 1～20	D・C・B・A 1～18	D・C・B・A 1～9 ／ ⊠ D・C・B・A 10～15	D・C・B・A 1～10	D・C・B・A 1～14
形式	781 7000	788 7000	786 7000	787 7000	785 7500	766 7000	787 7700	782 7000

運転室 ／ ドア ／ 洋 ／ 洗面 ／ 業務 ／ 自販 ／ ※ ／ 車掌室 ／ 多目的 ／ 運転室

【⬇ 主な車窓風景】 熊本総合車両所、阿蘇五岳・外輪山、熊本城(熊本市街地)、博多総合車両所、小倉城、瀬戸内海(周防灘)、周南コンビナート、広島市街地、MAZDA Zoom-Zoomスタジアム広島、岡山城(岡山市街地)、瀬戸内海(播磨灘)、淡路島、網干総合車両所宮原支所(下り列車)

▽７号車に車いす対応座席を設置
▽「特大荷物スペースつき座席」を設置。設置車両は４～６・８号車。下り（新大阪発等）は網掛け部の座席。上り（新大阪行等）は当該車両の１番席（６号車は10番席も）。
特大荷物は３辺（高さ＋横幅＋奥行）合計が160cmを超え250cm以内のサイズ。事前予約制。事前予約なく車内に特大荷物を持ち込んだ場合は、持ち込み手数料（1,000円税込）が発生。
ベビーカーやスポーツ用品・楽器等を持ち込む場合は、特大荷物のルールは適用されないが、利用する場合は事前予約制にて予約。詳しくは関係各社のホームページを参照
▽喫煙ルームは2024.03.16改正にて廃止。全車全室禁煙に
▽セミアクティブ制振制御装置・全周型ホロなどの採用により、乗り心地、車内静粛性、車内快適性が大幅に向上
▽車内販売の営業なし
▽携帯電話は、2020.05.30、九州新幹線川内～鹿児島中央間のトンネル内でも利用サービスが開始となったため全線にて利用可能に
無料Wi-Fi「Shinkansen Free Wi-Fi」サービス実施
▼座席／普通車＝回転式（座席下ペダル）リクライニングシート。シートピッチ1040mm
4～8号車は２＆２シートを採用、グリーン車並みのシート幅が特徴
グリーン車＝回転式（座席下ペダル）リクライニングシート。シートピッチ1160mm
▼⑪／グリーン車は中央肘掛部に全席設置。普通車は窓側および最前部、最後部客室仕切り壁に設置
▼全席背面テーブルをA4サイズに拡大するとともに、グリーン車ではスライド機能を付加
▼窓側全席に個別空調吹出口を設置（窓上部付近）
▼６号車２ＣＤ付近荷棚にAEDを設置
▼おむつ交換台のあるトイレには印を付加
▼７号車多機能トイレ（）にはオストメイト対応
▼洋式トイレ／便座下げセンサーを装備
▼５号車※印はパウダールーム
▼窓配置は座席ごと独立の小窓（■）

◇九州新幹線内にて運転の「さくら」は26～27頁参照

←博多　【⬆ 主な車窓風景】 小倉港(北九州港)、下関総合車両所新山口支所、三原城跡歴史公園、福山城、姫路城、阪神競馬場　新大阪→

ひかり // N 700A X・K編成＝ＪＲ東海（X編成）・ＪＲ西日本（K編成）
591 号、592 号〔新大阪～博多間〕

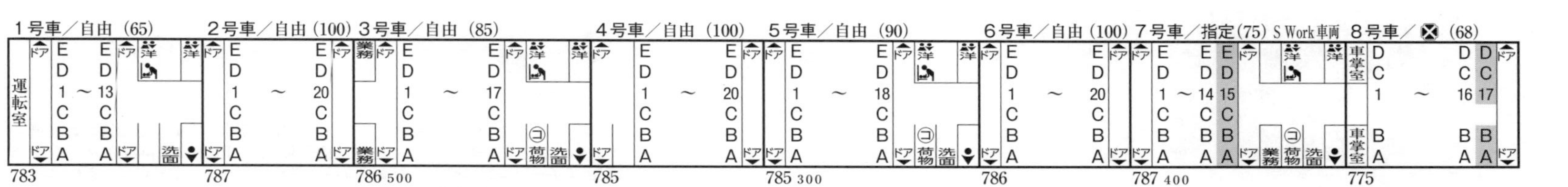

【⬇ 主な車窓風景】 小倉城、瀬戸内海(周防灘)、周南コンビナート、広島市街地、MAZDA Zoom-Zoomスタジアム広島(広島市街地)、岡山城(岡山市街地)、瀬戸内海(播磨灘)、淡路島、網干総合車両所宮原支所(下り列車)

◇「ひかり」592 号は、6～16 号車指定席

▽ 11 号車に車いす対応座席を設置。11 号車 11～13 席の予約はＥＸ予約（エクスプレス予約）等からできない（当日はのぞく）
▽ 7 号車は「S Work車両」。S Work車両はＥＸ予約・スマートＥＸ専用商品。利用に際しては「ＥＸ・ご予約」（ネット予約）から「ＥＸ予約S Work席」を選択。
　より広く快適に仕事ができる「S Work Pシート」（6～10 A・C席）も 2023.10.20 から提供開始（追加料金 1,200 円）
▽「特大荷物スペースつき座席」を設置。設置車両は 7～10・12 号車。下り（新大阪発等）は網掛け部の座席。上り（新大阪行等）は当該車両の 1 番席。
　特大荷物は 3 辺（高さ＋横幅＋奥行）合計が 160cm を超え 250cm 以内のサイズ。事前予約制。事前予約なく車内に特大荷物を持ち込んだ場合は、持ち込み手数料（1,000 円税込）が発生。
　ベビーカーやスポーツ用品・楽器等を持ち込む場合は、特大荷物のルールは適用されないが、利用する場合は事前予約制にて予約。詳しくは関係各社のホームページを参照
▽ 2023.05.24 から「特大荷物コーナーつき座席」サービス開始。指定席・グリーン席に設定する「特大荷物コーナーつき座席」を求めることで、
　デッキ部洗面所横の特大荷物コーナー（㋵荷物と表示）が利用できる。座席指定の際に、「特大荷物コーナーつき座席」を選択（加算料金なし）。
　サイズは上段：3 辺の長さがそれぞれ 80cm 以内×60cm 以内×50cm 以内、下段：3 辺の長さがそれぞれ 80cm 以内×60cm 以内×40cm 以内
▽ 喫煙ルームは 2024.03.16 改正にて廃止。全車全室禁煙に
▽ 車体傾斜システム（1 度傾斜）・セミアクティブ制振制御装置・全周型ホロなどの採用により、乗り心地、車内静粛性、車内快適性が大幅に向上。
　さらに N 700 A に準拠、中央締結ブレーキディスク、台車振動検知システム、定速走行装置などのシステムが加わり、N 700A と改造、車号変更を実施
▽ 車内販売の営業なし
▽ 携帯電話の使用は全線にて可能、無料 Wi-Fi「Shinkansen Free Wi-Fi」サービス実施
▼ 座席／普通車＝回転式（座席下ペダル）リクライニングシート。シートピッチ 1040mm
　　　グリーン車＝回転式（座席下ペダル）リクライニングシート。シートピッチ 1160mm
▼ 普通車は B 席（460mm）以外のシート幅（430mm）を各 10mm 拡大
▼ ⓪／グリーン車は中央肘掛部に全席設置。普通車は窓側および最前部、最後部客室仕切り壁に設置
▼ 全席背面テーブルを A4 サイズに拡大するとともに、グリーン車ではスライド機能を付加
▼ 窓側全席に個別空調吹出口を設置（窓上部付近）
▼ おむつ交換台のあるトイレには印を付加。トイレ内に印なし　▼ 11 号車多機能トイレ（♿）にはオストメイト対応　▼ 洋式トイレ／便座下げセンサーを装備
▼ 8 号車の車掌室に AED を設置　▼ 窓配置は座席ごと独立の小窓（■）

「ひかり」編成席番表 －2

←博多　【⬆ 主な車窓風景】 小倉港(北九州港)、下関総合車両所新山口支所、三原城跡歴史公園、福山城、姫路城、阪神競馬場　新大阪→

ひかり // 700系E編成＝JR西日本
590号〔岡山←新下関間〕

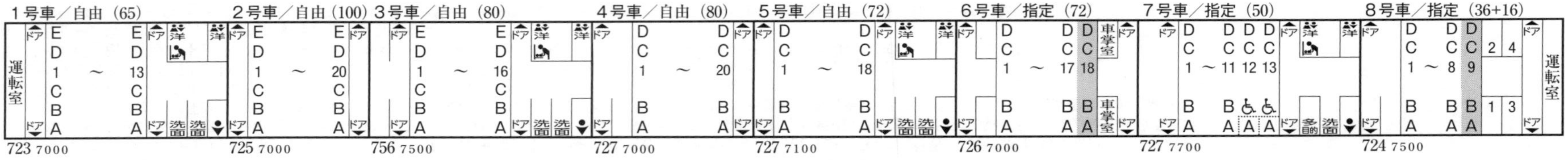

号車	1号車／自由（65）	2号車／自由（100）	3号車／自由（80）	4号車／自由（80）	5号車／自由（72）	6号車／指定（72）	7号車／指定（50）	8号車／指定（36+16）
座席	運転室 E D 1〜13 C B A	E D 1〜20 C B A	E D 1〜16 C B A	D C 1〜20 B A	D C 1〜18 B A	D C 1〜17 18 B A	D C 1〜11 12 13 B A	D C 1〜8 9 B A　個室 1 2 3 4 運転室
設備	洋 洋 洗面 洗面		洋 洋 洗面 洗面		洋 洋 洗面 洗面	車掌室	洋 洋 多目的 洗面	
形式	723 7000	725 7000	756 7500	727 7000	727 7100	726 7000	727 7700	724 7500

【⬇ 主な車窓風景】 小倉城、瀬戸内海(周防灘)、周南コンビナート、広島市街地、MAZDA Zoom-Zoomスタジアム広島、岡山城(岡山市街地)、瀬戸内海(播磨灘)、淡路島、網干総合車両所宮原支所(下り列車)

▽「特大荷物スペースつき座席」を設置。設置車両は6・8号車。下り（新大阪発等）は網掛け部の座席。上り（新大阪行等）は当該車両の1番席。
特大荷物は3辺（高さ＋横幅＋奥行）合計が160cmを超え250cm以内のサイズ。事前予約制。事前予約なく車内に特大荷物を持ち込んだ場合は、持ち込み手数料（1,000円税込）が発生。
ベビーカーやスポーツ用品・楽器等を持ち込む場合は、特大荷物のルールは適用されないが、利用する場合は事前予約制にて予約。詳しくは関係各社のホームページを参照
▽7号車に車いす対応座席を設置
▽携帯電話の使用は全線にて可能。無料Wi-Fi「Shinkansen Free Wi-Fi」サービス実施
▽車内販売の営業なし

▼座席／普通車＝回転式（座席下ペダル）リクライニングシート。シートピッチ1040mm
4～8号車は2＆2シートを採用、グリーン車並みのシート幅が特徴
▼5～8号車には「オフィスシート」設置。ノート型パソコンが利用しやすいようにテーブルの大型化を図り、モバイル用電源コンセントを備えている
「オフィスシート」は、各号車とも進行方向、最前列の座席4席（のぞく7号車13ACD席）。なお、自由席の場合は設定なし
▼8号車1～4はコンパートメント（4人用普通個室）
4人用普通個室の1人分の料金は指定席特急料金と同じ
定員より少ない人数で利用の場合は、その少ない人数分についての運賃料金は不要。ただし、普通個室の利用は3人以上の場合に限定
▼おむつ交換台のあるトイレには印を付加。またトイレ内にベビーチェアはなし
▼6号車2CD席付近の荷棚にAEDを設置
▼窓配置は座席ごと独立の小窓（■）

山陽新幹線 「ひかり」編成席番表 －3

←博多　　【⬆ 主な車窓風景】 小倉港(北九州港)、下関総合車両所新山口支所、三原城跡歴史公園、福山城、姫路城、阪神競馬場　　新大阪→

ひかり〔臨時列車〕 // 700系E編成＝JR西日本

号車	1号車／自由（65）	2号車／自由（100）	3号車／自由（80）	4号車／指定（80）	5号車／指定（72）	6号車／指定（72）	7号車／指定（50）	8号車／指定（36+16）
座席配置	E D / C B A	E D / C B A	E D / C B A	D C / B A	D C / B A	D C / B A	D C / B A	D C / B A
席番	1 ～ 13	1 ～ 20	1 ～ 16	1 ～ 19 20	1 ～ 17 18	1 ～ 17 18	1 ～ 11 12 13	1 ～ 8 9 ／ 個室 1 2 3 4
設備	運転室、ドア、洋、洗面、🚻	ドア	ドア、洋、洗面	ドア	ドア、洋、洗面	ドア、車掌室	ドア、車いす席（12・13 A-B）、多目的、洗面、洋	ドア、運転室
形式	723 7000	725 7000	756 7500	727 7000	727 7100	726 7000	727 7700	724 7500

◇ 臨時列車に充当の場合の編成（1～3号車自由席、4～8号車指定席）。また、「ひかり」590号も4・5号車を指定席に変更する日は同編成となる

【⬇ 主な車窓風景】 小倉城、瀬戸内海(周防灘)、周南コンビナート、広島市街地、MAZDA Zoom-Zoomスタジアム広島、岡山城(岡山市街地)、瀬戸内海(播磨灘)、淡路島、網干総合車両所宮原支所(下り列車)

◆「ひかり」臨時列車の場合は、16頁「さくら」編成が入る場合もある
▽「特大荷物スペースつき座席」を設置。設置車両は4～6・8号車。下り（新大阪発等）は網掛け部の座席。上り（新大阪行等）は当該車両の1番席。
特大荷物は3辺（高さ＋横幅＋奥行）合計が160cmを超え250cm以内のサイズ。事前予約制。事前予約なく車内に特大荷物を持ち込んだ場合は、持ち込み手数料（1,000円税込）が発生。
ベビーカーやスポーツ用品・楽器等を持ち込む場合は、特大荷物のルールは適用されないが、利用する場合は事前予約制にて予約。詳しくは関係各社のホームページを参照
▽ 7号車に車いす対応座席を設置
▽ 携帯電話の使用は全線にて可能。無料Wi-Fi「Shinkansen Free Wi-Fi」サービス実施
▽ 車内販売の営業なし

▼ 座席／普通車＝回転式（座席下ペダル）リクライニングシート。シートピッチ1040mm
4～8号車は2＆2シートを採用、グリーン車並みのシート幅が特徴
▼ 5～8号車には「オフィスシート」設置。ノート型パソコンが利用しやすいようにテーブルの大型化を図り、モバイル用電源コンセントを備えている
「オフィスシート」は、各号車とも進行方向、最前列の座席4席（のぞく7号車13ACD席）。なお、自由席の場合は設定なし
▼ 8号車1～4はコンパートメント（4人用普通個室）
4人用普通個室の1人分の料金は指定席特急料金と同じ
定員より少ない人数で利用の場合は、その少ない人数分についての運賃料金は不要。ただし、普通個室の利用は3人以上の場合に限定
▼ おむつ交換台のあるトイレには印を付加。またトイレ内にベビーチェアはなし
▼ 6号車2CD席付近の荷棚にAEDを設置
▼ 窓配置は座席ごと独立の小窓（■）

山陽新幹線「こだま」編成席番表 －1

←博多　【⬆ 主な車窓風景】 小倉港(北九州港)　小倉→

こだま // N700A K編成＝JR西日本
771号、782号〔小倉～博多間〕

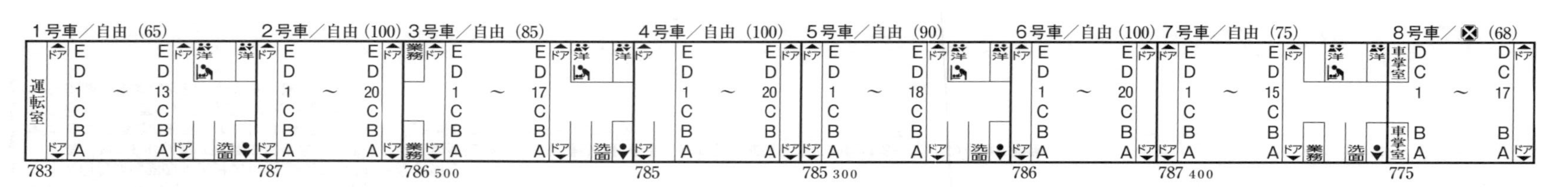

【⬇ 主な車窓風景】 小倉城

▽ 全席禁煙
▽ グリーン券は車内でのみ発売
▽ 車内販売の営業なし
▽ 喫煙ルームは2024.03.16改正にて廃止。全車全室禁煙に
▽ 車体傾斜システム（1度傾斜）・セミアクティブ制振制御装置・全周ホロなどの採用により、乗り心地、車内静粛性、車内快適性が大幅に向上
▽ 携帯電話の使用は全線にて可能、無料Wi-Fi「Shinkansen Free Wi-Fi」サービス実施
▽ 車内販売の営業なし
▼ 座席／普通車＝回転式（座席下ペダル）リクライニングシート。シートピッチ1040mm
　グリーン車＝回転式（座席下ペダル）リクライニングシート。シートピッチ1160mm
▼ 普通車はB席（460mm）以外のシート幅（430mm）を各10mm拡大
▼ ⑪／グリーン車は中央肘掛部に全席設置。普通車は窓側および最前部、最後部客室仕切り壁に設置
▼ 全席背面テーブルをA4サイズに拡大するとともに、グリーン車ではスライド機能を付加
▼ 窓側全席に個別空調吹出口を設置（窓上部付近）
▼ おむつ交換台のあるトイレには印を付加。トイレ内に なし
▼ 11号車多機能トイレ（ ）にはオストメイト対応
▼ 洋式トイレ／便座下げセンサーを装備
▼ 8号車の車掌室にAEDを設置
▼ 窓配置は座席ごと独立の小窓（■）

◇ N700AのF編成が充当となることがある

←博多　【⬆ 主な車窓風景】 小倉港(北九州港)、下関総合車両所新山口支所、三原城跡歴史公園、福山城、姫路城、阪神競馬場　新大阪→

こだま // N700A K編成＝JR西日本 // 臨時列車にて充当を想定、掲載

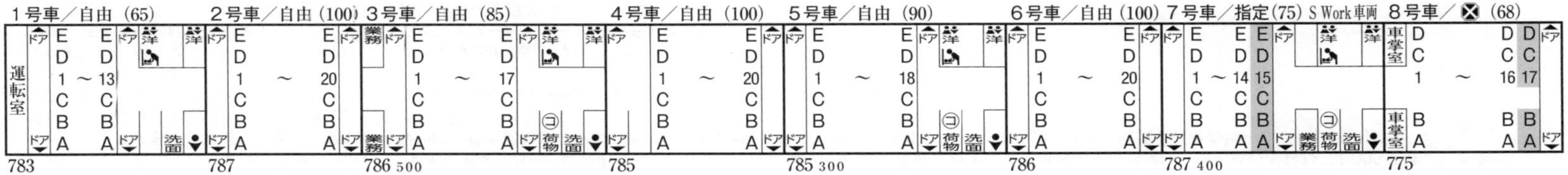

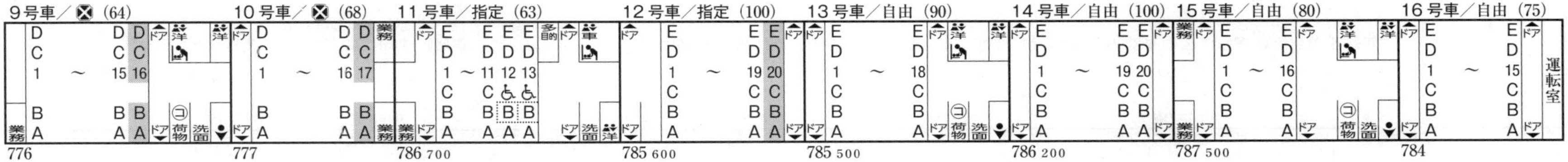

号車	種別（定員）	席番	形式
1号車	自由（65）	運転室 / A・B・C・D・E 1～13	783
2号車	自由（100）	A・B・C・D・E 1～20	787
3号車	自由（85）	A・B・C・D・E 1～17	786 500
4号車	自由（100）	A・B・C・D・E 1～20	785
5号車	自由（90）	A・B・C・D・E 1～18	785 300
6号車	自由（100）	A・B・C・D・E 1～20	786
7号車	指定（75） S Work車両	A・B・C・D・E 1～14 15	787 400
8号車	⊠（68）	車掌室 / A・B・C・D 1～16 17	775
9号車	⊠（64）	A・B・C・D 1～15 16	776
10号車	⊠（68）	A・B・C・D 1～16 17	777
11号車	指定（63）	A・B・C・D・E 1～11 12 13（12・13 A・B・C 車いす対応）	786 700
12号車	指定（100）	A・B・C・D・E 1～19 20	785 600
13号車	自由（90）	A・B・C・D・E 1～18	785 500
14号車	自由（100）	A・B・C・D・E 1～19 20	786 200
15号車	自由（80）	A・B・C・D・E 1～16	787 500
16号車	自由（75）	A・B・C・D・E 1～15 / 運転室	784

【⬇ 主な車窓風景】 小倉城、瀬戸内海(周防灘)、周南コンビナート、広島市街地、MAZDA Zoom-Zoomスタジアム広島、岡山城(岡山市街地)、瀬戸内海(播磨灘)、淡路島、網干総合車両所宮原支所(下り列車)

▽ 11号車に車いす対応座席を設置
▽ 車内販売の営業なし
▽ 7号車は「S Work車両」。S Work車両はＥＸ予約・スマートＥＸ専用商品。利用に際しては「ＥＸ・ご予約」(ネット予約) から「ＥＸ予約S Work席」を選択。
より広く快適に仕事ができる「S Work Pシート」(6～10 A・C席) も2023.10.20から提供開始 (追加料金1,200円)
▽「特大荷物スペースつき座席」を設置。設置車両は7～10・12号車。下り (新大阪発等) は網掛け部の座席。上り (新大阪行等) は当該車両の1番席。
特大荷物は3辺 (高さ＋横幅＋奥行) 合計が160cmを超え250cm以内のサイズ。事前予約制。事前予約なく車内に特大荷物を持ち込んだ場合は、持ち込み手数料 (1,000円税込) が発生。
ベビーカーやスポーツ用品・楽器等を持ち込む場合は、特大荷物のルールは適用されないが、利用する場合は事前予約制にて予約。詳しくは関係各社のホームページを参照
▽ 2023.05.24から「特大荷物コーナーつき座席」サービス開始。指定席・グリーン席に設定する「特大荷物コーナーつき座席」を求めることで、
デッキ部洗面所横の特大荷物コーナー (㋙荷物と表示) が利用できる。座席指定の際に、「特大荷物コーナーつき座席」を選択 (加算料金なし)。
サイズは上段：3辺の長さがそれぞれ80cm以内×60cm以内×50cm以内、下段：3辺の長さがそれぞれ80cm以内×60cm以内×40cm以内
▽ 喫煙ルームは2024.03.16改正にて廃止。全車全室禁煙に
▽ 携帯電話の使用は全線にて可能、無料Wi-Fi「Shinkansen Free Wi-Fi」サービス実施

▼ 座席／普通車＝回転式 (座席下ペダル) リクライニングシート。シートピッチ1040mm。リクライニング角度24度
グリーン車＝回転式 (座席下ペダル) リクライニングシート。シートピッチ1160mm。リクライニング角度26度
▼ 普通車はB席 (460mm) 以外のシート幅 (430mm) を各10mm拡大
▼ ⓘ／グリーン車は中央肘掛部に全席設置。普通車は窓側および最前部、最後部客室仕切り壁に設置
▼ 全席背面テーブルをＡ４サイズに拡大するとともに、グリーン車はスライド機能を付加
▼ 窓側全席に個別空調吹出し口を設置 (窓上部)
▼ おむつ交換台のあるトイレには印を付加。トイレ内に なし
▼ 8号車の車掌室にAEDを設置
▼ 窓配置は座席ごと独立の小窓 (■)

←博多　　新大阪→

【↑ 主な車窓風景】 小倉港(北九州港)、下関総合車両所新山口支所、三原城跡歴史公園、福山城、姫路城、阪神競馬場

こだま // N700系S・R編成＝JR西日本（S編成）・JR九州（R編成）
875号、834号〔新大阪～三原間〕、871号、830号〔新大阪～岡山間〕

1号車／自由（60）	2号車／自由（100）	3号車／自由（80）	4号車／指定（80）	5号車／指定（72）	6号車／指定＋⊠（36+24）	7号車／自由（38）	8号車／自由（56）
運転室 ABCDE 1～12	ABCDE 1～20	ABCDE 1～16	ABCD 1～19 20	ABCD 1～17 18	ABCD 1～8 9 / ⊠ ABCD 10～14 15	ABCD 1～8 9 10	ABCD 1～14 運転室
781 7000	788 7000	786 7000	787 7000	785 7500	766 7000	787 7700	782 7000

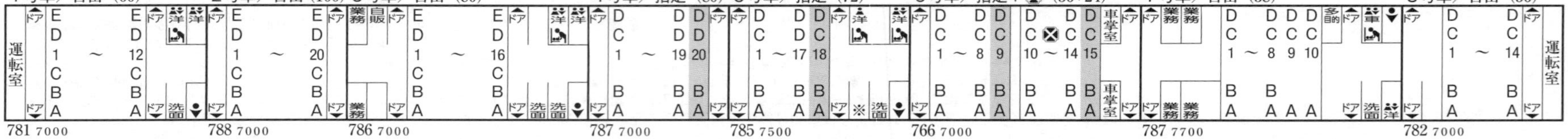

◇「こだま」834号、4号車は自由席（指定席は5・6号車）

こだま // N700系S・R編成＝JR西日本（S編成）・JR九州（R編成） // 783号〔小倉→博多間〕、772号〔新下関←博多間〕

1号車／自由（60）	2号車／自由（100）	3号車／自由（80）	4号車／自由（80）	5号車／自由（72）	6号車／自由＋⊠（36+24）	7号車／自由（38）	8号車／自由（56）
運転室 ABCDE 1～12	ABCDE 1～20	ABCDE 1～16	ABCD 1～20	ABCD 1～18	ABCD 1～9 / ⊠ ABCD 10～15	ABCD 1～8 9 10	ABCD 1～14 運転室
781 7000	788 7000	786 7000	787 7000	785 7500	766 7000	787 7700	782 7000

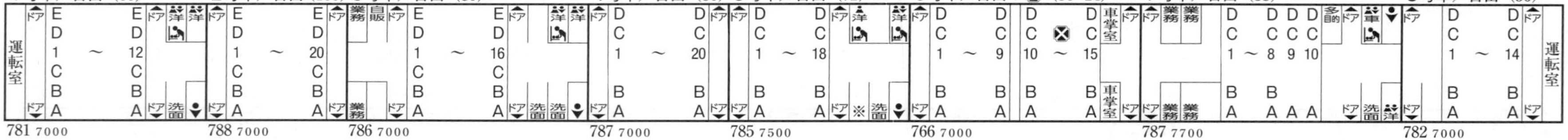

▽ グリーン券は車内でのみ発売

【↓ 主な車窓風景】 小倉城、瀬戸内海(周防灘)、周南コンビナート、広島市街地、MAZDA Zoom-Zoomスタジアム広島、岡山城(岡山市街地)、瀬戸内海(播磨灘)、淡路島、網干総合車両所宮原支所(下り列車)

▽ 全席禁煙
▽「特大荷物スペースつき座席」を設置。設置車両は4～6号車。下り（新大阪発等）は網掛け部の座席。上り（新大阪行等）は当該車両の1番席（6号車は10番席も）。
特大荷物は3辺（高さ＋横幅＋奥行）合計が160cmを超え250cm以内のサイズ。事前予約制。事前予約なく車内に特大荷物を持ち込んだ場合は、持ち込み手数料（1,000円税込）が発生。
ベビーカーやスポーツ用品・楽器等を持ち込む場合は、特大荷物のルールは適用されないが、利用する場合は事前予約制にて予約。詳しくは関係各社のホームページを参照
▽ 喫煙ルームは2024.03.16改正にて廃止。全車全室禁煙に
▽ セミアクティブ制振制御装置・全周型ホロなどの採用により、乗り心地、車内静粛性、車内快適性が大幅に向上している
▽ 車内販売営業の営業なし
▽ 携帯電話の使用は全線にて可能。 無料Wi-Fi「Shinkansen Free Wi-Fi」サービス実施
▼ 座席／普通車＝回転式（座席下ペダル）リクライニングシート。シートピッチ1040mm
　4～8号車は2＆2シートを採用、グリーン車並みのシート幅が特徴
　グリーン車＝回転式（座席下ペダル）リクライニングシート。シートピッチ1160mm
▼ ⑪／グリーン車は中央肘掛部に全席設置。普通車は窓側および最前部、最後部客室仕切り壁に設置
▼ 全席背面テーブルをA4サイズに拡大するとともに、グリーン車ではスライド機能を付加
▼ 窓側全席に個別空調吹出口を設置（窓上部付近）
▼ 6号車2CD付近荷棚にAEDを設置
▼ おむつ交換台のあるトイレには印を付加　▼ 7号車多機能トイレ（車）にはオストメイト対応　▼ 洋式トイレ／便座下げセンサーを装備
▼ 5号車※印はパウダールーム
▼ 窓配置は座席ごと独立の小窓（■）

「こだま」編成席番表 －4

←博多　【⬆ 主な車窓風景】 小倉港(北九州港)、下関総合車両所新山口支所、三原城跡歴史公園、福山城、姫路城、阪神競馬場　新大阪→

こだま // 700系E編成＝JR西日本

845・847・865・867号、840・856・858・860・862・866・870号〔新大阪～博多間〕、877号〔新大阪～岡山間〕、832号〔新大阪←福山間〕、839・869・873号〔新大阪→広島間〕、836号〔新大阪←新岩国間〕、837号〔姫路→博多間〕、863号、872号〔岡山～広島間〕、831・833・843・853・855・859号、838・846・848・852号〔岡山～博多間〕876号〔福山←博多間〕、789号〔広島→新山口間〕、775・781号、776号〔広島～博多間〕

号車	種別（席数）	座席	設備	形式
1号車	自由（65）	運転室、1～13 ABCDE	ドア、洋、洗面、洗面	723 7000
2号車	自由（100）	1～20 ABCDE	ドア	725 7000
3号車	自由（80）	1～16 ABCDE	ドア、洋、洗面、洗面	756 7500
4号車	指定（80）	1～19 20 ABCD	ドア	727 7000
5号車	指定（72）	1～17 18 ABCD	ドア、洋、洗面、洗面	727 7100
6号車	指定（72）	1～17 18 ABCD	ドア、車掌室	726 7000
7号車	自由（50）	1～11 12 13 ABCD	ドア、洋、多目的、洗面	727 7700
8号車	自由（36+16）	1～9 ABCD、1 2 3 4	ドア、運転室	724 7500

◇「こだま」845・847・865号、840・856・858・860・866号の7・8号車は指定席（8号車コンパートメントも含む）
◇「こだま」775・781・789・831・833・877号、832・876号の4号車は自由席

こだま // 700系E編成＝JR西日本

773・777号〔新山口→博多間〕、780号〔新下関～博多間〕、779・785号・770・774・784号〔小倉～博多間〕

号車	種別（席数）	座席	設備	形式
1号車	自由（65）	運転室、1～13 ABCDE	ドア、洋、洗面、洗面	723 7000
2号車	自由（100）	1～20 ABCDE	ドア	725 7000
3号車	自由（80）	1～16 ABCDE	ドア、洋、洗面、洗面	756 7500
4号車	自由（80）	1～20 ABCD	ドア	727 7000
5号車	自由（72）	1～18 ABCD	ドア、洋、洗面、洗面	727 7100
6号車	自由（72）	1～18 ABCD	ドア、車掌室	726 7000
7号車	自由（50）	1～11 12 13 ABCD	ドア、洋、多目的、洗面	727 7700
8号車	自由（36+16）	1～9 ABCD、1 2 3 4	ドア、運転室	724 7500

【⬇ 主な車窓風景】 小倉城、瀬戸内海(周防灘)、周南コンビナート、広島市街地、MAZDA Zoom-Zoomスタジアム広島、岡山城(岡山市街地)、瀬戸内海(播磨灘)、淡路島、網干総合車両所宮原支所(下り列車)

▽「特大荷物スペースつき座席」を設置。設置車両は指定席となる4～6号車。下り（新大阪発等）は網掛け部の座席。上り（新大阪行等）は当該車両の1番席
▽ 7号車は、指定席となる日は、車いす対応座席を設置
▽ 車内販売の営業なし
▽ 携帯電話の使用は全線にて可能。無料Wi-Fi「Shinkansen Free Wi-Fi」サービス実施

▼ 座席／普通車＝回転式（座席下ペダル）リクライニングシート。シートピッチ1040mm
4～8号車は2＆2シートを採用、グリーン車並みのシート幅が特徴
▼ 5～8号車には、最前部・最後部客室仕切り壁にノート型パソコンなどが利用しやすいような大型テーブルとモバイル用電源コンセントを設置（7号車13ACD席はのぞく）
▼ 8号車コンパートメント（4人用普通個室）は利用できない（自由席の場合）
▼ 3·7号車には自動販売機を設置
▼ おむつ交換台のあるトイレには印を付加。またトイレ内にベビーチェアはなし
▼ 6号車2CD席付近の荷棚にAEDを設置
▼ 窓配置は座席ごと独立の小窓（■）

←博多　【⬆ 主な車窓風景】 小倉港(北九州港)、下関総合車両所新山口支所、三原城跡歴史公園、福山城、姫路城、阪神競馬場　新大阪→

こだま // 500系V編成＝JR西日本
841・849・851・861号、842・854号〔新大阪～博多間〕、868号〔新大阪～岡山間〕
857号、850・864号〔岡山～博多間〕

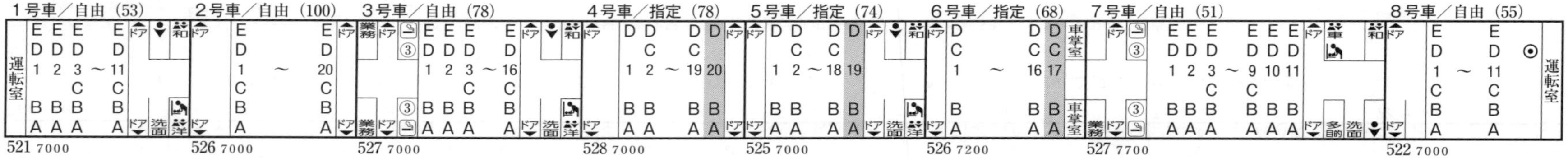

1号車／自由（53）	2号車／自由（100）	3号車／自由（78）	4号車／指定（78）	5号車／指定（74）	6号車／指定（68）	7号車／自由（51）	8号車／自由（55）
運転室 E E E E	E E	E E E E	D D D D	D D D D	D D D	E E E E E E	E E
D D D D	D D	D D D D	C C	C C	C C C	D D D D D D	D D ⊙
1 2 3 ～ 11	1 ～ 20	1 2 3 ～ 16	1 2 ～ 19 20	1 2 ～ 18 19	1 ～ 16 17	1 2 3 ～ 9 10 11	1 ～ 11 運転室
C C	C C	C C	B B B B	B B B B	B B B	C C	C C
B B B B	B B	B B B B	A A A A	A A A A	A A A	B B B B B B	B B
A A A A	A A	A A A A				A A A A A A	A A
521 7000	526 7000	527 7000	528 7000	525 7000	526 7200	527 7700	522 7000

◇「こだま」849号・842号は、25頁の「ハローキティ新幹線」編成にて運転となる日もある。詳細は、最新のJR時刻表などを参照

こだま // 500系V編成＝JR西日本
835号、874号〔岡山～博多間〕

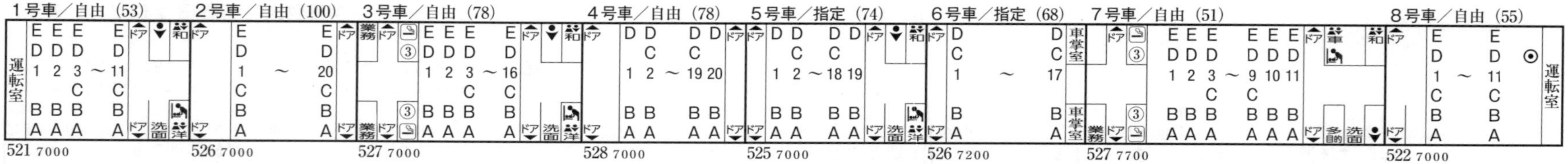

1号車／自由（53）	2号車／自由（100）	3号車／自由（78）	4号車／自由（78）	5号車／指定（74）	6号車／指定（68）	7号車／自由（51）	8号車／自由（55）
運転室 E E E E	E E	E E E E	D D D D	D D D D	D D	E E E E E E	E E
D D D D	D D	D D D D	C C	C C	C C	D D D D D D	D D ⊙
1 2 3 ～ 11	1 ～ 20	1 2 3 ～ 16	1 2 ～ 19 20	1 2 ～ 18 19	1 ～ 17	1 2 3 ～ 9 10 11	1 ～ 11 運転室
C C	C C	C C	B B B B	B B B B	B B	C C	C C
B B B B	B B	B B B B	A A A A	A A A A	A A	B B B B B B	B B
A A A A	A A	A A A A				A A A A A A	A A
521 7000	526 7000	527 7000	528 7000	525 7000	526 7200	527 7700	522 7000

【⬇ 主な車窓風景】 小倉城、瀬戸内海(周防灘)、周南コンビナート、広島市街地、MAZDA Zoom-Zoomスタジアム広島、岡山城(岡山市街地)、瀬戸内海(播磨灘)、淡路島、網干総合車両所宮原支所(下り列車)

▽「特大荷物スペースつき座席」を設置。設置車両は4～6号車。下り（新大阪発等）は網掛け部の座席。上り（新大阪行等）は当該車両の1番席。
特大荷物は3辺（高さ＋横幅＋奥行）合計が160cmを超え250cm以内のサイズ。事前予約制。事前予約なく車内に特大荷物を持ち込んだ場合は、持ち込み手数料（1,000円税込）が発生。
ベビーカーやスポーツ用品・楽器等を持ち込む場合は、特大荷物のルールは適用されないが、利用する場合は事前予約制にて予約。詳しくは関係各社のホームページを参照
▽ 車内販売の営業なし
▽ 携帯電話の使用は全線にて可能。無料Wi-Fi「Shinkansen Free Wi-Fi」サービス実施

▼ 座席／普通車（自由席）＝回転式（座席下ペダル）リクライニングシート
　　　普通車（指定席）＝回転式（座席下ペダル）リクライニングシート
▼ 4・5号車の座席は2＆2シートに改装
▼ おむつ交換台のあるトイレには印を付加
▼ 印は喫煙室
▼ 8号車⊙印にお子様向け運転台（「こども運転台」）を設置。これにより8号車定員は55名に減
▼ 6号車1CD席付近の荷棚にAEDを設置
▼ 窓配置は座席ごと独立の小窓（■）

←博多　　【⬆ 主な車窓風景】 小倉港(北九州港)、下関総合車両所新山口支所、三原城跡歴史公園、福山城、姫路城、阪神競馬場　　新大阪→

こだま // 500系V編成「ハローキティ新幹線」＝ＪＲ西日本
849号、842号〔新大阪～博多間〕

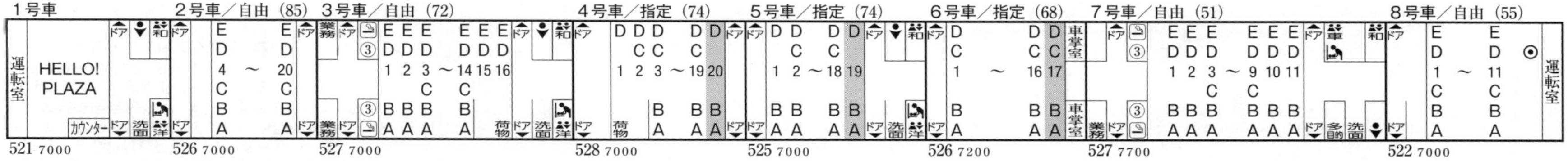

	1号車	2号車／自由（85）	3号車／自由（72）	4号車／指定（74）	5号車／指定（74）	6号車／指定（68）	7号車／自由（51）	8号車／自由（55）
E	運転室 HELLO! PLAZA カウンター	E　E	E E E　E E E				E E E　E E E	E　E
D		D　D	D D D　D D D	D D D　D D	D D　D D	D　D D	D D D　D D D	D　D ⊙
番号		4 ～ 20	1 2 3 ～ 14 15 16	1 2 3 ～ 19 20	1 2 ～ 18 19	1 ～ 16 17	1 2 3 ～ 9 10 11	1 ～ 11 運転室
C		C　C	C　C	C C　C	C　C	C　C C	C　C	C　C
B		B　B	B B B　B	B　B B	B B　B B	B　B B	B B B　B B B	B　B
A		A　A	A A A　A	A　A A	A A　A A	A　A A	A A A　A A A	A　A
形式	521 7000	526 7000	527 7000	528 7000	525 7000	526 7200	527 7700	522 7000

【⬇ 主な車窓風景】 小倉城、瀬戸内海(周防灘)、周南コンビナート、広島市街地、MAZDA Zoom-Zoom スタジアム広島、岡山城(岡山市街地)、瀬戸内海(播磨灘)、淡路島、網干総合車両所宮原支所(下り列車)

◇「ハローキティ新幹線」は、2018.06.30 から運転開始。運転日等の詳細は最新のＪＲ時刻表などで確認

◇ １号車は「ＨＥＬＬＯ！ＰＬＡＺＡ」。西日本各地域を期間限定で紹介するほか、限定グッズや地域の特産品が購入できるショップスペースがある
２号車はハローキティ仕様のかわいいお部屋。ハローキティといっしょに旅をしているような気分が味わえるほか、
「ハローキティ」といっしょに記念撮影できるフォトスポットがある
このほか、車内チャイムを「ハローキティ新幹線」限定のオリジナルメロディに変更する

◇「こだま」849 号・840 号が一般車両にて運転の日は、24 頁上図の編成にて運転
▽「特大荷物スペースつき座席」を設置。設置車両は４～６号車。下り（新大阪発等）は網掛け部の座席。上り（新大阪行等）は当該車両の１番席。
特大荷物は３辺（高さ＋横幅＋奥行）合計が 160cm を超え 250cm 以内のサイズ。事前予約制。事前予約なく車内に特大荷物を持ち込んだ場合は、持ち込み手数料（1,000 円税込）が発生。
ベビーカーやスポーツ用品・楽器等を持ち込む場合は、特大荷物のルールは適用されないが、利用する場合は事前予約制にて予約。詳しくは関係各社のホームページを参照
▽ 携帯電話の使用は全線にて可能。無料Ｗi‐Ｆi「Shinkansen Free Wi-Fi」サービス実施
▽ 車内販売の営業なし

▼ おむつ交換台のあるトイレには印を付加
▼ ８号車⊙印にお子様向け運転台（「こども運転台」）を設置。これにより８号車の定員は 55 名に減
▼ ６号車１ＣＤ席付近の荷棚にＡＥＤを設置
▼ 窓配置は座席ごと独立の小窓（■）

九州新幹線「さくら」編成席番表 －1

←鹿児島中央　【⬆ 主な車窓風景】 不知火海（八代海）、雲仙岳（有明海）、HAWKSベースボールパーク筑後、福岡市街地　博多→

さくら // N700系S・R編成＝JR西日本（S編成）・JR九州（R編成）
402・408号〔博多～鹿児島中央間〕

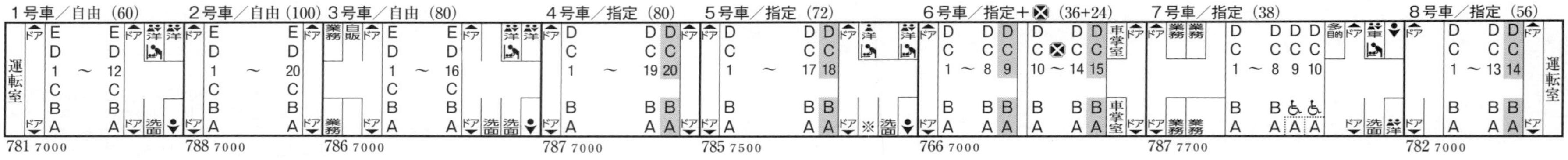

1号車／自由（60）
2号車／自由（100）
3号車／自由（80）
4号車／指定（80）
5号車／指定（72）
6号車／指定＋⊠（36+24）
7号車／指定（38）
8号車／指定（56）
運転室
E D 1 ～ 12 C B A
E D 1 ～ 20 C B A
E D 1 ～ 16 C B A
D C 1 ～ 19 20 B A
D C 1 ～ 17 18 B A
D C 1 ～ 8 9 B A
D C⊠C 10 ～ 14 15 B A
D C 1 ～ 8 9 10 B A
D C 1 ～ 13 14 B A
ドア
洋
洗面
業務
販
車掌室
多目的
車
※
781 7000
788 7000
786 7000
787 7000
785 7500
766 7000
787 7700
782 7000

【⬇ 主な車窓風景】 熊本総合車両所、阿蘇五岳・外輪山、熊本城（熊本市街地）、博多総合車両所

▽ 車内販売。九州新幹線（博多～鹿児島中央間）は2019.03.15限りでサービス終了
▽「特大荷物スペースつき座席」を設置。設置車両は4～6・8号車。下り（新大阪発等）は網掛け部の座席。上り（新大阪行等）は当該車両の1番席（6号車は10番席も）。
特大荷物は3辺（高さ＋横幅＋奥行）合計が160cmを超え250cm以内のサイズ。事前予約制。事前予約なく車内に特大荷物を持ち込んだ場合は、持ち込み手数料（1,000円税込）が発生。
ベビーカーやスポーツ用品・楽器等を持ち込む場合は、特大荷物のルールは適用されないが、利用する場合は事前予約制にて予約。詳しくは関係各社のホームページを参照
▽ 喫煙ルームは2024.03.16改正にて廃止。全車全室禁煙に
▽ 7号車に車いす対応座席を設置
▽ セミアクティブ制振制御装置・全周型ホロなどの採用により、乗り心地、車内静粛性、車内快適性が大幅に向上
▽ 携帯電話の使用は全線にて可能。無料Wi-Fi「Shinkansen Free Wi-Fi」サービス実施
▼ 座席／普通車＝回転式（座席下ペダル）リクライニングシート。シートピッチ1040mm
4～8号車は2＆2シートを採用、グリーン車並みのシート幅が特徴
グリーン車＝回転式（座席下ペダル）リクライニングシート。シートピッチ1160mm
▼ ⓘ／グリーン車は中央肘掛部に全席設置。普通車は窓側および最前部、最後部客室仕切り壁に設置
▼ 全席背面テーブルをA4サイズに拡大するとともに、グリーン車ではスライド機能を付加
▼ 窓側全席に個別空調吹出口を設置（窓上部付近）
▼ 6号車2CD付近荷棚にAEDを設置
▼ おむつ交換台のあるトイレには印を付加
▼ 7号車多機能トイレ（車）にはオストメイト対応
▼ 洋式トイレ／便座下げセンサーを装備
▼ 5号車※印はパウダールーム
▼ 窓配置は座席ごと独立の小窓（■）

◇ 新大阪・広島発着の「さくら」は16頁参照

←鹿児島中央　【⬆ 主な車窓風景】 不知火海（八代海）、雲仙岳（有明海）、HAWKSベースボールパーク筑後、福岡市街地　博多→

さくら // 800系U編成＝JR九州
403・405・407・409号、400・404号〔博多～鹿児島中央間〕

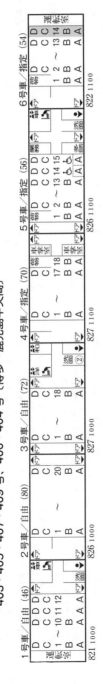

1号車／自由（46）	2号車／自由（80）	3号車／自由（72）	4号車／指定（70）	5号車／指定（56）	6号車／指定（54）
運転室 D D D D / C C C C / 1 ～ 10 11 12 / B B / A A A A　ドア 洗面 車いす対応トイレ	ドア D D / C C / 1 ～ 20 / B B / A A ドア	ドア D D / C C / 1 ～ 18 / B B / A A ドア 洋 和 洗面②	ドア D D 荷物 / C C / 1 ～ 17 18 / B B B / A A A 車掌室 ドア	ドア 荷物 D D D D / C C C C / 1 2 ～ 13 14 15 / B B B ♿ ♿ / A A A A A　業務 多目的 ドア 洗面 車いす対応トイレ	ドア 荷物 D D D / C C C / 1 2 ～ 13 14 / B B B B / A A A A 運転室
821 1000	826 1000	827 1000	827 1100	826 1100	822 1100

【⬇ 主な車窓風景】 熊本総合車両所、阿蘇五岳・外輪山、熊本城（熊本市街地）、博多総合車両所

◇「さくら」400・409号の4号車は、平日　自由席

▽「特大荷物スペースつき座席」を設置。設置車両は6号車。下り（博多発）は網掛け部の座席。上り（博多行）は当該車両の1AB席。
特大荷物は3辺（高さ＋横幅＋奥行）合計が160cmを超え250cm以内のサイズ。事前予約制。事前予約なく車内に特大荷物を持ち込んだ場合は、持ち込み手数料（1,000円税込）が発生。
ベビーカーやスポーツ用品・楽器等を持ち込む場合は、特大荷物のルールは適用されないが、利用する場合は事前予約制にて予約。詳しくは関係各社のホームページを参照
▽ 携帯電話の使用は全線にて可能。無料Wi-Fi「Shinkansen Free Wi-Fi」サービス実施
▽ 車内販売。九州新幹線（博多～鹿児島中央間）は2019.03.15限りでサービス終了

▼ 座席／普通車＝回転式（座席下ペダル）リクライニングシート。シートピッチ1040mm
2＆2シートを採用、グリーン車並みのシート幅が特徴
▼ 5号車に車いす対応座席を設置
▼ ⓘ／各車両の客室壁部に装備
▼ おむつ交換台のあるトイレには印を付加
▼ 4号車の荷棚にAEDを設置
▼ 窓配置は座席ごと独立の小窓（■）

九州新幹線「つばめ」編成席番表 −1

←鹿児島中央　　【⬆ 主な車窓風景】 不知火海(八代海)、雲仙岳(有明海)、HAWKSベースボールパーク筑後、福岡市街地　　博多・小倉→

つばめ // N700系S・R編成＝JR西日本（S編成）・JR九州（R編成） // 321号〔新下関→熊本間〕、316・338・340号〔博多〜鹿児島中央間〕

号車	1号車	2号車	3号車	4号車	5号車	6号車	7号車	8号車
種別	自由(60)	自由(100)	自由(80)	指定(80)	指定(72)	指定＋⊠(36+24)	指定(38)	指定(56)
座席	運転室 / E・D 1〜12 C・B・A	E・D 1〜20 C・B・A	E・D 1〜16 C・B・A	D・C 1〜19 20 B・A	D・C 1〜17 18 B・A	D・C 1〜8 9 B・A / D・C⊠C・C 10〜14 15 B・A / 車掌室	D・C 1〜8 9 10 B・A ♿♿ / 多目的	D・C 1〜13 14 B・A / 運転室
設備	ドア・洋・洋・洗面	ドア・業務・販	ドア・洋・洋・洗面	ドア・洋・洋・※・洗面	ドア・車掌室	ドア・業務・業務	ドア・洋・車・洗面	ドア
形式	781 7000	788 7000	786 7000	787 7000	785 7500	766 7000	787 7700	782 7000

つばめ // N 700 系S・R編成＝JR西日本（S編成）・JR九州（R編成） // 307・309・311号〔博多〜鹿児島中央間〕、333号〔博多〜熊本間〕、302号〔小倉←熊本間〕、303号、342号〔熊本〜鹿児島中央間〕

号車	1号車	2号車	3号車	4号車	5号車	6号車	7号車	8号車
種別	自由(60)	自由(100)	自由(80)	自由(80)	自由(72)	指定＋⊠(36+24)	指定(38)	指定(56)
座席	運転室 / E・D 1〜12 C・B・A	E・D 1〜20 C・B・A	E・D 1〜16 C・B・A	D・C 1〜20 B・A	D・C 1〜18 B・A	D・C 1〜8 9 B・A / D・C⊠C・C 10〜14 15 B・A / 車掌室	D・C 1〜8 9 10 B・A ♿♿ / 多目的	D・C 1〜13 14 B・A / 運転室
設備	ドア・洋・洋・洗面	ドア・業務・販	ドア・洋・洋・洗面	ドア・洋・洋・※・洗面	ドア・車掌室	ドア・業務・業務	ドア・洋・車・洗面	ドア
形式	781 7000	788 7000	786 7000	787 7000	785 7500	766 7000	787 7700	782 7000

◇「つばめ」333号の5号車は、平日　自由席

【⬇ 主な車窓風景】 熊本総合車両所、阿蘇五岳・外輪山、熊本城(熊本市街地)、博多総合車両所

▽ 車内販売の営業なし　　▽ 7号車に車いす対応座席を設置
▽「特大荷物スペースつき座席」を設置。設置車両は指定席の4〜6・8号車。下り（博多発等）は網掛け部の座席。上り（博多行等）は当該車両の1番席（6号車は10番席も）。
特大荷物は3辺（高さ＋横幅＋奥行）合計が160cmを超え250cm以内のサイズ。事前予約制。事前予約なく車内に特大荷物を持ち込んだ場合は、持ち込み手数料（1,000円税込）が発生。
ベビーカーやスポーツ用品・楽器等を持ち込む場合は、特大荷物のルールは適用されないが、利用する場合は事前予約制にて予約。詳しくは関係各社のホームページを参照
▽ 喫煙ルームは2024.03.16改正にて廃止。全車全室禁煙に
▽ セミアクティブ制振制御装置・全周型ホロなどの採用により、乗り心地、車内静粛性、車内快適性が大幅に向上
▽ 携帯電話の使用は全線にて可能。無料Wi-Fi「Shinkansen Free Wi-Fi」サービス実施
▼ 座席／普通車＝回転式（座席下ペダル）リクライニングシート。シートピッチ1040mm　　4〜8号車は2＆2シートを採用、グリーン車並みのシート幅が特徴
グリーン車＝回転式（座席下ペダル）リクライニングシート。シートピッチ1160mm
▼ ⓘ／グリーン車は中央肘掛部に全席設置。普通車は窓側および最前部、最後部客室仕切り壁に設置
▼ 全席背面テーブルをA4サイズに拡大するとともに、グリーン車ではスライド機能を付加　▼ 窓側全席に個別空調吹出口を設置（窓上部付近）　▼ 6号車2CD付近荷棚にAEDを設置
▼ おむつ交換台のあるトイレには印を付加　▼ 5号車※印はパウダールーム　▼ 7号車多機能トイレ（車）には、オストメイト対応　▼ 洋式トイレ／便座下げセンサーを装備
▼ 窓配置は座席ごと独立の小窓（■）

←鹿児島中央　【⬆ 主な車窓風景】 不知火海(八代海)、雲仙岳(有明海)、HAWKSベースボールパーク筑後、福岡市街地　博多→

つばめ // 800系U編成＝ＪＲ九州
313・315・317・319・323・325・327・329号、312・314・318・320・322・324・326・332号〔博多～熊本間〕
331・335・337・339・341・345号、300・304・330号【土曜・休日】〔博多～熊本間〕
327号、310・334・336号〔博多～鹿児島中央間〕、343号、306・308・328号【土曜・休日】〔博多～鹿児島中央間〕

号車	1号車／自由（46）	2号車／自由（80）	3号車／自由（72）	4号車／指定（70）	5号車／指定（56）	6号車／指定（54）
座席	運転室 / D C B A 1～10、D C 11 12、A A（ドア・車いす・トイレ・洗面）	ドア / DCBA 1～20 / ドア	ドア / DCBA 1～18 / ドア・洋・洗面・洗面・和	ドア / DCBA 1～17、18 DCBA / 荷物・車掌室	ドア・荷物 / DCBA 1 2～13、DCBA 14 15（車いす対応）/ 業務・多目的・ドア・洗面	ドア・荷物 / DCBA 1 2～13 14 / 運転室
形式	821 1000	826 1000	827 1000	827 1100	826 1100	822 1100

つばめ // 800系U編成＝ＪＲ九州 // **331・335・337・339・341・345号、300・304・330号【平日】〔博多～熊本間〕**
343号、306・308・328号【平日】〔博多～鹿児島中央間〕、305号〔熊本～鹿児島中央間〕

号車	1号車／自由（46）	2号車／自由（80）	3号車／自由（72）	4号車／自由（70）	5号車／指定（56）	6号車／指定（54）
座席	運転室 / DCBA 1～10、DC 11 12、A A	DCBA 1～20	DCBA 1～18	DCBA 1～17 18	DCBA 1 2～13 14 15（車いす対応）	DCBA 1 2～13 14 / 運転室
形式	821	826	827	827 100	826 100	822 100

◇「つばめ」304号の5号車は自由席

つばめ // 800系U編成＝ＪＲ九州 // **301号〔川内→鹿児島中央間〕**

号車	1号車／自由（46）	2号車／自由（80）	3号車／自由（72）	4号車／—（70）	5号車／—（56）	6号車／—（54）
座席	運転室 / DCBA 1～10、DC 11 12、A A	DCBA 1～20	DCBA 1～18	DCBA 1～17 18	DCBA 1 2～13 14 15	DCBA 1 2～13 14 / 運転室
形式	821	826	827	827 100	826 100	822 100

◇「つばめ」301号は1～3号車のみ利用できる

【⬇ 主な車窓風景】 熊本総合車両所、阿蘇五岳・外輪山、熊本城(熊本市街地)、博多総合車両所

▽ 車内販売の営業なし
▽「特大荷物スペースつき座席」を設置。設置車両は6号車。下り（博多発）は網掛け部の座席。上り（博多行）は当該車両の1AB席。
　特大荷物は3辺（高さ＋横幅＋奥行）合計が160cmを超え250cm以内のサイズ。事前予約制。事前予約なく車内に特大荷物を持ち込んだ場合は、持ち込み手数料（1,000円税込）が発生。
　ベビーカーやスポーツ用品・楽器等を持ち込む場合は、特大荷物のルールは適用されないが、利用する場合は事前予約制にて予約。詳しくは関係各社のホームページを参照
▽ 携帯電話の使用は全線にて可能。無料Wi-Fi「Shinkansen Free Wi-Fi」サービス実施
▼ 座席／普通車＝回転式（座席下ペダル）リクライニングシート。シートピッチ1040mm。2＆2シートを採用、グリーン車並みのシート幅が特徴
▽ 5号車に車いす対応座席を設置　▼ 4号車の荷棚にＡＥＤを設置
▼ ⑪／各車両の客室壁部に装備　▼ おむつ交換台のあるトイレには印を付加　▼ 窓配置は座席ごと独立の小窓（■）

東北・北海道新幹線 「はやぶさ」編成席番表 －1

←東京　　新青森・新函館北斗→

【⬆ 主な車窓風景】 飛鳥山公園、富士山、ロッテ浦和球場、大宮駅上越新幹線、男体山、那須連峰、郡山総合車両センター、安達太良山、吾妻連峰、福島駅山形新幹線、蔵王連峰、仙台市街地、仙台車両センター、泉ヶ岳と船形連峰、ひとめぼれスタジアム宮城、栗駒山、岩手山、盛岡駅秋田新幹線、駒ヶ岳

はやぶさ // E５系U編成＝JR東日本、H５系H編成＝JR北海道 // 1・5・9・11・17・21・23・25・27・31・35・39・41・43・45号
6・10・14・16・18・22・24・28・32・34・38・40・42・46・48号

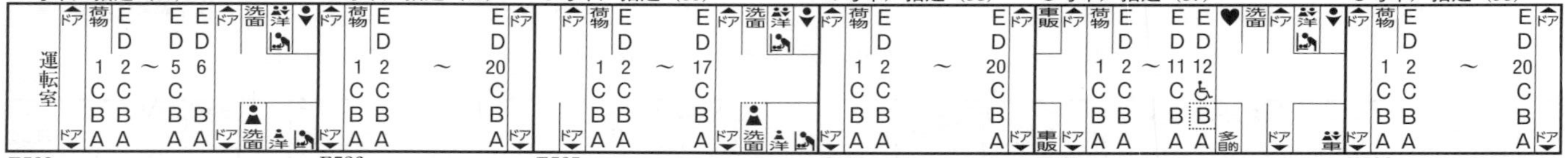

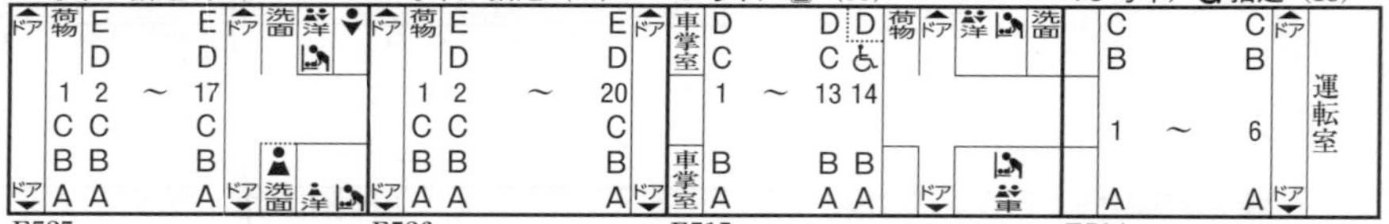

号車	設備	座席	形式
1号車／指定（27）	運転室、ドア、荷物、洗面、洋、女性用トイレ	E D C B A 1～6（6列目 E D B A）	E523
2号車／指定（98）	ドア、荷物	A B C D E 1～20	E526 100
3号車／指定（83）	ドア、荷物、洗面、洋、女性用トイレ	A B C D E 1～17	E525
4号車／指定（98）	ドア、荷物	A B C D E 1～20	E526 200
5号車／指定（57）	車販、ドア、荷物、AED（♥）、多目的、洗面、洋	A B C D E 1～11、12（E D 車いす B A）	E525 400
6号車／指定（98）	ドア、荷物	A B C D E 1～20	E526 300
7号車／指定（83）	ドア、荷物、洗面、洋、女性用トイレ	A B C D E 1～17	E525 100
8号車／指定（98）	ドア、荷物	A B C D E 1～20	E526 400
9号車／Ⓧ（55）	車掌室、荷物、ドア、洋、洗面	A B C D 1～13、14（D 車いす B A）	E515
10号車／G指定（18）	ドア、運転室	A B C 1～6	E514

【⬇ 主な車窓風景】 東京スカイツリー、埼京線並走（赤羽～大宮間）、さいたまスーパーアリーナ、鉄道博物館、筑波山、信夫山、新幹線総合車両センター（仙台～古川間）、早池峰山、盛岡市街地、青森市街地、陸奥湾、函館山、函館新幹線総合車両所

◇上記記載の列車のうち、北海道新幹線（新青森～新函館北斗間）に乗り入れる列車は、
「はやぶさ」1・23・25・39・43号、10・14・18・22・28・32・34・48号
◇ゴールデンウイーク期間中の04.29、05.04～07は青函トンネルエリアの最高速度を260km/hに引き上げて運転。
東京～新函館北斗間、最速列車は現行より５分短縮の３時間57分にて運転
◇「はやぶさ」21・39号、10・28・42号は基本的にH５系にて運転。そのほかはE５系にて運転
▽７号車はワーク＆スタディ優先車両「TRAIN DESK」（平日のみ実施。土休日、最繁忙期は対象外）。座席指定
▽東京～盛岡間、10号車寄りに「こまち」を併結運転
▽最高速度320km/hにて運転（宇都宮～盛岡間）
▽車体傾斜装置搭載
▽５・９号車に車いす対応座席を設置
▽車内販売は、東北新幹線東京～新青森間にて営業。北海道新幹線新青森～新函館北斗間は2019.03.15限りにて終了。
ただし営業区間内にあっても弁当・軽食類の販売はしていないので注意。
▽携帯電話の利用は全線にて可能
▽無料Wi-Fi「JR-EAST FREE Wi-Fi」サービス実施
▼座席／普通車＝回転式（座席下ペダル）座面スライド式リクライニングシート、シートピッチ1040mm
可動式ヘッドレスト装備
グリーン車＝回転式（座席下ペダル）リクライニングシート、シートピッチ1160mm、座席有効幅475mm
電動式レッグレスト、読書灯内蔵シート、可動式ヘッドレスト装備
グランクラス〔G〕＝本革製、オール電動式シート、リクライニング角度45度
シートピッチ1300mm、座席有効幅520mm
▼ⓘ／普通車は窓側壁下部に、グリーン車、グランクラスは座席肘掛部に装備。なおH５系とE５系U29編成以降の車両は全席に設置
▼５号車（♥印）にAEDを設置
▼洋式トイレは温水洗浄式便座（一部未施工）。また５号車の多機能トイレはオストメイト対応
▼1・3・7号車に女性用のトイレ〔おむつ交換台（印）、更衣台、姿見を設備〕と洗面所を設置　▼窓配置は座席ごと独立の小窓（■）　◇各号車に表記の車両形式はE５系にて表示

青函トンネル通過に関して［参考］
下り　はやぶさ７号　新青森～新函館北斗間ノンストップ
2019.03改正まで　新青森11：21発
青函トンネル11：39～12：04（25分）［140km/h運転］
新函館北斗12：22着
2019.03改正から　新青森11：21発
青函トンネル11：38～12：01（23分）［160km/h運転］
新函館北斗12：18着
上り　はやぶさ22号　新函館北斗～新青森間ノンストップ
2019.03改正まで　新函館北斗10：49発
青函トンネル11：07～11：32（25分）［140km/h運転］
新青森11：50着
2019.03改正から　新函館北斗10：53発
青函トンネル11：10～11：33（23分）［160km/h運転］
新青森11：50着

←東京　　新青森・新函館北斗→

【⬆ 主な車窓風景】 飛鳥山公園、富士山、ロッテ浦和球場、大宮駅上越新幹線、男体山、那須連峰、郡山総合車両センター、安達太良山、吾妻連峰、福島駅山形新幹線、蔵王連峰、仙台市街地、仙台車両センター、泉ヶ岳と船形連峰、ひとめぼれスタジアム宮城、栗駒山、岩手山、盛岡駅秋田新幹線、駒ヶ岳

はやぶさ // Ｅ５系Ｕ編成＝ＪＲ東日本 // ７・13・19・47・101・103・105・107・109号　２・４・８・26・44・104・106・108・112号

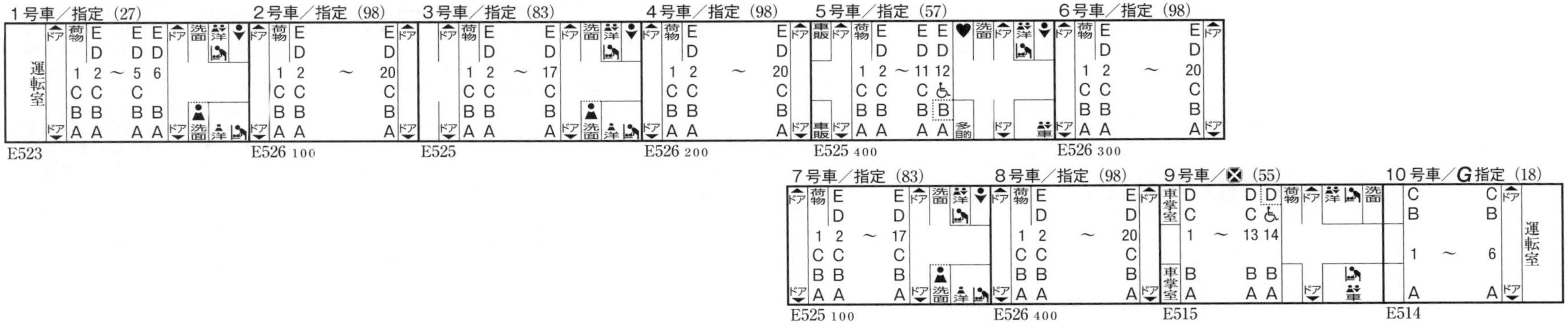

1号車／指定（27）　運転室　ドア　荷物　1 2 ～ 5 6（A・B・C・D・E）　ドア　洗面　洋　♀　E523

2号車／指定（98）　ドア　荷物　1 2 ～ 20（A・B・C・D・E）　ドア　E526 100

3号車／指定（83）　ドア　荷物　1 2 ～ 17（A・B・C・D・E）　ドア　洗面　洋　♀　E525

4号車／指定（98）　ドア　荷物　1 2 ～ 20（A・B・C・D・E）　ドア　E526 200

5号車／指定（57）　車販　ドア　荷物　1 2 ～ 11 12（A・B・C・D・E、12C ♿）　♥　洗面　多目的　ドア　洋　E525 400

6号車／指定（98）　ドア　荷物　1 2 ～ 20（A・B・C・D・E）　ドア　E526 300

7号車／指定（83）　ドア　荷物　1 2 ～ 17（A・B・C・D・E）　ドア　洗面　洋　♀　E525 100

8号車／指定（98）　ドア　荷物　1 2 ～ 20（A・B・C・D・E）　ドア　E526 400

9号車／Ⓧ（55）　車掌室　1 ～ 13 14（A・B・C・D、14C ♿）　荷物　ドア　洋　洗面　E515

10号車／G指定（18）　1 ～ 6（A・B・C）　ドア　運転室　E514

【⬇ 主な車窓風景】 東京スカイツリー、埼京線並走（赤羽～大宮間）、さいたまスーパーアリーナ、鉄道博物館、筑波山、信夫山、新幹線総合車両センター（仙台～古川間）、早池峰山、盛岡市街地、青森市街地、陸奥湾、函館山、函館新幹線総合車両所

◇ 上記記載の列車のうち、北海道新幹線（新青森～新函館北斗間）に乗り入れる列車は、「はやぶさ」７・13・19号、44号（「はやぶさ」７・44号は、東京～新函館北斗間３時間58分の最速列車）
◇「はやぶさ」47号、２号のグランクラスは、アテンダントによる車内サービスなし
▽ ７号車はワーク＆スタディ優先車両「TRAIN DESK」（平日のみ実施。土休日、最繁忙期は対象外）。座席指定
▽ 最高速度320km/hにて運転（宇都宮～盛岡間）
▽ 車体傾斜装置搭載
▽ ５・９号車に車いす対応座席を設置
▽ 車内販売は、東北新幹線東京～新青森間にて営業。北海道新幹線新青森～新函館北斗間は2019.03.15限りにて終了。
　ただし営業区間内にあっても弁当・軽食類の販売はしていないので注意。
▽ 携帯電話の利用は全線にて可能
▽ 無料Wi-Fi「JR-EAST FREE Wi-Fi」サービス実施
▼ 座席／普通車＝回転式（座席下ペダル）座面スライド式リクライニングシート、シートピッチ1040mm
　可動式ヘッドレスト装備
　グリーン車＝回転式（座席下ペダル）リクライニングシート、シートピッチ1160mm、座席有効幅475mm
　電動式レッグレスト、読書灯内蔵シート、可動式ヘッドレスト装備
　グランクラス〔G〕＝本革製、オール電動式シート、リクライニング角度45度
　シートピッチ1300mm、座席有効幅520mm
▼ ㊀／普通車は窓側壁下部に、グリーン車、グランクラスは座席肘掛部に装備。なおＨ５系とＥ５系Ｕ29編成以降の車両は全席に設置
▼ 洋式トイレは温水洗浄式便座（一部未施工）。また５号車の多機能トイレはオストメイト対応
▼ １・３・７号車に女性用のトイレ〔おむつ交換台（印）、更衣台、姿見を設備〕と洗面所を設置
▼ ５号車（♥印）にAEDを設置
▼ 窓配置は座席ごと独立の小窓（■）

←仙台　【⬆ 主な車窓風景】 仙台市街地、仙台車両センター、泉ヶ岳と船形連峰、ひとめぼれスタジアム宮城、栗駒山、岩手山、盛岡駅秋田新幹線、駒ヶ岳　新青森・新函館北斗→

はやぶさ // Ｅ５系Ｕ編成＝ＪＲ東日本、Ｈ５系Ｈ編成＝ＪＲ北海道 // 95 号、96 号

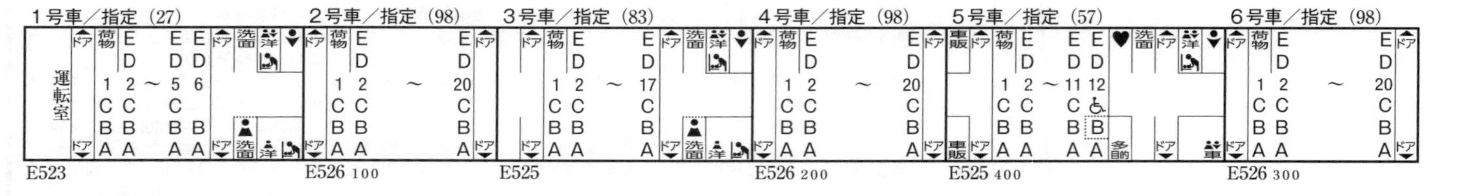

【⬇ 主な車窓風景】 新幹線総合車両センター（仙台～古川間）、早池峰山、盛岡市街地、青森市街地、陸奥湾、函館山、函館新幹線総合車両所

◇「はやぶさ」95 号・96 号のグランクラスは、アテンダントによる車内サービスなし
◇「はやぶさ」95 号は基本的にＨ５系にて運転。そのほかはＥ５系にて運転
◇ 仙台～盛岡間の途中駅に停車する区間を相互に利用する限り、自由席特急券で普通車指定席の空いている席を利用できる
▽ 7 号車はワーク＆スタディ優先車両「TRAIN DESK」（平日のみ実施。土休日、最繁忙期は対象外）。座席指定

▽ 仙台～盛岡間、10 号車寄りに「こまち」を併結運転
▽ 最高速度 320km/h にて運転（仙台～盛岡間）
▽ 車体傾斜装置搭載
▽ 5・9 号車に車いす対応座席を設置
▽ 車内販売は、東北新幹線仙台～新青森間にて営業。北海道新幹線新青森～新函館北斗間は 2019.03.15 限りにて終了。
ただし営業区間内にあっても弁当・軽食類の販売はしていないので注意。
▽ 携帯電話の利用は全線にて可能
▽ 無料 Wi-Fi「JR-EAST FREE Wi-Fi」サービス実施
▼ 座席／普通車＝回転式（座席下ペダル）座面スライド式リクライニングシート、シートピッチ 1040mm
可動式ヘッドレスト装備
グリーン車＝回転式（座席下ペダル）リクライニングシート、シートピッチ 1160mm、座席有効幅 475mm
電動式レッグレスト、読書灯内蔵シート、可動式ヘッドレスト装備
グランクラス〔G〕＝本革製、オール電動式シート、リクライニング角度 45 度
シートピッチ 1300mm、座席有効幅 520mm
▼ ⓘ／普通車は窓側壁下部に、グリーン車、グランクラスは座席肘掛部に装備。なおＨ５系とＥ５系Ｕ 29 編成以降の車両は全席に設置
▼ 5 号車（♥印）に AED を設置
▼ 洋式トイレは温水洗浄式便座（一部未施工）。また５号車の多機能トイレはオストメイト対応
▼ 1・3・7 号車に女性用のトイレ〔おむつ交換台（印）、更衣台、姿見を設備〕と洗面所を設置　▼ 窓配置は座席ごと独立の小窓（■）
◇ 各号車に表記の車両形式はＥ５系にて表示

←東京　　盛岡→

【⬆ 主な車窓風景】 飛鳥山公園、富士山、ロッテ浦和球場、大宮駅上越新幹線、男体山、那須連峰、郡山総合車両センター、安達太良山、吾妻連峰、福島駅山形新幹線、蔵王連峰、仙台市街地、仙台車両センター、泉ヶ岳と船形連峰、ひとめぼれスタジアム宮城、栗駒山、岩手山

はやぶさ // E５系U編成（1～10号車）＋E６系Z編成（11～17号車）＝JR東日本 // 15・111号、102・110号

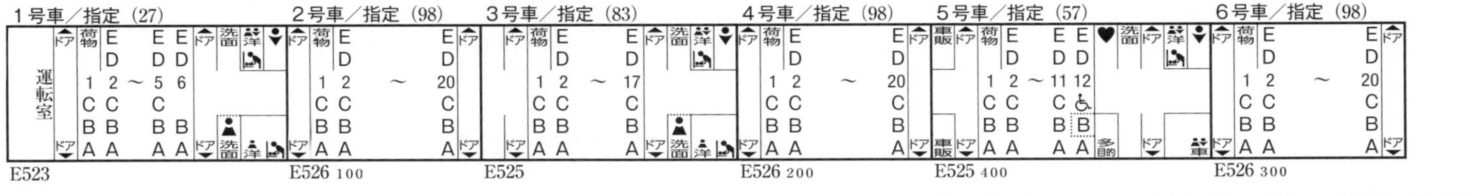

【⬇ 主な車窓風景】 東京スカイツリー、埼京線並走（赤羽～大宮間）、さいたまスーパーアリーナ、鉄道博物館、筑波山、信夫山、新幹線総合車両センター（仙台～古川間）、早池峰山、盛岡市街地

▽７号車はワーク＆スタディ優先車両「TRAIN DESK」（平日のみ実施。土休日、最繁忙期は対象外）。座席指定
▽５・９・11・12号車に車いす対応座席を設置
▽車内販売営業。詳細は最新のJR時刻表などで確認。ただし営業区間内にあっても弁当・軽食類の販売はしていないので注意
▽携帯電話の利用は全線にて可能　▽無料Wi-Fi「JR-EAST FREE Wi-Fi」サービス実施　▼窓配置は座席ごと独立の小窓（■）
E5系▼座席／普通車＝回転式（座席下ペダル）座面スライド式リクライニングシート、シートピッチ1040mm。可動式ヘッドレスト装備
グリーン車＝回転式（座席下ペダル）リクライニングシート、シートピッチ1160mm、座席有効幅475mm。電動式レッグレスト、読書灯内蔵シート、可動式ヘッドレスト装備
グランクラス〔G〕＝本革製、オール電動式シート、リクライニング角度45度。シートピッチ1300mm、座席有効幅520mm
▼ⓘ／普通車は窓側壁下部に、グリーン車、グランクラスは座席肘掛部に装備。なおE５系U 29編成以降の車両は全席に設置
▼５号車（♥印）にAEDを設置
▼洋式トイレは温水洗浄式便座（一部未施工）。また５号車の多機能トイレはオストメイト対応
▼1・3・7号車に女性用のトイレ〔おむつ交換台（印）、更衣台、姿見を設備〕と洗面所を設置
E6系▼座席／普通車＝回転式（座席下ペダル）リクライニングシート。シートピッチ980mm
グリーン車＝回転式（座席下ペダル）リクライニングシート。シートピッチ1160mm
▼ⓘ／グリーン車は中央肘掛部に全席設置。普通車は窓側および最前部、最後部客室仕切り壁に設置
▼おむつ交換台のあるトイレには印を付加　▼12号車多機能トイレはオストメイト対応。また各洋式トイレは温水洗浄式便座　▼12号車（♥印）にAEDを設置
◇13・15・17号車の東京寄り座席の一部を撤去荷物置場設置。この荷物置場は11号車のデッキスペースにも設置

「はやて」編成席番表

←盛岡・新青森　【⬆ 主な車窓風景】 岩手山、盛岡駅秋田新幹線、駒ヶ岳　新函館北斗→

はやて // Ｅ５系Ｕ編成＝ＪＲ東日本 // 91·93 号、98·100 号

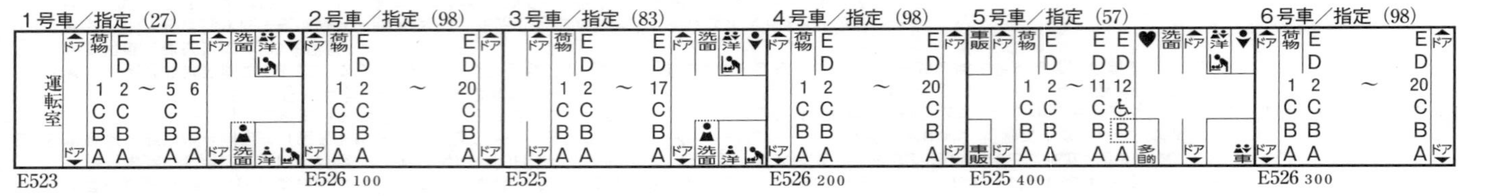

【⬇ 主な車窓風景】 盛岡市街地、青森市街地、陸奥湾、函館山、函館新幹線総合車両所

◇ グランクラスは、アテンダントによる車内サービスなしに対応、2021.03.13 から「グランクラス料金」料金見直し
▽ 7 号車はワーク＆スタディ優先車両「TRAIN DESK」（平日のみ実施。土休日、最繁忙期は対象外）。座席指定

▽ 車体傾斜装置搭載
▽ 5・9 号車に車いす対応座席を設置
▽ 車内販売　ＪＲ東日本ホームページ等にて最新の情報は確認
▽ 携帯電話は 2020.07.23 から全線にて可能　▽ 無料 Wi-Fi「JR-EAST FREE Wi-Fi」サービス実施
▼ 座席／普通車＝回転式（座席下ペダル）座面スライド式リクライニングシート、シートピッチ 1040mm
可動式ヘッドレスト装備
グリーン車＝回転式（座席下ペダル）リクライニングシート、シートピッチ 1160mm、座席有効幅 475mm
電動式レッグレスト、読書灯内蔵シート、可動式ヘッドレスト装備
グランクラス〔G〕＝本革製、オール電動式シート、リクライニング角度 45 度
シートピッチ 1300mm、座席有効幅 520mm
▼ ⓘ／普通車は窓側壁下部に、グリーン車、グランクラスは座席肘掛部に装備。なおＨ５系とＥ５系Ｕ 29 編成以降の車両は全席に設置
▼ 洋式トイレは温水洗浄式便座（一部未施工）。また５号車の多機能トイレはオストメイト対応
▼ 1・3・7 号車に女性用のトイレ〔おむつ交換台（印）、更衣台、姿見を設備〕と洗面所を設置
▼ ５号車（♥印）に AED を設置
▼ 窓配置は座席ごと独立の小窓（■）

←東京／秋田　　盛岡／大曲→

【⬆ 主な車窓風景】 飛鳥山公園、富士山、ロッテ浦和球場、大宮駅上越新幹線、男体山、那須連峰、郡山総合車両センター、安達太良山、吾妻連峰、福島駅山形新幹線、蔵王連峰、仙台市街地、仙台車両センター、泉ヶ岳と船形連峰、ひとめぼれスタジアム宮城、栗駒山、岩手山(東北新幹線)、大曲駅田沢湖線 {東京発にて掲載➡}

こまち // E6系Z編成＝JR東日本 // 1・5・9・11・17・21・23・25・27・31・35・39・41・43・45・95号 6・10・14・16・18・22・24・28・32・34・38・40・42・46・48・96号

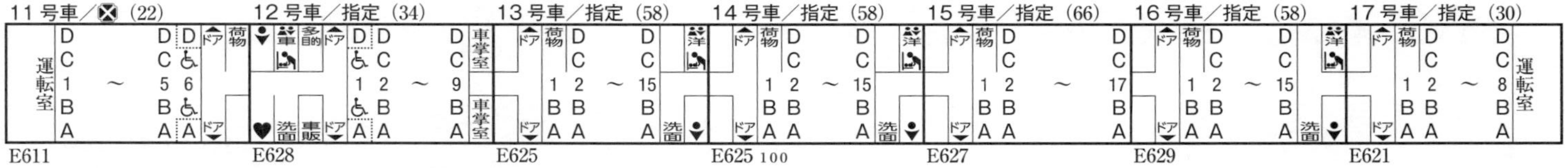

号車	座席	設備	形式
11号車／⊠ (22)	運転室　D C B A 1～5、6（♿ C・B）	ドア、荷物	E611
12号車／指定 (34)	D C B A 1～9（1 C・B ♿）	♥、多機能トイレ（車いす）、洗面、多目的、車販、ドア	E628
13号車／指定 (58)	車掌室　D C B A 1～15	ドア、荷物、洋、洗面	E625
14号車／指定 (58)	D C B A 1～15	ドア、荷物、洋、洗面	E625 100
15号車／指定 (66)	D C B A 1～17	ドア、荷物	E627
16号車／指定 (58)	D C B A 1～15	ドア、荷物、洋、洗面	E629
17号車／指定 (30)	D C B A 1～8　運転室	ドア、荷物	E621

【⬇ 主な車窓風景】 東京スカイツリー、埼京線並走(赤羽～大宮間)、さいたまスーパーアリーナ、鉄道博物館、筑波山、信夫山、新幹線総合車両センター(仙台～古川間)、早池峰山、盛岡市街地、秋田駅東北新幹線新青森方面、岩手山(秋田新幹線)、角館駅秋田内陸縦貫鉄道、鳥海山、大曲の花火[全国花火競技大会](2020.08.29)、秋田車両センター[東京発にて掲載➡]

◇ 大曲にて進行方向が変わる。なお、座席の向きは、秋田発では秋田向きにセット（大曲まで進行方向と逆向きになる）
◇ 東京～盛岡間（「こまち」95号、96号は仙台～盛岡間）は「はやぶさ」95号、96号と併結運転
　この「こまち」95・96号に限り、仙台～盛岡間の途中駅に停車する同区間を相互に利用する限り、自由席特急券で普通車指定席の空いている席を利用できる

▽ 最高速度 320km/h で運転（宇都宮～盛岡間）
▽ 車内販売は、東北新幹線東京～盛岡間にて営業。秋田新幹線盛岡～秋田間は 2019.03.15 限りにて終了。ただし営業区間内にあっても弁当・軽食類の販売はしていないので注意。
　なお 2019.07.01 からはホットコーヒーの販売も終了
▽ 11·12 号車に車いす対応座席を設置
▽ 携帯電話の利用は全線にて可能
▽ 無料 Wi-Fi「JR-EAST FREE Wi-Fi」サービス実施
▼ 座席／普通車＝回転式（座席下ペダル）リクライニングシート。シートピッチ 980mm
　　グリーン車＝回転式（座席下ペダル）リクライニングシート。シートピッチ 1160mm
▼ ⓘ／グリーン車は中央肘掛部に全席設置。普通車は窓側および最前部、最後部客室仕切り壁に設置
▼ おむつ交換台のあるトイレには印を付加
▼ 各洋式トイレに温水洗浄式便座設置。12 号車の多機能トイレはオストメイト対応
▼ 12 号車（♥印）に AED を設置
▼ 窓配置は座席ごと独立の小窓（■）

「つばさ」編成席番表 －1

←東京　　山形・新庄→

【⬆ 主な車窓風景】 飛鳥山公園、富士山、ロッテ浦和球場、大宮駅上越新幹線、男体山、那須連峰、郡山総合車両センター、安達太良山、吾妻連峰、飯豊連峰
米沢駅、米坂線、赤湯駅山形鉄道、山形車両センター、霞城公園（山形城跡）、北山形駅〔左沢線〕

つばさ // Ｅ８系 G編成＝ＪＲ東日本 // 131・149・157 号、122・124・144 号

号車	11号車／Ⓖ（26）	12号車／指定（34+2）	13号車／指定（66）	14号車／指定（62）	15号車／指定（62）	16号車／指定（58）	17号車／指定（42）
設備	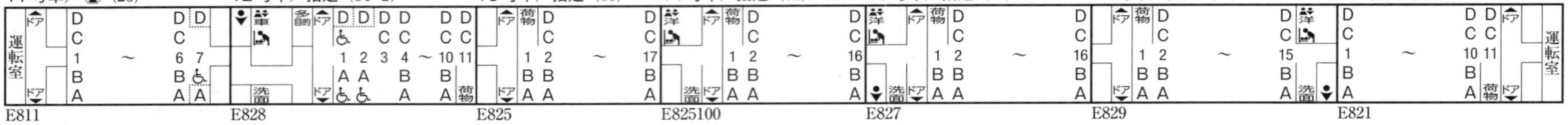 運転室・ドア	♥・車いす・洋・多目的・ドア	ドア・荷物	洋・ドア・荷物・洗面	洋・ドア・荷物・洗面・●	ドア・荷物・洋・洗面・●	荷物・ドア・運転室
席番	1～7 (A B C D)	1～11 (A B C D)	1～17 (A B C D)	1～16 (A B C D)	1～16 (A B C D)	1～15 (A B C D)	1～11 (A B C D)
形式	E811	E828	E825	E825100	E827	E829	E821

【⬇ 主な車窓風景】 東京スカイツリー、埼京線並走（赤羽～大宮間）、さいたまスーパーアリーナ、鉄道博物館、筑波山、福島駅東北新幹線仙台・新青森方面、福島盆地のパノラマ、蔵王連峰

◇ 2024.03.16 から営業運転開始。東北新幹線宇都宮～福島間最高速度 300km/h（131・124 号）。
　東京～福島間　Ｅ５系「やまびこ」131・149・157 号、122・124・144 号と併結
◇「つばさ」149・157・144 号はＥ３系（37 頁）の車両にて運転する日がある
▽ 車内販売の営業は東京～山形間のみ。ただし営業区間内であっても弁当・軽食類の販売はしていないので注意。詳細は最新のJR時刻表などで確認
▽ 11・12 号車に車いす対応座席を設置。12 号車には３席分、改良型ハンドル形電動車いす対応スペースを設置。12 号車 1・2A席は車いす対応スペース。座席なし
▽ 無料「ＪＲ-ＥＡＳＴ ＦＲＥＥ Wi-Ｆi」サービス実施

▼ 座席／普通車＝回転式（座席下ペダル）フリーストッパー型リクライニングシート。シートピッチ 980mm
　グリーン車＝回転式（座席下ペダル）フリーストッパー型リクライニングシート。シートピッチ 1160mm
▼ ⓒ／全席に肘掛下に設置
▼ おむつ交換台のあるトイレには♿を付加
▼ 12 号車（♥印）にAED設置。多機能トイレはオスメイト対応
▼ 窓配置は座席ごと独立の小窓

←東京　　山形・新庄→

【⬆ 主な車窓風景】 飛鳥山公園、富士山、ロッテ浦和球場、大宮駅上越新幹線、男体山、那須連峰、郡山総合車両センター、安達太良山、吾妻連峰、飯豊連峰、米沢駅米坂線、赤湯駅山形鉄道、山形車両センター、霞城公園(山形城跡)、北山形駅[左沢線]

つばさ // Ｅ３系Ｌ編成〈Ｌ 61 ～ 72 編成〉＝ＪＲ東日本

号車	11 号車／Ⓖ (23)	12 号車／指定 (67)	13 号車／指定 (60)	14 号車／指定 (68)	15 号車／指定 (64)	16 号車／指定 (60)	17 号車／指定 (52)
座席	運転室 D C 1～5 6 B A（6D車いす）	D（車いす）C 1 2～17 B A	D C 1～15 B A	D C 1～17 B A	D C 1～16 B A	D C 1～15 B A	D C 1～13 B A 運転室
設備	車掌室、ドア、車販、多目的、洗面、トイレ	♥、ドア	ドア、洗面、洋トイレ	ドア、荷物	ドア、荷物、洋トイレ、洗面	ドア、荷物、洋トイレ、洗面	ドア、荷物
形式	E311 2000	E326 2000	E329 2000	E326 2100	E328 2000	E325 2000	E322 2000

▼ 座席／普通車＝回転式（座席下ペダル）リクライニングシート。シートピッチは 16 ～ 17 号車も 980mm に拡大
足載せ台・ドリンクホルダーを含む腰掛けを改良。電源コンセントを窓側壁下部に装備
グリーン車＝回転式（座席下ペダル）リクライニングシート。シートピッチ 1160mm
電動レッグレストおよび電源コンセントを座席肘掛部に装備
▼ 全車に空気清浄機とＬＥＤ式読書灯設置
▼ 11 号車トイレは温水洗浄式便座

★つばさ // Ｅ３系Ｌ編成〈Ｌ 53 ～ 55 編成〉＝ＪＲ東日本

号車	11 号車／Ⓖ (23)	12 号車／指定 (67)	13 号車／指定 (60)	14 号車／指定 (68)	15 号車／指定 (64)	16 号車／指定 (64)	17 号車／指定 (56)
座席	運転室 D C 1～5 6 B A（6D車いす）	D（車いす）C 1 2～17 B A	D C 1～15 B A	D C 1～17 B A	D C 1～16 B A	D C 1～16 B A	D C 1～14 B A 運転室
設備	車掌室、ドア、車販、多目的、洗面、トイレ	♥、ドア	ドア、洗面、洋トイレ	ドア	ドア、洋トイレ	ドア、洗面、洋トイレ	ドア
形式	E311 1000	E326 1000	E329 1000	E326 1100	E328 1000	E325 1000	E322 1000

【⬇ 主な車窓風景】 東京スカイツリー、埼京線並走(赤羽～大宮間)、さいたまスーパーアリーナ、鉄道博物館、筑波山、福島駅東北新幹線仙台·新青森方面、福島盆地のパノラマ、蔵王連峰、羽前千歳駅[仙山線]、新庄駅陸羽東線

◇「つばさ」123・127・133・135・137・141・143・145・153 号
128・132・138・140・142・146・150・154・156 号は東京～福島間「やまびこ」Ｅ５系Ｕ編成と併結、17 両編成にて運転
◇「つばさ」149・157・144 号は、この編成にて運転する日がある

▽ 車内販売の営業は東京～山形間のみ。ただし営業区間内にあっても弁当・軽食類の販売はしていないので注意。詳細は最新のJR時刻表などで確認
▽ 11･12 号車に車いす対応座席を設置。11 号車トイレは温水洗浄式便座
▽ 携帯電話は、2020.12.15 から山形新幹線全線にて利用可能に。これにより全線にて使用できる
▽ 無料 Wi-Fi「JR-EAST FREE Wi-Fi」サービス実施

▼ 座席／普通車＝回転式（座席下ペダル）リクライニングシート。シートピッチは 12 ～ 15 号車が 980mm、16 ～ 17 号車が 910mm
グリーン車＝回転式（座席下ペダル）リクライニングシート。シートピッチ 1160mm
▼ 12 号車（♥印）にAEDを設置
▼ ⓘ／グリーン車は中央肘掛部に全席設置。普通車は窓側および最前部、最後部客室仕切り壁に設置
▼ おむつ交換台のあるトイレには印を付加
▼ 窓配置は座席ごと独立の小窓（■）

←東京　　山形・新庄→

【⬆ 主な車窓風景】 飛鳥山公園、富士山、ロッテ浦和球場、大宮駅上越新幹線、男体山、那須連峰、郡山総合車両センター、安達太良山、吾妻連峰、飯豊連峰、米沢駅米坂線、赤湯駅山形鉄道、山形車両センター、霞城公園(山形城跡)、北山形駅[左沢線]

つばさ // E3系L編成〈L 61 ~ 72 編成〉＝JR東日本 // 121・129・139・159・171 号、136・148・158・160 号

号車	11号車／⊠ (23)	12号車／指定 (67)	13号車／指定 (60)	14号車／指定 (68)	15号車／指定 (64)	16号車／指定 (60)	17号車／指定 (52)
席番	運転室 1～5 ABCD、6 ABD(♿) 車掌室・車販・多目的・洗面・トイレ	♥ ♿ 1 ACD、2～17 ABCD	1～15 ABCD 洗面・トイレ	荷物 1～17 ABCD	荷物 1～16 ABCD 洗面・トイレ	荷物 1～15 ABCD 洗面・トイレ	荷物 1～13 ABCD 運転室
形式	E311 2000	E326 2000	E329 2000	E326 2100	E328 2000	E325 2000	E322 2000

▼ 座席／普通車＝回転式（座席下ペダル）リクライニングシート。シートピッチは 16 ~ 17 号車も 980mm に拡大
足載せ台・ドリンクホルダーを含む腰掛けを改良。電源コンセントを窓側壁下部に装備
グリーン車＝回転式（座席下ペダル）リクライニングシート。シートピッチ 1160mm
電動レッグレストおよび電源コンセントを座席肘掛部に装備
▼ 全車に空気清浄機とＬＥＤ式読書灯設置
▼ 11 号車トイレは温水洗浄式便座

★つばさ // E3系L編成〈L 53 ~ 55 編成〉＝JR東日本 // 121・129・139・159・171 号、136・148・158・160 号

号車	11号車／⊠ (23)	12号車／指定 (67)	13号車／指定 (60)	14号車／指定 (68)	15号車／指定 (64)	16号車／指定 (64)	17号車／指定 (56)
席番	運転室 1～5 ABCD、6 ABD(♿) 車掌室・車販・多目的・洗面・トイレ	♥ ♿ 1 ABD、2～17 ABCD	1～15 ABCD 洗面・トイレ	1～17 ABCD	1～16 ABCD トイレ	1～16 ABCD 洗面・トイレ	1～14 ABCD 運転室
形式	E311 1000	E326 1000	E329 1000	E326 1100	E328 1000	E325 1000	E322 1000

【⬇ 主な車窓風景】 東京スカイツリー、埼京線並走(赤羽～大宮間)、さいたまスーパーアリーナ、鉄道博物館、筑波山、福島駅東北新幹線仙台・新青森方面、福島盆地のパノラマ、蔵王連峰、羽前千歳駅[仙山線]、新庄駅陸羽東線

◇ 東京～山形・新庄間単独運転
◇「つばさ」171 号は山形→新庄間の運転

▽ 車内販売の営業は東京～山形間のみ。詳細は最新のJR時刻表などで確認。ただし営業区間内にあっても弁当・軽食類の販売はしていないので注意
▽ 11･12 号車に車いす対応座席を設置。11 号車トイレは温水洗浄式便座
▽ 携帯電話は、2020.12.15 から山形新幹線全線にて利用可能に。これにより全線にて使用できる
▽ 無料 Wi-Fi「JR-EAST FREE Wi-Fi」サービス実施

▼ 座席／普通車＝回転式（座席下ペダル）リクライニングシート。シートピッチは 12 ~ 15 号車が 980mm、16 ~ 17 号車が 910mm
グリーン車＝回転式（座席下ペダル）リクライニングシート。シートピッチ 1160mm
▼ 12 号車（♥印）に AED を設置
▼ ⓘ／グリーン車は中央肘掛部に全席設置。普通車は窓側および最前部、最後部客室仕切り壁に設置
▼ おむつ交換台のあるトイレには印を付加
▼ 窓配置は座席ごと独立の小窓（■）

←東京　　【⬆ 主な車窓風景】 飛鳥山公園、富士山、ロッテ浦和球場、大宮駅上越新幹線、男体山、那須連峰、郡山総合車両センター、安達太良山、吾妻連峰、福島駅山形新幹線、蔵王連峰、仙台市街地　　仙台→

やまびこ // Ｅ５系Ｕ編成＝ＪＲ東日本 // 131 号、144 号

◇ 東京～福島間は、「つばさ」Ｅ８系Ｇ編成と併結、17 両編成にて運転。宇都宮～福島間の最高速度は 300km/h（131 号）

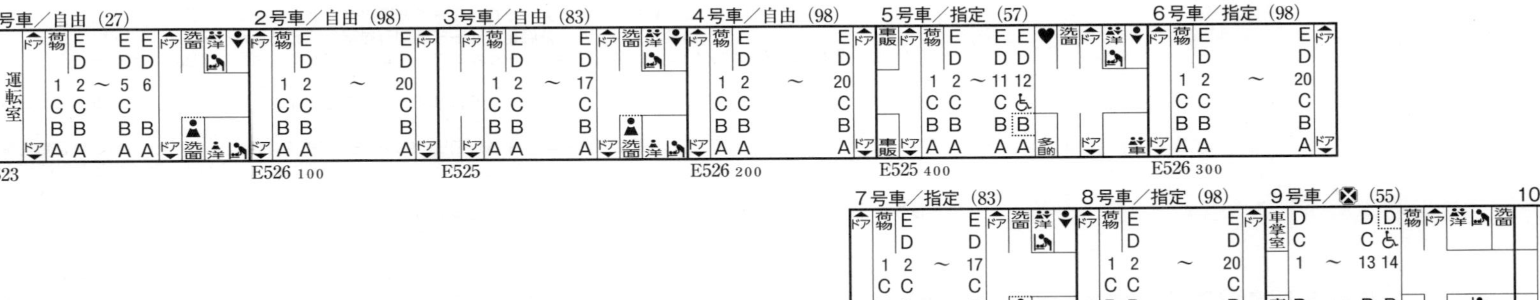

【⬇ 主な車窓風景】 東京スカイツリー、埼京線並走(赤羽～大宮間)、さいたまスーパーアリーナ、鉄道博物館、筑波山、信夫山

◇ 東京～福島間は、「つばさ」Ｅ８系Ｇ編成と併結、17 両編成にて運転。宇都宮～福島間の最高速度は 300km/h（131 号）。「つばさ」144 号はＥ３系にて運転となる日もある
▽ 7 号車はワーク＆スタディ優先車両「TRAIN DESK」（平日のみ実施。土休日、最繁忙期は対象外）。座席指定

◇「つばさ」131・144 号　4号車を指定席に変更する日がある
▽ グランクラス、飲料、軽食なしとグランクラスサービス終了に伴い、2021.03.13 から「グランクラス料金」料金見直し
▽ ５・９号車に車いす対応座席を設置
▽ 車内販売は 2019.03.15 限りにて営業を終了
▽ 携帯電話は全線にて可能　▽ 無料 Wi-Fi「JR-EAST FREE Wi-Fi」サービス実施

▼ 座席／普通車＝回転式（座席下ペダル）座面スライド式リクライニングシート、シートピッチ 1040mm
可動式ヘッドレスト装備
グリーン車＝回転式（座席下ペダル）リクライニングシート、シートピッチ 1160mm、座席有効幅 475mm
電動式レッグレスト、読書灯内蔵シート、可動式ヘッドレスト装備
グランクラス〔G〕＝本革製、オール電動式シート、リクライニング角度 45 度
シートピッチ 1300mm、座席有効幅 520mm
▼ ⓘ／普通車は窓側壁下部に、グリーン車、グランクラスは座席肘掛部に装備。なおＥ５系Ｕ 29 編成以降の車両は全席に設置
▼ 洋式トイレは温水洗浄式便座（一部未施工）。また５号車の車いす対応トイレはオストメイト対応
▼ 1・3・7 号車に女性用のトイレ〔おむつ交換台（印）、更衣台、姿見を設備〕と洗面所を設置
▼ 5 号車（♥印）に AED を設置

▼ 窓配置は座席ごと独立の小窓（■）

←東京　【⬆ 主な車窓風景】 飛鳥山公園、富士山、ロッテ浦和球場、大宮駅上越新幹線、男体山、那須連峰、郡山総合車両センター、安達太良山、吾妻連峰、福島駅山形新幹線、蔵王連峰、仙台市街地　仙台→

やまびこ ∥ Ｅ５系Ｕ編成＝ＪＲ東日本 ∥ 149 号、122・124 号

◇ 東京～福島間は、「つばさ」Ｅ８系Ｇ編成と併結、17 両編成にて運転。宇都宮～福島間の最高速度は 300km/h（124 号）

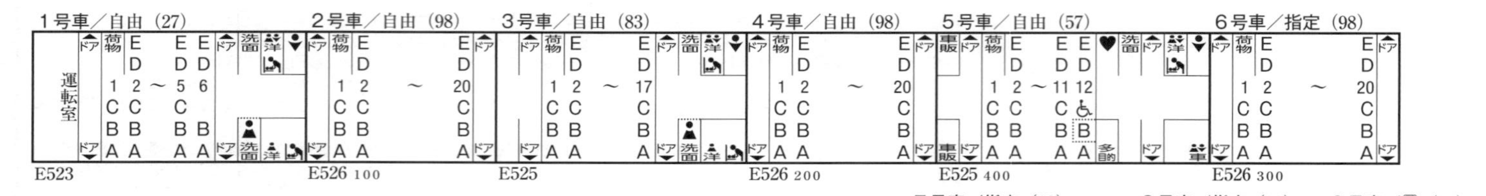

【⬇ 主な車窓風景】 東京スカイツリー、埼京線並走（赤羽～大宮間）、さいたまスーパーアリーナ、鉄道博物館、筑波山、信夫山

◇ 東京～福島間は、「つばさ」Ｅ８系Ｇ編成と併結、17 両編成にて運転。宇都宮～福島間の最高速度は 300km/h（124 号）。「つばさ」149 号はＥ３系にて運転となる日もある
▽ 7 号車はワーク＆スタディ優先車両「TRAIN DESK」（平日のみ実施。土休日、最繁忙期は対象外）。座席指定

◇「やまびこ」149・122・124 号の５号車は指定席に変更する日がある
▽ グランクラス、飲料、軽食なしとグランクラスサービス終了に伴い、2021.03.13 から「グランクラス料金」料金見直し
▽ ５・９号車に車いす対応座席を設置
▽ 車内販売は 2019.03.15 限りにて営業を終了
▽ 携帯電話は全線にて可能　▽ 無料 Wi-Fi「JR-EAST FREE Wi-Fi」サービス実施

▼ 座席／普通車＝回転式（座席下ペダル）座面スライド式リクライニングシート、シートピッチ 1040mm
　可動式ヘッドレスト装備
　グリーン車＝回転式（座席下ペダル）リクライニングシート、シートピッチ 1160mm、座席有効幅 475mm
　電動式レッグレスト、読書灯内蔵シート、可動式ヘッドレスト装備
　グランクラス〔**G**〕＝本革製、オール電動式シート、リクライニング角度 45 度
　シートピッチ 1300mm、座席有効幅 520mm
▼ ⓘ／普通車は窓側壁下部に、グリーン車、グランクラスは座席肘掛部に装備。なおＥ５系Ｕ 29 編成以降の車両は全席に設置
▼ 洋式トイレは温水洗浄式便座（一部未施工）。また５号車の車いす対応トイレはオストメイト対応
▼ 1・3・7 号車に女性用のトイレ〔おむつ交換台（印）、更衣台、姿見を設備〕と洗面所を設置
▼ ５号車（♥印）に AED を設置

▼ 窓配置は座席ごと独立の小窓（■）

←東京　　【⬆ 主な車窓風景】 飛鳥山公園、富士山、ロッテ浦和球場、大宮駅上越新幹線、男体山、那須連峰、郡山総合車両センター、安達太良山、吾妻連峰、福島駅山形新幹線、蔵王連峰、仙台市街地　　仙台→

やまびこ // E５系U編成＝JR東日本 // 127・133・135・137号、138・140・142・146号

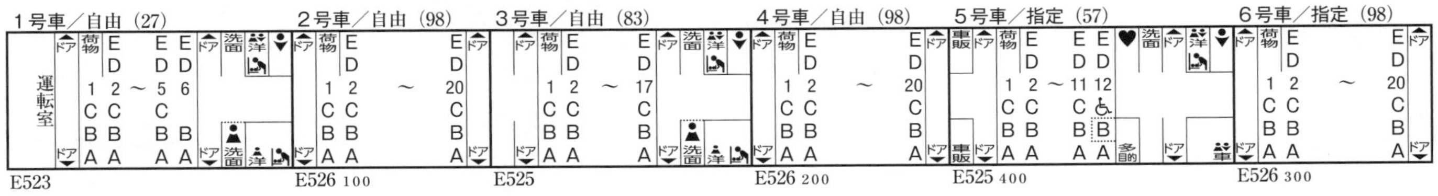

【⬇ 主な車窓風景】 東京スカイツリー、埼京線並走（赤羽～大宮間）、さいたまスーパーアリーナ、鉄道博物館、筑波山、信夫山

◇東京～福島間は、「つばさ」E3系L編成と併結、17両編成にて運転
▽7号車はワーク＆スタディ優先車両「TRAIN DESK」（平日のみ実施。土休日、最繁忙期は対象外）。座席指定

◇「やまびこ」127・133・135・137号の4号車は指定席に変更する日がある

▽グランクラス、飲料、軽食なしとグランクラスサービス終了に伴い、2021.03.13から「グランクラス料金」料金見直し
▽5・9号車に車いす対応座席を設置
▽車内販売は2019.03.15限りにて営業を終了
▽携帯電話は全線にて可能　▽無料Wi-Fi「JR-EAST FREE Wi-Fi」サービス実施

▼座席／普通車＝回転式（座席下ペダル）座面スライド式リクライニングシート、シートピッチ1040mm
　　可動式ヘッドレスト装備
　グリーン車＝回転式（座席下ペダル）リクライニングシート、シートピッチ1160mm、座席有効幅475mm
　　電動式レッグレスト、読書灯内蔵シート、可動式ヘッドレスト装備
　グランクラス〔G〕＝本革製、オール電動式シート、リクライニング角度45度
　　シートピッチ1300mm、座席有効幅520mm
▼ⓘ／普通車は窓側壁下部に、グリーン車、グランクラスは座席肘掛部に装備。なおE５系U29編成以降の車両は全席に設置
▼洋式トイレは温水洗浄式便座（一部未施工）。また5号車の車いす対応トイレはオストメイト対応
▼1・3・7号車に女性用のトイレ〔おむつ交換台（印）、更衣台、姿見を設備〕と洗面所を設置
▼5号車（♥印）にAEDを設置

▼窓配置は座席ごと独立の小窓（■）

←東京　【⬆ 主な車窓風景】 飛鳥山公園、富士山、ロッテ浦和球場、大宮駅上越新幹線、男体山、那須連峰、郡山総合車両センター、安達太良山、吾妻連峰、福島駅山形新幹線、蔵王連峰、仙台市街地　仙台→

やまびこ // Ｅ５系Ｕ編成＝ＪＲ東日本 // 141・143・145号、128・132・150・154・156号

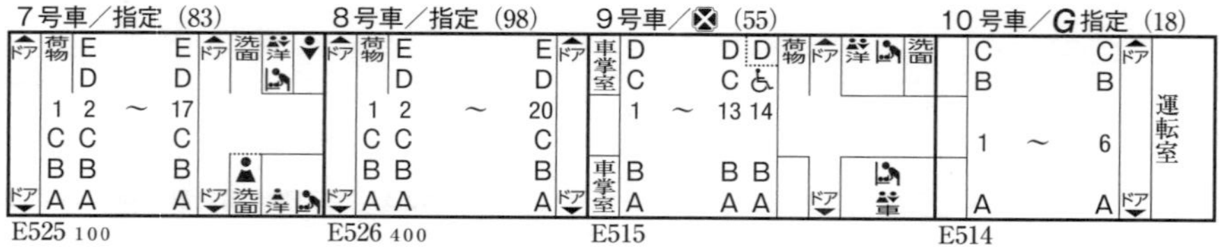

1号車／自由（27） E523　運転室　A B C D E 1 2 ～ 5 6 (1列のみ A B C D E、5・6番 A B C D E)
2号車／自由（98） E526 100　A B C D E 1 2 ～ 20
3号車／自由（83） E525　A B C D E 1 2 ～ 17
4号車／自由（98） E526 200　A B C D E 1 2 ～ 20
5号車／自由（57） E525 400　A B C D E 1 2 ～ 11 12
6号車／指定（98） E526 300　A B C D E 1 2 ～ 20
7号車／指定（83） E525 100　A B C D E 1 2 ～ 17
8号車／指定（98） E526 400　A B C D E 1 2 ～ 20
9号車／⊠（55） E515　車掌室　A B C D 1 ～ 13 14
10号車／G指定（18） E514　A B C 1 ～ 6　運転室

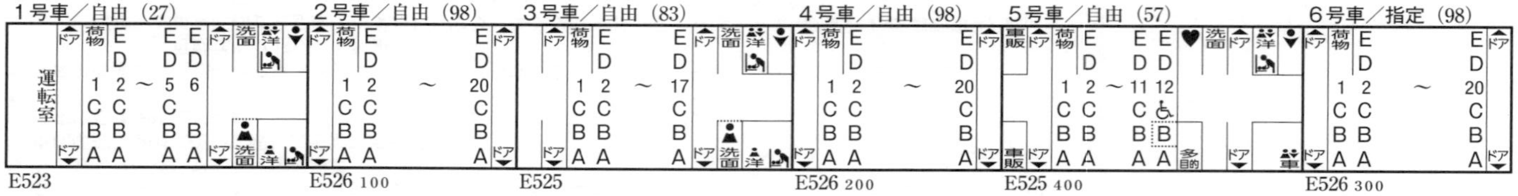

【⬇ 主な車窓風景】 東京スカイツリー、埼京線並走(赤羽～大宮間)、さいたまスーパーアリーナ、鉄道博物館、筑波山、信夫山

◇ 東京～福島間は、「つばさ」E3系L編成と併結、17両編成にて運転
▽ 7号車はワーク＆スタディ優先車両「TRAIN DESK」（平日のみ実施。土休日、最繁忙期は対象外）。座席指定

◇「やまびこ」141・143・145号、150・154・156号の4・5号車、「やまびこ」128・132号の5号車を指定席に変更する日がある

▽ グランクラス、飲料、軽食なしとグランクラスサービス終了に伴い、2021.03.13から「グランクラス料金」料金見直し
▽ 5・9号車に車いす対応座席を設置
▽ 車内販売は2019.03.15限りにて営業を終了
▽ 携帯電話は全線にて可能　▽ 無料Wi-Fi「JR-EAST FREE Wi-Fi」サービス実施

▼ 座席／普通車＝回転式（座席下ペダル）座面スライド式リクライニングシート、シートピッチ1040mm
可動式ヘッドレスト装備
グリーン車＝回転式（座席下ペダル）リクライニングシート、シートピッチ1160mm、座席有効幅475mm
電動式レッグレスト、読書灯内蔵シート、可動式ヘッドレスト装備
グランクラス〔G〕＝本革製、オール電動式シート、リクライニング角度45度
シートピッチ1300mm、座席有効幅520mm
▼ ⑪／普通車は窓側壁下部に、グリーン車、グランクラスは座席肘掛部に装備。なおＥ５系Ｕ29編成以降の車両は全席に設置
▼ 洋式トイレは温水洗浄式便座（一部未施工）。また5号車の車いす対応トイレはオストメイト対応
▼ 1・3・7号車に女性用のトイレ〔おむつ交換台（印）、更衣台、姿見を設備〕と洗面所を設置
▼ 5号車（♥印）にAEDを設置

▼ 窓配置は座席ごと独立の小窓（■）

←東京 【⬆ 主な車窓風景】 飛鳥山公園、富士山、ロッテ浦和球場、大宮駅上越新幹線、男体山、那須連峰、郡山総合車両センター、安達太良山、吾妻連峰、福島駅山形新幹線、蔵王連峰、仙台市街地 仙台→

やまびこ // E５系U編成＝ＪＲ東日本 // 123・153・157 号

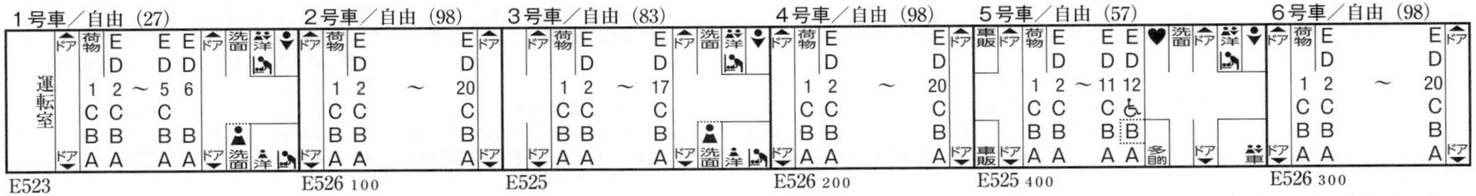

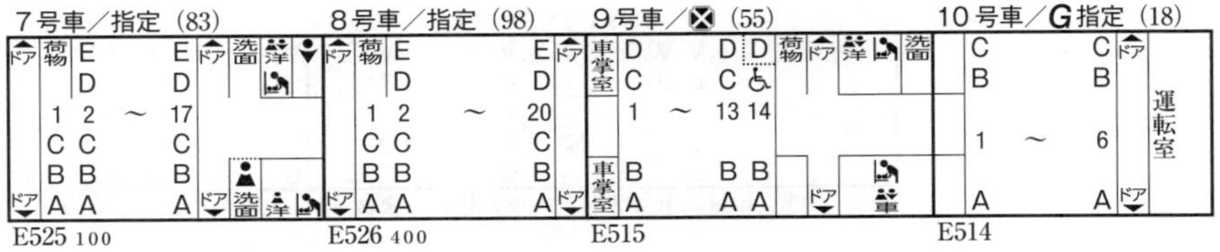

1号車／自由（27） E523 運転室 1 2 ～ 5 6 A B C D E
2号車／自由（98） E526 100 1 2 ～ 20 A B C D E
3号車／自由（83） E525 1 2 ～ 17 A B C D E
4号車／自由（98） E526 200 1 2 ～ 20 A B C D E
5号車／自由（57） E525 400 1 2 ～ 11 12 A B C D E
6号車／自由（98） E526 300 1 2 ～ 20 A B C D E
7号車／指定（83） E525 100 1 2 ～ 17 A B C D E
8号車／指定（98） E526 400 1 2 ～ 20 A B C D E
9号車／ⓧ（55） E515 1 ～ 13 14 A B C D
10号車／G指定（18） E514 1 ～ 6 A B C 運転室

【⬇ 主な車窓風景】 東京スカイツリー、埼京線並走(赤羽～大宮間)、さいたまスーパーアリーナ、鉄道博物館、筑波山、信夫山

◇ 東京～福島間は、「つばさ」E3 系L編成と併結、17 両編成にて運転。「やまびこ」157 号と併結の「つばさ」はE８系が充当となる日がある
▽ 7 号車はワーク＆スタディ優先車両「TRAIN DESK」(平日のみ実施。土休日、最繁忙期は対象外)。座席指定

◇ 5・6 号車を指定席に変更する日がある

▽ グランクラス、飲料、軽食なしとグランクラスサービス終了に伴い、2021.03.13 から「グランクラス料金」料金見直し
▽ ５・９号車に車いす対応座席を設置
▽ 車内販売は 2019.03.15 限りにて営業を終了
▽ 携帯電話は全線にて可能 ▽ 無料 Wi-Fi「JR-EAST FREE Wi-Fi」サービス実施

▼ 座席／普通車＝回転式（座席下ペダル）座面スライド式リクライニングシート、シートピッチ 1040mm
可動式ヘッドレスト装備
グリーン車＝回転式（座席下ペダル）リクライニングシート、シートピッチ 1160mm、座席有効幅 475mm
電動式レッグレスト、読書灯内蔵シート、可動式ヘッドレスト装備
グランクラス〔G〕＝本革製、オール電動式シート、リクライニング角度 45 度
シートピッチ 1300mm、座席有効幅 520mm
▼ ⓘ／普通車は窓側壁下部に、グリーン車、グランクラスは座席肘掛部に装備。なおE５系U 29 編成以降の車両は全席に設置
▼ 洋式トイレは温水洗浄式便座（一部未施工）。また５号車の車いす対応トイレはオストメイト対応
▼ 1・3・7 号車に女性用のトイレ〔おむつ交換台（印)、更衣台、姿見を設備〕と洗面所を設置
▼ 5 号車（♥印）に AED を設置

▼ 窓配置は座席ごと独立の小窓（■）

←東京　　盛岡→

【⬆ 主な車窓風景】 飛鳥山公園、富士山、ロッテ浦和球場、大宮駅上越新幹線、男体山、那須連峰、郡山総合車両センター、安達太良山、吾妻連峰、福島駅山形新幹線、蔵王連峰、仙台市街地、仙台車両センター、泉ヶ岳と船形連峰、ひとめぼれスタジアム宮城、栗駒山、岩手山

やまびこ // E５系U編成＝ＪＲ東日本、Ｈ５系Ｈ編成＝ＪＲ北海道（1～10号車）＋Ｅ６系Ｚ編成（11～17号車）＝ＪＲ東日本 //
53・205号、126号

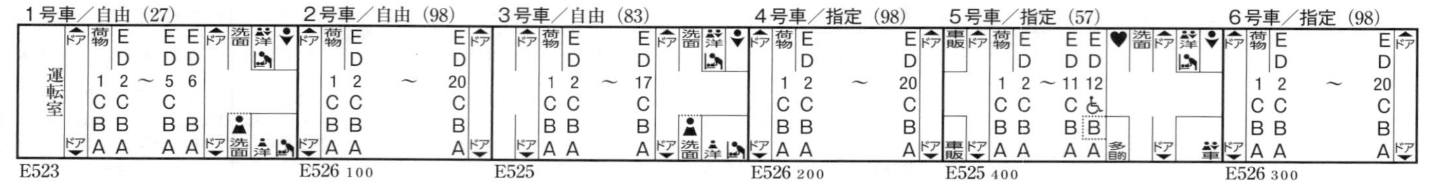

7号車／指定（83）　8号車／指定（98）　9号車／☒（55）　10号車／G指定（18）

E525 100　E526 400　E515　E514

＋

11号車／☒（22）　12号車／自由（34）　13号車／自由（58）　14号車／自由（60）　15号車／自由（66）　16号車／自由（60）　17号車／自由（30）

E611　E628　E625　E625 100　E627　E629　E621

【⬇ 主な車窓風景】 東京スカイツリー、埼京線並走(赤羽～大宮間)、さいたまスーパーアリーナ、鉄道博物館、筑波山、信夫山、新幹線総合車両センター(仙台～古川間)、早池峰山、盛岡市街地

▽ 7号車はワーク＆スタディ優先車両「TRAIN DESK」(平日のみ実施。土休日、最繁忙期は対象外)。座席指定
▽ グランクラス、飲料、軽食なしとグランクラスサービス終了に伴い、2021.03.13から「グランクラス料金」料金見直し
▽ 車内販売は2019.03.15限りにて営業を終了　▽ 携帯電話は全線にて可能　▽ 無料Wi-Fi「JR-EAST FREE Wi-Fi」サービス実施
▽ 5・9・11号車に車いす対応座席を設置
▼ 窓配置は座席ごと独立の小窓（■）
E5系▼ 座席／普通車＝回転式（座席下ペダル）座面スライド式リクライニングシート、シートピッチ1040mm。可動式ヘッドレスト装備
グリーン車＝回転式（座席下ペダル）リクライニングシート、シートピッチ1160mm、座席有効幅475mm。電動式レッグレスト、読書灯内蔵シート、可動式ヘッドレスト装備
グランクラス〔*G*〕＝本革製、オール電動式シート、リクライニング角度45度。シートピッチ1300mm、座席有効幅520mm
▼ ⓘ／普通車は窓側壁下部に、グリーン車、グランクラスは座席肘掛部に装備。なおH5系とE5系U29編成以降の車両は全席に設置　▼ 5・9号車に車いす対応座席を設置
▼ 5号車（♥印）にAEDを設置　▼ 洋式トイレは温水洗浄式便座（一部未施工）。また5号車の多機能トイレはオストメイト対応
▼ 1・3・7号車に女性用のトイレ〔おむつ交換台（印）、更衣台、姿見を設備〕と洗面所を設置
E6系▼ 座席／普通車＝回転式（座席下ペダル）リクライニングシート。シートピッチ980mm　グリーン車＝回転式（座席下ペダル）リクライニングシート。シートピッチ1160mm
▼ おむつ交換台のあるトイレには印を付加　▼ 洋式トイレに温水洗浄式便座設置。12号車の多機能トイレはオストメイト対応　▼ 12号車（♥印）にAEDを設置
▼ ⓘ／グリーン車は中央肘掛部に全席設置。普通車は窓側および最前部、最後部客室仕切り壁に設置

←東京　　盛岡→

【⬆ 主な車窓風景】 飛鳥山公園、富士山、ロッテ浦和球場、大宮駅上越新幹線、男体山、那須連峰、郡山総合車両センター、安達太良山、吾妻連峰、福島駅山形新幹線、蔵王連峰、仙台市街地、仙台車両センター、泉ヶ岳と船形連峰、ひとめぼれスタジアム宮城、栗駒山、岩手山

やまびこ // E５系U編成＝ＪＲ東日本、H５系H編成＝ＪＲ北海道（1～10号車）＋E６系Z編成（11～17号車）＝ＪＲ東日本 // 219･223号、152･204･220号

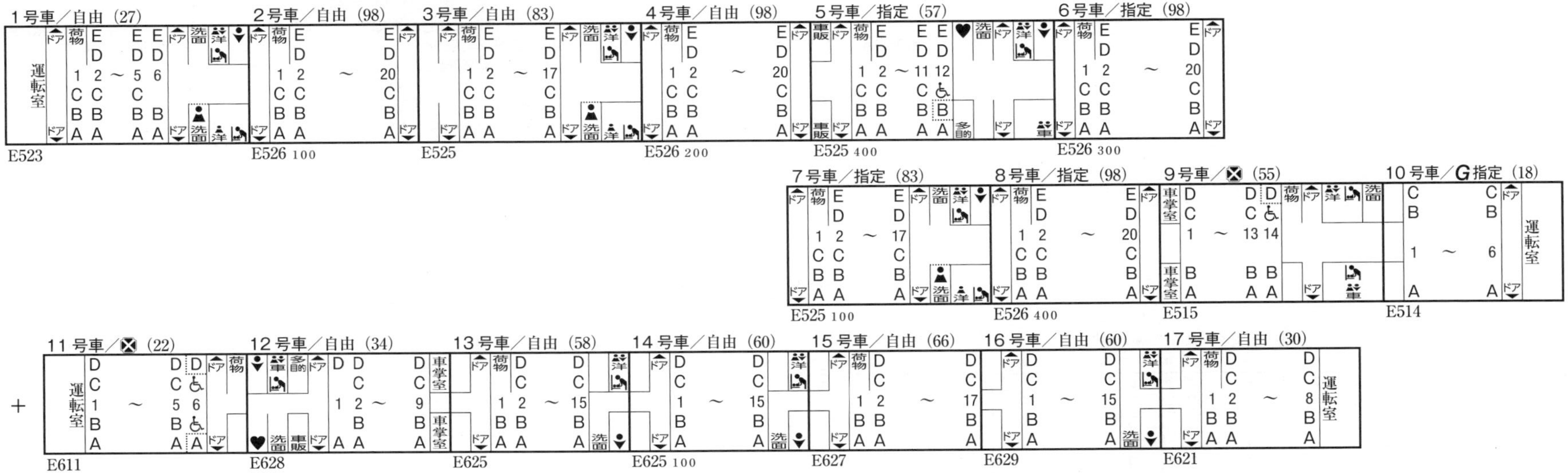

1号車／自由（27）　運転室　1～6（A・B・C・D・E）　E523
2号車／自由（98）　1～20（A・B・C・D・E）　E526 100
3号車／自由（83）　1～17（A・B・C・D・E）　E525
4号車／自由（98）　1～20（A・B・C・D・E）　E526 200
5号車／指定（57）　1～12（A・B・C・D・E）　E525 400
6号車／指定（98）　1～20（A・B・C・D・E）　E526 300
7号車／指定（83）　1～17（A・B・C・D・E）　E525 100
8号車／指定（98）　1～20（A・B・C・D・E）　E526 400
9号車／Ⓖ（55）　1～14（A・B・C・D）　E515
10号車／G指定（18）　1～6（A・B・C）　運転室　E514

＋

11号車／Ⓖ（22）　運転室　1～6（A・B・C・D）　E611
12号車／自由（34）　1～9（A・B・C・D）　E628
13号車／自由（58）　1～15（A・B・C・D）　E625
14号車／自由（60）　1～15（A・B・C・D）　E625 100
15号車／自由（66）　1～17（A・B・C・D）　E627
16号車／自由（60）　1～15（A・B・C・D）　E629
17号車／自由（30）　1～8（A・B・C・D）　運転室　E621

【⬇ 主な車窓風景】 東京スカイツリー、埼京線並走（赤羽～大宮間）、さいたまスーパーアリーナ、鉄道博物館、筑波山、信夫山、新幹線総合車両センター（仙台～古川間）、早池峰山、盛岡市街地

◇「やまびこ」223号の5号車は自由席。ただし5号車を指定席に変更する日がある
◇「やまびこ」152・220号、4号車は指定席に変更する日がある
◇「やまびこ」219・204号の5・6号車は自由席。ただし、「やまびこ」219号の5・6号車、「やまびこ」204号の4～6号車を指定席に変更する日がある
▽7号車はワーク＆スタディ優先車両「TRAIN DESK」（平日のみ実施。土休日、最繁忙期は対象外）。座席指定
▽上記記載の列車のうち、「やまびこ」223号は基本的にH５系にて運転。各号車に表記の車両形式はE５系にて表示
▽グランクラス、飲料、軽食なしとグランクラスサービス終了に伴い、2021.03.13から「グランクラス料金」料金見直し
▽車内販売は2019.03.15限りにて営業を終了　▽携帯電話は全線にて可能　▽無料Wi-Fi「JR-EAST FREE Wi-Fi」サービス実施
▽5・9・11号車に車いす対応座席を設置
▼窓配置は座席ごと独立の小窓（■）
E5系▼座席／普通車＝回転式（座席下ペダル）座面スライド式リクライニングシート、シートピッチ1040mm。可動式ヘッドレスト装備
グリーン車＝回転式（座席下ペダル）リクライニングシート、シートピッチ1160mm、座席有効幅475mm。電動式レッグレスト、読書灯内蔵シート、可動式ヘッドレスト装備
グランクラス〔G〕＝本革製、オール電動式シート、リクライニング角度45度。シートピッチ1300mm、座席有効幅520mm
▼ⓘ／普通車は窓側壁下部に、グリーン車、グランクラスは座席肘掛部に装備。なおH５系とE５系U29編成以降の車両は全席に設置　▼5・9号車に車いす対応座席を設置
▼5号車（♥印）にAEDを設置　▼洋式トイレは温水洗浄式便座（一部未施工）。また5号車の多機能トイレはオストメイト対応
▼1・3・7号車に女性用のトイレ〔おむつ交換台（印）、更衣台、姿見を設備〕と洗面所を設置
E6系▼座席／普通車＝回転式（座席下ペダル）リクライニングシート。シートピッチ980mm　グリーン車＝回転式（座席下ペダル）リクライニングシート。シートピッチ1160mm
▼おむつ交換台のあるトイレには印を付加　▼洋式トイレに温水洗浄式便座設置。12号車の多機能トイレはオストメイト対応　▼12号車（♥印）にAEDを設置
▼ⓘ／グリーン車は中央肘掛部に全席設置。普通車は窓側および最前部、最後部客室仕切り壁に設置

東北新幹線「やまびこ」編成席番表 －8

←東京　【⬆ 主な車窓風景】 飛鳥山公園、富士山、ロッテ浦和球場、大宮駅上越新幹線、男体山、那須連峰、郡山総合車両センター、安達太良山、吾妻連峰、福島駅山形新幹線、蔵王連峰、仙台市街地、仙台車両センター、泉ヶ岳と船形連峰、ひとめぼれスタジアム宮城、栗駒山、岩手山　盛岡→

やまびこ // Ｅ５系Ｕ編成＝ＪＲ東日本 // 55・57・59・61・63・65・67・207・209 号、56・58・60・62・64・66・68・70 号

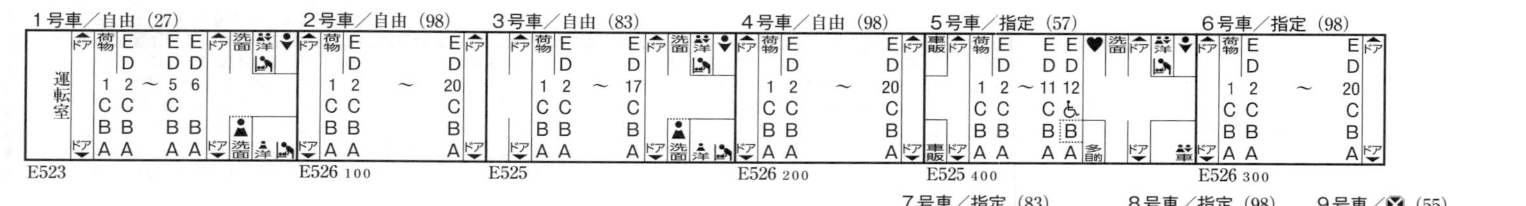

【⬇ 主な車窓風景】 東京スカイツリー、埼京線並走(赤羽～大宮間)、さいたまスーパーアリーナ、鉄道博物館、筑波山、信夫山、新幹線総合車両センター(仙台～古川間)、早池峰山、盛岡市街地

▽７号車はワーク＆スタディ優先車両「TRAIN DESK」(平日のみ実施。土休日、最繁忙期は対象外)。座席指定
◇「やまびこ」55・57・59・61・63・65・67 号、56・58・60・62・64・66・68 号の４号車を指定席に変更する日がある
▽ グランクラス、飲料、軽食なしとグランクラスサービス終了に伴い、2021.03.13 から「グランクラス料金」料金見直し
▽ ５・９号車に車いす対応座席を設置
▽ 車内販売は 2019.03.15 限りにて営業を終了
▽ 携帯電話は全線にて可能　▽ 無料 Wi-Fi「JR-EAST FREE Wi-Fi」サービス実施

▼ 座席／普通車＝回転式（座席下ペダル）座面スライド式リクライニングシート、シートピッチ 1040mm
可動式ヘッドレスト装備
グリーン車＝回転式（座席下ペダル）リクライニングシート、シートピッチ 1160mm、座席有効幅 475mm
電動式レッグレスト、読書灯内蔵シート、可動式ヘッドレスト装備
グランクラス〔G〕＝本革製、オール電動式シート、リクライニング角度 45 度
シートピッチ 1300mm、座席有効幅 520mm
▼ ⑪／普通車は窓側壁下部に、グリーン車、グランクラスは座席肘掛部に装備。なおＥ５系Ｕ 29 編成以降の車両は全席に設置
▼ 洋式トイレは温水洗浄式便座（一部未施工）。また５号車の多機能トイレはオストメイト対応
▼ 1・3・7 号車に女性用のトイレ〔おむつ交換台（印）、更衣台、姿見を設備〕と洗面所を設置
▼ 5 号車（♥印）に AED を設置

▼ 窓配置は座席ごと独立の小窓（■）

←東京 盛岡→

【⬆ 主な車窓風景】 飛鳥山公園、富士山、ロッテ浦和球場、大宮駅上越新幹線、男体山、那須連峰、郡山総合車両センター、安達太良山、吾妻連峰、福島駅山形新幹線、蔵王連峰、仙台市街地、仙台車両センター、泉ヶ岳と船形連峰、ひとめぼれスタジアム宮城、栗駒山、岩手山

やまびこ // E５系U編成＝ＪＲ東日本 // 51・69・97・99・125・147・201・203・211・213・215・217・221・293 号、50・52・54・94・130・134・208・210・212・214・218・222・290 号

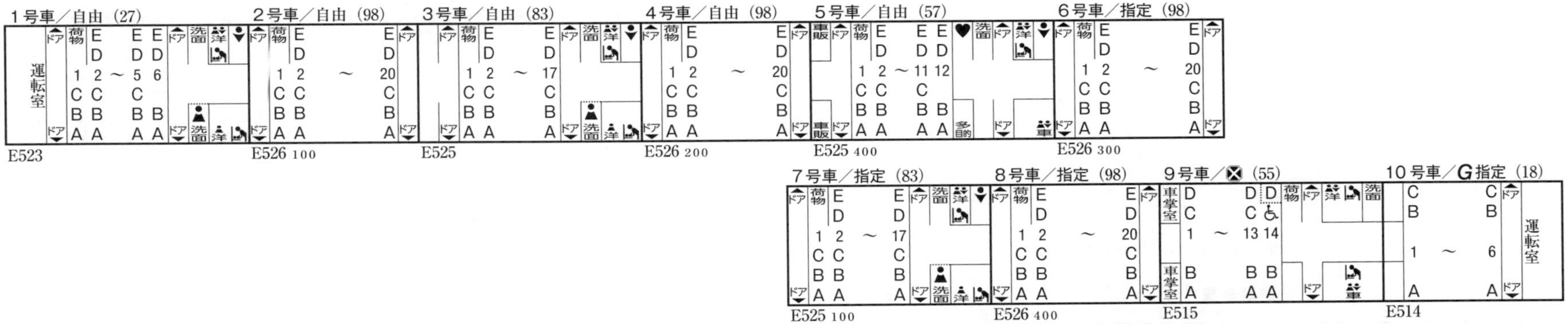

1号車／自由（27） 運転室 ドア 荷物 E D 1 2 〜 5 6 C B A ドア 洗面 洋 ● E523
2号車／自由（98） ドア 荷物 E D 1 2 〜 20 C B A ドア E526 100
3号車／自由（83） ドア 荷物 E D 1 2 〜 17 C B A ドア 洗面 洋 ● E525
4号車／自由（98） ドア 荷物 E D 1 2 〜 20 C B A ドア E526 200
5号車／自由（57） 車販 ドア 荷物 E D 1 2 〜 11 12 C B A ♥ 洗面 ドア 洋 多目的 E525 400
6号車／指定（98） ドア 荷物 E D 1 2 〜 20 C B A ドア E526 300
7号車／指定（83） ドア 荷物 E D 1 2 〜 17 C B A ドア 洗面 洋 ● E525 100
8号車／指定（98） ドア 荷物 E D 1 2 〜 20 C B A ドア E526 400
9号車／🅧（55） 車掌室 D C 1 〜 13 14 B A ♿ 荷物 ドア 洋 洗面 E515
10号車／G指定（18） C B 1 〜 6 A ドア 運転室 E514

【⬇ 主な車窓風景】 東京スカイツリー、埼京線並走(赤羽〜大宮間)、さいたまスーパーアリーナ、鉄道博物館、筑波山、信夫山、新幹線総合車両センター(仙台〜古川間)、早池峰山、盛岡市街地

▽７号車はワーク＆スタディ優先車両「TRAIN DESK」（平日のみ実施。土休日、最繁忙期は対象外）。座席指定
◇「やまびこ」125・52・54・130・134・210・212・214・218 号の５号車を指定席に変更する日がある
◇「やまびこ」51・69・201・203・215・217・221・50・208・222 号の６号車は自由席。
ただし、「やまびこ」51・69・201・50 号の５・６号車、「やまびこ」215・208 号の４～６号車、「やまびこ」203・217・222 号の６号車を指定席に変更する日がある
◇「やまびこ」147・211・213 号の４・５号車を指定席に変更する日がある
◇「やまびこ」97・99・290 号の 10 号車、グランクラスには乗車できない。また６号車は自由席。ただし「やまびこ」97 号の５・６号車を指定席に変更する日がある
◇「やまびこ」293・94 号の 10 号車、グランクラスには乗車できない。またグリーン車を除き全車自由席。「TRAIN DESK」の設定なし
▽ ９号車に車いす対応座席を設置。また５号車は指定席に変更の場合、車いす対応座席あり
▽ グランクラス、飲料、軽食なしとグランクラスサービス終了に伴い、2021.03.13 から「グランクラス料金」料金見直し
▽ 車内販売は 2019.03.15 限りにて営業を終了
▽ 携帯電話は全線にて可能　▽ 無料 Wi-Fi「JR-EAST FREE Wi-Fi」サービス実施

▼ 座席／普通車＝回転式（座席下ペダル）座面スライド式リクライニングシート、シートピッチ 1040mm
可動式ヘッドレスト装備
グリーン車＝回転式（座席下ペダル）リクライニングシート、シートピッチ 1160mm、座席有効幅 475mm
電動式レッグレスト、読書灯内蔵シート、可動式ヘッドレスト装備
グランクラス〔G〕＝本革製、オール電動式シート、リクライニング角度 45 度
シートピッチ 1300mm、座席有効幅 520mm
▼ ⓪／普通車は窓側壁下部に、グリーン車、グランクラスは座席肘掛部に装備。なおＥ５系Ｕ 29 編成以降の車両は全席に設置
▼ 洋式トイレは温水洗浄式便座（一部未施工）。また５号車の多機能トイレはオストメイト対応
▼ 1・3・7 号車に女性用のトイレ〔おむつ交換台（印）、更衣台、姿見を設備〕と洗面所を設置
▼ ５号車（♥印）に AED を設置　▼ 窓配置は座席ごと独立の小窓（■）

東北新幹線「やまびこ」編成席番表 −10

←東京　盛岡→

【↑ 主な車窓風景】 飛鳥山公園、富士山、ロッテ浦和球場、大宮駅上越新幹線、男体山、那須連峰、郡山総合車両センター、安達太良山、吾妻連峰、福島駅山形新幹線、蔵王連峰、仙台市街地、仙台車両センター、泉ヶ岳と船形連峰、ひとめぼれスタジアム宮城、栗駒山、岩手山

やまびこ // E2系J編成〈J51～75編成〉＝JR東日本 // 151・155・291号、202・206・216号

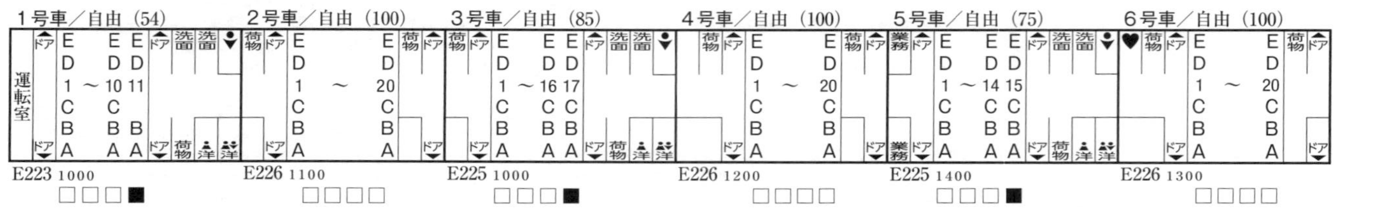

【↓ 主な車窓風景】 東京スカイツリー、埼京線並走(赤羽～大宮間)、さいたまスーパーアリーナ、鉄道博物館、筑波山、信夫山、新幹線総合車両センター(仙台～古川間)、早池峰山、盛岡市街地

▽7号車はワーク＆スタディ優先車両「TRAIN DESK」(平日のみ実施。土休日、最繁忙期は対象外)。座席指定
◇「やまびこ」151・155・216号の6号車、202・206号の5・6号車を指定席に変更する日がある
◇「やまびこ」291号はグリーン車を除き全車自由席。「TRAIN DESK」の設定なし

▽9・10号車に車いす対応座席を設置
▽車内販売営業。詳細は最新のJR時刻表などで確認
▽車内販売は2019.03.15限りにて営業を終了
▽携帯電話の利用は全線にて可能
▽無料Wi-Fi「JR-EAST FREE Wi-Fi」サービス実施

▼座席／普通車＝回転式（座席下ペダル）リクライニングシート、シートピッチ980mm
　　　グリーン車＝回転式（座席下ペダル）リクライニングシート、シートピッチ1160mm
▼J70～75編成は、モバイル用電源コンセントを普通車は窓側壁下部に、グリーン車は座席肘掛部に装備。車体側面の行先表示器、車内の案内表示器はカラー表示
▼J52～75編成の9号車トイレは温水洗浄式便座
▼おむつ交換台のあるトイレには印を付加
▼6号車（♥印）にAEDを設置
▼□■は窓配置のパターン。□は座席2列分の広窓、■は座席ごと独立の小窓

東北新幹線 「なすの」編成席番表 －1

←東京　【⬆ 主な車窓風景】 飛鳥山公園、富士山、ロッテ浦和球場、大宮駅上越新幹線、男体山、那須連峰、郡山総合車両センター　那須塩原・郡山→

なすの // E5系U編成（1～10号車）＋E6系Z編成（11～17号車）＝JR東日本 // 261·271·277·279号、254·256·264·280号

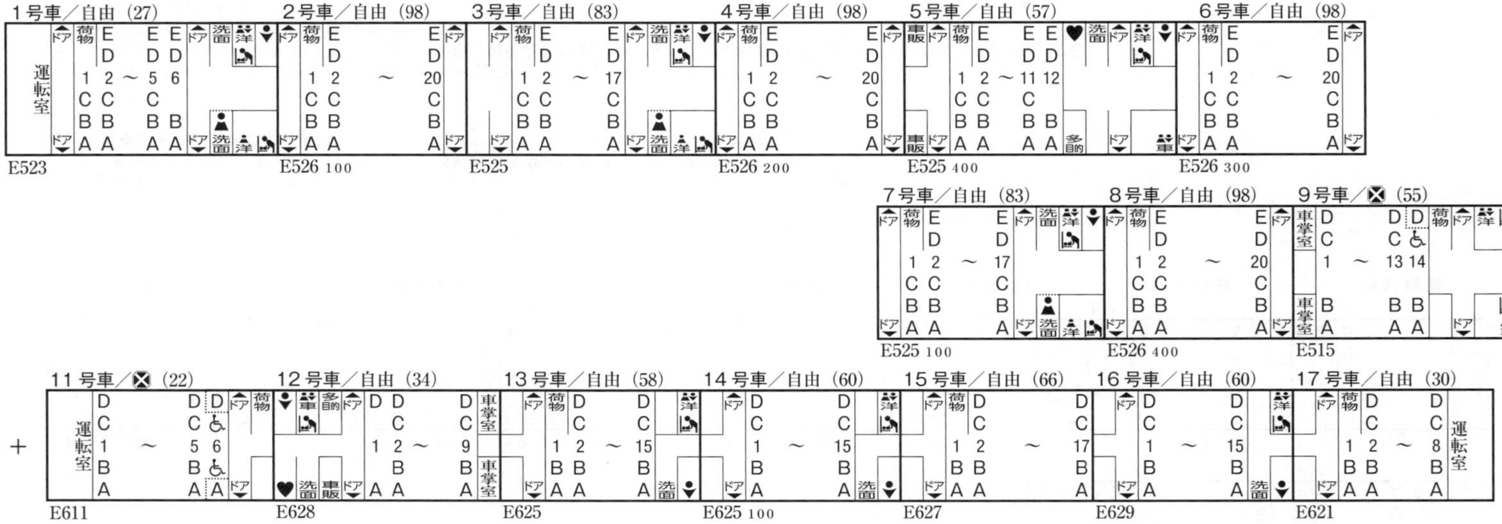

1号車／自由（27） E523
2号車／自由（98） E526 100
3号車／自由（83） E525
4号車／自由（98） E526 200
5号車／自由（57） E525 400
6号車／自由（98） E526 300
7号車／自由（83） E525 100
8号車／自由（98） E526 400
9号車／Ⓖ（55） E515
10号車／G指定（18） E514
＋
11号車／Ⓖ（22） E611
12号車／自由（34） E628
13号車／自由（58） E625
14号車／自由（60） E625 100
15号車／自由（66） E627
16号車／自由（60） E629
17号車／自由（30） E621

【⬇ 主な車窓風景】 東京スカイツリー、埼京線並走（赤羽～大宮間）、さいたまスーパーアリーナ、鉄道博物館、筑波山

▽7号車はワーク＆スタディ優先車両「TRAIN DESK」（平日のみ実施。土休日、最繁忙期は対象外）。座席指定の列車のみ設定
◇10号車「グランクラス」は、アテンダントによる車内サービスなし　▽5号車が指定席の場合は、車いす対応座席がある
◇「なすの」261号の6～8号車は指定席。また5号車を指定席に変更する日がある
◇「なすの」280号の7・8号車は指定席。また6号車を指定席に変更する日がある
◇「なすの」271・277・279号、254・264号の7・8号車を指定席に変更する日がある
▽9・11号車に車いす対応座席を設置。また5号車は指定席の場合、車いす対応座席あり
▼窓配置は座席ごと独立の小窓（■）
▽車内販売の営業なし　▽携帯電話は全線にて可能　▽無料Wi-Fi「JR-EAST FREE Wi-Fi」サービス実施
E5系▼座席／普通車＝回転式（座席下ペダル）座面スライド式リクライニングシート、シートピッチ1040mm。可動式ヘッドレスト装備
グリーン車＝回転式（座席下ペダル）リクライニングシート、シートピッチ1160mm、座席有効幅475mm。電動式レッグレスト、読書灯内蔵シート、可動式ヘッドレスト装備
グランクラス〔G〕＝本革製、オール電動式シート、リクライニング角度45度。シートピッチ1300mm、座席有効幅520mm
▼ⓘ／普通車は窓側壁下部に、グリーン車、グランクラスは座席肘掛部に装備
▼5号車（♥印）にAEDを設置
▼洋式トイレは温水洗浄式便座（一部未施工）。　▼5号車の多機能トイレはオストメイト対応
▼1・3・7号車に女性用のトイレ〔おむつ交換台（印）、更衣台、姿見を設備〕と洗面所を設置
E6系▼座席／普通車＝回転式（座席下ペダル）リクライニングシート。シートピッチ980mm　グリーン車＝回転式（座席下ペダル）リクライニングシート。シートピッチ1160mm
▼おむつ交換台のあるトイレには印を付加　▼洋式トイレに温水洗浄式便座設置。12号車の多機能トイレはオストメイト対応　▼12号車（♥印）にAEDを設置
▼ⓘ／グリーン車は中央肘掛部に全席設置。普通車は窓側および最前部、最後部客室仕切り壁に設置

←東京　【⬆ 主な車窓風景】 飛鳥山公園、富士山、ロッテ浦和球場、大宮駅上越新幹線、男体山、那須連峰、郡山総合車両センター　郡山→

なすの // E5系U編成（1～10号車）＋E3系L編成（11～17号車）＝JR東日本 // 267･269号、260･262号

号車	区分（席数）	座席	形式
1号車	自由（27）	運転室／E D C B A 1 2 ～ 5 6（6列目 E D C B A）	E523
2号車	自由（98）	E D C B A 1 2 ～ 20	E526 100
3号車	自由（83）	E D C B A 1 2 ～ 17	E525
4号車	自由（98）	E D C B A 1 2 ～ 20	E526 200
5号車	自由（57）	E D C B A 1 2 ～ 11 12	E525 400
6号車	自由（98）	E D C B A 1 2 ～ 20	E526 300
7号車	自由（83）	E D C B A 1 2 ～ 17	E525 100
8号車	自由（98）	E D C B A 1 2 ～ 20	E526 400
9号車	Ⓧ（55）	D C B A 1 ～ 13 14	E515
10号車	G指定（18）	C B A 1 ～ 6／運転室	E514
11号車	Ⓧ（23）	運転室／D C B A 1 ～ 5 6	E311 2000
12号車	自由（67）	D C B A 1 2 ～ 17	E326 2000
13号車	自由（60）	D C B A 1 ～ 15	E329 2000
14号車	自由（68）	D C B A 1 ～ 17	E326 2100
15号車	自由（64）	D C B A 1 ～ 16	E328 2000
16号車	自由（60）	D C B A 1 ～ 15	E325 2000
17号車	自由（52）	D C B A 1 ～ 13／運転室	E322 2000

【⬇ 主な車窓風景】 東京スカイツリー、埼京線並走（赤羽～大宮間）、さいたまスーパーアリーナ、鉄道博物館、筑波山

▽ 7号車はワーク＆スタディ優先車両「TRAIN DESK」（平日のみ実施。土休日、最繁忙期は対象外）
◇ 7・8号車を指定席に変更する日がある。7号車が指定席となる日は「TRAIN DESK」設定
▽ 11号車に車いす対応座席を設置

▽ 車内販売の営業なし
▽ 携帯電話の利用は全線にて可能　▽ 無料 Wi-Fi「JR-EAST FREE Wi-Fi」サービス実施
▼ ⓘ／グリーン車は中央肘掛部に全席設置。普通車は窓側および最前部、最後部客室仕切り壁に設置（J編成はJ 70 ～ 75のみ）
▼ おむつ交換台のあるトイレには印を付加
▼ 6・13号車（♥印）にAEDを設置
▼ □■は窓配置のパターン。□は座席2列分の広窓、■は座席ごと独立の小窓

E2系▼ 座席／普通車＝回転式（座席下ペダル）リクライニングシート、シートピッチ 980mm
　　グリーン車＝回転式（座席下ペダル）リクライニングシート、シートピッチ 1160mm
E3系▼ 座席／普通車＝回転式（座席下ペダル）リクライニングシート。シートピッチ 980mm
　　グリーン車＝回転式（座席下ペダル）リクライニングシート。シートピッチ 1160mm

←東京　　【⬆ 主な車窓風景】 飛鳥山公園、富士山、ロッテ浦和球場、大宮駅上越新幹線、男体山、那須連峰、郡山総合車両センター　　郡山→

なすの // Ｅ５系Ｕ編成＝ＪＲ東日本 // 257・275 号、252・258・268・276 号

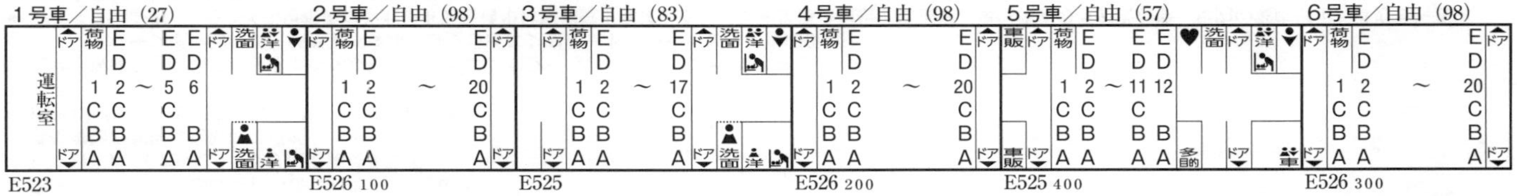

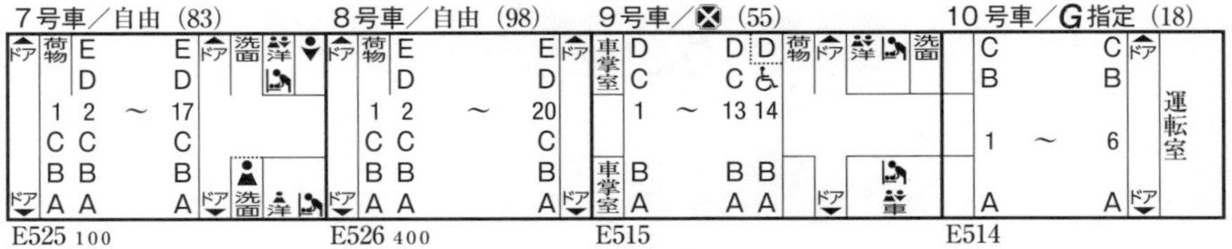

号車	種別（席数）	座席	形式
1号車	自由（27）	運転室／1〜5 ABCDE、6 ABDE／洗面・洋・多目的	E523
2号車	自由（98）	1〜20 ABCDE	E526 100
3号車	自由（83）	1〜17 ABCDE／洗面・洋	E525
4号車	自由（98）	1〜20 ABCDE	E526 200
5号車	自由（57）	車販／1〜11 ABCDE、12 ABDE／♥・洗面・洋・多目的	E525 400
6号車	自由（98）	1〜20 ABCDE	E526 300
7号車	自由（83）	1〜17 ABCDE／洗面・洋	E525 100
8号車	自由（98）	1〜20 ABCDE	E526 400
9号車	⊠（55）	車掌室／1〜13 ABCD、14 ABD（♿）／洋・洗面	E515
10号車	G指定（18）	1〜6 ABC／運転室	E514

【⬇ 主な車窓風景】 東京スカイツリー、埼京線並走(赤羽〜大宮間)、さいたまスーパーアリーナ、鉄道博物館、筑波山

▽７号車はワーク＆スタディ優先車両「TRAIN DESK」（平日のみ実施。土休日、最繁忙期は対象外）。座席指定の列車のみ設定
◇10 号車「グランクラス」は、アテンダントによる車内サービスなし

◇「なすの」276 号の６〜８号車は指定席
◇「なすの」257 号の５〜８号車は指定席
◇「なすの」275・258・268 号の７・８号車を指定席に変更する日がある。７号車が指定席となる日は「TRAIN DESK」設定
▽ ９号車に車いす対応座席を設置。また５号車は指定席に変更の場合、車いす対応座席あり

▽ 車内販売の営業なし
▽ 携帯電話の利用は全線にて可能　▽ 無料 Wi-Fi「JR-EAST FREE Wi-Fi」サービス実施
▼ 座席／普通車＝回転式（座席下ペダル）座面スライド式リクライニングシート、シートピッチ 1040mm
可動式ヘッドレスト装備
グリーン車＝回転式（座席下ペダル）リクライニングシート、シートピッチ 1160mm、座席有効幅 475mm
電動式レッグレスト、読書灯内蔵シート、可動式ヘッドレスト装備
グランクラス〔G〕＝本革製、オール電動式シート、リクライニング角度 45 度
シートピッチ 1300mm、座席有効幅 520mm
▼ ⓒ／普通車は窓側壁下部に、グリーン車、グランクラスは座席肘掛部に装備。なおＥ５系Ｕ 29 編成以降の車両は全席に設置
▼ 洋式トイレは温水洗浄式便座（一部未施工）。また５号車の多機能トイレはオストメイト対応
▼ 1・3・7 号車に女性用のトイレ〔おむつ交換台（印）、更衣台、姿見を設備〕と洗面所を設置
▼ ５号車（♥印）に AED を設置

▼ 窓配置は座席ごと独立の小窓（■）

「なすの」編成席番表 －4

←東京　【⬆ 主な車窓風景】 飛鳥山公園、富士山、ロッテ浦和球場、大宮駅上越新幹線、男体山、那須連峰、郡山総合車両センター　郡山→

なすの // E2系J編成〈J51～75編成〉＝JR東日本 // 251・253・255・259・263・265号、270・272・274・278・282号

号車	1号車／自由（54）	2号車／自由（100）	3号車／自由（85）	4号車／自由（100）	5号車／自由（75）	6号車／指定（100）
座席	運転室 E・D・C・B・A 1～10、E・D・B・A 11	E・D・C・B・A 1～20	E・D・C・B・A 1～16、E・D・C・B・A 17	E・D・C・B・A 1～20	E・D・C・B・A 1～14、E・D・C・B・A 15	♥ E・D・C・B・A 1～20
設備	ドア・洗面・洗面・トイレ・荷物・洋	荷物・ドア	荷物・ドア・洗面・洗面・荷物・洋	荷物・ドア	業務・ドア・洗面・洗面・荷物・洋	荷物・ドア
形式	E223 1000	E226 1100	E225 1000	E226 1200	E225 1400	E226 1300
窓	□□□■	□□□□	□□□■	□□□□	□□□■	□□□□

号車	7号車／指定（85）	8号車／指定（100）	9号車／⊠（51）	10号車／指定（64）
座席	E・D・C・B・A 1～16、E・D・C・B・A 17	E・D・C・B・A 1～20	車掌室 D・C・B・A 1～12、D・♿・B・A 13	E・D・C・B・A 1、E・D・C・B・A 2～13 運転室
設備	荷物・ドア・洗面・洗面・荷物・洋	荷物・ドア	多目的・洗面・荷物・車いす・洋	ドア
形式	E225 1100	E226 1400	E215 1000	E224 1100
窓	□□□■	□□□□	■■■■	■□□□

【⬇ 主な車窓風景】 東京スカイツリー、埼京線並走(赤羽～大宮間)、さいたまスーパーアリーナ、鉄道博物館、筑波山

▽ 7号車はワーク＆スタディ優先車両「TRAIN DESK」(平日のみ実施。土休日、最繁忙期は対象外)。座席指定
◇「なすの」251・278・282号の6号車は自由席。ただし「なすの」282号の6号車を指定席に変更する日がある
◇「なすの」253号の5号車を指定席に変更する日がある
◇「なすの」255号の5号車は指定席。また4号車を指定席に変更する日がある
◇「なすの」263・265号はグリーン車を除き全車自由席。ただし、7・8・10号車を指定席に変更する日がある

▽ 9・10号車に車いす対応座席を設置
▽ 車内販売営業。詳細は最新のJR時刻表などで確認
▽ 車内販売は2019.03.15限りにて営業を終了
▽ 携帯電話の利用は全線にて可能
▽ 無料Wi-Fi「JR-EAST FREE Wi-Fi」サービス実施

▼ 座席／普通車＝回転式（座席下ペダル）リクライニングシート、シートピッチ980mm
　　　グリーン車＝回転式（座席下ペダル）リクライニングシート、シートピッチ1160mm
▼ J70～75編成は、モバイル用電源コンセントを普通車は窓側壁下部に、グリーン車は座席肘掛部に装備。車体側面の行先表示器、車内の案内表示器はカラー表示
▼ J52～75編成の9号車トイレは温水洗浄式便座
▼ おむつ交換台のあるトイレには印を付加
▼ 6号車（♥印）にAEDを設置
▼ □■は窓配置のパターン。□は座席2列分の広窓、■は座席ごと独立の小窓

←東京　　【⬆ 主な車窓風景】 飛鳥山公園、富士山、ロッテ浦和球場、大宮駅上越新幹線、男体山、那須連峰　　那須塩原→

なすの // E3系L編成（11～17号車）＝JR東日本 // 281号、266号

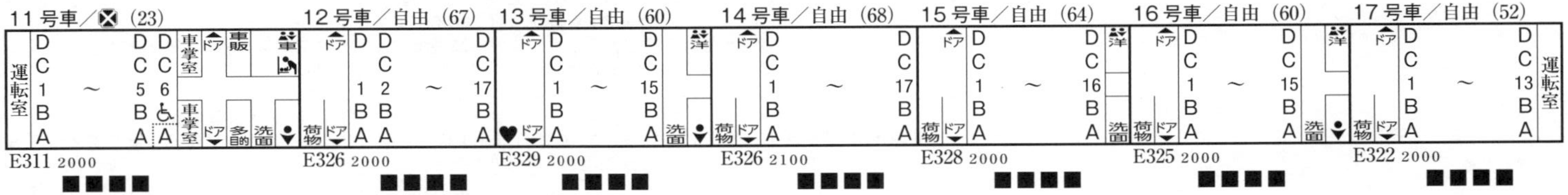

号車	11号車／Ⓖ（23）	12号車／自由（67）	13号車／自由（60）	14号車／自由（68）	15号車／自由（64）	16号車／自由（60）	17号車／自由（52）
座席	運転室 D C 1～5(6) B A／車掌室 ドア 車販 多目的 洗面 トイレ	ドア DC B A 1・2～17 ABD	ドア（♥）D C B A 1～15 洋 洗面	ドア D C B A 1～17	ドア D C B A 1～16 洋 洗面	ドア D C B A 1～15 洋 洗面	ドア D C B A 1～13 運転室
形式	E311 2000	E326 2000	E329 2000	E326 2100	E328 2000	E325 2000	E322 2000
窓	■■■■	■■■■	■■■■	■■■■	■■■■	■■■■	■■■■

【⬇ 主な車窓風景】 東京スカイツリー、埼京線並走(赤羽～大宮間)、さいたまスーパーアリーナ、鉄道博物館、筑波山

▽ 11号車に車いす対応座席を設置。また12号車は指定席に変更の場合、車いす対応座席あり

▽ 車内販売の営業なし
▽ 携帯電話の利用は全線にて可能　▽ 無料Wi-Fi「JR-EAST FREE Wi-Fi」サービス実施
▼ ⓘ／グリーン車は中央肘掛部に全席設置。普通車は窓側および最前部、最後部客室仕切り壁に設置（J編成はJ 70～75）
▼ おむつ交換台のあるトイレには印を付加
▼ 13号車（♥印）にAEDを設置
▼ □■は窓配置のパターン。□は座席2列分の広窓、■は座席ごと独立の小窓

E3系▼ 座席／普通車＝回転式（座席下ペダル）リクライニングシート。シートピッチ980mm
　　　グリーン車＝回転式（座席下ペダル）リクライニングシート。シートピッチ1160mm

←東京　　新潟→

【⬆ 主な車窓風景】 飛鳥山公園、富士山、ロッテ浦和球場、秩父山地、妙義山、浅間山、榛名山、高崎駅北陸新幹線、長岡花火(2020 年は中止)、長岡市街地、弥彦山(弥彦山塊)、新潟市街地

とき // E７系F編成＝JR東日本 // 317 号、312 号

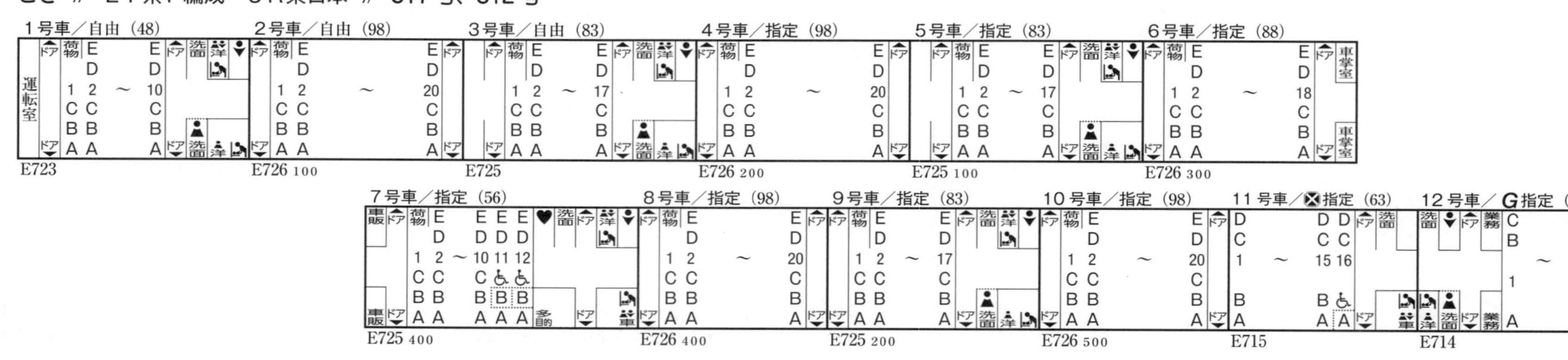

【⬇ 主な車窓風景】 東京スカイツリー、埼京線並走(赤羽～大宮間)、さいたまスーパーアリーナ、鉄道博物館、大宮駅東北新幹線仙台・新青森方面、赤城山、谷川岳、八海山、越後駒ケ岳(越後山脈)、デンカ ビッグスワン スタジアム

◇「とき」317 号の４号車は自由席

▽ グランクラスは、アテンダントによる車内サービスなし
▽ 車内販売営業。詳細は最新のＪＲ時刻表などで確認。ただし弁当・軽食類の販売はしていないので注意
▽ ９号車はワーク＆スタディ優先車両「TRAIN DESK」（平日のみ実施。土休日、最繁忙期は対象外）。座席指定
◇ 2023.03.18 改正から、上越新幹線大宮～新潟間、最高速度 275km/h 運転開始
▽ ７・11 号車に車いす対応座席を設置
▽ 携帯電話の利用は全線にて可能
▽ 無料 Wi-Fi「JR-EAST FREE Wi-Fi」サービス実施

▼ 座席／普通車＝回転式（座席下ペダル）座面スライド式リクライニングシート、シートピッチ 1040mm
可動式ヘッドレスト装備
グリーン車＝回転式（座席下ペダル）リクライニングシート、シートピッチ 1160mm、座席有効幅 475mm。
電動式レッグレスト、読書灯内蔵シート、可動式ヘッドレスト装備
グランクラス〔G〕＝本皮製、オール電動式シート、リクライニング角度 45 度。
シートピッチ 1300mm、座席有効幅 520mm
▼ ⓘ／普通車は窓側壁下部・前列席下部・客室仕切り壁に全席分、グリーン車、グランクラスは全席の座席肘掛部に装備
▼ 全洋式トイレに温水洗浄式便座設置。７号車の多機能トイレはオストメイト対応
▼ 1・3・5・9・12 号車に女性用のトイレ〔おむつ交換台（印）、更衣台、姿見を設備〕と洗面所を設置
▼ ７号車（♥印）にAED設置

▼ 窓配置は座席ごと独立の小窓（■）

←東京　　新潟→

【⬆ 主な車窓風景】 飛鳥山公園、富士山、ロッテ浦和球場、秩父山地、妙義山、浅間山、榛名山、高崎駅北陸新幹線、長岡花火(2020年は中止)、長岡市街地、弥彦山(弥彦山塊)、新潟市街地

とき // E７系F編成＝ＪＲ東日本　F 28・32 編成以降 // ７号車、車いすスペース４席 // 311・323・339 号、304・318・330 号

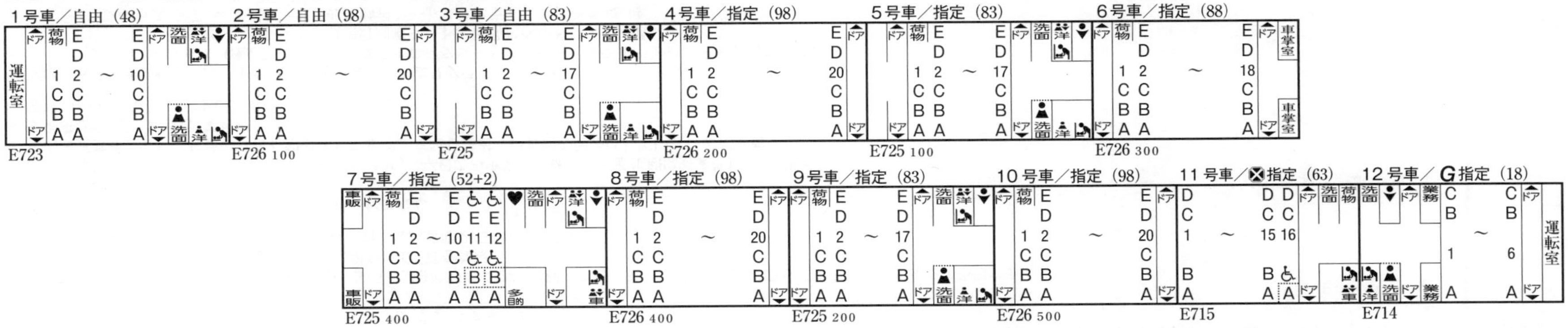

- 運転室
- 1号車／自由（48）　E D 1 2 ～ 10 C B A　E723
- 2号車／自由（98）　E D 1 2 ～ 20 C B A　E726 100
- 3号車／自由（83）　E D 1 2 ～ 17 C B A　E725
- 4号車／指定（98）　E D 1 2 ～ 20 C B A　E726 200
- 5号車／指定（83）　E D 1 2 ～ 17 C B A　E725 100
- 6号車／指定（88）　E D 1 2 ～ 18 C B A　E726 300
- 車掌室

- 車販
- 7号車／指定（52+2）　E D 1 2 ～ 10 11 12 C B A　E725 400
- 8号車／指定（98）　E D 1 2 ～ 20 C B A　E726 400
- 9号車／指定（83）　E D 1 2 ～ 17 C B A　E725 200
- 10号車／指定（98）　E D 1 2 ～ 20 C B A　E726 500
- 11号車／指定（63）　D C 1 ～ 15 16 B A　E715
- 12号車／G指定（18）　C B 1 ～ 6 A　E714
- 運転室

【⬇ 主な車窓風景】 東京スカイツリー、埼京線並走(赤羽～大宮間)、さいたまスーパーアリーナ、鉄道博物館、大宮駅東北新幹線仙台・新青森方面、赤城山、谷川岳、八海山、越後駒ケ岳(越後山脈)、デンカ ビッグスワン スタジアム

◇ ７号車、車いすスペース４席ある編成。同編成７号車の座席数は 52 名。
　ただ、E席側の車いすスペース２席は座席がないが席番表示があるため、座席数は 52+2 名と表示（11 ～ 12 B席は車いす対応座席、E席は座席なし）
◇「とき」323・318・330 号の４・５号車は自由席
◇「とき」339・304 号の４～７号車は自由席。ただし、「とき」339 号の６～７号車、「とき」304 号の５～７号車を指定席に変更する日がある
▽ グランクラスは、アテンダントによる車内サービスなし
▽ ９号車はワーク＆スタディ優先車両「TRAIN DESK」（平日のみ実施。土休日、最繁忙期は対象外）。座席指定
▽ ７・11 号車に車いす対応座席を設置。７号車♿は車いす対応スペース
◇ 2023.03.18 改正から、上越新幹線大宮～新潟間、最高速度 275km/h 運転開始
▽ 車内販売営業。詳細は最新のＪＲ時刻表などで確認。ただし弁当・軽食類の販売はしていないので注意
▽ 携帯電話の利用は全線にて可能
▽ 無料 Wi-Fi「JR-EAST FREE Wi-Fi」サービス実施

▼ 座席／普通車＝回転式（座席下ペダル）座面スライド式リクライニングシート、シートピッチ 1040mm
　　可動式ヘッドレスト装備
　グリーン車＝回転式（座席下ペダル）リクライニングシート、シートピッチ 1160mm、座席有効幅 475mm。
　　電動式レッグレスト、読書灯内蔵シート、可動式ヘッドレスト装備
　グランクラス〔G〕＝本皮製、オール電動式シート、リクライニング角度 45 度。
　　シートピッチ 1300mm、座席有効幅 520mm
▼ ⓘ／普通車は窓側壁下部・前列席下部・客室仕切り壁に全席分、グリーン車、グランクラスは全席の座席肘掛部に装備
▼ 全洋式トイレに温水洗浄式便座設置。７号車の多機能トイレはオストメイト対応
▼ 1・3・5・9・12 号車に女性用のトイレ〔おむつ交換台（印）、更衣台、姿見を設備〕と洗面所を設置
▼ ７号車（♥印）に AED 設置

▼ 窓配置は座席ごと独立の小窓（■）

上越新幹線「とき」編成席番表 －3

←東京　【⬆ 主な車窓風景】 飛鳥山公園、富士山、ロッテ浦和球場、秩父山地、妙義山、浅間山、榛名山、高崎駅北陸新幹線、長岡花火(2020年は中止)、長岡市街地、弥彦山(弥彦山塊)、新潟市街地　新潟→

とき // E７系F編成＝ＪＲ東日本 // 301・303・305・307・309・313・315・319・321・325号、314・316・320・322・324・326・328・332・342・344号

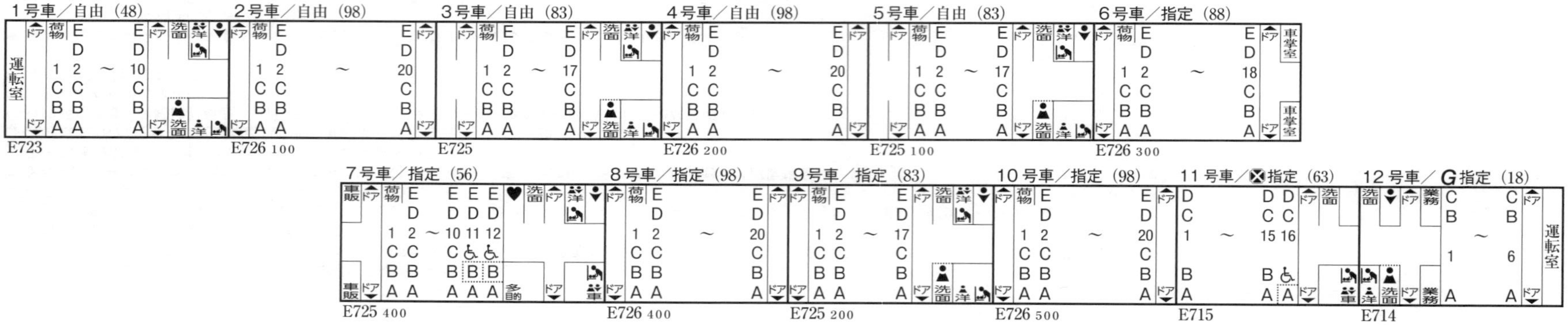

1号車／自由（48）
運転室
E723
2号車／自由（98）
E726 100
3号車／自由（83）
E725
4号車／自由（98）
E726 200
5号車／自由（83）
E725 100
6号車／指定（88）
車掌室
E726 300
7号車／指定（56）
車販
多目的
E725 400
8号車／指定（98）
E726 400
9号車／指定（83）
E725 200
10号車／指定（98）
E726 500
11号車／指定（63）
E715
12号車／G指定（18）
業務
運転室
E714

【⬇ 主な車窓風景】 東京スカイツリー、埼京線並走(赤羽〜大宮間)、さいたまスーパーアリーナ、鉄道博物館、大宮駅東北新幹線仙台・新青森方面、赤城山、谷川岳、八海山、越後駒ケ岳(越後山脈)、デンカ ビッグスワン スタジアム

◇「とき」301・303・305・307・309・313・315・319・314・324・326・328・330・342・344号の５号車を指定席に変更する日がある
◇ ７号車、車いすスペース４席ある編成が入る場合は 55 頁を参照
◇ 2023.03.18 改正から、上越新幹線大宮～新潟間、最高速度 275km/h運転開始

▽ グランクラスは、アテンダントによる車内サービスなし
▽ ７・11 号車に車いす対応座席を設置
▽ ９号車はワーク＆スタディ優先車両「TRAIN DESK」(平日のみ実施。土休日、最繁忙期は対象外)。座席指定
▽ 車内販売営業。詳細は最新のＪＲ時刻表などで確認。ただし弁当・軽食類の販売はしていないので注意
▽ 携帯電話の利用は全線にて可能
▽ 無料 Wi-Fi「JR-EAST FREE Wi-Fi」サービス実施

▼ 座席／普通車＝回転式（座席下ペダル）座面スライド式リクライニングシート、シートピッチ 1040mm。可動式ヘッドレスト装備
　グリーン車＝回転式（座席下ペダル）リクライニングシート、シートピッチ 1160mm、座席有効幅 475mm。
　電動式レッグレスト、読書灯内蔵シート、可動式ヘッドレスト装備
　グランクラス〔G〕＝本皮製、オール電動式シート、リクライニング角度 45 度。
　シートピッチ 1300mm、座席有効幅 520mm
▼ ⓘ／普通車は窓側壁下部・前列席下部・客室仕切り壁に全席分、グリーン車、グランクラスは全席の座席肘掛部に装備
▼ 全洋式トイレに温水洗浄式便座設置。７号車の多機能トイレはオストメイト対応
▼ 1・3・5・9・12 号車に女性用のトイレ〔おむつ交換台（印）、更衣台、姿見を設備〕と洗面所を設置　▼ ７号車（♥印）に AED 設置
▼ 窓配置は座席ごと独立の小窓（■）

←東京　新潟→

【⬆ 主な車窓風景】 飛鳥山公園、富士山、ロッテ浦和球場、秩父山地、妙義山、浅間山、榛名山、高崎駅北陸新幹線、長岡花火(2020年は中止)、長岡市街地、弥彦山(弥彦山塊)、新潟市街地

とき // Ｅ７系Ｆ編成＝ＪＲ東日本 // 327・329・331・333・335号、310・334・336・338・340号

- 1号車／自由（48）　運転室　1〜10　A・B・C・D・E　E723
- 2号車／自由（98）　1〜20　A・B・C・D・E　E726 100
- 3号車／自由（83）　1〜17　A・B・C・D・E　E725
- 4号車／自由（98）　1〜20　A・B・C・D・E　E726 200
- 5号車／自由（83）　1〜17　A・B・C・D・E　E725 100
- 6号車／自由（88）　1〜18　A・B・C・D・E　車掌室　E726 300
- 7号車／指定（56）　車販　1〜10 A・B・C・D・E、11・12 A・B・C・D・E　多目的　E725 400
- 8号車／指定（98）　1〜20　A・B・C・D・E　E726 400
- 9号車／指定（83）　1〜17　A・B・C・D・E　E725 200
- 10号車／指定（98）　1〜20　A・B・C・D・E　E726 500
- 11号車／Ⓖ指定（63）　1〜15 A・B・C・D、16 A・B・C・D　E715
- 12号車／G指定（18）　1〜6　A・B・C　業務　運転室　E714

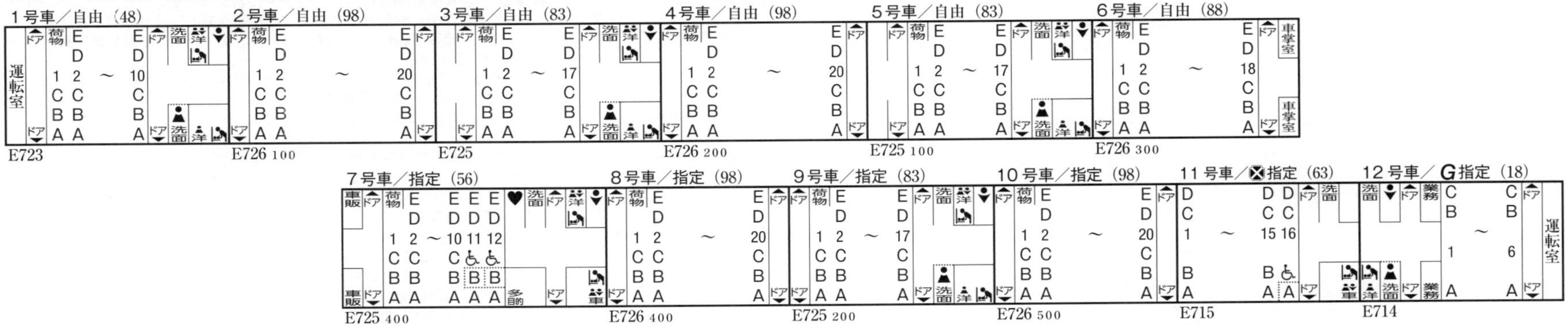

【⬇ 主な車窓風景】 東京スカイツリー、埼京線並走(赤羽〜大宮間)、さいたまスーパーアリーナ、鉄道博物館、大宮駅東北新幹線仙台･新青森方面、赤城山、谷川岳、八海山、越後駒ケ岳(越後山脈)、デンカ ビッグスワン スタジアム

◇「とき」327・329・331・333・335号の6号車、「とき」310・334・336・338・340号の5・6号車を指定席に変更する日がある
◇ 7号車、車いすスペース4席ある編成が入る場合は55頁を参照
◇ 2023.03.18改正から、上越新幹線大宮〜新潟間、最高速度275km/h運転開始
▽ グランクラスは、アテンダントによる車内サービスなし
▽ 7・11号車に車いす対応座席を設置
▽ 9号車はワーク＆スタディ優先車両「TRAIN DESK」(平日のみ実施。土休日、最繁忙期は対象外)。座席指定
▽ 車内販売営業。詳細は最新のＪＲ時刻表などで確認。ただし弁当・軽食類の販売はしていないので注意
▽ 携帯電話の利用は全線にて可能
▽ 無料Wi-Fi「JR-EAST FREE Wi-Fi」サービス実施
▼ 座席／普通車＝回転式（座席下ペダル）座面スライド式リクライニングシート、シートピッチ1040mm
可動式ヘッドレスト装備
グリーン車＝回転式（座席下ペダル）リクライニングシート、シートピッチ1160mm、座席有効幅475mm。
電動式レッグレスト、読書灯内蔵シート、可動式ヘッドレスト装備
グランクラス〔G〕＝本皮製、オール電動式シート、リクライニング角度45度。
シートピッチ1300mm、座席有効幅520mm
▼ ⓘ／普通車は窓側壁下部・前列席下部・客室仕切り壁に全席分、グリーン車、グランクラスは全席の座席肘掛部に装備
▼ 全洋式トイレに温水洗浄式便座設置。7号車の多機能トイレはオストメイト対応
▼ 1・3・5・9・12号車に女性用のトイレ〔おむつ交換台（印）、更衣台、姿見を設備〕と洗面所を設置
▼ 7号車（♥印）にAED設置
▼ 窓配置は座席ごと独立の小窓（■）

←東京　新潟→

【⬆ 主な車窓風景】 飛鳥山公園、富士山、ロッテ浦和球場、秩父山地、妙義山、浅間山、榛名山、高崎駅北陸新幹線、長岡花火(2020年は中止)、長岡市街地、弥彦山(弥彦山塊)、新潟市街地

とき // E7系F編成＝JR東日本 // 337・341号、306・308・346号

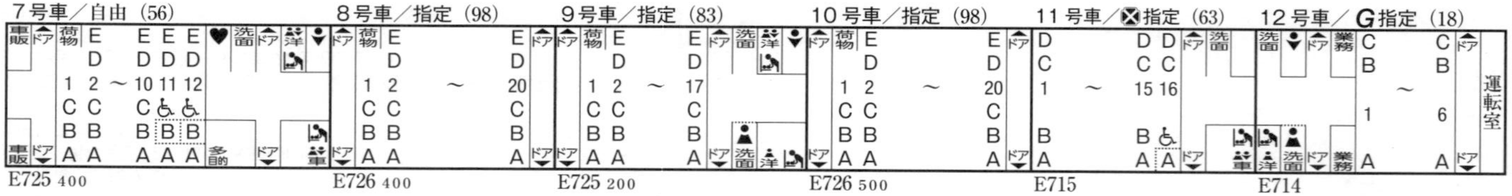

1号車／自由（48） E723
運転室 ドア 荷物 E D 1 2 C B A ～ 10 E D C B A ドア 洗面 洋 和 ドア

2号車／自由（98） E726 100
ドア 荷物 E D 1 2 C B A ～ 20 E D C B A ドア

3号車／自由（83） E725
ドア 荷物 E D 1 2 C B A ～ 17 E D C B A ドア 洗面 洋 和 ドア

4号車／自由（98） E726 200
ドア 荷物 E D 1 2 C B A ～ 20 E D C B A ドア

5号車／自由（83） E725 100
ドア 荷物 E D 1 2 C B A ～ 17 E D C B A ドア 洗面 洋 和 ドア

6号車／自由（88） E726 300
ドア 荷物 E D 1 2 C B A ～ 18 E D C B A ドア 車掌室

7号車／自由（56） E725 400
車販 ドア 荷物 E D 1 2 C B A ～ 10 11 12 E D C B A 多目的 ♥ 洗面 ドア 洋 車

8号車／指定（98） E726 400
ドア 荷物 E D 1 2 C B A ～ 20 E D C B A ドア

9号車／指定（83） E725 200
ドア 荷物 E D 1 2 C B A ～ 17 E D C B A ドア 洗面 洋 和 ドア

10号車／指定（98） E726 500
ドア 荷物 E D 1 2 C B A ～ 20 E D C B A ドア

11号車／Ⓧ指定（63） E715
ドア D C 1 B A ～ 15 16 D C B A ドア 洗面 車

12号車／G指定（18） E714
洗面 洋 ドア 業務 C B 1 A ～ 6 C B A ドア 運転室

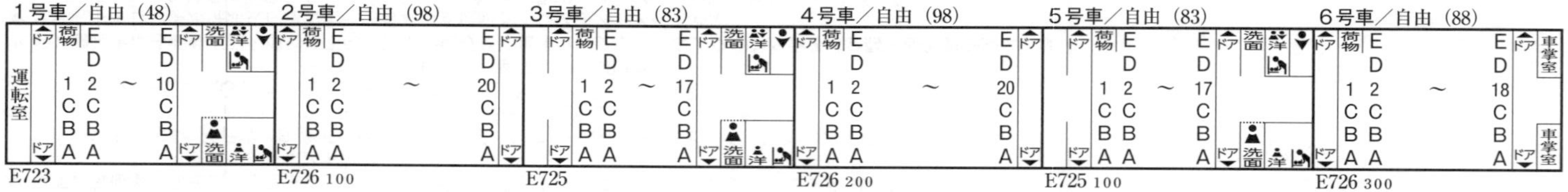

【⬇ 主な車窓風景】 東京スカイツリー、埼京線並走(赤羽～大宮間)、さいたまスーパーアリーナ、鉄道博物館、大宮駅東北新幹線仙台・新青森方面、赤城山、谷川岳、八海山、越後駒ケ岳(越後山脈)、デンカ ビッグスワン スタジアム

◇「とき」337・341号の6・7号車、「とき」306・308・346号の5～7号車を指定席に変更する日がある。その場合は、7号車、「TRAIN DESK」設定
◇7号車、車いすスペース4席ある編成が入る場合は55頁を参照
◇2023.03.18改正から、上越新幹線大宮～新潟間、最高速度275km/h運転開始
▽グランクラスは、アテンダントによる車内サービスなし
▽11号車に車いす対応座席を設置。7号車は指定席の場合、車いす対応座席あり
▽9号車はワーク＆スタディ優先車両「TRAIN DESK」(平日のみ実施。土休日、最繁忙期は対象外)。座席指定
▽車内販売営業。詳細は最新のJR時刻表などで確認。ただし弁当・軽食類の販売はしていないので注意
▽携帯電話の利用は全線にて可能
▽無料Wi-Fi「JR-EAST FREE Wi-Fi」サービス実施
▼座席／普通車＝回転式（座席下ペダル）座面スライド式リクライニングシート、シートピッチ1040mm
　可動式ヘッドレスト装備
　グリーン車＝回転式（座席下ペダル）リクライニングシート、シートピッチ1160mm、座席有効幅475mm。
　電動式レッグレスト、読書灯内蔵シート、可動式ヘッドレスト装備
　グランクラス〔G〕＝本皮製、オール電動式シート、リクライニング角度45度。
　シートピッチ1300mm、座席有効幅520mm
▼⑪／普通車は窓側壁下部・前列席下部・客室仕切り壁に全席分、グリーン車、グランクラスは全席の座席肘掛部に装備
▼全洋式トイレに温水洗浄式便座設置。7号車の多機能トイレはオストメイト対応
▼1・3・5・9・12号車に女性用のトイレ〔おむつ交換台（印）、更衣台、姿見を設備〕と洗面所を設置
▼7号車（♥印）にAED設置
▼窓配置は座席ごと独立の小窓（■）

←東京　　　　新潟→

【⬆ 主な車窓風景】 飛鳥山公園、富士山、ロッテ浦和球場、秩父山地、妙義山、浅間山、榛名山、高崎駅北陸新幹線、長岡花火(2020年は中止)、長岡市街地、弥彦山(弥彦山塊)、新潟市街地

とき // E7系F編成＝JR東日本 // 343・345・347・481号、300・302・480号

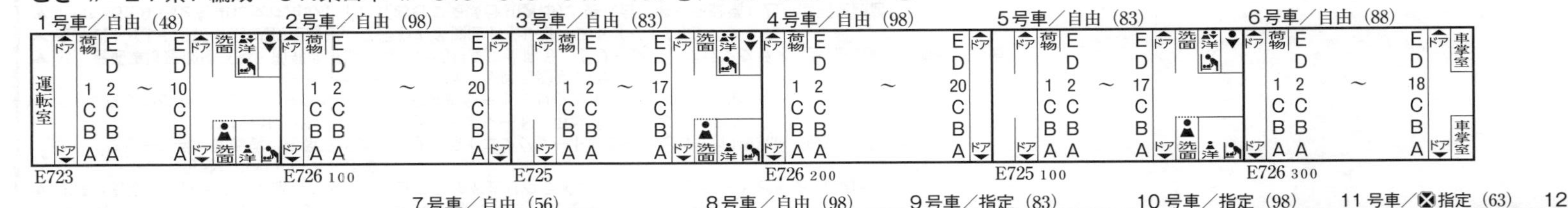

【⬇ 主な車窓風景】 東京スカイツリー、埼京線並走(赤羽～大宮間)、さいたまスーパーアリーナ、鉄道博物館、大宮駅東北新幹線仙台・新青森方面、赤城山、谷川岳、八海山、越後駒ケ岳(越後山脈)、デンカ ビッグスワン スタジアム

◇「とき」343・345・347号の6～8号車、「とき」300号の7・8号車、「とき」302号の5～8号車を指定席に変更する日がある。その場合は、7号車、「TRAIN DESK」設定
◇「とき」480号の5～12号車は乗車できない。全車自由席。「TRAIN DESK」設定なし
◇「とき」481号の12号車は乗車できない。グリーン車を除き全車自由席。「TRAIN DESK」設定なし
◇2023.03.18改正から、上越新幹線大宮～新潟間、最高速度275km/h運転開始
◇7号車、車いすスペース4席ある編成が入る場合は55頁を参照
▽9号車はワーク＆スタディ優先車両「TRAIN DESK」(平日のみ実施。土休日、最繁忙期は対象外)。座席指定
▽11号車に車いす対応座席を設置。また7号車は指定席に変更の場合、車いす対応座席あり
▽グランクラスは、アテンダントによる車内サービスなし
▽車内販売営業。詳細は最新のJR時刻表などで確認。ただし弁当・軽食類の販売はしていないので注意
▽携帯電話の利用は全線にて可能
▽無料Wi-Fi「JR-EAST FREE Wi-Fi」サービス実施
▽1・3・5・7・9号車の荷物置場は現在設置工事中（一部編成は未施工）
▼座席／普通車＝回転式（座席下ペダル）座面スライド式リクライニングシート、シートピッチ1040mm
　　可動式ヘッドレスト装備
　グリーン車＝回転式（座席下ペダル）リクライニングシート、シートピッチ1160mm、座席有効幅475mm。
　　電動式レッグレスト、読書灯内蔵シート、可動式ヘッドレスト装備
　グランクラス〔G〕＝本皮製、オール電動式シート、リクライニング角度45度。
　　シートピッチ1300mm、座席有効幅520mm
▼⑪／普通車は窓側壁下部・前列席下部・客室仕切り壁に全席分、グリーン車、グランクラスは全席の座席肘掛部に装備
▼全洋式トイレに温水洗浄式便座設置。7号車の多機能トイレはオストメイト対応
▼1・3・5・9・12号車に女性用のトイレ〔おむつ交換台（印）、更衣台、姿見を設備〕と洗面所を設置
▼7号車（♥印）にAED設置
▼窓配置は座席ごと独立の小窓（■）

上越新幹線「たにがわ」編成席番表 －1

←東京　【⬆ 主な車窓風景】 飛鳥山公園、富士山、ロッテ浦和球場、秩父山地、妙義山、浅間山、榛名山、高崎駅北陸新幹線　越後湯沢→

たにがわ // E７系Ｆ編成＝ＪＲ東日本 // 404・406号

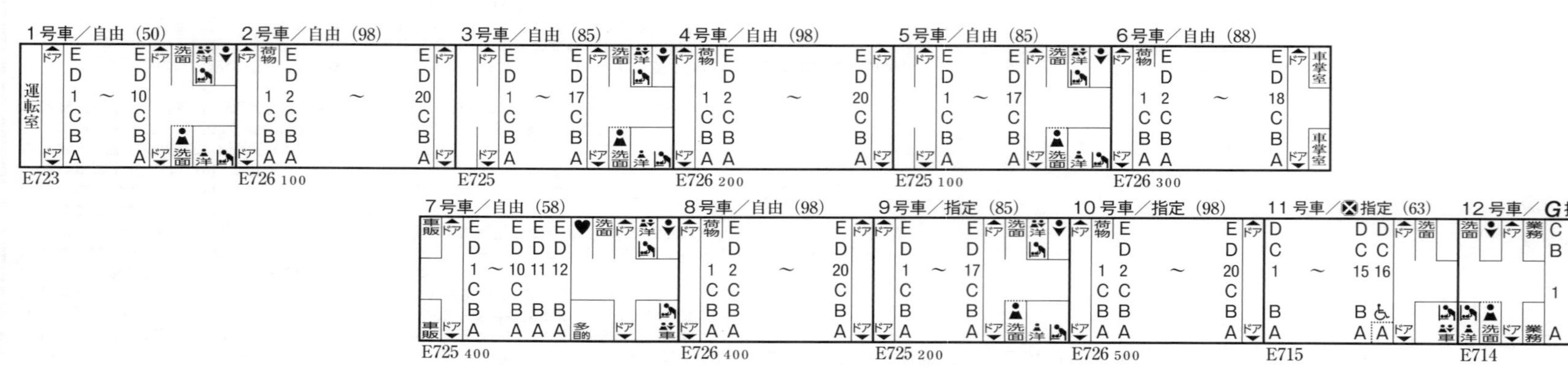

【⬇ 主な車窓風景】 東京スカイツリー、埼京線並走（赤羽～大宮間）、さいたまスーパーアリーナ、鉄道博物館、大宮駅東北新幹線仙台・新青森方面、赤城山、谷川岳

◇ ７号車が指定席の場合、車いす対応席を設置
◇ ７号車、車いすスペース４席ある編成が入る場合は 55 頁を参照
▽ ９号車はワーク＆スタディ優先車両「TRAIN DESK」（平日のみ実施。土休日、最繁忙期は対象外）。座席指定
▽ 11 号車に車いす対応座席を設置

▽ 12 号車「グランクラス」は、アテンダントによる車内サービスなし
▽ 車内販売の営業なし
▽ 携帯電話の利用は全線にて可能
▽ 無料 Wi-Fi「JR-EAST FREE Wi-Fi」サービス実施
▼ 座席／普通車＝回転式（座席下ペダル）座面スライド式リクライニングシート、シートピッチ 1040mm
　可動式ヘッドレスト装備
　グリーン車＝回転式（座席下ペダル）リクライニングシート、シートピッチ 1160mm、座席有効幅 475mm。
　電動式レッグレスト、読書灯内蔵シート、可動式ヘッドレスト装備
　グランクラス〔G〕＝本皮製、オール電動式シート、リクライニング角度 45 度。
　シートピッチ 1300mm、座席有効幅 520mm
▼ ⓘ／普通車は窓側壁下部・前列席下部・客室仕切り壁に全席分、グリーン車、グランクラスは全席の座席肘掛部に装備
▼ 全洋式トイレに温水洗浄式便座設置。７号車の多機能トイレはオストメイト対応
▼ 1・3・5・9・12 号車に女性用のトイレ〔おむつ交換台（印）、更衣台、姿見を設備〕と洗面所を設置
▼ ７号車（♥印）に AED 設置
▼ 窓配置は座席ごと独立の小窓（■）

←東京　【⬆ 主な車窓風景】 飛鳥山公園、富士山、ロッテ浦和球場、秩父山地、妙義山、浅間山、榛名山、高崎駅北陸新幹線　越後湯沢→

たにがわ // E７系Ｆ編成＝ＪＲ東日本 // 401・403・405 号、408・410・412・414 号

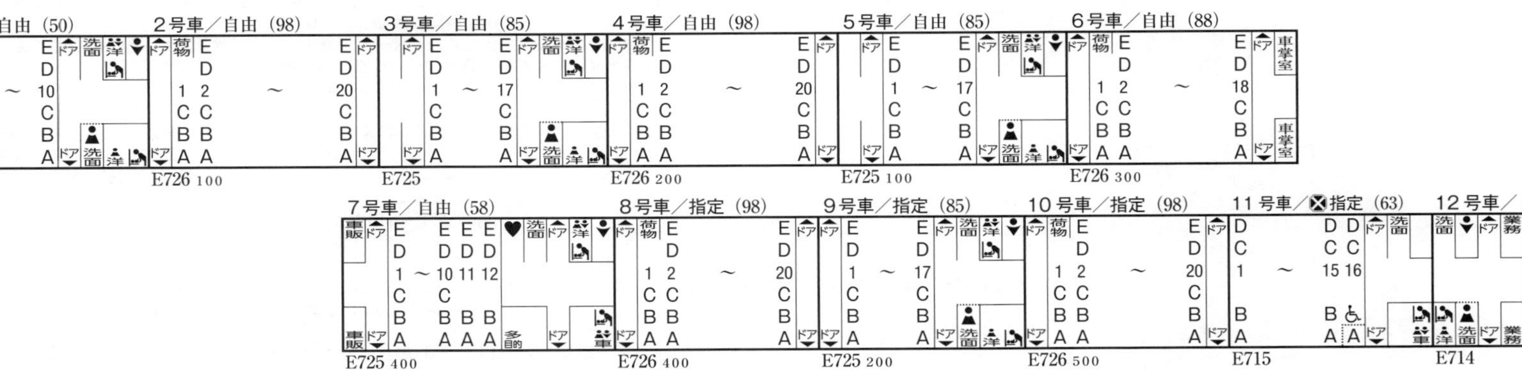

【⬇ 主な車窓風景】 東京スカイツリー、埼京線並走(赤羽～大宮間)、さいたまスーパーアリーナ、鉄道博物館、大宮駅東北新幹線仙台・新青森方面、赤城山、谷川岳

◇「たにがわ」401・403・405 号の６・７号車を指定席に変更する日がある。その場合は、７号車、「TRAIN DESK」設定
◇ ７号車が指定席の場合、車いす対応席を設置
◇ ７号車、車いすスペース４席ある編成が入る場合は 55 頁を参照
▽ ９号車はワーク＆スタディ優先車両「TRAIN DESK」(平日のみ実施。土休日、最繁忙期は対象外)。座席指定
▽ 11 号車に車いす対応座席を設置

▽ 12 号車「グランクラス」は、アテンダントによる車内サービスなし
▽ 車内販売の営業なし
▽ 携帯電話の利用は全線にて可能
▽ 無料 Wi-Fi「JR-EAST FREE Wi-Fi」サービス実施
▼ 座席／普通車＝回転式（座席下ペダル）座面スライド式リクライニングシート、シートピッチ 1040mm
可動式ヘッドレスト装備
グリーン車＝回転式（座席下ペダル）リクライニングシート、シートピッチ 1160mm、座席有効幅 475mm。
電動式レッグレスト、読書灯内蔵シート、可動式ヘッドレスト装備
グランクラス〔G〕＝本皮製、オール電動式シート、リクライニング角度 45 度。
シートピッチ 1300mm、座席有効幅 520mm
▼ ⓘ／普通車は窓側壁下部・前列席下部・客室仕切り壁に全席分、グリーン車、グランクラスは全席の座席肘掛部に装備
▼ 全洋式トイレに温水洗浄式便座設置。７号車の多機能トイレはオストメイト対応
▼ 1・3・5・9・12 号車に女性用のトイレ〔おむつ交換台（印）、更衣台、姿見を設備〕と洗面所を設置
▼ ７号車（♥印）に AED 設置
▼ 窓配置は座席ごと独立の小窓（■）

←東京　【⬆ 主な車窓風景】 飛鳥山公園、富士山、ロッテ浦和球場、秩父山地、妙義山、浅間山、榛名山、高崎駅北陸新幹線　越後湯沢→

たにがわ // Ｅ７系Ｆ編成＝ＪＲ東日本 // 407・409・411・413・415・417・471・475・477 号、400・402・470・472・474・476 号

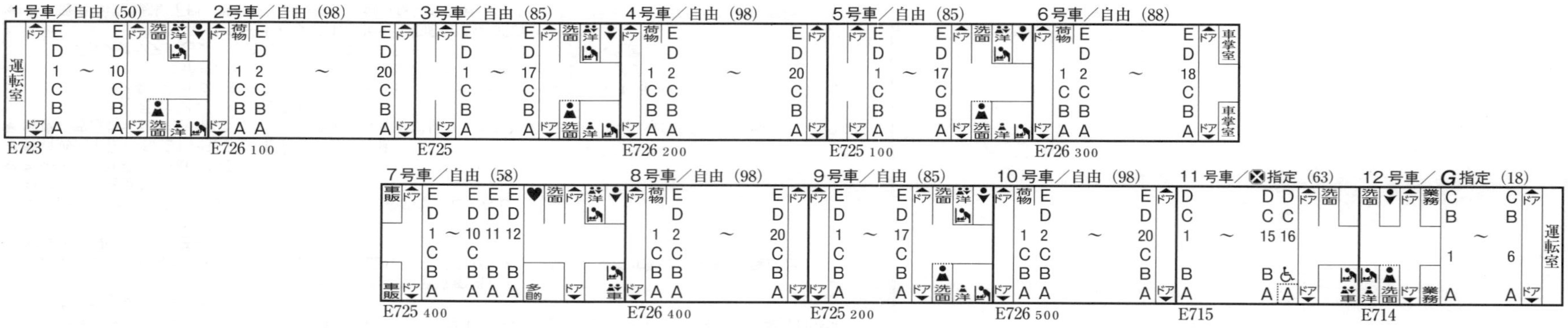

号車	座席	席番	形式
1号車	自由（50）	1〜10 A・B・C・D・E（運転室）	E723
2号車	自由（98）	1〜20 A・B・C・D・E	E726 100
3号車	自由（85）	1〜17 A・B・C・D・E	E725
4号車	自由（98）	1〜20 A・B・C・D・E	E726 200
5号車	自由（85）	1〜17 A・B・C・D・E	E725 100
6号車	自由（88）	1〜18 A・B・C・D・E（車掌室）	E726 300
7号車	自由（58）	1〜10 A・B・C・D・E、11・12 A・B・D・E（車販、多目的）	E725 400
8号車	自由（98）	1〜20 A・B・C・D・E	E726 400
9号車	自由（85）	1〜17 A・B・C・D・E	E725 200
10号車	自由（98）	1〜20 A・B・C・D・E	E726 500
11号車	Ⓖ指定（63）	1〜16 A・B・C・D（16 A 車いす対応）	E715
12号車	G指定（18）	1〜6 A・B・C（業務、運転室）	E714

【⬇ 主な車窓風景】 東京スカイツリー、埼京線並走（赤羽〜大宮間）、さいたまスーパーアリーナ、鉄道博物館、大宮駅東北新幹線仙台・新青森方面、赤城山、谷川岳

◇「たにがわ」407・409 号の６～10 号車を指定席に変更する日がある
◇「たにがわ」411・413・415・417・471・475・477 号の９～10 号車を指定席に変更する日がある
◇７号車が指定席の場合、車いす対応席を設置
◇７号車、車いすスペース４席ある編成が入る場合は 55 頁を参照
▽９号車、ワーク＆スタディ優先車両「TRAIN DESK」の設定なし。ただし指定席となる日（平日のみ実施。土休日、最繁忙期は対象外）は設定
▽11 号車に車いす対応座席を設置

▽12 号車「グランクラス」は、アテンダントによる車内サービスなし
▽車内販売の営業なし
▽携帯電話の利用は全線にて可能
▽無料 Wi-Fi「JR-EAST FREE Wi-Fi」サービス実施
▼座席／普通車＝回転式（座席下ペダル）座面スライド式リクライニングシート、シートピッチ 1040mm
可動式ヘッドレスト装備
グリーン車＝回転式（座席下ペダル）リクライニングシート、シートピッチ 1160mm、座席有効幅 475mm。
電動式レッグレスト、読書灯内蔵シート、可動式ヘッドレスト装備
グランクラス〔G〕＝本皮製、オール電動式シート、リクライニング角度 45 度。
シートピッチ 1300mm、座席有効幅 520mm
▼ⓘ／普通車は窓側壁下部・前列席下部・客室仕切り壁に全席分、グリーン車、グランクラスは全席の座席肘掛部に装備
▼全洋式トイレに温水洗浄式便座設置。７号車の多機能トイレはオストメイト対応
▼1・3・5・9・12 号車に女性用のトイレ〔おむつ交換台（印）、更衣台、姿見を設備〕と洗面所を設置
▼７号車（♥印）に AED 設置
▼窓配置は座席ごと独立の小窓（■）

←東京　　金沢・敦賀→

【⬆ 主な車窓風景】 飛鳥山公園、富士山、ロッテ浦和球場、秩父山地、浅間山、榛名山、岩鼻(千曲公園)、長野市街地、長野新幹線車両センター、妙高山、立山連峰、富山市街地、金沢市街地、白山総合車両所、白山、木場潟

かがやき // Ｅ７系Ｆ編成＝ＪＲ東日本、Ｗ７系Ｗ編成＝ＪＲ西日本 // 501・503・505・507・511・513・515・517・519号、500・502・504・506・508・512・514・516・518号

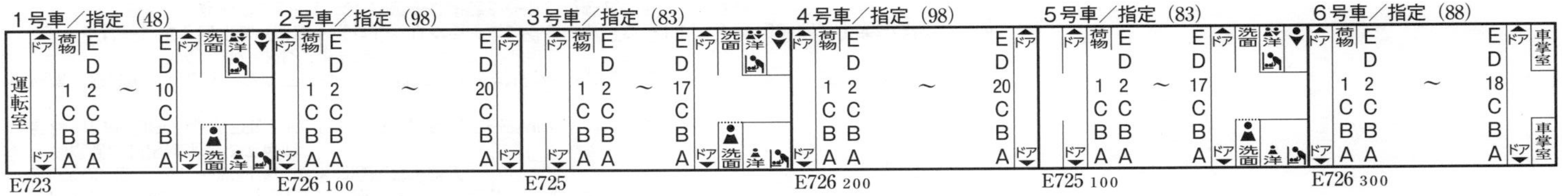

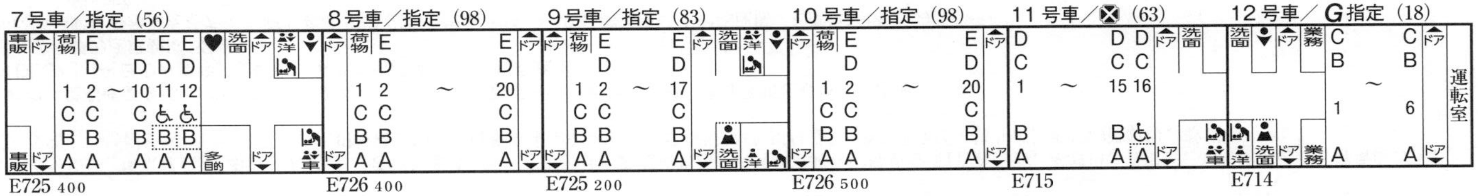

号車	種別（席数）	座席	形式
1号車	指定（48）	運転室、1～10 A・B・C・D・E	E723
2号車	指定（98）	1～20 A・B・C・D・E	E726 100
3号車	指定（83）	1～17 A・B・C・D・E	E725
4号車	指定（98）	1～20 A・B・C・D・E	E726 200
5号車	指定（83）	1～17 A・B・C・D・E	E725 100
6号車	指定（88）	1～18 A・B・C・D・E、車掌室	E726 300
7号車	指定（56）	車販、1～12 A・B・C・D・E（11・12 C 車いす対応）、多目的	E725 400
8号車	指定（98）	1～20 A・B・C・D・E	E726 400
9号車	指定（83）	1～17 A・B・C・D・E	E725 200
10号車	指定（98）	1～20 A・B・C・D・E	E726 500
11号車	Ⓖ（63）	1～16 A・B・C・D（16 B 車いす対応）	E715
12号車	G指定（18）	業務、1～6 A・B・C、運転室	E714

【⬇ 主な車窓風景】 東京スカイツリー、埼京線並走(赤羽～大宮間)、さいたまスーパーアリーナ、鉄道博物館、大宮駅東北新幹線仙台・新青森方面、赤城山、谷川岳、高崎駅上越新幹線新潟方面、榛名山、浅間山、烏帽子岳(えぼしだけ)、上田城跡公園、長野総合車両センター　日本海(糸魚川付近)、金沢車両区、福井市街地(福井城址)、敦賀湾

◇ 2023.03.18 改正から、上越新幹線大宮～高崎間、最高速度 275km/h に向上。2024.03.16、北陸新幹線金沢～敦賀間開業、運転区間を敦賀まで延伸
▽ 9号車はワーク＆スタディ優先車両「TRAIN DESK」（平日のみ実施。土休日、最繁忙期は対象外）。座席指定
▽ 7・11 号車に車いす対応座席を設置
▽ 車内販売は、2019.07.01 から弁当・軽食類の販売をしていないので注意
▽ 2021.03.13 から、一部列車にて車内販売営業終了
▽ 携帯電話の利用は全線にて可能
▽ 無料 Wi-Fi「JR-EAST FREE Wi-Fi」「JR-WEST FREE Wi-Fi」サービス実施

▼ 座席／普通車＝回転式（座席下ペダル）座面スライド式リクライニングシート、シートピッチ 1040mm
可動式ヘッドレスト装備
グリーン車＝回転式（座席下ペダル）リクライニングシート、シートピッチ 1160mm、座席有効幅 475mm。
電動式レッグレスト、読書灯内蔵シート、可動式ヘッドレスト装備
グランクラス〔G〕＝本皮製、オール電動式シート、リクライニング角度 45 度。
シートピッチ 1300mm、座席有効幅 520mm
▼ ⓘ／普通車は窓側壁下部・前列席下部・客室仕切り壁に全席分、グリーン車、グランクラスは全席の座席肘掛部に装備
▼ 全洋式トイレに温水洗浄式便座設置。７号車の多機能トイレはオストメイト対応
▼ 1・3・5・9・12 号車に女性用のトイレ〔おむつ交換台（印）、更衣台、姿見を設備〕と洗面所を設置
▼ ７号車（♥印）に AED 設置

▼ 窓配置は座席ごと独立の小窓（■）
◇ 各号車に表記の車両形式はＥ７系にて表示

北陸新幹線「かがやき」編成席番表 －2

←東京　　金沢・敦賀→

【⬆ 主な車窓風景】 飛鳥山公園、富士山、ロッテ浦和球場、秩父山地、浅間山、榛名山、岩鼻(千曲公園)、長野市街地、長野新幹線車両センター、妙高山、立山連峰、富山市街地、金沢市街地、白山総合車両所、白山、木場潟

かがやき // E７系F編成＝JR東日本 F28・32 編成以降、W７系W編成＝JR西日本 W12 編成以降 //（7号車、車いすスペース４席）// 509 号、510 号

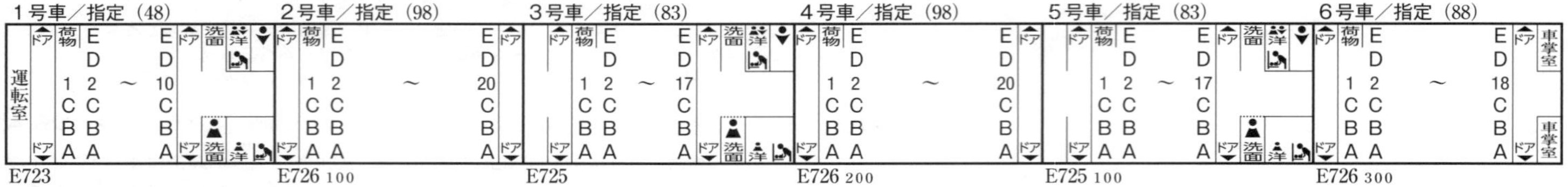

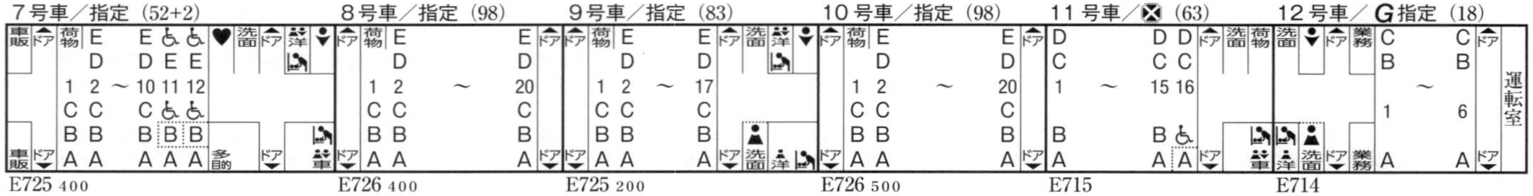

1号車／指定（48） E723：運転室／ドア／荷物／1〜10（A・B・C・D・E）／ドア／洗面・洋・トイレ

2号車／指定（98） E726 100：ドア／荷物／1〜20（A・B・C・D・E）／ドア

3号車／指定（83） E725：ドア／荷物／1〜17（A・B・C・D・E）／ドア／洗面・洋・トイレ

4号車／指定（98） E726 200：ドア／荷物／1〜20（A・B・C・D・E）／ドア

5号車／指定（83） E725 100：ドア／荷物／1〜17（A・B・C・D・E）／ドア／洗面・洋・トイレ

6号車／指定（88） E726 300：ドア／荷物／1〜18（A・B・C・D・E）／ドア／車掌室

7号車／指定（52+2） E725 400：車販／ドア／荷物／1〜12（A・B・C・D・E、11・12 B 車いす対応座席、11・12 E 車いすスペース）／多目的／AED／洗面／ドア／洋

8号車／指定（98） E726 400：ドア／荷物／1〜20（A・B・C・D・E）／ドア

9号車／指定（83） E725 200：ドア／荷物／1〜17（A・B・C・D・E）／ドア／洗面・洋・トイレ

10号車／指定（98） E726 500：ドア／荷物／1〜20（A・B・C・D・E）／ドア

11号車／グリーン（63） E715：1〜16（A・B・C・D、16 B 車いす対応座席）／ドア／洗面／荷物

12号車／G指定（18） E714：洗面・洋・トイレ／ドア／業務／1〜6（A・B・C）／ドア／運転室

【⬇ 主な車窓風景】 東京スカイツリー、埼京線並走(赤羽〜大宮間)、さいたまスーパーアリーナ、鉄道博物館、大宮駅東北新幹線仙台・新青森方面、赤城山、谷川岳、高崎駅上越新幹線新潟方面、榛名山、浅間山、烏帽子岳(えぼしだけ)、上田城跡公園、長野総合車両センター　日本海(糸魚川付近)、金沢車両区、福井市街地(福井城址)、敦賀湾

◇ 2023.03.18 改正から、上越新幹線大宮〜高崎間、最高速度 275km/h に向上。2024.03.16、北陸新幹線金沢〜敦賀間開業、運転区間を敦賀まで延伸
▽ 9号車はワーク＆スタディ優先車両「TRAIN DESK」（平日のみ実施。土休日、最繁忙期は対象外）。座席指定
◇ 7号車、車いすスペース４席ある編成。同編成７号車の座席数は 52 名。
　ただ、E席側の車いすスペース２席は座席がないが席番表示があるため、座席数は 52＋2 名と表示（11 〜 12 B席は車いす対応座席、E席は座席なし）
▽ 7・11 号車に車いす対応座席を設置。７号車♿は車いす対応スペース
▽ 車内販売は、2019.07.01 から弁当・軽食類の販売をしていないので注意
▽ 2021.03.13 から、一部列車にて車内販売営業終了
▽ 携帯電話の利用は全線にて可能
▽ 無料 Wi-Fi「JR-EAST FREE Wi-Fi」「JR-WEST FREE Wi-Fi」サービス実施

▼ 座席／普通車＝回転式（座席下ペダル）座面スライド式リクライニングシート、シートピッチ 1040mm
　　可動式ヘッドレスト装備
　グリーン車＝回転式（座席下ペダル）リクライニングシート、シートピッチ 1160mm、座席有効幅 475mm。
　　電動式レッグレスト、読書灯内蔵シート、可動式ヘッドレスト装備
　グランクラス〔G〕＝本皮製、オール電動式シート、リクライニング角度 45 度。
　　シートピッチ 1300mm、座席有効幅 520mm
▼ ⓪／普通車は窓側壁下部・前列席下部・客室仕切り壁に全席分、グリーン車、グランクラスは全席の座席肘掛部に装備
▼ 全洋式トイレに温水洗浄式便座設置。７号車の多機能トイレはオストメイト対応
▼ 1・3・5・9・12 号車に女性用のトイレ〔おむつ交換台（印）、更衣台、姿見を設備〕と洗面所を設置
▼ ７号車（♥印）に AED 設置

▼ 窓配置は座席ごと独立の小窓（■）
◇ 各号車に表記の車両形式はＥ７系にて表示

「はくたか」編成席番表 －1

←東京　　　　金沢・敦賀→

【⬆ 主な車窓風景】 飛鳥山公園、富士山、ロッテ浦和球場、秩父山地、浅間山、榛名山、岩鼻(千曲公園)、長野市街地、長野新幹線車両センター、妙高山、立山連峰、富山市街地、金沢市街地、白山総合車両所、白山、木場潟

はくたか // Ｅ７系Ｆ編成＝ＪＲ東日本、Ｗ７系Ｗ編成＝ＪＲ西日本 // 551・553・555・557・561・563・565・567・569・571・573・575・577・591 号、552・556・558・560・562・564・566・568・570・572・574・576・578・590 号

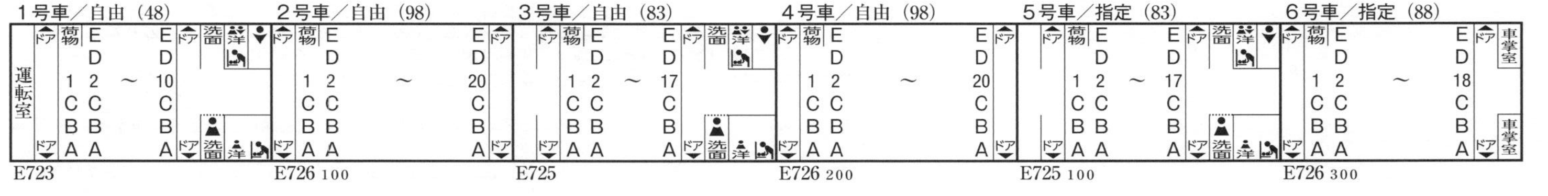

【⬇ 主な車窓風景】 東京スカイツリー、埼京線並走(赤羽～大宮間)、さいたまスーパーアリーナ、鉄道博物館、大宮駅東北新幹線仙台･新青森方面、赤城山、谷川岳、高崎駅上越新幹線新潟方面、榛名山、浅間山、烏帽子岳(えぼしだけ)、上田城跡公園、長野総合車両センター　日本海(糸魚川付近)、金沢車両区、福井市街地(福井城址)、敦賀湾

▽ 9号車はワーク＆スタディ優先車両「TRAIN DESK」（平日のみ実施。土休日、最繁忙期は対象外）。座席指定
◇「はくたか」551・571・573・575・577 号の５号車は自由席。ただし、５号車を指定席に変更する日がある
◇「はくたか」561・563・565・567・569・560・562・564・566・568 号の４号車を指定席に変更する日がある
◇「はくたか」591 号、590 号は長野～金沢間の運転。12 号車「グランクラス」は、アテンダントによる車内サービスなし
▽ ７・11 号車に車いす対応座席を設置
▽ 車内販売は、2019.07.01 から弁当・軽食類の販売をしていないので注意
▽ 2021.03.13 から、一部列車にて車内販売営業終了
▽ 携帯電話の利用は全線にて可能
▽ 無料Wi-Fi「JR-EAST FREE Wi-Fi」「JR-WEST FREE Wi-Fi」サービス実施

▼ 座席／普通車＝回転式（座席下ペダル）座面スライド式リクライニングシート、シートピッチ 1040mm
可動式ヘッドレスト装備
グリーン車＝回転式（座席下ペダル）リクライニングシート、シートピッチ 1160mm、座席有効幅 475mm。
電動式レッグレスト、読書灯内蔵シート、可動式ヘッドレスト装備
グランクラス〔G〕＝本皮製、オール電動式シート、リクライニング角度 45 度。
シートピッチ 1300mm、座席有効幅 520mm
▼ ⓘ／普通車は窓側壁下部・前列席下部・客室仕切り壁に全席分、グリーン車、グランクラスは全席の座席肘掛部に装備
▼ 全洋式トイレに温水洗浄式便座設置。７号車の多機能トイレはオストメイト対応
▼ 1・3・5・9・12 号車に女性用のトイレ〔おむつ交換台（印）、更衣台、姿見を設備〕と洗面所を設置
▼ ７号車（♥印）にAED設置
▼ 窓配置は座席ごと独立の小窓（■）
◇ 各号車に表記の車両形式はＥ７系にて表示

←東京　　金沢・敦賀→

【⬆ 主な車窓風景】 飛鳥山公園、富士山、ロッテ浦和球場、秩父山地、浅間山、榛名山、岩鼻(千曲公園)、長野市街地、長野新幹線車両センター、妙高山、立山連峰、富山市街地、金沢市街地、白山総合車両所、白山、木場潟

はくたか // E７系F編成＝ＪＲ東日本 F28・32 編成以降、W７系W編成＝ＪＲ西日本 W 12 編成以降 //（7 号車、車いすスペース４席）// 559 号、554 号

号車	種別（席数）	座席番号	列	車両形式
1号車	自由（48）	1 2 ～ 10	A B C D E	E723
2号車	自由（98）	1 2 ～ 20	A B C D E	E726 100
3号車	自由（83）	1 2 ～ 17	A B C D E	E725
4号車	自由（98）	1 2 ～ 20	A B C D E	E726 200
5号車	指定（83）	1 2 ～ 17	A B C D E	E725 100
6号車	指定（88）	1 2 ～ 18	A B C D E	E726 300
7号車	指定（52+2）	1 2 ～ 10 11 12	A B C D E	E725 400
8号車	指定（98）	1 2 ～ 20	A B C D E	E726 400
9号車	指定（83）	1 2 ～ 17	A B C D E	E725 200
10号車	指定（98）	1 2 ～ 20	A B C D E	E726 500
11号車	⊠（63）	1 ～ 15 16	A B C D	E715
12号車	G指定（18）	1 ～ 6	A B C	E714

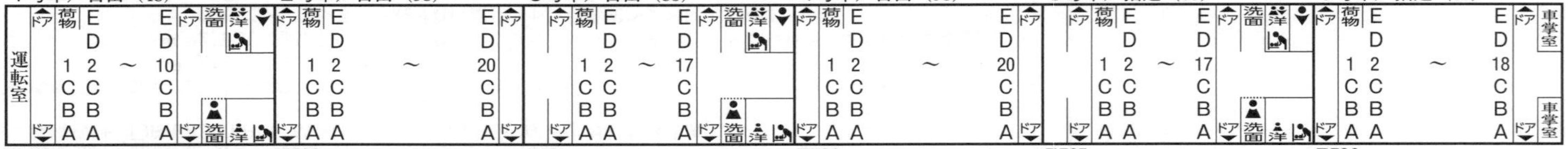

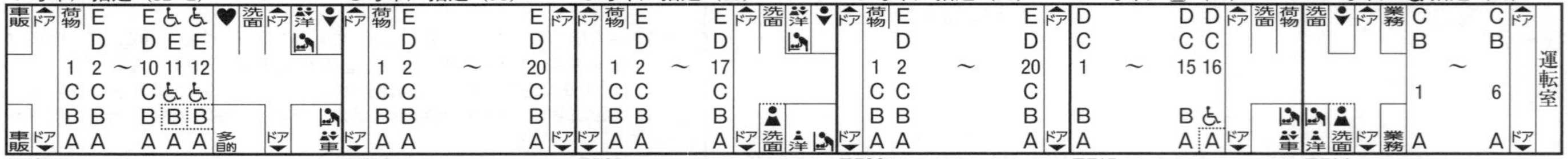

【⬇ 主な車窓風景】 東京スカイツリー、埼京線並走(赤羽～大宮間)、さいたまスーパーアリーナ、鉄道博物館、大宮駅東北新幹線仙台･新青森方面、赤城山、谷川岳、高崎駅上越新幹線新潟方面、榛名山、浅間山、烏帽子岳(えぼしだけ)、上田城跡公園、長野総合車両センター　日本海(糸魚川付近)、金沢車両区、福井市街地(福井城址)、敦賀湾

▽ 9 号車はワーク＆スタディ優先車両「TRAIN DESK」（平日のみ実施。土休日、最繁忙期は対象外）。座席指定
◇ 7 号車、車いすスペース４席ある編成。同編成７号車の座席数は 52 名。
　ただ、E 席側の車いすスペース２席は座席がないが席番表示があるため、座席数は 52+2 名と表示（11 ～ 12 B席は車いす対応座席、E席は座席なし）
▽ 7・11 号車に車いす対応座席を設置。7号車♿は車いす対応スペース
▽ 車内販売は、2019.07.01 から弁当・軽食類の販売をしていないので注意
▽ 2021.03.13 から、一部列車にて車内販売営業終了
▽ 携帯電話の利用は全線にて可能
▽ 無料 Wi-Fi「JR-EAST FREE Wi-Fi」「JR-WEST FREE Wi-Fi」サービス実施

▼ 座席／普通車＝回転式（座席下ペダル）座面スライド式リクライニングシート、シートピッチ 1040mm
　可動式ヘッドレスト装備
　グリーン車＝回転式（座席下ペダル）リクライニングシート、シートピッチ 1160mm、座席有効幅 475mm。
　電動式レッグレスト、読書灯内蔵シート、可動式ヘッドレスト装備
　グランクラス〔G〕＝本皮製、オール電動式シート、リクライニング角度 45 度。
　シートピッチ 1300mm、座席有効幅 520mm
▼ ⓘ／普通車は窓側壁下部・前列席下部・客室仕切り壁に全席分、グリーン車、グランクラスは全席の座席肘掛部に装備
▼ 全洋式トイレに温水洗浄式便座設置。7号車の多機能トイレはオストメイト対応
▼ 1・3・5・9・12 号車に女性用のトイレ〔おむつ交換台（印）、更衣台、姿見を設備〕と洗面所を設置
▼ 7号車（♥印）にAED設置
▼ 窓配置は座席ごと独立の小窓（■）
◇ 各号車に表記の車両形式はE７系にて表示

←富山　【⬆ 主な車窓風景】 立山連峰、富山市街地、金沢市街地、白山総合車両所、白山、木場潟　金沢・敦賀→

つるぎ // E７系F編成＝JR東日本、W７系W編成＝JR西日本

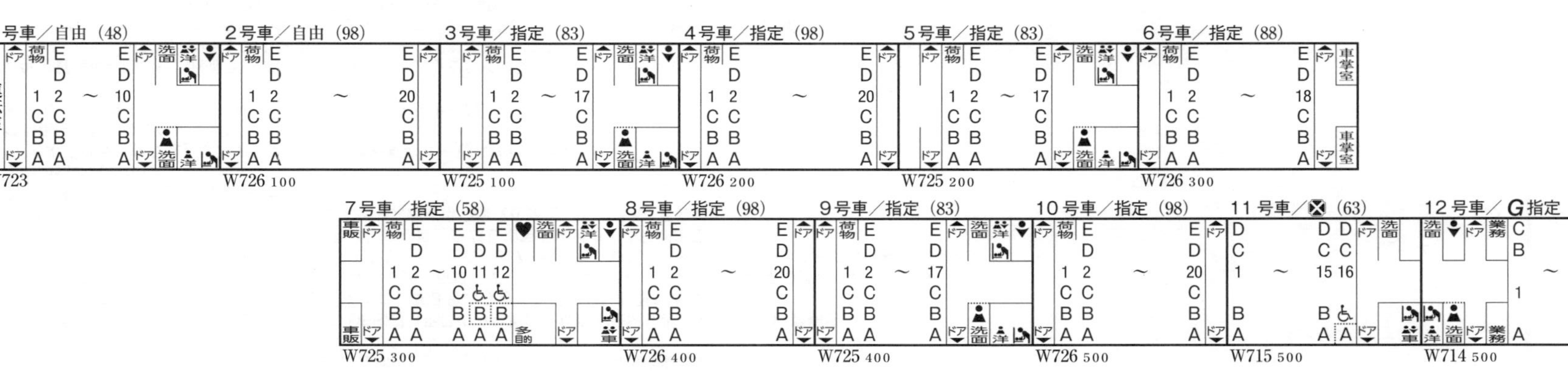

【⬇ 主な車窓風景】 金沢車両区、福井市街地（福井城址）、敦賀湾

◇2024.03.16、北陸新幹線金沢～敦賀間開業に伴って、敦賀駅にて「サンダーバード」「しらさぎ」と接続。運転本数25往復に増発
◇「つるぎ」61・63・60・62・64号の3・4号車は自由席
◇７号車には車いすスペース４席の編成が入る場合もある
▽９号車はワーク＆スタディ優先車両「TRAIN DESK」（平日のみ実施。土休日、最繁忙期は対象外）。座席指定

▽７・11号車に車いす対応座席を設置
▽車内販売の営業はなし
▽携帯電話の利用は全線にて可能
▽無料Wi-Fi「JR-EAST FREE Wi-Fi」「JR-WEST FREE Wi-Fi」サービス実施

▼座席／普通車＝回転式（座席下ペダル）座面スライド式リクライニングシート、シートピッチ1040mm
可動式ヘッドレスト装備
グリーン車＝回転式（座席下ペダル）リクライニングシート、シートピッチ1160mm、座席有効幅475mm。
電動式レッグレスト、読書灯内蔵シート、可動式ヘッドレスト装備
グランクラス〔G〕＝本皮製、オール電動式シート、リクライニング角度45度。
シートピッチ1300mm、座席有効幅520mm
▼ⓘ／普通車は窓側壁下部・前列席下部・客室仕切り壁に全席分、グリーン車、グランクラスは全席の座席肘掛部に装備
▼全洋式トイレに温水洗浄式便座設置。７号車の多機能トイレはオストメイト対応
▼1・3・5・9・12号車に女性用のトイレ〔おむつ交換台（印）、更衣台、姿見を設備〕と洗面所を設置
▼７号車（♥印）にAED設置

▼窓配置は座席ごと独立の小窓（■）
◇各号車に表記の車両形式はW７系にて表示

北陸新幹線「あさま」編成席番表 −1

←東京　　【⬆ 主な車窓風景】 飛鳥山公園、富士山、ロッテ浦和球場、秩父山地、浅間山、榛名山、岩鼻(千曲公園)、長野市街地　　長野→

あさま // Ｅ７系Ｆ編成＝ＪＲ東日本、Ｗ７系Ｗ編成＝ＪＲ西日本
605・607・609・611・613・615・617・619・621・623・625・627・629・631・633号、
604・606・608・610・612・614・616・618・620・622・624・626・628・630・632号

号車	種別（席数）	座席	形式
1号車	自由（48）	運転室　A〜E 1 2 〜 10	E723
2号車	自由（98）	A〜E 1 2 〜 20	E726 100
3号車	自由（83）	A〜E 1 2 〜 17	E725
4号車	自由（98）	A〜E 1 2 〜 20	E726 200
5号車	自由（83）	A〜E 1 2 〜 17	E725 100
6号車	指定（88）	A〜E 1 2 〜 18　車掌室	E726 300
7号車	指定（56）	車販　A〜E 1 2 〜 10 11 12（11・12 B・C 車いす対応）　多目的	E725 400
8号車	指定（98）	A〜E 1 2 〜 20	E726 400
9号車	指定（83）	A〜E 1 2 〜 17	E725 200
10号車	指定（98）	A〜E 1 2 〜 20	E726 500
11号車	Ⓖ（63）	A〜D 1 〜 15 16（16 B 車いす対応）	E715
12号車	G指定（18）	A〜C 1 〜 6　業務　運転室	E714

【⬇ 主な車窓風景】 東京スカイツリー、埼京線並走(赤羽〜大宮間)、さいたまスーパーアリーナ、鉄道博物館、大宮駅東北新幹線仙台・新青森方面、赤城山、谷川岳、高崎駅上越新幹線新潟方面、榛名山、浅間山、烏帽子岳(えぼしだけ)、上田城跡公園

▽９号車はワーク＆スタディ優先車両「TRAIN DESK」(平日のみ実施。土休日、最繁忙期は対象外)。座席指定
◇「あさま」605・607号の５号車は指定席。「あさま」609号の５号車を指定席に変更する日がある
◇「あさま」623・627・629・631・633号、604・606・608号の６・７号車は自由席。ただし指定席に変更する日がある。
７号車、自由席の場合は「TRAIN DESK」設定なし。「あさま」627・631号、604・606号は車いすスペースが４席の編成を充当
◇「あさま」619・621・625号、632号の６号車は自由席。ただし指定席に変更する日がある
◇「あさま」625号、610号は７号車、車いすスペースが４席の編成を充当。編成は64頁を参照
▽７・11号車に車いす対応座席を設置
▽車内販売の営業なし
▽12号車「グランクラス」は、アテンダントによる車内サービスなし
▽携帯電話の利用は全線にて可能
▽無料Wi-Fi「JR-EAST FREE Wi-Fi」「JR-WEST FREE Wi-Fi」サービス実施

▼座席／普通車＝回転式（座席下ペダル）座面スライド式リクライニングシート、シートピッチ1040mm
可動式ヘッドレスト装備
グリーン車＝回転式（座席下ペダル）リクライニングシート、シートピッチ1160mm、座席有効幅475mm。
電動式レッグレスト、読書灯内蔵シート、可動式ヘッドレスト装備
グランクラス〔G〕＝本皮製、オール電動式シート、リクライニング角度45度。
シートピッチ1300mm、座席有効幅520mm
▼ⓘ／普通車は窓側壁下部・前列席下部・客室仕切り壁に全席分、グリーン車、グランクラスは全席の座席肘掛部に装備
▼全洋式トイレに温水洗浄式便座設置。７号車の多機能トイレはオストメイト対応
▼1・3・5・9・12号車に女性用のトイレ〔おむつ交換台（印）、更衣台、姿見を設備〕と洗面所を設置
▼７号車（♥印）にAED設置
▼窓配置は座席ごと独立の小窓（■）
◇各号車に表記の車両形式はＥ７系にて表示

←東京　【⬆ 主な車窓風景】 飛鳥山公園、富士山、ロッテ浦和球場、秩父山地、浅間山、榛名山、岩鼻(千曲公園)、長野市街地　長野→

あさま // E７系Ｆ編成＝ＪＲ東日本、Ｗ７系Ｗ編成＝ＪＲ西日本 // 601・603 号、600・602 号

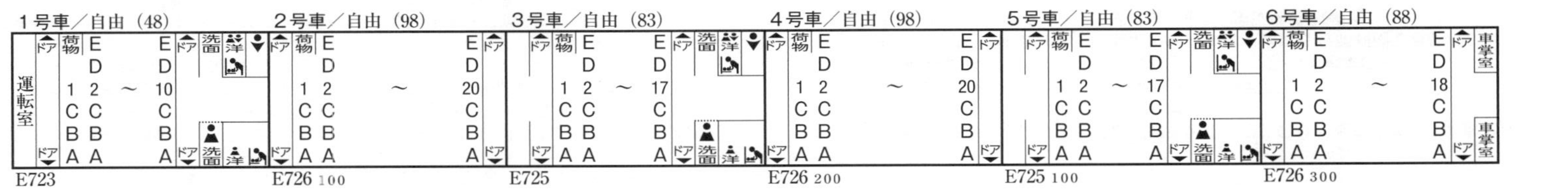

【⬇ 主な車窓風景】 東京スカイツリー、埼京線並走(赤羽～大宮間)、さいたまスーパーアリーナ、鉄道博物館、大宮駅東北新幹線仙台・新青森方面、赤城山、谷川岳、高崎駅上越新幹線新潟方面、榛名山、浅間山、烏帽子岳(えぼしだけ)、上田城跡公園

▽ 9 号車はワーク＆スタディ優先車両「TRAIN DESK」（平日のみ実施。土休日、最繁忙期は対象外）。座席指定
◇ 6～8 号車を指定席に変更する日がある。その場合は、7 号車、「TRAIN DESK」設定
▽ 11 号車に車いす対応座席を設置。また 7 号車は指定席に変更の場合、車いす対応座席あり
▽ 車内販売の営業なし
▽ 12 号車「グランクラス」は、アテンダントによる車内サービスなし
▽ 携帯電話の利用は全線にて可能
▽ 無料 Wi-Fi「JR-EAST FREE Wi-Fi」「JR-WEST FREE Wi-Fi」サービス実施

▼ 座席／普通車＝回転式（座席下ペダル）座面スライド式リクライニングシート、シートピッチ 1040mm
可動式ヘッドレスト装備
グリーン車＝回転式（座席下ペダル）リクライニングシート、シートピッチ 1160mm、座席有効幅 475mm。
電動式レッグレスト、読書灯内蔵シート、可動式ヘッドレスト装備
グランクラス〔G〕＝本皮製、オール電動式シート、リクライニング角度 45 度。
シートピッチ 1300mm、座席有効幅 520mm
▼ ⓘ／普通車は窓側壁下部・前列席下部・客室仕切り壁に全席分、グリーン車、グランクラスは全席の座席肘掛部に装備
▼ 全洋式トイレに温水洗浄式便座設置。7 号車の多機能トイレはオストメイト対応
▼ 1・3・5・9・12 号車に女性用のトイレ〔おむつ交換台（印）、更衣台、姿見を設備〕と洗面所を設置
▼ 7 号車（♥印）に AED 設置
▼ 窓配置は座席ごと独立の小窓（■）
◇ 各号車に表記の車両形式はＥ７系にて表示

「サンライズ出雲」・「サンライズ瀬戸」編成席番表

←東京　【⬆ 主な車窓風景】 相模湾、瀬戸内海〔瀬戸〕(海側)　高松・出雲市→

サンライズ出雲 // 285系7両編成＝JR西日本〔後藤総合車両所出雲支所〕またはJR東海〔大垣車両区〕
サンライズ瀬戸 // 285系7両編成＝JR西日本〔後藤総合車両所出雲支所〕またはJR東海〔大垣車両区〕

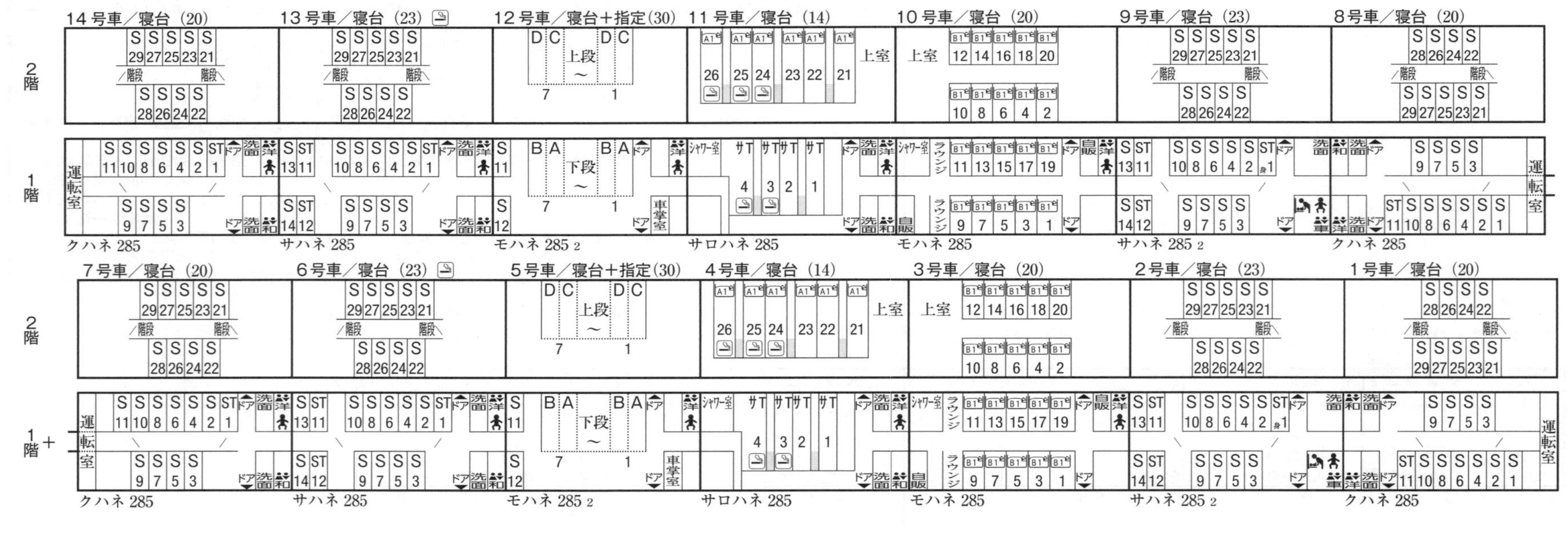

【⬇ 主な車窓風景】 富士山、瀬戸内海、飯野山（讃岐富士）〔瀬戸〕、大山、宍道湖〔出雲〕(山側)

◇編成／東京発は1～7号車が「サンライズ瀬戸」、8～14号車が「サンライズ出雲」
　　　　東京行は1～7号車が「サンライズ出雲」、8～14号車が「サンライズ瀬戸」
◇「サンライズ瀬戸」 東京発は金曜、休日前、高松～琴平間延長運転となる日がある。
　詳細は、最新のJR時刻表などで確認

▼ A1 ＝ シングルデラックス。寝具は軽い羽毛ふとんを使用
　S ＝ シングル。ソロよりもゆったりとした広さが特徴
　ST ＝ シングルツイン。補助ベット使用による2人利用も可能
　サT ＝ サンライズツイン。ツインベットを備えている
　B1 ＝ ソロ

▼5・12号車にはノビノビ座席を設置、のびのびと足を伸ばして休息できる
　特急料金（座席指定）にて利用できる
▼2・9号車に車いす対応個室（ST1）を設置
▼🚬印は喫煙車（6・13号車）・喫煙室（4・11号車の一部）
▼3・10号車のシャワー室はカード式で1回に6分間利用できる
　4・11号車のシャワー室はA個室ご利用のお客様専用

▽車内販売の営業なし

「サンライズ出雲」編成席番表

←東京　【⬆ 主な車窓風景】 相模湾　出雲市→

サンライズ出雲 // 285系7両編成＝JR西日本〔後藤総合車両所出雲支所〕またはJR東海〔大垣車両区〕
91号、92号

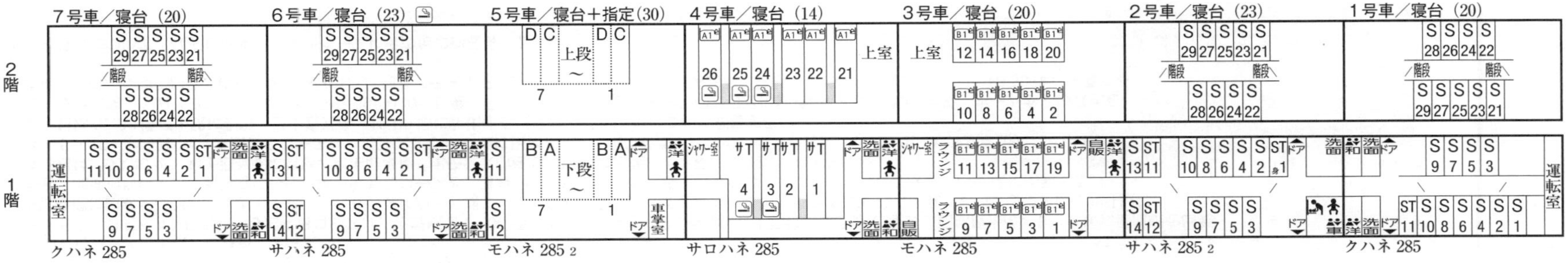

号車	2階	1階	形式
7号車／寝台（20）	S 29 27 25 23 21 ／ 階段 ／ S 28 26 24 22	運転室 ／ S 11 10 8 6 4 2 ／ ST 1 ／ S 9 7 5 3 ／ ドア 洗面 和 洋	クハネ 285
6号車／寝台（23）（喫煙）	S 29 27 25 23 21 ／ 階段 ／ S 28 26 24 22	S 13 ／ ST 11 ／ S 10 8 6 4 2 ／ ST 1 ／ S 14 ／ ST 12 ／ S 9 7 5 3 ／ ドア 洗面 和 洋	サハネ 285
5号車／寝台＋指定（30）	上段 D C 7〜1 D C	S 11 ／ 下段 B A 7〜1 B A ／ S 12 ／ ドア 洋 車掌室	モハネ 285 2
4号車／寝台（14）	A1 26 25 24 23 22 21 ／ 上室	シャワー室 ／ サT 4 3 2 1 ／ ドア 洗面 洋 和	サロハネ 285
3号車／寝台（20）	上室 ／ B1 12 14 16 18 20 ／ B1 10 8 6 4 2	シャワー室 ／ ラウンジ ／ B1 11 13 15 17 19 ／ B1 9 7 5 3 1 ／ 自販 ／ ドア 洋	モハネ 285
2号車／寝台（23）	S 29 27 25 23 21 ／ 階段 ／ S 28 26 24 22	S 13 ／ ST 11 ／ S 10 8 6 4 2 ／ ST 1（車いす）／ S 14 ／ ST 12 ／ S 9 7 5 3 ／ ドア	サハネ 285 2
1号車／寝台（20）	S 28 26 24 22 ／ 階段 ／ S 29 27 25 23 21	洗面 和 洗面 ドア ／ S 9 7 5 3 ／ ST 11 ／ S 10 8 6 4 2 1 ／ 洋 洗面 ドア ／ 運転室	クハネ 285

【⬇ 主な車窓風景】 富士山、大山、宍道湖

◆ 運転日注意。詳細は最新のJR時刻表などで確認。例年、繁忙期を中心に運転

▼ A1 ＝ シングルデラックス。寝具は軽い羽毛ふとんを使用
S ＝ シングル。ソロよりもゆったりとした広さが特徴
ST ＝ シングルツイン。補助ベット使用による2人利用も可能
サT ＝ サンライズツイン。ツインベットを備えている
B1 ＝ ソロ

▼ 5号車にはノビノビ座席を設置、のびのびと足を伸ばして休息できる
特急料金（座席指定）にて利用できる
▼ 2号車に車いす対応個室（ST1）を設置
▼ （喫煙）印は喫煙車（6号車）・喫煙室（4号車の一部）
▼ 3号車のシャワー室はカード式で1回に6分間利用できる
4号車のシャワー室はA個室ご利用のお客様専用

▽ 車内販売の営業なし

ＪＲ東日本「TRAIN SUITE 四季島」編成席番表【クルーズトレイン】

←上野　【⬆ 主な車窓風景】 日本海側　青森・洞爺・登別→

TRAIN SUITE 四季島 // Ｅ 001 形 10 両編成＝ＪＲ東日本〔尾久車両センター〕

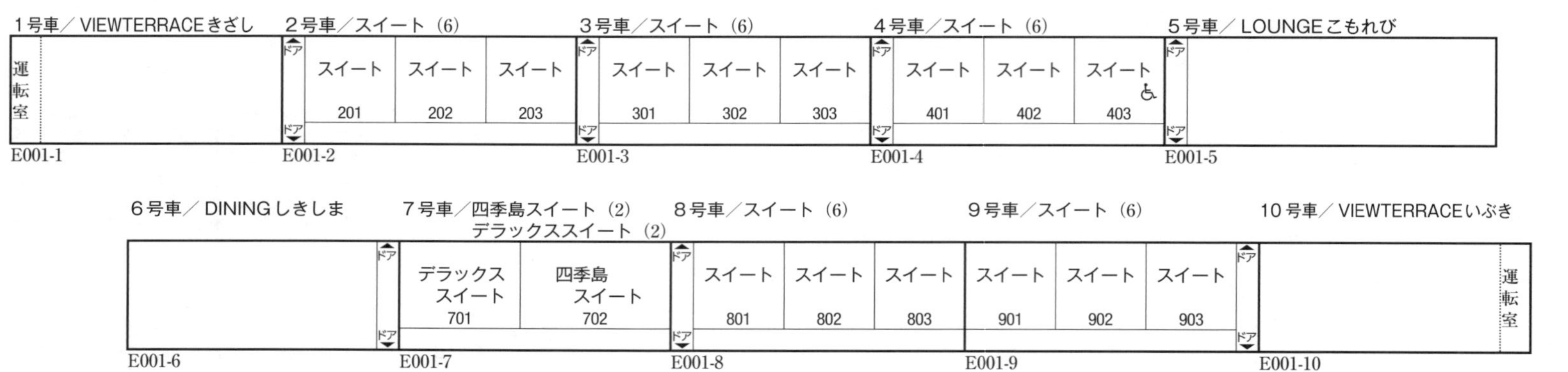

【⬇ 主な車窓風景】 太平洋側

◇ TRAIN SUITE 四季島は、2017.05.01 から営業運転を開始
◇ ３泊４日コースと１泊２日コースを設定
４・５月、９月～ 11 月出発　３泊４日コースは、上野駅を 11:00 頃に出発、車中泊、２日目 06:10 頃函館駅に到着、朝食、函館観光後、10:20 頃に函館駅を出発、14:30 頃に白老駅に到着、ウポポイ観光後、登別温泉か支笏湖エリアに宿泊、３日目、東室蘭 10:00 頃、洞爺 10:50 頃に出発、13:10 頃に新函館北斗駅に到着、北海道新幹線にて新青森に移動、黒石観光のコースと、青森駅 16:40 頃に到着、縄文観光のコースに分かれ、青森駅を 21:20 頃に出発する。
４日目は、06:40 頃に鳴子温泉駅に到着。自由散策後、鳴子温泉駅を 09:30 頃に出発、上野駅に 17:20 頃に到着する。
４・５・10・11 月出発　１泊２日コースは、上野駅を 09:10 頃に出発、14:40 頃に新津駅に到着、新潟観光後、17:30 頃に新津駅を出発、車中泊。
２日目は 07:30 頃塩山駅に到着、塩山観光後、12:00 頃に塩山駅を出発、上野駅に 16:50 頃に到着する。
６～９月出発　１泊２日コースは、上野駅を 09:10 頃に出発、同じコースを進み、車中泊後の２日目は姨捨駅に 05:20 頃に到着、ホームからの景色を堪能後、06:30 頃に出発、06:50 頃に篠ノ井駅に到着、千曲川ワインバレー等を観光後、下諏訪駅に移動、11:50 頃出発、上野駅に 16:50 頃に到着する

▼ 部屋番号について　確認した 4･7 号車をベースにその他の部屋番号を表示

ＪＲ東日本「カシオペア」編成席番表【クルーズトレイン】

←札幌、青森　【⬆ 主な車窓風景】 太平洋、噴火湾、陸奥湾　函館、上野→

カシオペア // E26系12両編成＝JR東日本〔尾久車両センター〕

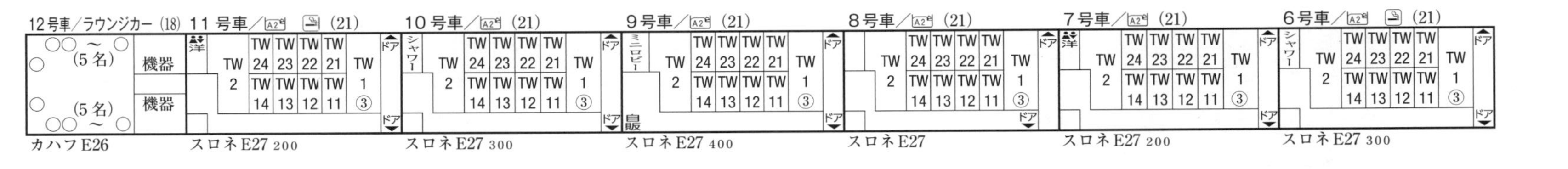

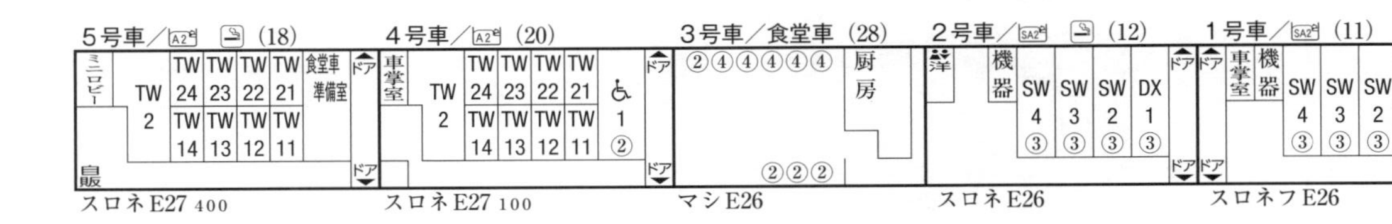

【⬇ 主な車窓風景】 函館湾

◆ 上野～札幌間での運転は、上野発2016.03.19、札幌発2016.03.20限りで終了。運転区間は「カシオペア」での使用時にて表示。現在は上野～青森間の「クルージングトレイン」（団体列車）などに充当

◇ 途中、青森、函館にて進行方向が変わる

▼ SWはカシオペアスイート
▼ DXはカシオペアデラックス
▼ TWはカシオペアツイン

▼ ♿はカシオペアコンパート（車いす対応個室）
▼ 客室に表示の丸数字は最大利用人員。表示なしは２人室
▼ 客室番号／４～11号車は、1・2は車端室、10台が階下、20台が２階部
▼ 6～11号車の客室番号1室は３人での利用も可能で、補助ベッドが備えられている
▼ 客室設備／各客室には液晶モニターテレビ、トイレ、洗面台を備えている
▽ カシオペアスイート、カシオペアデラックスの客室にはシャワー設備もある
▽ 🚬印は喫煙車（喫煙できる車両）

← 【⬆ 主な車窓風景】 上野→

なごみ（和） // E655系5両編成＝JR東日本〔尾久車両センター〕

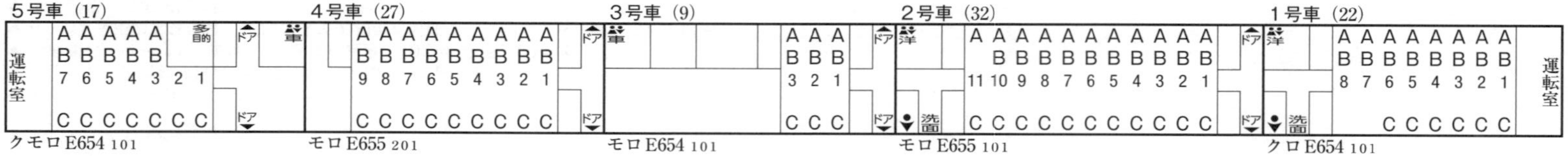

5号車（17）
運転室
A A A A A
B B B B B
7 6 5 4 3 2 1
C C C C C C C
多目的 ドア 車
クモロE654 101

4号車（27）
A A A A A A A A A
B B B B B B B B B
9 8 7 6 5 4 3 2 1
C C C C C C C C C
ドア
モロE655 201

3号車（9）
車
A A A
B B B
3 2 1
C C C
ドア
モロE654 101

2号車（32）
洋 洗面
A A A A A A A A A A A
B B B B B B B B B B
11 10 9 8 7 6 5 4 3 2 1
C C C C C C C C C C C
ドア
モロE655 101

1号車（22）
洋 洗面
A A A A A A A A
B B B B B B B B
8 7 6 5 4 3 2 1
C C C C C C
運転室
クロE654 101

【⬇ 主な車窓風景】

▼ 座席／回転式電動リクライニングシート。電動式レッグレスト装備
各座席に液晶式モニターを設置（デジタル放送・ビデオ・運転席カメラからの前方映像など視聴）、読書灯、スポット空調完備
▼ 3号車は本革張りシートのVIP車。トイレもVIP専用
▼ トイレは温水洗浄式便座。また3・5号車には洗面所設備もあり

「サフィール踊り子」編成席番表

←東京・新宿　　　　伊豆急下田→

【⬆ 主な車窓風景】 東海道新幹線並走(東京～品川間)、品川駅京急本線、京浜東北線・京急本線と並走(新子安手前～横浜間)、大船駅根岸線、横須賀線・湘南モノレール、鎌倉車両センター、藤沢駅小田急江ノ島線、相模湾、小田原駅伊豆箱根鉄道大雄山線、小田原城、真鶴岬、熱海温泉街、相模湾(初島、伊豆大島、利島、新島、式根島、神津島)、寝姿山

サフィール踊り子 // E 261 系８両編成＝ＪＲ東日本〔大宮総合車両センター東大宮センター〕 // １・３・５号、２・４号

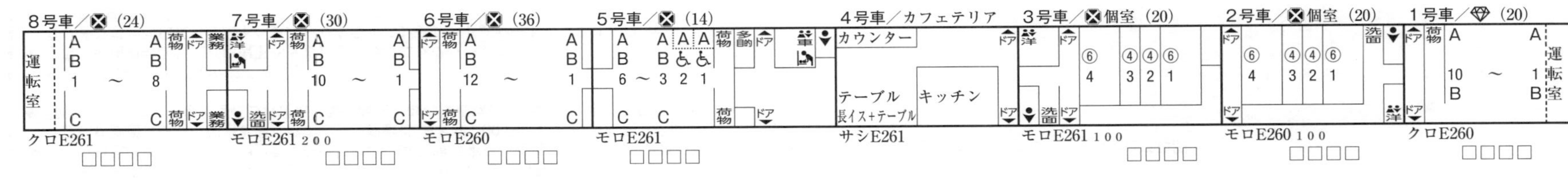

【⬇ 主な車窓風景】 山手線並走(東京～品川間)、京浜東北線並走(東京～新子安手前間)、東京タワー、東京総合車両センター、横須賀線並走(鶴見手前～戸塚間)、富士山、国府津駅御殿場線、小田原駅小田急小田原線・箱根登山鉄道、来宮駅付近にて東海道本線沼津方面分岐、天城連山

◆ 2020.03.14 から営業運転開始。１・２号は毎日運転。３・４・５号の運転日は、最新のＪＲ時刻表などで確認

◇ ８号車　１ＡＢＣ席は運転室側（東京方）
◇ プレミアムグリーン料金、グリーン個室料金は、通常のグリーン料金と異なる。詳しくはＪＲ東日本ホームページ等を参照。
なお、グリーン個室は個室単位にて料金を設定。個室単位での発売
▽ 無料Wi-Fi「JR-EAST FREE Wi-Fi」サービス実施
▼ ◇はプレミアムグリーン車。座席／回転式リクライニングシート。シートピッチ 1250mm
収納スペースは座席下のほか荷物置場を利用。各座席に(ⓘ)を設置
▼ ２・３号車はグリーン個室。④は４名用、⑥は６名用。個室内に(ⓘ)を設置。部屋は１～４の４室
▼ ５～８号車　座席／回転式リクライニングシート。シートピッチ 1160mm。各座席にパソコン対応コンセントを設置
５号車に車いす対応座席設置
▼ ４号車　カフェテリア、テーブル席は８席（４×２)、カウンター席は８席、キッチンにて構成。中国料理、スイーツ等のサフィール踊り子限定の食事等が楽しめる。
詳細はＪＲ東日本ホームページ等にて確認
▼ おむつ交換台のあるトイレには印を付加（同トイレにはベビーチェアも装備）
▼ □■は窓配置のパターン。□は座席２列分の広窓、■は座席ごと独立の窓（小窓）

「踊り子」編成席番表 －1

←東京　　　修善寺・伊豆急下田→

【⬆ 主な車窓風景】 東海道新幹線並走(東京～品川間)、品川駅京浜急行、京浜東北線・京浜急行と並走(新子安手前～横浜間)、大船駅根岸線、横須賀線・湘南モノレール、鎌倉車両センター、藤沢駅小田急江ノ島線、相模湾、小田原駅大雄山線、小田原城、真鶴岬、熱海温泉街、相模湾(初島、伊豆大島、利島、新島、式根島、神津島)、寝姿山

踊り子 // E 257 系 14 両編成＝ＪＲ東日本〔大宮総合車両センター東大宮センター〕// 1・7・9号、4・8・10号

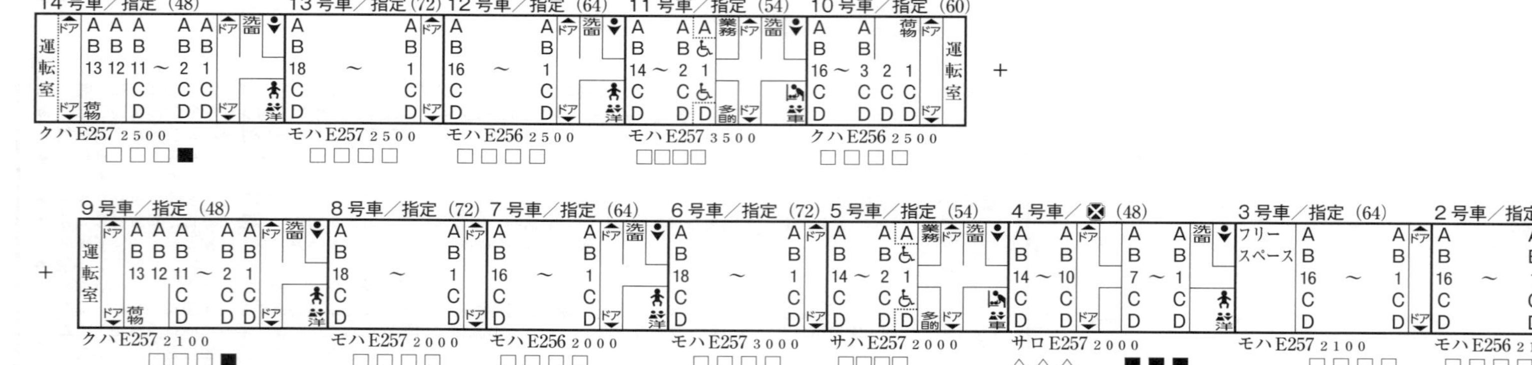

【⬇ 主な車窓風景】 山手線並走(東京～品川間)、京浜東北線並走(東京～新子安手前間)、東京タワー、東京総合車両センター、横須賀線並走(鶴見手前～戸塚間)、富士山、国府津駅御殿場線、小田原駅小田急線・箱根登山鉄道、来宮駅付近にて東海道本線沼津方面分岐、天城連山

◇ 新たな着席サービス導入により全ての座席が指定席
◇ ＪＲ東日本ネット予約　えきねっと の「チケットレス割引」等の利用がお得
◆ 1～9号車は東京～伊東・伊豆急下田間、10～14号車は東京～修善寺間の運転。東京～熱海間併結運転。充当列車等詳しくは、最新のＪＲ時刻表などで確認
◇ 伊豆箱根鉄道（三島～修善寺間）線内の特急料金は おとな 200円、こども 100円（区間内一律）[2021.03.13 から設定]
◆「踊り子」7号、8号　運転日、運転区間、編成両数の詳細は、最新のＪＲ時刻表等で確認

▽ 5・11号車に車いす対応座席を設置
▼ 座席／普通車＝回転式（座席下ペダル）リクライニングシート
　グリーン車＝回転式（座席下ペダル）リクライニングシート。シートピッチ 1160mm
▼ ⓘ／座席窓側に設置
▼ 車いす対応トイレにおむつ交換台（🚼）とベビーチェア、洋式トイレにベビーチェア（🚼）のみを設置
▼ □■△は窓配置のパターン。□は座席2列分の広窓、■は座席ごと独立の窓（小窓）、△は窓配置と座席間隔が必ずしも一致とは限らない窓配置

「踊り子」編成席番表 －2

←東京・池袋　　　　伊豆急下田→

【⬆ 主な車窓風景】 東海道新幹線並走(東京～品川間)、品川駅京急本線、京浜東北線・京急本線と並走(新子安手前～横浜間)、大船駅根岸線、横須賀線・湘南モノレール、鎌倉車両センター、藤沢駅小田急江ノ島線、相模湾、小田原駅伊豆箱根鉄道大雄山線、小田原城、真鶴岬、熱海温泉街、相模湾(初島、伊豆大島、利島、新島、式根島、神津島)、寝姿山

踊り子 // E 257 系9両編成＝ＪＲ東日本〔大宮総合車両センター東大宮センター〕// 3・5・11 号、2・6・12 号

号車	座席	設備	形式	窓配置
9号車／指定 (48)	運転室 ドア A A A ～ A A / B B B ～ B B / 13 12 11 ～ 2 1 / C ～ C C / D ～ D D、荷物	ドア、洗面、トイレ(洋)、ベビーチェア	クハE257 2100	□□□■
8号車／指定 (72)	A～A / B～B / 18 ～ 1 / C～C / D～D	ドア	モハE257 2000	□□□□
7号車／指定 (64)	A～A / B～B / 16 ～ 1 / C～C / D～D	ドア、洗面、トイレ(洋)、ベビーチェア	モハE256 2000	□□□□
6号車／指定 (72)	A～A / B～B / 18 ～ 1 / C～C / D～D	ドア	モハE257 3000	□□□□
5号車／指定 (54)	A A A / B B♿ / 14 ～ 2 1 / C C♿ / D D D	業務、多目的、ドア、洗面、多機能トイレ、おむつ交換台	サハE257 2000	□□□□
4号車／Ⓖ (48)	A A / B B / 14 ～ 10 / C C / D D ｜ A A / B B / 7 ～ 1 / C C / D D	ドア、洗面、トイレ(洋)、ベビーチェア	サロE257 2000	△△△ ■■■
3号車／指定 (64)	フリースペース、A～A / B～B / 16 ～ 1 / C～C / D～D	ドア	モハE257 2100	□□□□
2号車／指定 (64)	A～A / B～B / 16 ～ 1 / C～C / D～D	ドア、洗面、トイレ(洋)、ベビーチェア	モハE256 2100	□□□□
1号車／指定 (60)	A A / B B / 16 ～ 3 2 1 / C C C C / D D D D、荷物 ドア 運転室	ドア	クハE256 2000	□□□□

【⬇ 主な車窓風景】 山手線並走(東京～品川間)、京浜東北線並走(東京～新子安手前間)、東京タワー、東京総合車両センター、横須賀線並走(鶴見手前～戸塚間)、富士山、国府津駅御殿場線、小田原駅小田急小田原線・箱根登山鉄道、来宮駅付近にて東海道本線沼津方面分岐、天城連山

◇ 新たな着席サービス導入により全ての座席が指定席
◇ ＪＲ東日本ネット予約　えきねっと の「チケットレス割引」等の利用がお得
◆「踊り子」3号、12 号　運転日等の詳細は、最新のＪＲ時刻表等で確認

▽ 5 号車に車いす対応座席を設置
▼ 座席／普通車＝回転式（座席下ペダル）リクライニングシート
　グリーン車＝回転式（座席下ペダル）リクライニングシート。シートピッチ 1160mm
▼ ⓘ／座席窓側に設置
▼ 車いす対応トイレにおむつ交換台（🚼）とベビーチェア、洋式トイレにベビーチェア（🚼）のみを設置
▼ □■△は窓配置のパターン。□は座席２列分の広窓、■は座席ごと独立の窓（小窓）、△は窓配置と座席間隔が必ずしも一致とは限らない窓配置

「踊り子」編成席番表 －3

←東京　　　　　　　　　　　　　　　　　　　　　　　　　　　　伊豆急下田→

【⬆ 主な車窓風景】 東海道新幹線並走(東京～品川間)、品川駅京急本線、京浜東北線・京急本線と並走(新子安手前～横浜間)、大船駅根岸線、横須賀線・湘南モノレール、鎌倉車両センター、藤沢駅小田急江ノ島線、相模湾、小田原駅伊豆箱根鉄道大雄山線、小田原城、真鶴岬、熱海温泉街、相模湾(初島、伊豆大島、利島、新島、式根島、神津島)、寝姿山

踊り子 // E 257 系 5000 代9両編成＝ＪＲ東日本〔大宮総合車両センター東大宮センター〕// 59 号、62 号

9号車／指定（48）	8号車／指定（72）	7号車／指定（64）	6号車／指定（72）	5号車／指定（54）	4号車／⊠＋指定（24+28）	3号車／指定（64）	2号車／指定（64）	1号車／指定（60）
運転室、ドア、A A A ～ A A（13 12 11 ～ 2 1）、荷物、C C C / D D D、ドア、洗面所、トイレ（洋）、ベビーチェア	A B 18 ～ 1 C D、ドア	A B 16 ～ 1 C D、ドア、洗面所、トイレ（洋）、ベビーチェア	A B 18 ～ 1 C D、ドア	A B 14 ～ 2 1 C D（1番は車いす対応席）、業務室、ドア、多目的室、洗面所、車いす対応トイレ	A B 16 ～ 11 C D、ドア、A ⊠ B 7 ～ 1 C D、洗面所、トイレ（洋）、ベビーチェア	フリースペース、A B 16 ～ 1 C D、ドア	A B 16 ～ 1 C D、ドア、洗面所、トイレ（洋）、ベビーチェア	A B 16 ～ 3 2 1 C D、荷物、ドア、運転室
クハE257 5100	モハE257 5000	モハE256 5000	モハE257 6000	サハE257 5000	サロハE257 5000	モハE257 5100	モハE256 5100	クハE256 5000
□□□■	□□□□	□□□□	□□□□	□□□□	△△△ ■■■	□□□□	□□□□	□□□□

【⬇ 主な車窓風景】 山手線並走(東京～品川間)、京浜東北線並走(東京～新子安手前間)、東京タワー、東京総合車両センター、横須賀線並走(鶴見手前～戸塚間)、富士山、国府津駅御殿場線、小田原駅小田急小田原線・箱根登山鉄道、来宮駅付近にて東海道本線沼津方面分岐、天城連山

◇ 新たな着席サービス導入により全ての座席が指定席
◇ ＪＲ東日本ネット予約　えきねっと の「チケットレス割引」等の利用がお得
◆ 運転日　5/3 ～ 5　計画。同編成を充当の場合、４号車、グリーン車は半室、座席窓側にコンセント設置なし、車体色等の相違がある

▽ 5 号車に車いす対応座席を設置
▼ 座席／普通車＝回転式（座席下ペダル）リクライニングシート
　グリーン車＝回転式（座席下ペダル）リクライニングシート。シートピッチ 1160mm
▼ 座席窓側にパソコン対応コンセント設置
▼ 車いす対応トイレにおむつ交換台（おむつ交換台）とベビーチェア、洋式トイレにベビーチェア（ベビーチェア）のみを設置
▼ □■△は窓配置のパターン。□は座席２列分の広窓、■は座席ごと独立の窓（小窓）、△は窓配置と座席間隔が必ずしも一致とは限らない窓配置

←東京・新宿　　　　　　　　　　　　　　　　　小田原→

【⬆ 主な車窓風景】 東海道新幹線並走(東京～品川間)、品川駅京浜急行、京浜東北線・京浜急行と並走(新子安手前～横浜間)、大船駅根岸線、横須賀線・湘南モノレール、鎌倉車両センター、藤沢駅小田急江ノ島線、相模湾、小田原駅大雄山線

湘南 // E 257 系 14 両編成＝ＪＲ東日本〔大宮総合車両センター東大宮センター〕 // 7・9号、4・12号

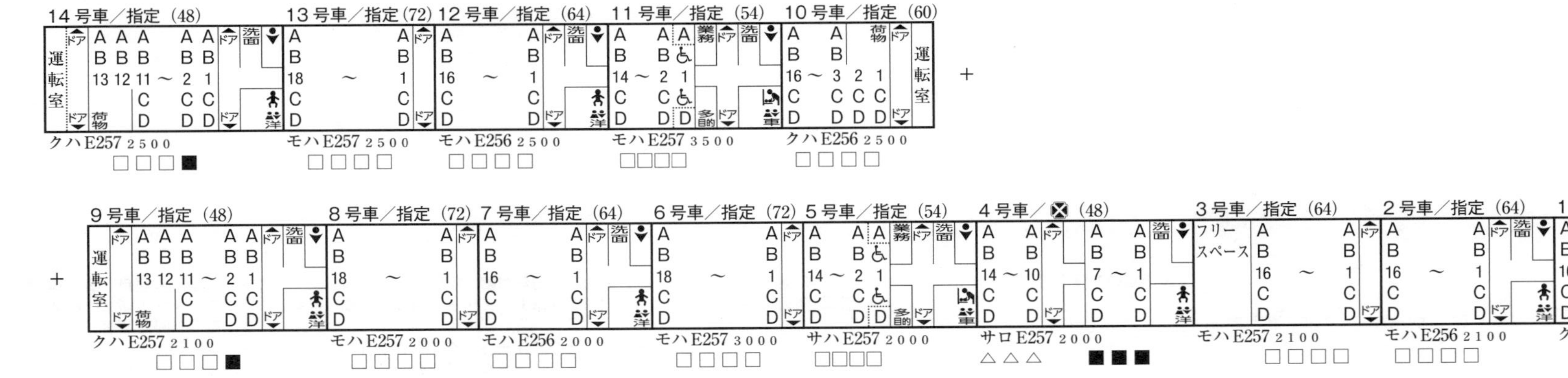

【⬇ 主な車窓風景】 山手線並走(東京～品川間)、京浜東北線並走(東京～新子安手前間)、東京タワー、東京総合車両センター、横須賀線並走(鶴見手前～戸塚間)、富士山、国府津駅御殿場線、小田原駅小田急線・箱根登山鉄道

◆ 土曜・休日運休
◇ ＪＲ東日本ネット予約　えきねっと の「チケットレス割引」等の利用がお得

▽ 5・11 号車に車いす対応座席を設置
▼ 座席／普通車＝回転式（座席下ペダル）リクライニングシート
　グリーン車＝回転式（座席下ペダル）リクライニングシート。シートピッチ 1160mm
▼ ⓘ／座席窓側に設置
▼ 車いす対応トイレにおむつ交換台 とベビーチェア、洋式トイレにベビーチェア のみを設置
▼ □■△は窓配置のパターン。□は座席２列分の広窓、■は座席ごと独立の窓（小窓）、△は窓配置と座席間隔が必ずしも一致とは限らない窓配置

←東京・新宿 　　　平塚・小田原→

【⬆ 主な車窓風景】 東海道新幹線並走(東京～品川間)、品川駅京急本線、京浜東北線・京急本線と並走(新子安手前～横浜間)、大船駅根岸線、横須賀線・湘南モノレール、鎌倉車両センター、藤沢駅小田急江ノ島線、相模湾、小田原駅伊豆箱根鉄道大雄山線

湘南 // E 257 系 9 両編成＝JR東日本〔大宮総合車両センター東大宮センター〕 // 1・3・5・11・13・15・17・21・23号、2・6・8・10・14・22・24・26号

号車	9号車／指定（48）	8号車／指定（72）	7号車／指定（64）	6号車／指定（72）	5号車／指定（54）	4号車／Ⓖ（48）	3号車／指定（64）	2号車／指定（64）	1号車／指定（60）
設備	運転室、荷物、ドア、洗面、洋式トイレ	ドア	ドア、洗面、洋式トイレ	ドア	ドア、業務、多目的、洗面、車いす対応トイレ	ドア、洗面、洋式トイレ	フリースペース、ドア	ドア、洗面、洋式トイレ	ドア、荷物、運転室
A	A A A　A A	A　A	A　A	A　A	A　A A	A A　A A	A　A	A　A	A　A
B	B B B　B B	B　B	B　B	B　B	B　B♿	B B　B B	B　B	B　B	B　B
席番	13 12 11 ～ 2 1	18 ～ 1	16 ～ 1	18 ～ 1	14 ～ 2 1	14 ～ 10　7 ～ 1	16 ～ 1	16 ～ 1	16 ～ 3 2 1
C	C　C C	C　C	C　C	C　C	C　C♿	C C　C C	C　C	C　C	C　C C C
D	D　D D	D　D	D　D	D　D	D　D D	D D　D D	D　D	D　D	D　D D D
形式	クハE257 2100	モハE257 2000	モハE256 2000	モハE257 3000	サハE257 2000	サロE257 2000	モハE257 2100	モハE256 2100	クハE256 2000
窓配置	□□□■	□□□□	□□□□	□□□□	□□□□	△△△　■■■	□□□□	□□□□	□□□□

【⬇ 主な車窓風景】 山手線並走(東京～品川間)、京浜東北線並走(東京～新子安手前間)、東京タワー、東京総合車両センター、横須賀線並走(鶴見手前～戸塚間)、富士山、国府津駅御殿場線、小田原駅小田急小田原線・箱根登山鉄道

◆「湘南」21・23 号、22・24・26 号は新宿～小田原間。ほかの列車は東京～平塚・小田原間の運転
◆ 土曜・休日運休
◇ ＪＲ東日本ネット予約　えきねっと の「チケットレス割引」等の利用がお得

▽ 5 号車に車いす対応座席を設置
▼ 座席／普通車＝回転式（座席下ペダル）リクライニングシート
　グリーン車＝回転式（座席下ペダル）リクライニングシート。シートピッチ 1160mm
▼ ⓘ／座席窓側に設置
▼ 車いす対応トイレにおむつ交換台（🚼）とベビーチェア、洋式トイレにベビーチェア（🚼）のみを設置
▼ □■△は窓配置のパターン。□は座席２列分の広窓、■は座席ごと独立の窓（小窓）、△は窓配置と座席間隔が必ずしも一致とは限らない窓配置

いっぱーご「185」編成席番表 【臨時列車】

←横浜　　　伊東・伊豆急下田→

【⬆ 主な車窓風景】 横須賀線並走(東戸塚手前～戸塚間)、東海道線並走(東戸塚手前～小田原手前間)、大船駅根岸線、横須賀線・湘南モノレール、鎌倉車両センター、藤沢駅小田急江ノ島線、相模湾、小田原駅伊豆箱根鉄道大雄山線、小田原城、真鶴岬、熱海温泉街、相模湾(初島、伊豆大島、利島、新島、式根島、神津島)、寝姿山

いっぱーご「185」// 185系6両編成＝JR東日本〔大宮総合車両センター〕

	6号車／指定 (56)	5号車／指定 (68)	4号車／指定 (64)	3号車／指定 (68)	2号車／指定 (64)	1号車／指定 (56)
設備	運転室・ドア／ドア・洋・洗面	ドア／ドア	洗面・和・ドア／ドア	ドア／ドア	洗面・和・ドア／ドア	洗面・洋・ドア／ドア・運転室
A	A A A ～ A	A A ～ A A A	A ～ A A A	A A ～ A A A	A ～ A A A	A ～ A A A
B	B B B ～ B	B B ～ B B B	B ～ B B B	B B ～ B B B	B ～ B B B	B ～ B B B
席番	14 13 12 ～ 1	17 16 ～ 3 2 1	16 ～ 3 2 1	17 16 ～ 3 2 1	16 ～ 3 2 1	14 ～ 3 2 1
C	C C C ～ C	C C ～ C C C	C ～ C C C	C C ～ C C C	C ～ C C C	C ～ C C C
D	D D D ～ D	D D ～ D D D	D ～ D D D	D D ～ D D D	D ～ D D D	D ～ D D D
形式	クハ185 300	モハ185 200	モハ184 200	モハ185 200	モハ184 200	クハ185 200
窓	■■□□□□	■□□□□□□■■	□□□□□■■	■□□□□□■■	□□□□□■■	□□□□■■

【⬇ 主な車窓風景】 富士山、国府津駅御殿場線、小田原駅小田急小田原線・箱根登山鉄道、来宮駅付近にて東海道本線沼津方面分岐、天城連山

◆運転日　4/13、5/18、6/29（横浜～伊豆急下田間）、3/27、4/24、5/29、6/12（横浜～伊東間）

▼ 座席／普通車＝回転式リクライニングシート
▼ □■は窓配置のパターン。□は座席2列分の広窓、■は各座席ごと独立の小窓

総武本線 「成田エクスプレス」編成席番表 －1

←成田空港　【⬆ 主な車窓風景】 京成成田スカイアクセス線、佐倉駅総武本線、千葉駅外房線・内房線、幕張車両センター(下り列車)、京成千葉線並走(幕張〜幕張本郷間付近)、各駅停車並走(千葉〜錦糸町付近)、品川駅東海道新幹線　新宿・大船→

成田エクスプレス // E259系12両編成＝JR東日本〔鎌倉車両センター〕
9・11・13・17・21・25・29・33・37・41・45・49号、4・8・12・16・20・24・28・32・36・42・44・48号

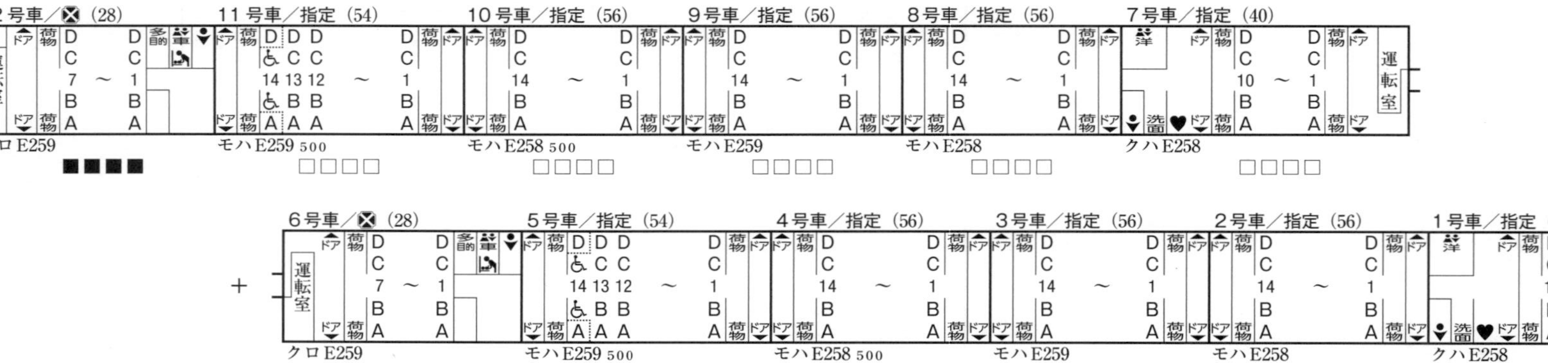

【⬇ 主な車窓風景】 成田駅成田線佐原・我孫子方面、幕張車両センター(上り列車)、江戸川市川橋、東京スカイツリー、品川駅東海道本線・京浜東北線など

◇「成田エクスプレス」9・13・17・21・25・29・33・37・41・45・49号、4・8・12・16・20・24・28・32・36・44・48号は新宿〜成田空港間、
11号、42号は大船〜成田空港間
▽ 主な車窓風景の掲載は品川〜成田空港間
◇ ＪＲ東日本ネット予約　えきねっと の「チケットレス割引」等の利用がお得
▽ トンネル内携帯電話の利用は、成田空港エリアおよび錦糸町〜東京〜品川間では可能である
▽ 無料公衆無線ＬＡＮサービスを実施

▽ 車内販売の営業なし
▽ 5・11号車に車いす対応座席を設置

▼ 6・7号車の間は通り抜けができる

▼ 座席／普通車＝回転式（座席下ペダル）リクライニングシート。シートピッチ1020mm
　　グリーン車＝回転式（座席下ペダル）リクライニングシート。シートピッチ1160mm。本革張りシート

▼ 行先案内・運行情報・ニュース・フライト情報（下り列車）などを案内する4ヵ国語（日英中韓）対応の大型液晶案内装置を設置
▼ セキュリティ向上を図るために、出入口付近、荷物置場付近に防犯カメラを設置
▼ 1・7号車に自動体外式除細動器（AED＝♥印）設置
▼ ⓪／全席に設置
▼ おむつ交換台のあるトイレには印を付加
▼ □■は窓配置のパターン。□は座席2列分の広窓、■は座席ごと独立の小窓

←成田空港　　新宿・大船→

【⬆ 主な車窓風景】 京成成田スカイアクセス線、佐倉駅総武本線、千葉駅外房線・内房線、幕張車両センター(下り列車)、京成千葉線並走(幕張～幕張本郷間付近)、各駅停車並走(千葉～錦糸町付近)、品川駅東海道新幹線

成田エクスプレス // E259系12両編成＝JR東日本〔鎌倉車両センター〕
1・3・5・7・15・19・23・27・31・35・39・43・47・51・53号

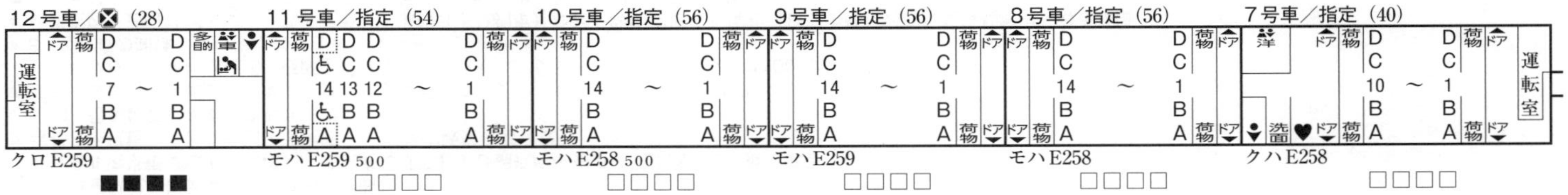

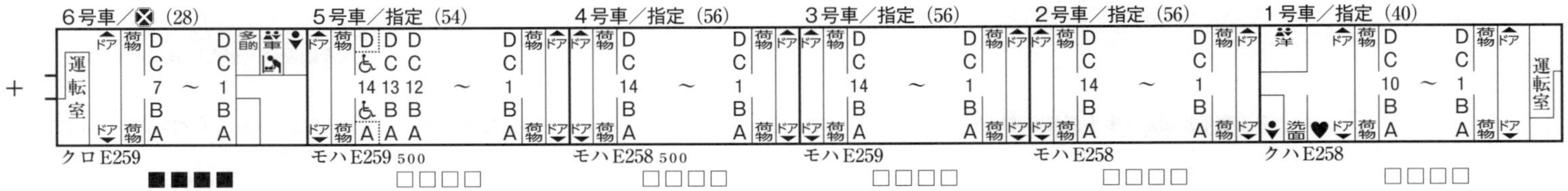

12号車／⊠（28） クロE259 ■■■■ 運転室 D C 7～1 B A 多目的
11号車／指定（54） モハE259 500 □□□□ D D D C C 14 13 12～1 B B A A A
10号車／指定（56） モハE258 500 □□□□ D C 14～1 B A
9号車／指定（56） モハE259 □□□□ D C 14～1 B A
8号車／指定（56） モハE258 □□□□ D C 14～1 B A
7号車／指定（40） クハE258 □□□□ 洋 洗面 D C 10～1 B A 運転室

6号車／⊠（28） クロE259 ■■■■ 運転室 D C 7～1 B A 多目的
5号車／指定（54） モハE259 500 □□□□ D D D C C 14 13 12～1 B B A A A
4号車／指定（56） モハE258 500 □□□□ D C 14～1 B A
3号車／指定（56） モハE259 □□□□ D C 14～1 B A
2号車／指定（56） モハE258 □□□□ D C 14～1 B A
1号車／指定（40） クハE258 □□□□ 洋 洗面 D C 10～1 B A 運転室

【⬇ 主な車窓風景】 成田駅成田線佐原・我孫子方面、幕張車両センター(上り列車)、江戸川市川橋、東京スカイツリー、品川駅東海道本線・京浜東北線など

◇ 1～6号車は新宿～成田空港間、7～12号車は大船～成田空港間を運転
◇ ＪＲ東日本ネット予約　えきねっと の「チケットレス割引」等の利用がお得
▽ 主な車窓風景の掲載は品川～成田空港間
▽ トンネル内携帯電話の利用は、成田空港エリアおよび錦糸町～東京～品川間では可能である
▽ 無料公衆無線ＬＡＮサービスを実施

▽ 車内販売の営業なし
▽ 5・11号車に車いす対応座席を設置

▼ 6・7号車の間は通り抜けができる

▼ 座席／普通車＝回転式（座席下ペダル）リクライニングシート。シートピッチ1020mm
　　グリーン車＝回転式（座席下ペダル）リクライニングシート。シートピッチ1160mm。本革張りシート
▼ 行先案内・運行情報・ニュース・フライト情報（下り列車）などを案内する４ヵ国語（日英中韓）対応の大型液晶案内装置を設置
▼ セキュリティ向上を図るために、出入口付近、荷物置場付近に防犯カメラを設置
▼ 1・7号車に自動体外式除細動器（AED＝♥印）設置
▼ ⓘ／全席に設置
▼ おむつ交換台のあるトイレには印を付加
▼ □■は窓配置のパターン。□は座席２列分の広窓、■は座席ごと独立の小窓

「成田エクスプレス」編成席番表 －3

←成田空港　　新宿・大船→

【⬆ 主な車窓風景】 京成成田スカイアクセス線、佐倉駅総武本線、千葉駅外房線・内房線、幕張車両センター(下り列車)、京成千葉線並走(幕張～幕張本郷間付近)、各駅停車並走(千葉～錦糸町付近)、品川駅東海道新幹線

成田エクスプレス // E259系12両編成＝JR東日本〔鎌倉車両センター〕 // 2・6・10・14・18・22・26・30・34・38・40・46・50・52・54号

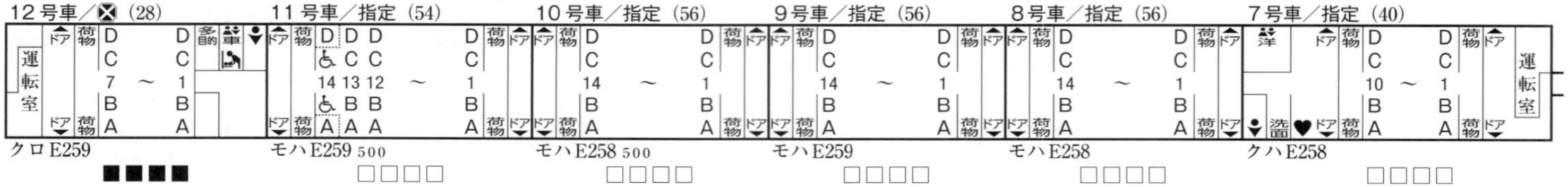

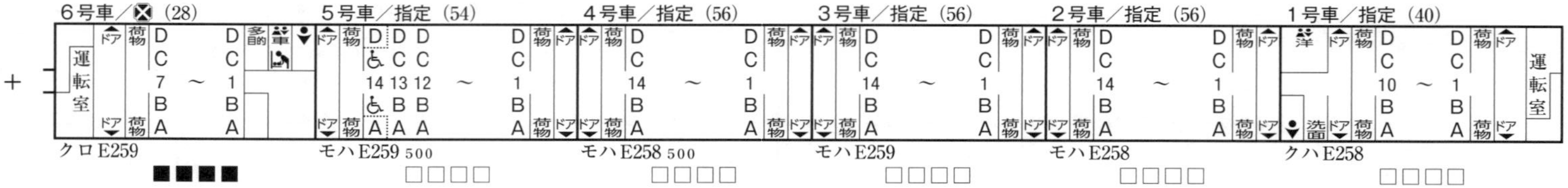

号車	12号車／Ⓖ (28)	11号車／指定 (54)	10号車／指定 (56)	9号車／指定 (56)	8号車／指定 (56)	7号車／指定 (40)
座席	運転室 ドア 荷物 D C B A 7～1 多目的・洋・♥	ドア 荷物 D C B A 14 13 12 ～ 1（♿） 荷物 ドア	ドア 荷物 D C B A 14～1 荷物 ドア	ドア 荷物 D C B A 14～1 荷物 ドア	ドア 荷物 D C B A 14～1 荷物 ドア	洋 洗面 ♥ ドア 荷物 D C B A 10～1 荷物 ドア 運転室
形式	クロE259	モハE259 500	モハE258 500	モハE259	モハE258	クハE258
窓	■■■■	□□□□	□□□□	□□□□	□□□□	□□□□

＋

号車	6号車／Ⓖ (28)	5号車／指定 (54)	4号車／指定 (56)	3号車／指定 (56)	2号車／指定 (56)	1号車／指定 (40)
座席	運転室 ドア 荷物 D C B A 7～1 多目的・洋・♥	ドア 荷物 D C B A 14 13 12 ～ 1（♿） 荷物 ドア	ドア 荷物 D C B A 14～1 荷物 ドア	ドア 荷物 D C B A 14～1 荷物 ドア	ドア 荷物 D C B A 14～1 荷物 ドア	洋 洗面 ドア 荷物 D C B A 10～1 荷物 ドア 運転室
形式	クロE259	モハE259 500	モハE258 500	モハE259	モハE258	クハE258
窓	■■■■	□□□□	□□□□	□□□□	□□□□	□□□□

【⬇ 主な車窓風景】 成田駅成田線佐原・我孫子方面、幕張車両センター(上り列車)、江戸川市川橋、東京スカイツリー、品川駅東海道本線・京浜東北線など

◇ 1～6号車は成田空港～大船間、7～12号車は成田空港～新宿間を運転
◇ JR東日本ネット予約　えきねっと の「チケットレス割引」等の利用がお得

▽ 主な車窓風景の掲載は品川～成田空港間
▽ トンネル内携帯電話の利用は、成田空港エリアおよび錦糸町～東京～品川間では可能である
▽ 無料公衆無線LANサービスを実施　▽ 車内販売の営業なし
▽ 5・11号車に車いす対応座席を設置
▼ 座席／普通車＝回転式（座席下ペダル）リクライニングシート。シートピッチ1020mm
　　グリーン車＝回転式（座席下ペダル）リクライニングシート。シートピッチ1160mm。本革張りシート
▼ 6・7号車の間は、通り抜けができる
▼ 行先案内・運行情報・ニュース・フライト情報（下り列車）などを案内する4ヵ国語（日英中韓）対応大型液晶案内装置を設置
▼ セキュリティ向上を図るために、出入り口付近、荷物置場付近に防犯カメラを設置
▼ 1・7号車に自動体外式除細動器（AED＝♥印）設置
▼ ⓔ／全席に設置
▼ おむつ交換台のあるトイレにはおむつ印を付加
▼ □■は窓配置のパターン。□は座席2列分の広窓、■は座席ごと独立の小窓

「しおさい」編成席番表

←銚子・成東・佐倉　　**【⬆ 主な車窓風景】** 千葉駅外房線・内房線、幕張車両センター(下り列車)、京成千葉線並走(幕張～幕張本郷間付近)、各駅停車並走(千葉～錦糸町付近)　　東京→

しおさい // E259系6両編成＝JR東日本〔鎌倉車両センター〕// 1・3・5・7・9・13号、2・6・8・10・12・14号

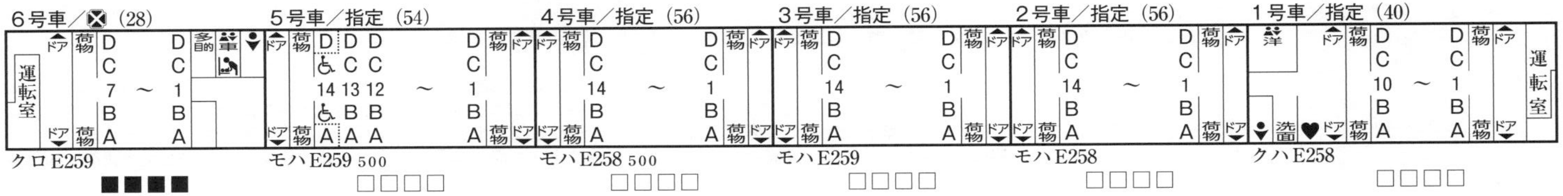

6号車／⊠ (28)	5号車／指定 (54)	4号車／指定 (56)	3号車／指定 (56)	2号車／指定 (56)	1号車／指定 (40)
運転室 ドア 荷物 D C B A 7～1 多目的 車	ドア 荷物 D C B A 14 13 12～1 ♿ 荷物 ドア	ドア 荷物 D C B A 14～1 荷物 ドア	ドア 荷物 D C B A 14～1 荷物 ドア	ドア 荷物 D C B A 14～1 荷物 ドア	洋 洗面 ドア 荷物 D C B A 10～1 荷物 ドア 運転室
クロE259	モハE259 500	モハE258 500	モハE259	モハE258	クハE258
■■■■	□□□□	□□□□	□□□□	□□□□	□□□□

◇ 2024.03.16 改正から全車指定席に変更
◆ 臨時列車「しおさい」83・84号（運転日 4/27～28、5/3～6）はこの車両にて運転を計画
◇ 座席指定は、ＪＲ東日本ネット予約　えきねっと の「チケットレス特急券」等の利用がお得
▽ 5号車に車いす対応座席を設置

▼ 座席／普通車＝回転式（座席下ペダル）リクライニングシート。シートピッチ 1020mm
グリーン車＝回転式（座席下ペダル）リクライニングシート。シートピッチ 1160mm。本革張りシート

しおさい // E257系500代5両編成＝JR東日本〔幕張車両センター〕// 11号、4号

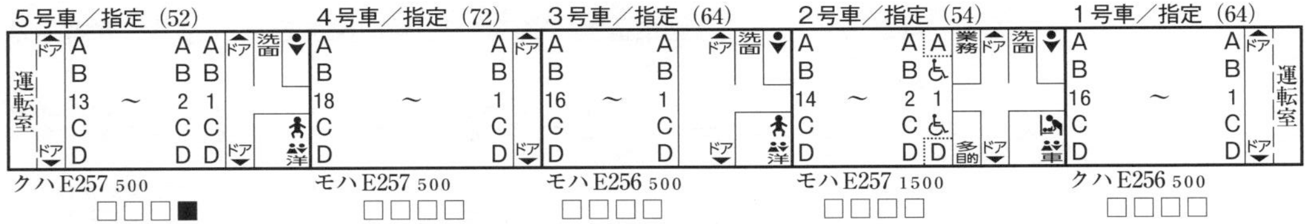

5号車／指定 (52)	4号車／指定 (72)	3号車／指定 (64)	2号車／指定 (54)	1号車／指定 (64)
運転室 ドア A B C D 13～2 1 ドア 洗面 洋	A B C D 18～1 ドア	A B C D 16～1 ドア 洗面 洋	A B C D 14～2 1 ♿ 業務 ドア 洗面 多目的 車	A B C D 16～1 ドア 運転室
クハE257 500	モハE257 500	モハE256 500	モハE257 1500	クハE256 500
□□□■	□□□□	□□□□	□□□□	□□□□

◇ 2024.03.16 改正から全車指定席に変更
◆ 臨時列車「しおさい」81・82号（運転日 4/27～28、5/3～6）はこの車両にて運転を計画
▽ 2号車に車いす対応座席を設置
▼ 座席／普通車＝回転式（座席下ペダル）リクライニングシート（座面スライド式）、シートピッチ 960mm
▼ 車いす対応トイレにはおむつ交換台（🚼）、洋式トイレにはベビーチェア（👶）のみ設置

【⬇ 主な車窓風景】 松岸駅[成田線]、佐倉駅成田線、幕張車両センター(上り列車)、江戸川市川橋、東京スカイツリー

▽ 車内販売の営業なし　▽ 錦糸町～東京～品川間のトンネル内での携帯電話の利用は可能
▼ □■は窓配置のパターン。□は座席2列分の広窓、■は座席ごと独立の小窓

内房線「さざなみ」編成席番表

←君津・木更津（京葉線経由）　【⬆ 主な車窓風景】 幕張メッセ、東京湾、東京ディズニーランド、富士山、葛西臨海公園、辰巳浜海浜公園　東京→

さざなみ // E257 系 500 代 5 両編成＝JR東日本〔幕張車両センター〕// 1·5·7 号、2·4 号

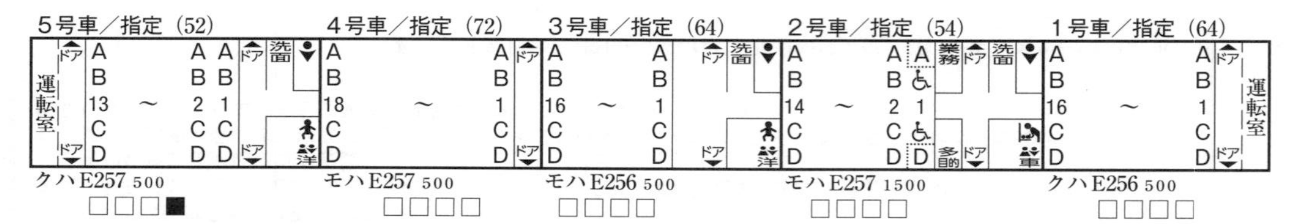

◇ 座席指定は、JR東日本ネット予約　えきねっと の「チケットレス特急券」等の利用がお得
▽ 2 号車に車イス対応座席を設置

▼ 座席／普通車＝回転式（座席下ペダル）リクライニングシート（座面スライド式）、シートピッチ 960mm
▼ 車イス対応トイレにはおむつ交換台、洋式トイレにはベビーチェア のみを設備

さざなみ // 255 系 9 両編成＝JR東日本〔幕張車両センター〕// 3 号、6 号

9号車／自由（52）　運転室　A B 13 ～ 2 1 C D　クハ 255
8号車／自由（68）　A B 17 ～ 2 1 C D　モハ 255
7号車／自由（64）　A B 16 ～ 1 C D　モハ 254
6号車／自由（64）　A B 16 ～ 1 C D　サハ 255 1
5号車／指定（58）　A B 16 ～ 3 2 1 C D　多目的　サハ 254 2
4号車／🅧（42）　A B 11 10 ～ 6 5 ～ 1 C D　業務　車掌室　サロ 255
3号車／指定（68）　A B 17 ～ 2 1 C D　モハ 255
2号車／指定（64）　A B 16 ～ 1 C D　モハ 254
1号車／指定（64）　A B 16 ～ 1 C D　運転室　クハ 254

◇ 座席指定は、JR東日本ネット予約　えきねっと の「チケットレス特急券」等の利用がお得
▽ 5 号車に車イス対応座席を設置

▼座席／普通車＝回転式（座席下ペダル）リクライニングシート、テーブルは肘掛部収納式、シートピッチ 970mm
　　グリーン車＝回転式（座席下ペダル）リクライニングシート、テーブルは背面と肘掛部収納式、シートピッチ 1160mm
▼ 車イス対応トイレにはおむつ交換台、洋式トイレにはベビーチェア のみ設置
▼ □■は窓配置のパターン。□は座席 2 列分の広窓、■は座席ごと独立の小窓

【⬇ 主な車窓風景】 五井駅小湊鐵道、蘇我駅外房線、京葉車両センター、夢の島

▽ 車内販売の営業なし

←安房鴨川・勝浦・上総一ノ宮(京葉線経由)　【⬆ 主な車窓風景】 大原駅いすみ鉄道、蘇我駅内房線、幕張メッセ、東京湾、東京ディズニーランド、富士山、葛西臨海公園、辰巳浜海浜公園　東京→

わかしお // 255系9両編成＝JR東日本〔幕張車両センター〕 // 3・5・9・13・15・21号、6・8・12・16・18号

号車	9号車／指定（52）	8号車／指定（68）	7号車／指定（64）	6号車／指定（64）	5号車／指定（58）	4号車／⊠（42）	3号車／指定（68）	2号車／指定（64）	1号車／指定（64）
席番	運転室 ドア 13～1 ABCD ドア 洗面 洋	17～1 ABCD ドア	16～1 ABCD ドア 洗面 洋	16～1 ABCD ドア	16～1 ABCD（2・1番A・B席車イス対応） ドア 洗面 多目的 洋	11～1 ABCD（11番C席車イス対応） 業務 車掌室 ドア 洗面 洋	17～1 ABCD ドア	16～1 ABCD ドア 洗面 洋	16～1 ABCD ドア 運転室
形式	クハ255	モハ255	モハ254	サハ255 1	サハ254 2	サロ255	モハ255	モハ254	クハ254
窓	□□□■	□□□■	□□□□	□□□□	□□□□	□□□ □□□	□□□■	□□□□	□□□□

◇「わかしお」15号の勝浦～安房鴨川間は普通列車
◇座席指定は、JR東日本ネット予約　えきねっと の「チケットレス特急券」等の利用がお得
◇6～9号車を指定席に変更する日がある
▽5号車に車イス対応座席を設置

▼座席／普通車＝回転式（座席下ペダル）リクライニングシート、テーブルは肘掛け部収納式、シートピッチ970mm
グリーン車＝回転式（座席下ペダル）リクライニングシート、テーブルは背面と肘掛け部収納式、シートピッチ1160mm

わかしお // E257系500代5両編成＝JR東日本〔幕張車両センター〕 // 1･7･11･17･19号、4･10･14･20号

号車	5号車／指定（52）	4号車／指定（72）	3号車／指定（64）	2号車／指定（54）	1号車／指定（64）
席番	運転室 ドア 13～1 ABCD ドア 洗面 洋	18～1 ABCD ドア	16～1 ABCD ドア 洗面 洋	14～1 ABCD（1番A～D席車イス対応） 業務 ドア 洗面 多目的	16～1 ABCD ドア 運転室
形式	クハE257 500	モハE257 500	モハE256 500	モハE257 1500	クハE256 500
窓	□□□■	□□□□	□□□□	□□□□	□□□□

◇座席指定は、JR東日本ネット予約　えきねっと の「チケットレス特急券」等の利用がお得
◇4～5号車を指定席に変更する日がある
▽2号車に車イス対応座席を設置
▼座席／普通車＝回転式（座席下ペダル）リクライニングシート（座面スライド式）、シートピッチ960mm
▼車イス対応トイレにはおむつ交換台（🚼）、洋式トイレにはベビーチェア（🚼）のみ設置

【⬇ 主な車窓風景】 太平洋、大網駅東金線、京葉車両センター、夢の島

▽車内販売の営業なし
▼□■は窓配置のパターン。□は座席2列分の広窓、■は座席ごと独立の小窓

外房線「わかしお」編成席番表 －2

←茂原（京葉線経由）　【⬆ 主な車窓風景】 大原駅いすみ鉄道、蘇我駅内房線、幕張メッセ、東京湾、東京ディズニーランド、富士山、葛西臨海公園、辰巳浜海浜公園　東京→

わかしお // E257系500代10両編成＝JR東日本〔幕張車両センター〕 // 2号

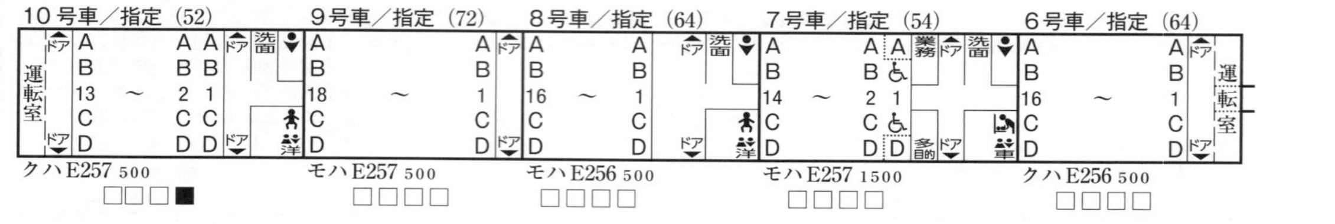

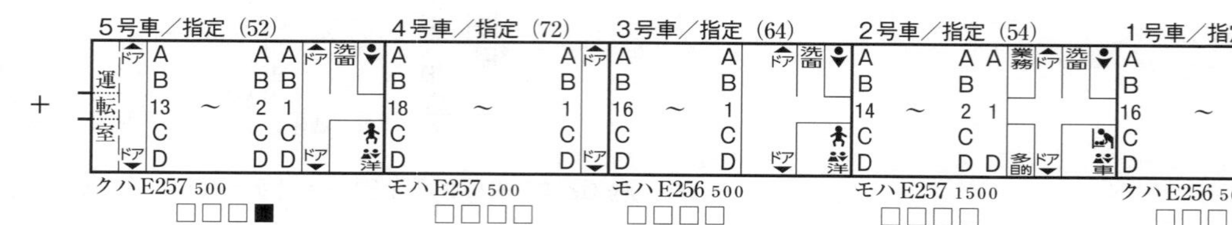

▽ 7号車に車イス対応座席を設置

【⬇ 主な車窓風景】 太平洋、大網駅東金線、京葉車両センター、夢の島

▽ 7号車に車イス対応座席を設置
◇ 1～3・9・10号車を指定席に変更する日がある
◇ 座席指定は、JR東日本ネット予約　えきねっと の「チケットレス特急券」等の利用がお得

▽ 車内販売の営業なし
▼ 座席／普通車＝回転式（座席下ペダル）リクライニングシート（座面スライド式）、シートピッチ960mm
▼ 車イス対応トイレにはおむつ交換台（🚼）、洋式トイレにはベビーチェア（🚼）のみ設置
▼ □■は窓配置のパターン。□は座席2列分の広窓、■は座席ごと独立の小窓

内房線 「新宿さざなみ」編成席番表 【臨時列車】

←館山　　新宿→

【⬆ 主な車窓風景】 浦賀水道(三浦半島)、富士山、東京湾、幕張車両センター(下り列車)、京成千葉線並走(幕張～幕張本郷間付近)、各駅停車並走(千葉～錦糸町付近)、神宮外苑、各駅停車並走(四ツ谷～新宿間)

新宿さざなみ // E257 系 500 代5両編成＝ＪＲ東日本〔幕張車両センター〕// 1・3号、2・4号 ◆グリーン車連結なしにて運転の日

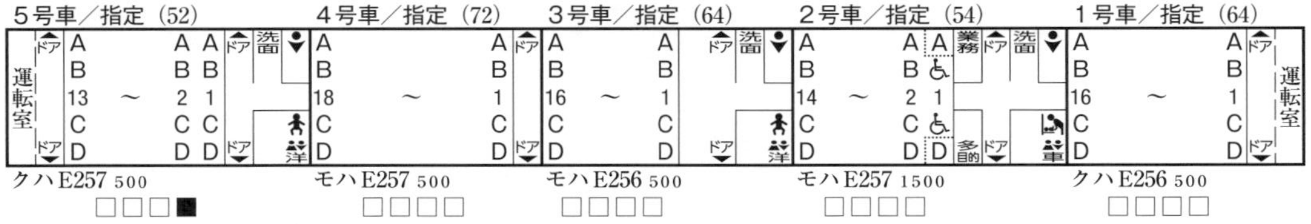

号車	5号車／指定（52）	4号車／指定（72）	3号車／指定（64）	2号車／指定（54）	1号車／指定（64）
座席	運転室・ドア A B 13～2 1 C D・ドア・洗面・トイレ(洋)	A B 18～1 C D・ドア	A B 16～1 C D・ドア・洗面・トイレ(洋)	A B 14～2 1 C D（車いす対応座席）・業務・多目的・ドア・洗面・トイレ	A B 16～1 C D・ドア・運転室
形式	クハE257 500	モハE257 500	モハE256 500	モハE257 1500	クハE256 500
窓	□□□■	□□□□	□□□□	□□□□	□□□□

◆ 運転日　詳細は最新のＪＲ時刻表などで確認
◇ 2024.03.16 改正から全車指定席に変更
◇ 座席指定は、ＪＲ東日本ネット予約　えきねっと の「チケットレス特急券」等の利用がお得
▽ ２号車に車いす対応座席を設置
▼ 座席／普通車＝回転式（座席下ペダル）リクライニングシート（座面スライド式）、シートピッチ 960mm
▼ 車いす対応トイレにはおむつ交換台（）、洋式トイレにはベビーチェア（）のみ設置

新宿さざなみ // 255 系９両編成＝ＪＲ東日本〔幕張車両センター〕// 1号、4号 ◆グリーン車連結にて運転の日

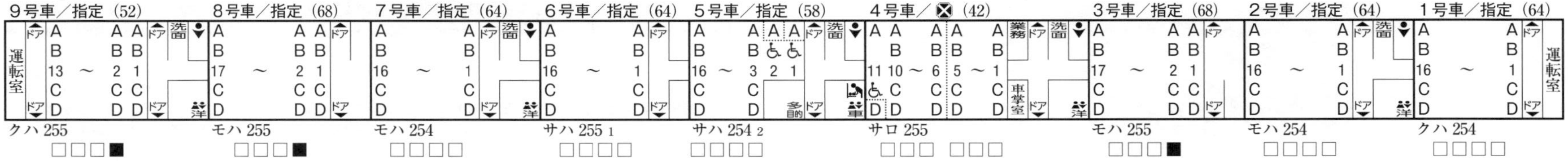

号車	9号車／指定（52）	8号車／指定（68）	7号車／指定（64）	6号車／指定（64）	5号車／指定（58）	4号車／グリーン（42）	3号車／指定（68）	2号車／指定（64）	1号車／指定（64）
座席	運転室・ドア A B 13～2 1 C D・ドア・洗面・トイレ(洋)	A B 17～2 1 C D・ドア	A B 16～1 C D・ドア・洗面・トイレ(洋)	A B 16～1 C D・ドア	A B 16～3 2 1 C D（車いす対応座席）・多目的・ドア・洗面・トイレ	A B 11 10～6 5～1 C D（車いす対応座席）・業務・車掌室・ドア・洗面・トイレ(洋)	A B 17～2 1 C D・ドア	A B 16～1 C D・ドア・洗面・トイレ(洋)	A B 16～1 C D・ドア・運転室
形式	クハ 255	モハ 255	モハ 254	サハ 255 1	サハ 254 2	サロ 255	モハ 255	モハ 254	クハ 254
窓	□□□■	□□□■	□□□□	□□□□	□□□□	□□□ □□□	□□□■	□□□□	□□□□

◆ 運転日　4/27 ～ 29、5/3 ～ 6 この車両にて運転を計画
◇ 2024.03.16 改正から全車指定席に変更
◇ 座席指定は、ＪＲ東日本ネット予約　えきねっと の「チケットレス特急券」等の利用がお得
▽ 5 号車に車いす対応座席を設置
▼ 座席／普通車＝回転式（座席下ペダル）リクライニングシート
　グリーン車＝回転式（座席下ペダル）リクライニングシート。シートピッチ 1160mm
▼ 車いす対応トイレにおむつ交換台（）とベビーチェア、洋式トイレにベビーチェア（）のみ設置

【⬇ 主な車窓風景】 五井駅小湊鐵道、蘇我駅外房線、千葉駅総武本線、幕張車両センター(上り列車)、江戸川市川橋、東京スカイツリー、国技館、東京ドーム、各駅停車並走(御茶ノ水～四ツ谷間)、外濠(市ヶ谷濠など)

▼ □■△は窓配置のパターン。□は座席２列分の広窓、■は座席ごと独立の窓（小窓）、△は窓配置と座席間隔が必ずしも一致とは限らない窓配置
▽ 車内販売の営業なし

外房線「新宿わかしお」編成席番表【臨時列車】－1

←安房鴨川　　新宿→

【⬆ 主な車窓風景】 大原駅いすみ鉄道、蘇我駅内房線、幕張車両センター(下り列車)、京成千葉線並走(幕張～幕張本郷間付近)、各駅停車並走(千葉～錦糸町付近)、神宮外苑、各駅停車並走(四ツ谷～新宿間)

新宿わかしお // E257系500代5両編成＝JR東日本〔幕張車両センター〕

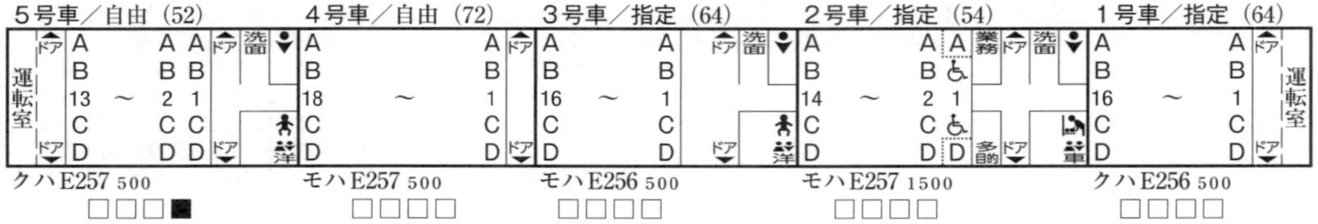

5号車／自由 (52)	4号車／自由 (72)	3号車／指定 (64)	2号車／指定 (54)	1号車／指定 (64)
運転室 ドア A B 13～2 1 C D ドア 洗面 トイレ 洋	A B 18～1 C D ドア	A B 16～1 C D ドア 洗面 トイレ 洋	A B 14～2 1 C D (♿) 業務 多目的 ドア 洗面 トイレ	A B 16～1 C D ドア 運転室
クハE257 500	モハE257 500	モハE256 500	モハE257 1500	クハE256 500
□□□■	□□□□	□□□□	□□□□	□□□□

◆ 運転日注意。詳細は最新のJR時刻表などで確認
◇ 座席指定は、ＪＲ東日本ネット予約　えきねっと の「チケットレス特急券」等の利用がお得
▽ ２号車に車いす対応座席を設置
◇ 指定席・自由席は、運転日により異なる場合がある

▼ 座席／普通車＝回転式（座席下ペダル）リクライニングシート（座面スライド式）、シートピッチ 960mm
▼ 車いす対応トイレにはおむつ交換台（）、洋式トイレにはベビーチェア（）のみ設置

【⬇ 主な車窓風景】 太平洋、大網駅東金線、千葉駅総武本線、幕張車両センター(上り列車)、江戸川市川橋、東京スカイツリー、国技館、東京ドーム、各駅停車並走(御茶ノ水～四ツ谷間)、外濠(市ヶ谷濠など)

▽ 車内販売の営業なし
▼ □■は窓配置のパターン。□は座席２列分の広窓、■は座席ごと独立の小窓

←安房鴨川　　新宿→

【⬆ 主な車窓風景】 大原駅いすみ鉄道、蘇我駅内房線、幕張車両センター(下り列車)、京成千葉線並走(幕張～幕張本郷間付近)、各駅停車並走(千葉～錦糸町付近)、神宮外苑、各駅停車並走(四ツ谷～新宿間)

新宿わかしお // E 257 系 5000 代 9 両編成＝JR東日本〔大宮総合車両センター東大宮センター〕◆グリーン車連結にて運転の日

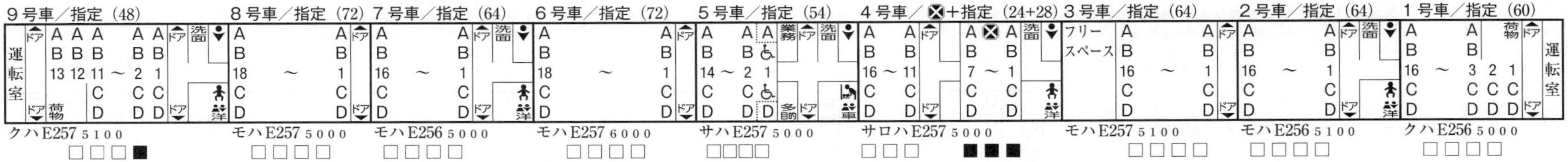

号車	座席	席番	形式	窓
9号車／指定（48）	運転室 ドア A B / C D 荷物	13 12 11 ～ 2 1（13・12はA B のみ） 洗面	クハE257 5100	□□□■
8号車／指定（72）	A B C D	18 ～ 1	モハE257 5000	□□□□
7号車／指定（64）	A B C D	16 ～ 1 洗面	モハE256 5000	□□□□
6号車／指定（72）	A B C D	18 ～ 1	モハE257 6000	□□□□
5号車／指定（54）	A B C D	14 ～ 2 1（1は車いす対応） 業務 洗面 多目的	サハE257 5000	□□□□
4号車／⊠＋指定（24＋28）	A B C D	16 ～ 11（指定）／7 ～ 1（⊠） 洗面	サロハE257 5000	□□□ ■■■
3号車／指定（64）	フリースペース A B C D	16 ～ 1	モハE257 5100	□□□□
2号車／指定（64）	A B C D	16 ～ 1 洗面	モハE256 5100	□□□□
1号車／指定（60）	A B C D 荷物 運転室	16 ～ 3 2 1（2・1はC Dのみ）	クハE256 5000	□□□□

◆ 運転日　5/18・19 この車両にて運転を計画
◇ 座席指定は、ＪＲ東日本ネット予約　えきねっと の「チケットレス特急券」等の利用がお得
▽ 5号車に車いす対応座席を設置

▼ 座席／普通車＝回転式（座席下ペダル）リクライニングシート、テーブルは肘掛け部収納式、シートピッチ 970mm
　　グリーン車＝回転式（座席下ペダル）リクライニングシート、テーブルは背面と肘掛け部収納式、シートピッチ 1160mm

【⬇ 主な車窓風景】 太平洋、大網駅東金線、千葉駅総武本線、幕張車両センター(上り列車)、江戸川市川橋、東京スカイツリー、国技館、東京ドーム、各駅停車並走(御茶ノ水～四ツ谷間)、外濠(市ヶ谷濠など)

▽ 車内販売の営業なし
▼ □■は窓配置のパターン。□は座席２列分の広窓、■は座席ごと独立の小窓

総武本線・成田線 「こうざき酒蔵まつり」編成席番表 【臨時列車】

←佐原　　新宿→

【↑ 主な車窓風景】 佐倉駅総武本線、千葉駅外房線・内房線、幕張車両センター(下り列車)、京成千葉線並走(幕張～幕張本郷間付近)、各駅停車並走(千葉～錦糸町付近)、神宮外苑、各駅停車並走(四ツ谷～新宿間)

こうざき酒蔵まつり // E257系500代5両編成＝JR東日本〔幕張車両センター〕

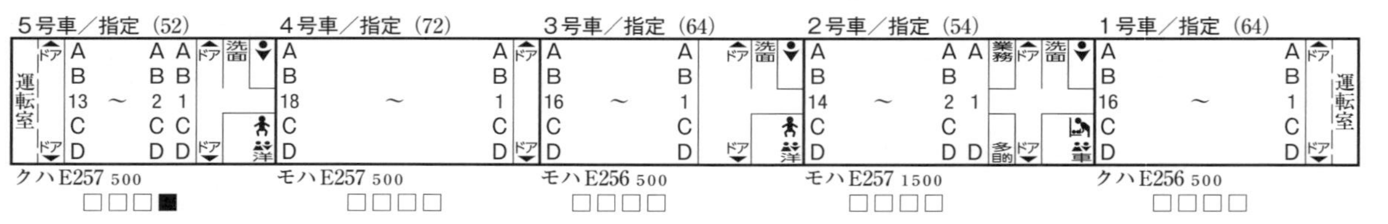

【↓ 主な車窓風景】 幕張車両センター(上り列車)、東京スカイツリー、国技館、東京ドーム、各駅停車並走(御茶ノ水～四ツ谷間)、外濠(市ヶ谷濠など)

◆ 運転日　3/17
▽ 2号車に車いす対応座席を設置

総武本線・成田線 「あやめ祭り」編成席番表 【臨時列車】

←鹿島神宮　　新宿→

【↑ 主な車窓風景】 佐倉駅総武本線、千葉駅外房線・内房線、幕張車両センター(下り列車)、京成千葉線並走(幕張～幕張本郷間付近)、各駅停車並走(千葉～錦糸町付近)、神宮外苑、各駅停車並走(四ツ谷～新宿間)、新宿高層ビル群、富士山、三鷹車両センター、立川駅南武線、豊田車両センター、八王子駅横浜線

あやめ祭り // E257系500代5両編成＝JR東日本〔幕張車両センター〕

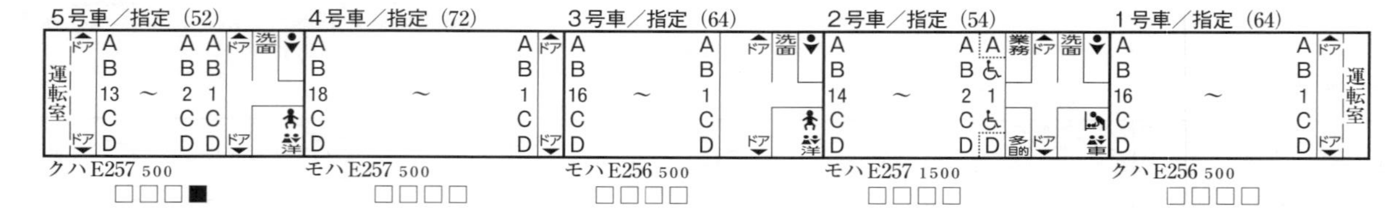

【↓ 主な車窓風景】 幕張車両センター(上り列車)、東京スカイツリー、国技館、東京ドーム、各駅停車並走(御茶ノ水～四ツ谷間)、外濠(市ヶ谷濠など)、立川駅青梅線、富士山(多摩川橋梁付近)、八王子駅、八高線

◆ 運転日　5/25・26、6/1・2・8・9・15・16
▽ 2号車に車いす対応座席を設置

▼ 座席／普通車＝回転式(座席下ペダル) リクライニングシート〔座面スライド式〕、シートピッチ960mm
▼ 車いす対応トイレ内にはおむつ交換台、洋式トイレにはベビーチェアのみ設置
▼ □■は窓配置のパターン。□は座席2列分の広窓、■は座席ごと独立の小窓

総武本線 # 「日本遺産北総四都市号」編成席番表 【臨時列車】

←銚子　　新宿→

【⬆ 主な車窓風景】 千葉駅外房線・内房線、幕張車両センター(下り列車)、京成千葉線並走(幕張～幕張本郷付近)、各駅停車並走(千葉～錦糸町間)、神宮外苑、各駅停車並走(四ツ谷～新宿間)

日本遺産北総四都市号 // E257系500代5両編成＝JR東日本〔幕張車両センター〕

5号車／指定（52）	4号車／指定（72）	3号車／指定（64）	2号車／指定（54）	1号車／指定（64）
運転室・ドア A B 13～2 1 C D・ドア・洗面・トイレ	A B 18～1 C D・ドア	ドア A B 16～1 C D・ドア・洗面・トイレ(洋)	A B 14～2 1(♿) C D・業務・多目的・ドア・洗面・トイレ	A B 16～1 C D・ドア・運転室
クハE257 500	モハE257 500	モハE256 500	モハE257 1500	クハE256 500
□□□■	□□□□	□□□□	□□□□	□□□□

【⬇ 主な車窓風景】 松岸駅[成田線]、佐倉駅成田線、幕張車両センター(上り列車)、江戸川市川橋、東京スカイツリー、国技館、東京ドーム、各駅停車並走(御茶ノ水～四ツ谷間)、外濠(市ヶ谷濠など)

◆ 運転日　4/20・21
▽ 2号車に車いす対応座席を設置

▼ 座席／普通車＝回転式（座席下ペダル）リクライニングシート〔座面スライド式〕、シートピッチ 960mm
▼ 車いす対応トイレ内にはおむつ交換台（🚼）、洋式トイレにはベビーチェア（👶）のみ設置
▼ □■は窓配置のパターン。□は座席2列分の広窓、■は座席ごと独立の小窓

ＪＲ東日本「B.B.BASE」編成席番表【旅行商品】

←和田浦・館山・勝浦・佐原・銚子　　【⬆ 主な車窓風景】 幕張車両センター(下り列車)、京成千葉線並走(幕張〜幕張本郷間付近)、各駅停車並走(千葉〜錦糸町付近)　　両国→

B.B.BASE //209系6両編成＝ＪＲ東日本〔幕張車両センター〕

6号車／指定（20）　クハ 209-2202
運転室 ｜ D C 1 ｜ D A C B 3 2 ｜ D A C B 5 4 ｜ D A C B 7 6

5号車／指定（20）　モハ 209-2203
D A C B 1 2 ｜ D A C B 3 4 ｜ D A C B 5 6 ｜ A B 7

4号車／（–）　モハ 208-2203
カウンター　フリースペース　③ ⑦ ⑦　洗面 洗面　洋

3号車／指定（20）　モハ 209-2204
D A C B 1 2 ｜ D A C B 3 4 ｜ D A C B 5 6 ｜ A B 7

2号車／指定（20）　モハ 208-2204
D A C B 1 2 ｜ D A C B 3 4 ｜ D A C B 5 6 ｜ A B 7　洋

1号車／指定（20）　クハ 208-2202
D A C B 1 2 ｜ D A C B 3 4 ｜ D A C B 5 6 ｜ A B 7 ｜ 運転室

【⬇ 主な車窓風景】 幕張車両センター(上り列車)、江戸川市川橋、東京スカイツリー

▼ 車窓風景の表示は、両国〜千葉間
◆ 運転日等詳しくはＪＲ東日本ホームページ「のってたのしい列車」を参照。びゅう商品にて発売。
「B.B.BASE内房」「B.B.BASE外房」「B.B.BASE佐倉・銚子」「B.B.BASE佐倉・鹿島」「B.B.BASE鹿野山」等を設定。
土曜・休日に両国駅から発車

▼ 座席はボックスシートが基本。各ボックスにはテーブルを設置、窓側テーブル上にはモバイル用電源コンセント（2口）を設置
▼ 各座席背面等に各々の自転車設置スペースを備えている（🚲）
▼ 搭載可能な自転車は、タイヤサイズ 18 〜 29 インチ、タイヤ幅 49mm以下、ハンドル幅 600mm以下、前輪とダウンチューブの隙間 20mm以下
ホイルベースは 18 〜 21 インチ＝1,060mm以下、22 〜 25 インチ＝1,100mm以下、26 インチ＝1,110mm以下、27.5 〜 28 インチ・700C＝1,130mm以下、29 インチ＝1,180mm以下
▼ 1〜3・5号車7AB席、6号車1CD席にモバイル電源対応コンセントを設置
▼ 4号車　丸中数字はソファの座席数

「夢うめ青梅・奥多摩号」編成席番表 【臨時列車】

←新宿　　【⬆ 主な車窓風景】 新宿高層ビル群、富士山、三鷹車両センター、立川駅南武線、拝島駅五日市線、多摩川渓流　　奥多摩→

夢うめ青梅・奥多摩号 // E257系5500代5両編成＝JR東日本〔大宮総合車両センター東大宮センター〕

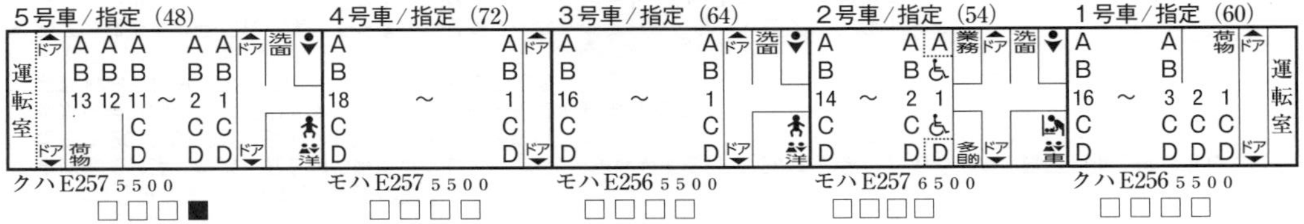

5号車／指定（48）	4号車／指定（72）	3号車／指定（64）	2号車／指定（54）	1号車／指定（60）
運転室・ドア・荷物	ドア	ドア・洗面・ベビーチェア・洋	ドア・洗面・業務・多目的	荷物・ドア・運転室
A A A ～ A A	A ～ A	A ～ A	A ～ A A	A ～ A
B B B ～ B B	B ～ B	B ～ B	B ～ B ♿	B ～ B
13 12 11 ～ 2 1	18 ～ 1	16 ～ 1	14 ～ 2 1	16 ～ 3 2 1
C ～ C C	C ～ C	C ～ C	C ～ C ♿	C ～ C C C
D ～ D D	D ～ D	D ～ D	D ～ D D	D ～ D D D
ドア・洗面・ベビーチェア・洋	ドア	ドア	おむつ交換台・車	ドア
クハE257 5500	モハE257 5500	モハE256 5500	モハE257 6500	クハE256 5500
□□□■	□□□□	□□□□	□□□□	□□□□

【⬇ 主な車窓風景】 拝島駅八高線・西武拝島線

◆ 運転日　5/18
充当列車は、回送にて車両基地のある東大宮から、武蔵野線経由にて豊田まで運転。運転日は豊田から5号車を先頭に新宿へ向かう
◇ ＪＲ東日本ネット予約　えきねっと の「チケットレス割引」等の利用がお得

▽車内販売の営業なし
▽２号車に車いす対応座席を設置
▽ 無料Wi-Fi「ＪＲ-ＥＡＳＴ Wi-Fi」サービス実施
▼ 座席／普通車＝回転式（座席下ペダル）リクライニングシート（座面スライド式）、シートピッチ 960mm
▼ 車いす対応トイレにはおむつ交換台（🚼）、洋式トイレにはベビーチェア（🚼）のみ設置
▼ □■は窓配置のパターン。□は座席２列分の広窓、■は座席ごと独立の小窓

←千葉・東京・新宿　　松本→

【⬆ 主な車窓風景】 各駅停車並走(四ツ谷～三鷹間)、新宿高層ビル群、富士山、三鷹車両センター、立川駅南武線、豊田車両センター、八王子駅横浜線、高尾山、相模湖、大月駅富士急行、甲府盆地のパノラマ、南アルプス、甲府駅身延線、舞鶴城公園、諏訪湖、岡谷駅辰野方面、北アルプス、塩尻駅中央本線小野方面・名古屋方面、松本車両センター、松本駅アルピコ交通

あずさ // E353系12両編成＝JR東日本〔松本車両センター〕// 1・5・33・41・49・53号、4・26・46・50・54・60号

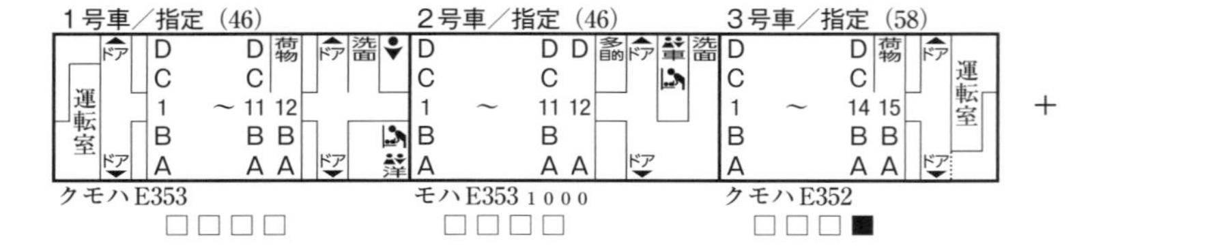

4号車／指定（48） クハE353

5号車／指定（66） モハE353 500

6号車／指定（64） モハE352 500

7号車／指定（66） モハE353 2000

8号車／指定（64） サハE353

9号車／⊠（30） サロE353

10号車／指定（64） モハE353

11号車／指定（64） モハE352

12号車／指定（58） クハE352

【⬇ 主な車窓風景】 各駅停車並走(御茶ノ水～四ツ谷間)、外濠(市ヶ谷濠など)、立川駅青梅線、富士山(多摩川橋梁付近)、八王子駅八高線、八ヶ岳、小淵沢駅小海線、蓼科山、北アルプス(みどり湖～塩尻付近)

◆「あずさ」5号の1～3号車は新宿～松本間併結運転、4～12号車は新宿～南小谷間の運転
◇普通車は新たな着席サービス導入により全ての座席が指定席
◇シンプルでわかりやすい特急料金を設定［指定席特急券・座席未指定券同額。車内で購入する場合（車内料金）は事前料金より割増し］
◇ＪＲ東日本ネット予約　えきねっと の「チケットレス割引」等の利用がお得

▽３・４号車間の通り抜けはできる
▽９・10号車に車いす対応座席を設置
▽車内販売営業（弁当・軽食類の販売はなし）。ただし、車内販売を行っていない区間があるほか、臨時列車では営業していない場合がある。
さらに2019.07.01からホットコーヒーの販売も終了
▽東京～甲府間のすべてのトンネル区間にて携帯電話の利用可能に
▽無料Wi-Fi「JR-EAST FREE Wi-Fi」サービス実施

▼座席／普通車＝回転式（座席下ペダル）リクライニングシート。シートピッチ960mm
グリーン車＝回転式（座席下ペダル）リクライニングシート。シートピッチ1160mm
▼ⓘ／全席に設置（座席背面下および最前列、最後列座席は座席脇にも設置）
▼座席背面に収納式大型テーブル、背もたれに可動式枕を設置
▼印のあるトイレには、おむつ交換台、ベビーチェアを設置
▼□■は窓配置のパターン。□は座席２列分の広窓、■は座席ごと独立の小窓

←東京・新宿　　松本→

【↑ 主な車窓風景】 各駅停車並走(四ツ谷〜三鷹間)、新宿高層ビル群、富士山、三鷹車両センター、立川駅南武線、豊田車両センター、八王子駅横浜線、高尾山、相模湖、大月駅富士急行、甲府盆地のパノラマ、南アルプス、甲府駅身延線、舞鶴城公園、諏訪湖、岡谷駅辰野方面、北アルプス、塩尻駅中央本線小野方面・名古屋方面、松本車両センター、松本駅アルピコ交通

あずさ // E353系9両編成＝ＪＲ東日本〔松本車両センター〕 // 9・13・17・21・25・29・37・45・55号、8・12・16・18・22・30・34・38・42号

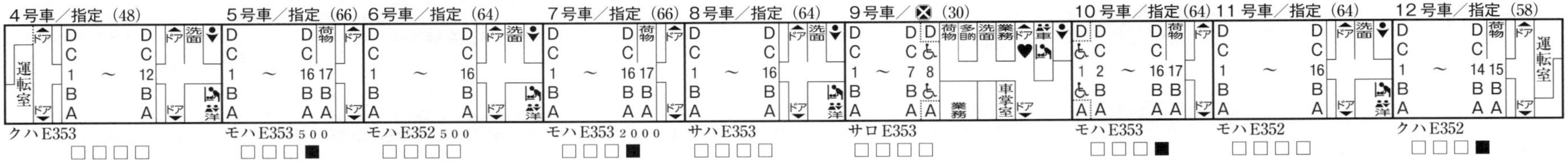

号車	4号車／指定 (48)	5号車／指定 (66)	6号車／指定 (64)	7号車／指定 (66)	8号車／指定 (64)	9号車／グリーン (30)	10号車／指定 (64)	11号車／指定 (64)	12号車／指定 (58)
形式	クハE353	モハE353 500	モハE352 500	モハE353 2000	サハE353	サロE353	モハE353	モハE352	クハE352
座席	運転室・ドア／A〜D 1〜12／ドア・洗面・トイレ	A〜D 1〜16、A・B 17、荷物・ドア	ドア／A〜D 1〜16／ドア・洗面・トイレ	A〜D 1〜16、A・B 17、荷物・ドア	ドア／A〜D 1〜16／ドア・洗面・トイレ	A〜D 1〜7、A・D 8 (8B・8C 車いす対応)、荷物・多目的・洗面・業務・ドア・トイレ・車掌室	ドア／A・D 1 (1B・1C 車いす対応)、A〜D 2〜16、A・B 17、荷物・ドア	ドア／A〜D 1〜16／ドア・洗面・トイレ	A〜D 1〜14、A・B 15、荷物・ドア・運転室
窓配置	□□□□	□□□■	□□□□	□□□■	□□□□	□□□□	□□□■	□□□□	□□□■

【↓ 主な車窓風景】 各駅停車並走(御茶ノ水〜四ツ谷間)、外濠(市ヶ谷濠など)、立川駅青梅線、富士山(多摩川橋梁付近)、八王子駅八高線、八ヶ岳、小淵沢駅小海線、蓼科山、北アルプス(みどり湖〜塩尻付近)

◇ 普通車は新たな着席サービス導入により全ての座席が指定席
◇ シンプルでわかりやすい特急料金を設定［指定席特急券・座席未指定券同額。車内で購入する場合（車内料金）は事前料金より割増し］
◇ ＪＲ東日本ネット予約　えきねっと の「チケットレス割引」等の利用がお得

▽ ９・10 号車に車いす対応座席を設置
▽ 車内販売営業（弁当・軽食類の販売はなし）。ただし、車内販売を行っていない区間があるほか、臨時列車では営業していない場合がある。
　さらに 2019.07.01 からホットコーヒーの販売も終了
▽ 東京〜甲府間のすべてのトンネル区間にて携帯電話の利用可能に
▽ 無料 Wi-Fi「JR-EAST FREE Wi-Fi」サービス実施

▼ 座席／普通車＝回転式（座席下ペダル）リクライニングシート。シートピッチ 960mm
　グリーン車＝回転式（座席下ペダル）リクライニングシート。シートピッチ 1160mm
▼ ⓘ／全席に設置（座席背面下および最前列、最後列座席は座席脇にも設置）
▼ 座席背面に収納式大型テーブル、背もたれに可動式枕を設置
▼ 印のあるトイレには、おむつ交換台、ベビーチェアを設置
▼ □■は窓配置のパターン。□は座席２列分の広窓、■は座席ごと独立の小窓

中央本線 「あずさ」「富士回遊」編成席番表

←千葉・新宿、河口湖　　富士山・松本→

【⬆ 主な車窓風景】 各駅停車並走(四ツ谷〜三鷹間)、新宿高層ビル群、富士山、三鷹車両センター、立川駅南武線、豊田車両センター、八王子駅横浜線、高尾山、相模湖、大月駅富士急行、甲府盆地のパノラマ、南アルプス、甲府駅身延線、舞鶴公園、諏訪湖、岡谷駅辰野方面、北アルプス、塩尻駅中央本線小野方面、名古屋方面、松本車両センター、松本駅アルピコ交通

あずさ・富士回遊 // E353系12両編成＝JR東日本〔松本車両センター〕// 3号、44号

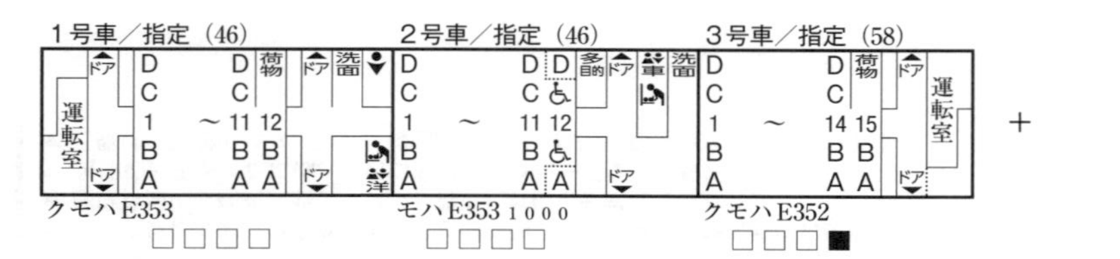

＋

4号車／指定（48）　運転室　D C 1 〜 12 B A　洗面　クハE353

5号車／指定（66）　D C 1 〜 16 17 B A　荷物　モハE353 500

6号車／指定（64）　D C 1 〜 16 B A　洗面　モハE352 500

7号車／指定（66）　D C 1 〜 16 17 B A　荷物　モハE353 2000

8号車／指定（64）　D C 1 〜 16 B A　洗面　サハE353

9号車／Ⓖ（30）　D C 1 〜 7 8 B A　荷物　多目的　洗面　業務　車掌室　サロE353

10号車／指定（64）　D C 1 2 〜 16 17 B A　荷物　モハE353

11号車／指定（64）　D C 1 〜 16 B A　洗面　モハE352

12号車／指定（58）　D C 1 〜 14 15 B A　荷物　運転室　クハE352

【⬇ 主な車窓風景】 各駅停車並走(御茶ノ水〜四ツ谷間)、外濠(市ヶ谷濠など)、立川駅青梅線、富士山(多摩川橋梁付近)、八王子駅八高線、八ヶ岳、小淵沢駅小海線、蓼科山、北アルプス(みどり湖〜塩尻付近)

◆ 1〜3号車は「富士回遊」。途中、大月まで併結運転。また富士山にて進行方向が変わる。4〜12号車は「あずさ」

◇ 普通車は新たな着席サービス導入により全ての座席が指定席
◇ シンプルでわかりやすい特急料金を設定［指定席特急券・座席未指定券同額。車内で購入する場合（車内料金）は事前料金より割増し］
◇ ＪＲ東日本ネット予約　えきねっと の「チケットレス割引」等の利用がお得

▽ 3・4号車間の通り抜けはできる
▽ 2・9・10号車に車いす対応座席を設置
▽ 車内販売の営業は「あずさ」のみ。ただし、弁当・軽食類の販売はなし。
　さらに2019.07.01からホットコーヒーの販売も終了
▽ 千葉・新宿〜甲府間のすべてのトンネル区間にて携帯電話の利用可能に
▽ 無料Wi-Fi「JR-EAST FREE Wi-Fi」サービス実施

▼ 座席／普通車＝回転式（座席下ペダル）リクライニングシート。シートピッチ960mm
　グリーン車＝回転式（座席下ペダル）リクライニングシート。シートピッチ1160mm
▼ ⓘ／全席に設置（座席背面下および最前列、最後列座席は座席脇にも設置）
▼ 座席背面に収納式大型テーブル、背もたれに可動式枕を設置
▼ 印のあるトイレには、おむつ交換台、ベビーチェアを設置
▼ □■は窓配置のパターン。□は座席2列分の広窓、■は座席ごと独立の小窓

中央本線 **「あずさ」「富士回遊」編成席番表**【臨時列車】

←新宿、河口湖　　　　富士山・松本→

【⬆ 主な車窓風景】 各駅停車並走(四ツ谷〜三鷹間)、新宿高層ビル群、富士山、三鷹車両センター、立川駅南武線、豊田車両センター、八王子駅横浜線、高尾山、相模湖、大月駅富士急行、甲府盆地のパノラマ、南アルプス、甲府駅身延線、舞鶴公園、諏訪湖、岡谷駅辰野方面、北アルプス、塩尻駅中央本線小野方面、名古屋方面、松本車両センター、松本駅アルピコ交通

あずさ 81 号・78 号、富士回遊 81 号、78 号 // E353 系 12 両編成＝ＪＲ東日本〔松本車両センター〕

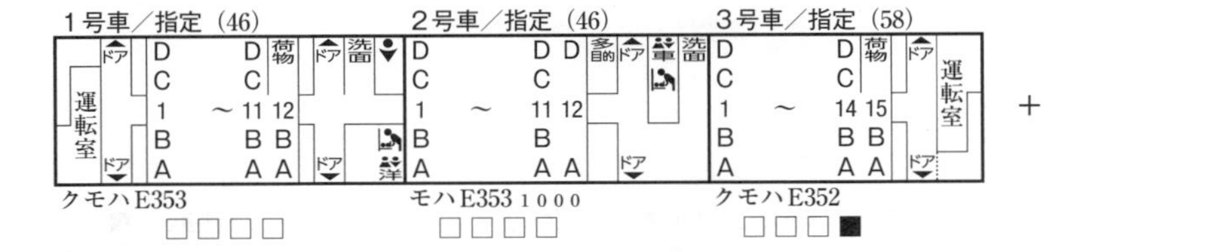

【⬇ 主な車窓風景】 各駅停車並走(御茶ノ水〜四ツ谷間)、外濠(市ヶ谷濠など)、立川駅青梅線、富士山(多摩川橋梁付近)、八王子駅八高線、八ヶ岳、小淵沢駅小海線、蓼科山、北アルプス(みどり湖〜塩尻付近)

◆ 運転日　3/16・17・20・23・24・30・31、4/6・7・13・14・20・21・27 〜 29、5/3 〜 6・11・12

◇ 普通車は新たな着席サービス導入により全ての座席が指定席
◇ シンプルでわかりやすい特急料金を設定［指定席特急券・座席未指定券同額。車内で購入する場合（車内料金）は事前料金より割増し］
◇ ＪＲ東日本ネット予約　えきねっと の「チケットレス割引」等の利用がお得

▽ ３・４号車間の通り抜けはできる
▽ ２・９・10 号車に車いす対応座席を設置
▽ 車内販売は臨時列車では営業していない場合がある
▽ 小仏トンネルなど２km 以上の長大トンネル内では携帯電話の使用が可能
▽ 無料 Wi-Fi「JR-EAST FREE Wi-Fi」サービス実施

▼ 座席／普通車＝回転式（座席下ペダル）リクライニングシート。シートピッチ 960mm
　グリーン車＝回転式（座席下ペダル）リクライニングシート。シートピッチ 1160mm
▼ ⓘ／全席に設置（座席背面下および最前列、最後列座席は座席脇にも設置）
▼ 座席背面に収納式大型テーブル、背もたれに可動式枕を設置
▼ 印のあるトイレには、おむつ交換台、ベビーチェアを設置
▼ □■は窓配置のパターン。□は座席２列分の広窓、■は座席ごと独立の小窓

中央本線「かいじ」編成席番表

←東京・新宿　　　　甲府・竜王→

【⬆ 主な車窓風景】 各駅停車並走(四ツ谷～三鷹間)、新宿高層ビル群、富士山、三鷹車両センター、立川駅南武線、豊田車両センター、八王子駅横浜線、高尾山、相模湖、大月駅富士急行、甲府盆地のパノラマ、南アルプス、甲府駅身延線、舞鶴城公園

かいじ // E353系9両編成＝JR東日本〔松本車両センター〕// 19・23・27・31・35・39・43・47・51・57・59号、2・6・10・14・20・24・28・40・52・56・58号

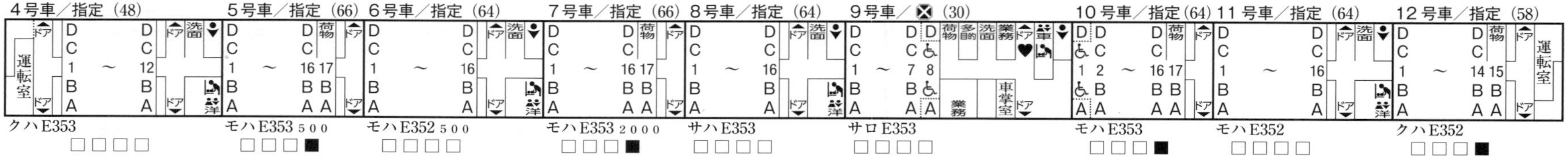

号車	4号車	5号車	6号車	7号車	8号車	9号車	10号車	11号車	12号車
種別(定員)	指定(48)	指定(66)	指定(64)	指定(66)	指定(64)	グリーン(30)	指定(64)	指定(64)	指定(58)
座席	A B C D 1～12	A B C D 1～16 17	A B C D 1～16	A B C D 1～16 17	A B C D 1～16	A B C D 1～7 8	A B C D 1 2～16 17	A B C D 1～16	A B C D 1～14 15
設備	運転室、ドア、洗面、トイレ(洋)	荷物、ドア	ドア、洗面、トイレ(洋)	荷物、ドア	ドア、洗面、トイレ(洋)	荷物、多目的、洗面、業務、車掌室、ドア、トイレ	車いす対応座席、荷物、ドア	ドア、洗面、トイレ(洋)	荷物、ドア、運転室
形式	クハE353	モハE353 500	モハE352 500	モハE353 2000	サハE353	サロE353	モハE353	モハE352	クハE352
窓配置	□□□□	□□□■	□□□□	□□□■	□□□□	□□□□	□□□■	□□□□	□□□■

【⬇ 主な車窓風景】 各駅停車並走(御茶ノ水～四ツ谷間)、外濠(市ヶ谷濠など)、立川駅青梅線、富士山(多摩川橋梁付近)、八王子駅八高線

◇ 普通車は新たな着席サービス導入により全ての座席が指定席
◇ シンプルでわかりやすい特急料金を設定［指定席特急券・座席未指定券同額。車内で購入する場合（車内料金）は事前料金より割増し］
◇ ＪＲ東日本ネット予約　えきねっと の「チケットレス割引」等の利用がお得

▽ ９・10号車に車いす対応座席を設置
▽ 車内販売の営業なし
▽ 東京～甲府間のすべてのトンネル区間にて携帯電話の利用可能に
▽ 無料Wi-Fi「JR-EAST FREE Wi-Fi」サービス実施

▼ 座席／普通車＝回転式（座席下ペダル）リクライニングシート。シートピッチ960mm
　グリーン車＝回転式（座席下ペダル）リクライニングシート。シートピッチ1160mm
▼ ⓘ／全席に設置（座席背面下および最前列、最後列座席は座席脇にも設置）
▼ 座席背面に収納式大型テーブル、背もたれに可動式枕を設置
▼ 印のあるトイレには、おむつ交換台、ベビーチェアを設置
▼ □■は窓配置のパターン。□は座席２列分の広窓、■は座席ごと独立の小窓

中央本線 「かいじ」「富士回遊」編成席番表

←東京・新宿、河口湖　　富士山・甲府→

【⬆ 主な車窓風景】 各駅停車並走(四ツ谷〜三鷹間)、新宿高層ビル群、富士山、三鷹車両センター、立川駅南武線、豊田車両センター、八王子駅横浜線、高尾山、相模湖、大月駅富士急行、甲府盆地のパノラマ、南アルプス、甲府駅身延線、舞鶴公園

かいじ・富士回遊 // E353系12両編成＝ＪＲ東日本〔松本車両センター〕 // 7・11・15号、32・36・48号

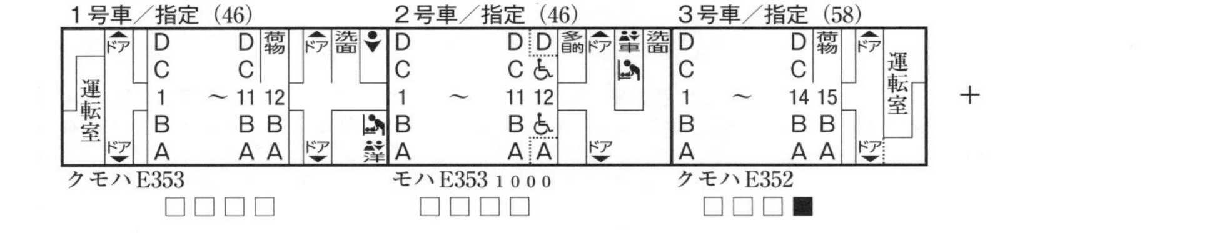

＋

4号車／指定（48） クハE353 □□□□
5号車／指定（66） モハE353 500 □□□■
6号車／指定（64） モハE352 500 □□□□
7号車／指定（66） モハE353 2000 □□□■
8号車／指定（64） サハE353 □□□□
9号車／⊠（30） サロE353 □□□□
10号車／指定（64） モハE353 □□□■
11号車／指定（64） モハE352 □□□□
12号車／指定（58） クハE352 □□□■

【⬇ 主な車窓風景】 各駅停車並走(御茶ノ水〜四ツ谷間)、外濠(市ヶ谷濠など)、立川駅青梅線、富士山(多摩川橋梁付近)、八王子駅八高線

◆ 1〜3号車は「富士回遊」。途中、大月まで併結運転。また富士山にて進行方向が変わる。4〜12号車は「かいじ」

◇ 普通車は新たな着席サービス導入により全ての座席が指定席
◇ シンプルでわかりやすい特急料金を設定［指定席特急券・座席未指定券同額。車内で購入する場合（車内料金）は事前料金より割増し］
◇ ＪＲ東日本ネット予約　えきねっと の「チケットレス割引」等の利用がお得

▽ ３・４号車間の通り抜けはできる
▽ ２・９・10号車に車いす対応座席を設置
▽ 車内販売の営業なし
▽ 東京〜甲府間のすべてのトンネル区間にて携帯電話の利用可能に
▽ 無料Wi-Fi「JR-EAST FREE Wi-Fi」サービス実施

▼ 座席／普通車＝回転式（座席下ペダル）リクライニングシート。シートピッチ960mm
　グリーン車＝回転式（座席下ペダル）リクライニングシート。シートピッチ1160mm
▼ ⑪／全席に設置（座席背面下および最前列、最後列座席は座席脇にも設置）
▼ 座席背面に収納式大型テーブル、背もたれに可動式枕を設置
▼ 印のあるトイレには、おむつ交換台、ベビーチェアを設置
▼ □■は窓配置のパターン。□は座席２列分の広窓、■は座席ごと独立の小窓

中央本線 「あずさ」編成席番表 【臨時列車】

←新宿　　松本→

【⬆ 主な車窓風景】 各駅停車並走(新宿～三鷹間)、新宿高層ビル群、富士山、三鷹車両センター、立川駅南武線、豊田車両センター、八王子駅横浜線、高尾山、相模湖、大月駅富士急行、甲府盆地のパノラマ、南アルプス、甲府駅身延線、舞鶴城公園、諏訪湖、岡谷駅辰野方面、北アルプス、塩尻駅中央本線小野方面・名古屋方面、松本車両センター、松本駅アルピコ交通

あずさ // E 257 系 5000 代 9 両編成＝ＪＲ東日本〔大宮総合車両センター東大宮センター〕 // 75・77・79・83・85 号、74・76・82・86 号

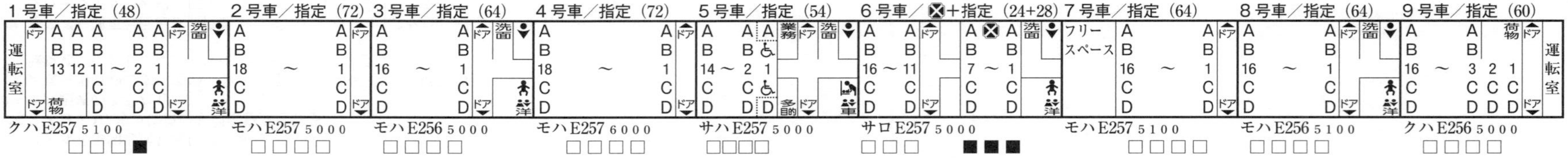

号車	設備・座席	形式	窓配置
1号車／指定（48）	運転室、荷物、13 12 11～2 1（A B：13～1、C D：11～1）、ドア、洗面、ベビーチェア付洋式トイレ	クハE257 5100	□□□■
2号車／指定（72）	18～1（A B C D）、ドア	モハE257 5000	□□□□
3号車／指定（64）	16～1（A B C D）、ドア、洗面、ベビーチェア付洋式トイレ	モハE256 5000	□□□□
4号車／指定（72）	18～1（A B C D）、ドア	モハE257 6000	□□□□
5号車／指定（54）	14～2 1（A B C D、1番A業務・B C車いす・D多目的）、業務、ドア、洗面、車いす対応トイレ	サハE257 5000	□□□□
6号車／⊠＋指定（24+28）	16～11（A B C D）、ドア、⊠ 7～1（A B C D）、洗面、ベビーチェア付洋式トイレ	サロE257 5000	□□□　■■■
7号車／指定（64）	フリースペース、16～1（A B C D）、ドア	モハE257 5100	□□□□
8号車／指定（64）	16～1（A B C D）、ドア、洗面、ベビーチェア付洋式トイレ	モハE256 5100	□□□□
9号車／指定（60）	16～3 2 1（A B：16～3、C D：16～1）、荷物、ドア、運転室	クハE256 5000	□□□□

【⬇ 主な車窓風景】 各駅停車並走(御茶ノ水～四ツ谷間)、外濠(市ヶ谷濠など)、立川駅青梅線、富士山(多摩川橋梁付近)、八王子駅八高線、八ヶ岳、小淵沢駅小海線、蓼科山、北アルプス(みどり湖～塩尻付近)

◆ 運転日
- 「あずさ」75 号　3/16・23・30
- 「あずさ」77 号　4/27・28、5/3・4
- 「あずさ」79 号　5/25、6/1・15・22・29
- 「あずさ」83 号　5/11・18・25、6/1・8・15・22・29
- 「あずさ」85 号　4/27・28、5/3・4
- 「あずさ」74 号　3/17・24・31、5/26、6/2・16・23・30
- 「あずさ」76 号　4/29、5/5・6
- 「あずさ」82 号　5/4～6
- 「あずさ」86 号　4/29、5/12・19・26、6/2・9・16・23・30

掲載以外の「あずさ」臨時列車はＥ 353 系にて運転（97 頁参照）
ここに掲載の列車は、回送にて車両基地のある東大宮から武蔵野線経由にて豊田に進み、運転日は１号車を先頭に豊田車両センターから出区（号車札変更）

◇ ＪＲ東日本ネット予約　えきねっと の「チケットレス割引」等の利用がお得

▽ 車内販売の営業なし　▽ 5 号車に車いす対応座席を設置　▽ 小仏トンネルなど２km以上の長大トンネル内では携帯電話の使用が可能

▼ 座席／普通車＝回転式（座席下ペダル）リクライニングシート
グリーン車＝回転式（座席下ペダル）リクライニングシート。シートピッチ 1160mm

▼ 車いす対応トイレにはおむつ交換台、洋式トイレにはベビーチェア のみ設置

▼ □■は窓配置のパターン。□は座席２列分の広窓、■は座席ごと独立の小窓

中央本線 **「かいじ」編成席番表**【臨時列車】

←新宿　　　甲府→

【⬆ 主な車窓風景】 新宿高層ビル群、富士山、三鷹車両センター、立川駅南武線、豊田車両センター、八王子駅横浜線、高尾山、相模湖、大月駅富士急行、甲府盆地のパノラマ、南アルプス、甲府駅身延線、舞鶴公園

かいじ // E 257 系 5000 代9両編成＝ＪＲ東日本〔大宮総合車両センター東大宮センター〕 // 99 号

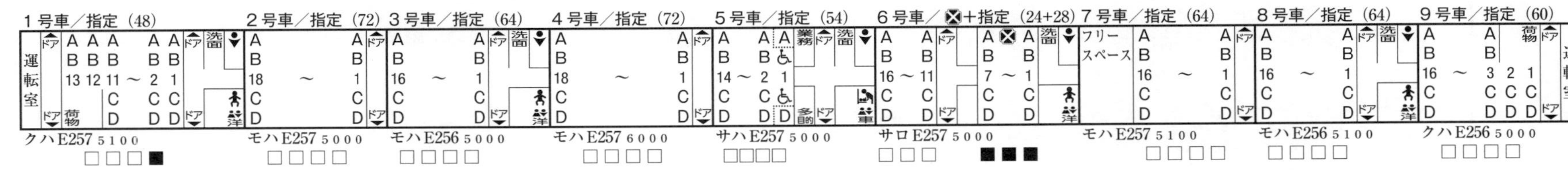

【⬇ 主な車窓風景】 立川駅青梅線、富士山(多摩川橋梁付近)、八王子駅八高線

◆ 運転日　4/26、5/2
同列車は、回送にて車両基地のある東大宮から武蔵野線経由にて豊田に進み、運転日は１号車を先頭に豊田車両センターから出区（号車札変更）
◇ ＪＲ東日本ネット予約　えきねっと の「チケットレス割引」等の利用がお得

▽ 5 号車に車いす対応座席を設置
▼ 座席／普通車＝回転式（座席下ペダル）リクライニングシート
グリーン車＝回転式（座席下ペダル）リクライニングシート。シートピッチ 1160mm
▼ ⑪／座席窓側に設置
▼ 車いす対応トイレにおむつ交換台（🚼）とベビーチェア、洋式トイレにベビーチェア（🚼）のみ設置
▼ □■△は窓配置のパターン。□は座席２列分の広窓、■は座席ごと独立の窓（小窓）

103

「富士回遊」編成席番表 【臨時列車】

←新宿、河口湖　　【⬆ 主な車窓風景】 新宿高層ビル群、富士山、三鷹車両センター、立川駅南武線、豊田車両センター、八王子駅横浜線、高尾山、相模湖　　富士山→

富士回遊 // E257系5500代5両編成＝JR東日本〔大宮総合車両センター東大宮センター〕 // 93号、94号

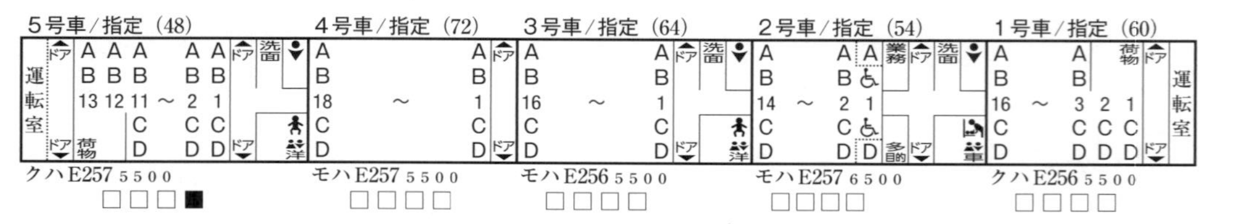

【⬇ 主な車窓風景】 立川駅青梅線、富士山(多摩川橋梁付近)、八王子駅八高線、大月駅中央本線甲府方面

◆ 運転日　3/18・19・21・22・25～29、4/1～5・8～12・15～19・22～26・30、5/1・2・7～10
充当列車は、回送にて車両基地のある東大宮から、武蔵野線経由にて豊田まで運転。運転日は豊田から5号車を先頭に新宿へ向かう
◇ ＪＲ東日本ネット予約　えきねっと の「チケットレス割引」等の利用がお得

▽車内販売の営業なし
▽ 2号車に車いす対応座席を設置
▽ 新宿～大月間のすべてのトンネル区間にて携帯電話の利用可能に
▽ 無料Wi-Fi「JR-EAST Wi-Fi」サービス実施
▼ 座席／普通車＝回転式（座席下ペダル）リクライニングシート（座面スライド式）、シートピッチ960mm
▼ 車いす対応トイレにはおむつ交換台（）、洋式トイレにはベビーチェア（）のみ設置
▼ □■は窓配置のパターン。□は座席2列分の広窓、■は座席ごと独立の小窓

中央本線 「はちおうじ」編成席番表

←東京・新宿　【⬆ 主な車窓風景】 各駅停車並走(四ツ谷〜三鷹間)、新宿高層ビル群、富士山、三鷹車両センター、立川駅南武線、豊田車両センター、八王子駅横浜線、高尾山　八王子→

はちおうじ // E353系12両編成＝JR東日本〔松本車両センター〕 // 1･3･5号、2･4号

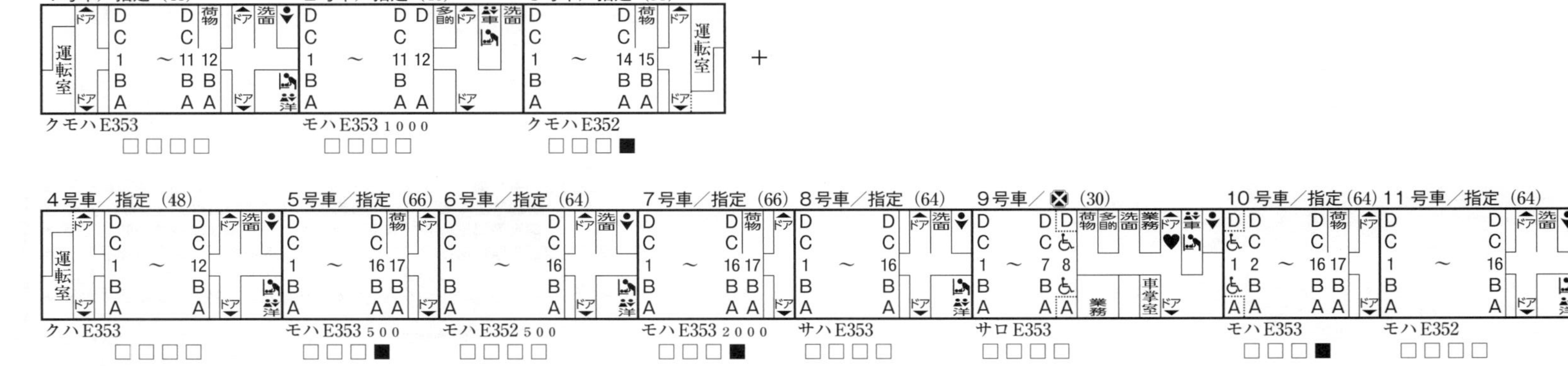

【⬇ 主な車窓風景】 各駅停車並走(御茶ノ水〜四ツ谷間)、外濠(市ヶ谷濠など)、立川駅青梅線、富士山(多摩川橋梁付近)、八王子駅八高線

◆ 土曜・休日運休

◇ 普通車は新たな着席サービス導入により全ての座席が指定席
◇ シンプルでわかりやすい特急料金を設定［指定席特急券・座席未指定券同額。車内で購入する場合（車内料金）は事前料金より割増し］
◇ ＪＲ東日本ネット予約　えきねっと の「チケットレス割引」等の利用がお得

▽ ３・４号車間の通り抜けはできる
▽ ９・10号車に車いす対応座席を設置
▽ 車内販売の営業なし
▽ 携帯電話の利用が可能
▽ 無料Wi-Fi「JR-EAST FREE Wi-Fi」サービス実施

▼ 座席／普通車＝回転式（座席下ペダル）リクライニングシート。シートピッチ960mm
　グリーン車＝回転式（座席下ペダル）リクライニングシート。シートピッチ1160mm
▼ ⓡ／全席に設置（座席背面下および最前列、最後列座席は座席脇にも設置）
▼ 座席背面に収納式大型テーブル、背もたれに可動式枕を設置
▼ 印のあるトイレには、おむつ交換台、ベビーチェアを設置
▼ □■は窓配置のパターン。□は座席２列分の広窓、■は座席ごと独立の小窓

「おうめ」編成席番表

←東京　　【⬆ 主な車窓風景】 各駅停車並走(四ツ谷～三鷹間)、新宿高層ビル群、富士山、三鷹車両センター、豊田車両センター、立川駅南武線　　青梅→

おうめ // E353系9両編成＝ＪＲ東日本〔松本車両センター〕 // 1·3号、2号

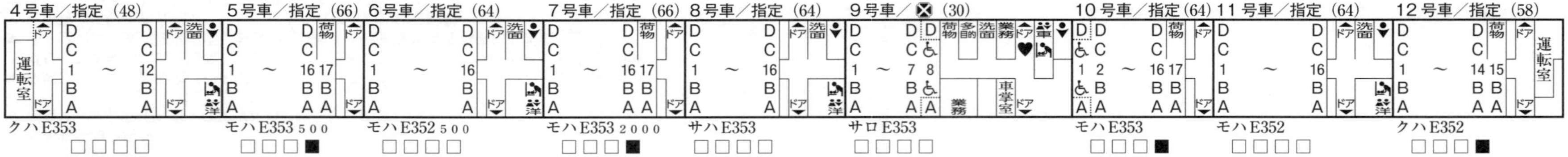

号車	4号車／指定（48）	5号車／指定（66）	6号車／指定（64）	7号車／指定（66）	8号車／指定（64）	9号車／🅧（30）	10号車／指定（64）	11号車／指定（64）	12号車／指定（58）
席番	1～12	1～16 17	1～16	1～16 17	1～16	1～7 8	1 2～16 17	1～16	1～14 15
列	D C B A	D C B A	D C B A	D C B A	D C B A	D C B A	D C B A	D C B A	D C B A
設備	運転室、ドア、洗面、トイレ	荷物、ドア	ドア、洗面、トイレ	荷物、ドア	ドア、洗面、トイレ	荷物、多目的、洗面、業務、車掌室、ドア、トイレ	荷物、ドア	ドア、洗面、トイレ	荷物、ドア、運転室
形式	クハE353	モハE353 500	モハE352 500	モハE353 2000	サハE353	サロE353	モハE353	モハE352	クハE352
窓	□□□□	□□□■	□□□□	□□□■	□□□□	□□□□	□□□■	□□□□	□□□■

【⬇ 主な車窓風景】 各駅停車並走(御茶ノ水～四ツ谷間)、外濠(市ヶ谷濠など)

◆ 土曜・休日運休

◇ 普通車は新たな着席サービス導入により全ての座席が指定席
◇ シンプルでわかりやすい特急料金を設定［指定席特急券・座席未指定券同額。車内で購入する場合（車内料金）は事前料金より割増し］
◇ ＪＲ東日本ネット予約　えきねっと の「チケットレス割引」等の利用がお得

▽ ９・10号車に車いす対応座席を設置
▽ 車内販売の営業なし
▽ 携帯電話の利用が可能
▽ 無料Wi-Fi「JR-EAST FREE Wi-Fi」サービス実施

▼ 座席／普通車＝回転式（座席下ペダル）リクライニングシート。シートピッチ960mm
　グリーン車＝回転式（座席下ペダル）リクライニングシート。シートピッチ1160mm
▼ ⓤ／全席に設置（座席背面下および最前列、最後列座席は座席脇にも設置）
▼ 座席背面に収納式大型テーブル、背もたれに可動式枕を設置
▼ 印のあるトイレには、おむつ交換台、ベビーチェアを設置
▼ □■は窓配置のパターン。□は座席２列分の広窓、■は座席ごと独立の小窓

横須賀線・武蔵野線 「鎌倉」編成席番表 【臨時列車】

←吉川美南　【⬆ 主な車窓風景】　鎌倉→

鎌倉 // E 653 系 1000 代 7 両編成＝ＪＲ東日本〔勝田車両センター〕

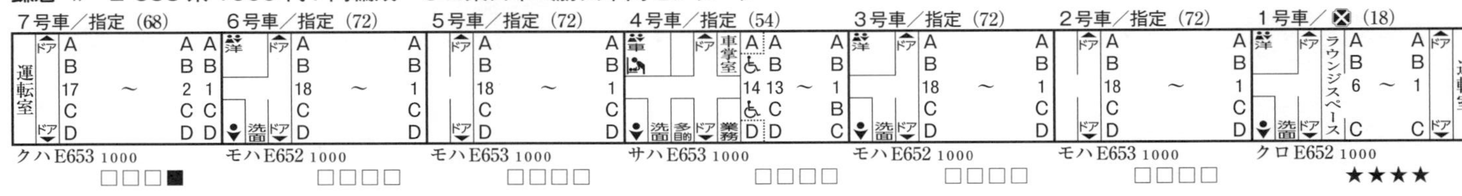

【⬇ 主な車窓風景】 富士山

◆ 運転日注意。詳細は最新のJR時刻表などで確認
同列車は、回送にて車両基地のある東大宮から武蔵野線新秋津に進み、新秋津にて進行方向を変更、吉川美南に向かうため、吉川美南方が５号車となる
◆「鎌倉（平日おさんぽ号）」（運転日=6/7・14・21・28、運転区間＝吉川美南～鎌倉間）は、同車両にて運転

横須賀線・青梅線 「花咲く鎌倉あじさい号」編成席番表 【臨時列車】

←青梅　【⬆ 主な車窓風景】　鎌倉→

花咲く鎌倉あじさい号 // E 257 系 5500 代 5 両編成＝JR東日本〔大宮総合車両センター東大宮センター〕

5号車／指定 (48)　4号車／指定 (72)　3号車／指定 (64)　2号車／指定 (54)　1号車／指定 (60)

クハ E257 5500　モハ E257 5500　モハ E256 5500　モハ E257 6500　クハ E256 5500

【⬇ 主な車窓風景】 富士山

◆ 運転日 6/8・9・22・23
同列車は、回送にて車両基地のある東大宮から武蔵野線東浦和に進み、東浦和にて進行方向を変更、青梅に向かうため、青梅方が５号車となる

▽ ２号車に車いす対応座席設置
▼ 座席／普通車＝回転式（座席下ペダル）リクライニングシート（座面スライド式）、シートピッチ 960mm
▼ 車いす対応トイレにはおむつ交換台、洋式トイレにはベビーチェア のみ設置
▼ □■は窓配置のパターン。□は座席２列分の広窓、■は座席ごと独立の小窓

篠ノ井線「信州」編成席番表【臨時列車】

←塩尻　【⬆ 主な車窓風景】 松本駅松本車両センター、大糸線、アルピコ交通、北アルプス　長野→

信州 // E353系12両編成＝ＪＲ東日本〔松本車両センター〕

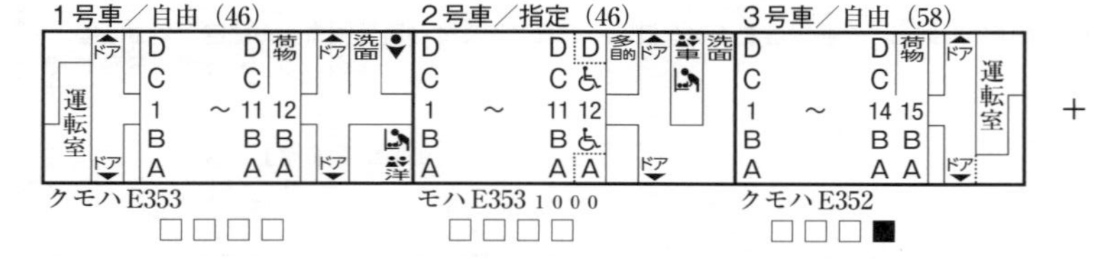

【⬇ 主な車窓風景】 姨捨大パノラマ［日本三大車窓のひとつ］、篠ノ井駅しなの鉄道

◆ 運転日　平日を中心に運転。詳細は、最新のＪＲ時刻表等で確認

▽ 無料Wi-Fi「JR-EAST FREE Wi-Fi」サービス実施
▽ 2号車に車いす対応座席を設置

▼ 座席／普通車＝回転式（座席下ペダル）リクライニングシート。シートピッチ960mm
　グリーン車＝回転式（座席下ペダル）リクライニングシート。シートピッチ1160mm
▼ ⑪／全席に設置（座席背面下および最前列、最後列座席は座席脇にも設置）
▼ 座席背面に収納式大型テーブル、背もたれに可動式枕を設置
▼ 印のあるトイレには、おむつ交換台、ベビーチェアを設置
▼ □■は窓配置のパターン。□は座席2列分の広窓、■は座席ごと独立の小窓

小海線 快速「HIGH RAIL」編成席番表【臨時列車】

←小諸　【⬆ 主な車窓風景】 乙女駅[しなの鉄道軽井沢方面と分岐]、浅間山、中込駅小海線統括センター　小淵沢→

HIGH RAIL // キハ112＋キハ103 2両編成「HIGH RAIL 1375」＝JR東日本〔小海線統括センター〕// 1号、2号、星空

２号車／指定（21）　　１号車／指定（29）

運転室 | ギャラリー HIGH RAIL | A A A A A A A / B B B B B / 7 6 5 4 3 2 1 / C C C C / D D D D D | ドア ⓣ 🚻 ドア

D A 7 6 5 ⬆4 3 2 1
C 8 B B A B A B A B A B A B A B A
C 9 B D D D D D D D 物販 ⓣ 運転室
D A 7 6 5⬇ 4 3 2 1

キハ 103-711（キハ 100-29）　キハ 112-711（キハ 110-108）

【⬇ 主な車窓風景】 懐古園、八ヶ岳、甲斐駒ケ岳、中央本線塩尻方面

◆ 運転日注意　詳細は最新のJR時刻表などで確認
▽ 各列車ごとに、「オリジナルブランチ」「スイーツ」「星空観察会」プランのびゅう旅行商品も設定されている。
一般発売のきっぷは乗車券のほかに座席指定料金が必要
▽ １号車　１～７AB席はペアシート（窓側にテーブル）、８・９席はボックスシート（座席間にテーブル）、１～７D席はシングルシート（窓側にテーブル）。座席は矢印の方向に設置
２号車は回転式リクライニングシート
▽ １号車運転室寄りに業務用ドアあり。ⓣは手洗い場
▽ １号車 10 ～ 16 D席は１～７D席に 2019.03.16 から座席番号を変更

飯山線　快速「おいこっと」編成席番表【臨時列車】

←十日町　【↑ 主な車窓風景】 信濃川〜千曲川、長野総合車両センター　長野→

おいこっと // キハ110系2両編成「おいこっと」＝ＪＲ東日本〔長野総合車両センター〕

2号車／指定（38）

運転室	ドア									ドア	運転室
		BA	BA	BA	DA	DA	DA	DA	DA		
		13	12	11	9	7	5	3	1		
					10	8	6	4			
		13	12	11	CB	CB	CB	CB		洋	
	ドア	DC	DC	DC	DA	DA	DA	DA		ドア	

キハ110-236

1号車／指定（38）

運転室	ドア									ドア	運転室
		BA	BA	BA	DA	DA	DA	DA	DA		
		13	12	11	9	7	5	3	1		
					10	8	6	4			
		13	12	11	11	CB	CB	CB		洋	
	ドア	DC	DC	DC	DA	DA	DA	DA		ドア	

キハ110-235

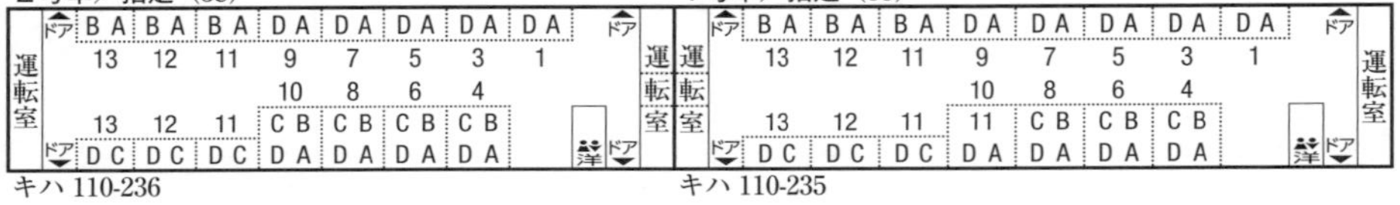

【↓ 主な車窓風景】 豊野駅しなの鉄道北しなの線妙高高原方面

◆ 運転日　最新のＪＲ時刻表などで確認
運転日によっては、おいこっと車両を一般車両に連結して定期列車として運転するほか、団体専用列車で運転の場合などがある
▽ 車内にはアテンダントの「おいこっと あてんだんと」が乗務（定期列車などでは乗務しない場合もあり）、車内販売実施

▼ 座席は2名対面、4名対面のボックスシート

中央本線・篠ノ井線　快速「リゾートビュー諏訪湖」編成席番表【臨時列車】

←富士見　【↑ 主な車窓風景】 諏訪湖、松本車両センター、松本駅大糸線、アルピコ交通　長野→

リゾートビュー諏訪湖 // HB-E300系2両「リゾートビューふるさと」編成＝JR東日本〔長野総合車両センター〕

1号車／指定（44）

運転室	展望ラウンジ				荷物	ドア
		D		D		
		C		C		
		1	〜	11		
		B		B		
		A		A	荷物	ドア

HB-E 302-2

2号車／指定（34）

	洗面	ドア	荷物					展望ラウンジ	運転室
				D	D		D		
				♿	C		C		
				1	2	〜	9		
					B		B		
華		ドア	荷物	A	A		A		

HB-E 301-2

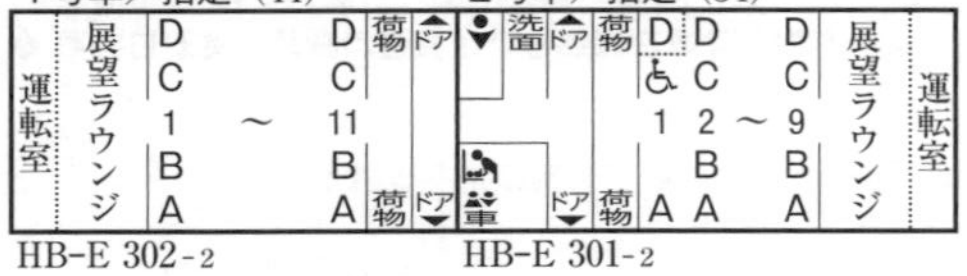

【↓ 主な車窓風景】 姨捨大パノラマ[日本三大車窓のひとつ]、篠ノ井駅しなの鉄道

◆ 運転日　4/14、5/12、6/23

▽ リゾートアテンダントによる車内販売実施
▽ 2号車に車いす対応座席を設置
▼ 座席／回転式（座席下ペダル）フリーストッパー型リクライニングシート
▼ 運転室に接して展望ラウンジを設置、フリースペース
▼ おむつ交換台のあるトイレには印を付加
▼ 窓配置は各座席ごと独立の小窓（■）

篠ノ井線・大糸線 快速「リゾートビューふるさと」編成席番表 【臨時列車】

←松本　【⬆ 主な車窓風景】 松本駅大糸線、北アルプス(大糸線)　南小谷、長野→

リゾートビューふるさと // HB-E300系2両「リゾートビューふるさと」編成＝JR東日本〔長野総合車両センター〕

【⬇ 主な車窓風景】 松本駅篠ノ井線長野方面、姨捨大パノラマ[日本三大車窓のひとつ]、篠ノ井駅しなの鉄道

◆ 運転日　詳細は最新のJR時刻表などで確認
◇ 途中、松本にて進行方向が変わる

▽ リゾートアテンダントによる車内販売実施
▽ 2号車に車いす対応座席を設置
▼ 座席／回転式（座席下ペダル）フリーストッパー型リクライニングシート
▼ 運転室に接して展望ラウンジを設置、フリースペース
▼ おむつ交換台のあるトイレには印を付加
▼ 窓配置は各座席ごと独立の小窓（■）

篠ノ井線 快速「ナイトビュー姨捨」編成席番表 【臨時列車】

←姨捨　【⬆ 主な車窓風景】　長野→

ナイトビュー姨捨 // HB-E300系2両「リゾートビューふるさと」編成＝JR東日本〔長野総合車両センター〕

【⬇ 主な車窓風景】 姨捨大パノラマ[日本三大車窓のひとつ]、篠ノ井駅しなの鉄道

◆ 運転日　5/25、6/1・8・15・22・29
姨捨駅はスイッチバック駅となっているため、到着時、進行方向を変えて到着。駅からゆっくりと大パノラマが一望できる

▽ リゾートアテンダントによる車内販売実施
▽ 2号車に車いす対応座席を設置
▼ 座席／回転式（座席下ペダル）フリーストッパー型リクライニングシート
▼ 運転室に接して展望ラウンジを設置、フリースペース
▼ おむつ交換台のあるトイレには印を付加
▼ 窓配置は各座席ごと独立の小窓（■）

高崎線・吾妻線「草津・四万」編成席番表

←長野原草津口　　　　上野→

【⬆ 主な車窓風景】 岩櫃山、岩井堂砦、渋川駅上越線水上方面、群馬県庁舎、新前橋駅両毛線、赤城山、大宮駅東北本線宇都宮方面、さいたま車両センター、京浜東北線並走(大宮〜王子間)、東京スカイツリー

草津・四万 // E257系2500代5両編成＝JR東日本〔大宮総合車両センター東大宮センター〕 // 1·3·31号、2·4·34号

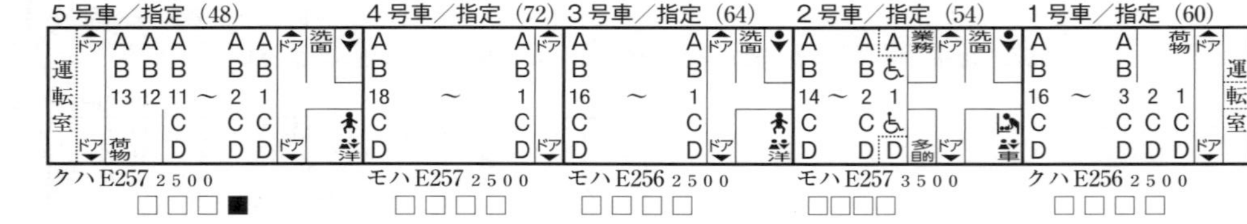

◇ 2023.03.18 から新たな着席サービスを導入
◇ ＪＲ東日本ネット予約　えきねっと の「チケットレス割引」等の利用がお得

▽ 2号車に車いす対応座席を設置
▼ 座席／普通車＝回転式（座席下ペダル）リクライニングシート
▼ ⑪／座席窓側に設置
▼ 車いす対応トイレにおむつ交換台とベビーチェア、洋式トイレにベビーチェアのみを設置
▼ □■△は窓配置のパターン。□は座席2列分の広窓、■は座席ごと独立の窓（小窓）、△は窓配置と座席間隔が必ずしも一致とは限らない窓配置

★草津・四万　5500代を充当の場合 // E 257系5500代5両編成＝ＪＲ東日本〔大宮総合車両センター東大宮センター〕

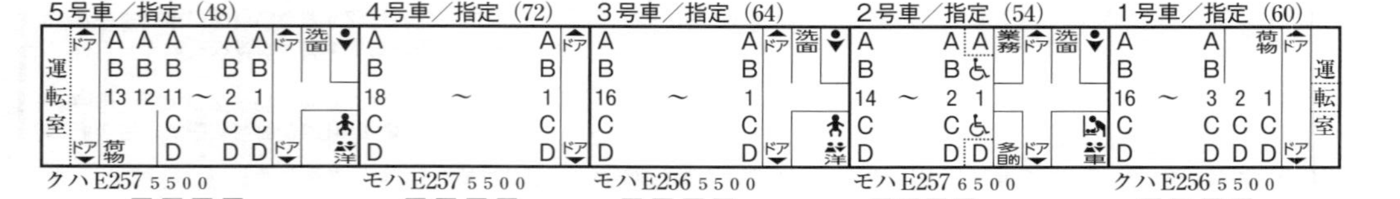

◆「草津・四万」71・83・93号、72・82・92号は上記編成にて運転。運転日等詳細は、最新のＪＲ時刻表等で確認
▽ 2号車に車いす対応座席設置
▼ 座席／普通車＝回転式（座席下ペダル）リクライニングシート（座面スライド式）、シートピッチ960mm
▼ 車いす対応トイレにはおむつ交換台、洋式トイレにはベビーチェアのみ設置
▼ □■は窓配置のパターン。□は座席2列分の広窓、■は座席ごと独立の小窓

【⬇ 主な車窓風景】 高崎車両センター、高崎駅上信電鉄、倉賀野駅[八高線]、榛名山、浅間山、熊谷駅秩父鉄道、秩父山地、鉄道博物館、大宮総合車両センター、さいたまスーパーアリーナ、富士山、赤羽駅埼京線、飛鳥山公園、尾久車両センター

「あかぎ」編成席番表

←高崎　【⬆ 主な車窓風景】 赤城山、大宮駅東北本線宇都宮方面、さいたま車両センター、京浜東北線並走(大宮～王子間)、東京スカイツリー　上野→

あかぎ // E257 系 2500 代 5 両編成＝JR東日本〔大宮総合車両センター東大宮センター〕 // 1·3·5·7·9 号、2·4·6·8·10 号

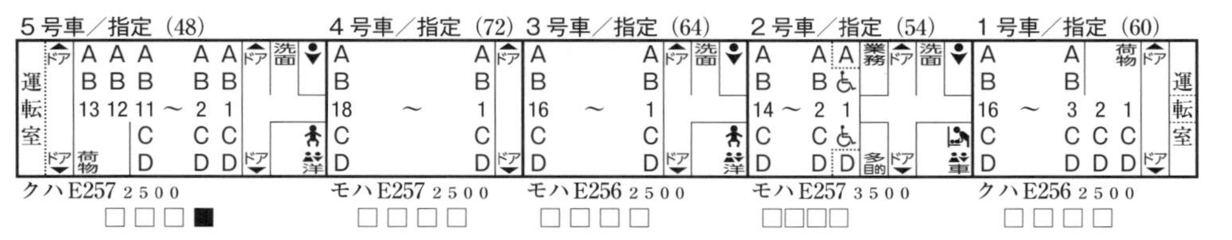

◇ 2023.03.18 から新たな着席サービスを導入
◇ ＪＲ東日本ネット予約　えきねっと の「チケットレス割引」等の利用がお得

▽ ２号車に車いす対応座席を設置
▼ 座席／普通車＝回転式（座席下ペダル）リクライニングシート
▼ ⓘ／座席窓側に設置
▼ 車いす対応トイレにおむつ交換台（　）とベビーチェア、洋式トイレにベビーチェア（　）のみを設置
▼ □■△は窓配置のパターン。□は座席２列分の広窓、■は座席ごと独立の窓（小窓）、△は窓配置と座席間隔が必ずしも一致とは限らない窓配置

★あかぎ　E257 系 5500 代を充当の場合 // E 257 系 5500 代 5 両編成＝ＪＲ東日本〔大宮総合車両センター東大宮センター〕

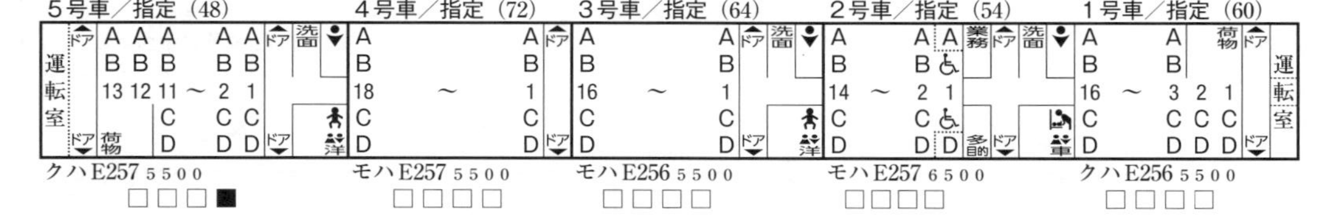

◆「あかぎ」81 号（上野～本庄間）［金曜日を中心に運転］は同編成を充当。運転日等は最新のＪＲ時刻表等で確認
▽ ２号車に車いす対応座席設置
▼ 座席／普通車＝回転式（座席下ペダル）リクライニングシート（座面スライド式）、シートピッチ 960mm
▼ 車いす対応トイレにはおむつ交換台（　）、洋式トイレにはベビーチェア（　）のみ設置
▼ □■は窓配置のパターン。□は座席２列分の広窓、■は座席ごと独立の小窓

【⬇ 主な車窓風景】 群馬県庁舎、赤城山、高崎車両センター、高崎駅上信電鉄、倉賀野駅［八高線］、榛名山、浅間山、熊谷駅秩父鉄道、秩父山地、鉄道博物館、大宮総合車両センター、さいたまスーパーアリーナ、富士山、飛鳥山公園、尾久車両センター

「ゆのたび草津・四万」編成席番表 【臨時列車】

←長野原草津口　　　上野→

【⬆ 主な車窓風景】 岩櫃山、岩井堂砦、渋川駅上越線水上方面、群馬県庁舎、新前橋駅両毛線、赤城山、大宮駅東北本線宇都宮方面、さいたま車両センター、京浜東北線並走(大宮～王子間)、東京スカイツリー

ゆのたび草津・四万 // E 653 系 1000 代 7 両編成＝JR東日本〔勝田車両センター〕

7号車／指定（68）	6号車／指定（72）	5号車／指定（72）	4号車／指定（54）	3号車／指定（72）	2号車／指定（72）	1号車／⊠（18）
運転室 ドア A B C D 17～1	洋 洗面 ドア A B C D 18～1	ドア A B C D 18～1	車いす用トイレ 洗面 多目的 ドア 車掌室 業務 A B C D 14 13～1	洋 洗面 ドア A B C D 18～1	ドア A B C D 18～1	洋 洗面 ドア ラウンジスペース A B C 6～1 ドア 運転室
クハE653 1000	モハE652 1000	モハE653 1000	サハE653 1000	モハE652 1000	モハE653 1000	クロE652 1000
□□□■	□□□□	□□□□	□□□□	□□□□	□□□□	★★★★

◆ 運転日　3/21・22・28・29
▽ ４号車に車いす対応座席設置
▼ 座席／普通車＝回転式（座席下ペダル）フリーストッパー型リクライニングシート
▼ □■は窓配置のパターン。□は座席２列分の広窓、■は座席ごと独立の小窓、★は座席１列分の広窓

【⬇ 主な車窓風景】 高崎車両センター、高崎駅上信電鉄、倉賀野駅[八高線]、榛名山、浅間山、熊谷駅秩父鉄道、秩父山地、鉄道博物館、大宮総合車両センター、さいたまスーパーアリーナ、富士山、赤羽駅埼京線、飛鳥山公園、尾久車両センター

東北本線・両毛線「あしかが大藤新宿号」編成席番表【臨時列車】

←足利　【⬆ 主な車窓風景】 小山駅水戸線、東北本線宇都宮方面、さいたま車両センター、京浜東北線並走(大宮～王子間)　新宿→

あしかが大藤新宿号 // 185系6両編成＝JR東日本〔大宮総合車両センター〕

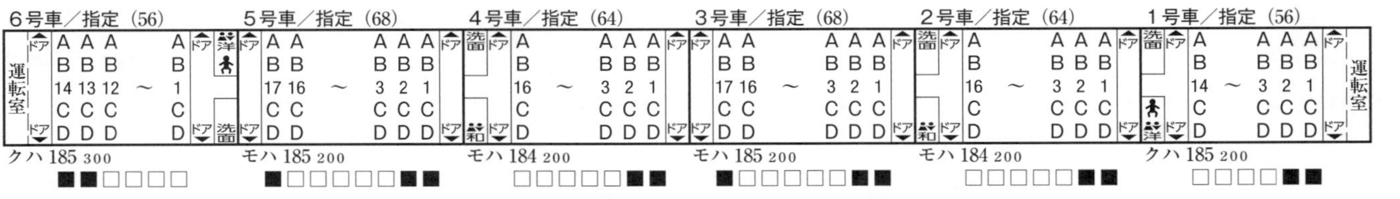

号車	座席	車両	座席番号	窓配置
6号車	指定(56)	クハ185 300	運転室、1～14 A・B・C・D	■■□□□□
5号車	指定(68)	モハ185 200	1～17 A・B・C・D	■□□□□□■■
4号車	指定(64)	モハ184 200	1～16 A・B・C・D	□□□□□■■
3号車	指定(68)	モハ185 200	1～17 A・B・C・D	■□□□□□■■
2号車	指定(64)	モハ184 200	1～16 A・B・C・D	□□□□□■■
1号車	指定(56)	クハ185 200	1～14 A・B・C・D、運転室	□□□□■■

【⬇ 主な車窓風景】 大宮総合車両センター東大宮センター、大宮駅高崎線、大宮総合車両センター、赤羽駅埼京線、飛鳥山公園

◆ 運転日　4/19・26

東北本線・両毛線「あしかが大藤吉川美南号」編成席番表【臨時列車】

←足利　【⬆ 主な車窓風景】 小山駅水戸線、東北本線宇都宮方面　吉川美南→

あしかが大藤吉川美南号 // 185系6両編成＝JR東日本〔大宮総合車両センター〕

号車	座席	車両	座席番号	窓配置
6号車	指定(56)	クハ185 300	運転室、1～14 A・B・C・D	■■□□□□
5号車	指定(68)	モハ185 200	1～17 A・B・C・D	■□□□□□■■
4号車	指定(64)	モハ184 200	1～16 A・B・C・D	□□□□□■■
3号車	指定(68)	モハ185 200	1～17 A・B・C・D	■□□□□□■■
2号車	指定(64)	モハ184 200	1～16 A・B・C・D	□□□□□■■
1号車	指定(56)	クハ185 200	1～14 A・B・C・D、運転室	□□□□■■

【⬇ 主な車窓風景】 大宮総合車両センター東大宮センター、大宮駅高崎線、大宮総合車両センター

◆ 運転日　4/20、27

▼ 座席／普通車＝回転式リクライニングシート
▼ □■は窓配置のパターン。□は座席2列分の広窓、■は各座席ごと独立の小窓

東北本線・両毛線 「あしかが大藤高尾号」編成席番表 【臨時列車】

←足利　　高尾→

【⬆ 主な車窓風景】 小山駅東北本線宇都宮方面、水戸線

あしかが大藤高尾号 // E257系5500代5両編成＝JR東日本〔大宮総合車両センター〕

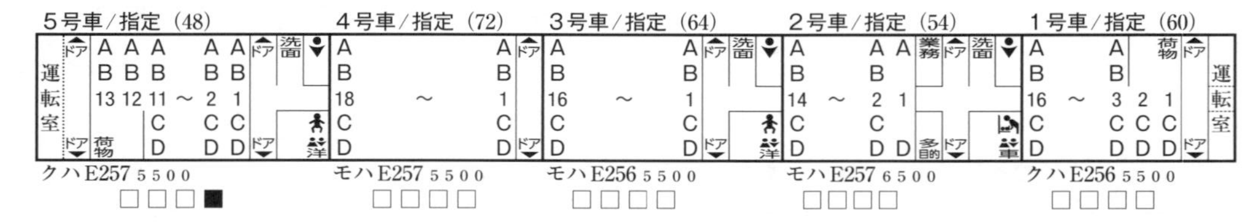

【⬇ 主な車窓風景】 大宮総合車両センター東大宮センター、大宮駅高崎線、大宮総合車両センター

◆ 運転日　4/20・21

東北本線・両毛線 「あしかが大藤大船号」編成席番表 【臨時列車】

←足利　　大船→

【⬆ 主な車窓風景】 小山駅東北本線宇都宮方面、水戸線、さいたま車両センター、京浜東北線並走(大宮〜王子間)、常磐線並走(日暮里〜上野間)、京浜急行並走(川崎付近〜横浜間)

あしかが大藤大船号 // E257系5500代5両編成＝JR東日本〔大宮総合車両センター〕

5号車／指定（48）　4号車／指定（72）　3号車／指定（64）　2号車／指定（54）　1号車／指定（60）

クハE257 5500　モハE257 5500　モハE256 5500　モハE257 6500　クハE256 5500

【⬇ 主な車窓風景】 大宮総合車両センター東大宮センター、大宮駅高崎線、大宮総合車両センター、山手線並走(西日暮里〜品川間)、京浜東北線(西日暮里〜新子安付近)、横浜駅相模鉄道

◆ 運転日　4/20・21・27、5/3〜6

▽ 2号車に車いす対応座席を設置
▼ 座席／普通車＝回転式（座席下ペダル）リクライニングシート（座面スライド式）、シートピッチ960mm
▼ 車いす対応トイレにはおむつ交換台（🚼）、洋式トイレにはベビーチェア（🚸）のみ設置

高崎線・上越線 「谷川岳もぐら」「谷川岳ループ」編成席番表 【臨時列車】

←越後湯沢　　【⬆ 主な車窓風景】 谷川岳、群馬県庁舎、新前橋駅両毛線、赤城山、大宮駅東北本線宇都宮方面　　大宮→

谷川岳もぐら　谷川岳ループ // 185系6両編成＝JR東日本〔大宮総合車両センター東大宮センター〕

号車	6号車／指定（56）	5号車／指定（68）	4号車／指定（64）	3号車／指定（68）	2号車／指定（64）	1号車／指定（56）
設備	運転室・ドア／ドア・洋・洗	ドア	洗・和・ドア	ドア	洗・和・ドア	洗・洋・ドア／ドア・運転室
A	A A A ～ A	A A ～ A A A	A ～ A A A	A A ～ A A A	A ～ A A A	A ～ A A A
B	B B B ～ B	B B ～ B B B	B ～ B B B	B B ～ B B B	B ～ B B B	B ～ B B B
列番号	14 13 12 ～ 1	17 16 ～ 3 2 1	16 ～ 3 2 1	17 16 ～ 3 2 1	16 ～ 3 2 1	14 ～ 3 2 1
C	C C C ～ C	C C ～ C C C	C ～ C C C	C C ～ C C C	C ～ C C C	C ～ C C C
D	D D D ～ D	D D ～ D D D	D ～ D D D	D D ～ D D D	D ～ D D D	D ～ D D D
形式	クハ185 300	モハ185 200	モハ184 200	モハ185 200	モハ184 200	クハ185 200
窓配置	■■□□□□	■□□□□□□■■	□□□□□□■■	■□□□□□□■■	□□□□□■■	□□□□■■

【⬇ 主な車窓風景】 利根川、渋川駅吾妻線、高崎車両センター、高崎駅上信電鉄、倉賀野駅［八高線］、榛名山、浅間山、熊谷駅秩父鉄道、秩父山地、鉄道博物館、大宮総合車両センター

◆ 運転日　5/25・26、6/1・2・8・9・15・16
◆「谷川岳もぐら」は大宮→越後湯沢間、「谷川岳ループ」は越後湯沢→大宮間の運転。「谷川岳ループ」のD席側車窓からは湯檜曽駅方向が楽しめる

高崎線・信越線 「峠の横川ナイトパーク号」編成席番表 【臨時列車】

←横川　　【⬆ 主な車窓風景】 赤城山、大宮駅東北本線宇都宮方面　　大宮→

峠の横川ナイトパーク号 // 185系6両編成＝JR東日本〔大宮総合車両センター東大宮センター〕

号車	6号車／指定（56）	5号車／指定（68）	4号車／指定（64）	3号車／指定（68）	2号車／指定（64）	1号車／指定（56）
設備	運転室・ドア／ドア・洋・洗	ドア	洗・和・ドア	ドア	洗・和・ドア	洗・洋・ドア／ドア・運転室
A	A A A ～ A	A A ～ A A A	A ～ A A A	A A ～ A A A	A ～ A A A	A ～ A A A
B	B B B ～ B	B B ～ B B B	B ～ B B B	B B ～ B B B	B ～ B B B	B ～ B B B
列番号	14 13 12 ～ 1	17 16 ～ 3 2 1	16 ～ 3 2 1	17 16 ～ 3 2 1	16 ～ 3 2 1	14 ～ 3 2 1
C	C C C ～ C	C C ～ C C C	C ～ C C C	C C ～ C C C	C ～ C C C	C ～ C C C
D	D D D ～ D	D D ～ D D D	D ～ D D D	D D ～ D D D	D ～ D D D	D ～ D D D
形式	クハ185 300	モハ185 200	モハ184 200	モハ185 200	モハ184 200	クハ185 200
窓配置	■■□□□□	■□□□□□□■■	□□□□□□■■	■□□□□□□■■	□□□□□■■	□□□□■■

【⬇ 主な車窓風景】 高崎駅上信電鉄、倉賀野駅［八高線］、榛名山、浅間山、熊谷駅秩父鉄道、秩父山地、鉄道博物館、大宮総合車両センター

◆ 運転日　3/30

▼ 座席／普通車＝回転式リクライニングシート
▼ □■は窓配置のパターン。□は座席2列分の広窓、■は各座席ごと独立の小窓

上越線 快速「SLぐんま みなかみ」編成席番表 【臨時列車】－1

←高崎　　【⬆ 主な車窓風景】 渋川駅吾妻線、利根川、谷川岳、水上温泉街　　水上→

SLぐんま みなかみ // 12系5両編成＝JR東日本〔ぐんま車両センター〕

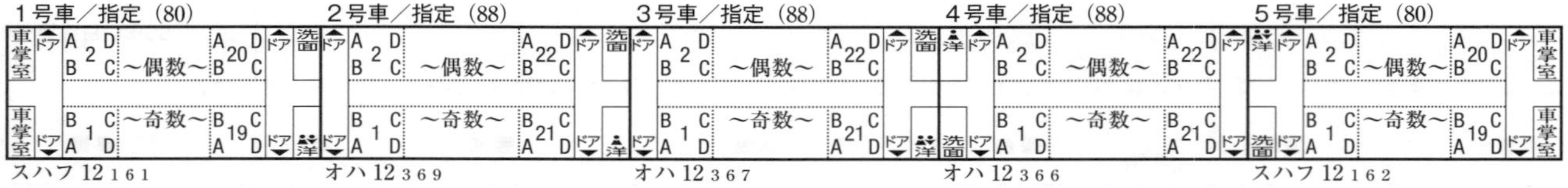
1号車／指定（80）
車掌室 ドア A 2 D B C ～偶数～ A 20 D B C ドア
車掌室 ドア B 1 C A D ～奇数～ B 19 C A D ドア 洋
スハフ 12 161
2号車／指定（88）
洗面 ドア A 2 D B C ～偶数～ A 22 D B C ドア 洗面
ドア B 1 C A D ～奇数～ B 21 C A D ドア 洋
オハ 12 369
3号車／指定（88）
ドア A 2 D B C ～偶数～ A 22 D B C ドア 洗面
ドア B 1 C A D ～奇数～ B 21 C A D ドア 洋
オハ 12 367
4号車／指定（88）
洋 ドア A 2 D B C ～偶数～ A 22 D B C ドア
洗面 ドア B 1 C A D ～奇数～ B 21 C A D ドア
オハ 12 366
5号車／指定（80）
洋 ドア A 2 D B C ～偶数～ A 20 D B C ドア 車掌室
洗面 ドア B 1 C A D ～奇数～ B 19 C A D ドア 車掌室
スハフ 12 162

【⬇ 主な車窓風景】 新前橋駅両毛線、赤城山、群馬県庁舎、利根川

◆ 運転日注意。詳細は最新のＪＲ時刻表などで確認
　春の臨時列車では、「ＳＬあんなか侍マラソン」「ＥＬあんなか侍マラソン」（5/12）に充当

▼ 座席／固定式ボックスシート
▼（　）内の数字は座席数、座席の向きは →←
▼ 客車の向きによって座席の位置が異なる場合もある

上越線 快速「SLぐんま みなかみ」編成席番表 【臨時列車】－2

←高崎　　【⬆ 主な車窓風景】 渋川駅吾妻線、利根川、谷川岳、水上温泉街　　水上→

SLぐんま みなかみ // 旧型客車 6 両編成＝JR東日本〔ぐんま車両センター〕

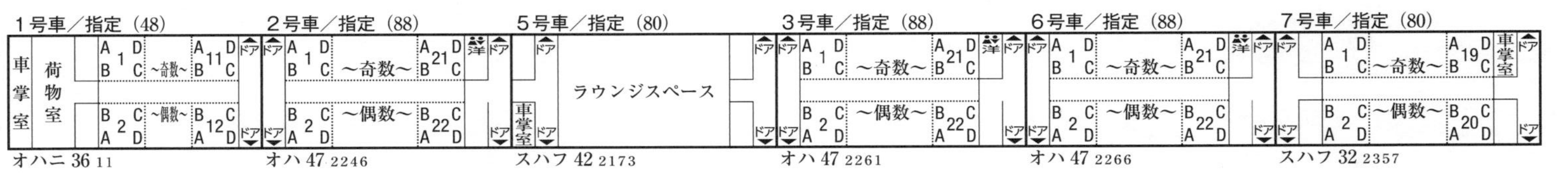

◆ 運転日注意。詳細は最新のＪＲ時刻表などで確認

★SLぐんま みなかみ　6号車スハフ 42 にて運転の場合 // 旧型客車6両編成＝JR東日本〔ぐんま車両センター〕

1号車／指定（48）：車掌室・荷物室、A 1 D／B C ~奇数~ A 11 D／B C、B 2 C／A D ~偶数~ B 12 C／A D、ドア　オハニ 36 11

2号車／指定（88）：A 1 D／B C ～奇数～ A 21 D／B C、B 2 C／A D ～偶数～ B 22 C／A D、洋、ドア　オハ 47 2246

3（5）号車／指定（80）：ラウンジスペース、車掌室、ドア　スハフ 42 2173

4（3）号車／指定（88）：A 1 D／B C ～奇数～ A 21 D／B C、B 2 C／A D ～偶数～ B 22 C／A D、洋、ドア　オハ 47 2261

5（6）号車／指定（88）：A 1 D／B C ～奇数～ A 21 D／B C、B 2 C／A D ～偶数～ B 22 C／A D、洋、ドア　オハ 47 2266

6（4）号車／指定（80）：A 1 D／B C ～奇数～ A 19 D／B C、B 2 C／A D ～偶数～ B 20 C／A D、車掌室、ドア　スハフ 42 2234

◆ 運転日注意。詳細は最新のＪＲ時刻表などで確認

【⬇ 主な車窓風景】 新前橋駅両毛線、赤城山、群馬県庁舎、利根川

▼ 座席／固定式ボックスシート
▼ ラウンジカー　サービスカウンター・ボックス席・ロングテーブル席にて構成のフリースペース

◆ 春の臨時列車では、「ＳＬぐんま伊香保」１～４号、「ＳＬレトロぐんま桐生」、「ＥＬレトロぐんま桐生」、「ＳＬ敷島・沼田百周年」、「ＥＬ高崎駅 140 年横川」、「ＳＬ高崎駅 140 年横川」、「ＳＬ高崎駅 140 年水上」 にて運転を計画

「日光」「きぬがわ」編成席番表

←東武日光・鬼怒川温泉　【⬆ 主な車窓風景】 栗橋駅東北本線宇都宮方面、さいたま車両センター、京浜東北線並走(大宮〜王子間)　新宿→

日光 // 253系1000代6両編成＝ＪＲ東日本〔大宮総合車両センター東大宮センター〕 // 21号、22号

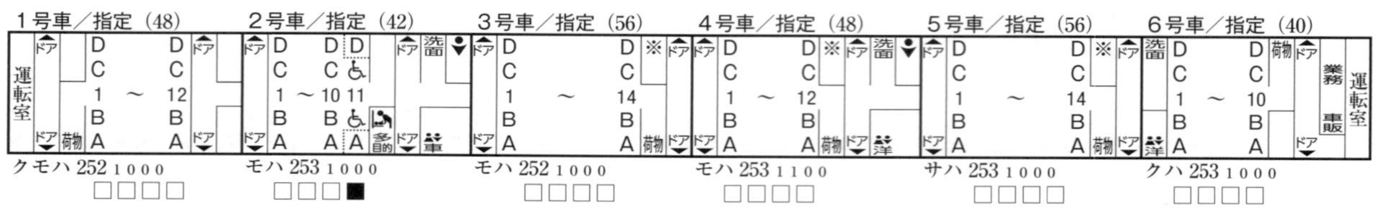

きぬがわ // 253系1000代6両編成＝ＪＲ東日本〔大宮総合車両センター東大宮センター〕 // 13・23号、12・24号

1号車／指定（48）　2号車／指定（42）　3号車／指定（56）　4号車／指定（48）　5号車／指定（56）　6号車／指定（40）

クモハ 252 1000　モハ 253 1000　モハ 252 1000　モハ 253 1100　サハ 253 1000　クハ 253 1000

【⬇ 主な車窓風景】 男体山、大宮駅高崎線、大宮総合車両センター、富士山、赤羽駅埼京線、飛鳥山公園、新宿高層ビル群

◆「日光」21・22号、「きぬがわ」12・13・23・24号の運転日は、最新のＪＲ時刻表等で確認
▽ ２号車に車いす対応座席を設置
▼ 座席／普通車＝回転式リクライニングシート
▼ ※はパウダールーム（鏡を備えた化粧室）　▼ はおむつ交換台。４号車の洋式トイレにはチャイルドシート装備
▼ □■は窓配置のパターン。□は座席２列分の広窓、■は座席ごと独立の小窓

「スペーシア日光」編成席番表

←東武日光　　【⬆ 主な車窓風景】 栗橋駅東北本線宇都宮方面、さいたま車両センター、京浜東北線並走(大宮〜王子間)　　新宿→

スペーシア日光 // 100 系6両編成＝東武鉄道 // 1号、4号

1号車／指定（44）	2号車／指定（64）	3号車／指定（32）	4号車／指定（56）	5号車／指定（64）	6号車／⊠個室（24）
運転室　D C 1〜11 B A　ドア　和・洋・洗面	D C 1〜16 B A　ドア	D C 1〜8 B A　荷物　サービスカウンター	自販　洋・和・洗面　ドア　D C 1〜14 B A	ドア　D C 1〜16 B A	洋・和・洗面　ドア　1番室 2番室 3番室 4番室 5番室 6番室　運転室
106〜108- 6	106〜108- 5	106〜108- 4	106〜108- 3	106〜108- 2	106〜108- 1
□□□■	□□□□	□□□□	□□□□	□□□□	◇◇◇◇◇◇

【⬇ 主な車窓風景】 男体山、大宮駅高崎線、大宮総合車両センター、富士山、赤羽駅埼京線、飛鳥山公園、新宿高層ビル群

▽「TOBU FREE Wi-Fi」が利用できる
▼ 座席／バケットタイプ、回転式（座席下ペダル）フリーストッパー型リクライニングシート
　個室は４名定員〔⊠〕でソファ席
▼ □■◇は窓配置のパターン。□は座席２列分の広窓、■は座席ごと独立の小窓、◇は個室に１つ窓

121

東北本線・東武鉄道「スペーシアきぬがわ」編成席番表

←鬼怒川温泉　　　　新宿→

【⬆ 主な車窓風景】 栗橋駅東北本線宇都宮方面、さいたま車両センター、京浜東北線並走(大宮～王子間)

スペーシアきぬがわ // 100系6両編成＝東武鉄道 // 11号、14号

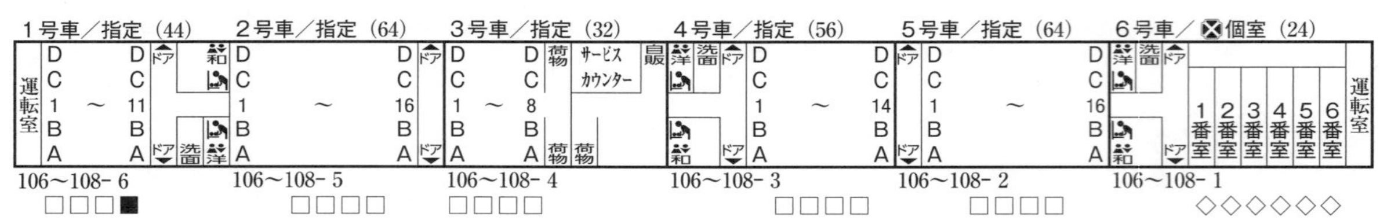

【⬇ 主な車窓風景】 男体山、大宮駅高崎線、大宮総合車両センター、富士山、赤羽駅埼京線、飛鳥山公園、新宿高層ビル群

◆ 運転日は最新のＪＲ時刻表などで確認
▽「ＴＯＢＵ ＦＲＥＥ Wi-Ｆi」が利用できる
▽ 車内販売は 2019.03.15 限りにて営業を終了

「常磐日光号」編成席番表 【臨時列車】

←高萩、日光　　【⬆ 主な車窓風景】 千波湖、友部駅常磐線土浦方面、筑波山　　宇都宮→

常磐日光号 // E 653 系 1000 代 7 両編成＝JR東日本〔勝田車両センター〕

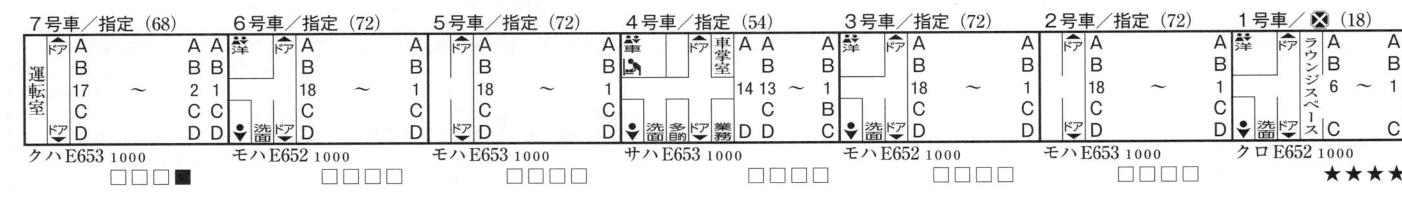

【⬇ 主な車窓風景】 水戸市街地、偕楽園、宇都宮駅東北本線上野方面

◆ 運転日　6/1。途中、宇都宮にて進行方向が変わる
▽ 4号車に車いす対応座席を設置
◆ 途中、宇都宮駅にて進行方向が変わる
▼ 座席／普通車＝回転式（座席下ペダル）フリーストッパー型リクライニングシート
▼ □■は窓配置のパターン。□は座席2列分の広窓、■は座席ごと独立の小窓、★は座席1列分の広窓

常磐線「ひたち」編成席番表

←仙台・いわき　　上野・品川→

【⬆ 主な車窓風景】 太平洋、勝田駅ひたちなか海浜鉄道、水戸駅鹿島臨海鉄道、千波湖、霞ヶ浦、龍ケ崎市駅[関東鉄道竜ヶ崎線]、各駅停車並走(松戸付近〜取手間)、東京スカイツリー

ひたち // E657系10両編成＝ＪＲ東日本〔勝田車両センター〕
1･3･5･7･9･11･13･15･17･19･21･23･25･27･29号、
2･4･6･8･10･12･14･16･18･20･22･24･26･28･30号

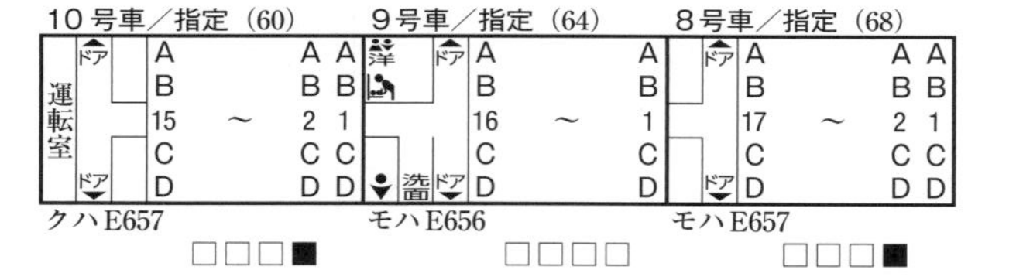

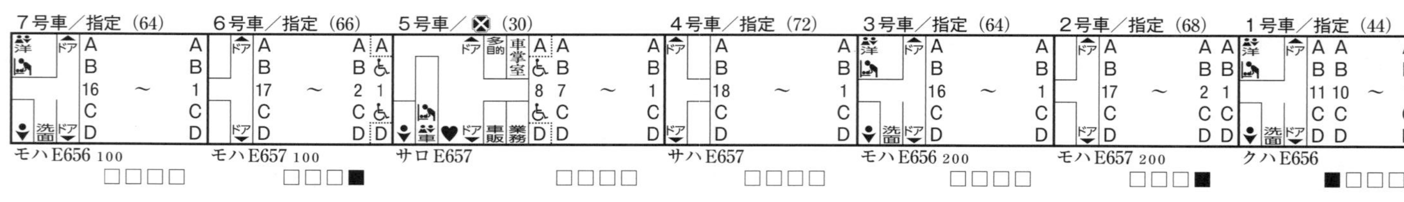

【⬇ 主な車窓風景】 勝田車両センター、水戸市街地、偕楽園、友部駅[水戸線]、筑波山、牛久沼、取手駅[関東鉄道常総線]、各駅停車並走(北千住〜松戸付近)、山手線・京浜東北線並走(日暮里〜品川間)

◆ 常磐線全線復旧に伴って、2020.03.14から運転区間を仙台まで延長。「ひたち」3・13・19号・14・26・30号の3往復

◇ 普通車は新たな着席サービスの導入により全ての座席が指定席
◇ シンプルでわかりやすい特急料金に
〔指定席特急券・座席未指定券同額。車内で購入する場合（車内料金）は事前料金より割増し〕
◇ ＪＲ東日本ネット予約　えきねっと の「チケットレス割引」等の利用がお得
▽ 無料Wi-Fi「JR-EAST FREE Wi-Fi」サービス実施
▽ ５・６号車に車いす対応座席を設置
▽ 車内販売営業（弁当・軽食類の販売はなし）。詳細は最新のＪＲ時刻表などで確認

▼ 座席／普通車＝回転式（座席下ペダル）フリーストッパー型リクライニングシート。シートピッチ960mm。背に可動式枕設置
グリーン車＝回転式（座席下ペダル）フリーストッパー型リクライニングシート。シートピッチ1160mm。背に可動式枕設置
▼ ⓘ／グリーン車、普通車とも肘掛部に設置。背面テーブルは大型
▼ 無線LANにより車内でも快適にインターネットが利用できる
▼ 5号車（♥印）にAEDを設置
▼ 各デッキ部に防犯カメラを設置
▼ 印のトイレにはおむつ交換台、ベビーチェアを設置

▼ □■は窓配置のパターン。□は座席2列分の広窓、■は座席ごと独立の小窓

「ときわ」編成席番表

←高萩・勝田・土浦　　　上野・品川→

【⬆ 主な車窓風景】 太平洋、勝田駅ひたちなか海浜鉄道、水戸駅鹿島臨海鉄道、千波湖、霞ヶ浦、龍ケ崎市駅[関東鉄道竜ヶ崎線]
各駅停車並走(松戸付近〜取手間)、東京スカイツリー

ときわ // E657系10両編成＝ＪＲ東日本〔勝田車両センター〕
51·53·55·57·59·61·63·65·67·69·71·73·75·77·79·81·83·85号、
52·54·56·58·60·62·64·66·68·70·72·74·76·78·80·82·84·86号

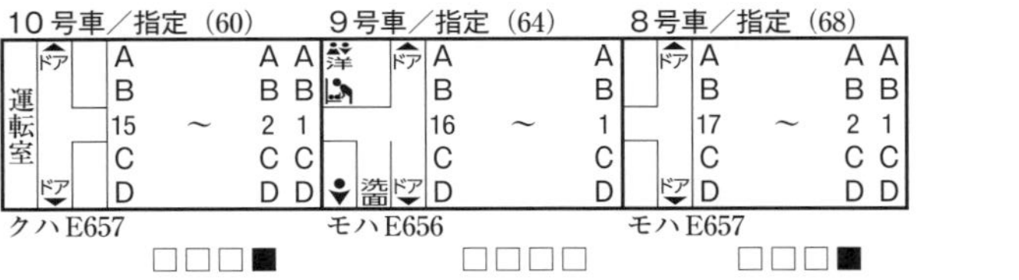

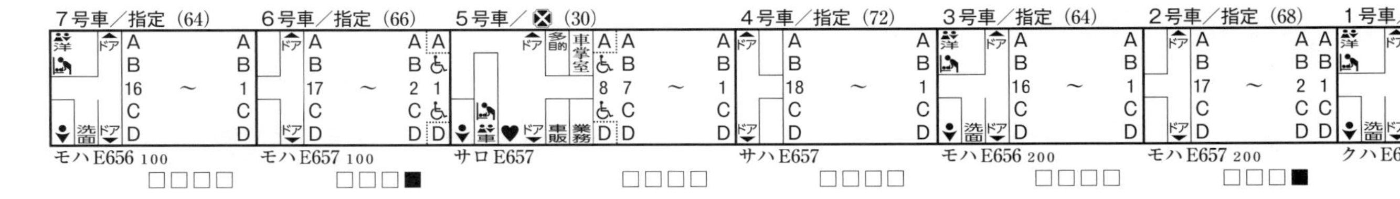

【⬇ 主な車窓風景】 勝田車両センター、水戸市街地、偕楽園、友部駅水戸線、筑波山、牛久沼、取手駅[関東鉄道常総線]、各駅停車並走(北千住〜松戸付近)、
山手線・京浜東北線並走(日暮里〜品川間)

◇ 普通車は新たな着席サービスの導入により全ての座席が指定席
◇ シンプルでわかりやすい特急料金に
〔指定席特急券・座席未指定券同額。車内で購入する場合（車内料金）は事前料金より割増し〕
◇ ＪＲ東日本ネット予約　えきねっと の「チケットレス割引」等の利用がお得
▽ 無料Wi-Fi「JR-EAST FREE Wi-Fi」サービス実施
▽ ５・６号車に車いす対応座席を設置
▽ 車内販売の営業なし

▼ 座席／普通車＝回転式（座席下ペダル）フリーストッパー型リクライニングシート。シートピッチ 960mm。背に可動式枕設置
グリーン車＝回転式（座席下ペダル）フリーストッパー型リクライニングシート。シートピッチ 1160mm。背に可動式枕設置
▼ ⑪／グリーン車、普通車とも肘掛部に設置。背面テーブルは大型
▼ 無線LANにより車内でも快適にインターネットが利用できる
▼ 5号車（♥印）にAEDを設置
▼ 各デッキ部に防犯カメラを設置
▼ 印のトイレにはおむつ交換台、ベビーチェアを設置

▼ □■は窓配置のパターン。□は座席２列分の広窓、■は座席ごと独立の小窓

常磐線「水戸偕楽園川越号」「水戸偕楽園君津号」「水戸偕楽園高尾号」編成席番表【臨時列車】

←勝田　【⬆ 主な車窓風景】 千波湖、各駅停車並走(取手〜北小金付近)　川越・君津・高尾→

水戸偕楽園川越号　水戸偕楽園君津号　水戸偕楽園高尾号 // E 653 系 1000 代７両編成＝ＪＲ東日本〔勝田車両センター〕

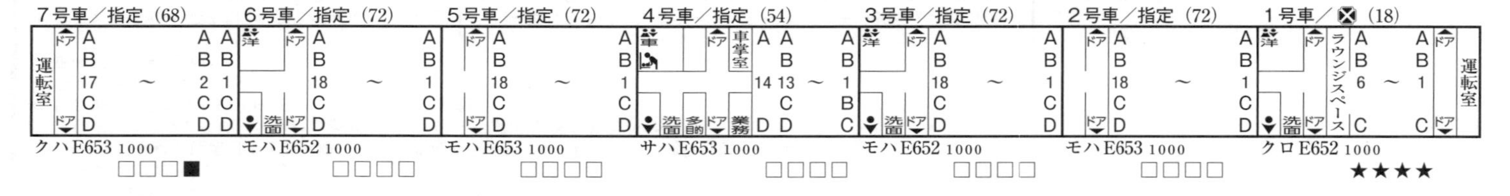

【⬇ 主な車窓風景】 水戸市街地、偕楽園、友部駅水戸線、筑波山、牛久沼、取手駅関東鉄道

◆ 運転日 「水戸偕楽園川越号」 3/2・3
「水戸偕楽園君津号」 3/9・10
「水戸偕楽園高尾号」 3/16・17
「水戸偕楽園平塚号」（3/2・3・16・17）は、124 頁 E657 系 10 両編成にて運転

▽ ４号車に車いす対応座席を設置

▼ 座席／普通車＝回転式（座席下ペダル）フリーストッパー型リクライニングシート

▼ □■は窓配置のパターン。□は座席２列分の広窓、■は座席ごと独立の小窓、★は座席１列分の広窓

常磐線 「絶景ネモフィラ高尾」「絶景ネモフィラ君津」「絶景ネモフィラ川越」編成席番表 【臨時列車】

←勝田　　【↑ 主な車窓風景】 千波湖、各駅停車並走(取手～北小金付近)　　蘇我・八王子・大船・大宮→

絶景ネモフィラ高尾　絶景ネモフィラ君津　絶景ネモフィラ川越 // E 653 系 1000 代 7 両編成＝ＪＲ東日本〔勝田車両センター〕

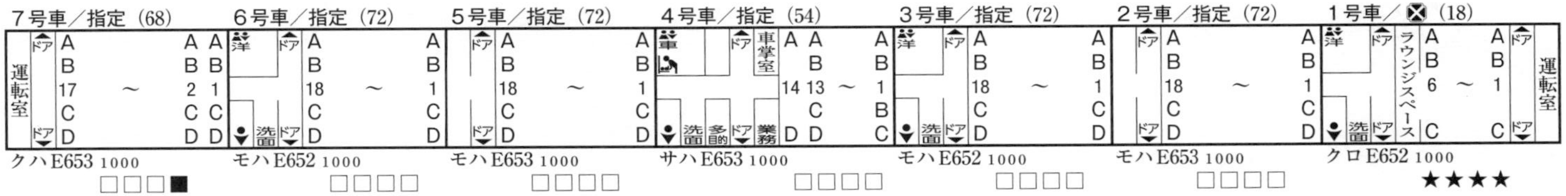

7号車／指定（68）	6号車／指定（72）	5号車／指定（72）	4号車／指定（54）	3号車／指定（72）	2号車／指定（72）	1号車／⊠（18）
運転室 ドア A・B 17～2 C・D（1 A・B・C・D）	洋 洗面 ドア A・B 18～1 C・D	ドア A・B 18～1 C・D	和 車いす 洗面 多目的 ドア 車掌室 業務 A・B・D 14、A・B・C・D 13～1	洋 洗面 ドア A・B 18～1 C・D	ドア A・B 18～1 C・D	洋 洗面 ドア ラウンジスペース A・B 6～1 C ドア 運転室
クハE653 1000	モハE652 1000	モハE653 1000	サハE653 1000	モハE652 1000	モハE653 1000	クロE652 1000
□□□■	□□□□	□□□□	□□□□	□□□□	□□□□	★★★★

【↓ 主な車窓風景】 水戸市街地、偕楽園、友部駅水戸線、筑波山、牛久沼、取手駅関東鉄道

◆ 運転日　「絶景ネモフィラ高尾」 4/13・14、5/3・4
「絶景ネモフィラ君津」 4/20・21
「絶景ネモフィラ川越」 4/27 ～ 29
「絶景ネモフィラ平塚号」(4/13・14・20) は、124 頁 E657 系 10 両編成にて運転

◆「宮城・福島花めぐり号」(運転日=4/6、運転区間=水戸～福島間) は上記編成を充当

▽ 4号車に車いす対応座席を設置

▼ 座席／普通車＝回転式（座席下ペダル）フリーストッパー型リクライニングシート

▼ □■は窓配置のパターン。□は座席 2 列分の広窓、■は座席ごと独立の小窓、★は座席 1 列分の広窓

磐越西線 快速「あいづSATONO」編成席番表 【臨時列車】

←郡山、喜多方　【⬆ 主な車窓風景】 猪苗代湖、磐梯山　会津若松→

あいづSATONO // HB-E300系2両「SATONO（さとの）」編成＝JR東日本〔仙台車両センター小牛田派出所〕

1号車／⊠（44）　2号車／指定（34）

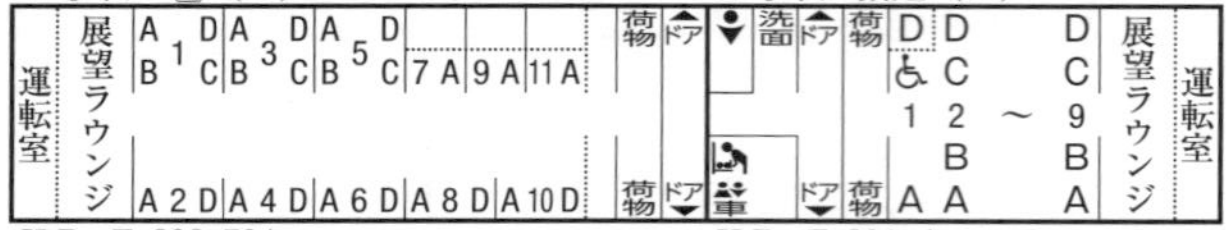

1号車											2号車							
運転室	展望ラウンジ	A B 1 D C	A B 3 D C	A B 5 D C	7 A	9 A	11 A	荷物	ドア	●	洗面	ドア	荷物	D ♿	D C 1 2 B A	～	D C 9 B A	展望ラウンジ	運転室
		A 2 D	A 4 D	A 6 D	A 8 D	A 10 D		荷物	ドア	おむつ交換台 トイレ		ドア	荷物	A					

HB-E 302-704　HB-E 301-4

【⬇ 主な車窓風景】 郡山駅東北本線福島・仙台方面、磐梯山｛ゆっくりと楽しめる｝、磐越西線喜多方、新津方面

◆「SATONO（さとの）」は、2024.04.06、仙台地区にデビューの新観光列車
◆ 運転日　最新の時刻表等にて確認。途中、会津若松にて進行方向が変わる
「さくらんぼSATONO」（運転日＝6/15・16・22・23・29・30、運転区間＝山形～左沢間）としても運転

▽ 2号車に車いす対応座席を設置
▼ 座席／回転式（座席下ペダル）フリーストッパー型リクライニングシート
▼ 運転室に接して展望ラウンジを設置。フリースペース
▼ おむつ交換台のあるトイレには印を付加

▼ 窓配置は座席ごと独立の小窓（■）

快速「あいづ」編成席番表

←会津若松　【⬆ 主な車窓風景】 会津若松駅磐越西線喜多方・新津方面、磐梯山｛ゆっくりと楽しめる｝、郡山駅東北本線福島・仙台方面　郡山→

あいづ // E 721 系 4 両編成＝ＪＲ東日本〔仙台車両センター〕 // １・３・５号、２・４・６号

４号車／自由	３号車／自由	２号車／自由	１号車／指定（14）＋自由
運転室 ドア ② ④ ④ ② ドア ② ④ ④ ② ドア ② ②	トイレ ドア ② ④ ④ ② ドア ② ④ ④ ② ドア 運転室	運転室 ドア ② ④ ④ ② ドア ② ④ ④ ② ドア ② ②	トイレ ドア A A A A ドア ② ④ ④ ② ドア 運転室
			B B B
			4 3 2 1
			C C C
ドア ② ④ ④ ② ドア ② ④ ④ ② ドア ② ②	② ♿ ドア ② ④ ④ ② ドア ② ④ ④ ② ドア	ドア ② ④ ④ ② ドア ② ④ ④ ② ドア ② ②	② ♿ ドア D D D D ドア ② ④ ④ ② ドア
クモハE721	クハE720	クモハE721	クハE720

【⬇ 主な車窓風景】 磐梯山、猪苗代湖

◆ 指定席は１号車１～３ＡＢＣＤ・４ＡＤ席
車両検査等により、１号車の座席指定席は設定なしとなる日もある。詳細は、最新のＪＲ時刻表等で確認

▼ 座席／指定席＝回転式（座席下ペダル）リクライニングシート
自由席＝②は２人掛けロングシート、④は４人掛けボックスシート

129

東北本線・陸羽東線 快速「快速湯けむり号」編成席番表 【臨時列車】

←仙台・小牛田　【⬆ 主な車窓風景】 鳴子峡、新庄駅奥羽本線山形・福島方面　新庄→

快速湯けむり // キハ111+キハ112 2両編成＝ＪＲ東日本〔仙台車両センター小牛田派出所〕

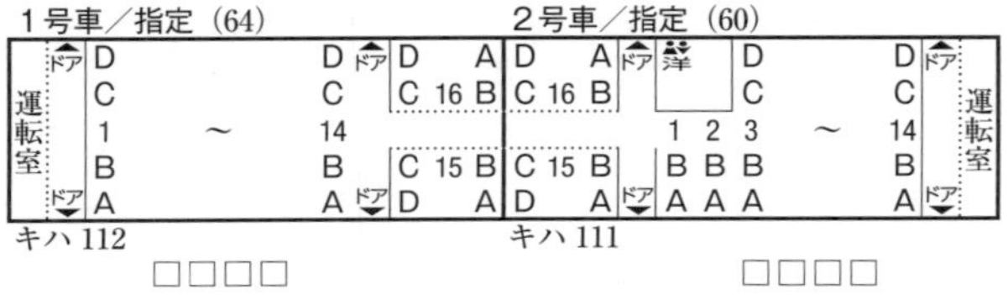

1号車／指定（64）
運転室 ドア D C 1 B A ～ D C 14 B A ドア | D A C 16 B / C 15 B D A
キハ112
□□□□

2号車／指定（60）
D A C 16 B / C 15 B D A ドア 洋 | D C 1 2 3 B B B A A A ～ D C 14 B A ドア 運転室
キハ111
□□□□

【⬇ 主な車窓風景】 仙台車両センター小牛田派出所、小牛田駅東北本線盛岡方面・石巻線、鳴子峡

◆ 運転日注意。詳細は最新のＪＲ時刻表などで確認
▽ 快速湯けむり号では、Wi-Fiサービス、車内販売が利用できる

▼ 座席／回転式リクライニングシート
▽ 鳴子峡のビュースポットでは、列車はゆっくりと走行する

東北本線 快速「仙台青葉まつり」編成席番表 【臨時列車】

←仙台　【⬆ 主な車窓風景】 小牛田駅陸羽東線　一ノ関→

仙台青葉まつり // キハ111+キハ112 2両編成＝ＪＲ東日本〔仙台車両センター小牛田派出所〕

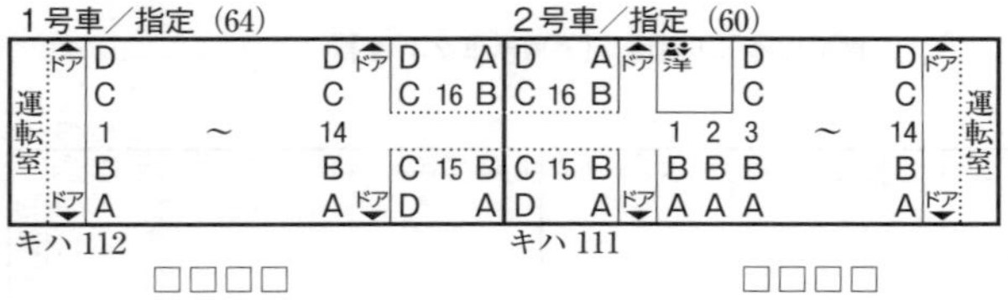

1号車／指定（64）
運転室 ドア D C 1 B A ～ D C 14 B A ドア | D A C 16 B / C 15 B D A
キハ112
□□□□

2号車／指定（60）
D A C 16 B / C 15 B D A ドア 洋 | D C 1 2 3 B B B A A A ～ D C 14 B A ドア 運転室
キハ111
□□□□

【⬇ 主な車窓風景】 仙台車両センター小牛田派出所、小牛田駅石巻線、一ノ関駅大船渡線

◆ 運転日 5/18・19

▼ 座席／回転式リクライニングシート

▼ □■は窓配置のパターン。□は座席２列分の広窓、■は座席ごと独立の小窓

釜石線 **快速「はまゆり」編成席番表**

←盛岡、釜石　　【⬆ 主な車窓風景】 盛岡市街地、花巻駅釜石線　　花巻→

はまゆり // キハ110系3両編成＝JR東日本〔盛岡車両センター〕 // 1･3･5号・2･4･6号

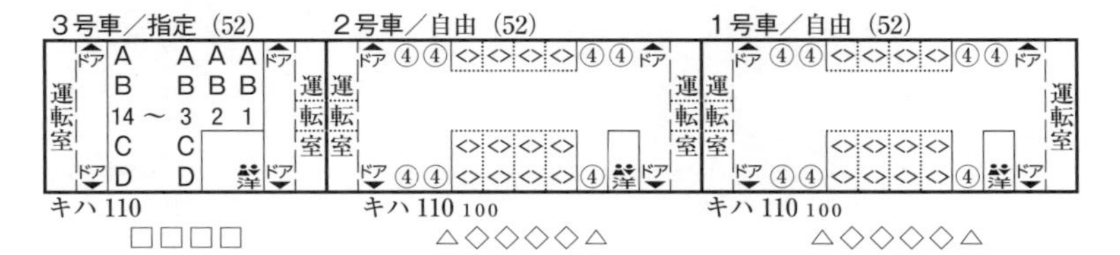

【⬇ 主な車窓風景】 花巻駅東北本線盛岡方面

◇ 途中、花巻にて進行方向が変わる
◇ 表示と異なる車両にて運転となる日もある
▼ 座席／3号車＝回転式（座席下ペダル）フリーストッパー型リクライニングシート
　1・2号車＝座席は固定式ボックスシート（<>＝2人対面）。④は4人掛けロングシート。（52）は座席定員数
▼ □◇△は窓配置のパターン。□は座席2列分の広窓、◇はボックスシートもしくは個室で1つ窓、△は座席配置と窓配置が必ずしも一致しない窓

大船渡線　快速「ポケモントレイン気仙沼号」編成席番表【臨時列車】

←一ノ関　【⬆ 主な車窓風景】　気仙沼→

ポケモントレイン気仙沼号　//　キハ100系2両「POKÉMON with YOUトレイン」編成＝JR東日本〔盛岡車両センター一ノ関派出所〕

２号車／フリースペース　１号車／指定（46）

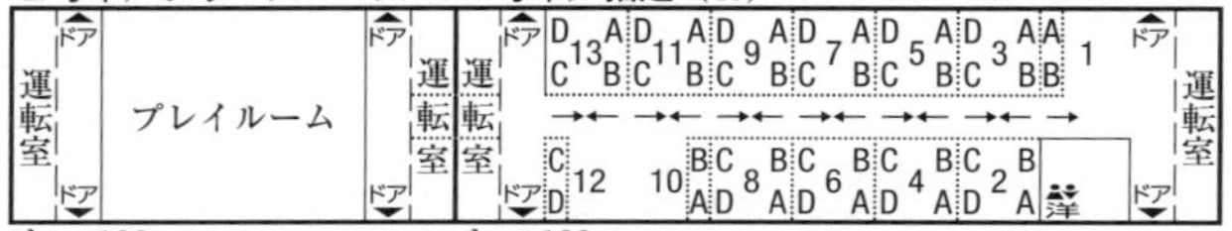

運転室　ドア　プレイルーム　ドア　運転室 ｜ 運転室　ドア　D C 13 A B　D C 11 A B　D C 9 A B　D C 7 A B　D C 5 A B　D C 3 A B　A B 1　ドア　運転室

C D 12　10 B A　C D 8 B A　C D 6 B A　C D 4 B A　C D 2 B A　洋　ドア

キハ100-3　キハ100-1

【⬇ 主な車窓風景】　一ノ関駅東北本線仙台方面

◆ 運転日　最新のJR時刻表などで確認

◇ 全車指定席
◇ ２号車はドア開閉扱いなし。プレイルームは土足厳禁

▼ 座席／固定式クロスシート（ボックスシートが基本）。矢印は座席の向き

◆「ポケモントレイン釜石」（運転日＝4/20・21、運転区間＝盛岡～釜石間）
「ポケモントレイン宮古」（運転日＝6/15・16、運転区間＝盛岡～宮古間）は同編成にて運転

釜石線 快速「ひなび釜石」編成席番表 【臨時列車】

←花巻　【⬆ 主な車窓風景】 花巻駅東北本線盛岡方面、釜石駅三陸鉄道リアス線　釜石、盛岡→

ひなび釜石 // HB-E300系2両「ひなび(陽旅)」編成＝JR東日本〔盛岡車両センター〕

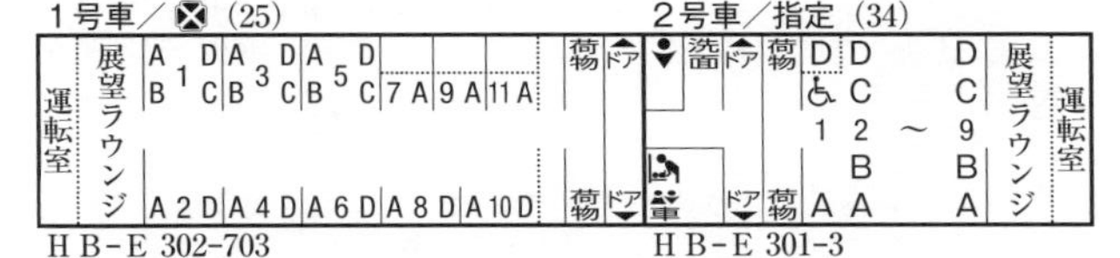

【⬇ 主な車窓風景】 陸中大橋駅大パノラマ、東日本製鉄釜石地区

◆「ひなび(陽旅)」は、2023.12、盛岡地区にデビューした新観光列車
◆ 運転日　最新のＪＲ時刻表等で確認
◇ 途中、釜石にて進行方向が変わる

◆「ひなび(陽旅)」編成は、「ひなび宮古」(4/20・21、6/8・9、運転区間＝盛岡～宮古間)、「ひなび下北」(5/11・12・18・19、6/29・30、運転区間＝八戸～大湊間)にも充当

▽ ２号車に車いす対応座席を設置
▼ 座席／回転式（座席下ペダル）フリーストッパー型リクライニングシート
▼ 運転室に接して展望ラウンジを設置。フリースペース
▼ おむつ交換台のあるトイレには印を付加

▼ 窓配置は座席ごと独立の小窓（■）

山田線 快速「さんりくトレイン宮古」編成席番表 【臨時列車】

←盛岡　【⬆ 主な車窓風景】 盛岡駅田沢湖線・ＩＧＲいわて銀河鉄道　宮古→

さんりくトレイン宮古 // キハ110系2両編成＝JR東日本〔盛岡車両センター〕

1号車／指定（52）　2号車／自由（52）

運転室	ドア	A B 14～ C D	A B 3 C D	A B 2	A B 1 洋	ドア	運転室	運転室	ドア ④④ <><><><> ④④ ドア / ドア ④④ <><><><> ④ 洋 ドア	運転室

キハ110　□□□□　キハ110 100　△◇◇◇◇△

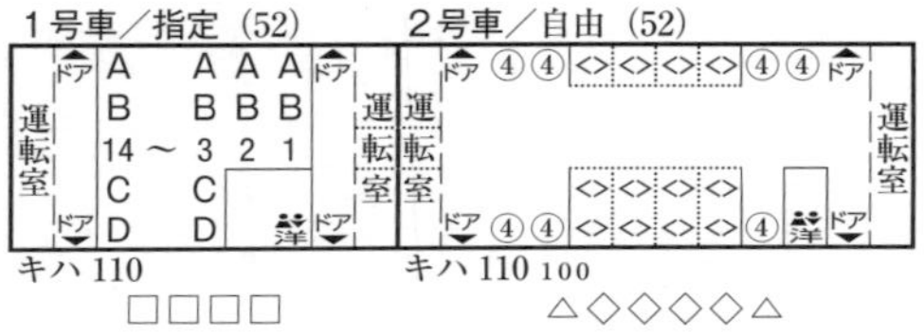

【⬇ 主な車窓風景】

◆ 運転日　4/27～29、5/3～6、6/21～23・28～30
▼ 指定席車　座席／回転式（座席下ペダル）フリーストッパー型リクライニングシート

北上線 快速「錦秋湖湖水まつり号」編成席番表 【臨時列車】

←北上　【⬆ 主な車窓風景】　ほっとゆだ、盛岡→

錦秋湖湖水まつり号 // キハ110系2両編成＝JR東日本〔盛岡車両センター〕

1号車／指定（52）　2号車／自由（52）

運転室	ドア	A B 14～ C D	A B 3 C D	A B 2	A B 1 洋	ドア	運転室	運転室	ドア ④④ <><><><> ④④ ドア / ドア ④④ <><><><> ④ 洋 ドア	運転室

キハ110　□□□□　キハ110 100　△◇◇◇◇△

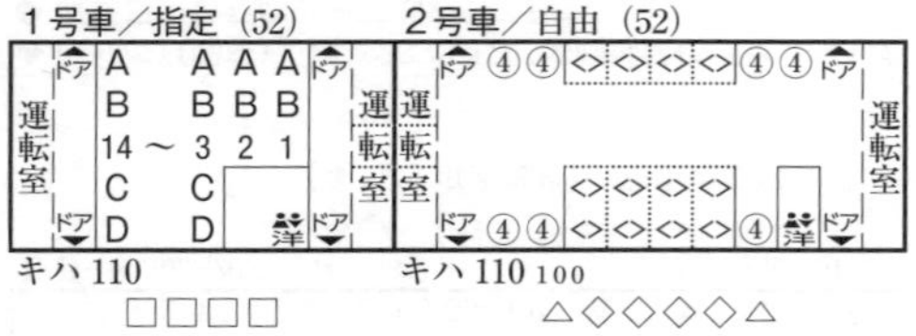

【⬇ 主な車窓風景】

◆ 運転日　5/25
◇ 途中、北上にて進行方向が変わる
▼ 指定席車　座席／回転式（座席下ペダル）フリーストッパー型リクライニングシート

八戸線「TOHOKU EMOTION」編成席番表【旅行商品】

←八戸　　【⬆ 主な車窓風景】八戸駅青い森鉄道青森方面、八戸臨海鉄道、太平洋　　久慈→

TOHOKU EMOTION // キハ110系3両編成「TOHOKU EMOTION」＝JR東日本〔盛岡車両センター八戸派出所〕

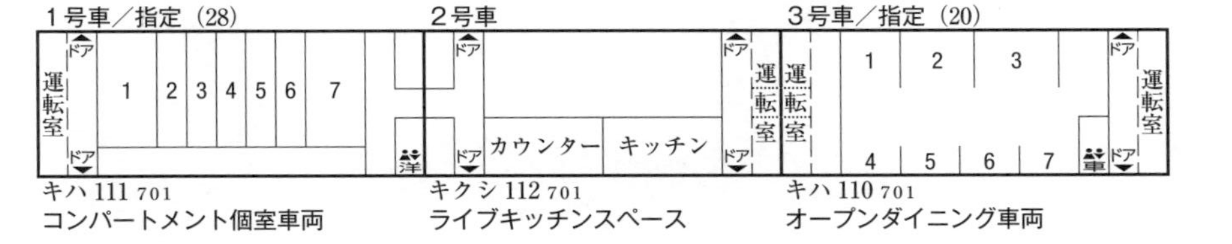

【⬇ 主な車窓風景】八戸市街地

◇ 旅行商品として発売（JR東日本の駅にある旅行カウンター「びゅうプラザ」、またはおもな旅行会社にて取扱い）

▼ 座席はテーブル指定
1号車／個室は4名定員。2～4名での利用（テーブルを挟んで2名ずつが向き合うように座席を配置）
3号車／1～3番は4名定員。3～4名での利用（海側に配置のテーブルを挟んで1名＋2名＋1名の座席で囲む）
4～7番は2名定員。2名での利用（三角テーブルに2名分の座席を配置）

▼ 2号車のキッチンスペースは、オープンキッチンと厨房の組合せ
オープンキッチンでは、次々と調理される様子を見ることができる

奥羽本線「スーパーつがる」編成席番表

←秋田　　【⬆ 主な車窓風景】 追分駅［男鹿線］、寒風山、八郎潟調整池、東能代駅五能線、大館駅花輪線（クロス）、岩木山、川部駅［五能線］、青森駅津軽線　　青森→

スーパーつがる // E751系4両編成＝ＪＲ東日本〔秋田総合車両センター南秋田センター〕 // １号、２号

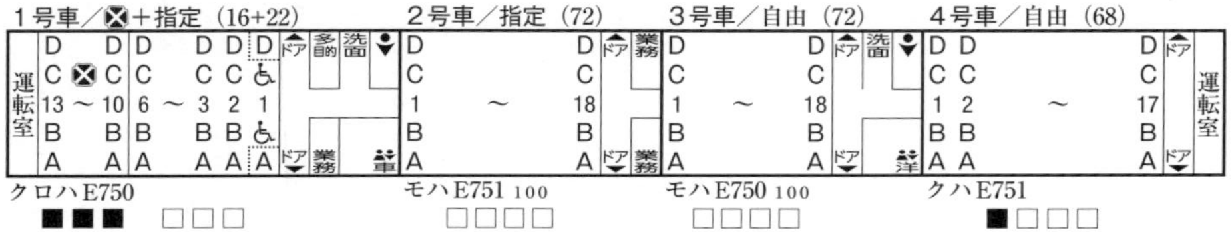

1号車／⊠＋指定（16+22）	2号車／指定（72）	3号車／自由（72）	4号車／自由（68）
運転室 D C 13 B A ／ D ⊠ ～ D C 10 B A ／ D C 6 B A ～ D C 3 B A ／ D C 2 B A ／ D ♿ 1 ♿ A ／ ドア 多目的 洗面 業務 ▼ 🚻	D C 1 B A ～ D C 18 B A ／ ドア 業務	D C 1 B A ～ D C 18 B A ／ ドア 洗面 ▼ 洋	D C 1 B A ／ D C 2 B A ～ D C 17 B A ／ ドア 運転室
クロハE750	モハE751 100	モハE750 100	クハE751
■■■ □□□	□□□□	□□□□	■□□□

◇「スーパーつがる」は2024.03.16運転開始。「つがる」よりも停車駅が少なく、途中停車駅は東能代、鷹ノ巣、大館、大鰐温泉、弘前、新青森
▽ １号車に車いす対応座席を設置
▼ おむつ交換台のあるトイレには印を付加
▼ 座席／普通車＝回転式（座席下ペダル）フリーストッパー型リクライニングシート、シートピッチ910mm。座面が前後に50mmスライドする
グリーン車＝回転式（座席下ペダル）リクライニングシート、シートピッチ1160mm

【⬇ 主な車窓風景】 秋田総合車両センター、鷹ノ巣駅秋田内陸縦貫鉄道、大鰐温泉駅弘南鉄道大鰐線（クロス）、弘前駅弘南鉄道弘南線、八甲田山、青森駅青い森鉄道

▽ 車内販売の営業なし
▼ □■△は窓配置のパターン。□は座席２列分の広窓、■は座席ごと独立の小窓、△は座席配置と窓配置が必ずしも一致しない窓

奥羽本線

「つがる」編成席番表

←秋田　　青森→

【↑ 主な車窓風景】 追分駅[男鹿線]、寒風山、八郎潟調整池、東能代駅五能線、大館駅花輪線(クロス)、岩木山、川部駅[五能線]、青森駅津軽線

つがる // E751系4両編成＝JR東日本〔秋田総合車両センター南秋田センター〕 // 41・43号、42・44号

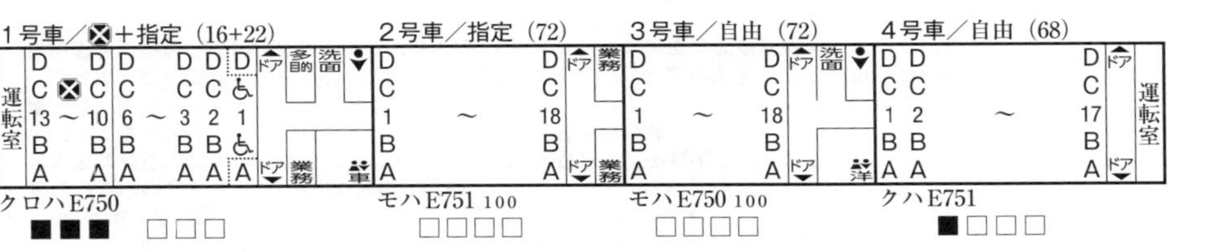

▽ 1号車に車いす対応座席を設置
▼ おむつ交換台のあるトイレには印を付加
▼ 座席／普通車＝回転式（座席下ペダル）フリーストッパー型リクライニングシート、シートピッチ 910mm。座面が前後に 50mmスライドする
　グリーン車＝回転式（座席下ペダル）リクライニングシート、シートピッチ 1160mm

【↓ 主な車窓風景】 秋田総合車両センター、鷹ノ巣駅秋田内陸縦貫鉄道、大鰐温泉駅弘南鉄道大鰐線(クロス)、弘前駅弘南鉄道弘南線、八甲田山、青森駅青い森鉄道

▽ 車内販売の営業なし
▼ □■△は窓配置のパターン。□は座席2列分の広窓、■は座席ごと独立の小窓、△は座席配置と窓配置が必ずしも一致しない窓

奥羽本線

「弘前さくらまつり」編成席番表 【臨時列車】

←秋田　　青森→

【↑ 主な車窓風景】 追分駅[男鹿線]、寒風山、八郎潟調整池、東能代駅五能線、大館駅花輪線(クロス)、岩木山、川部駅[五能線]、青森駅津軽線

弘前さくらまつり // E751系4両編成＝JR東日本〔秋田総合車両センター南秋田センター〕 // 1・3号、2・4号

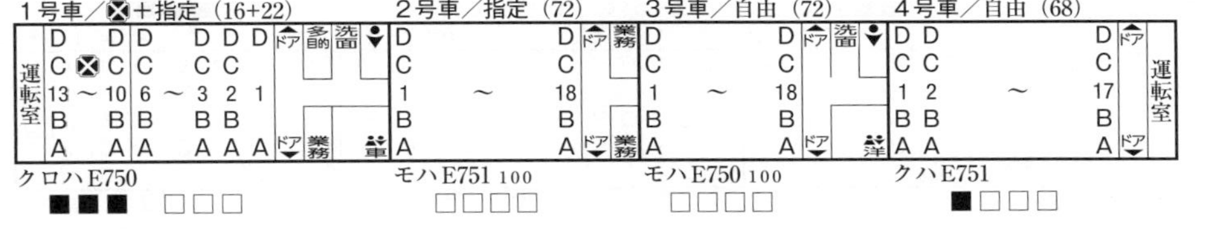

【↓ 主な車窓風景】 秋田総合車両センター、鷹ノ巣駅秋田内陸縦貫鉄道、大鰐温泉駅弘南鉄道大鰐線(クロス)、弘前駅弘南鉄道弘南線、八甲田山、青森駅青い森鉄道

◆ 運転日 4/13・14・19～30、5/1～6
▽ 1号車に車いす対応座席を設置
▼ おむつ交換台のあるトイレには印を付加
▼ 座席／普通車＝回転式（座席下ペダル）フリーストッパー型リクライニングシート、シートピッチ 910mm。座面が前後に 50mmスライドする
　グリーン車＝回転式（座席下ペダル）リクライニングシート、シートピッチ 1160mm
▽ 車内販売の営業なし
▼ □■△は窓配置のパターン。□は座席2列分の広窓、■は座席ごと独立の小窓、△は座席配置と窓配置が必ずしも一致しない窓

快速「リゾートしらかみ」編成席番表 －1 【臨時列車】

←秋田、川部、青森　　【⬆ 主な車窓風景】 追分駅男鹿線、寒風山、八郎潟調整池、東能代駅五能線、岩木山(鯵ヶ沢付近～川部間)、川部駅奥羽本線 {秋田発にて掲載➡}　　東能代、弘前→

リゾートしらかみ // HB-E300系4両編成（リゾートしらかみ「青池」編成）＝JR東日本〔秋田総合車両センター南秋田センター〕
5、2号

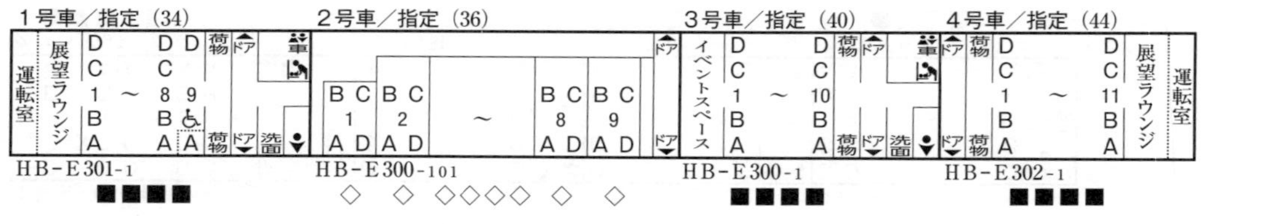

【⬇ 主な車窓風景】 秋田総合車両センター、東能代駅奥羽本線秋田方面、日本海(岩舘～大間越間、深浦～広戸間、千畳敷海岸[天候によっては北海道が望める]付近など)、五所川原駅津軽鉄道、川部駅五能線、岩木山(川部～弘前～北常盤付近間) {秋田発にて掲載➡}

◆ 運転日注意。運転日によって上記以外の編成を使用する場合もある。
充当車両の詳細は、JR東日本秋田支社のホームページのほか、最新のJR時刻表などで確認

◇ 途中、東能代、川部、弘前にて進行方向が変わる（五能線内で日本海側となるのは秋田・弘前出発時点と反対側）

▽ 1号車に車いす対応座席を設置
▽ 車内でのワゴン販売は2019.03.31をもって終了。なお運転日指定の新たな車内販売を開始。詳細はＪＲ東日本ホームページ「のってたのしい列車」等にて確認
▽ 2019.07.01から無料Wi-Fi「JR-EAST FREE Wi-Fi」サービス提供開始

▼ 座席／1・3・4号車＝回転式（座席下ペダル）フリーストッパー型リクライニングシート
　　2号車＝1室4名のボックス（ボックス席を3名以下で利用の場合は相席となる場合もあり）
▼ 1・4号車の運転室に接して展望ラウンジを設置。フリースペース
▼ おむつ交換台のあるトイレには印を付加
▼ 日本海など車窓の景色が存分に楽しめるよう、客室窓をそれぞれ大きくしてある
▼ 客室モニターでは、沿線の観光案内のほか、前方の景色を放映
▼ ■◇は窓配置のパターン。■は座席ごと独立の小窓、◇はボックスシートもしくは個室で1つ窓
▽ 五能線東八森～鯵ケ沢間にかけて約80km、日本海側に沿って走行する。その景色を楽しむにはA席（2号車はのぞく）がお薦め。
秋田県と青森県の県境、岩舘～大間越間のビュースポットなどでは列車がゆっくりと走行する。

快速「リゾートしらかみ」編成席番表 －2 【臨時列車】

←秋田、川部、青森　　【⬆ 主な車窓風景】 追分駅男鹿線、寒風山、八郎潟調整池、東能代駅五能線、岩木山(鯵ヶ沢付近～川部間)、川部駅奥羽本線 {秋田発にて掲載➡}　　東能代、弘前→

リゾートしらかみ // HB-E300系4両編成（リゾートしらかみ「橅」編成［ハイブリッド橅］）＝JR東日本〔秋田総合車両センター南秋田センター〕
1、4号

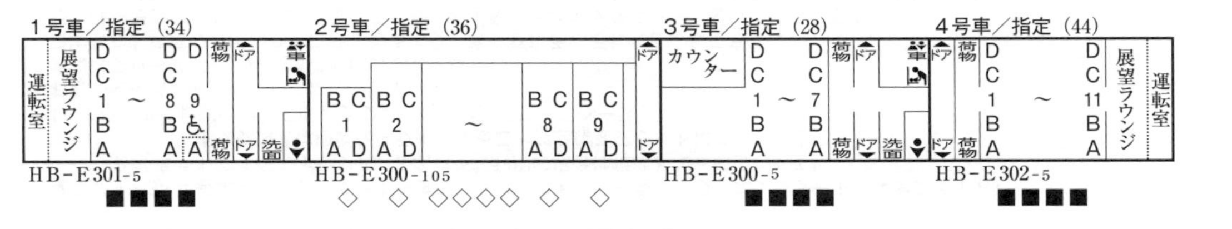

【⬇ 主な車窓風景】 秋田総合車両センター、東能代駅奥羽本線秋田方面、日本海(岩舘～大間越間、深浦～広戸間、千畳敷海岸[天候によっては北海道が望める]付近など)、五所川原駅津軽鉄道、川部駅五能線、岩木山(川部～弘前～北常盤付近間) {秋田発にて掲載➡}

◆「ハイブリッド橅」編成は、2016.07.16 から営業運転開始
◆ 運転日注意。運転日によって上記以外の編成を使用する場合もある。
充当車両の詳細は、JR東日本秋田支社のホームページのほか、最新のJR時刻表などで確認

◇ 途中、東能代、川部、弘前にて進行方向が変わる（五能線内で日本海側となるのは秋田・弘前出発時点と反対側）

▽ 1号車に車いす対応座席を設置
▽ 2019.04.01 から3号車「ＯＲＡＨＯ」カウンターのみの車内販売に限定と変更。また運転日指定の新たな車内販売を開始。詳細はＪＲ東日本ホームページ「のってたのしい列車」等にて確認
▽ 2019.07.01 から無料Wi-Fi「JR-EAST FREE Wi-Fi」サービス提供開始

▼ 座席／1・3・4号車＝回転式（座席下ペダル）フリーストッパー型リクライニングシート
2号車＝1室4名のボックス（ボックス席を3名以下で利用の場合は相席となる場合もあり）。1・2・8・9ＡＢＣＤ席の座席はフルフラット座席に変更できる
▼ 1・4号車の運転室に接して展望ラウンジを設置。フリースペース
▼ おむつ交換台のあるトイレには印を付加
▼ 日本海など車窓の景色が存分に楽しめるよう、客室窓をそれぞれ大きくしてある
▼ 客室モニターでは、沿線の観光案内のほか、前方の景色を放映
▼ ■◇は窓配置のパターン。■は座席ごと独立の小窓、◇はボックスシートもしくは個室で1つ窓
▽ 五能線東八森～鯵ケ沢間にかけて約80km、日本海側に沿って走行する。その景色を楽しむにはA席（2号車はのぞく）がお薦め。
秋田県と青森県の県境、岩舘～大間越間のビュースポットなどでは列車がゆっくりと走行する。

奥羽本線・五能線 快速「リゾートしらかみ」編成席番表 －3 【臨時列車】

←秋田、川部、青森　　東能代、弘前→

【⬆ 主な車窓風景】 追分駅男鹿線、寒風山、八郎潟調整池、東能代駅五能線、岩木山(鰺ヶ沢付近～川部間)、川部駅奥羽本線 {秋田発にて掲載➡}

リゾートしらかみ // キハ48形4両編成（リゾートしらかみ「くまげら」編成）＝JR東日本〔秋田総合車両センター南秋田センター〕
3号、6号

1号車／指定（39）　運転室｜展望ラウンジ｜D C 1 B A ～ D C 9 B A｜D C 10 ♿ A｜ドア｜トイレ(おむつ交換台)｜洗面　キハ48 703　■■■■

2号車／指定（32）　BC 1 AD｜BC 2 AD ～ BC 7 AD｜BC 8 AD｜ドア｜運転室　キハ48 1521　◇　◇　◇◇◇◇　◇　◇

3号車／指定（40）　業務｜運転室｜ドア｜D ②C 1 ②B A ～ D C 10 B A｜荷物｜ドア　キハ48 1503　■■■■

4号車／指定（40）　洋(トイレ)｜洗面｜荷物｜ドア｜D C 1 B A ～ D C 10 B A｜展望ラウンジ｜運転室　キハ48 704　■■■■

【⬇ 主な車窓風景】 秋田総合車両センター、東能代駅奥羽本線秋田方面、日本海(岩舘～大間越間、深浦～広戸間、千畳敷海岸[天候によっては北海道が望める]付近など)、五所川原駅津軽鉄道、川部駅五能線、岩木山(川部～弘前～北常盤付近間) {秋田発にて掲載➡}

◆ 運転日注意。運転日によっては上記以外の編成を使用する場合もある。
　充当車両の詳細は、JR東日本秋田支社のホームページのほか、最新のJR時刻表などで確認

◇ 途中、東能代、川部にて進行方向が変わる（五能線内で日本海側となるのは秋田・弘前出発時点と反対側）
◇ 2両編成での運転も可能

▽ 1号車に車いす対応座席を設置
▽ 車内でのワゴン販売は2019.03.31をもって終了。なお運転日指定の新たな車内販売を開始。詳細はＪＲ東日本ホームページ「のってたのしい列車」等にて確認
▽ 2019.07.01から無料Wi-Fi「JR-EAST FREE Wi-Fi」サービス提供開始

▼ 座席／1・3・4号車＝回転式（座席下ペダル）フリーストッパー型リクライニングシート（座面スライド）
　　2号車＝1室4名のボックス（3名以下で利用の場合は相席となる場合もある）
　　　ボックス席は座面をスライドすることで座席をフラットにすることもできる
▼ 1・4号車の運転室に接して展望ラウンジを設置。フリースペース
▼ おむつ交換台のあるトイレには印を付加
▼ ②印はフリースペースに設置の座席の着席定員
▼ 日本海など車窓の景色が存分に楽しめるよう、客室窓をそれぞれ大きくしてある
▼ ■◇は窓配置のパターン。■は座席ごと独立の小窓、◇はボックスシートもしくは個室で1つ窓
▽ 五能線東八森～鰺ケ沢間にかけて約80km、日本海側に沿って走行する。その景色を楽しむにはA席（2号車はのぞく）がお薦め。
　秋田県と青森県の県境、岩舘～大間越間のビュースポットなどでは列車がゆっくりと走行する。

JR東日本「びゅうコースター 風っこ」編成席番表【臨時列車】

←仙台　【⬆ 主な車窓風景】　小牛田→

びゅうコースター 風っこ // キハ48形2両編成＝JR東日本〔仙台車両センター小牛田派出所〕

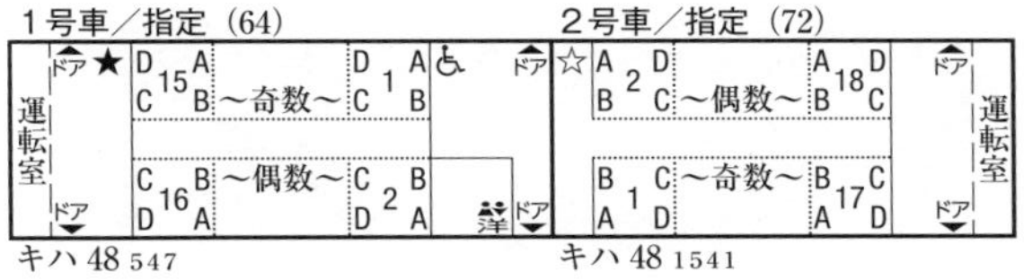

1号車／指定（64）　2号車／指定（72）

1号車 (キハ48 547)				2号車 (キハ48 1541)			
運転室	ドア ★	D C 15 A B ～奇数～ D C 1 A B	♿ ドア	☆ A B 2 D C ～偶数～ A B 18 D C		ドア	運転室
	ドア	C D 16 B A ～偶数～ C D 2 B A	洋 ドア	B A 1 C D ～奇数～ B A 17 C D		ドア	

キハ48 547　キハ48 1541

【⬇ 主な車窓風景】

◇ 運転区間は便宜上の表示
◆ 春の臨時列車　「春の水郡風っ子号」（運転日=3/30・31、運転区間＝水戸～磐城石川間）
「風っ子只見線満喫号」（運転日=4/27～29、5/3～6、運転区間＝会津若松～只見間）
「風っ子錦秋湖号」（運転日=5/25、運転区間＝盛岡～ほっとゆだ間）
「風っ子遠野号」（運転日=5/26、運転区間＝盛岡～遠野間）
「風っ子仙山線春風号」（運転日=4/20、運転区間＝仙台～山形間）　に充当
◇ 営業運転時には、編成の前部または後部に一般車を連結する場合がある

▼ 座席／固定式ボックスシート
▼ ★印に展望ラウンジ。☆印にイベントスペースを設置

白新線・羽越本線 「いなほ」編成席番表 －1

←新潟　【⬆ 主な車窓風景】 新潟新幹線車両センター、日本海(粟島、笹川流れほか)　酒田・秋田→

いなほ // E653系1000代7両編成＝JR東日本〔新潟車両センター〕// 1・5・7・9・11・13号、2・4・6・8・12・14号

7号車／自由（68）	6号車／自由（72）	5号車／自由（72）	4号車／指定（54）	3号車／指定（72）	2号車／指定（72）	1号車／⊠（18）
運転室、ドア、A B 17 ～ 2 1 C D	洋、洗面、ドア、A B 18 ～ 1 C D	ドア、A B 18 ～ 1 C D	車椅子トイレ、洗面、多目的、ドア、車掌室、業務、A B 14 13 ～ 1 C D（♿）	洋、洗面、ドア、A B 18 ～ 1 C D	ドア、A B 18 ～ 1 C D	洋、洗面、ドア、ラウンジスペース、A B 6 ～ 1 C、ドア、運転室
クハE653 1000	モハE652 1000	モハE653 1000	サハE653 1000	モハE652 1000	モハE653 1000	クロE652 1000
□□□■	□□□□	□□□□	□□□□	□□□□	□□□□	★★★★

【⬇ 主な車窓風景】 新潟駅信越本線、新潟車両センター、新発田駅羽越本線新津方面、月山、余目駅陸羽西線、鳥海山、象潟の九十九島、羽後本荘駅由利高原鉄道、秋田駅秋田新幹線、奥羽本線

◇ 5号車を指定席に変更する日がある
◇「いなほ」2号の4号車は自由席。ただし、4・5号車を指定席に変更する日がある
◇「いなほ」5号は4/26～30、5/1～6　秋田まで延長運転
◇ 2018.04.15から、新潟駅在来線ホームの一部高架化に合わせて、上越新幹線との同一ホーム乗換えが可能に

▽ 車内販売サービスは、2021.03.13から全列車営業終了
▽ 4号車に車いす対応座席を設置

▼ 座席／普通車＝回転式（座席下ペダル）フリーストッパー型リクライニングシート
　　グリーン車＝回転式（座席下ペダル）フリーストッパー型リクライニングシート
▼ ラウンジスペース／海側には海側向き座席、山側には対面座席を配置
▼ おむつ交換台のあるトイレには印を付加
▼ □■★は窓配置のパターン。□は座席2列分の広窓、■は座席ごと独立の小窓、★は座席1列分の広窓

←新潟　　【⬆ 主な車窓風景】 新潟新幹線車両センター、日本海（粟島、笹川流れほか）　　酒田→

いなほ // E653系1100代4両編成＝JR東日本〔新潟車両センター〕// 3号、10号

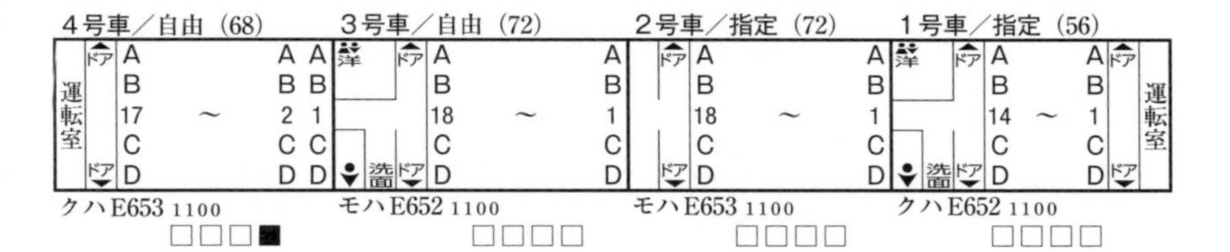

★いなほ // E653系1000代7両編成＝JR東日本〔新潟車両センター〕// 10号　7両編成で運転の場合

【⬇ 主な車窓風景】 新潟駅信越本線、新潟車両センター、新発田駅羽越本線新津方面、月山、余目駅陸羽西線、鳥海山、象潟の九十九島、羽後本荘駅由利高原鉄道、秋田駅秋田新幹線、奥羽本線

◇ 7両編成では5号車を指定席に変更する日がある
◆「いなほ」10号　4/26～30、5/1～6は新潟～秋田間に延長運転するとともに7両編成にて運転。同期間、「いなほ」3号も7両編成で運転
◆ 春の臨時列車 「いなほ」81・85号（運転日=5/3、運転区間=新潟～酒田間）
「いなほ」82・84号（運転日=5/5・6、運転区間=新潟～酒田間） は上記7両編成にて運転

▽ 車内販売サービスは、2021.03.13から全列車営業終了
▽ 4号車に車いす対応座席を設置

▼ 座席／普通車＝回転式（座席下ペダル）フリーストッパー型リクライニングシート
グリーン車＝回転式（座席下ペダル）フリーストッパー型リクライニングシート
▼ ラウンジスペース／海側には海側向き座席、山側には対面座席を配置
▼ おむつ交換台のあるトイレには印を付加
▼ □■★は窓配置のパターン。□は座席2列分の広窓、■は座席ごと独立の小窓、★は座席1列分の広窓

快速「海里」(KAIRI) 編成席番表 【臨時列車】

←新潟　　【⬆ 主な車窓風景】 新潟新幹線車両センター、日本海(粟島、笹川流れほか)　　酒田→

海里 // ＨＢ-Ｅ 300 系 ４両編成「海里（KAIRI)」＝ＪＲ東日本〔新潟車両センター〕

４号車／指定 (24)　　３号車／売店・イベントスペース　　２号車／指定 (32)　　１号車／指定 (30)

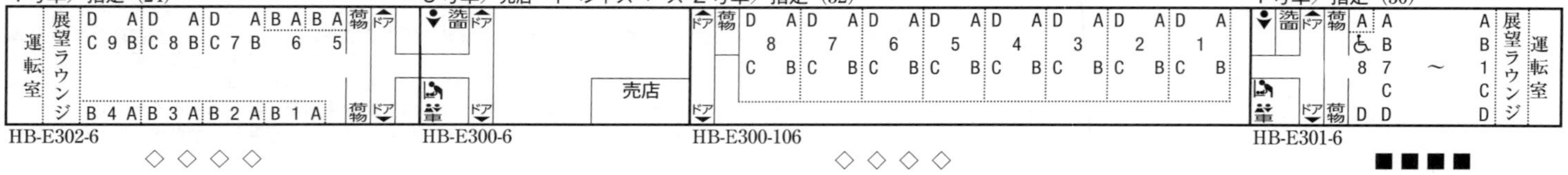

4号車 HB-E302-6	3号車 HB-E300-6	2号車 HB-E300-106	1号車 HB-E301-6
運転室 / 展望ラウンジ / D A D A D A 9 8 7 C B C B C B / B A B A 6 5 / B 4 A B 3 A B 2 A B 1 A / 荷物 / ドア	ドア / 洗面 / トイレ / 車いす / 売店 / ドア	ドア / 荷物 / D A 8 C B … D A 1 C B	洗面 / トイレ / ドア / 荷物 / A ♿ 8 D / A B 7 C D ～ A B 1 C D / 展望ラウンジ / 運転室
◇ ◇ ◇ ◇		◇ ◇ ◇ ◇	■ ■ ■ ■

【⬇ 主な車窓風景】 新潟駅信越本線、新潟車両センター、新発田駅羽越本線新津方面、[廃止＝赤谷線]、月山、余目駅陸羽西線、鳥海山

◆ 2019.10.05 から営業運転開始
◆ 運転日は最新のＪＲ時刻表等を参照。食事付き旅行商品発売。詳しくはＪＲ東日本ホームページ「のってたのしい列車」等を参照
◇ 途中、桑川駅にて 10 ～ 30 分程度停車、ミニ観光が楽しめる（詳細は案内パンフレット等を参照）ほかビューポイントにて景色がじっくり楽しめる

▽ １号車に車いす対応座席を設置
▽ 車内販売あり
▼ １号車　座席／回転式（座席下ペダル）リクライニングシート
　８ＡＤ席は車いす対応席。また座席を外し車いす設置スペースとしても活用できる
▼ ２号車　４人掛けコンパートメント。座席を引き延ばすことが可能（フルフラット化）
　大型テーブルとコンセントを設置
▼ ４号車はダイニング。２人掛け（１～６ＡＢ）と４人掛け（７～９ＡＢＣＤ）シート。旅行商品として販売。
　四季折々の料理が楽しめ、下り列車は歴史ある新潟古町の花街にある料亭が調理の日本料理。上り列車は鶴岡市の有名店のイタリアンが中心
　この４号車利用の場合は、鶴岡駅にて専用待合室が利用できる
▼ １・３号車、洗面所脇に大型荷物置場を設置
▼ 事前予約制にて１・２号車にてもお弁当を購入できる（下り列車は海里特製 加島屋御膳、上り列車は海里特製 庄内弁）。指定席券購入時に予約できる（バウチャー券を発券）
▼ ■◇は窓配置のパターン。■は座席ごと独立の小窓、◇はボックスシートもしくは個室で１つ窓

「しらゆき」編成席番表

←新潟　　　　　　　　　　　　　　　　　　　　　　　　　　　　　　　直江津・上越妙高・新井→

【⬆ 主な車窓風景】 新潟駅白新線、新潟車両センター、新津駅羽越本線秋田方面・磐越西線、犀潟駅[北越急行]

しらゆき // E653系1100代4両編成＝JR東日本〔新潟車両センター〕// 1・3・5・7号、2・4・6・8号

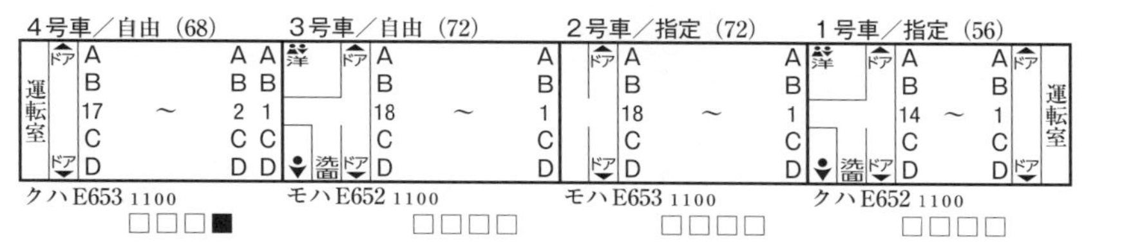

【⬇ 主な車窓風景】 新津車両センター、東三条駅弥彦線、宮内駅[上越線]、柏崎駅越後線、日本海、直江津駅えちごトキめき鉄道糸魚川方面

◇「しらゆき」1・3号、2・8号は、新潟～新井間、5・7号、4・6号は新潟～上越妙高間の運転
◇ 3号車を指定席に変更する日がある

▼ 座席／普通車＝回転式（座席下ペダル）フリーストッパー型リクライニングシート　　▽ 1号車に車いす対応座席を設置
▼ おむつ交換台のあるトイレには印を付加
▼ □■は窓配置のパターン。□は座席2列分の広窓、■は座席ごと独立の小窓

←新潟　　　　　　　　　　　　　　　　　　　　　　　　　　　　　　　高田→

【⬆ 主な車窓風景】 新潟駅白新線、新潟車両センター、新津駅羽越本線秋田方面・磐越西線、犀潟駅[北越急行]

しらゆき // E653系1000代7両編成＝JR東日本〔新潟車両センター〕// 95号、96号

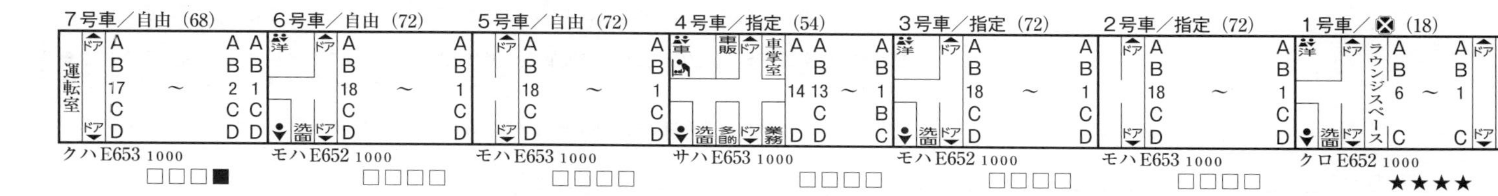

【⬇ 主な車窓風景】 新津車両センター、東三条駅弥彦線、宮内駅[上越線]、柏崎駅越後線、日本海、直江津駅えちごトキめき鉄道糸魚川方面

◆ 運転日　3/30・31、4/6・7
▽ 4号車に車いす対応座席を設置
▼ 座席／普通車＝回転式（座席下ペダル）フリーストッパー型リクライニングシート
　　グリーン車＝回転式（座席下ペダル）フリーストッパー型リクライニングシート
▼ ラウンジスペース／海側には海側向き座席、山側には対面座席を配置
▼ おむつ交換台のあるトイレには印を付加
▼ □■★は窓配置のパターン。□は座席2列分の広窓、■は座席ごと独立の小窓、★は座席1列分の広窓

快速「SLばんえつ物語」編成席番表 【臨時列車】

←新津　【⬆ 主な車窓風景】 阿賀野川、飯豊連峰、磐梯山　会津若松→

SLばんえつ物語 // 12系7両編成＝JR東日本〔新潟車両センター〕

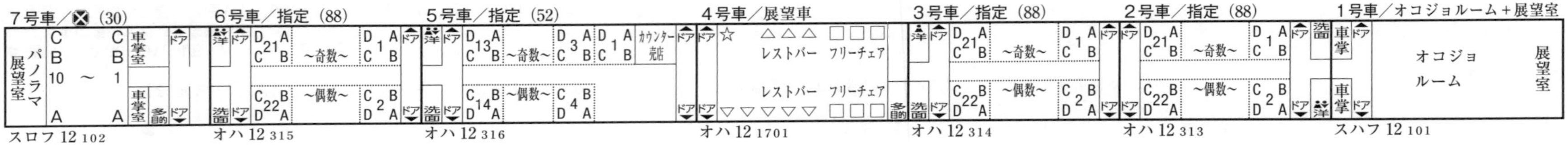

7号車／⊠ (30)	6号車／指定 (88)	5号車／指定 (52)	4号車／展望車	3号車／指定 (88)	2号車／指定 (88)	1号車／オコジョルーム＋展望室
パノラマ展望室 C B 10 〜 1 A ／ 車掌室 多目的 ドア	洋 ドア D 21 A C B 〜奇数〜 D 1 A C B ／ 洗面 ドア C 22 B D A 〜偶数〜 C 2 B D A ドア	洋 ドア D 13 A C B 〜奇数〜 D 3 A C B D 1 A C B カウンター売店 ドア ／ 洗面 ドア C 14 B D A 〜偶数〜 C 4 B D A	ドア ☆ △△△ レストバー □□□ フリーチェア ／ ドア ▽▽▽▽▽ レストバー □□□ フリーチェア 多目的	洋 ドア D 21 A C B 〜奇数〜 D 1 A C B ドア ／ 洗面 ドア C 22 B D A 〜偶数〜 C 2 B D A ドア	ドア D 21 A C B 〜奇数〜 D 1 A C B ドア 洗面 ／ ドア C 22 B D A 〜偶数〜 C 2 B D A ドア 洋	車掌 ドア オコジョルーム 展望室 ／ 車掌 ドア
スロフ 12 102	オハ 12 315	オハ 12 316	オハ 12 1701	オハ 12 314	オハ 12 313	スハフ 12 101

【⬇ 主な車窓風景】 新津駅信越本線直江津方面、阿賀野川、阿賀川

◆ 運転日注意。詳細は最新のJR時刻表などで確認
◆ 新潟駅在来線ホームの高架化により、発着駅が新潟から新津となっているため、乗車に際しては注意

▼ 座席／固定式ボックスシート、グリーン車は回転式リクライニングシート（窓配置は座席ごと）

▼ 座席は背もたれの高い快適な仕様
▽ 5号車に車内販売スペースを設置。車内販売あり
▽ フリーチェア（□）は3人程度が着席できるソファ席
▽ レストバー（▽）は2〜3人程度が休憩できる簡易腰掛。☆はモニターテレビ
▽ パノラマ展望室はグリーン車利用客専用スペース

信越本線 快速「越乃Ｓｈｕ＊Ｋｕｒａ」編成席番表【臨時列車】

←上越妙高、十日町　　　　　　　　　　　　　　　　　　　　　　　長岡・新潟→

【⬆ 主な車窓風景】 直江津駅えちごトキめき鉄道糸魚川方面、日本海、柏崎駅越後線

越乃Ｓｈｕ＊Ｋｕｒａ ∥ キハ40・48形３両編成＝ＪＲ東日本〔新潟車両センター〕

１号車／指定（34）
運転室 | 25～28 フリースペース | A D 1 B C | A D 3 B C | 5 7 9 11 AB AB AB AB | ♿ | 🚻 | ドア
運転室 | 21～24 | B C 2 A D | B C 4 A D | 6 8 10 12 14 AB AB AB AB AB | 洗面 | ドア
キハ48 558

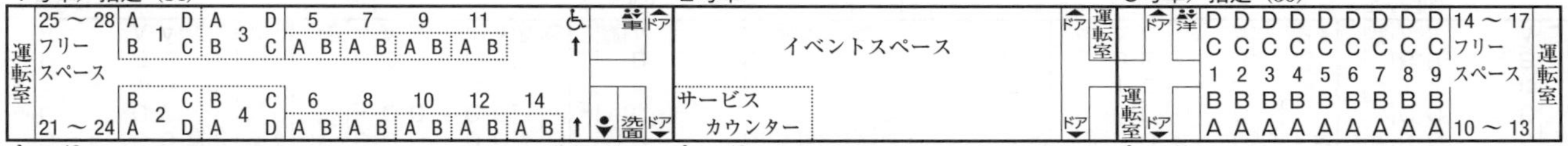

２号車
ドア | イベントスペース | ドア 運転室
ドア | サービスカウンター | ドア
キハ48 1542

３号車／指定（36）
ドア 🚻(洋) | D D D D D D D D D / C C C C C C C C C | 14～17 フリースペース | 運転室
運転室 ドア | 1 2 3 4 5 6 7 8 9 / B B B B B B B B B / A A A A A A A A A | 10～13 |
キハ40 552

【⬇ 主な車窓風景】 犀潟駅[北越急行]、来迎寺駅[廃止＝魚沼線]、宮内駅[上越線]

◆ 運転日注意。詳細は最新のJR時刻表などで確認
◆ 上記編成は、快速「越乃Ｓｈｕ＊Ｋｕｒａ」（運転区間＝上越妙高～十日町間。途中、長岡にて進行方向が変わる）
快速「ゆざわＳｈｕ＊Ｋｕｒａ」（運転区間＝上越妙高～越後湯沢間。途中、長岡にて進行方向が変わる）
快速「柳都Ｓｈｕ＊Ｋｕｒａ」（運転区間＝上越妙高～新潟間）として運転
◆ 春の臨時列車　快速「夜桜Ｓｈｕ＊Ｋｕｒａ」（運転日＝4/12、運転区間＝新潟～分水間）にも充当

◇ １号車／「びゅう旅行商品」専用車両。座席はテーブル付きのボックス席または海側向きのテーブル席
２号車／サービスカウンターにて「利き酒コーナー」を設置。イベントスペースでは、ジャズ生演奏などが楽しめる
３号車／座席はフリーストッパー型リクライニングシート
▽ 車内販売あり

「しなの」編成席番表 －1

←長野　名古屋→

【⬆ 主な車窓風景】 篠ノ井駅[しなの鉄道]、姨捨大パノラマ[日本三大車窓のひとつ]、塩尻駅中央本線新宿方面、木曽川、恵那駅[明知鉄道]、土岐川、高蔵寺駅[愛知環状鉄道]、東海道本線並走(金山～名古屋間)

しなの // 383系6両編成＝JR東海〔神領車両区〕 // 1・3・5・7・9・11・13・15・17・19・21・23・25号、2・4・6・8・10・12・14・16・18・20・22・24・26号

★しなの // 383系10両編成（名古屋寄りに4両増結）＝JR東海〔神領車両区〕

★しなの // 383系8両編成（名古屋寄りに2両増結）＝ＪＲ東海〔神領車両区〕

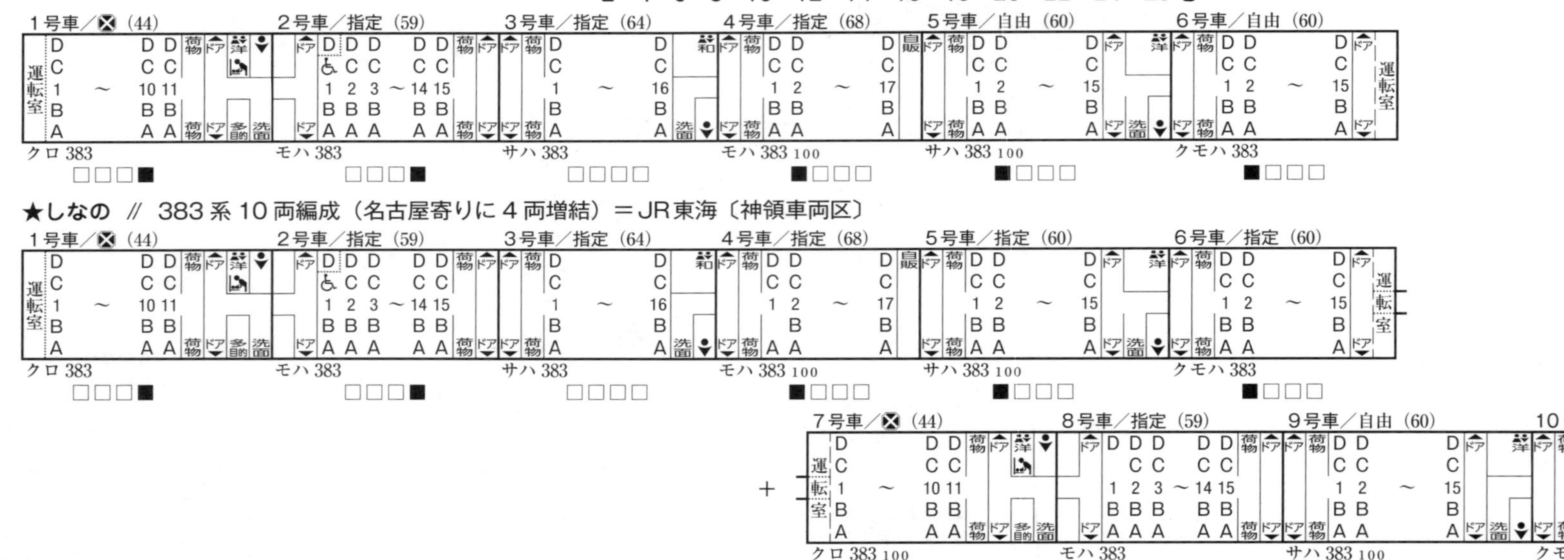

【⬇ 主な車窓風景】 北アルプス、松本駅アルピコ交通、大糸線、木曽川(寝覚の床)、御嶽山、多治見駅太多線、神領車両区、勝川駅[東海交通事業]、大曽根駅名鉄瀬戸線(クロス)

▽ 1号車はパノラマタイプのグリーン車
▽ 車内販売の営業なし
▽ 2号車に車いす対応座席を設置
▼ 座席／普通車＝回転式（座席下ペダル）フリーストッパー型リクライニングシート、シートピッチ 1000mm
　　グリーン車＝回転式（座席下ペダル）フリーストッパー型リクライニングシート、シートピッチ 1200mm
▼ おむつ交換台のあるトイレには印を付加
▼ □■は窓配置のパターン。□は座席2列分の広窓、■は座席ごと独立の小窓

「しなの」編成席番表 －2

←長野　　名古屋→

【⬆ 主な車窓風景】 篠ノ井駅[しなの鉄道]、姨捨大パノラマ[日本三大車窓のひとつ]、塩尻駅中央本線新宿方面、木曽川、恵那駅[明知鉄道]、土岐川、高蔵寺駅[愛知環状鉄道]、東海道本線並走(金山～名古屋間)

★しなの // 383系6両編成（4・5号車に運転室付き車両を連結）＝JR東海〔神領車両区〕

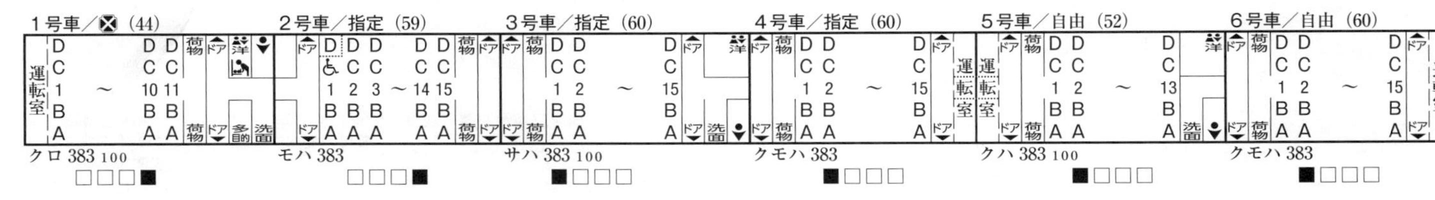

★しなの // 383系4両編成＝JR東海〔神領車両区〕 // 81号、84号【臨時列車】

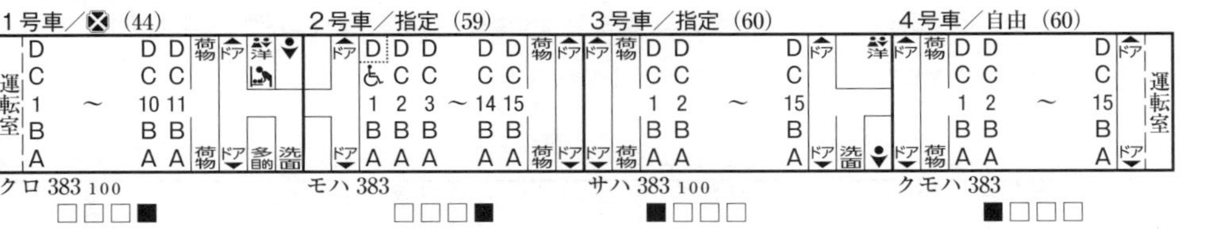

◇ 運転日　詳細は最新のＪＲ時刻表などで確認

【⬇ 主な車窓風景】 北アルプス、松本駅アルピコ交通、大糸線、木曽川(寝覚の床)、御嶽山、多治見駅太多線、神領車両区、勝川駅[東海交通事業]、大曽根駅名鉄瀬戸線(クロス)

▽ 車内販売の営業なし
▽ 2号車に車いす対応座席を設置

▼ 座席／普通車＝回転式（座席下ペダル）フリーストッパー型リクライニングシート、シートピッチ 1000mm
　　グリーン車＝回転式（座席下ペダル）フリーストッパー型リクライニングシート、シートピッチ 1200mm
▼ おむつ交換台のあるトイレには印を付加
▼ □■は窓配置のパターン。□は座席2列分の広窓、■は座席ごと独立の小窓

高山本線「ひだ」編成席番表 －1

←名古屋、飛騨古川・高山　　　　岐阜→

【↑ 主な車窓風景】 名鉄名古屋本線並走（尾張一宮～木曽川付近）、岐阜駅東海道本線、犬山城、美濃太田太多線、日本ライン
飛騨川（飛水峡＝上麻生～白川口付近）、下呂温泉街、高山市街地

ひだ // ＨＣ85系 4両編成＝ＪＲ東海〔名古屋車両区〕 // 1・15・17・19号、2・4・10・12号

号車	4号車／自由（56）	3号車／指定（50+2）	2号車／指定（68）	1号車／Ⓖ（36）
設備	運転室、ドア、荷物	洗面、トイレ（おむつ交換台）、ドア、荷物、車いす対応	ドア、荷物	多目的、トイレ（洋・おむつ交換台）、ドア、荷物、運転室
座席	A B C D 14～1	A B C D 12～1（13・14 A B C D：車いす対応）	A B C D 17～1	A B C D 9～1
形式	クモハ85	モハ84	モハ84 100	クモロ85
窓配置	□□□□	□□□□	□□□■	■□□□

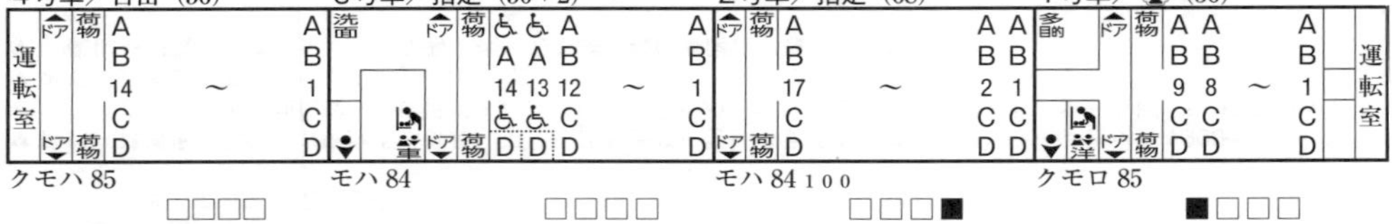

★ひだ　2両増結編成 // ＨＣ85系 6両編成＝ＪＲ東海〔名古屋車両区〕 // 1・15・17・19号、2・4・10・12号

号車	6号車／指定（56）	5号車／指定（38+2）	4号車／自由（56）	3号車／指定（50+2）	2号車／指定（68）	1号車／Ⓖ（36）
設備	運転室、ドア、荷物	洗面、トイレ（おむつ交換台）、ドア、荷物、車いす対応、運転室	運転室、ドア、荷物	洗面、トイレ（おむつ交換台）、ドア、荷物、車いす対応	ドア、荷物	多目的、トイレ（洋・おむつ交換台）、ドア、荷物、運転室
座席	A B C D 14～1	A B C D 9～1（10・11 A B C D：車いす対応）	A B C D 14～1	A B C D 12～1（13・14 A B C D：車いす対応）	A B C D 17～1	A B C D 9～1
形式	クモハ85 100	クモハ85 200	クモハ85	モハ84	モハ84 100	クモロ85
窓配置	□□□□	□□□■	□□□□	□□□□	□□□■	■□□□

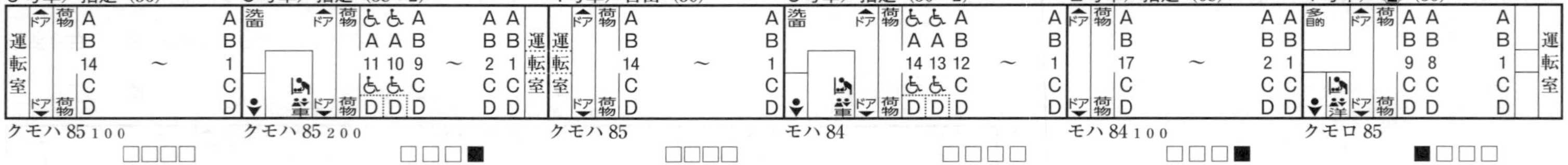

【↓ 主な車窓風景】 名古屋市街地、金華山（岐阜城）、岐阜駅高山本線、美濃太田駅長良川鉄道、飛騨川（中山七里＝飛騨金山～焼石～下呂付近）

◇ 途中、岐阜にて進行方向が変わる（名古屋発列車の場合、岐阜まで座席は進行方向と反対側を向いている）
▽ 3号車に車いす対応座席を設置。増結編成は5号車にも設置
▽ 3号車13・14A席、5号車10・11A席は車いす対応スペース（座席なし）
▽ 車内販売の営業なし
▽ 無線ＬＡＮサービスを実施
▼ 座席／普通車＝回転式（座席下ペダル）フリーストッパー型リクライニングシート
　グリーン車＝回転式（座席下ペダル）フリーストッパー型リクライニングシート
▼ ⓘ／全席に設置
▼ おむつ交換台のあるトイレには（おむつ交換台マーク）を付加
▼ □■は窓配置のパターン。□は座席2列分の広窓、■は座席ごと独立の小窓

←名古屋、富山・高山　　　　岐阜→

【⬆ 主な車窓風景】 名鉄名古屋本線並走(尾張一宮～木曽川付近)、岐阜駅東海道本線、犬山城、美濃太田太多線、日本ライン
飛騨川(飛水峡＝上麻生～白川口付近)、下呂温泉街、高山市街地

ひだ // HC85系 6両編成＝JR東海〔名古屋車両区〕 // 3・7・11・13号、6・8・14・20号

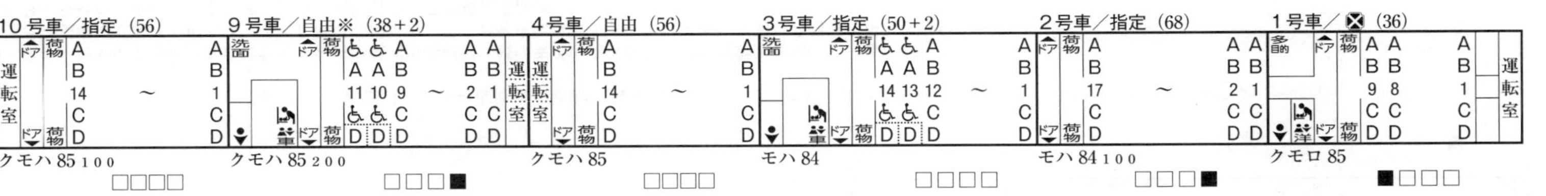

ひだ // 2両増結 // HC85系 8両編成＝JR東海〔名古屋車両区〕 // 3・7・11・13号、6・8・14・20号

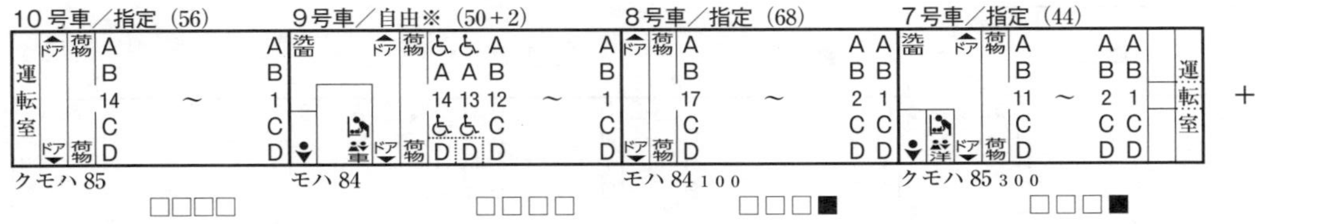

＋
4号車／自由（56）　クモハ85
3号車／指定（50＋2）　モハ84
2号車／指定（68）　モハ84 100
1号車／Ⓖ（36）　クモロ85

【⬇ 主な車窓風景】 名古屋市街地、金華山(岐阜城)、岐阜駅高山本線、美濃太田駅長良川鉄道、飛騨川(中山七里＝飛騨金山～焼石～下呂付近)

◇ 途中、岐阜にて進行方向が変わる（名古屋発列車の場合、岐阜まで座席は進行方向と反対側を向いている）
◇ 1～4号車は名古屋～高山間、9・10号車は名古屋～富山間（2両増結では7～10号車）。
8両編成にて運転の場合は、7・8号車が増結車。7・8号車には9・10号車（基本）と同じ2両編成が入る場合もある
▽ 3・9号車に車いす対応座席を設置。9号車の対応座席は座席指定（※）
▽ 3号車13・14A席、9号車10・11A席［2両増結編成は13・14A席］は車いす対応スペース（座席なし）
▽ 車内販売の営業なし
▽ 無線LANサービスを実施
▼ 座席／普通車＝回転式（座席下ペダル）フリーストッパー型リクライニングシート
グリーン車＝回転式（座席下ペダル）フリーストッパー型リクライニングシート
▼ Ⓒ／全席に設置
▼ おむつ交換台のあるトイレにはを付加
▼ □■は窓配置のパターン。□は座席2列分の広窓、■は座席ごと独立の小窓

←名古屋、高山　【⬆ 主な車窓風景】 名鉄名古屋本線並走(尾張一宮～木曽川付近)、岐阜駅東海道本線、犬山城、美濃太田太多線、日本ライン
飛騨川(飛水峡＝上麻生～白川口付近)、下呂温泉街、高山市街地　岐阜→

ひだ // HC 85 系 6 両編成＝JR東海〔名古屋車両区〕 // 9号、18号

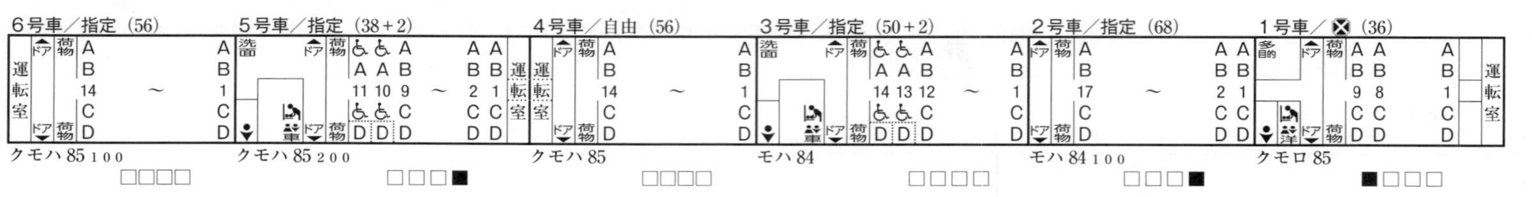

★ひだ // 2両増結編成 // HC 85 系 8 両編成＝JR東海〔名古屋車両区〕 // 9号、18号

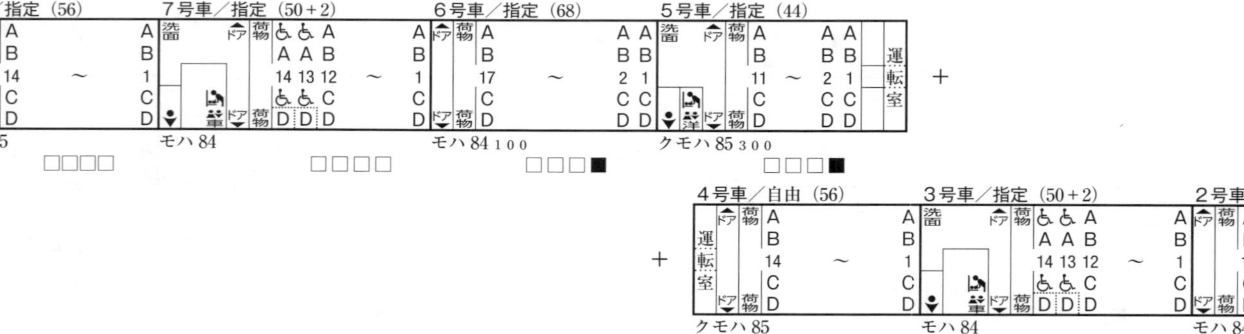

【⬇ 主な車窓風景】 名古屋市街地、金華山(岐阜城)、岐阜駅高山本線、美濃太田駅長良川鉄道、飛騨川(中山七里＝飛騨金山～焼石～下呂付近)

◇ 途中、岐阜にて進行方向が変わる（名古屋発列車の場合、岐阜まで座席は進行方向と反対側を向いている）
8両編成にて運転の場合は、7・8号車が増結車。7・8号車には5・6号車（基本）と同じ2両編成が入る場合もある
▽ 3・5号車に車いす対応座席を設置。増結編成は7号車にも設置
▽ 3号車 13・14A席、5号車 10・11A席［2両増結編成は7号車 13・14A席］は車いす対応スペース（座席なし）
▽ 車内販売の営業なし
▽ 無線LANサービスを実施
▼ 座席／普通車＝回転式（座席下ペダル）フリーストッパー型リクライニングシート
グリーン車＝回転式（座席下ペダル）フリーストッパー型リクライニングシート
▼ ⑪／全席に設置
▼ おむつ交換台のあるトイレには を付加
▼ □■は窓配置のパターン。□は座席2列分の広窓、■は座席ごと独立の小窓

←名古屋、飛騨古川・高山　　岐阜・大阪→

【⬆ 主な車窓風景】 名鉄名古屋本線並走(尾張一宮～木曽川付近)、岐阜駅東海道本線、犬山城、美濃太田太多線、日本ライン、飛騨川(飛水峡＝上麻生～白川口付近)、下呂温泉街、高山市街地{名古屋発} 吹田総合車両所{大阪発}

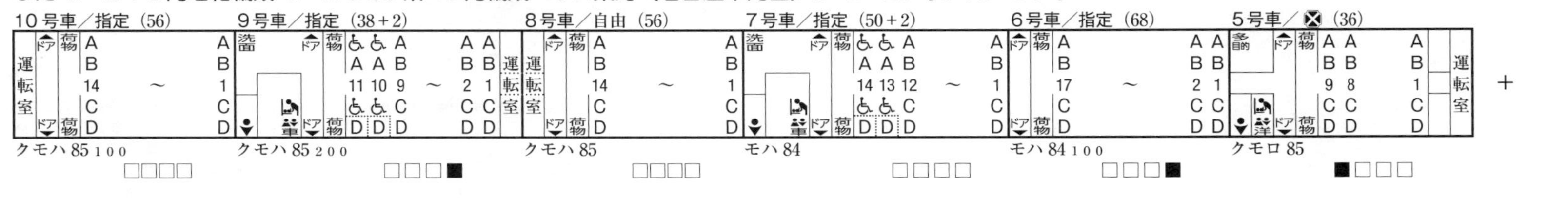

【⬇ 主な車窓風景】 名古屋市街地、金華山(岐阜城)、岐阜駅高山本線、美濃太田駅長良川鉄道、飛騨川(中山七里＝飛騨金山～焼石～下呂付近){名古屋発} 伊吹山、琵琶湖、京都鉄道博物館{大阪発}

◇ 名古屋発着列車は、途中、岐阜で進行方向が変わる（名古屋発列車の場合、岐阜まで座席は進行方向と反対側を向いている）
「ひだ」25号、36号は大阪～高山間の運転（1・2号車）。岐阜～高山間は名古屋発着の「ひだ」5号、16号（5～8号車）と併結運転
◇ 10両編成にて運転の場合は、3～4号車、9・10号車が増結車。3・4号車には2両編成が入る場合もある
▽ 7・1号車に車いす対応座席を設置。1号車の対応座席は座席指定（※）
▽ 7号車13・14A席、1号車10・11A席［増結編成は3・7号車13・14A席、9号車10・11A席］は車いす対応スペース（座席なし）
車内販売の営業なし
▽ 無線LANサービスを実施
▼ 座席／普通車＝回転式（座席下ペダル）フリーストッパー型リクライニングシート
グリーン車＝回転式（座席下ペダル）フリーストッパー型リクライニングシート
▼ ⑪／全席に設置
▼ おむつ交換台のあるトイレには🚼を付加
▼ □■は窓配置のパターン。□は座席2列分の広窓、■は座席ごと独立の小窓

「ひだ」編成席番表 －5

←名古屋、高山　【⬆ 主な車窓風景】 名鉄名古屋本線並走(尾張一宮～木曽川付近)、岐阜駅東海道本線、犬山城、美濃太田駅太多線、日本ライン、飛騨川(飛水峡＝上麻生～白川口付近)、下呂温泉街、高山市街地　岐阜→

ひだ // ＨＣ85系 ４両編成＝ＪＲ東海〔名古屋車両区〕 // 81・83号、82・90号

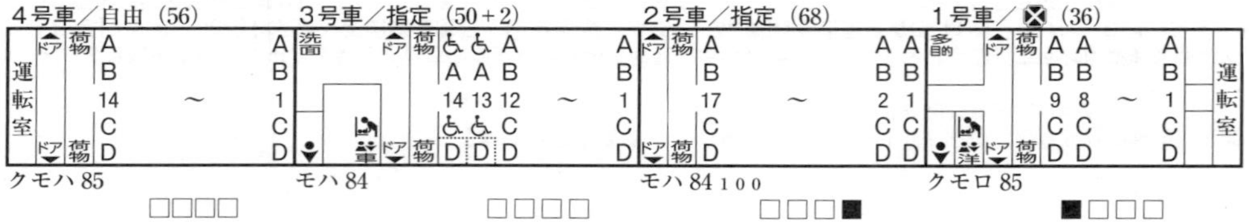

４号車／自由（56）	３号車／指定（50＋2）	２号車／指定（68）	１号車／🅶（36）
運転室 ドア 荷物 A B 14 C D ～ A B 1 C D	洗面 🚹 車 ドア 荷物 ♿♿ A / A A B / 14 13 12 / ♿♿ C / D D D ～ A B 1 C D	ドア 荷物 A B 17 C D ～ A B 2 C D	A B 1 C D 多目的 🚹 洋 ドア 荷物 A B 9 C D / A B 8 C D ～ A B 1 C D 運転室
クモハ85	モハ84	モハ84 100	クモロ85
□□□□	□□□□	□□□■	■□□□

◆ 運転日等の詳細は、最新のＪＲ時刻表等で確認
◇ 途中、岐阜にて進行方向が変わる（名古屋発列車の場合、岐阜まで座席は進行方向と反対側を向いている）
▽３号車に車いす対応座席を設置
▽３号車 13・14Ａ席は車いす対応スペース（座席なし）
▽ 車内販売の営業なし
▽ 無線ＬＡＮサービスを実施
▼ 座席／普通車＝回転式（座席下ペダル）フリーストッパー型リクライニングシート
　グリーン車＝回転式（座席下ペダル）フリーストッパー型リクライニングシート
▼ ⓘ／全席に設置
▼ おむつ交換台のあるトイレには🚼を付加
▼ □■は窓配置のパターン。□は座席２列分の広窓、■は座席ごと独立の小窓

←紀伊勝浦・新宮（伊勢鉄道経由）　【⬆ 主な車窓風景】 松阪駅名松線、鈴鹿山脈、鈴鹿サーキット、河原田駅[関西本線亀山方面]、名古屋車両区　名古屋→

南紀 // HC85系2両編成＝JR東海〔名古屋車両区〕 // 1・3・5・7号、2・4・6・8号

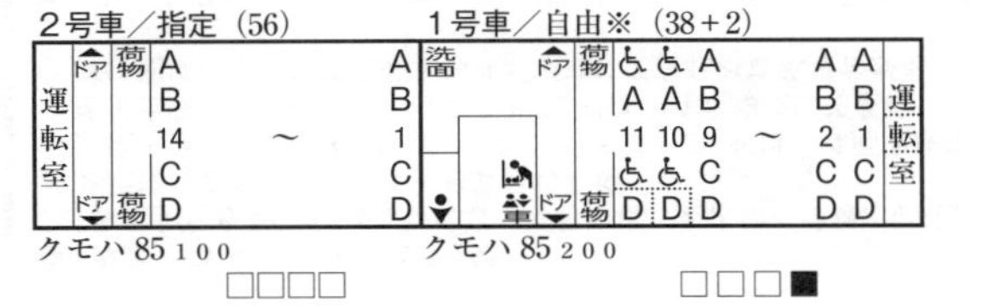

★南紀 // HC85系4両編成 // 2両増結＝JR東海〔名古屋車両区〕 // 1・3・5・7号、2・4・6・8号

4号車／指定（56）　A B 14 〜 1 C D　運転室　クモハ85

3号車／指定（50＋2）　A A B 14 13 12 〜 1 C D D D　モハ84

2号車／指定（68）　A B 17 〜 2 1 C D　モハ84 100

1号車／自由（44）　A B 11 〜 2 1 C D　運転室　クモハ85 300

◇ 車いす対応座席は3号車に設置（1号車に対応座席がないため）
◇ 4両編成は、2両編成2本連結の場合もある。
　また6両編成にて運転の場合は2＋4両編成にて組成
　この増結の場合、車いす対応座席は1号車

【⬇ 主な車窓風景】 太平洋（熊野灘）、多気駅参宮線、近鉄山田線並走（松阪駅付近）、津駅紀勢本線亀山方面・近鉄名古屋線クロス、名古屋駅中央本線・東海道本線・名古屋臨海高速鉄道

▽ 車内販売の営業なし
▽ LANサービスを実施
▽ 1号車に車いす対応座席を設置。1号車の対応座席は座席指定
▽ 1号車10・11A席［2両増結編成は3号車13・14A席］は車いす対応スペース（座席なし）

▼ 座席／普通車＝回転式（座席下ペダル）フリーストッパー型リクライニングシート
▼ ⑪／全席に設置
▼ おむつ交換台のあるトイレには🚼を付加
▼ □■は窓配置のパターン。□は座席2列分の広窓、■は座席ごと独立の小窓

快速「みえ」編成席番表

←鳥羽・伊勢市（伊勢鉄道経由）　【⬆ 主な車窓風景】 多気駅紀勢本線、松阪駅名松線、鈴鹿山脈、鈴鹿サーキット、河原田駅[関西本線亀山方面]、名古屋車両区　名古屋→

みえ // キハ75形4両編成＝JR東海〔名古屋車両区〕 // 3·5·19·21号 2·4·18·20号

1号車／指定（52）	2号車／自由（56）	3号車／自由（52）	4号車／自由（56）
運転室 ドア 1〜6 ドア 7〜12 ドア 101 102 ♿	101 102 ドア 1〜6 ドア 7〜12 ドア 運転室	運転室 ドア 1〜6 ドア 7〜12 ドア 101 102 ♿	101 102 ドア 1〜6 ドア 7〜12 ドア 運転室
D C / B A	D C / B A	D C / B A	D C / B A
キハ75	キハ75 100	キハ75	キハ75 100

みえ // キハ75形2両編成＝JR東海〔名古屋車両区〕 // 1·7·9·11·13·15·17·23·25号 6·8·10·12·14·16·22·24·26号

1号車／指定＋自由（52）	2号車／自由（56）
運転室 ドア 1〜6 ドア 7〜12 ドア 101 102 ♿	101 102 ドア 1〜6 ドア 7〜12 ドア 運転室
D C / B A	D C / B A
キハ75	キハ75 100

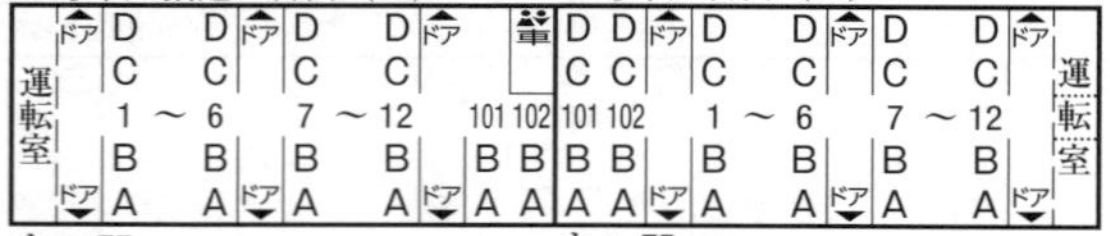

【⬇ 主な車窓風景】 伊勢湾、近鉄山田線並走(松阪駅付近)、津駅紀勢本線亀山方面・近鉄名古屋線クロス、名古屋駅中央本線・東海道本線・名古屋臨海高速鉄道

◆「みえ」51号は土曜・休日運転
◇「みえ」3·5号、18·20号の3・4号車は、名古屋〜伊勢市間連結
◇ 2両編成の指定席は、1〜6ＡＢＣＤ席
◇ 土曜・休日の「みえ」1·7·17号、6·8·16·26号は、4両編成にて運転
◇ 金・土曜および休前日の「みえ」23号は、4両編成にて運転
◇ 繁忙期は、2両編成の列車も4両編成にて運転となる場合がある

▼ 101・102ＡＢＣＤ席はボックスシート（1・3号車にＣＤ席はなし）
▼ 座席／転換式クロスシート（ただし、1・6・7・12番席と101・102番席は固定式）
▼（　）内は座席数
▼ 1·3号車の101・102AB席は、はね上げ式腰掛（車いす対応座席）

飯田線 「伊那路」編成席番表

←豊橋　　【⬆ 主な車窓風景】 東海道本線並走、名鉄名古屋線と線路共用(豊橋～小坂井付近)、鳳来寺山、天竜川　　飯田→

伊那路 // 373系3両編成＝JR東海〔静岡車両区〕 // 1・3号、2・4号

3号車／自由＋指定（60）　2号車／自由＋指定（68）　1号車／指定（51）

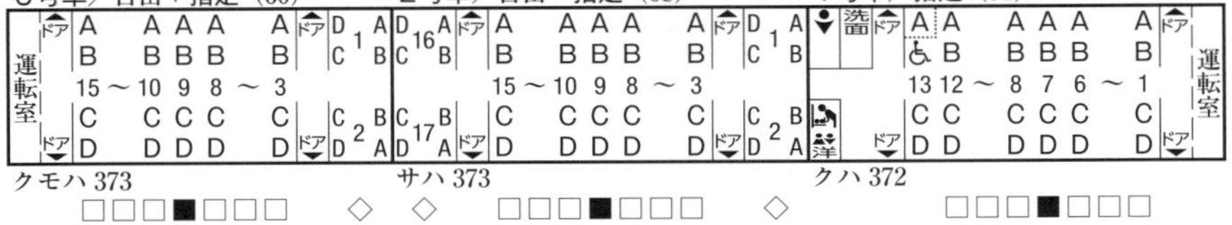

運転室 ドア A B 15～10 9 8～3 C D ドア D C 1 B A / C D 2 A B ｜ D C 16 A B / C D 17 B A ドア A B 15～10 9 8～3 C D ドア D C 1 B A / C D 2 B A ｜ 洗 ドア A A B 13 12～8 7 6～1 C C D D ドア 運転室

クモハ373　サハ373　クハ372

□□□■□□□　◇　◇　□□□■□□□　◇　□□□■□□□

【⬇ 主な車窓風景】 鳳来峡、天竜川、南アルプス(赤石山脈)

▽ 車内販売の営業なし
▽ 1号車に車いす対応座席を設置
▽ 2・3号車のセミコンパートメントシートは座席指定
▽ 2号車を指定席に変更する日がある

▼ 373系の座席／回転式（座席下ペダル）フリーストッパー式リクライニングシート。シートピッチ970mm
セミコンパートメントシートをクモハ373、サハ373の各連結（車端）寄りに設置。グループ旅行にはお薦めのスペースである
なお、セミコンパートメントシートは自由席車においてもすべて指定席となっているので注意
▼ おむつ交換台のあるトイレには印を付加
▼ □■◇は窓配置のパターン。□は座席2列分の広窓、■は座席ごと独立の小窓、◇はボックス席に1つ窓

飯田線 急行「飯田線秘境駅号」編成席番表【臨時列車】

←豊橋　　【⬆ 主な車窓風景】 東海道本線並走、名鉄名古屋線と線路共用(豊橋～小坂井付近)、鳳来寺山、天竜川　　飯田→

飯田線秘境駅号 // 373系3両編成＝JR東海〔静岡車両区〕

3号車／指定（60）　2号車／指定（68）　1号車／指定（51）

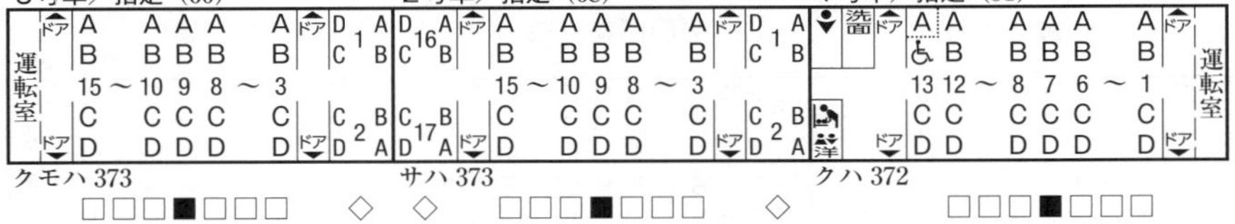

運転室 ドア A B 15～10 9 8～3 C D ドア D C 1 B A / C D 2 A B ｜ D C 16 A B / C D 17 B A ドア A B 15～10 9 8～3 C D ドア D C 1 B A / C D 2 B A ｜ 洗 ドア A A B 13 12～8 7 6～1 C C D D ドア 運転室

クモハ373　サハ373　クハ372

□□□■□□□　◇　◇　□□□■□□□　◇　□□□■□□□

【⬇ 主な車窓風景】 鳳来峡、天竜川、南アルプス(赤石山脈)

◆ 運転日注意　詳細は最新のJR時刻表などで確認

▽ 1号車に車いす対応座席を設置
▼ おむつ交換台のあるトイレには印を付加
▼ □■◇は窓配置のパターン。□は座席2列分の広窓、■は座席ごと独立の小窓、◇はボックス席に1つ窓

「ふじかわ」編成席番表

←富士　　　甲府、静岡→

【⬆ 主な車窓風景】 舞鶴城公園、中央本線並走(甲府～善光寺付近)、南アルプス(赤石山脈)、身延山、富士川、静岡車両区[⬅静岡発にて掲載]

ふじかわ // 373系3両編成＝JR東海〔静岡車両区〕 // 1・3・5・7・9・11・13号、2・4・6・8・10・12・14号

3号車／自由＋指定 (52+8)	2号車／自由＋指定 (52+16)	1号車／指定 (51)
運転室 ドア A A A A A ドア D 1 A	D 16 A ドア A A A A A ドア D 1 A	🚻 洗面 ドア A A A A A A ドア 運転室
B B B B B C B	C B B B B B B C B	♿ B B B B B
15 ～ 10 9 8 ～ 3	15 ～ 10 9 8 ～ 3	13 12 ～ 8 7 6 ～ 1
C C C C C C 2 B	C 17 B C C C C C C 2 B	C C C C C C
ドア D D D D D ドア D A	D A ドア D D D D D ドア D A	洋 ドア D D D D D D ドア
クモハ373	サハ373	クハ372
□□□■□□□ ◇	◇ □□□■□□□	□□□■□□□

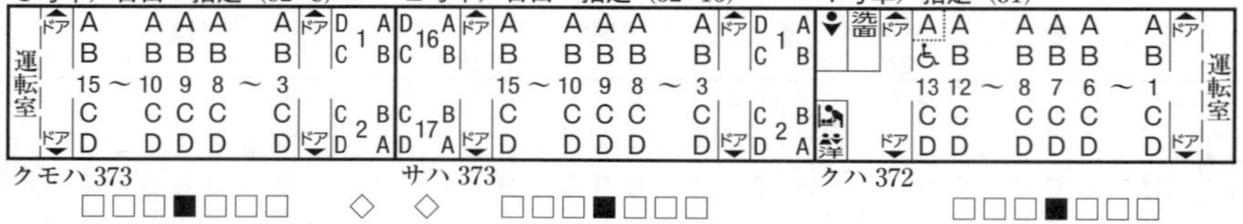

【⬇ 主な車窓風景】 富士山、下部温泉街[⬅静岡発にて掲載]

◇ 途中、富士にて進行方向が変わる

▽ 車内販売の営業なし　▽ 1号車に車いす対応座席を設置　▽ 2・3号車のセミコンパートメントシートは座席指定　▽ 2号車を指定席に変更する日がある
▼ おむつ交換台のあるトイレには印を付加
▼ □■◇は窓配置のパターン。□は座席2列分の広窓、■は座席ごと独立の小窓、◇はボックス席に1つ窓

←豊橋　　【⬆ 主な車窓風景】　　米原→

313系4両編成＝JR東海〔大垣車両区〕

4号車（48）　クモハ313

運転室	ドア			ドア			ドア		
		A	A		A	A		A	A
		B	B		B	B		B	B
		12～8			7～3			2	1
		C	C		C	C		C	C
	ドア	D	D	ドア	D	D	ドア	D	D

3号車（56）　サハ313

		ドア			ドア			ドア		
A	A		A	A		A	A		A	A
B	B		B	B		B	B		B	B
14	13		12～8			7～3			2	1
C	C		C	C		C	C		C	C
D	D	ドア	D	D	ドア	D	D	ドア	D	D

2号車（56）　モハ313

		ドア			ドア			ドア		
A	A		A	A		A	A		A	A
B	B		B	B		B	B		B	B
14	13		12～8			7～3			2	1
C	C		C	C		C	C		C	C
D	D	ドア	D	D	ドア	D	D	ドア	D	D

1号車（43）　クハ312

		ドア			ドア			ドア	運転室
D	D		D	D		D	D		
C			C	C		C	C		
1	2		3～7			8～12			
洋			B	B		B	B		
		ドア	A	A	ドア	A	A	ドア	

313系2両編成＝JR東海〔大垣車両区〕

2(6)号車（48）　クモハ313 300

運転室	ドア			ドア			ドア		
		A	A		A	A		A	A
		B	B		B	B		B	B
		12～8			7～3			2	1
		C	C		C	C		C	C
	ドア	D	D	ドア	D	D	ドア	D	D

1(5)号車（43）　クハ312 300

		ドア			ドア			ドア	運転室
D	D		D	D		D	D		
C			C	C		C	C		
1	2		3～7			8～12			
洋			B	B		B	B		
		ドア	A	A	ドア	A	A	ドア	

▽ 神領車両区所属の313系0代は一部編成の座席番号が異なっているので注意

【⬇ 主な車窓風景】　名古屋市街地

▼ 座席／転換式クロスシート（各座席ドア寄り1列、連結面寄り1列は固定シート）
▽（　）内の数字は座席数

159

ＪＲ西日本「TWILIGHT EXPRESS 瑞風」編成席番表【クルーズトレイン】

←下関　　【⬆ 主な車窓風景】日本海　　大阪・京都→

TWILIGHT EXPRESS 瑞風 // 87 系 10 両編成＝ＪＲ西日本〔網干総合車両所宮原支所〕

【⬇ 主な車窓風景】瀬戸内海

◆ TWILIGHT EXPRESS 瑞風は、2017.06.17 から営業運転を開始
◆ １泊２日で行く片道タイプと、２泊３日で山陽・山陰を周遊する往復タイプを設定
片道タイプは、大阪発下りは京都～山陰本線経由（立ち寄り観光地＝香住、萩）下関着、下関発上りが山陰本線～京都経由（立ち寄り観光地＝出雲、鳥取）新大阪着、
新大阪発下りは山陽本線経由（立ち寄り観光地＝倉敷、岩国）下関着、下関発上りが山陽本線経由（立ち寄り観光地＝宮島、尾道）大阪着。
詳しくは、ＪＲ西日本ホームページ等を参照
▽ ４号車 403 のロイヤルツインはユニバーサル対応
▽ ７号車ザ・スイートは４名まで、４号車ロイヤルシングルは各室２名までの利用が可能。１編成の定員は 34 名

JR西日本「サロンカーなにわ」編成席番表【団体列車】

←大阪　【⬆ 主な車窓風景】　下関→

サロンカーなにわ // 14系7両編成＝JR西日本〔網干総合車両所宮原支所〕

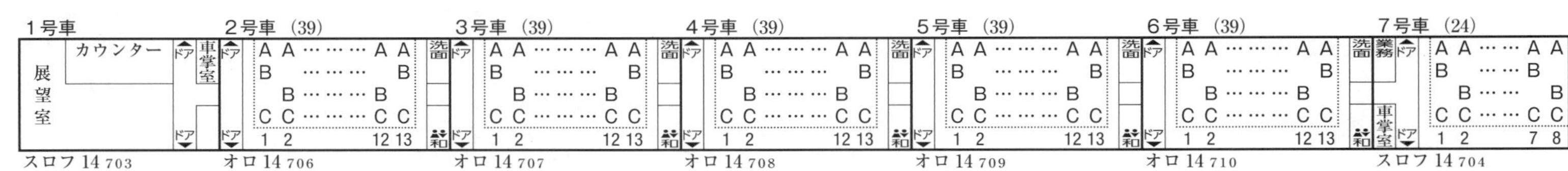

【⬇ 主な車窓風景】

▼ 座席／回転式フリーストッパー型リクライニングシート
座席配置は2＆1、1＆2の組合せ

◇ 運転区間は便宜上の表示

北陸本線「SL北びわこ号」編成席番表【臨時列車】

←木ノ本　【⬆ 主な車窓風景】 伊吹山　米原→

SL北びわこ号 // 12系5両編成＝JR西日本〔網干総合車両所宮原支所〕

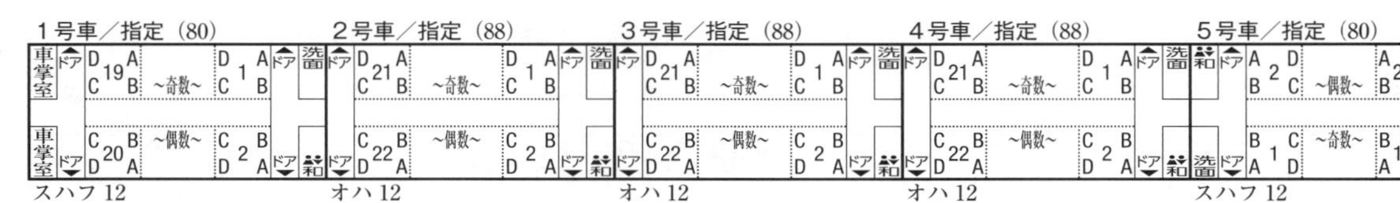

【⬇ 主な車窓風景】 琵琶湖

◆ 新型コロナ感染拡大を踏まえて2020年春季から運転を休止。2021.05.21に運行終了。
使用する客車は在籍しているので、今後の臨時列車等への充当も想定して掲載を継続

▽ 車内販売営業

▼ 座席／固定式ボックスシート
▼ 客車の向きにより、座席番号が反対となっている場合もある

北陸本線 「サンダーバード」編成席番表 －1

←大阪 　　　　　　　　　　　　　　　　　　　　　　　　　　　　　　敦賀→

【⬆ 主な車窓風景】 快速線・緩行線と並走(大阪～山科間上り列車)、天王山、京都鉄道博物館、京都駅山陰本線、京都市街地、比叡山、比良山地、敦賀駅小浜線

サンダーバード // 683系4000代9両編成＝JR西日本〔吹田総合車両所京都支所〕
1・3・5・7・9・11・13・15・17・19・21・23・25・27・29・31・33・35・37・39・41・43・45・47・49号
2・4・6・8・10・12・14・16・18・20・22・24・26・28・30・32・34・36・38・40・42・44・46・48・50号

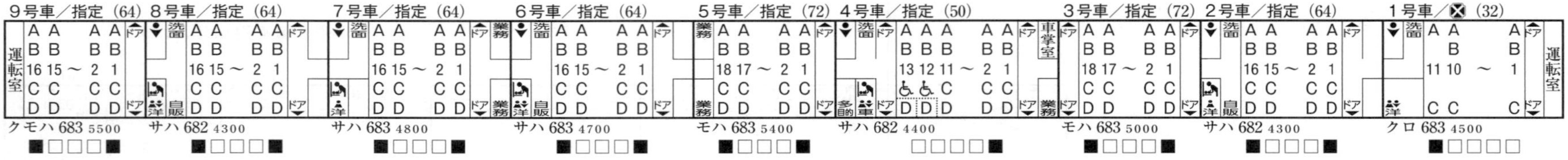

号車	9号車／指定（64）	8号車／指定（64）	7号車／指定（64）	6号車／指定（64）	5号車／指定（72）	4号車／指定（50）	3号車／指定（72）	2号車／指定（64）	1号車／⊠（32）
設備	運転室・ドア	◆・洗面・洋・自販・ドア	◆・洗面・洋・ドア	業務・◆・洗面・洋・自販・ドア	業務・ドア	◆・洗面・ドア・多目的・車・ドア	車掌室・業務・ドア	◆・洗面・洋・自販・ドア	◆・洗面・洋・ドア・運転室
席番	16 15 ～ 2 1 (ABCD)	16 15 ～ 2 1 (ABCD)	16 15 ～ 2 1 (ABCD)	16 15 ～ 2 1 (ABCD)	18 17 ～ 2 1 (ABCD)	13 12 11 ～ 2 1 (ABCD)、13・12 C席は♿	18 17 ～ 2 1 (ABCD)	16 15 ～ 2 1 (ABCD)	11 10 ～ 1 (A B C)
形式	クモハ 683 5500	サハ 682 4300	サハ 683 4800	サハ 683 4700	モハ 683 5400	サハ 682 4400	モハ 683 5000	サハ 682 4300	クロ 683 4500
窓	■□□□■	■□□□■	■□□□■	■□□□■	■□□□■	□□□□■	■□□□■	■□□□■	■□□□□

【⬇ 主な車窓風景】 快速線・緩行線と並走(大阪～山科間下り列車)、吹田総合車両所、吹田総合車両所京都支所、京都駅奈良線、琵琶湖、近江塩津駅[北陸本線米原方面]

◇ 9両固定編成
◆ 上記9両編成が、3両増結の12両編成にて運転となる場合は163頁を参照
◇ 2024.03.16改正から全車指定席に変更
◇ 座席指定は、JR西日本ネット予約「e5489」の「J-WESTチケットレス特急券」等の利用がお得
◇ 敦賀駅、北陸新幹線との乗換えは、在来線特急ホームからエスカレーター、エレベーター、階段にて2階乗換改札を経て、3階新幹線ホームに（乗換え標準時間8分）。
北陸新幹線と「サンダーバード」を乗り継いで利用する場合、1回の操作で予約可能な「北陸乗継チケットレス」「e北陸乗継チケットレス」の購入がお得。
詳しくは、JR西日本「JRおでかけネット」等参照

▽ 車内販売の営業なし
▼ 3号車1～4ABCD席は女性専用席
女性専用席は、女性および同伴の小学生以下の男児に限り利用できる
▽ 4号車に車いす対応座席を設置
▽ トンネル内携帯電話の利用は、東海道本線京都～山科間は2017.04.28から可能となっている

▼ 座席／普通車＝回転式（座席下ペダル）フリーストッパー型リクライニングシート、シートピッチ970mm、シート幅450mm
グリーン車＝回転式（座席下ペダル）リクライニングシート、シートピッチ1160mm、シート幅500mm
▼ ⓘ／グリーン車は各座席肘掛部に設置。普通車は客室出入口付近座席の壁側下部に設置
▼ 普通席はパソコン対応大型テーブル装備
▼ 車両リフレッシュ工事完了
▼ おむつ交換台のあるトイレには印を付加
▼ □■は窓配置のパターン。□は座席2列分の広窓、■は座席ごと独立の小窓

←大阪 【⬆ 主な車窓風景】 快速線・緩行線と並走(大阪～山科間上り列車)、天王山、京都鉄道博物館、京都駅山陰本線、京都市街地、比叡山、比良山地、敦賀駅小浜線 敦賀→

★サンダーバード　12 両編成にて運転の場合　//　683 系 4000 代・683 系 12 両編成＝JR西日本〔吹田総合車両所京都支所〕
1・3・5・7・9・11・13・15・17・19・21・23・25・27・29・31・33・35・37・39・41・43・45・47・49 号
2・4・6・8・10・12・14・16・18・20・22・24・26・28・30・32・34・36・38・40・42・44・46・48・50 号

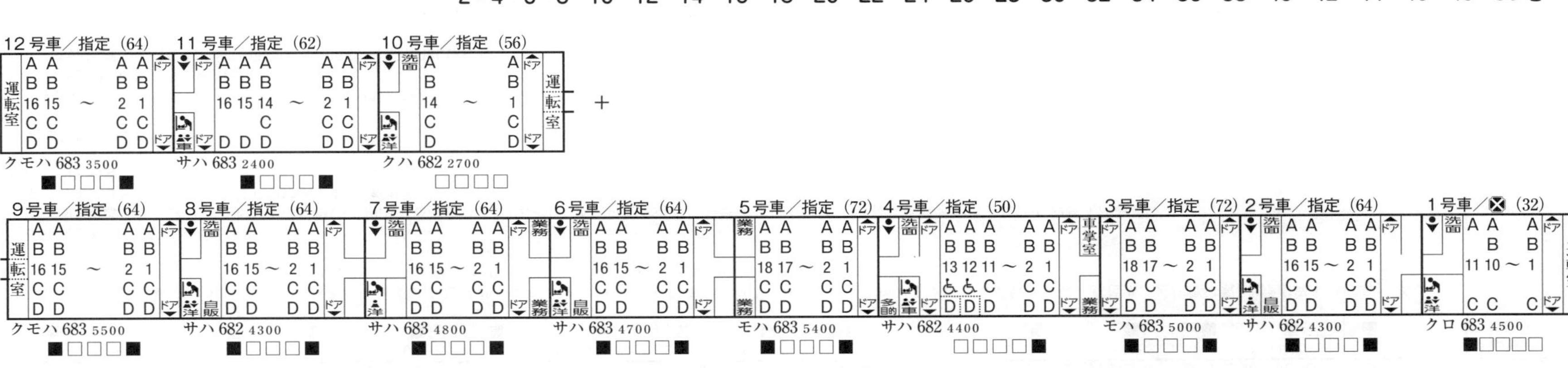

【⬇ 主な車窓風景】 快速線・緩行線と並走(大阪～山科間下り列車)、吹田総合車両所、吹田総合車両所京都支所、京都駅奈良線、琵琶湖、近江塩津駅[北陸本線米原方面]

◇ 2024.03.16 改正から全車指定席に変更
◇ 座席指定は、ＪＲ西日本ネット予約「e5489」の「J-WESTチケットレス特急券」等の利用がお得
◇ 敦賀駅、北陸新幹線との乗換えは、在来線特急ホームからエスカレーター、エレベーター、階段にて２階乗換改札を経て、３階新幹線ホームに（乗換え標準時間８分）。
北陸新幹線と「サンダーバード」を乗り継いで利用する場合、１回の操作で予約可能な「北陸乗継チケットレス」「e北陸乗継チケットレス」の購入がお得。
詳しくは、JR西日本「JRおでかけネット」等参照

▽ 車内販売の営業なし
▼ ３号車１～4ABCD席は女性専用席
女性専用席は、女性および同伴の小学生以下の男児に限り利用できる
▽ ４号車に車いす対応座席を設置
▽ トンネル内携帯電話の利用は、東海道本線京都～山科間は 2017.04.28 から可能となっている

▼ 座席／普通車＝回転式（座席下ペダル）フリーストッパー型リクライニングシート、シートピッチ 970mm、シート幅 450mm
グリーン車＝回転式（座席下ペダル）リクライニングシート、シートピッチ 1160mm、シート幅 500mm
▼ ⑪／グリーン車は各座席肘掛部に設置。普通車は客室出入口付近座席の壁側下部に設置（１～９号車）
▼ 普通席はパソコン対応大型テーブル装備
▼ 車両リフレッシュ工事完了
▼ おむつ交換台のあるトイレには印を付加
▼ □■は窓配置のパターン。□は座席２列分の広窓、■は座席ごと独立の小窓

←大阪　【⬆ 主な車窓風景】 快速線・緩行線と並走(大阪～山科間上り列車)、天王山、京都鉄道博物館、京都駅山陰本線、京都市街地、比叡山、比良山地、敦賀駅小浜線　敦賀→

★ サンダーバード 12 両編成で運転の場合 // 683 系 4000 代・681 系 12 両編成＝ＪＲ西日本〔吹田総合車両所京都支所〕
1・3・5・7・9・11・13・15・17・19・21・23・25・27・29・31・33・35・37・39・41・43・45・47・49 号、
2・4・6・8・10・12・14・16・18・20・22・24・26・28・30・32・34・36・38・40・42・44・46・48・50 号

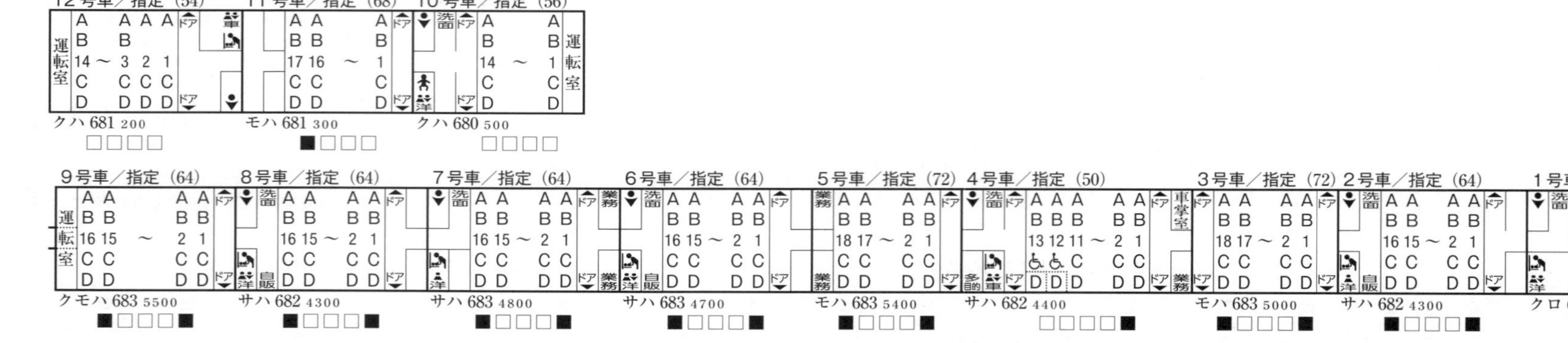

【⬇ 主な車窓風景】 快速線・緩行線と並走(大阪～山科間下り列車)、吹田総合車両所、吹田総合車両所京都支所、京都駅奈良線、琵琶湖、近江塩津駅[北陸本線米原方面]、※、越前花堂駅[越美北線]、白山連峰、白山総合車両所(北陸新幹線車両基地)、金沢市街地

◇ 2024.03.16 改正から全車指定席に変更
北陸新幹線と「サンダーバード」を乗り継いで利用する場合、１回の操作で予約可能な「北陸乗継チケットレス」「e北陸乗継チケットレス」の購入がお得。
詳しくは、ＪＲ西日本「ＪＲおでかけネット」等参照
◆ 10 ～ 12 号車に 681 系が入る場合

▽ 車内販売の営業なし
▼ ３号車１～ 4ABCD席は女性専用席
女性専用席は、女性および同伴の小学生以下の男児に限り利用できる
▽ 4 号車に車いす対応座席を設置
▽ トンネル内携帯電話の利用は、東海道本線京都～山科間は 2017.04.28 から可能となっている

▼ 座席／普通車＝回転式（座席下ペダル）フリーストッパー型リクライニングシート、シートピッチ 970mm
グリーン車＝回転式（座席下ペダル）リクライニングシート、シートピッチ 1160mm
▼ おむつ交換台のあるトイレには印を付加
▼ 車両リフレッシュ工事完了
▼ □■は窓配置のパターン。□は座席２列分の広窓、■は座席ごと独立の小窓

「しらさぎ」編成席番表 －1

←米原　【⬆ 主な車窓風景】 伊吹山〔東海道本線〕、大垣駅樽見鉄道 ➡〔北陸本線〕余呉湖、琵琶湖、近江塩津駅［湖西線］、敦賀駅小浜線　敦賀、名古屋→

しらさぎ // 681 系 6 両編成＝JR西日本〔吹田総合車両所京都支所〕 // 1·3·5·7·9·11·13·15 号、2·4·6·8·10·12·14·16 号

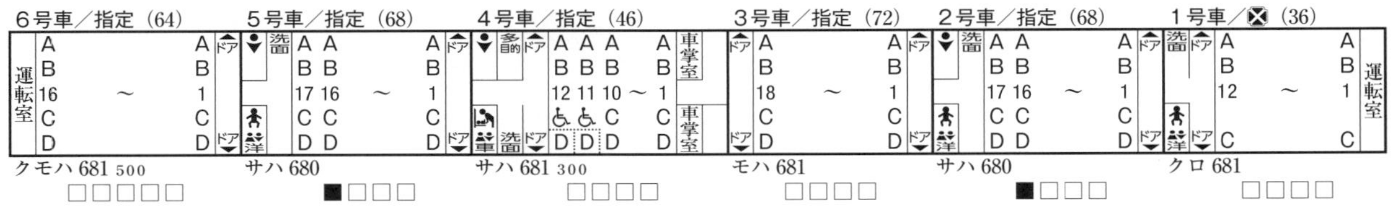

★しらさぎ　9 両編成にて運転の場合 // 681 系 9 両編成＝JR西日本〔吹田総合車両所京都支所〕

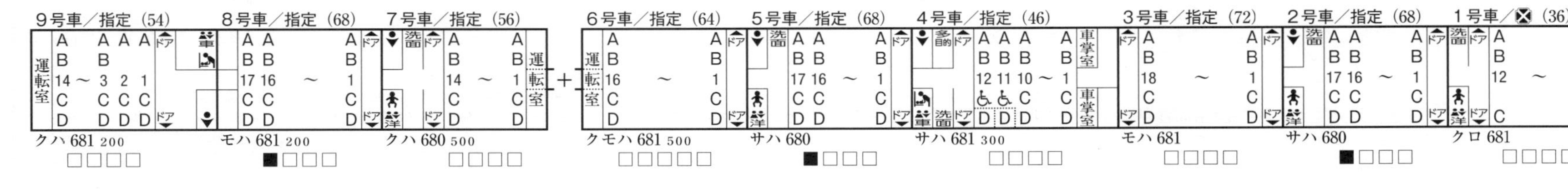

◇７～９号車は米原～金沢間連結。この増結車は多客期を中心に設定

【⬇ 主な車窓風景】 大垣駅養老鉄道、名鉄名古屋本線と並走（尾張一宮付近）〔東海道本線〕、➡〔北陸本線〕伊吹山

◇ 途中、米原にて進行方向が変わる
◇ 2024.03.16 改正から全車指定席に変更
◇ 敦賀駅、北陸新幹線との乗換えは、在来線特急ホームからエスカレーター、エレベーター、階段にて２階乗換改札を経て、３階新幹線ホームに（乗換え標準時間８分）。
「しらさぎ」と北陸新幹線（東海道新幹線含む）を乗り継いで利用する場合、JR東海「EXサービス」、JR西日本「WEB早特７」での購入がお得。
詳しくは、JR東海「EX・ご予約」、JR西日本「JRおでかけネット」等参照

▽ ４号車に車いす対応座席を設置
▽ 車内販売の営業なし
▼ 座席／普通車＝回転式（座席下ペダル）フリーストッパー型リクライニングシート、シートピッチ 970mm
　　グリーン車＝回転式（座席下ペダル）リクライニングシート、シートピッチ 1160mm
▼ おむつ交換台のあるトイレには印を付加
▼ □■は窓配置のパターン。□は座席２列分の広窓、■は座席ごと独立の小窓

←米原　【⬆ 主な車窓風景】 伊吹山〔東海道本線〕、大垣駅樽見鉄道 ➡〔北陸本線〕余呉湖、琵琶湖、近江塩津駅［湖西線］、敦賀駅小浜線　敦賀、名古屋→

★しらさぎ　683系9両編成にて運転の場合＝JR西日本〔吹田総合車両所京都支所〕

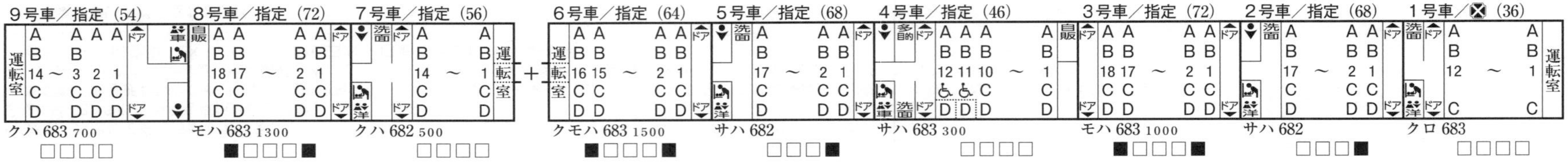

号車	9号車／指定（54）	8号車／指定（72）	7号車／指定（56）	6号車／指定（64）	5号車／指定（68）	4号車／指定（46）	3号車／指定（72）	2号車／指定（68）	1号車／⊠（36）
設備	運転室、ドア、洋・車、●、	自販、ドア	●、洗面、ドア、洋・和、運転室	運転室、ドア	●、洗面、洋・和、ドア	●、多目的、ドア、洋・車、洗面	自販、ドア	●、洗面、洋・和、ドア	洗面、ドア、洋・和、運転室
席番	A B C D 14〜3 2 1	A B C D 18 17〜2 1	A B C D 14〜1	A B C D 16 15〜2 1	A B C D 17〜2 1	A B C D 12 11 10〜1（♿ 12・11）	A B C D 18 17〜2 1	A B C D 17〜2 1	A B C 12〜1
形式	クハ683 700	モハ683 1300	クハ682 500	クモハ683 1500	サハ682	サハ683 300	モハ683 1000	サハ682	クロ683
窓配置	□□□□	■□□□■	□□□□	■□□□■	□□□■	□□□□	■□□□■	□□□■	□□□□

（7号車と6号車の間で連結＋）

◇7～9号車は米原～敦賀間連結。この増結車は多客期を中心に設定

【⬇ 主な車窓風景】 大垣駅養老鉄道、名鉄名古屋本線と並走(尾張一宮付近)〔東海道本線〕、➡〔北陸本線〕伊吹山

◇2024.03.16改正から全車指定席に変更
◇途中、米原にて進行方向が変わる
◇敦賀駅、北陸新幹線との乗換えは、在来線特急ホームからエスカレーター、エレベーター、階段にて2階乗換改札を経て、3階新幹線ホームに（乗換え標準時間8分）。
「しらさぎ」と北陸新幹線（東海道新幹線含む）を乗り継いで利用する場合、JR東海「EXサービス」、JR西日本「WEB早特7」での購入がお得。
詳しくは、JR東海「EX・ご予約」、JR西日本「JRおでかけネット」等参照

▽4号車に車いす対応座席を設置
▽車内販売の営業なし
▼座席／普通車＝回転式（座席下ペダル）フリーストッパー型リクライニングシート、シートピッチ970mm
　　　グリーン車＝回転式（座席下ペダル）リクライニングシート、シートピッチ1160mm
▼おむつ交換台のあるトイレには印を付加
▼□■は窓配置のパターン。□は座席2列分の広窓、■は座席ごと独立の小窓

←金沢　【⬆ 主な車窓風景】 赤浦潟　和倉温泉→

能登かがり火 // 683系3両編成＝JR西日本〔金沢車両区〕// 1・3・5・7・9号、2・4・6・8・10号

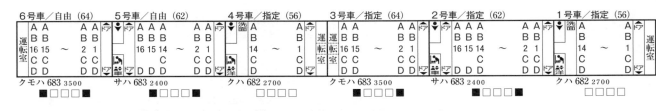

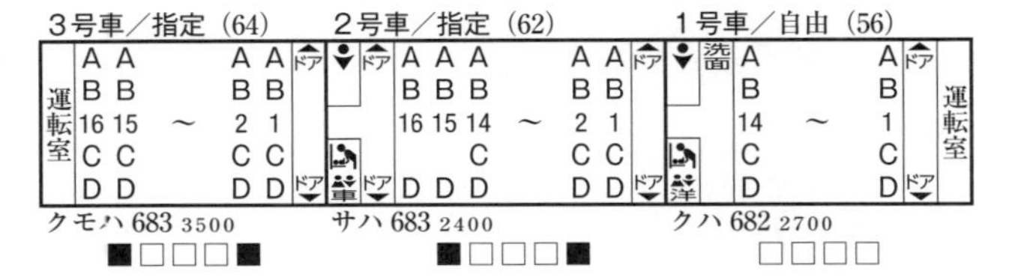

号車	3号車／指定（64）	2号車／指定（62）	1号車／自由（56）
設備	運転室・ドア	ドア・[トイレ・和]・[おむつ交換台]	ドア・[冷水器]・[トイレ・洋]・[おむつ交換台]・運転室
席番	16〜1（A B C D）	16〜1（A B C D）	14〜1（A B C D）
形式	クモハ683 3500	サハ683 2400	クハ682 2700
窓配置	■□□□■	■□□□■	□□□□

★能登かがり火　6両編成で運転の場合 // 683系6両編成＝JR西日本〔金沢車両区〕

号車	6号車／自由（64）	5号車／自由（62）	4号車／指定（56）	3号車／指定（64）	2号車／指定（62）	1号車／指定（56）
設備	運転室・ドア	ドア・[トイレ・和]・[おむつ交換台]	ドア・[冷水器]・[トイレ・洋]・[おむつ交換台]・運転室	運転室・ドア	ドア・[トイレ・和]・[おむつ交換台]	ドア・[冷水器]・[トイレ・洋]・[おむつ交換台]・運転室
席番	16〜1（A B C D）	16〜1（A B C D）	14〜1（A B C D）	16〜1（A B C D）	16〜1（A B C D）	14〜1（A B C D）
形式	クモハ683 3500	サハ683 2400	クハ682 2700	クモハ683 3500	サハ683 2400	クハ682 2700
窓配置	■□□□■	■□□□■	□□□□	■□□□■	■□□□■	□□□□

【⬇ 主な車窓風景】 金沢市街地、金沢車両区(車両基地)、津幡駅ＩＲいしかわ鉄道、七尾南湾

- ▽ 車内販売の営業なし
- ▼ 座席／普通車＝回転式（座席下ペダル）フリーストッパー型リクライニングシート、シートピッチ970mm
- ▼ おむつ交換台のあるトイレには[おむつ交換台]印を付加
- ▼ □■は窓配置のパターン。□は座席2列分の広窓、■は座席ごと独立の小窓

七尾線「花嫁のれん」編成席番表【臨時列車】

←金沢　【⬆ 主な車窓風景】　和倉温泉→

花嫁のれん　// キハ48形２両編成＝ＪＲ西日本〔金沢車両区富山支所〕

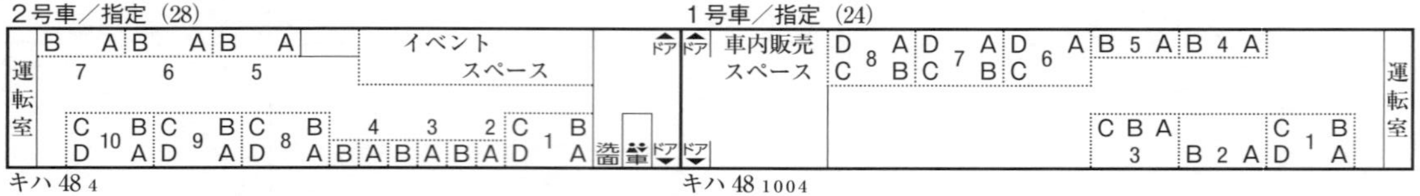

２号車／指定（28）

運転室 | B 7 A | B 6 A | B 5 A | イベントスペース | ドア
C D 10 B A | C D 9 B A | C D 8 B A | 4 B A | 3 B A | 2 B A | C D 1 B A | 洗面 | ♿ | ドア

キハ48 4

１号車／指定（24）

ドア | 車内販売スペース | D C 8 A B | D C 7 A B | D C 6 A B | B 5 A | B 4 A | 運転室
ドア | C B A 3 | B 2 A | C D 1 B A

キハ48 1004

【⬇ 主な車窓風景】　金沢車両区(車両基地)、津幡駅ＩＲいしかわ鉄道、七尾南湾

◆ 運転日注意。詳細は最新のJR時刻表などで確認
▽ 食のおもてなしがテーマの観光列車で、食事を希望の場合は、別途「食事券」が必要
弁当、飲み物などの詳細は、ＪＲ西日本ホームページ、ＪＲおでかけネットの「観光列車の旅時間」を参照
▽ １号車／各個室ごとに部屋名がついている
１＝青の間、２＝錦秋の間、３＝笹の間、４＝菊の間、５＝鉄線の間、６＝扇絵の間、７＝撫子の間、８＝桜梅の間
２号車／２ＡＢ席は車いす対応席（♿）。イベントスペースでは「楽市楽座」を実施

快速「ベル・モンターニュ・エ・メール（べるもんた）」編成席番表 【臨時列車】

←氷見　　【⬆ 主な車窓風景】 富山湾・立山連峰　　高岡・城端→

ベル・モンターニュ・エ・メール（べるもんた）　//　キハ40形１両編成＝ＪＲ西日本〔金沢車両区富山支所〕

1号車／指定 (39)

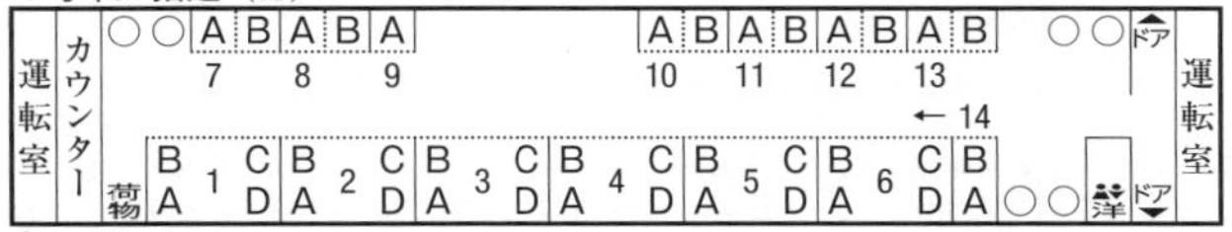

運転室	カウンター	○○	7 A B	8 A B	9 A		10 A B	11 A B	12 A B	13 A B		○○	ドア	運転室
		荷物	1 B C / A D	2 B C / A D	3 B C / A D	4 B C / A D	5 B C / A D	6 B C / A D	←14 B / A	○○	洋	ドア		

キハ40 2027

【⬇ 主な車窓風景】

◆ 運転日注意。詳細は最新のＪＲ時刻表などで確認
▽ 車内販売実施
▽ ぷち富山湾鮨セットは事前予約制で３日前まで販売（購入は「VISIT富山県」ホームページを参照）
なお、食事の提供時間が必要となるため、新高岡・高岡～氷見間、または高岡・新高岡と砺波以遠との間の駅に乗車が必要
▽ ○部はロングシート。車窓を見学する際などに一時的にくつろげるスペース

←新大阪　　　　和歌山・白浜・新宮→

【⬆ 主な車窓風景】 グランフロント大阪、京セラドーム大阪(大阪ドーム)、通天閣、ヨドコウ桜スタジアム(長居球技場)、吹田総合車両所日根野支所、紀ノ川の大パノラマ、和歌山駅和歌山線

くろしお // 287 系 6 両編成＝JR西日本〔吹田総合車両所日根野支所〕 // 1·3·9·13·17·19·25·27·33 号、4·6·8·16·20·22·26·28·32 号

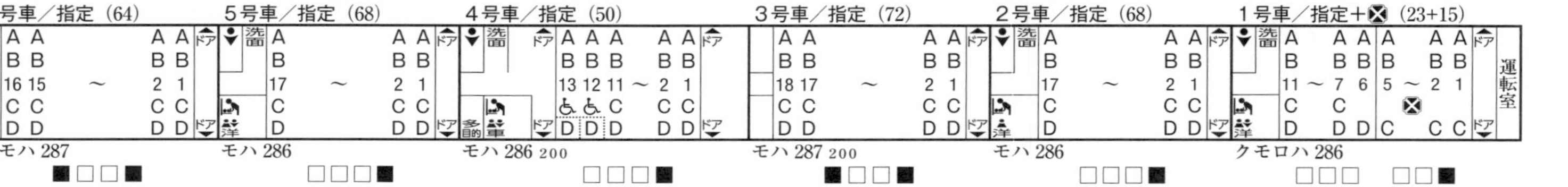

★くろしお　9 両編成にて運転の場合 // 287 系 6 両編成＝JR西日本〔吹田総合車両所日根野支所〕

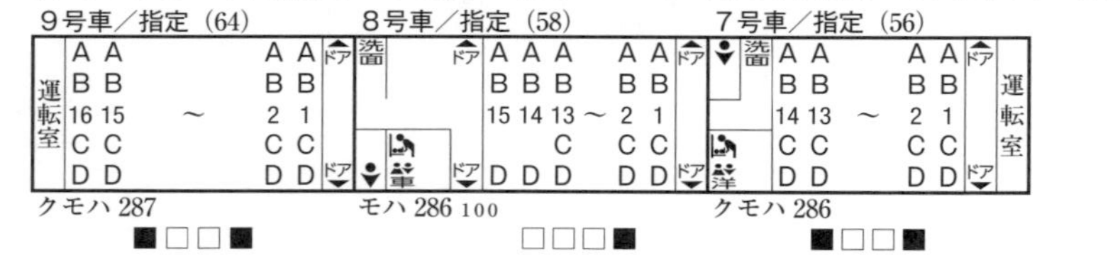

＋

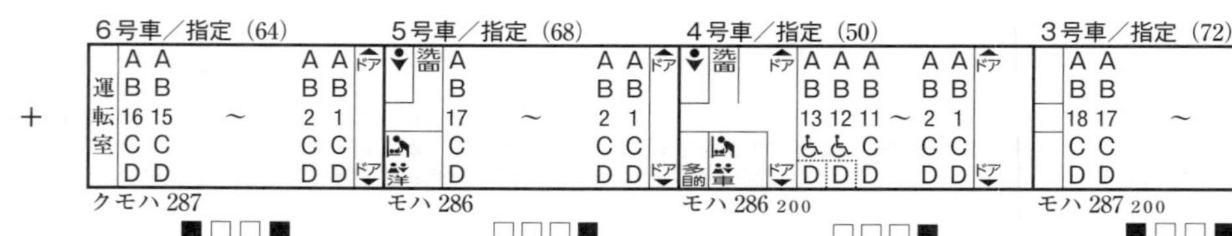

【⬇ 主な車窓風景】 あべのハルカス、鳳駅[羽衣支線]、日根野駅関西空港方面、太平洋

◆ 2023.03.18 改正から、大阪（うめきたエリア）を経由
◆「くろしお」白浜～新宮間にて、自転車を分解しないで車内に持ち込める新サービス「くろしおサイクル」を 2022.10.01 から開始
◇ 2017.08.05 から、「パンダくろしお『Smileアドベンチャートレイン』」を運転開始。充当列車は「くろしお」1・4・25・26 号
◇ 多客期増結となる7～9号車は新大阪～白浜間の運転
◇ ＪＲ西日本ネット予約「e5489」の「J-WESTチケットレスサービス」等の利用がお得

▽ 4 号車に車いす対応座席を設置
▽ 5 号車 15 ～ 17ABCD 席は女性専用席。女性専用席は、女性および同伴の小学生以下の男児に限り利用できる

▽ 車内販売の営業なし

▼ 座席／普通車＝回転式（座席下ペダル）フリーストッパー型リクライニングシート
　　　グリーン車＝回転式（座席下ペダル）リクライニングシート
▼ おむつ交換台のあるトイレには印を付加
▼ ⑪／グリーン車の全席と普通車の車端側席に設置
▼ □■は窓配置のパターン。□は座席２列分の広窓、■は座席ごと独立の小窓

←新大阪　　和歌山・白浜・新宮→

【⬆ 主な車窓風景】 グランフロント大阪、京セラドーム大阪(大阪ドーム)、通天閣、ヨドコウ桜スタジアム(長居球技場)、吹田総合車両所日根野支所、紀ノ川の大パノラマ、和歌山駅和歌山線

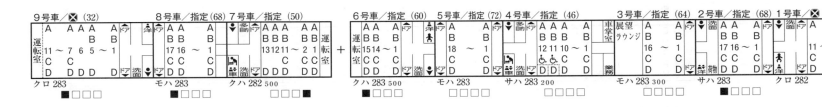

くろしお // 283系9両編成（オーシャンアロー車両）＝JR西日本〔吹田総合車両所日根野支所〕 5·11·29·35号、2·14·30·36号

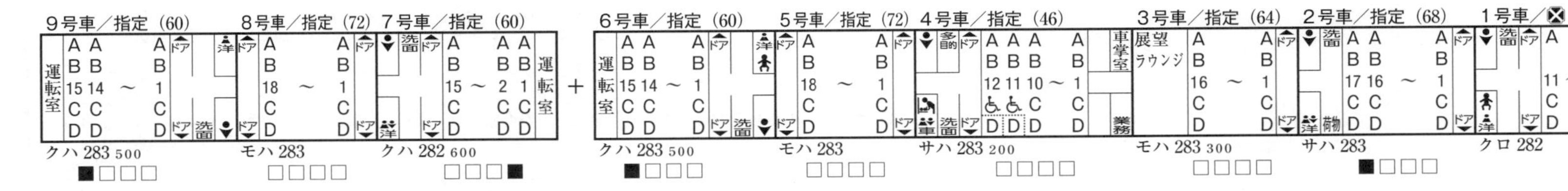

★くろしお　9号車もグリーン車の編成にて運転の場合 // 283系9両編成（オーシャンアロー車両）＝JR西日本〔吹田総合車両所日根野支所〕

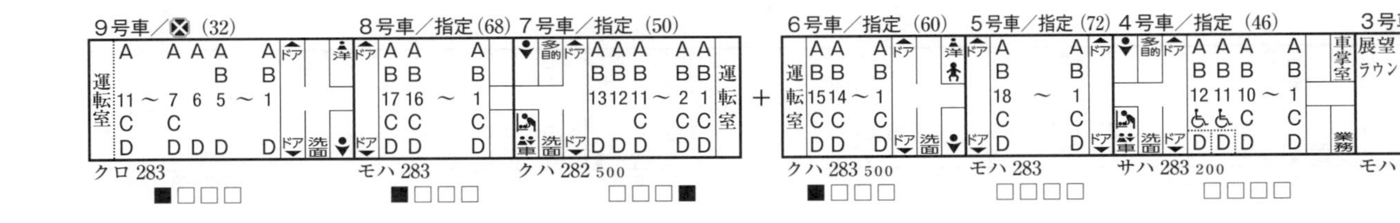

【⬇ 主な車窓風景】 あべのハルカス、鳳駅[羽衣支線]、日根野駅関西空港方面、太平洋

◆ 2023.03.18 改正から、大阪（うめきたエリア）を経由
◆「くろしお」白浜～新宮間にて、自転車を分解しないで車内に持ち込める新サービス「くろしおサイクル」を 2022.10.01 から開始
▽ 車内販売の営業なし
▽ 4号車に車いす対応座席を設置
▽ 5号車 16 ～ 18ABCD席は女性専用席。女性専用席は、女性および同伴の小学生以下の男児に限り利用できる
◇ ＪＲ西日本ネット予約「e5489」の「J-WESTチケットレスサービス」等の利用がお得

▼ 座席／普通車＝回転式（座席下ペダル）フリーストッパー型リクライニングシート
　　　グリーン車＝回転式（座席下ペダル）リクライニングシート
▼ 展望ラウンジは海側に大型窓を設け、太平洋の眺望が楽しめる
▼ おむつ交換台のあるトイレには印を付加

▼ □■は窓配置のパターン。□は座席2列分の広窓、■は座席ごと独立の小窓

←新大阪　　和歌山・白浜・新宮→

【⬆ 主な車窓風景】 グランフロント大阪、京セラドーム大阪(大阪ドーム)、通天閣、ヨドコウ桜スタジアム(長居球技場)、吹田総合車両所日根野支所、紀ノ川の大パノラマ、和歌山駅和歌山線

★くろしお　6両編成にて運転の場合 // 283系6両編成（オーシャンアロー車両）＝JR西日本〔吹田総合車両所日根野支所〕 // 5·11·29·35号、2·14·30·36号

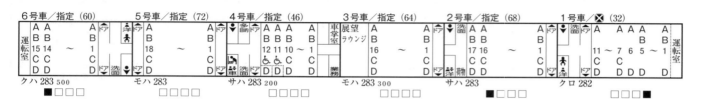

6号車／指定（60） 運転室 15〜1 ABCD クハ283 500 ■□□□
5号車／指定（72） 18〜1 ABCD モハ283 □□□□
4号車／指定（46） 12 11 10〜1 ABCD サハ283 200 □□□□
3号車／指定（64） 車掌室 展望ラウンジ 16〜1 ABCD 業務 モハ283 300 □□□□
2号車／指定（68） 17 16〜1 ABCD サハ283 ■□□□
1号車／グリーン（32） 11〜7 6 5〜1 ACD/ABD 運転室 クロ282 □□□■

★くろしお　6号車がグリーン車の編成にて運転の場合 // 283系6両編成（オーシャンアロー車両）＝JR西日本〔吹田総合車両所日根野支所〕

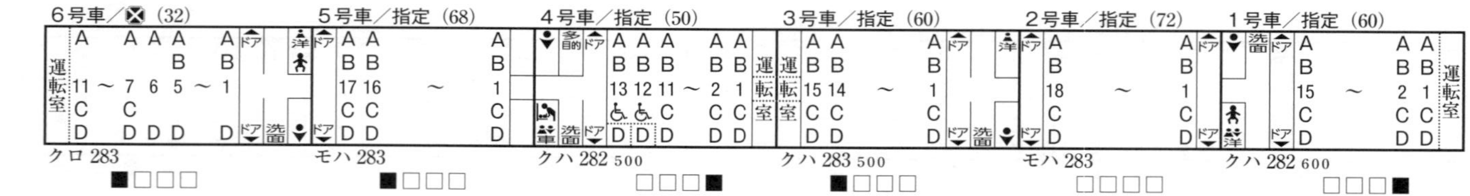

【⬇ 主な車窓風景】 あべのハルカス、鳳駅[羽衣支線]、日根野駅関西空港方面、太平洋

◆ 2023.03.18 改正から、大阪（うめきたエリア）を経由
◆「くろしお」白浜〜新宮間にて、自転車を分解しないで車内に持ち込める新サービス「くろしおサイクル」を 2022.10.01 から開始
▽ 車内販売の営業なし
▽ 4号車に車いす対応座席を設置
▽ 5号車 16〜18ABCD席は女性専用席（ただし、6号車がグリーン車となる編成では5号車 15〜17ABCD席）
　女性専用席は、女性および同伴の小学生以下の男児に限り利用できる
◇ ＪＲ西日本ネット予約「e5489」の「J-WESTチケットレスサービス」等の利用がお得

▼ 座席／普通車＝回転式（座席下ペダル）フリーストッパー型リクライニングシート
　　　　グリーン車＝回転式（座席下ペダル）リクライニングシート
▼ 展望ラウンジは海側に大型窓を設け、太平洋の眺望が楽しめる
▼ おむつ交換台のあるトイレには印を付加

▼ □■は窓配置のパターン。□は座席2列分の広窓、■は座席ごと独立の小窓

←京都・新大阪　　紀伊田辺・白浜・新宮→

【⬆ 主な車窓風景】 ＪＲ京都線快速線・緩行線と並走(新大阪～京都付近 京都行＆京都発は向日町～茨木付近をのぞく区間)、吹田総合車両所京都支所、吹田総合車両所、グランフロント大阪、京セラドーム大阪(大阪ドーム)、通天閣、ヨドコウ桜スタジアム(長居球技場)、吹田総合車両所日根野支所、紀ノ川の大パノラマ、和歌山駅和歌山線

くろしお // 289系6両編成＝JR西日本〔吹田総合車両所京都支所〕
7·15·21·23·31号、10·12·18·24·34号

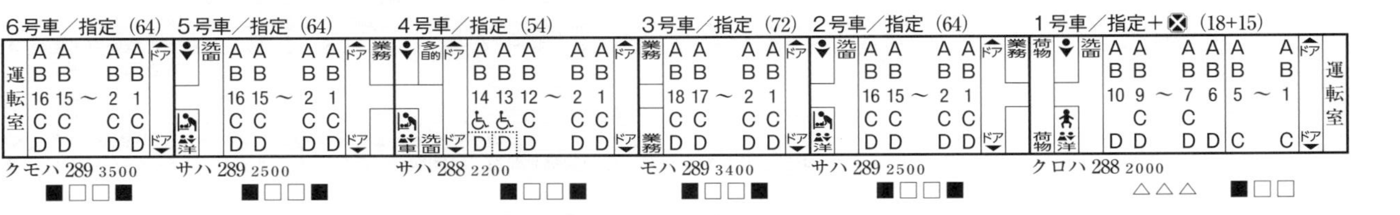

★くろしお　9両編成で運転の場合 // 289系6両編成＝ＪＲ西日本〔吹田総合車両所京都支所〕

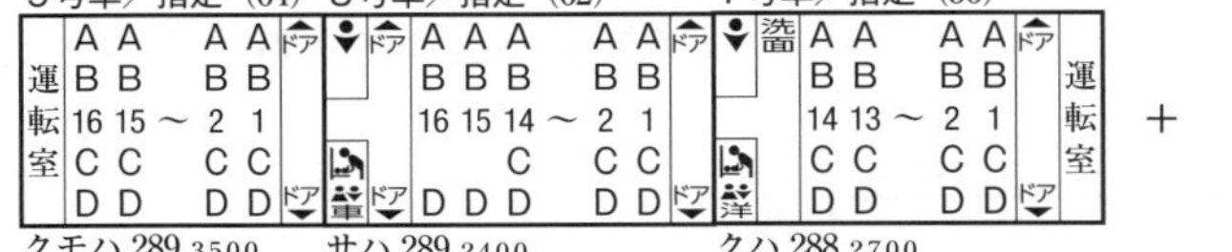

＋

◇７～９号車は京都・新大阪～白浜間で運転。多客期を中心に増結される

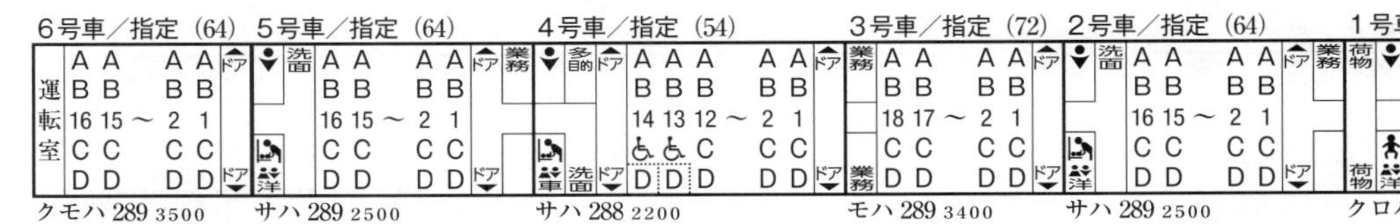

【⬇ 主な車窓風景】 京都駅山陰本線、天王山、京都鉄道博物館、ＪＲ京都線快速線・緩行線と並走(向日町～茨木付近 京都発)、あべのハルカス、鳳駅[羽衣支線]、日根野駅関西空港方面、太平洋

◆2023.03.18 改正から、大阪（うめきたエリア）を経由
◆「くろしお」白浜～新宮間にて、自転車を分解しないで車内に持ち込める新サービス「くろしおサイクル」を 2022.10.01 から開始
◇ＪＲ西日本ネット予約「e5489」の「J-WESTチケットレスサービス」等の利用がお得
▽４号車に車いす対応座席を設置
▽５号車 14～16ABCD席は女性専用席
女性専用席は、女性および同伴の小学生以下の男児に限り利用できる
▽車内販売の営業なし
▼座席／普通車＝回転式（座席下ペダル）フリーストッパー型リクライニングシート、シートピッチ 970mm
グリーン車＝回転式（座席下ペダル）リクライニングシート、シートピッチ 1160mm
▼ ⓘ／グリーン車と普通車の車端側席に設置。普通車はパソコン対応大型テーブルも設置
▼おむつ交換台のあるトイレには印を付加
▼□■は窓配置のパターン。□は座席２列分の広窓、■は座席ごと独立の小窓、△は窓配置と座席間隔が必ずしも一致とは限らない窓配置

「はるか」編成席番表 －1

←関西空港 【⬆ 主な車窓風景】 りんくうタウン、あべのハルカス、ＪＲ京都線快速線・緩行線と並走(向日町～茨木付近 京都発)、天王山、京都鉄道博物館、京都駅山陰本線 新大阪・京都・野洲→

はるか // 281・271系９両編成＝ＪＲ西日本〔吹田総合車両所日根野支所〕
1・3・5・7・9・11・13・15・17・19・21・23・25・27・29・31・33・35・37・39・41・43・45・47・49・51・53・55・57・59号、
2・4・6・8・10・12・14・16・18・20・22・24・26・28・30・32・34・36・38・40・42・44・46・48・50・52・54・56・58・60号

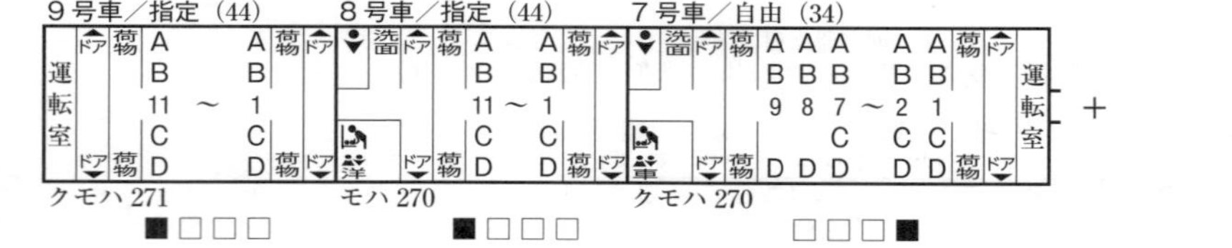

６号車／自由（32） 運転室 A B 8 ～ 1 C D クハ 281
５号車／自由（48） A B 12 ～ 1 C D モハ 281
４号車／指定（48） A B 12 ～ 1 C D サハ 281 100
３号車／指定（42） A B 11 10 9 ～ 1 C D サハ 281
２号車／指定（48） A B 12 ～ 1 C D モハ 281
１号車／⊠（30） A B 10 ～ 1 C 運転室 クロ 280

▽６号車と７号車との通り抜けはできない

【⬇ 主な車窓風景】 関西国際空港、りんくうタウン、吹田総合車両所日根野支所、日根野駅阪和線和歌山方面、ヨドコウ桜スタジアム(長居球技場)、通天閣、京セラドーム大阪(大阪ドーム)、グランフロント大阪、ＪＲ京都線快速線・緩行線と並走(新大阪～京都付近 京都行＆京都発 向日町～茨木付近をのぞく区間)、吹田総合車両所、吹田総合車両所京都支所、京都駅奈良線

◆ 2019.01.26 から「ハローキティはるか」運転開始。現在４種類のラッピング編成が運行中
◆ 2023.03.18 改正から、大阪（うめきたエリア）を経由
◇ 座席指定は、ＪＲ西日本ネット予約「e5489」の「J-WESTチケットレス特急券」等の利用がお得
▽ ３号車に車いす対応座席を設置
▽ 車内販売の営業なし
▼ 座席／普通車＝回転式（座席下ペダル）フリーストッパー型リクライニングシート、シートピッチ 970mm
グリーン車＝回転式（座席下ペダル）フリーストッパー型リクライニングシート、シートピッチ 1160mm
▼ ７～９号車 271 系の場合は座席に ⓓ を装備
▼ □■は窓配置パターン。□は座席２列分の広窓、■は座席ごと独立の窓（小窓）
▼ おむつ交換台のあるトイレには印を付加

←関西空港 【⬆ 主な車窓風景】 りんくうタウン、あべのハルカス、ＪＲ京都線快速線・緩行線と並走(向日町～茨木付近 京都発)、天王山、京都鉄道博物館、京都駅山陰本線 新大阪・京都・野洲→

★はるか　7～9号車 281 系を充当の場合　//　281 系９両編成＝JR西日本〔吹田総合車両所日根野支所〕
1・3・5・7・9・11・13・15・17・19・21・23・25・27・29・31・33・35・37・39・41・43・45・47・49・51・53・55・57・59 号、
2・4・6・8・10・12・14・16・18・20・22・24・26・28・30・32・34・36・38・40・42・44・46・48・50・52・54・56・58・60 号

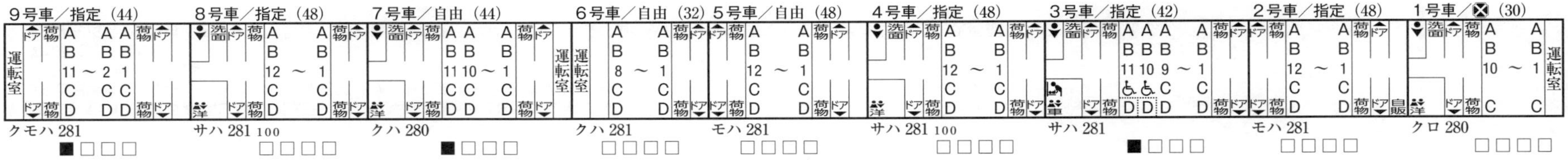

号車	9号車／指定 (44)	8号車／指定 (48)	7号車／自由 (44)	6号車／自由 (32)	5号車／自由 (48)	4号車／指定 (48)	3号車／指定 (42)	2号車／指定 (48)	1号車／⊠ (30)
設備	運転室・ドア・荷物	洗面・ドア・荷物・洋	洗面・ドア・荷物・洋	運転室・ドア・荷物	ドア・荷物	洗面・ドア・荷物・洋	洗面・ドア・荷物・おむつ交換台・車いす	ドア・荷物・自販	洗面・ドア・荷物・洋・運転室
席番	11～2 1 (A B C D)	12～1 (A B C D)	11 10～1 (A B C D)	8～1 (A B C D)	12～1 (A B C D)	12～1 (A B C D)	11 10 9～1 (A B C D、11・10 C D 車いす対応)	12～1 (A B C D)	10～1 (A B C)
形式	クモハ 281	サハ 281 100	クハ 280	クハ 281	モハ 281	サハ 281 100	サハ 281	モハ 281	クロ 280
窓	■□□□	□□□□	■□□□	□□□□	□□□□	□□□□	■□□□	□□□□	□□□□

▽ 6号車と７号車との通り抜けはできない

【⬇ 主な車窓風景】 関西国際空港、りんくうタウン、吹田総合車両所日根野支所、日根野駅阪和線和歌山方面、ヨドコウ桜スタジアム(長居球技場)、通天閣、京セラドーム大阪(大阪ドーム)、グランフロント大阪、ＪＲ京都線快速線・緩行線と並走(新大阪～京都付近 京都行＆京都発 向日町～茨木付近をのぞく区間)、吹田総合車両所、吹田総合車両所京都支所、京都駅奈良線

◆ 2019.01.26 から「ハローキティはるか」運転開始。現在４種類のラッピング編成が運行中
◆ 2023.03.18 改正から、大阪（うめきたエリア）を経由
◇ 座席指定は、ＪＲ西日本ネット予約「e5489」の「J-WESTチケットレス特急券」等の利用がお得
▽ 3号車に車いす対応座席を設置
▽ 車内販売の営業なし
▼ 座席／普通車＝回転式（座席下ペダル）フリーストッパー型リクライニングシート、シートピッチ 970mm
　　グリーン車＝回転式（座席下ペダル）フリーストッパー型リクライニングシート、シートピッチ 1160mm
▼ ７～９号車 271 系の場合は座席に ⓒ を装備
▼ □■は窓配置パターン。□は座席２列分の広窓、■は座席ごと独立の窓（小窓）
▼ おむつ交換台のあるトイレには印を付加

「きのさき」「まいづる」「はしだて」編成席番表 －1

←京都　　福知山・城崎温泉→

【⬆ 主な車窓風景】 京都駅東海道本線大阪方面、京都鉄道博物館、太秦映画村、嵯峨嵐山駅[嵯峨野観光鉄道]、福知山駅福知山線、和田山駅播但線

きのさき // 287 系 4 両編成＝JR西日本〔吹田総合車両所福知山支所〕
1·5·7·13·19 号、2·10·12·18 号

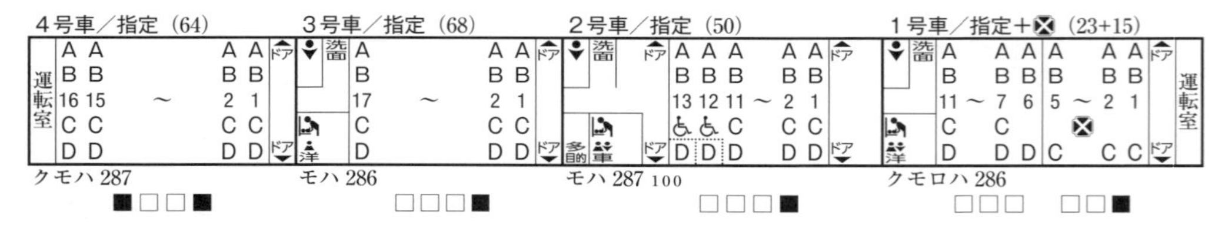

★ **きのさき　7両編成にて運転の場合**

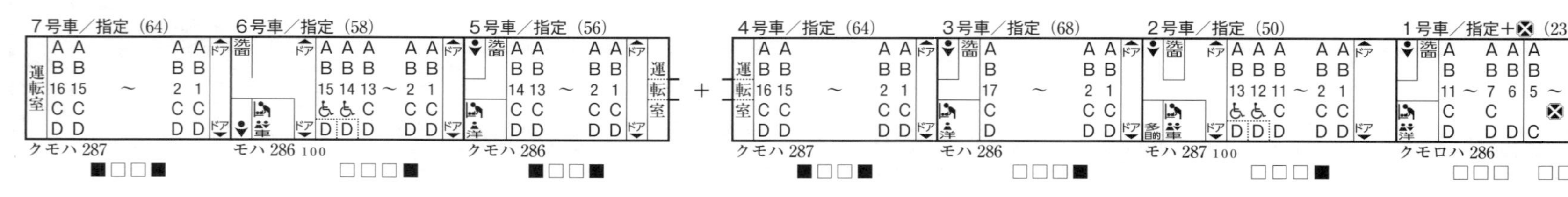

【⬇ 主な車窓風景】 京都市街地、保津川、馬堀駅[嵯峨野観光鉄道トロッコ亀岡駅]、サンガスタジアム(亀岡駅)、綾部駅舞鶴線、福知山城、福知山駅京都丹後鉄道宮福線、円山川、豊岡駅京都丹後鉄道宮豊線

◆「きのさき」19 号は多客期に運転。運転日に関して詳細は最新のＪＲ時刻表等にて確認
◇ ＪＲ西日本ネット予約「e5489」の「J-WESTチケットレスサービス」等の利用がお得
▽ 2・6 号車に車いす対応座席を設置
▽ 車内販売の営業なし
▽ 主な車窓風景の掲載は「きのさき」。「まいづる」は途中の綾部、「はしだて」は福知山から分岐。「はしだて」ではＡ席側にて宮津～天橋立間にて天橋立が見える

▼ 座席／普通車＝回転式（座席下ペダル）フリーストッパー型リクライニングシート
　　　　グリーン車＝回転式（座席下ペダル）リクライニングシート
▼ ⓘ／グリーン車の全席と普通車の車端側席に設置
▼ おむつ交換台のあるトイレには印を付加

▼ □■は窓配置のパターン。□は座席２列分の広窓、■は座席ごと独立の小窓

←京都　【⬆ 主な車窓風景】 京都駅東海道本線大阪方面、京都鉄道博物館、太秦映画村、嵯峨嵐山駅[嵯峨野観光鉄道]、福知山駅福知山線、和田山駅播但線　福知山・城崎温泉→

きのさき // 287系7両編成＝JR西日本〔吹田総合車両所福知山支所〕
20号

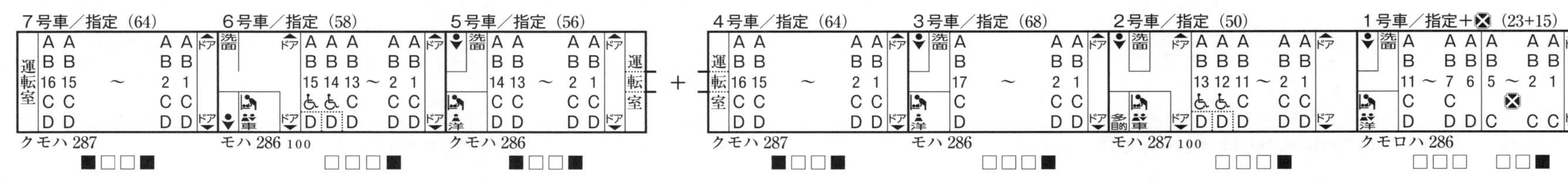

【⬇ 主な車窓風景】 京都市街地、保津川、馬堀駅[嵯峨野観光鉄道トロッコ亀岡駅]、サンガスタジアム（亀岡駅）、綾部駅舞鶴線、福知山城、福知山駅京都丹後鉄道宮福線、円山川、豊岡駅京都丹後鉄道宮豊線

◇ 5～7号車は福知山→京都間のみ連結。ただし多客期を中心に全区間7両編成にて運転する日がある

◇ ＪＲ西日本ネット予約「e5489」の「J-WESTチケットレスサービス」等の利用がお得
▽ 車いす対応座席を2・6号車に設置
▽ 車内販売の営業なし
▽ 主な車窓風景の掲載は「きのさき」。「まいづる」は途中の綾部、「はしだて」は福知山から分岐。「はしだて」ではＡ席側にて宮津～天橋立間にて天橋立が見える

▼ 座席／普通車＝回転式（座席下ペダル）フリーストッパー型リクライニングシート
　　　グリーン車＝回転式（座席下ペダル）リクライニングシート
▼ ⓪／グリーン車の全席と普通車の車端側席に設置
▼ おむつ交換台のあるトイレには印を付加

▼ □■は窓配置のパターン。□は座席2列分の広窓、■は座席ごと独立の小窓

山陰本線「きのさき」「まいづる」「はしだて」編成席番表 −3

←京都、東舞鶴・天橋立　　綾部・福知山・宮津・城崎温泉→

【⬆ 主な車窓風景】 京都駅東海道本線大阪方面、京都鉄道博物館、太秦映画村、嵯峨嵐山駅[嵯峨野観光鉄道]、福知山駅福知山線、和田山駅播但線

きのさき // 287系4両編成＝JR西日本〔吹田総合車両所福知山支所〕 // 11·15·17号、4·8·14号（1～4号車）
まいづる // 287系3両編成＝JR西日本〔吹田総合車両所福知山支所〕 // 9·11·13号、2·4·8号（5～7号車）

7号車／指定（64）　6号車／指定（58）　5号車／指定（56）　＋　4号車／指定（64）　3号車／指定（68）　2号車／指定（50）　1号車／指定＋Ⓖ（23+15）

クモハ287　モハ286 100　クモハ286　＋　クモハ287　モハ286　モハ287 100　クモロハ286

◇途中、「まいづる」は綾部にて進行方向が変わる

はしだて // 287系4両編成＝JR西日本〔吹田総合車両所福知山支所〕 // 1·3·7号、4·6号（1～4号車）
まいづる // 287系3両編成＝JR西日本〔吹田総合車両所福知山支所〕 // 1·3·7号、10·12号（5～7号車）

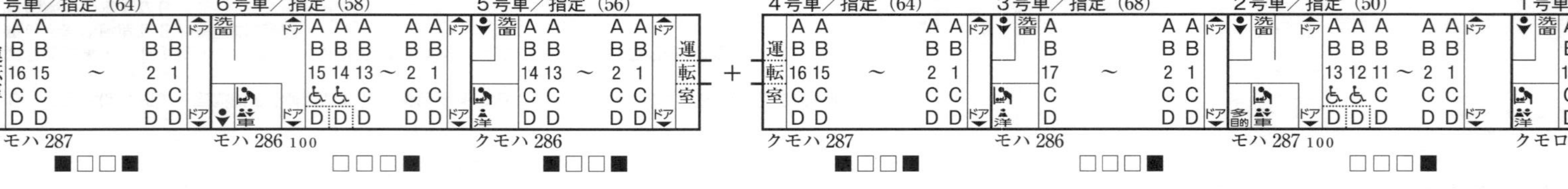

◇途中、「はしだて」は宮津にて、「まいづる」は綾部にて進行方向が変わる

【⬇ 主な車窓風景】 京都市街地、保津川、馬堀駅[嵯峨野観光鉄道トロッコ亀岡駅]、サンガスタジアム（亀岡駅）、綾部駅舞鶴線、福知山城、福知山駅京都丹後鉄道宮福線、円山川、豊岡駅京都丹後鉄道宮豊線

◇ＪＲ西日本ネット予約「e5489」の「J-WESTチケットレスサービス」等の利用がお得
▽車いす対応座席を２・６号車に設置
▽車内販売の営業なし
▽主な車窓風景の掲載は「きのさき」。「まいづる」は途中の綾部、「はしだて」は福知山から分岐。「はしだて」ではＡ席側にて宮津～天橋立間にて天橋立が見える

▼座席／普通車＝回転式（座席下ペダル）フリーストッパー型リクライニングシート
　　　　グリーン車＝回転式（座席下ペダル）リクライニングシート
▼ⓘ／グリーン車の全席と普通車の車端側席に設置
▼おむつ交換台のあるトイレには印を付加
▼□■は窓配置のパターン。□は座席２列分の広窓、■は座席ごと独立の小窓

←京都・福知山、天橋立　　宮津→

【⬆ 主な車窓風景】 京都駅東海道本線大阪方面、京都鉄道博物館、太秦映画村、嵯峨嵐山駅[嵯峨野観光鉄道]、福知山駅福知山線、和田山駅播但線

はしだて // 287系4両編成＝JR西日本〔吹田総合車両所福知山支所〕
10号

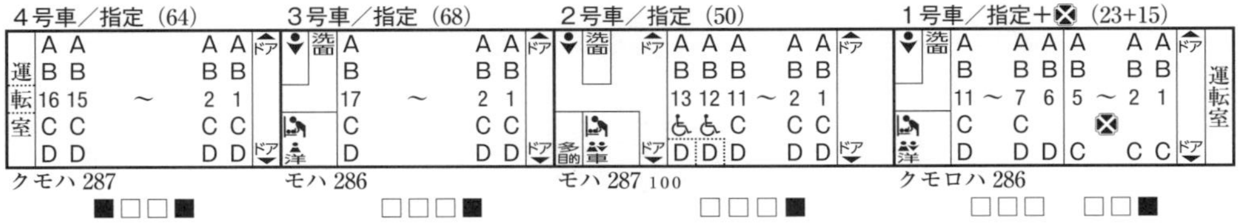

4号車／指定（64）	3号車／指定（68）	2号車／指定（50）	1号車／指定＋⊠（23+15）
運転室	洗面・トイレ	洗面・ドア	洗面・トイレ
A A ～ A A	A ～ A A	A A A ～ A A	A A A | A A A
B B ～ B B	B ～ B B	B B B ～ B B	B B B | B B B
16 15 ～ 2 1	17 ～ 2 1	13 12 11 ～ 2 1	11 ～ 7 6 | 5 ～ 2 1
C C ～ C C	C ～ C C	♿ ♿ C ～ C C	C C | ⊠
D D ～ D D	D ～ D D	D D D ～ D D	D D D | C C C
ドア	洋・ドア	多目的・車・ドア	洋・ドア、運転室
クモハ 287	モハ 286	モハ 287 100	クモロハ 286
■□□■	□□□■	□□□■	□□□　□□■

◇ 途中、宮津にて進行方向が変わる
◇ 福知山～京都間は、指定日運転の季節列車。運転日注意

【⬇ 主な車窓風景】 京都市街地、保津川、馬堀駅[嵯峨野観光鉄道トロッコ亀岡駅]、サンガスタジアム(亀岡駅)、綾部駅舞鶴線、福知山城、福知山駅京都丹後鉄道宮福線、円山川、豊岡駅京都丹後鉄道宮豊線

◇ ＪＲ西日本ネット予約「e5489」の「J-WESTチケットレスサービス」等の利用がお得
▽ 車いす対応座席を２号車に設置
▽ 車内販売の営業なし
▽ 主な車窓風景の掲載は「きのさき」。「まいづる」は途中の綾部、「はしだて」は福知山から分岐。「はしだて」ではＡ席側にて宮津～天橋立間にて天橋立が見える

▼ 座席／普通車＝回転式（座席下ペダル）フリーストッパー型リクライニングシート
　　グリーン車＝回転式（座席下ペダル）リクライニングシート
▼ ⓘ／グリーン車の全席と普通車の車端側席に設置
▼ おむつ交換台のあるトイレには印を付加

▼ □■は窓配置のパターン。□は座席２列分の広窓、■は座席ごと独立の小窓

←京都　【⬆ 主な車窓風景】 京都駅東海道本線大阪方面、京都鉄道博物館、太秦映画村、嵯峨嵐山駅[嵯峨野観光鉄道]、福知山駅福知山線、和田山駅播但線　福知山・城崎温泉→

きのさき // 289系4両編成＝ＪＲ西日本〔吹田総合車両所福知山支所〕 // ３・９号、６・16号

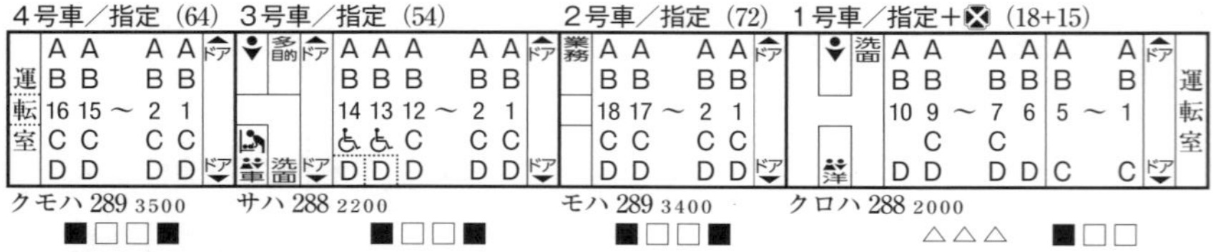

4号車／指定（64）	3号車／指定（54）	2号車／指定（72）	1号車／指定＋Ⓖ（18+15）
運転室	ドア ◆ 多目的 ドア / 🚼 車掌 洗面	業務	◆ 洗面 / 洋
A A ～ A A	A A A ～ A A	A A ～ A A	A A ～ A A / A ～ A
B B ～ B B	B B B ～ B B	B B ～ B B	B B ～ B B / B ～ B
16 15 ～ 2 1	14 13 12 ～ 2 1	18 17 ～ 2 1	10 9 ～ 7 6 / 5 ～ 1
C C ～ C C	♿ ♿ C ～ C C	C C ～ C C	C ～ C / C ～ C
D D ～ D D ドア	D D D ～ D D ドア	D D ～ D D ドア	D D ～ D D ドア 運転室
クモハ289 3500	サハ288 2200	モハ289 3400	クロハ288 2000
■□□■	■□□■	■□□■	△△△　■□□

◆「きのさき」３・６号は、土曜・休日を中心に運転。運転日に関して詳細は、最新のＪＲ時刻表などで確認

【⬇ 主な車窓風景】 京都市街地、保津川、馬堀駅[嵯峨野観光鉄道トロッコ亀岡駅]、サンガスタジアム(亀岡駅)、綾部駅舞鶴線、福知山城、福知山駅京都丹後鉄道宮福線、円山川、豊岡駅京都丹後鉄道宮豊線

◇ ＪＲ西日本ネット予約「e5489」の「J-WESTチケットレスサービス」等の利用がお得
▽ 車いす対応座席を３号車に設置
▽ 車内販売の営業なし

▼ 座席／普通車＝回転式（座席下ペダル）フリーストッパー型リクライニングシート、シートピッチ970mm
　　グリーン車＝回転式（座席下ペダル）リクライニングシート、シートピッチ1160mm
▼ ⓒ／グリーン車と普通車の車端側席に設置。普通車はパソコン対応大型テーブルも設置
▼ おむつ交換台のあるトイレには🚼印を付加
▼ □■△は窓配置のパターン。□は座席２列分の広窓、■は座席ごと独立の小窓、△は窓配置と座席間隔が必ずしも一致とは限らない窓配置

「はしだて」「まいづる」編成席番表 －1

←京都、東舞鶴・豊岡（京都丹後鉄道宮福線経由）　　宮津→

【⬆ 主な車窓風景】 京都駅東海道本線大阪方面、京都鉄道博物館、太秦映画村、嵯峨嵐山駅[嵯峨野観光鉄道]、福知山駅福知山線・山陰本線鳥取方面

はしだて // KTR8000 形 2 両編成＝京都丹後鉄道 // 5·9 号、2·8 号
まいづる // KTR8000 形 2 両編成＝京都丹後鉄道 // 5·15 号、6·14 号

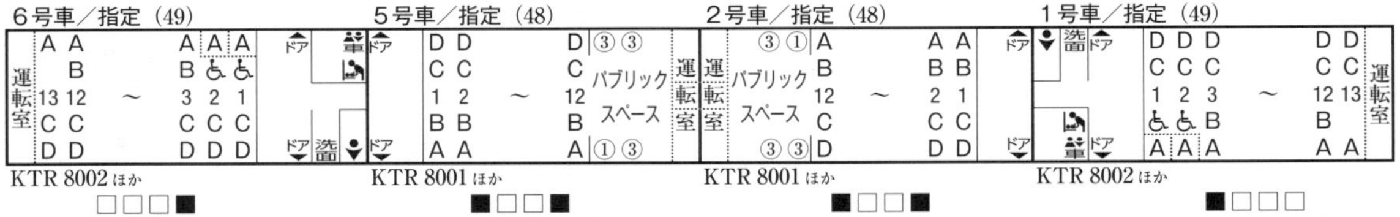

6号車／指定（49） KTR 8002 ほか

運転室	13	12	～	3	2	1	ドア・洗・WC
	A	A		A	A	A	
		B		B	♿	♿	
	C	C		C	C	C	
	D	D		D	D	D	

□□□■

5号車／指定（48） KTR 8001 ほか

ドア	1	2	～	12	パブリックスペース	運転室
	D	D		D	③③	
	C	C		C		
	B	B		B		
	A	A		A	①③	

■□□■

2号車／指定（48） KTR 8001 ほか

運転室	パブリックスペース	12	～	2	1	ドア
	③①	A		A	A	
		B		B	B	
		C		C	C	
	③③	D		D	D	

■□□■

1号車／指定（49） KTR 8002 ほか

ドア・洗・WC	1	2	3	～	12	13	運転室
	D	D	D		D	D	
	C	C	C		C	C	
	♿	♿	B		B		
	A	A	A		A	A	

■□□□

【⬇ 主な車窓風景】 京都市街地、保津川、馬堀駅[嵯峨野観光鉄道トロッコ亀岡駅]、サンガスタジアム（亀岡駅）、綾部駅舞鶴線、福知山城、天橋立（宮津湾）、奈具海岸

◇「はしだて」 5 号／1·2 号車は京都→豊岡間運転（久美浜から快速列車）。途中、宮津にて進行方向が変わる
「まいづる」 5 号／5·6 号車は京都→東舞鶴間運転。途中、綾部にて進行方向が変わる。また綾部までは「はしだて」5 号と併結運転
「はしだて」 9 号／1·2 号車は京都→宮津間運転
「まいづる」15 号／5·6 号車は京都→東舞鶴間運転。途中、綾部にて進行方向が変わる。また綾部までは「はしだて」9 号と併結運転
「はしだて」 2 号／1·2 号車は京都←豊岡間運転（久美浜まで快速列車）。途中、宮津にて進行方向が変わる
「まいづる」 6 号／5·6 号車は京都←東舞鶴間運転。途中、綾部にて進行方向が変わる。また綾部からは「はしだて」2 号と併結運転
「はしだて」 8 号／1·2 号車は京都←豊岡間運転（久美浜まで快速列車）。途中、宮津にて進行方向が変わる
「まいづる」14 号／5·6 号車は京都←東舞鶴間運転。途中、綾部にて進行方向が変わる。また綾部からは「はしだて」8 号と併結運転

◇ ＪＲ西日本ネット予約「e5489」の「J-WESTチケットレスサービス」等の利用がお得
▽「丹後の海」編成
▽ 車内販売の営業なし
▽ 1・6 号車に車いす対応座席を設置
▽ 主な車窓風景の掲載は「はしだて」

▼ 座席／回転式（座席下ペダル）フリーストッパー型リクライニングシート
▼ おむつ交換台のあるトイレには印を付加
▼ 丸数字はソファー席（パブリックベース）。数字は座席
▼ □■は窓配置のパターン。□は座席 2 列分の広窓、■は座席ごと独立の小窓

◇「はしだて」の編成が増結となる場合は 188 頁を参照

山陰本線「はしだて」「まいづる」編成席番表 －2

←京都、東舞鶴・豊岡（京都丹後鉄道宮福線経由）　　宮津→

【⬆ 主な車窓風景】 京都駅東海道本線大阪方面、京都鉄道博物館、太秦映画村、嵯峨嵐山駅[嵯峨野観光鉄道]、福知山駅福知山線・山陰本線鳥取方面

★はしだて　4両編成にて運転の場合 // KTR8000形4両編成＝京都丹後鉄道 // 5·9号、2·8号
★まいづる　2両編成のまま変更なし // KTR8000形2両編成＝京都丹後鉄道 // 5·15号、6·14号

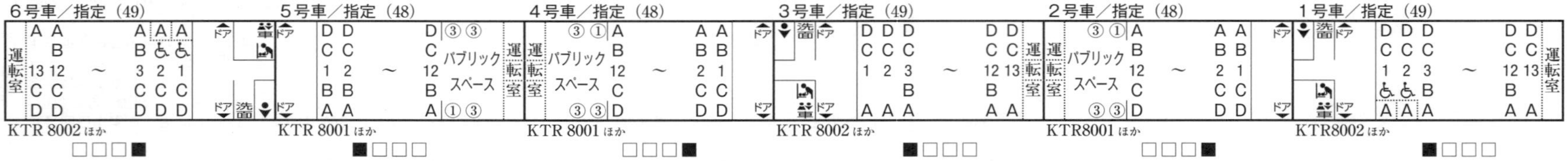

6号車／指定（49）	5号車／指定（48）	4号車／指定（48）	3号車／指定（49）	2号車／指定（48）	1号車／指定（49）
運転室 A A ～ A A A / B ～ B ♿ ♿ / 13 12 ～ 3 2 1 / C C ～ C C C / D D ～ D D D　ドア・トイレ・洗面	ドア D D ～ D ③③ / C C ～ C / 1 2 ～ 12 / B B ～ B / A A ～ A ①③ パブリックスペース 運転室	運転室 パブリックスペース ③①A ～ A A / B ～ B B / 12 ～ 2 1 / C ～ C C / ③③D ～ D D ドア	ドア・洗面・トイレ D D D ～ D D / C C C ～ C C / 1 2 3 ～ 12 13 / B ～ B / A A A ～ A A 運転室	運転室 パブリックスペース ③①A ～ A A / B ～ B B / 12 ～ 2 1 / C ～ C C / ③③D ～ D D ドア	ドア・洗面・トイレ D D D ～ D D / C C C ～ C C / 1 2 3 ～ 12 13 / ♿ ♿ B ～ B / A A A ～ A A 運転室
KTR 8002 ほか	KTR 8001 ほか	KTR 8001 ほか	KTR 8002 ほか	KTR8001 ほか	KTR8002 ほか
□□□■	■□□□	□□□■	■□□□	□□□■	■□□□

【⬇ 主な車窓風景】 京都市街地、保津川、馬堀駅[嵯峨野観光鉄道トロッコ亀岡駅]、サンガスタジアム(亀岡駅)、綾部駅舞鶴線、福知山城、天橋立(宮津湾)、奈具海岸

◇「はしだて」 5号／1～4号車は京都→豊岡間運転（久美浜から快速列車）。途中、宮津にて進行方向が変わる
「まいづる」 5号／5·6号車は京都→東舞鶴間運転。途中、綾部にて進行方向が変わる。また綾部までは「はしだて」5号と併結運転
「はしだて」 9号／1～4号車は京都→宮津間運転
「まいづる」15号／5·6号車は京都→東舞鶴間運転。途中、綾部にて進行方向が変わる。また綾部までは「はしだて」9号と併結運転
「はしだて」 2号／1～4号車は京都←豊岡間運転（久美浜まで快速列車）。途中、宮津にて進行方向が変わる
「まいづる」 6号／5·6号車は京都←東舞鶴間運転。途中、綾部にて進行方向が変わる。また綾部からは「はしだて」2号と併結運転
「はしだて」 8号／1～4号車は京都←豊岡間運転（久美浜まで快速列車）。途中、宮津にて進行方向が変わる
「まいづる」14号／5·6号車は京都←東舞鶴間運転。途中、綾部にて進行方向が変わる。また綾部からは「はしだて」8号と併結運転

◇ ＪＲ西日本ネット予約「e5489」の「J-WESTチケットレスサービス」等の利用がお得
▽「丹後の海」編成
▽ 車内販売の営業なし
▽ １・６号車に車いす対応座席を設置
▽ 主な車窓風景の掲載は「はしだて」

▼ 座席／回転式（座席下ペダル）フリーストッパー型リクライニングシート
▼ おむつ交換台のあるトイレには印を付加
▼ 丸数字はソファー席（パブリックベース）。数字は座席
▼ □■は窓配置のパターン。□は座席２列分の広窓、■は座席ごと独立の小窓

福知山線 「こうのとり」編成席番表 －1

←新大阪　　　　福知山・豊岡・城崎温泉→

【↑ 主な車窓風景】 尼崎駅東海道本線神戸方面、六甲山、阪急平井車庫、三田駅神戸電鉄、新三田電留線、谷川駅加古川線、和田山駅播但線

こうのとり // 287系7両編成＝JR西日本〔吹田総合車両所福知山支所〕
19号、2号

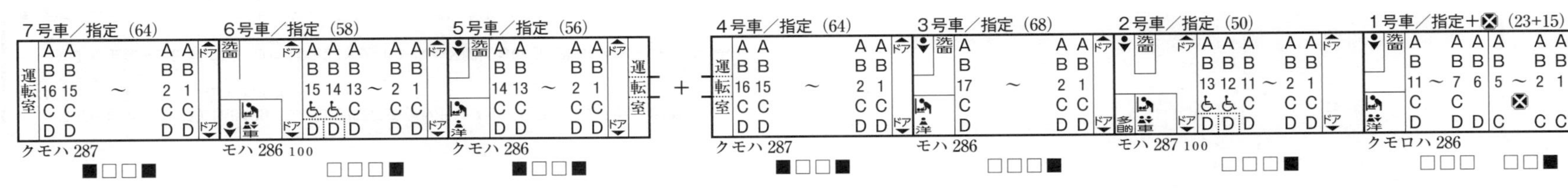

【↓ 主な車窓風景】 篠山口駅［廃止＝篠山線］、福知山城、福知山駅山陰本線京都方面、京都丹後鉄道宮福線、円山川、豊岡駅京都丹後鉄道宮豊線

◇ ＪＲ西日本ネット予約「e5489」の「J-WESTチケットレスサービス」等の利用がお得
▽ 2・6号車に車いす対応座席を設置
▽ 車内販売の営業なし
▽ 福知山線宝塚～三田間にて、2018.02.23からトンネル区間における携帯電話通信サービス開始

▼ 座席／普通車＝回転式（座席下ペダル）フリーストッパー型リクライニングシート、シートピッチ970mm
　グリーン車＝回転式（座席下ペダル）リクライニングシート、シートピッチ1160mm
▼ ⓘ／グリーン車と普通車の車端側席に設置。普通車はパソコン対応大型テーブルも設置
▼ おむつ交換台のあるトイレには印を付加
▼ □■は窓配置のパターン。□は座席2列分の広窓、■は座席ごと独立の小窓

福知山線 「こうのとり」編成席番表 －2

←新大阪　【⬆ 主な車窓風景】 尼崎駅東海道本線神戸方面、六甲山、阪急平井車庫、三田駅神戸電鉄、新三田電留線、谷川駅加古川線、和田山駅播但線　福知山・豊岡・城崎温泉→

こうのとり // 287系4両編成＝JR西日本〔吹田総合車両所福知山支所〕 5号、18号

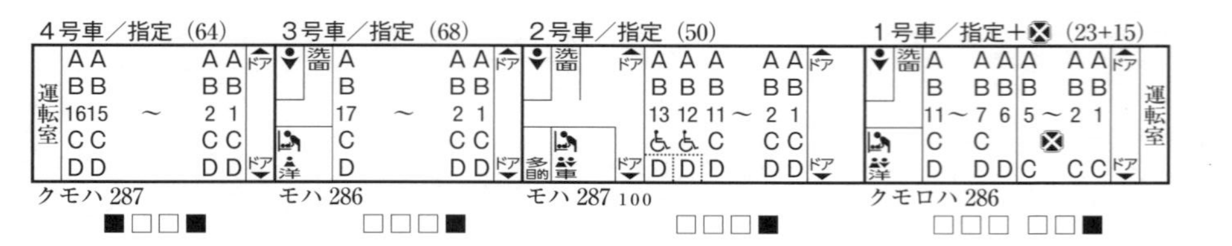

★こうのとり 7両編成にて運転の場合 // 287系7両編成＝JR西日本〔吹田総合車両所福知山支所〕

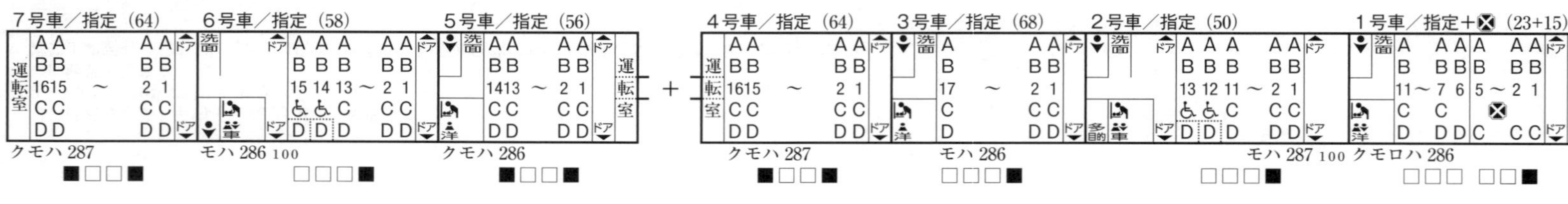

【⬇ 主な車窓風景】 篠山口駅[廃止＝篠山線]、福知山城、福知山駅山陰本線京都方面、京都丹後鉄道宮福線、円山川、豊岡駅京都丹後鉄道宮豊線

◇ ＪＲ西日本ネット予約「e5489」の「J-WESTチケットレスサービス」等の利用がお得
▽ 2･6号車に車いす対応座席を設置
▽ 車内販売の営業なし
▽ 福知山線宝塚～三田間にて、2018.02.23からトンネル区間における携帯電話通信サービス開始

▼ 座席／普通車＝回転式（座席下ペダル）フリーストッパー型リクライニングシート
　　　グリーン車＝回転式（座席下ペダル）リクライニングシート
▼ ⓘ／グリーン車の全席と普通車の車端側席に設置
▼ おむつ交換台のあるトイレには印を付加
▼ □■は窓配置のパターン。□は座席2列分の広窓、■は座席ごと独立の小窓

「こうのとり」編成席番表 －3

←新大阪　　福知山・豊岡・城崎温泉→

【⬆ 主な車窓風景】 尼崎駅東海道本線神戸方面、六甲山、阪急平井車庫、三田駅神戸電鉄、新三田電留線、谷川駅加古川線、和田山駅播但線

こうのとり // 287系3両編成＝JR西日本〔吹田総合車両所福知山支所〕
7・25号、6・16号

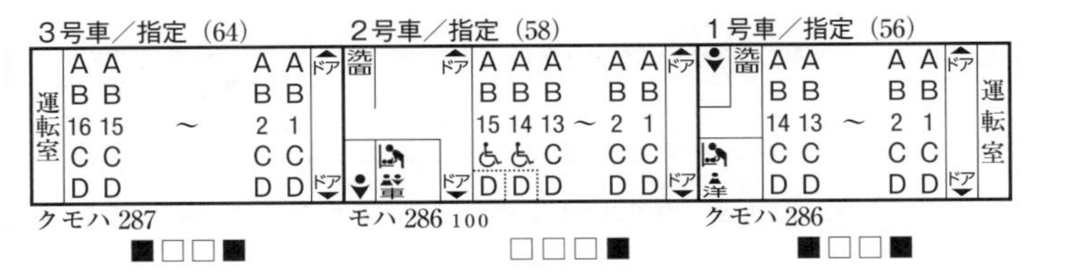

【⬇ 主な車窓風景】 篠山口駅［廃止＝篠山線］、福知山城、福知山駅山陰本線京都方面、京都丹後鉄道宮福線、円山川、豊岡駅京都丹後鉄道宮豊線

◆ 土曜・休日を中心に運転。運転日に関して詳細は、最新のＪＲ時刻表などで確認

◇ ＪＲ西日本ネット予約「e5489」の「J-WESTチケットレスサービス」等の利用がお得
▽ 2号車に車いす対応座席を設置
▽ 車内販売の営業なし
▽ 福知山線宝塚～三田間にて、2018.02.23からトンネル区間における携帯電話通信サービス開始

▼ 座席／普通車＝回転式（座席下ペダル）フリーストッパー型リクライニングシート、シートピッチ970mm
▼ ⑪／車端側席に設置。またパソコン対応大型テーブルも設置
▼ おむつ交換台のあるトイレには印を付加
▼ □■は窓配置のパターン。□は座席2列分の広窓、■は座席ごと独立の小窓

福知山線「こうのとり」編成席番表 －4

←新大阪　　　　福知山・豊岡・城崎温泉→

【⬆ 主な車窓風景】 尼崎駅東海道本線神戸方面、六甲山、阪急平井車庫、三田駅神戸電鉄、新三田電留線、谷川駅加古川線、和田山駅播但線

こうのとり // 289系4両編成＝JR西日本〔吹田総合車両所福知山支所〕
1・3・9・13・15・17・21・23・27号、4・10・12・14・20・22・24・26・28号

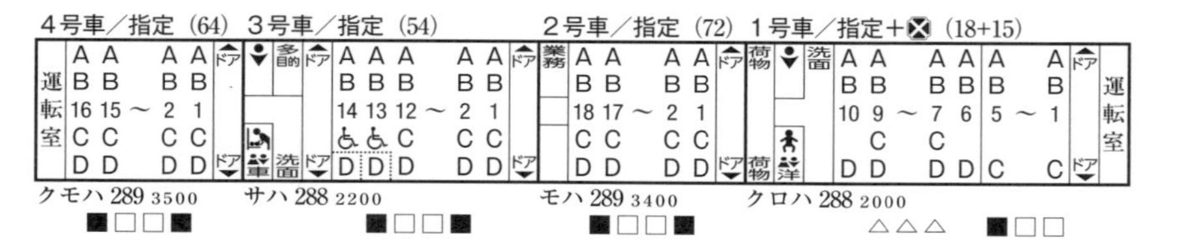

★こうのとり 7両編成にて運転の場合 // 289系7両編成＝JR西日本〔吹田総合車両所福知山支所〕

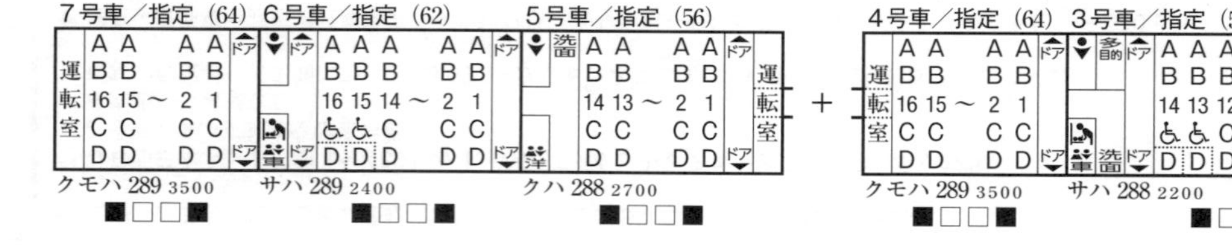

【⬇ 主な車窓風景】 篠山口駅[廃止＝篠山線]、福知山城、福知山駅山陰本線京都方面、京都丹後鉄道宮福線、円山川、豊岡駅京都丹後鉄道宮豊線

◆「こうのとり」13・26号は、土曜・休日を中心に運転。運転日に関して詳細は、最新のＪＲ時刻表などで確認

◇ ＪＲ西日本ネット予約「e5489」の「J-WESTチケットレスサービス」等の利用がお得
▽ 3・6号車に車いす対応座席を設置
▽ 車内販売の営業なし
▽ 福知山線宝塚～三田間にて、2018.02.23からトンネル区間における携帯電話通信サービス開始
▼ 座席／普通車＝回転式（座席下ペダル）フリーストッパー型リクライニングシート、シートピッチ970mm
　グリーン車＝回転式（座席下ペダル）リクライニングシート、シートピッチ1160mm
▼ ⑪／グリーン車と普通車の車端側席に設置。普通車はパソコン対応大型テーブルも設置
▼ おむつ交換台のあるトイレには印を付加
▼ □■△は窓配置のパターン。□は座席2列分の広窓、■は座席ごと独立の小窓、△は窓配置と座席間隔が必ずしも一致とは限らない窓配置
1号車、普通席は窓配置とシートピッチが必ずしも合致しないが、新大阪発は7・9・10番席、新大阪行きは6・7・9番席がおすすめ

←新大阪　【⬆ 主な車窓風景】 尼崎駅東海道本線神戸方面、六甲山、阪急平井車庫、三田駅神戸電鉄、新三田電留線、谷川駅加古川線、和田山駅播但線　福知山・豊岡・城崎温泉→

こうのとり // 289系3両編成＝JR西日本〔吹田総合車両所福知山支所〕
11号、8号

▽2号車に車いす対応座席を設置

【⬇ 主な車窓風景】 篠山口駅［廃止＝篠山線］、福知山城、福知山駅山陰本線京都方面、京都丹後鉄道宮福線、円山川、豊岡駅京都丹後鉄道宮豊線

◇ ＪＲ西日本ネット予約「e5489」の「J-WESTチケットレスサービス」等の利用がお得
▽ 車内販売の営業なし
▽ 福知山線宝塚～三田間にて、2018.02.23 からトンネル区間における携帯電話通信サービス開始

▼ 座席／普通車＝回転式（座席下ペダル）フリーストッパー型リクライニングシート、シートピッチ 970mm
▼ ⓘ／グリーン車と普通車の車端側席に設置。普通車はパソコン対応大型テーブルも設置
▼ おむつ交換台のあるトイレには印を付加
▼ □■△は窓配置のパターン。□は座席２列分の広窓、■は座席ごと独立の小窓、△は窓配置と座席間隔が必ずしも一致とは限らない窓配置

187

←大阪　【⬆ 主な車窓風景】 快速線・緩行線と並走(大阪～草津間 米原発)、天王山、京都鉄道博物館、京都駅山陰本線、京都市街地、比叡山、琵琶湖、比良山地、安土城跡　米原→

らくラクびわこ // 683系6両編成＝JR西日本〔吹田総合車両所京都支所〕 // 1号、2号

号車	座席	席番	形式	窓配置
6号車／指定(64)	A B C D	16 15 ～ 2 1	クモハ683 1500	■□□□■
5号車／指定(68)	A B C D	17 ～ 2 1	サハ682	□□□■
4号車／指定(46)	A B C D	12 11 10 ～ 1	サハ683 300	□□□□
3号車／指定(72)	A B C D	18 17 ～ 2 1	モハ683 1000	■□□□■
2号車／指定(68)	A B C D	17 ～ 2 1	サハ682	□□□■
1号車／Ⓖ(36)	A B C	12 ～ 1	クロ683	□□□□

★らくラクびわこ 9両編成で運転の場合 // 683系9両編成＝JR西日本〔吹田総合車両所京都支所〕

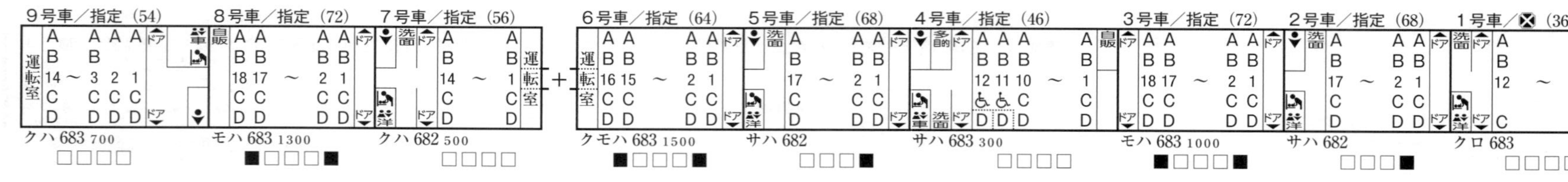

【⬇ 主な車窓風景】 快速線・緩行線と並走(大阪～草津間 大阪発)、草津駅草津線、吹田総合車両所、吹田総合車両所京都支所、京都駅奈良線

- ◆ 平日運転
- ◇ 座席指定は、JR西日本ネット予約「e5489」の「J-WESTチケットレス」の利用がお得
- ▼ 座席／普通車＝回転式（座席下ペダル）フリーストッパー型リクライニングシート、シートピッチ 970mm
  グリーン車＝回転式（座席下ペダル）リクライニングシート、シートピッチ 1160mm
- ▽ 4号車に車いす対応座席を設置
- ▼ ⓘ／グリーン車は各座席肘掛部に設置。普通車は客室出入口付近座席の壁側下部に設置
- ▼ 普通席はパソコン対応大型テーブル装備
- ▼ 車両リフレッシュ工事完了
- ▼ おむつ交換台のあるトイレには印を付加
- ▼ □■は窓配置のパターン。□は座席2列分の広窓、■は座席ごと独立の小窓

←草津　【⬆ 主な車窓風景】 快速線・緩行線と並走(大阪〜草津間 米原行)、草津駅草津線、京都駅奈良線、吹田総合車両所京都支所、吹田総合車両所　大阪→

らくラクびわこ // キハ189系3両編成＝JR西日本〔吹田総合車両所京都支所〕// 4号

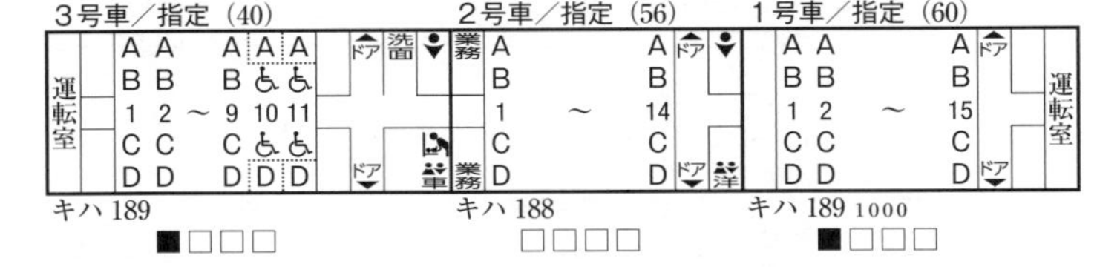

★らくラクびわこ　6両編成にて運転の場合 // キハ189系6両編成＝JR西日本〔吹田総合車両所京都支所〕// 4号

6号車／指定（40）	5号車／指定（56）	4号車／指定（60）	3号車／指定（40）	2号車／指定（56）	1号車／指定（60）
運転室 / A A A A A / B B B ♿ ♿ / 1 2 〜 9 10 11 / C C C ♿ ♿ / D D D D D / ドア 洗面 ドア	業務 / A A / B B / 1 〜 14 / C C / D D / ドア ドア 洋	A A A / B B B / 1 2 〜 15 / C C C / D D D / ドア ドア / 運転室	運転室 / A A A A A / B B B ♿ ♿ / 1 2 〜 9 10 11 / C C C ♿ ♿ / D D D D D / ドア 洗面 ドア	業務 / A A / B B / 1 〜 14 / C C / D D / ドア ドア 洋	A A A / B B B / 1 2 〜 15 / C C C / D D D / ドア ドア / 運転室
キハ189	キハ188	キハ189 1000	キハ189	キハ188	キハ189 1000
■□□□	□□□□	■□□□	■□□□	□□□□	■□□□

【⬇ 主な車窓風景】 琵琶湖、比叡山、京都市街地、京都駅山陰本線、京都鉄道博物館、天王山、快速線・緩行線と並走(大阪〜草津間 米原発)

◆ 平日運転
◇ 座席指定は、JR西日本ネット予約「e5489」の「J-WESTチケットレス」の利用がお得
▽ 3号車に車いす対応座席を設置
▽ 各車両の車端寄り座席に大型テーブル、⑪を設置
▽ 3号車10･11 D席に非常通報装置を設置
▼ 座席／回転式（座席下ペダル）フリーストッパー型リクライニングシート
▼ おむつ交換台のあるトイレには印を付加
▼ □■は窓配置のパターン。□は座席2列分の広窓、■は座席ごと独立の小窓

▽ 車内販売の営業なし
▽ トンネル内携帯電話の利用は、東海道本線京都〜山科間は2017.04.28から、山科〜大津間は2017.12.08から可能となっている

「スーパーはくと」編成席番表

←京都　　　鳥取・倉吉→

【↑ 主な車窓風景】 吹田総合車両所京都支所、吹田総合車両所、大阪湾、淡路島、明石海峡大橋、山陽電鉄と並走(須磨浦公園付近～舞子付近間)、網干総合車両所、上郡駅山陽本線岡山方面、智頭駅因美線(津山方面)

スーパーはくと // HOT7000系5両編成＝智頭急行 // 1・3・5・7・9・11・13・15号、2・4・6・8・10・12・14・16号

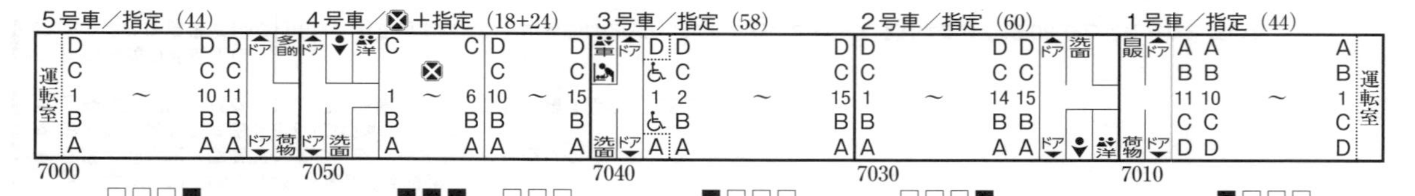

★スーパーはくと　1・5号車1C席が無い車両の場合 // HOT7000系5両編成＝智頭急行

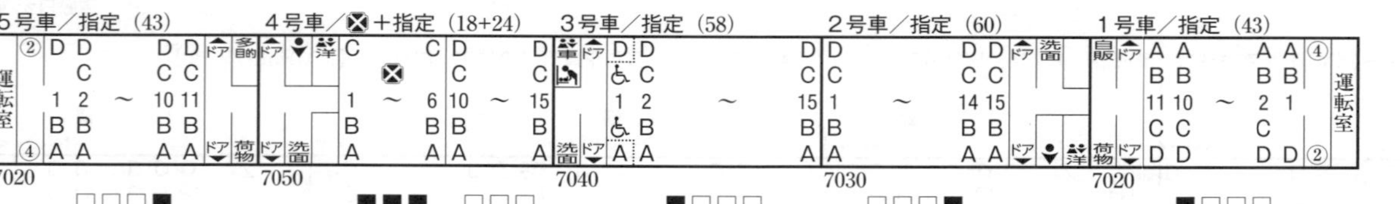

★スーパーはくと　6両編成にて運転の場合 // HOT7000系6両編成＝智頭急行

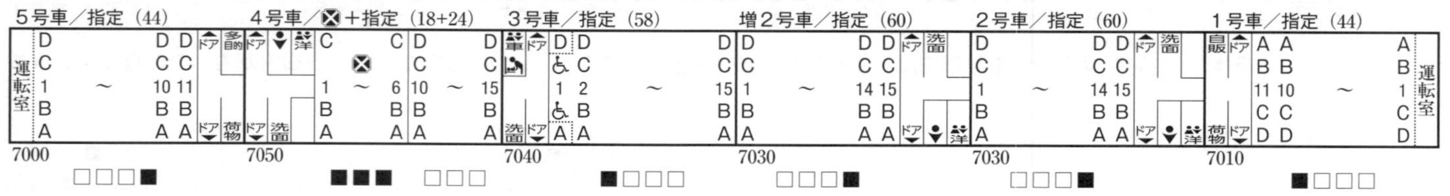

【↓ 主な車窓風景】 京都鉄道博物館、六甲山、阪急神戸線並走(灘～三ノ宮付近)、山陽電鉄と並走(須磨浦公園付近～舞子付近間)、明石城、姫路駅播但線・姫新線、姫路城、郡家駅若桜鉄道、鳥取駅山陰本線京都方面

◇ 2024.03.16 改正から全車指定席に変更
◇ 座席指定は、ＪＲ西日本ネット予約「e5489」の「J-WESTチケットレス特急券」等の利用がお得
▽ 車内販売の営業なし
▽ 3号車に車いす対応座席を設置。6両編成にて運転の場合、2・増2号車は充当車両によって座席向きが異なる車両が充当となる場合もある
▽ 2014年度から2015年度にかけてリニューアルを実施済
施工概要…⑪を窓側下に設置、洋式トイレを温水洗浄式便座に改良、5号車に多目的室、荷物置場を設置、1号車に荷物置場を設置　など

▼ 座席／回転式（座席下ペダル）フリーストッパー型リクライニングシート
▼ おむつ交換台のあるトイレには印を付加
▼ ②・④の丸数字はパブリックスペース席の着席定員数
▼ □■は窓配置のパターン。□は座席2列分の広窓、■は座席ごと独立の小窓

「はまかぜ」編成席番表

←大阪、鳥取・香住・城崎温泉・豊岡　　姫路→

【⬆ 主な車窓風景】 快速線・緩行線と並走(大阪〜兵庫付近 大阪行)、大阪湾、淡路島、明石海峡大橋、山陽電鉄と並走(須磨浦公園付近〜舞子付近間)、姫路駅東海道本線神戸方面、竹田城跡(天空の城)、円山川、日本海(香住〜餘部間) {大阪発にて掲載➡}

はまかぜ // キハ189系3両編成＝JR西日本〔吹田総合車両所京都支所〕 // 1・3・5号、2・4・6号

3号車／指定（40）　キハ189　■□□□
運転室 / A A ～ A A A / B B ～ B ♿ ♿ / 1 2 ～ 9 10 11 / C C ～ C ♿ ♿ / D D ～ D D D / ドア 洗面 / ドア

2号車／指定（56）　キハ188　□□□□
業務 / A ～ A / B ～ B / 1 ～ 14 / C ～ C / D ～ D / 業務 / ドア / ドア 洋

1号車／指定（60）　キハ189 1000　■□□□
A A ～ A / B B ～ B / 1 2 ～ 15 / C C ～ C / D D ～ D / ドア / ドア / 運転室

★はまかぜ 6両編成にて運転の場合 // キハ189系6両編成＝JR西日本〔吹田総合車両所京都支所〕

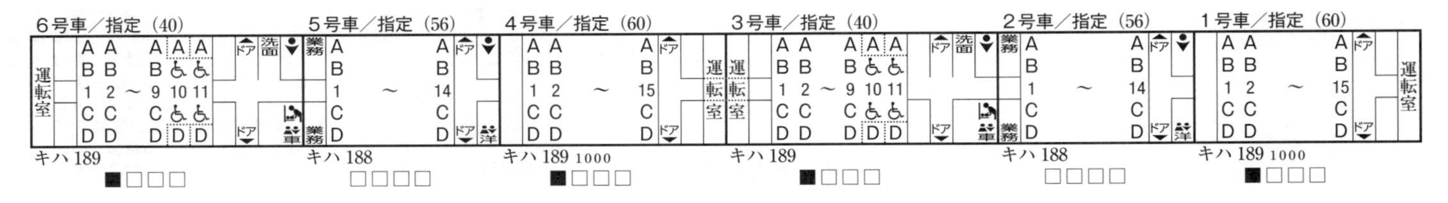

【⬇ 主な車窓風景】 快速線・緩行線と並走(大阪〜西明石間 大阪発&大阪行 西明石〜兵庫付近)、六甲山、阪急神戸線並走(灘〜三ノ宮付近)、山陽電鉄と並走(須磨浦公園付近〜舞子付近間)、明石城、姫路駅播但線、姫路城、竹田城跡、和田山駅山陰本線京都方面、久松山(鳥取城跡) {大阪発にて掲載➡}

◇ 途中、姫路にて進行方向が変わる

◇ 座席指定は、ＪＲ西日本ネット予約「e5489」の「J-WESTチケットレス特急券」等の利用がお得
▽ 車内販売の営業なし
▽ ３(６)号車に車いす対応座席を設置
▽ 各車両の車端寄り座席に大型テーブル、⑪を設置
▽ ３(６)号車 10･11 Ｄ席に非常通報装置を設置
▼ 座席／回転式（座席下ペダル）フリーストッパー型リクライニングシート
▼ おむつ交換台のあるトイレには印を付加
▼ □■は窓配置のパターン。□は座席２列分の広窓、■は座席ごと独立の小窓

「かにカニはまかせ」編成席番表 【臨時列車】

←大阪、浜坂　　姫路→

【⬆ 主な車窓風景】 快速線・緩行線と並走(大阪～兵庫付近 大阪行)、大阪湾、淡路島、明石海峡大橋、姫路駅東海道本線神戸方面、竹田城跡(天空の城)、円山川、日本海(香住～餘部間) {大阪発にて掲載➡}

かにカニはまかせ // キハ189系6両編成＝JR西日本〔吹田総合車両所京都支所〕

号車	6号車／指定 (40)	5号車／指定 (56)	4号車／指定 (60)	3号車／指定 (40)	2号車／指定 (56)	1号車／指定 (60)
形式	キハ189	キハ188	キハ189 1000	キハ189	キハ188	キハ189 1000
設備(大阪・浜坂方)	運転室	業務		運転室	業務	
A	A A ～ A A A	A ～ A	A A ～ A	A A ～ A A A	A ～ A	A A ～ A
B	B B ～ B ♿ ♿	B ～ B	B B ～ B	B B ～ B ♿ ♿	B ～ B	B B ～ B
席番	1 2 ～ 9 10 11	1 ～ 14	1 2 ～ 15	1 2 ～ 9 10 11	1 ～ 14	1 2 ～ 15
C	C C ～ C ♿ ♿	C ～ C	C C ～ C	C C ～ C ♿ ♿	C ～ C	C C ～ C
D	D D ～ D D D	D ～ D	D D ～ D	D D ～ D D D	D ～ D	D D ～ D
設備(姫路方)	ドア、洗面、トイレ(おむつ交換台)、車掌	ドア、トイレ(洋)	ドア、運転室	ドア、洗面、トイレ(おむつ交換台)、車掌	ドア、トイレ(洋)	ドア、運転室
窓配置	■□□□	□□□□	■□□□	■□□□	□□□□	■□□□

【⬇ 主な車窓風景】 快速線・緩行線と並走(大阪～西明石間 大阪発&大阪行 西明石～兵庫付近)、六甲山、阪急神戸線並走(灘～三ノ宮付近)、山陽電鉄と並走(須磨浦公園付近～舞子付近間)、姫路駅播但線、姫路城、竹田城跡、和田山駅山陰本線京都方面 {大阪発にて掲載➡}

◆ 運転日注意。例年、日本海にてカニのシーズンとなる冬から初春にかけて運行

◇ 座席指定は、ＪＲ西日本ネット予約「e5489」の「J-WESTチケットレス特急券」等の利用がお得
◇ 途中、姫路にて進行方向が変わる
▽ 3･6号車に車いす対応座席を設置
▽ 各車両の車端寄り座席に大型テーブル、Ⓘを設置
▽ 3･6号車 10･11D席に非常通報装置を設置
▼ 座席／回転式（座席下ペダル）フリーストッパー型リクライニングシート
▼ おむつ交換台のあるトイレには🚼印を付加
▼ □■は窓配置のパターン。□は座席２列分の広窓、■は座席ごと独立の小窓

「まほろば」編成席番表 【臨時列車】

←奈良　【⬆ 主な車窓風景】 奈良駅桜井線、王寺駅和歌山線、久宝寺駅大和路線天王寺方面、鴫野駅学研都市線京橋方面、東海道本線神戸方面（クロス 南吹田～新大阪間）　新大阪・大阪→

まほろば // 287系3両編成＝JR西日本〔吹田総合車両所日根野支所〕

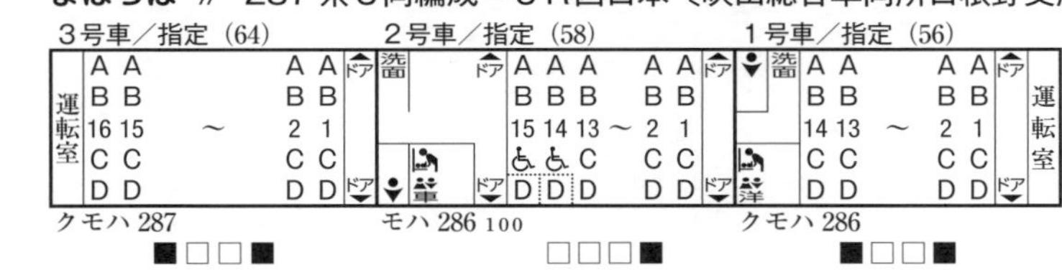

【⬇ 主な車窓風景】 法隆寺、王寺駅近鉄生駒線、放出駅学研都市線四条畷方面、東海道本線京都方面（クロス 南吹田～新大阪間）

◆ 運転日　3/16・17・20・23・24・30・31、4/6・7・13・14・20・21・27～29、5/3～6・11・12・18・19・25・26、6/1・2・8・9・15・16・22・23・29・30
大阪駅は2023.03.18開業の大阪（うめきたエリア）から発着。おおさか東線経由。「らくラクやまと」とは車両の向きが異なるので注意

◇ JRネット予約「e5489」限定「まほろばチケットレス特急券」の利用がお得

▽ 2号車に車いす対応座席を設置

▼ 座席／回転式（座席下ペダル）フリーストッパー型リクライニングシート
▼ おむつ交換台のあるトイレには🚼を付加
▼ ⑪／車端側席に設置
▼ □■は窓配置のパターン。□は座席2列分の広窓、■は座席ごと独立の小窓

「らくラクやまと」編成席番表

←新大阪・大阪　　【⬆ 主な車窓風景】 京セラドーム大阪(大阪ドーム)、法隆寺　　奈良→

らくラクやまと // 287 系３両編成＝ＪＲ西日本〔吹田総合車両所日根野支所〕

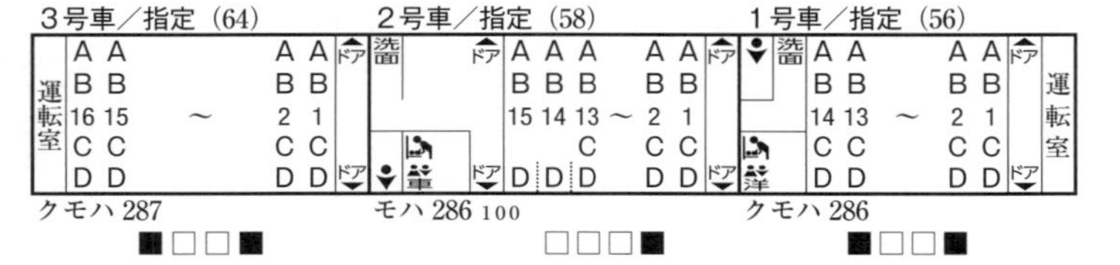

【⬇ 主な車窓風景】 あべのハルカス、王寺駅和歌山線、奈良駅桜井線

◆ 平日運転。大阪（うめきた）経由
◇ 座席指定は、JR西日本ネット予約「e5489」の「J-WESTチケットレス」の利用がお得
▽ 2 号車に車いす対応座席を設置
▽ 車内販売の営業なし
▼ 座席／普通車＝回転式（座席下ペダル）フリーストッパー型リクライニングシート、シートピッチ 970mm
▼ ⓘ／グリーン車と普通車の車端側席に設置。普通車はパソコン対応大型テーブルも設置
▼ おむつ交換台のあるトイレには印を付加
▼ □■は窓配置のパターン。□は座席 2 列分の広窓、■は座席ごと独立の小窓

大和路線 **快速うれしート（大和路快速）編成席番表**

←大阪　　【⬆ 主な車窓風景】 京セラドーム大阪(大阪ドーム)、法隆寺　　奈良・加茂→

221 系8両編成＝ＪＲ西日本〔吹田総合車両所奈良支所〕

号車	座席配置（大阪寄り→奈良寄り）	形式
8号車（40）	運転室 ドア② 11～8 ②ドア 7～3 ②ドア ♿ 2 1	クモハ 221
7号車（52）	13 12 ドア② 11～8 ②ドア 7～3 ②ドア 2 1	モハ 221
6号車（52）	13 12 ドア② 11～8 ②ドア 7～3 ②ドア 2 1	サハ 221
5号車（52）	14 13 ドア② 11～8 ②ドア 7～3 ②ドア 2 1	モハ 220
4号車（52）	13 12 ドア② 11～8 ②ドア 7～3 ②ドア 2 1	サハ 220
3号車（52）	14 13 ドア② 11～8 ②ドア 7～3 ②ドア 2 1	モハ 220
2号車（52）	14 13 ドア② 11～8 ②ドア 7～3 ②ドア 2 1	サハ 220
1号車（36）	♿ 🚻 ドア② 9～6 ②ドア 5～1（指定） ②ドア 運転室	クハ 221

各列 A B / C D

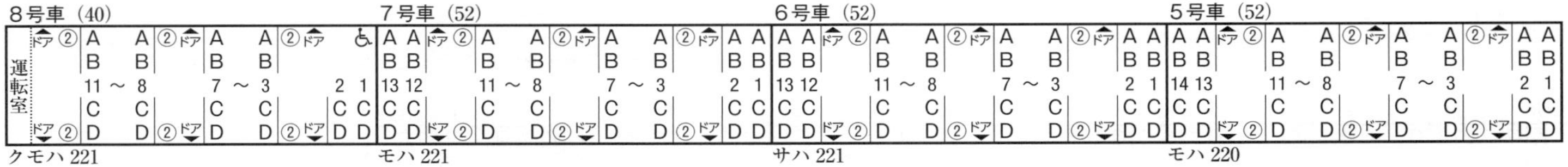

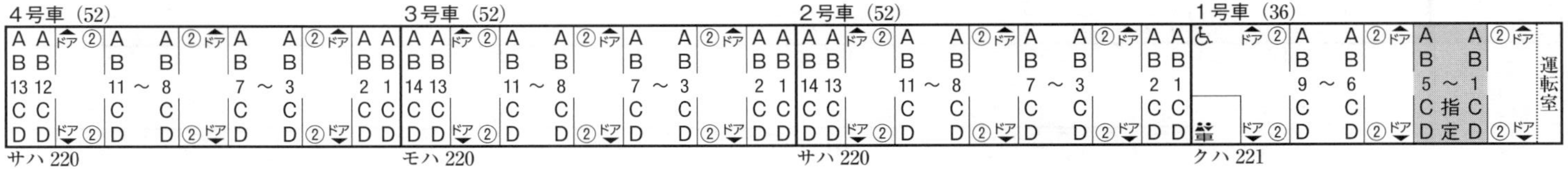

★中間に運転室が入る編成の場合　//　221 系8両編成＝ＪＲ西日本〔吹田総合車両所奈良支所〕

号車	座席配置（大阪寄り→奈良寄り）	形式
8号車（40）	運転室 ドア② 11～8 ②ドア 7～3 ②ドア ♿ 2 1	クモハ 221
7号車（52）	13 12 ドア② 11～8 ②ドア 7～3 ②ドア 2 1	モハ 221
6号車（52）	14 13 ドア② 11～8 ②ドア 7～3 ②ドア 2 1	サハ 221
5号車（36）	🚻 ドア② 9～6 ②ドア 5～1 ②ドア 運転室	クハ 221

＋

号車	座席配置（大阪寄り→奈良寄り）	形式
4号車（40）	運転室 ドア② 11～8 ②ドア 7～3 ②ドア ♿ 2 1	クモハ 221
3号車（52）	14 13 ドア② 11～8 ②ドア 7～3 ②ドア 2 1	モハ 221
2号車（52）	14 13 ドア② 11～8 ②ドア 7～3 ②ドア 2 1	サハ 221
1号車（36）	♿ 🚻 ドア② 9～6 ②ドア 5～1（指定） ②ドア 運転室	クハ 221

各列 A B / C D

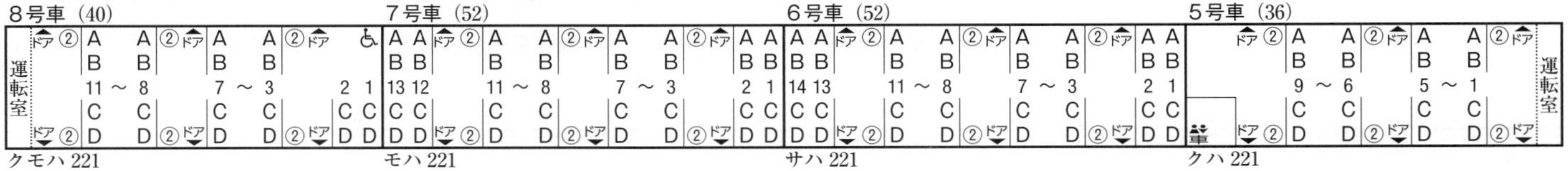

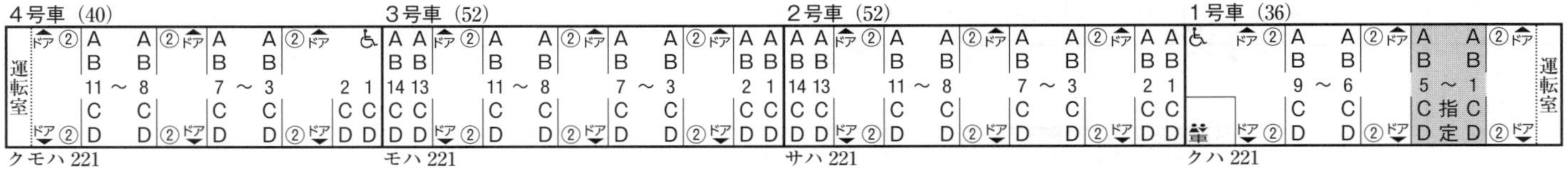

【⬇ 主な車窓風景】 西九条駅桜島線（ＪＲゆめ咲線）、あべのハルカス、王寺駅和歌山線、奈良駅桜井線

◆ 奈良・加茂発　平日「Ｑ区間快速」１・３・５号、土曜・休日「Ｑ大和路快速」１・３・５号にて運転。座席指定は１号車１～５ＡＢＣＤ席
◇ 指定席券はJR西日本ネット予約「e5489」（チケットレス指定席券）、みどりの券売機（指定席券）で発売。乗車には、別途、利用区間の乗車券（定期券、ＩＣカード乗車券など）が必要
▼ 座席は転換式シート（各座席、ドア寄り、車端寄り１列は固定シート）。②は補助席（ラッシュ時は使用出来ない）
▽（　）内の数字は座席数

快速うれしート（直通快速）編成席番表

←大阪・新大阪 　　【⬆ 主な車窓風景】 放出駅片町線(学研都市線松井山手・木津方面)、法隆寺 　　奈良→

221系8両編成＝ＪＲ西日本〔吹田総合車両所奈良支所〕

号車	席番	形式
8号車 (40)	運転室 11〜8 / 7〜3 / 2 1	クモハ221
7号車 (52)	13 12 / 11〜8 / 7〜3 / 2 1	モハ221
6号車 (52)	13 12 / 11〜8 / 7〜3 / 2 1	サハ221
5号車 (52)	14 13 / 11〜8 / 7〜3 / 2 1	モハ220
4号車 (52)	13 12 / 11〜8 / 7〜3 / 2 1	サハ220
3号車 (52)	14 13 / 11〜8 / 7〜3 / 2 1	モハ220
2号車 (52)	14 13 / 11〜8 / 7〜3 / 2 1	サハ220
1号車 (36)	9〜6 / 5〜1 運転室	クハ221 (5〜1 ABCD 指定)

★中間に運転室が入る編成の場合　//　221系8両編成＝ＪＲ西日本〔吹田総合車両所奈良支所〕

号車	席番	形式
8号車 (40)	運転室 11〜8 / 7〜3 / 2 1	クモハ221
7号車 (52)	13 12 / 11〜8 / 7〜3 / 2 1	モハ221
6号車 (52)	14 13 / 11〜8 / 7〜3 / 2 1	サハ221
5号車 (36)	9〜6 / 5〜1 運転室	クハ221
4号車 (40)	運転室 11〜8 / 7〜3 / 2 1	クモハ221
3号車 (52)	14 13 / 11〜8 / 7〜3 / 2 1	モハ221
2号車 (52)	14 13 / 11〜8 / 7〜3 / 2 1	サハ221
1号車 (36)	9〜6 / 5〜1 運転室	クハ221 (5〜1 ABCD 指定)

【⬇ 主な車窓風景】 鴫野駅片町線(学研都市線京橋方面)、王寺駅和歌山線、奈良駅桜井線

◆大阪駅はうめきた、地下駅発着。奈良発「Ｆ直通快速」71・73・75・77号にて運転。座席指定は１号車１〜５ＡＢＣＤ席
◇指定席券はJR西日本ネット予約「e5489」（チケットレス指定席券）、みどりの券売機（指定席券）で発売。乗車には、別途、利用区間の乗車券（定期券、ＩＣカード乗車券など）が必要
▼座席は転換式シート（各座席、ドア寄り、車端寄り１列は固定シート）。②は補助席（ラッシュ時は使用出来ない）
▽（　）内の数字は座席数

「らくラクはりま」編成席番表

←京都　　　　　　　　　　　　　　　　　　　　　　　　　　　　姫路・網干→

【⬆ 主な車窓風景】 快速線・緩行線と並走(京都〜兵庫付近　京都行)、吹田総合車両所京都支所、吹田総合車両所、大阪湾、淡路島、明石海峡大橋

らくラクはりま // 289系6両編成＝ＪＲ西日本〔吹田総合車両所京都支所〕

6号車／指定 (64)	5号車／指定 (64)	4号車／指定 (54)	3号車／指定 (72)	2号車／指定 (64)	1号車／指定 女+⊠ (18+15)
運転室	● 洗面 / 洋	業務 / ● 多目的 / 車 洗面	業務	● 洗面 / 洋	業務 / 荷物 ● 洗面 / 荷物 洋
A A 〜 A A	A A 〜 A A	A A A 〜 A A	A A 〜 A A	A A 〜 A A	A A 〜 A A / A 〜 A
B B 〜 B B	B B 〜 B B	B B B 〜 B B	B B 〜 B B	B B 〜 B B	B B 〜 B B / B 〜 B
16 15 〜 2 1	16 15 〜 2 1	14 13 12 〜 2 1	18 17 〜 2 1	16 15 〜 2 1	10 9 〜 7 6 / 5 〜 1
C C 〜 C C	C C 〜 C C	♿ ♿ C 〜 C C	C C 〜 C C	C C 〜 C C	C 〜 C / C 〜 C
D D 〜 D D	D D 〜 D D	D D D 〜 D D	D D 〜 D D	D D 〜 D D	D D 〜 D D
ドア	ドア	ドア	ドア 業務	ドア	ドア 運転室
クモハ 289 3500	サハ 289 2500	サハ 288 2200	モハ 289 3400	サハ 289 2500	クロハ 288 2000
■□□■	■□□■	■□□■	■□□■	■□□■	△△△ ■□□

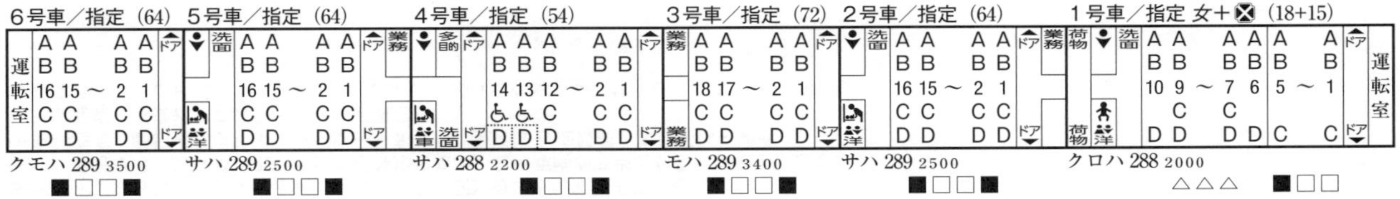

【⬇ 主な車窓風景】 京都鉄道博物館、快速線・緩行線と並走(京都〜西明石間　京都発　兵庫付近〜西明石間)、六甲山、阪急神戸線と並走(灘付近〜三ノ宮間)、山陽電鉄と並走(須磨浦公園付近〜舞子付近間)、明石城、姫路駅播但線、姫路城

◆ 平日運転
◇ 座席指定は、JR西日本ネット予約「e5489」の「J-WESTチケットレス」の利用がお得
▽ 4号車に車いす対応座席を設置
▽ 車内販売の営業なし

◇ １号車の普通車指定席は女性専用席。女性および同伴の小学生以下の男児に限り乗車できる
▼ 座席／普通車＝回転式（座席下ペダル）フリーストッパー型リクライニングシート、シートピッチ 970mm
　　グリーン車＝回転式（座席下ペダル）リクライニングシート、シートピッチ 1160mm
▼ ⑪／グリーン車と普通車の車端側席に設置。普通車はパソコン対応大型テーブルも設置
▼ おむつ交換台のあるトイレには印を付加
▼ □■は窓配置のパターン。□は座席２列分の広窓、■は座席ごと独立の小窓

新快速「Aシート」編成席番表 －1

←野洲・草津　　　　姫路・網干→

【⬆ 主な車窓風景】 草津駅草津線、快速線・緩行線と並走(草津～兵庫付近間)、京都駅奈良線、吹田総合車両所京都支所、吹田総合車両所、大阪湾、快速線・緩行線と並走(兵庫付近～西明石間)、淡路島、明石海峡大橋、山陽電鉄と並走(舞子付近～明石間)

223系12両編成＝JR西日本〔網干総合車両所〕// **新快速 1・3・5・7・9・11号、2・4・6・8・10・12号【平日】**
新快速 21・23・25・27・29・31号、22・24・26・28・30・32号【土曜・休日】

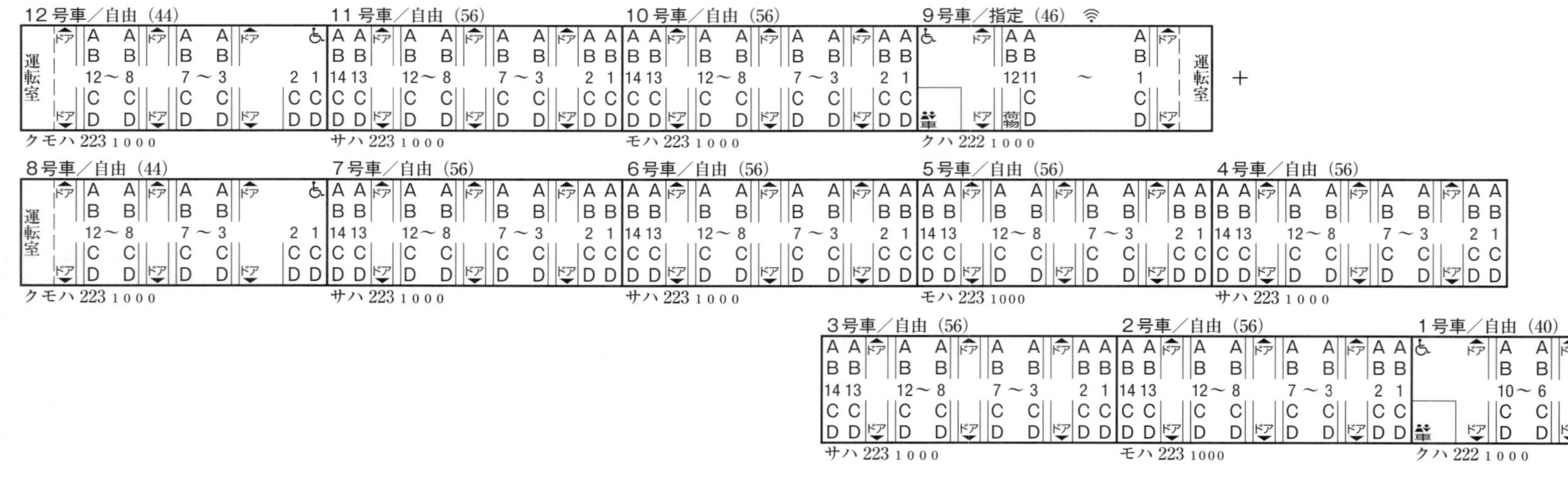

【⬇ 主な車窓風景】 比良山地、琵琶湖、快速線・緩行線と並走（草津～兵庫付近間）、琵琶湖、比叡山、京都駅山陰本線、京都市街地、京都鉄道博物館、天王山、六甲山、阪急神戸線並走（灘～三ノ宮付近）、山陽電鉄と並走（須磨浦公園付近～舞子付近間）、明石城、姫路駅播但線・姫新線、姫路城

- ◆ 座席指定は9号車の1両のみ。ほかは乗車券・回数券のみにて利用できる
- ◆ 1～8号車は、223系、225系が共通運用のため、どの車両が充当となるかは確定できない
- ▼ 有料座席　回転式リクライニングシートを装備。全席に ⓘ を設置。客用扉は片開き
  一般座席　転換式クロスシート（一部固定式）
- ◇ 座席指定は、ＪＲ西日本ネット予約「e5489」の「チケットレスサービス」等の利用がお得

新快速「Aシート」編成席番表 －2

←野洲・草津　【⬆ 主な車窓風景】 吹田総合車両所京都支所，吹田総合車両所，大阪湾　姫路・網干→

225系 12両編成＝JR西日本〔網干総合車両所〕// 新快速 1・3・5・7・9・11号、2・4・6・8・10・12号【平日】
新快速 21・23・25・27・29・31号、22・24・26・28・30・32号【土曜・休日】

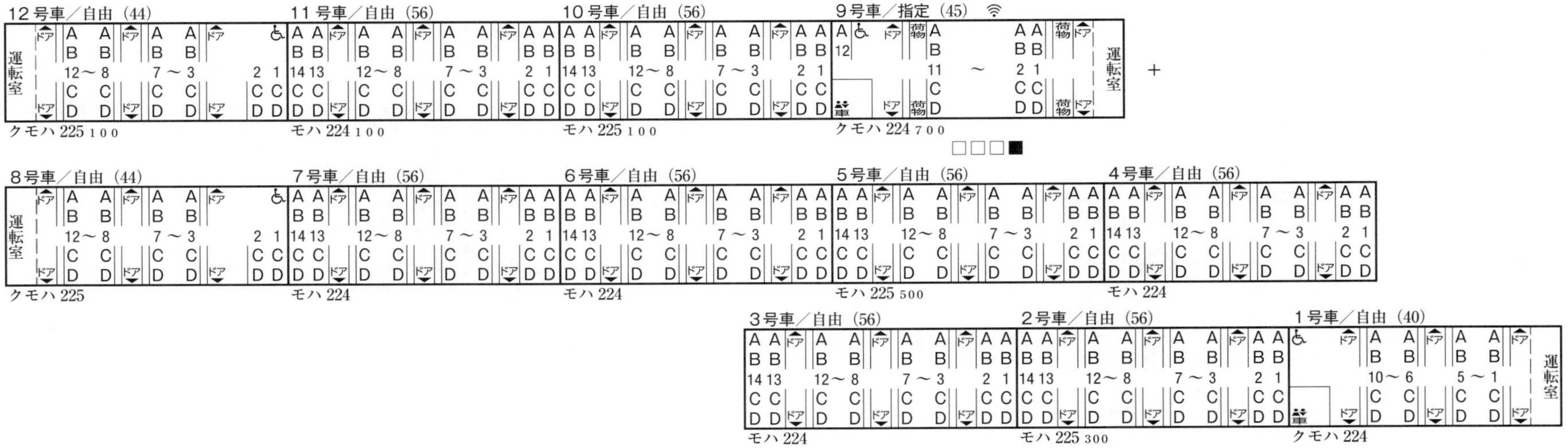

12号車／自由（44）　運転室　ドア　12〜8　ドア　7〜3　ドア　♿ 2 1　クモハ225 100

11号車／自由（56）　14 13　ドア　12〜8　ドア　7〜3　ドア　2 1　モハ224 100

10号車／自由（56）　14 13　ドア　12〜8　ドア　7〜3　ドア　2 1　モハ225 100

9号車／指定（45）　12A ♿　ドア　荷物　11〜2 1　荷物　ドア　運転室　クモハ224 700

□□□■

8号車／自由（44）　運転室　ドア　12〜8　ドア　7〜3　ドア　♿ 2 1　クモハ225

7号車／自由（56）　14 13　ドア　12〜8　ドア　7〜3　ドア　2 1　モハ224

6号車／自由（56）　14 13　ドア　12〜8　ドア　7〜3　ドア　2 1　モハ224

5号車／自由（56）　14 13　ドア　12〜8　ドア　7〜3　ドア　2 1　モハ225 500

4号車／自由（56）　14 13　ドア　12〜8　ドア　7〜3　ドア　2 1　モハ224

3号車／自由（56）　14 13　ドア　12〜8　ドア　7〜3　ドア　2 1　モハ224

2号車／自由（56）　14 13　ドア　12〜8　ドア　7〜3　ドア　2 1　モハ225 300

1号車／自由（40）　♿　ドア　10〜6　ドア　5〜1　ドア　運転室　クモハ224

【⬇ 主な車窓風景】 六甲山

◆ 座席指定は９号車の１両のみ。ほかは乗車券・回数券のみにて利用できる。９号車12Aは優先座席（予約ではない）
◆ １～８号車は、223系、225系が共通運用のため、どの車両が充当となるかは確定できない
▼ 有料座席　回転式リクライニングシートを装備。全席に ⓘ を設置
　一般座席　転換式クロスシート（一部固定式）
◇ 座席指定は、ＪＲ西日本ネット予約「e5489」の「チケットレスサービス」等の利用がお得
▼ □■は窓配置のパターン。□は座席２列分の広窓。■は座席ごとの小窓（225系９号車のみ表示）

「WEST EXPRESS銀河」編成席番表 【臨時列車】

←京都・大阪　　出雲市→

【⬆ 主な車窓風景】 吹田総合車両所京都支所、吹田総合車両所、大阪駅大阪環状線、大阪湾、快速線・緩行線と並走(兵庫付近〜西明石間)、淡路島、明石海峡大橋、山陽電鉄と並走(舞子付近〜明石間)、高梁川、備中神代駅芸備線、後藤総合車両所

WEST EXPRESS銀河 // 117系6両編成＝ＪＲ西日本〔吹田総合車両所京都支所〕

6号車／Ⓖ(13［夜行=9］) プレミアムルーム	5号車／指定(18) ノビノビ座席	4号車／指定(16) フリースペース	3号車／指定(28) ファミリーキャビン	2号車／指定(26) 女性席	1号車／Ⓖ(16［夜行=8］) ファーストシート
運転室 彗星 5 ① 3 ③ ③ 4 ③ 2 1 ③ ドア ドア 洗面	洋 荷物 上段 D D D D / C C C C 下段 B B B B B / A A A A A 5 4 3 2 1 ドア ドア 洗面	洗面 D A D A / C 3 B C 1 B / C 4 B C 2 B / D A D A フリースペース 遊星 ♥ 洗面	洋 2 個室 ④ 1 個室 ④ A A A A A / B B B B B 5 4 3 2 1 / C C C C C / D D D D D 荷物 荷物 ドア ドア 明星	荷物 上段 D D D / C C C 下段 B B B / A A A 10 9 8 A A A A / B B B B 7 6 5 4 3 2 1 / C C C / D D D 荷物 ドア 更衣室 ドア 更衣室 洋	洗面 洋 荷物 B A B A B A B A 7 5 3 1 / 8 6 4 2 B A B A B A B A ドア ② ドア ② 運転室
クロ 117-7016	モハ 117-7032	モハ 116-7032	モハ 117-7036	モハ 116-7036	クロ 116-7016

【⬇ 主な車窓風景】 京都駅山陰本線、京都市街地、京都鉄道博物館、天王山、六甲山、阪急神戸線と並走(灘〜三ノ宮付近)、山陽電鉄と並走(須磨浦公園〜舞子付近)、明石城、姫路城、姫路駅播但線・姫新線、総社駅吉備線、新見駅姫新線、大山(伯耆富士)、伯耆大山駅山陰本線鳥取方面、米子駅境線、大橋川、松江城(松江市街地)、宍道湖

◆ 運転日。JR西日本ホームページなどで確認
表示の運転区間は、夜行列車として運転の山陰コース。ほかに大阪〜下関間、山陽本線経由の山陽ルート（昼行)。京都〜新宮間の紀南ルート（昼行・夜行）がある
2023.07.03 発分から、ＪＲ西日本ネット予約サービス「e5489」等で販売開始。詳しくは「WEST EXPRESS 銀河 料金/購入」ページ参照

▼ 車内販売の営業なし

▼ 1号車　ファーストシート。夜行は８名（ＡＢ席をフラットにして１名にて利用）
②はグリーン車利用客用ラウンジ。テーブルをはさんで２名ずつ設定
2号車　女性席。座席はリクライニングシート。ノビノビ座席は上段がＣＤ席、下段がＡＢ席。
女性席は、女性および同伴の小学生以下の男児に限り利用できる
3号車はファミリーキャビン。個室は夜行の場合は１室のみ発売。座席は回転式リクライニングシート
4号車　フリースペース「遊星」。フリースペースは３号車に「明星」、６号車に「彗星」も設置
座席番号表示は、団体列車等での使用を想定表記。通常は、この座席もフリースペース
5号車　ノビノビ座席　上段はＣＤ席、下段はＡＢ席。５号車１ＡＢ席は車いす対応席
6号車　プレミアムルーム（グリーン個室)。昼行は１名個室以外は２〜３名、夜行は３名室は２名室。

▼ ⓘ／全座席に配置。グリーン車にはＵＳＢポートも併設

▼ 5号車トイレには、更衣台を設置

▼ 4号車（♥印）にＡＥＤを設置

津山線　快速「SAKU美SAKU楽」編成席番表 【臨時列車】

←岡山　　【⬆ 主な車窓風景】 津山駅姫新線新見方面　　津山→

SAKU美SAKU楽 // キハ40形1両編成＝ＪＲ西日本〔後藤総合車両所岡山気動車支所〕 // 1・3号、2・4号

1号車／指定（32）

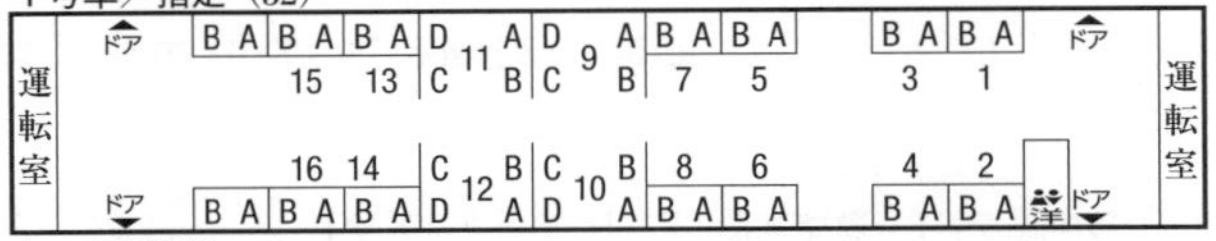

運	ドア	B A	B A	B A	D		A	D		A	B A	B A	B A	B A		ドア	運
転			15	13	C	11	B	C	9	B	7	5	3	1			転
室			16	14	C	12	B	C	10	B	8	6	4	2			室
	ドア	B A	B A	B A	D		A	D		A	B A	B A	B A	B A	洋	ドア	

キハ40 2049

【⬇ 主な車窓風景】 岡山駅山陽本線神戸方面、旭川

◆ 2022.07.01から営業運転開始の観光列車
◆ 毎週金・土・休日を中心に運転。詳しくは最新のJR時刻表等を確認。
　また快速「みまさか」に連結して運転日もある
▽ お弁当、スイーツの予約販売実施。詳しくは、ＪＲ西日本ホームページ「観光列車の旅時間」、もしくは観光ナビ「tabiwa by WESTER」を参照

▼ 座席　4人掛けボックスシート、2人掛けロングシート

「スーパーいなば」編成席番表

←上郡　　【↑ 主な車窓風景】 上郡駅山陽本線岡山方面、東岡山駅[赤穂線]　　鳥取、岡山→

スーパーいなば // キハ 187 系 2 両編成＝JR西日本〔後藤総合車両所〕 // 1・3・5・7・9・11 号、2・4・6・8・10・12 号

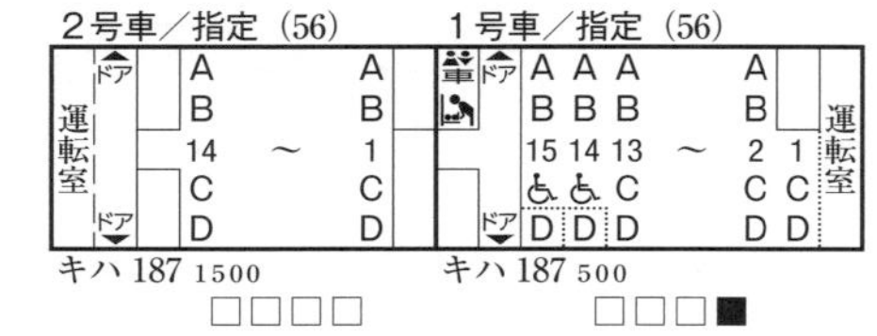

★スーパーいなば　3 両編成にて運転の場合 // キハ 187 系 3 両編成＝JR西日本〔後藤総合車両所〕

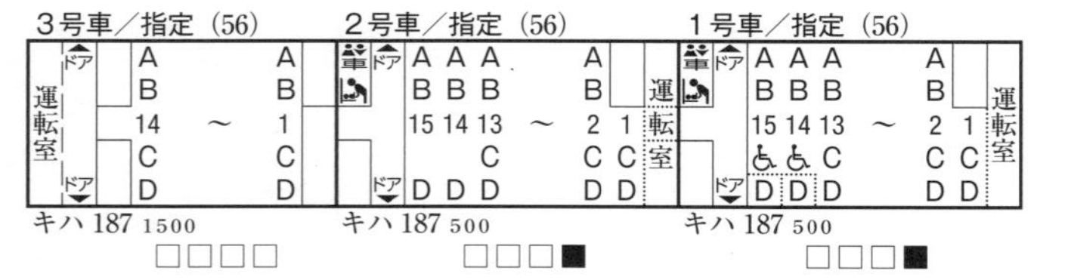

3号車／指定（56）　2号車／指定（56）　1号車／指定（56）
キハ 187 1500　キハ 187 1500　キハ 187 500

【↓ 主な車窓風景】 佐用駅姫新線、上郡駅智頭急行、岡山駅津山線、鳥取駅山陰本線京都方面

◇ 2024.03.16 改正から全車指定席に変更

▽ 1 号車に車いす対応座席を設置
▽ 車内販売の営業なし

▼ 座席／普通車＝回転式（座席下ペダル）フリーストッパー型リクライニングシート
▼ おむつ交換台のあるトイレには印を付加

▼ □■は窓配置のパターン。□は座席 2 列分の広窓、■は座席ごと独立の小窓

宇野線（瀬戸大橋線）「La Malle de Bois（ラ・マル・ド・ボア）」編成席番表 【臨時列車】

←岡山　　【⬆ 主な車窓風景】　　宇野→

La Malle de Bois（ラ・マル・ド・ボア）// 213系2両編成＝ＪＲ西日本〔下関総合車両所岡山電車支所〕

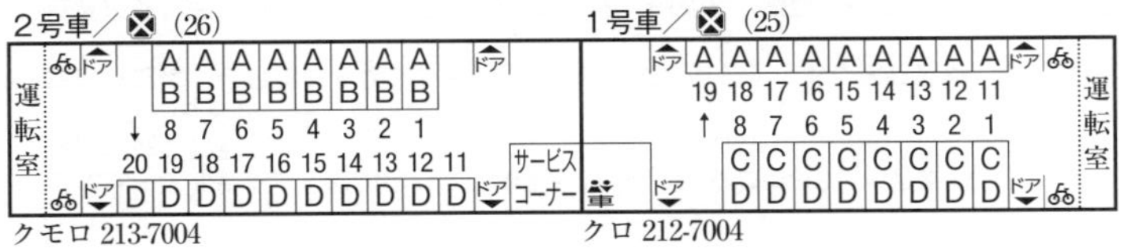

2号車／⊠（26）　クモロ 213-7004

運転室	A	A	A	A	A	A	A	A		
	B	B	B	B	B	B	B	B		
↓	8	7	6	5	4	3	2	1		
20	19	18	17	16	15	14	13	12	11	サービスコーナー
D	D	D	D	D	D	D	D	D	D	

1号車／⊠（25）　クロ 212-7004

A	A	A	A	A	A	A	A	A	運転室
19	18	17	16	15	14	13	12	11	
↑	8	7	6	5	4	3	2	1	
C	C	C	C	C	C	C	C		
D	D	D	D	D	D	D	D		

【⬇ 主な車窓風景】　岡山駅山陽本線下関方面

◆ 上記編成は、岡山～宇野間の快速「ラ・マル せとうち」、岡山～尾道～三原間の快速「ラ・マル しまなみ」、岡山～琴平間の快速「ラ・マル ことひら」に充当。
運転日は、最新のＪＲ時刻表などにて確認
▽ お弁当、スイーツの予約販売実施。詳しくは、ＪＲ西日本ホームページ「観光列車の旅時間」、もしくは観光ナビ「tabiwa by WESTER」を参照

▼ 座席／２人掛けは回転式フリーストッパー型リクライニングシート
１人掛けシートは窓側を向いて配置（カウンター席）
▽ 🚲はサイクルスペース。自転車の積み込みは輪行袋に収納のこと。別途、サイクル利用券（ラ・マル　サイクル＝無料）が必要。
利用できる区間は、「ラ・マルせとうち」岡山～宇野間、「ラ・マルしまなみ」岡山→尾道間（下りのみ）と限定されているので、利用の場合は再確認が必要
▽ フリー Wi-Fiサービスを実施。１号車に車いす対応座席を設置
▽ サービスコーナーにて、弁当・飲み物・グッズ類などを販売。「旅するせとうちスイーツＢＯＸ」は事前予約制［(株) ＳＴＹＬＥホームページから］

津山線「ノスタルジー」編成席番表 【臨時列車】

←岡山　　【⬆ 主な車窓風景】　津山駅姫新線新見方面　　津山→

ノスタルジー // キハ47形2両編成＝ＪＲ西日本〔後藤総合車両所岡山気動車支所〕

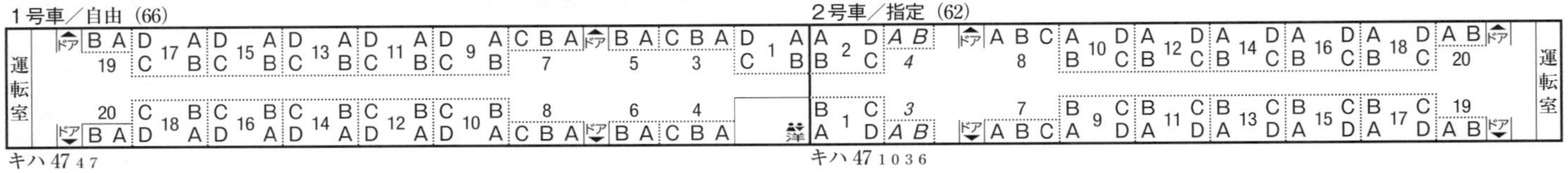

1号車／自由（66）　キハ 47 47

運転室	BA 19	DC 17 AB	DC 15 AB	DC 13 AB	DC 11 AB	DC 9 AB	CBA 7	BA 5	CBA 3	DC 1 AB
	20 BA	CD 18 BA	CD 16 BA	CD 14 BA	CD 12 BA	CD 10 BA	8 CBA	6 BA	4 CBA	

2号車／指定（62）　キハ 47 1036

AB 2 DC	*AB* 4	ABC 8	AB 10 DC	AB 12 DC	AB 14 DC	AB 16 DC	AB 18 DC	AB 20	運転室
BA 1 CD	3 *AB*	7 ABC	BA 9 CD	BA 11 CD	BA 13 CD	BA 15 CD	BA 17 CD	19 AB	

【⬇ 主な車窓風景】　岡山駅山陽本線神戸方面、旭川

◆ 運転日注意。詳細は最新のＪＲ時刻表などで確認。「岡山漫遊ノスタルジー」（岡山～津山間）、「みまさかスローライフ列車」（津山～智頭間）などにも充当
◆ 指定席車両は、運転日によって異なる日もある

▼ 座席／４人掛けはボックスシート。２・３・５人掛けはロングシート
２号車の３・４ＡＢ席（*斜字*）は窓向きカウンター席
▽ びん用の栓抜きを備えた小テーブルを設置
▽ 座席の布地は、国鉄時代と同じ青色

伯備線「やくも」編成席番表 －1

←岡山　【⬆ 主な車窓風景】 岡山駅宇野線、倉敷マスカットスタジアム、倉敷駅山陽本線下関方面・水島臨海鉄道[倉敷市駅]、清音駅[井原鉄道]、高梁川、備中神代駅[芸備線]　出雲市→

やくも // 381系4両編成＝JR西日本〔後藤総合車両所出雲支所〕 // 3・5・17・21号、2・4・16・20号

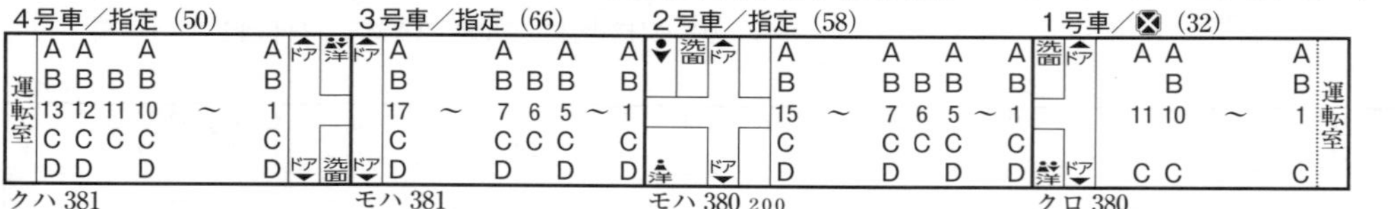

1号車、パノラマ型車両

★やくも　6両編成にて運転の場合 // 381系6両編成＝JR西日本〔後藤総合車両所出雲支所〕 // 5・21号、4・20号

6号車／指定 (50)　運転室　13 12 11 10 ～ 1　クハ 381
5号車／指定 (66)　17 ～ 7 6 5 ～ 1　モハ 381
4号車／指定 (58)　15 ～ 7 6 5 ～ 1　モハ 380 200
3号車／指定 (66)　17 ～ 7 6 5 ～ 1　モハ 381
2号車／指定 (60)　16 15 ～ 7 6 5 ～ 1　モハ 380
1号車／(32)　11 10 ～ 1　運転室　クロ 380

1号車、パノラマ型車両
◇「やくも」5・21号、4・20号は「スーパーやくも色」を基本的に充当（6両編成）

★やくも　国鉄色編成にて運転の場合 // 381系6両編成＝JR西日本〔後藤総合車両所出雲支所〕 // 9・25号、8・24号

6号車／指定 (54)　運転室　14 ～ 7 6 5 ～ 1　クモハ 381
5号車／指定 (62)　16 ～ 7 6 5 ～ 1　モハ 380
4号車／指定 (52)　業務　14 13 12 11 10 9 ～ 1　車掌室　サハ 381 200
3号車／指定 (66)　17 ～ 7 6 5 ～ 1　モハ 381
2号車／指定 (60)　16 15 ～ 7 6 5 ～ 1　モハ 380
1号車／(32)　業務　11 10 ～ 1　運転室　クロ 381

▽ 国鉄色編成

【⬇ 主な車窓風景】 総社駅吉備線、備中松山城(臥牛[かぎゅう]山)、新見駅姫新線、大山(伯耆富士)、伯耆大山駅[山陰本線京都方面]、米子駅境港線、大橋川、米子城跡、松江城(松江市街地)、宍道湖

▽ リニューアル編成。1号車はパノラマ型グリーン車(クロ 380)。1号車がパノラマ型グリーン車ではない(クロ 381)日もある。この場合は205頁の1号車を参照
▽ 車内販売の営業なし
◇ 2024.03.16 改正から全車指定席に変更
◇ 座席指定は、ＪＲ西日本ネット予約「e5489」の「eチケットレス特急券」等の利用がお得

▼ 座席／グリーン車＝2＆1座席配列の3列化。回転式（座席下ペダル）リクライニングシート
普通車＝新型バケットシートへ変更。回転式（座席下ペダル）フリーストッパー型リクライニングシート。シートピッチ改善
▼ 足元スペースはグリーン車、普通車とも窓側座席下部のダクトを撤去、足元空間を拡大
▼ トイレの洋式化を図るとともに、男子小用トイレ（♦印）を設置
▼ 窓配置は、座席配置と窓配置が必ずしも一致しない

←岡山　　【⬆ 主な車窓風景】 岡山駅宇野線、倉敷マスカットスタジアム、倉敷駅山陽本線下関方面・水島臨海鉄道[倉敷市駅]、清音駅[井原鉄道]、高梁川、備中神代駅[芸備線]　　出雲市→

やくも // 381系4両編成＝JR西日本〔後藤総合車両所出雲支所〕 // 1·7·11·13·15·19·23·27·29号、6·10·12·14·18·22·26·28·30号

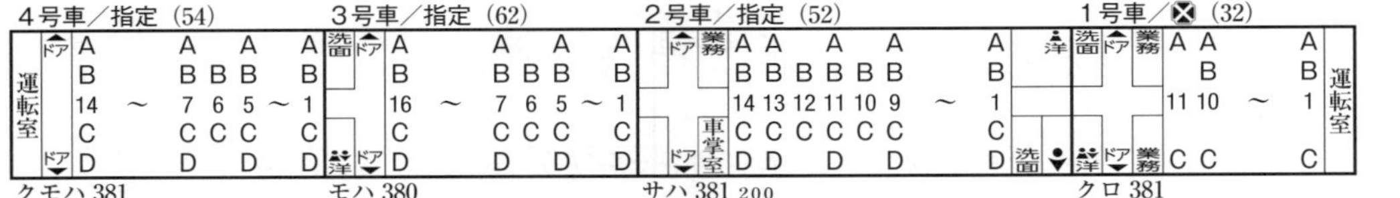

★やくも 7両編成にて運転の場合 // 381系7両編成＝JR西日本〔後藤総合車両所出雲支所〕

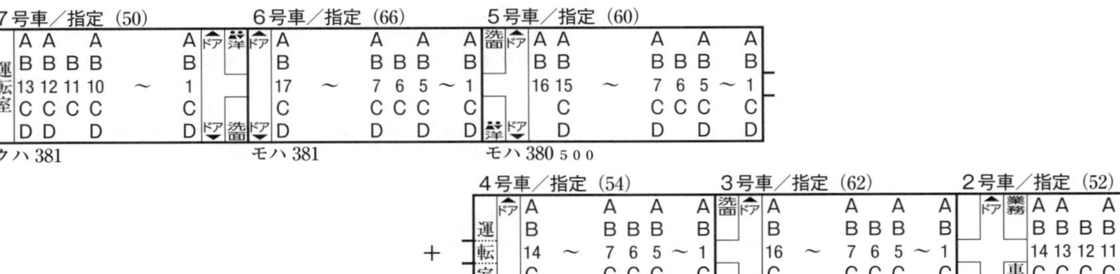

【⬇ 主な車窓風景】 総社駅吉備線、備中松山城(臥牛[かぎゅう]山)、新見駅姫新線、大山(伯耆富士)、伯耆大山駅[山陰本線京都方面]、米子駅境港線、米子城跡、大橋川、松江城(松江市街地)、宍道湖

◇「やくも」11・29号、10・28号は「緑やくも色」の車両（4両編成）を基本的に充当
▽ リニューアル編成。ただし、1号車のグリーン車は一般型車両（非パノラマ車、クロ381）
▽ 車内販売の営業なし
◇ 2024.03.16改正から全車指定席に変更
◇ 座席指定は、JR西日本ネット予約「e5489」の「eチケットレス特急券」等の利用がお得
▼ 座席／グリーン車＝2＆1座席配列の3列化。回転式（座席下ペダル）リクライニングシート
　普通車＝新型バケットシートへ変更。回転式（座席下ペダル）フリーストッパー型リクライニングシート。シートピッチ改善
▼ 足元スペースはグリーン車、普通車とも窓側座席下部のダクトを撤去、足元空間を拡大
▼ トイレの洋式化を図るとともに、男子小用トイレ（♂印）を設置
▼ 窓配置は、座席配置と窓配置が必ずしも一致しない

伯備線「やくも」編成席番表 －3

←岡山 　【⬆ 主な車窓風景】 岡山駅宇野線、倉敷マスカットスタジアム、倉敷駅山陽本線下関方面・水島臨海鉄道［倉敷市駅］、清根駅［井原鉄道］、高梁川、備中神代駅［芸備線］ 　出雲市→

★ やくも新型車両 273 系 // ２７３系 ４両編成＝ＪＲ西日本〔後藤総合車両所出雲支所〕

4号車／指定（50） 3号車／指定（32+2） 2号車／指定（58） 1号車／⊠指定（17+12）

4号車 クモハ 273	3号車 モハ 272 100	2号車 モハ 273 100	1号車 クモロハ 272
運転室 ドア A B 13 C D ～ A B 2 1 C D 荷物 ドア	多目的 ⊠ ドア A ♿ 10 D ♿ 9 D ♿ 8 C D ～ A B 2 1 C D 荷物 車掌 ドア	洋 ドア A B 15 C D ～ A B 2 1 C D 荷物 ドア	洋 ④ 13 14 ② ④ 11 ～ 12 ② A B 6 C ～ ⊠ A B 2 1 C 荷物 ドア 運転室

【⬇ 主な車窓風景】 総社駅吉備線、備中松山城（蝸牛［かぎゅう］山）、新見駅姫新線、伯耆大山駅［山陰本線京都方面］、米子駅境線、米子城跡、大橋川、松山城（松山市街地）、宍道湖

◇ 273 系は、新たに開発・実用化した車上型の制御付き自然振り子装置搭載の車両
◇ 2024.04.06 から営業運転開始。充当列車は「やくも」5・7・11・21・23・27 号、4・6・10・20・22・26 号
◇ 座席指定は、ＪＲ西日本ネット予約［e5489］の「eチケットレス特急券」等の利用がお得
▽ 車内販売の営業なし
▽ ３号車に車いす対応座席を設置。9・10 D席は座席なし、改良型ハンドル形電動車いす対応スペース（♿）を設置
▽ １号車セミコンパートメントは普通席（11 ～ 14）。丸中数字は座席数
▽ 無料Wi-Ｆiサービス実施

▼ 座席／普通車＝回転式（座席下ペダル）フリーストッパー型リクライニングシート。シートピッチ 980mm
　グリーン車＝回転式（座席下ペダル）フリーストッパー型リクライニングシート。シートピッチ 1160mm
▼ ⓘ／全席に肘掛下に設置
▼おむつ交換台のあるトイレには<R>を付加
▼３号車（♥印）にAED設置。多機能トイレはオストメイト対応

山陰本線 快速「あめつち」編成席番表【臨時列車】

←鳥取 　【⬆ 主な車窓風景】 湖山池、倉吉駅［廃止＝倉吉線］、大山（伯耆大山）、伯耆大山駅［伯備線］、後藤総合車両所（車両基地）、宍道駅木次線 　出雲市→

あめつち // キロ 47 形２両編成＝ＪＲ西日本後藤総合車両所

2号車／⊠（30） 1号車／⊠（29）

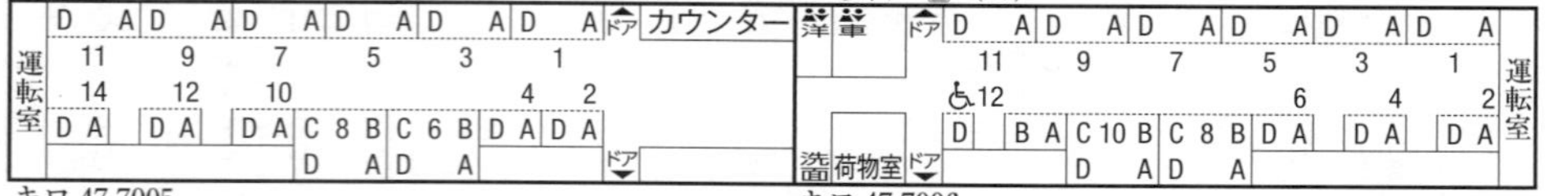

2号車 キロ 47-7005	1号車 キロ 47-7006
運転室 D A 11 14 D A / D A 9 12 D A / D A 7 10 D A / D A 5 C 8 B D A / D A 3 C 6 B D A / D A 1 4 D A / 2 D A / ドア カウンター ドア	洋 車掌 洗面 荷物室 ドア D A 11 ♿12 D / D A 9 B A D A / D A 7 C 10 B D A / D A 5 C 8 B D A / D A 3 6 D A / D A 1 4 D A / 2 D A 運転室

【⬇ 主な車窓風景】 日本海、米子駅境線、米子城跡、大橋川、松江城（松江市街地）、宍道湖、出雲市駅一畑電鉄＆［廃止＝大社線］

◆ 運転日注意。詳細は最新のＪＲ時刻表などで確認
◇ 美しい車窓景色が楽しめるところで徐行
　日本海と大山（名和～大山口間）、宍道湖（乃木～玉造温泉間）、斐伊川（直江～出雲市間）

▼ 座席／４人・２人ボックス席、窓側向き座席（窓側にテーブル［石州瓦］）。１号車 12D席は車いす対応席
▼ ２号車に物販カウンター。各種創作弁当は事前予約が必要。詳しくはＪＲ西日本ホームページ、ＪＲおでかけネットの「観光列車の旅時間」を参照

←鳥取・米子　　新山口→

【⬆ 主な車窓風景】 湖山池、倉吉駅[廃止＝倉吉線]、大山(伯耆富士)、伯耆大山駅[伯備線]、後藤総合車両所(車両基地)、宍道駅木次線、後藤総合車両所出雲支所、江津駅三江線[2018.03.31 限り廃止]、山口駅山陽本線広島方面

スーパーおき // キハ 187 系 2 両編成＝JR西日本〔後藤総合車両所〕 // 1·3·5 号、2·4·6 号

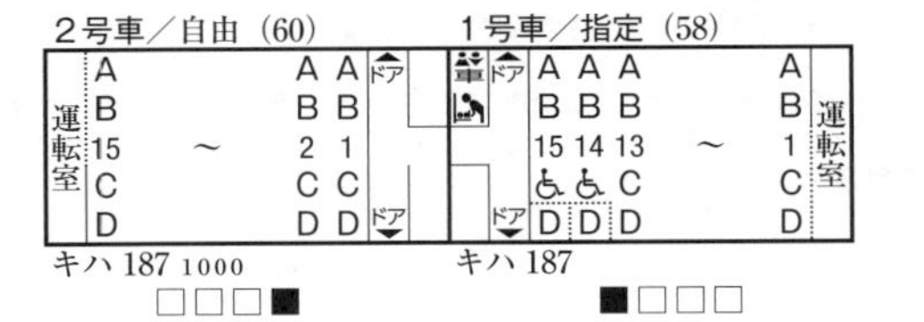

★スーパーおき　3 両編成にて運転の場合 // キハ 187 系 3 両編成＝JR西日本〔後藤総合車両所〕

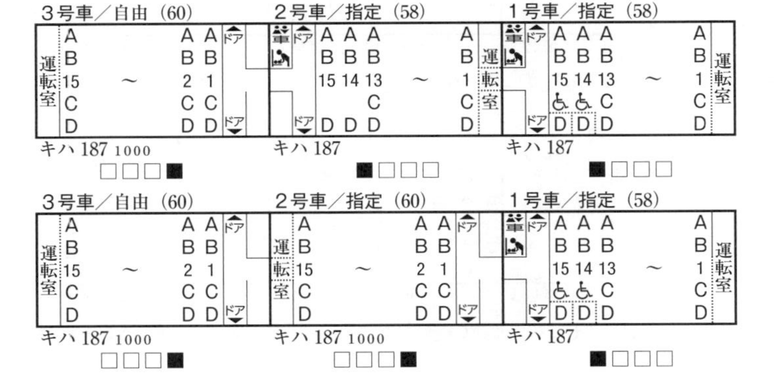

◇ 2 号車は自由席車の場合もある

【⬇ 主な車窓風景】 久松山(鳥取城跡)、日本海、米子駅境港線、米子城跡、大橋川、松江城(松江市街地)、宍道湖、出雲市駅一畑電鉄＆[廃止＝大社線]、日本海(周布～折居～三保三隅間付近)、益田駅山陰本線下関方面

◇ 4 両編成にて運転の場合あり（208 頁の下段を参照）
◇ 座席指定は、ＪＲ西日本ネット予約「e5489」の「eチケットレス特急券」等の利用がお得

▽ 1 号車に車いす対応座席を設置
▽ 車内販売の営業なし
◇ 1 号車はキハ 187 形 0 代（7 両）を表示。10 代（2 両）の窓配置は 202 頁に準拠した配列となっているので注意

▼ 座席／普通車＝回転式（座席下ペダル）フリーストッパー型リクライニングシート
▼ おむつ交換台のあるトイレには印を付加
▼ □■は窓配置のパターン。□は座席 2 列分の広窓、■は座席ごと独立の小窓

山陰本線「スーパーまつかぜ」編成席番表

←鳥取　　米子・益田→

【↑ 主な車窓風景】 湖山池、倉吉駅[廃止＝倉吉線]、大山(伯耆富士)、伯耆大山駅[伯備線]、後藤総合車両所(車両基地)、宍道駅木次線、後藤総合車両所出雲支所、江津駅三江線[2018.03.31 限り廃止]

スーパーまつかぜ // キハ 187 系 2 両編成＝JR西日本〔後藤総合車両所〕// 1·3·5·7·9·11·13 号、4·6·8·10·12·14 号

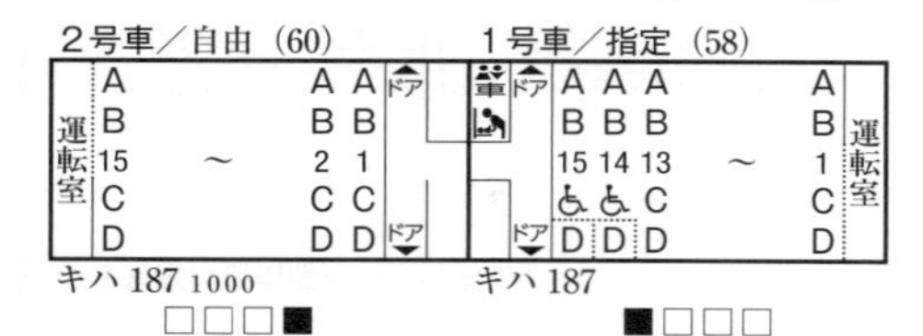

★スーパーまつかぜ　3 両編成にて運転の場合 // キハ 187 系 3 両編成＝JR西日本〔後藤総合車両所〕

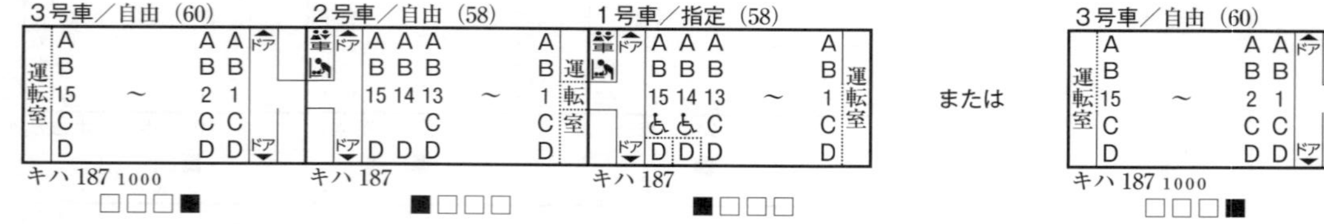

スーパーまつかぜ // キハ 187 系 4 両編成＝JR西日本〔後藤総合車両所〕// 2 号

4号車／自由（60）　3号車／自由（58）　2号車／自由（60）　1号車／指定（58）

キハ 187 1000　キハ 187　キハ 187 1000　キハ 187

◇「スーパーまつかぜ」2 号以外が 4 両編成に増結の場合は上記 4 両編成にて運転。この場合、2 号車も座席指定となる日がある
◇ 4 両編成で運転の「スーパーまつかぜ」は列車により、指定席・自由席の両数が変わる場合もある
◇「スーパーおき」も上記の 4 両編成にて運転の場合あり

【↓ 主な車窓風景】 久松山(鳥取城跡)、日本海、米子駅境港線、米子城跡、大橋川、松江城(松江市街地)、宍道湖、出雲市駅一畑電鉄＆[廃止＝大社線]、日本海(周布～折居～三保三隅間付近)、益田駅山陰本線

◇ 座席指定は、ＪＲ西日本ネット予約「e5489」の「eチケットレス特急券」等の利用がお得
▽ 車内販売の営業なし

▼ 座席／普通車＝回転式（座席下ペダル）フリーストッパー型リクライニングシート
▼ 1 号車に車いす対応座席を設置
▼ おむつ交換台のあるトイレには印を付加
▼ □■は窓配置のパターン。□は座席 2 列分の広窓、■は座席ごと独立の小窓

快速「SLやまぐち号」編成席番表 【臨時列車】

←新山口　　【⬆ 主な車窓風景】 山口市街地・津和野城跡　　津和野→

「ＳＬやまぐち号」// 35系５両編成＝ＪＲ西日本（下関総合車両所新山口支所）

１号車／☒（23）

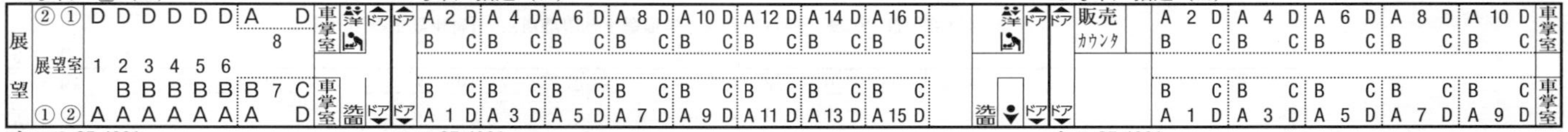

展望	②①	D D D D D D	A D	車掌室	洋	ドア
			8			
	展望室	1 2 3 4 5 6				
		B B B B B	B 7 C	車掌室		
	①②	A A A A A A	A D		洗面	ドア

オロテ 35-4001

２号車／指定（64）

ドア	A 2 D	A 4 D	A 6 D	A 8 D	A 10 D	A 12 D	A 14 D	A 16 D	洋	ドア
	B C	B C	B C	B C	B C	B C	B C	B C		
	B C	B C	B C	B C	B C	B C	B C	B C		
ドア	A 1 D	A 3 D	A 5 D	A 7 D	A 9 D	A 11 D	A 13 D	A 15 D	洗面	ドア

スハ 35-4001

３号車／指定（40）

ドア	販売カウンタ	A 2 D	A 4 D	A 6 D	A 8 D	A 10 D	車掌室
		B C	B C	B C	B C	B C	
		B C	B C	B C	B C	B C	
ドア		A 1 D	A 3 D	A 5 D	A 7 D	A 9 D	車掌室

ナハ 35-4001

４号車／指定（72）

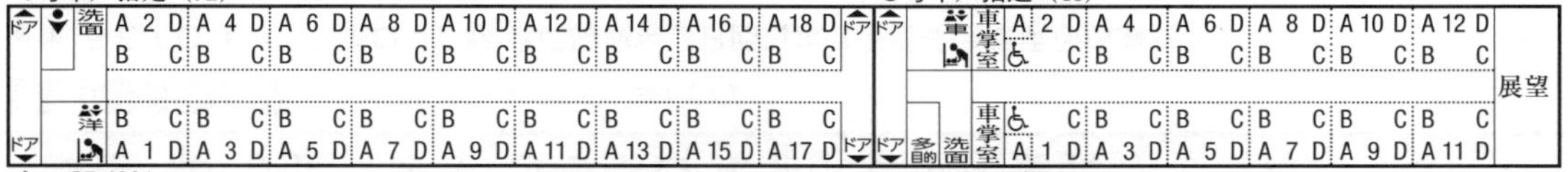

ドア	洗面	A 2 D	A 4 D	A 6 D	A 8 D	A 10 D	A 12 D	A 14 D	A 16 D	A 18 D	ドア
		B C	B C	B C	B C	B C	B C	B C	B C	B C	
	洋	B C	B C	B C	B C	B C	B C	B C	B C	B C	
ドア		A 1 D	A 3 D	A 5 D	A 7 D	A 9 D	A 11 D	A 13 D	A 15 D	A 17 D	ドア

オハ 35-4001

５号車／指定（46）

ドア	洋	車掌室	A 2 D	A 4 D	A 6 D	A 8 D	A 10 D	A 12 D	展望
			♿ C	B C	B C	B C	B C	B C	
			♿ C	B C	B C	B C	B C	B C	
ドア	多目的・洗面	車掌室	A 1 D	A 3 D	A 5 D	A 7 D	A 9 D	A 11 D	

スハテ 35-4001

【⬇ 主な車窓風景】 新山口駅山陽本線広島方面、下関総合車両所新山口支所

◇ 2017.09.02 から、「ＳＬやまぐち号」は、国鉄時代に活躍した旧型客車をモチーフとしたレトロ調新製客車にて運転開始
◆ 運転日注意。詳細は最新のＪＲ時刻表などで確認。牽引の蒸気機関車は、Ｃ 57 1、Ｄ 51200。こちらの詳細はＪＲ西日本ホームページなどを参照
ＤＤ 511043（ディーゼル機関車）が牽引する日は、「ＤＬやまぐち号」として運転

▽ １号車、展望室、展望デッキの利用には、普通列車グリーン券が必要（グリーン車専用フリースペース）
７ＡＢＣＤ席・８ＡＤ席は、「ＳＬやまぐち号」（コ）を選択
▽ ３号車には販売カウンタのほか、展示スペース、運転シミュレータ、投炭ゲームを設置
▽ ５号車に車いす対応座席を設置
▼ 座席／グリーン車＝回転式リクライニングシート（７・８番席はボックスシート）
普通車＝ボックスシート
▼ 洋式、多目的トイレは、温水洗浄便座付き
▼ モバイル用電源コンセントを、グリーン車は各席、普通車は各ボックス席に設置
▼ 各車両にベビーカー置場を設置

山陰本線 快速「〇〇のはなし」編成席番表 【臨時列車】

←東萩　【⬆ 主な車窓風景】 長門市駅美祢線、幡生駅山陽本線新下関・広島方面　下関→

〇〇のはなし // キハ 47 形２両編成＝ＪＲ西日本〔下関総合車両所〕

２号車／指定 洋風（32）
運転室 ↓ DA DA DA DA DA DA DA DA DA ドア 車内販売カウンター 洋
17 15 13 11 9 7 5 3 1
14 12 10 8 6 4 2
↓ DA DA DA DA DA DA DA ドア
キハ 47 7003

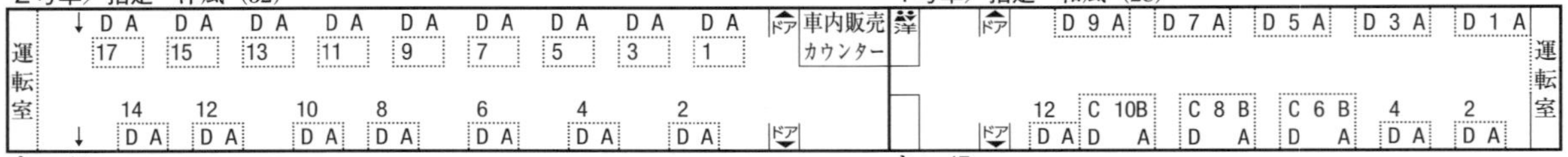

１号車／指定 和風（28）
ドア D 9 A D 7 A D 5 A D 3 A D 1 A 運転室
12 C 10B C 8 B C 6 B 4 2
ドア DA D A D A D A DA DA
キハ 47 7004

【⬇ 主な車窓風景】 長門市駅仙崎方面、日本海(長門市～黄波戸間、長門二見～宇賀本郷間、湯玉～小串間)

◆ 2017.08.05 から運転開始。運転日は土曜・休日などの指定日（詳細は最新のＪＲ時刻表などを確認）。日本海の絶景を臨める「ビュースポット」では、列車を一時停止。車窓がより楽しめる
◇ 新下関発列車は、途中、下関にて進行方向が変わる

▽ 車内販売営業。なお、こだわりのお弁当は事前予約が必要
「夢のはなし弁当」(販売期間：４～６月、10 ～ 12 月)、「みすゞのふるさと弁当」(販売期間：１～３月、７～９月)(2,800 円［税込］) 新下関・下関発に限定（料亭 古串屋）
「萩のおつまみセット」(1,800 円［税込］) 東萩発乗車に限定（割烹 千代）。
「萩のスイーツセット」(1,500 円［税込］) 東萩発乗車に限定（うきしま工房）。
申込みはＪＲ西日本 ＪＲおでかけネット「観光列車の旅時間」 等から。事前予約は３日前まで。受取は車内販売カウンター
▽ 運転日ごとに趣向をこらしたイベントが開催されるほか、東萩駅においてもイベントを実施。詳細はＪＲ西日本ホームページなどを参照

▼ １号車 １～９の奇数はお見合い座席。6・8・10 はボックスシート。２・４・12 は海側向きの座席
２号車の座席は矢印方向の海側を向いて設置。点線部はテーブル

山陽本線・呉線 快速「e t SETO r a」編成席番表

←尾道(呉線経由)　【⬆ 主な車窓風景】 瀬戸内海　広島→

e t SETO r a // キロ 47 形 ２両編成＝ＪＲ西日本〔下関総合車両所広島支所〕

２号車／指定（20）
運転室 ドア D A D 6 A D 4 A D A ドア
8 C B C B 2 2
7 5 3 1
ドア D A D A D A D A ドア 荷物 車掌
キロ 47 7001

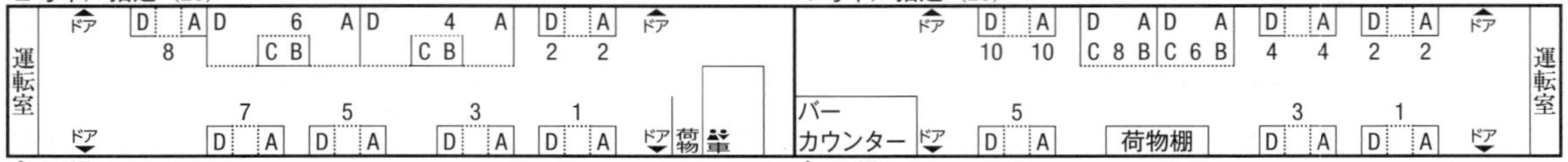

１号車／指定（20）
ドア D A D A D A D A D A ドア 運転室
10 10 C 8 B C 6 B 4 4 2 2
バーカウンター 5 3 1
ドア D A 荷物棚 D A D A ドア
キロ 47 7002

【⬇ 主な車窓風景】 三原駅山陽本線西条方面、広島駅芸備線、横川駅可部線

◆ 運転日注意。詳細は最新のＪＲ時刻表などで確認
2021.10.02 から運転区間は尾道～広島間と変更。下り列車も上り列車と同様に三原～海田市間、呉線経由に

▽ 事前予約にて、広島発尾道行では 瀬戸の小箱～和～、瀬戸の小箱～洋～が注文できる
尾道発では、バーカウンターにてカクテル、ウヰスキー、日本酒が楽しめる。事前予約等詳細は、ＪＲ西日本 ＪＲおでかけネット「観光列車の旅時間」参照
▽ 車内販売営業

▼ 座席／１人掛け、２人掛け対面、４人掛け座席にて構成

嵯峨野トロッコ列車

←トロッコ亀岡　　【⬆ 主な車窓風景】 保津峡、トロッコ嵐山付近［山陰本線福知山方面］　　トロッコ嵯峨→

嵯峨野トロッコ列車 // SK100・200・300 形５両編成＝嵯峨野観光鉄道

	1号車／指定（56）	2号車／指定（64）	3号車／指定（60）	4号車／指定（64）	5号車／指定（60）	
⬆	運転室　A B 2 D C ～偶数～ A B 14 D C　ドア	A B 2 D C ～偶数～ A B 16 D C　ドア	A B 2 D C ～偶数～ A B 14 D C ♿　ドア	A B 2 D C ～偶数～ A B 16 D C　ドア	A B 2 D C ～偶数～ A B 14 D C ♿　ドア	機関車
⬇	運転室　B A 1 C D ～奇数～ B A 13 C D　ドア	B A 1 C D ～奇数～ B A 15 C D　ドア	B A 1 C D ～奇数～ B A 13 C D B A 15 C D　ドア	B A 1 C D ～奇数～ B A 15 C D　ドア	B A 1 C D ～奇数～ B A 13 C D B A 15 C D　ドア	
	ＳＫ 200-1	ＳＫ 100-2	ＳＫ 100-11	ＳＫ 100-1	ＳＫ 300-1	ＤＥ 10

【⬇ 主な車窓風景】 保津峡（嵐山）

◆ 運転日、予約方法等詳細は、嵯峨野観光鉄道ホームページを参照

▼座席／ボックスシート。５号車は窓ガラスのない車両（リッチ号）［１～４号車は開閉式窓ガラス］

JR四国 「四国まんなか千年ものがたり」編成席番表 【臨時列車】

←大歩危　　【⬆ 主な車窓風景】 吉野川(大歩危)、金刀比羅宮、多度津駅予讃線松山方面　　多度津→

四国まんなか千年ものがたり // キロ185系3両編成＝JR四国〔高松運転所〕

1号車／⊠(22) 「春萌(はるあかり)の章」　2号車／⊠(11) 「夏清・冬清(なつすがし・ふゆすがし)の章」　3号車／⊠(24) 「秋彩(あきみのり)の章」

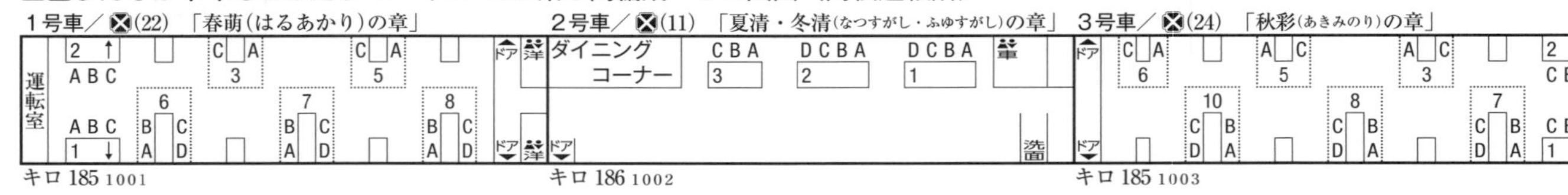

キロ185 1001　キロ186 1002　キロ185 1003

【⬇ 主な車窓風景】 吉野川(小歩危)

◆ 運転日注意。詳細は最新のＪＲ時刻表などで確認
◆ 上記編成は、特急「四国まんなか千年ものがたり（そらの郷紀行）」(多度津→大歩危間)
特急「四国まんなか千年ものがたり（しあわせの郷紀行）」(大歩危→多度津間）として運転
◇ 乗車券のほかに、特急券とグリーン券が必要
◇「四国まんなか千年ものがたり（そらの郷紀行）」では、料理名「さぬきこだわり食材の洋風料理」、
「四国まんなか千年ものがたり（しあわせの郷紀行）」では、料理名「おとなの遊山箱」 を事前予約にて楽しむことができる。
事前予約制の「食事予約券」は乗車１か月前の10時から４日前まで購入可能。詳しくはＪＲ四国ホームページ「観光列車」参照
▼ 各席に接する細線の四角形はテーブルを表示

瀬戸大橋線 普通「瀬戸大橋アンパンマントロッコ」編成席番表 【臨時列車】

←高松・琴平　　【⬆ 主な車窓風景】 飯野山(讃岐富士)、瀬戸大橋線分岐部予讃線(高松方面)、瀬戸内海(大槌島)、岡山駅山陽本線　　岡山→

瀬戸大橋アンパンマントロッコ // キロ185形＋キクハ32形2両編成＝JR四国〔高松運転所〕 // 1·3号、2·4号

2号車／⊠ (48)　1号車／⊠ (48)

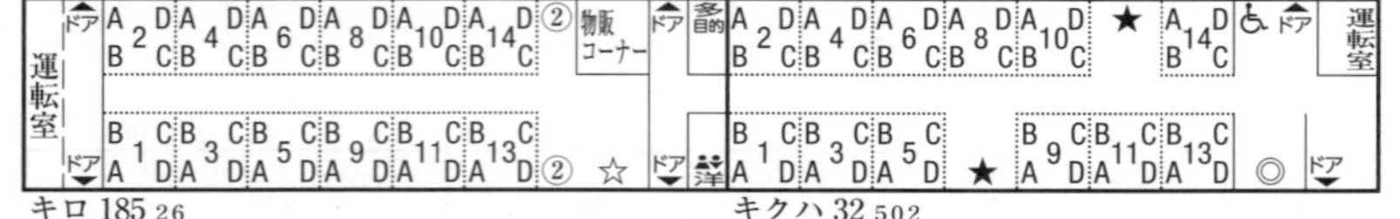

キロ185 26　キクハ32 502

【⬇ 主な車窓風景】 瀬戸内海(塩飽諸島)、ＪＲ貨物岡山機関区、岡山駅吉備線

◆ 運転日注意。詳細は最新のJR時刻表などで確認（運転区間、運転日によって列車名が変わる場合あり）

▼ １号車／トロッコ車はガラス床（★）を設置、瀬戸内海を眺望できる
▼ ２号車／座席は対面ベンチ方式で、センターテーブルを設置。②は２人掛け座席
▼ ☆＝ベビーカー置場。◎＝記念撮影スペース
◇ トロッコ車は児島～坂出・琴平間にて乗車できる
指定席グリーン券は２号車の定員分を発券（トロッコ乗車区間以外は２号車に乗車）
◇ インターネット予約では座席番号を指定しての予約はできない。
座席番号を決めての予約の場合は「みどりの窓口」か旅行会社（ＪＲ券発売）に

ＪＲ四国「志国土佐 時代(トキ)の夜明けのものがたり」編成席番表

←高知　【⬆ 主な車窓風景】　奈半利(ごめん・なはり線)→

志国土佐 時代(トキ)の夜明けのものがたり // キロ 185 系２両編成＝ＪＲ四国〔高知運転所〕 // 立志の抄（高知発）・開花の抄（窪川発）

【⬇ 主な車窓風景】 太平洋、高知城

◆ 運転日　04/05 ～ 06/28 の毎週金曜日。なお、04/29、05/06 は高知～窪川間にて運転（楽しめる食事等はＪＲ四国ホームページ参照）
◇ 乗車券のほかに特急券とグリーン券が必要

▽ １号車　１～３・５＝高知家の団らんシート(窓側向きのレイアウト)。６～８・10＝４人掛けボックスシート。細点線はテーブルを表示
　２号車全席１名から利用可能。窓側にカウンター
▽ 事前予約制にて食事が楽しめる。高知発は「煌海の抄」（龍馬が愛したシャモ肉とひがしこうちの山海便り）、
　奈半利発は「雄飛の抄」（ゆず香るひがしこうちの旅御膳）。詳しくはＪＲ四国ホームページ「観光列車」参照
▼ 各座席にパソコン対応コンセントを設置
▼ 無料 Wi-Fi サービス

ＪＲ四国 普通「藍よしのがわトロッコ」編成席番表【臨時列車】

←徳島　【⬆ 主な車窓風景】　阿波池田→

さとめぐりの風・かちどきの風 // キハ 185 形＋キクハ 32 形２両編成＝JR四国〔高松運転所〕

2号車／指定 (58)　1号車／指定（トロッコ）(58)

運転室 ドア A B 15 C D ～ A B 2 C D / A B 1 ドア
D A D A D A D A D A D A D A
C 14 B C 12 B C 10 B C 8 B C 6 B C 4 B C 2 B 1
C B C B C B C B C B C B C B 1
D 15 A D 13 A D 11 A D 9 A D 7 A D 5 A D 3 A B A
ドア 運転室

キハ 185 20　キクハ 32 501

【⬇ 主な車窓風景】 吉野川

◆ 2020.10.10 から運転開始。土曜・休日を中心に運転。運転日など詳しくはＪＲ四国ホームページ「観光列車」などで確認
▽ 徳島発「さとめぐりの風」（下り）限定にて「阿波尾鶏トロッコ駅弁」が予約できる。詳しくはＪＲ四国ホームページ「観光列車」参照
▽ トロッコ乗車区間は、上下列車とも石井～阿波池田間

快速「マリンライナー」編成席番表 －1

←岡山　【⬆ 主な車窓風景】 茶屋町駅宇野線宇野方面、瀬戸内海(大槌島)　高松→

快速「マリンライナー」// 223系＋5000系5両編成＝JR西日本〔岡山電車区〕＋JR四国〔高松運転所〕(1～3号車)
5·7·9·11·13·15·17·19·21·23·25·27·29·31·33·35·37·39·41·43·45·47·49·51·53·55·57·59·61·63·65·67·75号
4·6·12·14·16·18·20·22·24·26·28·30·32·34·36·38·40·42·44·46·48·50·52·54·56·58·60·62·64·66·68·70号

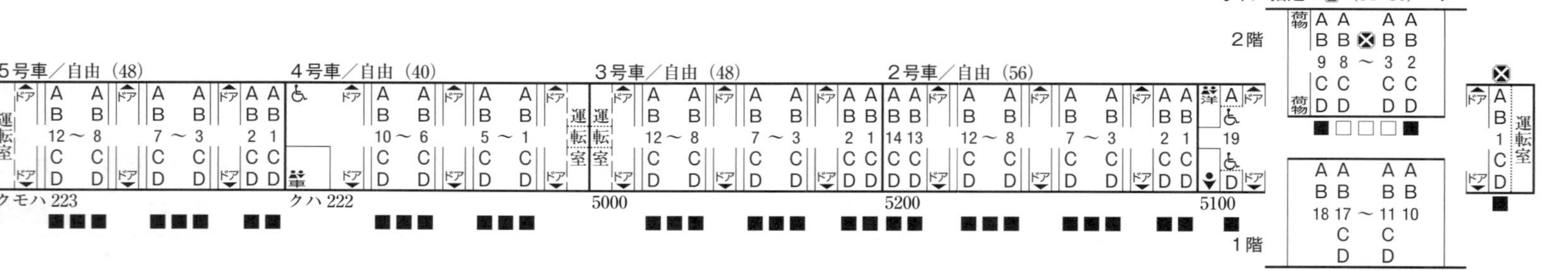

快速「マリンライナー」// 5000系3両編成＝JR四国〔高松運転所〕// 69号

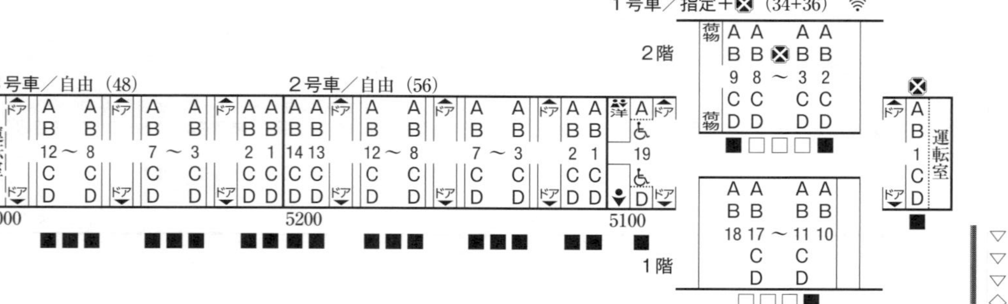

【⬇ 主な車窓風景】 岡山駅山陽本線広島方面・吉備線、JR貨物岡山機関区、瀬戸内海(塩飽諸島)、瀬戸大橋線分岐部予讃線(松山方面)、飯野山(讃岐富士)

▽ 1号車1ABCD席はマリン・パノラマシート(⊠)
▽ 1AB席は1CD席より一段座席位置が高い
▽ 1号車19AD席は普通車指定席
◇ グリーン車を含む座席指定は、JR西日本ネット予約「e5489」の「eチケットレス特急券」等の利用がお得

▼ ( ) 内は座席数。このほか、自由席車両のドア間にはドア寄りに収納式補助席を2席ずつ配置(||線部)。補助席は各車両16席
▼ 座席／普通車自由席＝転換式クロスシート。ただし各座席、壁側およびドア寄り1列は固定
3・5号車の11·12ABCD席、2号車13·14ABCD席、4号車9·10ABCD席は優先席
普通車指定席＝回転式(座席下ペダル)フリーストッパー型リクライニングシート
グリーン車＝回転式(座席下ペダル)フリーストッパー型リクライニングシート。座面スライド機能付き
▽ 1号車に車いす対応座席を設置　▼ 3号車は冷房使用時は弱冷房車
▼ □■は窓配置のパターン。□は座席2列分の広窓、■は座席ごと独立の小窓

快速「マリンライナー」編成席番表 -2

←岡山　【⬆ 主な車窓風景】 茶屋町駅宇野線宇野方面、瀬戸内海(大槌島)　高松→

快速「マリンライナー」// 223系＋5000系7両編成＝JR西日本〔岡山電車区〕＋JR四国〔高松運転所〕(1～3号車) // 8·10号

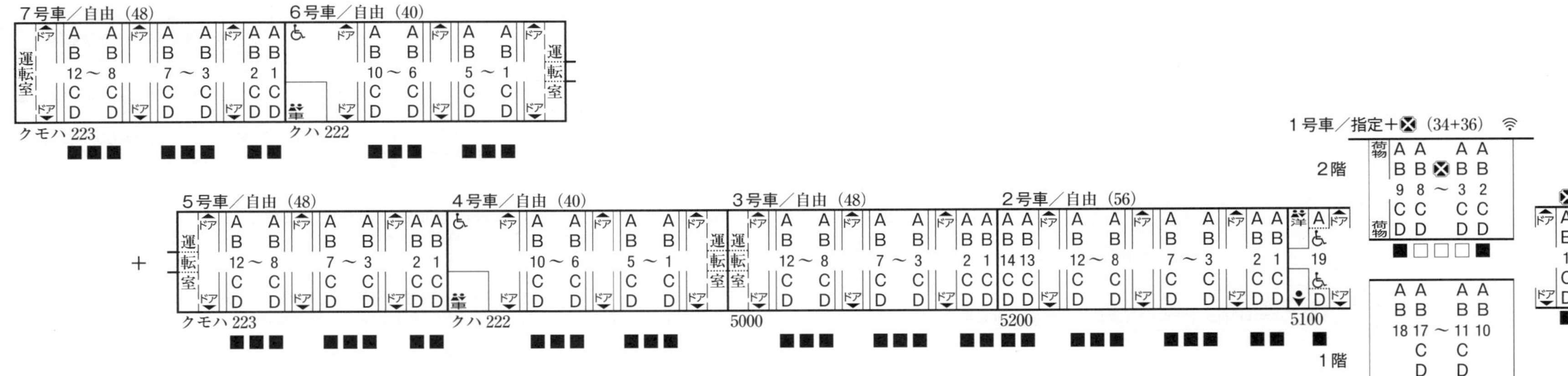

▽1号車1ABCD席はマリン・パノラマシート(⊠)
▽1号車19AD席は普通車指定席
◇グリーン車を含む座席指定は、JR西日本ネット予約「e5489」の「eチケットレス特急券」等の利用がお得

快速「マリンライナー」// 223系2両編成＝JR西日本〔岡山電車区〕// 1·3·71·73号、2号

【⬇ 主な車窓風景】 岡山駅山陽本線広島方面・吉備線、JR貨物岡山機関区、瀬戸内海(塩飽諸島)、瀬戸大橋線分岐部予讃線(松山方面)、飯野山(讃岐富士)

▼( )内は座席数。このほか、自由席車両のドア間にはドア寄りに収納式補助席を2席ずつ配置(||線部)。補助席は各車両16席
▼座席／普通車自由席＝転換式クロスシート。ただし各座席、壁側およびドア寄り1列は固定
7両編成の3・5・7号車の11・12ABCD席、2号車13・14ABCD席、4号車9・10ABCD席は優先席
また、2両編成では2号車の11·12ABCD席が優先席
普通車指定席＝回転式(座席下ペダル)フリーストッパー型リクライニングシート
グリーン車＝回転式(座席下ペダル)フリーストッパー型リクライニングシート。座面スライド機能付き

▽1号車に車いす対応座席を設置(2両編成は除く)
▼□■は窓配置のパターン。□は座席2列分の広窓、■は座席ごと独立の小窓

予讃線「しおかぜ」「いしづち」編成席番表 －1

←岡山・高松　　松山→

【↑ 主な車窓風景】 茶屋町駅宇野線宇野方面、瀬戸内海(大槌島)[瀬戸大橋]、瀬戸大橋線分岐部予讃線(高松方面)[以上、しおかぜ]、飯野山(讃岐富士)、丸亀城、多度津駅土讃線、石鎚山

しおかぜ // 8000系5両編成＝JR四国〔松山運転所〕 // 3·5·9·13·15·17·21·25·27·29号・4·6·10·14·16·18·22·26·28·30号（1～5号車）
いしづち // 8000系3両編成＝JR四国〔松山運転所〕 // 3·5·9·13·15·17·21·25·27·29号・4·6·10·14·16·18·22·26·28·30号（6～8号車）

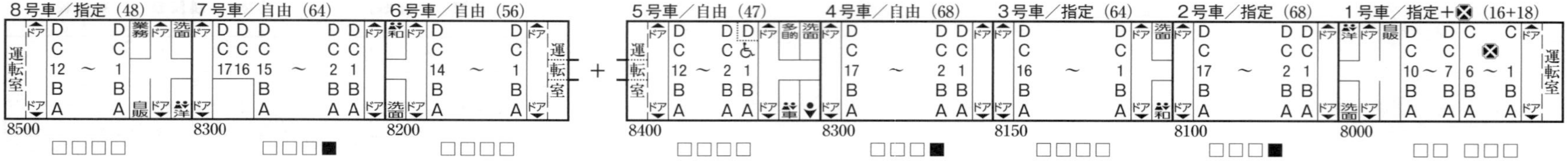

号車	種別（定員）	形式	座席番号	設備	窓配置
8号車	指定（48）	8500	12～1 ABCD	運転室、業務、洗面、自販、洋	□□□□
7号車	自由（64）	8300	17 16 15～2 1 ABCD		□□□■
6号車	自由（56）	8200	14～1 ABCD	和、洗面、運転室	□□□□
＋					
5号車	自由（47）	8400	12～2 1 ABCD	運転室、車いす、多目的、洗面、車いす対応	□□□□
4号車	自由（68）	8300	17～2 1 ABCD		□□□■
3号車	指定（64）	8150	16～1 ABCD	洗面、和	□□□□
2号車	指定（68）	8100	17～2 1 ABCD		□□□■
1号車	指定＋Ⓖ（16+18）	8000	10～7 ABCD、Ⓖ 6～1 ABC	洋、洗面、自販、運転室	□□ □□□

【↓ 主な車窓風景】 岡山駅山陽本線広島方面、吉備線、ＪＲ貨物岡山機関区、瀬戸内海(塩飽諸島＝瀬戸大橋[以上、しおかぜ]、瀬戸内海(塩飽諸島＝海岸寺～詫間付近、燧灘＝豊浜～川之江付近、川之江城跡、今治城、斎灘＝波方～菊間～堀江付近)

◇「しおかぜ」「いしづち」9・21・10・22号はアンパンマン列車。1号車普通車指定席はアンパンマンシート

◇「しおかぜ」と「いしづち」の併結運転区間は宇多津・多度津～松山間。「しおかぜ」は岡山～宇多津・多度津間、「いしづち」は高松～宇多津・多度津間をそれぞれ単独で走る
◇「しおかぜ」「いしづち」29号の運転区間は岡山・高松～伊予西条間

◇ 多客ピーク期を中心に、岡山～松山間を「しおかぜ」が8両編成にて運転の日がある。指定席5両、自由席3両となる（一部列車は指定席4両、自由席4両）
この日は、本来併結される「いしづち」は高松～宇多津間の運転で、宇多津にて乗換えとなる
区間運転となる「いしづち」の編成は3両（指定席1両、自由席2両）もしくは2両（指定席1両、自由席1両）編成

▽ 無料公衆無線ＬＡＮサービスを2018.08.01から開始。
なお、携帯電話の電波を利用したサービスのため、トンネル内や山間部では利用できない可能性がある
▽ 車内販売の営業は、2019.03.15をもって終了

▼ 座席／普通車＝回転式（座席下ペダル）フリーストッパー型リクライニングシート（1～3・8号車は新デザインのＳシート）。側ドア部は指定席車が黄色、自由席車は青色
　　　グリーン車＝回転式（座席下ペダル）フリーストッパー型リクライニングシート。側ドア部は運転席寄りに変更
▼ 4号車16・17AB席がない編成もある
▽ 5号車に車いす対応座席を設置
▼ 7号車15AB席は松山向き固定座席
▼ パソコン対応大型テーブルを、1号車10ABCD、2号車1・17ABCD、3号車1・16ABCD、8号車1・12ABCD席に設置（壁側にⓘ）
◇ 2023年度からリニューアル工事開始。施工車は全席にコンセントを設置。全てのトイレの洋式化を図るほか、
5号車に車いす対応スペースを設置（定員40名に減少。8号車も47席に減少［1B席なし］）

▼ □■は窓配置のパターン。□は座席2列分の広窓、■は座席ごと独立の小窓

「しおかぜ」「いしづち」編成席番表 －2

←岡山・高松　　松山→

【⬆ 主な車窓風景】 茶屋町駅宇野線宇野方面、瀬戸内海(大槌島)[瀬戸大橋]、瀬戸大橋線分岐部予讃線(高松方面)[以上、しおかぜ]、飯野山(讃岐富士)、丸亀城、多度津駅土讃線、石鎚山

しおかぜ // 8600系5両編成＝JR四国〔松山運転所〕 // 7･11･19･23号、8･12･20･24号（1～5号車）
いしづち // 8600系2両編成＝JR四国〔松山運転所〕 // 7･11･19･23号、8･12･20･24号（6・8号車）

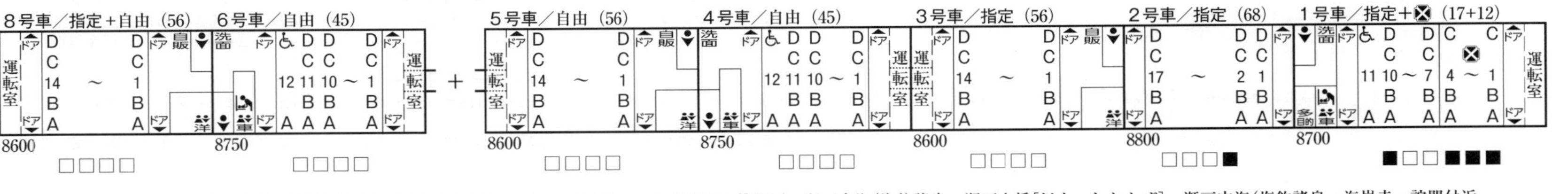

【⬇ 主な車窓風景】 岡山駅山陽本線広島方面、吉備線、ＪＲ貨物岡山機関区、瀬戸内海(塩飽諸島＝瀬戸大橋[以上、しおかぜ]、瀬戸内海(塩飽諸島＝海岸寺～詫間付近、燧灘＝豊浜～川之江付近、川之江城跡、今治城、斎灘＝波方～菊間～堀江付近)

◇「しおかぜ」と「いしづち」の併結運転区間は宇多津・多度津～松山間。「しおかぜ」は岡山～宇多津・多度津間、「いしづち」は高松～宇多津・多度津間をそれぞれ単独で走る
◇ 8号車の6～14ＡＢＣＤ席は指定席（「いしづち」23号は12～14ＡＢＣＤ席が指定席。ただし土曜・休日は6～14ＡＢＣＤ席を指定席に変更）

◇ 多客ピーク期を中心に、岡山～松山間を「しおかぜ」が7両編成にて運転の日がある。指定席5両、自由席2両となる（一部列車は指定席4両、自由席3両）
この日は、本来併結される「いしづち」は高松～宇多津間の運転で、宇多津にて乗換えとなる
区間運転となる「いしづち」の編成は3両（指定席1両、自由席2両）もしくは2両（指定席1両、自由席1両）編成

▽ 車内販売の営業は、2019.03.15をもって終了
▽ 無料公衆無線ＬＡＮサービスを2018.08.01から開始。
なお、携帯電話の電波を利用したサービスのため、トンネル内や山間部では利用できない可能性がある

▼ 座席／普通車＝回転式（座席下ペダル）フリーストッパー型リクライニングシート。シートピッチは980mm
グリーン車＝回転式（座席下ペダル）フリーストッパー型リクライニングシート。シートピッチは1,170mm
▼ ⓘ／各肘掛部に装備
▽ 1・4・6号車に車いす対応座席を設置
▼ 1・6号車の車いす対応トイレは温水洗浄式便座
▼ おむつ交換台のあるトイレには印を付加

▼ □■は窓配置のパターン。□は座席2列分の広窓、■は座席ごと独立の小窓

←岡山・高松　　松山→

【⬆ 主な車窓風景】 茶屋町駅宇野線宇野方面、瀬戸内海(大槌島)[瀬戸大橋]、瀬戸大橋線分岐部予讃線(高松方面)[以上、しおかぜ]、飯野山(讃岐富士)、丸亀城、多度津駅土讃線、石鎚山

しおかぜ // 8000系3両編成＝JR四国〔松山運転所〕 // 1号（6～8号車）
いしづち // 8000系5両編成＝JR四国〔松山運転所〕 // 1号（1～5号車）

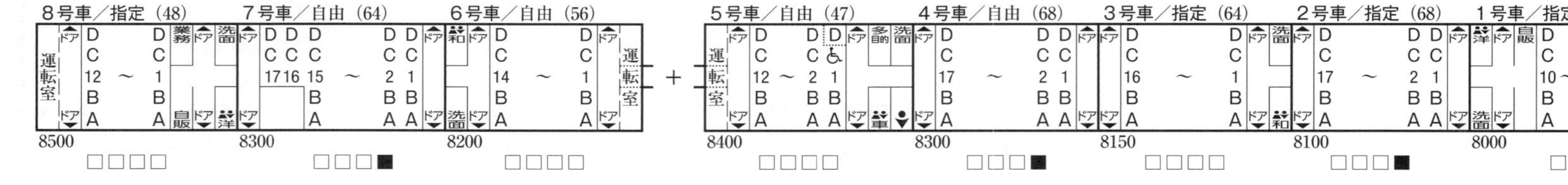

しおかぜ // 8000系3両編成＝JR四国〔松山運転所〕 // 2号

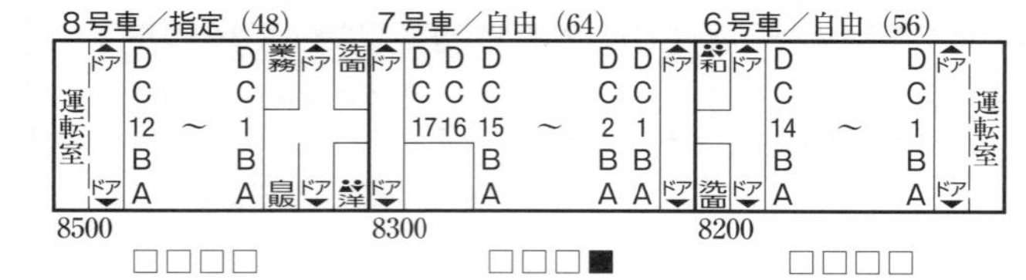

【⬇ 主な車窓風景】 岡山駅山陽本線広島方面、吉備線、ＪＲ貨物岡山機関区、瀬戸内海(塩飽諸島＝瀬戸大橋[以上、しおかぜ]、瀬戸内海(塩飽諸島＝海岸寺～詫間付近、燧灘＝豊浜～川之江付近、川之江城跡、今治城、斎灘＝波方～菊間～堀江付近)

▽ 無料公衆無線ＬＡＮサービスを2018.08.01から開始。
なお、携帯電話の電波を利用したサービスのため、トンネル内や山間部では利用できない可能性がある

▼ 座席／普通車＝回転式（座席下ペダル）フリーストッパー型リクライニングシート（1～3・8号車は新デザインのSシート）。側ドア部は指定席車が黄色、自由席車は青色
グリーン車＝回転式（座席下ペダル）フリーストッパー型リクライニングシート。側ドア部は運転席寄りに変更
▼ 4号車16・17AB席がない編成もある
▽ 5号車に車いす対応座席を設置
▼ パソコン対応大型テーブルを、1号車10ABCD、2号車1・17ABCD、3号車1・16ABCD席に設置（壁側に ⓘ）
◇ 2023年度からリニューアル工事開始。施工車は全席にコンセントを設置。全てのトイレの洋式化を図るほか、
5号車に車いす対応スペースを設置（定員40名に減少。8号車も47席に減少［1B席なし］）
▼ □■は窓配置のパターン。□は座席2列分の広窓、■は座席ごと独立の小窓

←高松　　【↑ 主な車窓風景】 飯野山(讃岐富士)、丸亀城、多度津駅土讃線、石鎚山　　松山→

いしづち // 8000系5両編成＝JR四国〔松山運転所〕 // 101号

号車	5号車／自由(47)	4号車／自由(68)	3号車／自由(64)	2号車／自由(68)	1号車／指定＋⊠(16+18)
座席	運転室 12～1 ABCD	17～1 ABCD	16～1 ABCD	17～1 ABCD	10～7 ABCD ／ ⊠ 6～1 ABC 運転室
形式	8400	8300	8150	8100	8000
窓	□□□□	□□□■	□□□□	□□□■	□□ □□□

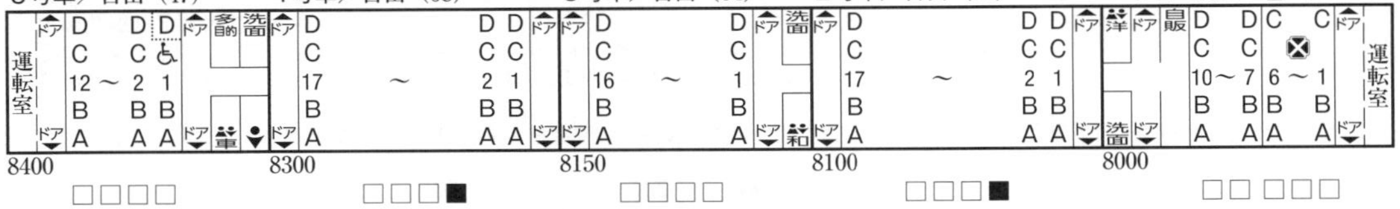

◇休日（休日が休前日の場合を含む）は下記、3両編成にて運転

いしづち // 8000系5両編成＝JR四国〔松山運転所〕 // 104号

号車	5号車／自由(47)	4号車／自由(68)	3号車／自由(64)	2号車／指定(68)	1号車／指定＋⊠(16+18)
座席	運転室 12～1 ABCD	17～1 ABCD	16～1 ABCD	17～1 ABCD	10～7 ABCD ／ ⊠ 6～1 ABC 運転室
形式	8400	8300	8150	8100	8000
窓	□□□□	□□□■	□□□□	□□□■	□□ □□□

◇土曜・休前日（土曜が休日、休日が休前日の場合を含む）は下記、3両編成にて運転

★いしづち // 8000系3両編成＝ＪＲ四国（松山運転所）

号車	8号車／指定(48)	7号車／自由(64)	6号車／自由(56)
座席	運転室 12～1 ABCD	17 16 CD ／ 15～1 ABCD	14～1 ABCD 運転室
形式	8500	8300	8200
窓	□□□□	□□□■	□□□□

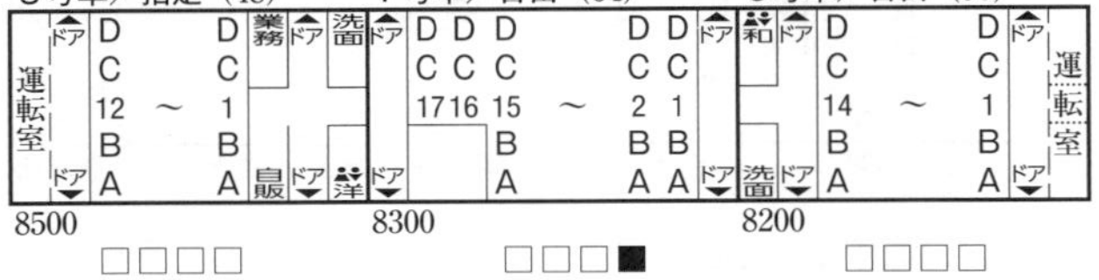

【↓ 主な車窓風景】 宇多津駅瀬戸大橋線、瀬戸内海(塩飽諸島＝海岸寺～詫間付近、燧灘＝豊浜～川之江付近、斎灘＝波方～菊間～堀江付近)

◇「いしづち」101号、104号はアンパンマン列車。１号車普通車指定席はアンパンマンシート

▽ 車内販売の営業なし
▽ 無料公衆無線ＬＡＮサービスを 2018.08.01 から開始。
なお、携帯電話の電波を利用したサービスのため、トンネル内や山間部では利用できない可能性がある

▼ 座席／普通車＝回転式（座席下ペダル）フリーストッパー型リクライニングシート（１～３・８号車は新デザインのＳシート）。側ドア部は指定席車が黄色、自由席車は青色
グリーン車＝回転式（座席下ペダル）フリーストッパー型リクライニングシート【側ドア部　運転席寄り変更】
▼ 4号車 16・17AB席がない編成もある
▽ 5号車に車いす対応座席を設置
▼ パソコン対応大型テーブルを、1号車 10ABCD、2号車1・17ABCD、3号車1・16ABCD席に設置（壁側に ⓒ）
◇ 2023 年度からリニューアル工事開始。施工車は全席にコンセントを設置。全てのトイレの洋式化を図るほか、
5号車に車いす対応スペースを設置（定員 40 名に減少。8号車も 47 席に減少［1Ｂ席なし］）

▼ □■は窓配置のパターン。□は座席２列分の広窓、■は座席ごと独立の小窓

←高松・新居浜　【⬆ 主な車窓風景】 飯野山(讃岐富士)、丸亀城、多度津駅土讃線、石鎚山　松山→

いしづち // 8600系4両編成＝JR四国〔松山運転所〕// 103号

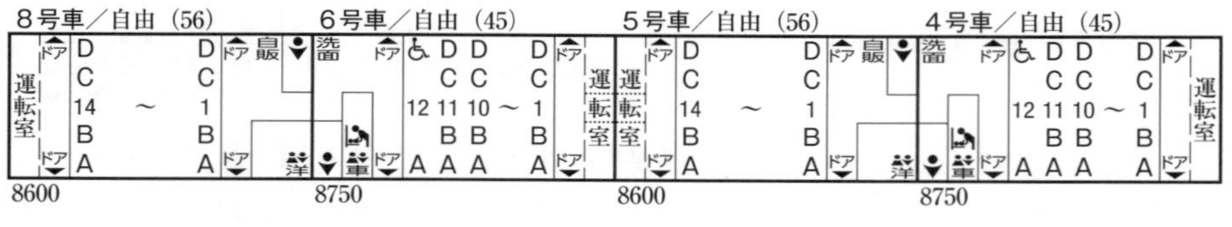

◇ 平日は全車自由席。ただし土曜日・休日の8号車は指定席
▽ 4・6号車に車いす対応座席を設置

いしづち // 8600系4両編成＝JR四国〔松山運転所〕// 102号

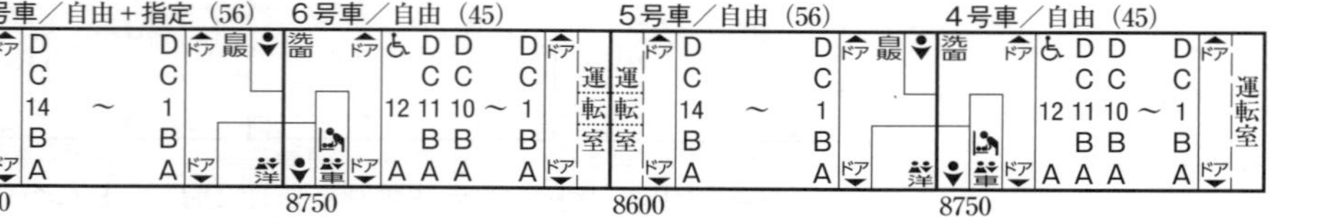

◇ 8号車指定席は6～14ABCD席
▽ 4・6号車に車いす対応座席を設置

いしづち // 8600系3両編成＝JR四国〔松山運転所〕// 106号

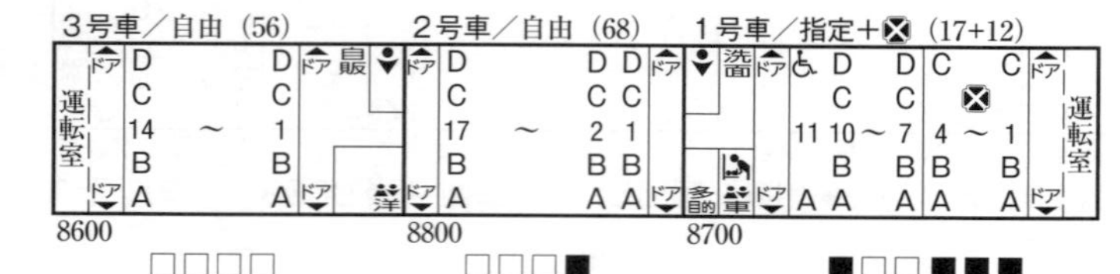

▽ 1号車に車いす対応座席を設置

【⬇ 主な車窓風景】 宇多津駅瀬戸大橋線、瀬戸内海(塩飽諸島＝海岸寺～詫間付近、燧灘＝豊浜～川之江付近、斎灘＝波方～菊間～堀江付近)

▽ 無料公衆無線LANサービスを2018.08.01から開始。2018年度中に対象車両に搭載。
　なお、携帯電話の電波を利用したサービスのため、トンネル内や山間部では利用できない可能性がある
▽ 車内販売の営業なし
▼ 座席／普通車＝回転式（座席下ペダル）フリーストッパー型リクライニングシート　▼ ⓘ／座席肘掛部に装備
▼ おむつ交換台のあるトイレには印を付加　▼ 窓配置は座席2列分の広窓（□）

←高松　【⬆ 主な車窓風景】 飯野山(讃岐富士)、丸亀城、多度津駅土讃線、石鎚山　伊予西条→

モーニングＥＸＰ高松 // 8000系５両編成＝ＪＲ四国〔松山運転所〕

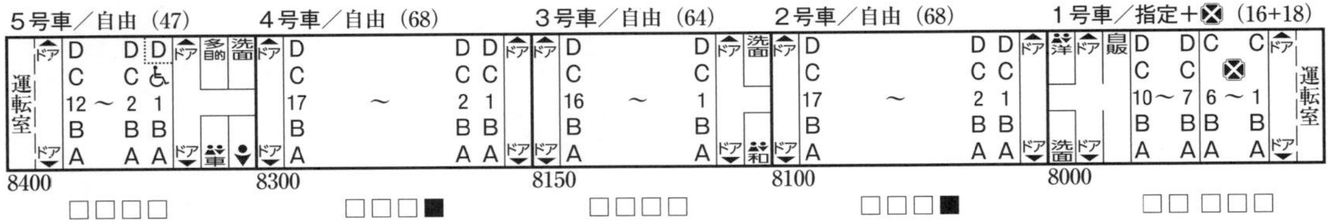

5号車／自由（47）	4号車／自由（68）	3号車／自由（64）	2号車／自由（68）	1号車／指定＋⊠（16+18）
運転室 ドア D C 12〜2 B A / D C 1 B A（D:♿）ドア 多目的・車いす・洗面	ドア D C 17〜1 B A ドア	ドア D C 16〜1 B A ドア 洗面・和	ドア D C 17〜1 B A ドア	洋・ドア・自販・洗面 ドア D C 10〜7 B A ⊠ C 6〜1 B A ドア 運転室
8400	8300	8150	8100	8000
□□□□	□□□■	□□□□	□□□■	□□ □□□

【⬇ 主な車窓風景】 宇多津駅瀬戸大橋線、瀬戸内海(塩飽諸島＝海岸寺〜詫間付近、燧灘＝豊浜〜川之江付近)

◇ 土曜・休日は２号車が指定席
▽ 車内販売の営業なし
▽ 無料公衆無線ＬＡＮサービスを 2018.08.01 から開始。
なお、携帯電話の電波を利用したサービスのため、トンネル内や山間部では利用できない可能性がある
▼ 座席／普通車＝回転式（座席下ペダル）フリーストッパー型リクライニングシート（1〜3号車は新デザインのＳシート）。側ドア部は指定席車が黄色、自由席車は青色
グリーン車＝回転式（座席下ペダル）フリーストッパー型リクライニングシート【側ドア部　運転席寄り変更】
▼ 1号車 10ABCD席、2号車 1・17ABCD席は、3号車 1・16ABCD席はパソコン対応席（壁側に ⑪）
▼ 4号車 16・17AB席がない編成もある
▽ 5号車に車いす対応座席を設置　▼ パソコン対応大型テーブルを、1号車 10、▽ 2号車 1・17、3号車 1・16 の各ABCD席に設置
◇ 2023 年度からリニューアル工事開始。施工車は全席にコンセントを設置。全てのトイレの洋式化を図るほか、
5号車に車いす対応スペースを設置（定員 40 名に減少。8号車も 47 席に減少）
▼ □■は窓配置のパターン。□は座席２列分の広窓、■は座席ごと独立の小窓

予讃線「モーニングEXP松山」編成席番表

←新居浜　【⬆ 主な車窓風景】 石鎚山　松山→

モーニングＥＸＰ松山 // 8600系３両編成＝ＪＲ四国〔松山運転所〕

3号車／自由（56）	2号車／自由（68）	1号車／指定＋Ⓖ（17+12）
運転室 ドア D C 14〜1 B A ドア 自販 洋	ドア D C 17〜2 1 B A ドア	洗面 多目的 ドア ♿ D C 11 10〜7 B A ／ C Ⓖ 4〜1 B A ドア 運転室
8600	8800	8700
□□□□	□□□■	■□□■■■

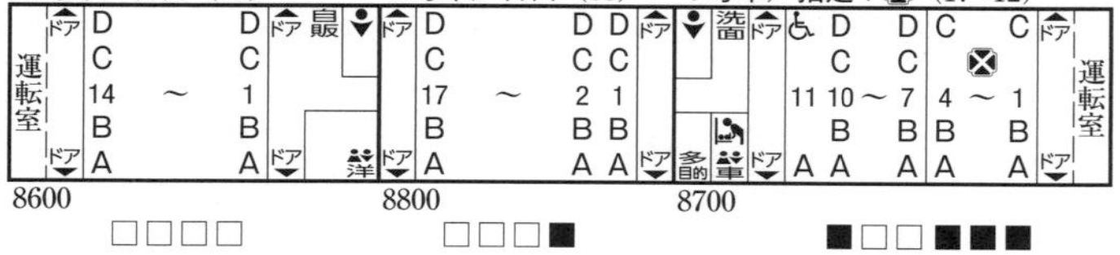

【⬇ 主な車窓風景】 瀬戸内海（斎灘）

▽ 無料公衆無線ＬＡＮサービスを 2018.08.01 から開始。
なお、携帯電話の電波を利用したサービスのため、トンネル内や山間部では利用できない可能性がある

▼ 座席／普通車＝回転式（座席下ペダル）フリーストッパー型リクライニングシート。シートピッチは 980㎜
グリーン車＝回転式（座席下ペダル）フリーストッパー型リクライニングシート。シートピッチは 1,170㎜

▼ ⓘ／各肘掛部に装備

▽ １号車に車いす対応座席を設置

▼ １号車の車いす対応トイレは温水洗浄式便座

▼ おむつ交換台のあるトイレには印を付加

▼ □■は窓配置のパターン。□は座席２列分の広窓、■は座席ごと独立の小窓

JR四国 # 「伊予灘ものがたり」編成席番表【臨時列車】

←八幡浜・伊予大洲　【⬆ 主な車窓風景】 瀬戸内海(伊予灘)、松山運転所　松山→

伊予灘ものがたり // キロ185系 3両＝JR四国〔松山運転所〕

1号車／⊠ (27)「茜（あかね）の章」　2号車／⊠ (23)「黄金（こがね）の章」　3号車／⊠ (8)［貸切］「陽華（はるか）の章」

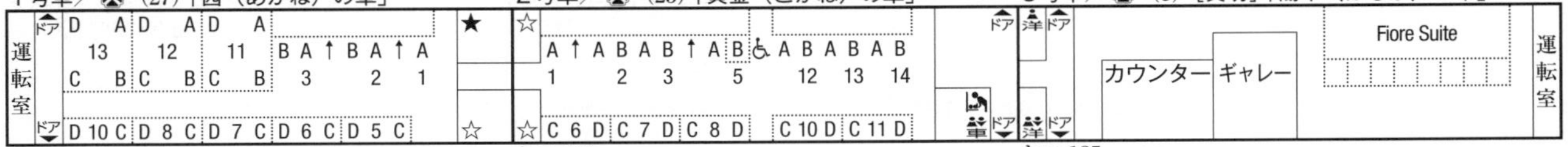

運転室 ドア D A D A D A 13 12 11 C B C B C B BA↑BA↑A 3 2 1 ドア D10C D8C D7C D6C D5C ★ ☆ ☆ / ☆ A↑ABAB↑AB ♿ ABABAB 1 2 3 5 12 13 14 ☆ C6D C7D C8D C10D C11D ドア ドア / 洋 ドア 洋 ドア カウンター ギャレー Fiore Suite 運転室

キロ185 1401　キロ186 1402　キロ185 1403

【⬇ 主な車窓風景】 伊予大洲駅予讃線内子方面、向井原駅予讃線内子方面、大洲城

◆新「伊予灘ものがたり」は2022.04.02から特急列車となって営業運転開始。金曜日、土曜、日曜と休日を中心に運転。運転日等詳しくはJR四国ホームページ「観光列車」等を参照
◆「伊予灘ものがたり（大洲編）」（松山→伊予大洲間）、「伊予灘ものがたり（双海編）」（伊予大洲→松山間）
「伊予灘ものがたり（八幡浜編）」（松山→八幡浜間）、「伊予灘ものがたり（道後編）」（八幡浜→松山間）として運転
◇乗車券のほかに、特急券、グリーン料金が必要
◇沿線の食材を使った食事を提供しており、特急券・グリーン券購入の際に同時に予約できる
ただし、食事を提供する時間を踏まえ、始発駅から終着駅までの乗車が条件。
食事に関する詳細は、JR四国ホームページ、予約センターなどで確認
▼1号車、海側席は2人掛け展望シートと4人掛けボックスシート。山側席は2人掛けシート。1～3席は窓側にカウンター、5～13席は席をはさんでテーブルを設置
2号車、海側席は2人掛けシート（12～14AB席）と2人掛け展望シート（1A、2・3・5AB席）。山側席は2人掛けシート。海側席は窓側にカウンター、山側席は席をはさんでテーブルを設置
3号車はグリーン個室（貸切）「Fiore Suite」。4組のソファーシートにて囲む
▼★はサテライトカウンター。☆バックヤード

←松山　　【⬆ 主な車窓風景】 大洲城、北宇和島駅［予土線］　　宇和島→

宇和海　アンパンマン列車 // 2000系2両編成＝JR四国〔松山運転所〕 // 5·11·17号、10·16·22号

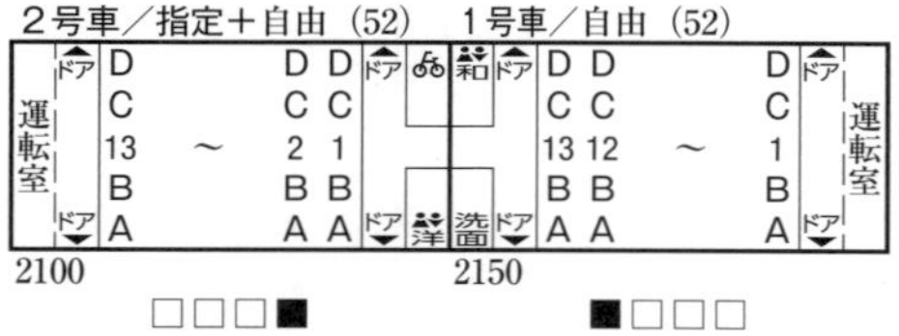

	2号車／指定＋自由（52）					1号車／自由（52）				
運転室	ドア	D C 13 B A	～	D C 2 B A / D C 1 B A	ドア 🚲 洋	和 洗面 ドア	D C 13 B A / D C 12 B A	～	D C 1 B A	ドア 運転室
	2100 □□□■					2150 ■□□□				

◇ 2号車の8～13ＡＢＣＤ席は指定席。2号車トイレには幼児用補助便座を設置

宇和海 // 2000系4両編成＝JR四国〔松山運転所〕 // 3号【平日】

4号車／指定＋自由（47）	3号車／自由（47）	2号車／自由（68）	1号車／自由（52）
運転室 ドア D C 12 B A ～ D C 2 B A / D C 1 B♿ A ドア 🚲 和	運転室 ドア D C 12 B A ～ D C 2 B A / D C 1 B♿ A ドア 🚲 和	ドア D C 17 B A / D C 16 B A ～ D C 1 B A ドア	和 洗面 ドア D C 13 B A / D C 12 B A ～ D C 1 B A ドア 運転室
2400 □□□□	2400 □□□□	2500 ■□□□	2450 ■□□□

◇ 4号車の10～12ＡＢＣＤ席は指定席
◇ 3・4号車に車いす対応座席あり。ただし2100形が入る場合は車いす対応座席なし

宇和海 // 2000系3両編成＝JR四国〔松山運転所〕 // 3号【土曜・休日】

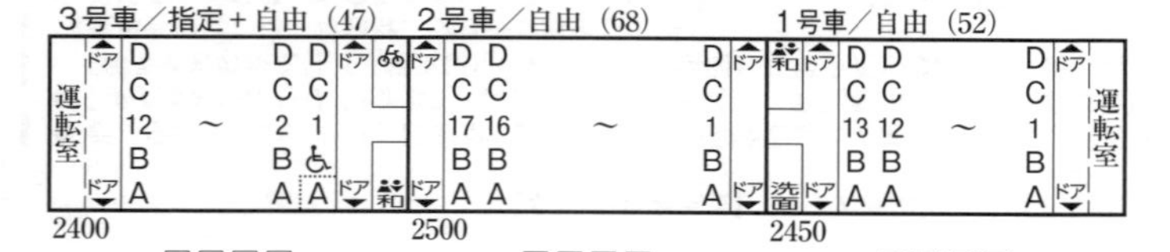

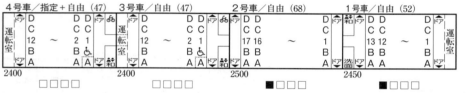

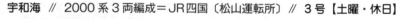

◇ 3号車の8～12ＡＢＣＤ席は指定席
◇ 3号車に車いす対応座席あり。ただし2100形が入る場合は車いす対応座席なし

【⬇ 主な車窓風景】 松山運転所、向井原駅予讃線伊予長浜方面、伊予大洲駅伊予長浜方面、瀬戸内海(宇和海)

▽ 車内販売の営業なし
▼ 座席／普通車＝回転式（座席下ペダル）フリーストッパー型リクライニングシート
▼ 🚲はサイクルルーム（1列車につき自転車2台分）。自転車の積み込み（取扱いは松山・宇和島駅）に際しては、別途、専用指定席券（サイクル宇和海＝松山～宇和島間の指定席特急料金）が必要。設定列車、設定日に関してはＪＲ四国ホームページなどを参照
▼ □■は窓配置のパターン。□は座席2列分の広窓、■は座席ごと独立の小窓

←松山　【⬆ 主な車窓風景】 大洲城、北宇和島駅[予土線]　宇和島→

宇和海 // 2000系3両編成＝JR四国〔松山運転所〕 // 1·9·15·21·27号、6·8·14·20·26·32号

3号車／指定＋自由（47）　2号車／自由（68）　1号車／自由（52）

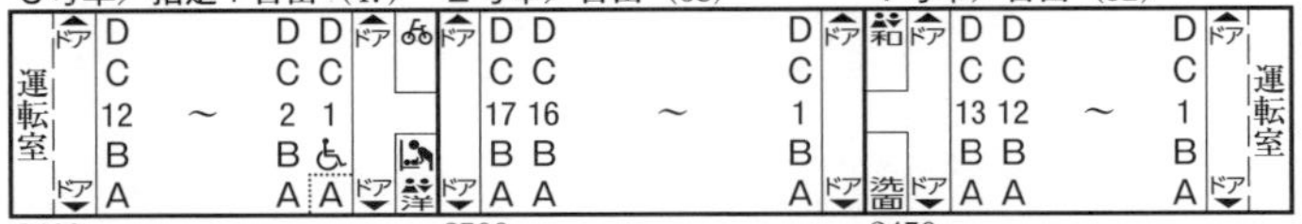

運転室 ドア D C 12 B A ～ D C 2 B A D C 1 A ドア 🚲 ドア | ドア D C 17 B A D C 16 B A ～ D C 1 B A ドア | 和 ドア D C 13 B A D C 12 B A ～ D C 1 B A ドア 運転室

2400　□□□□　2500　■□□□　2450　■□□□

◇ 3号車の8～12 ABCD席は指定席
◇ 3号車に車いす対応座席あり。ただし2100形が入る場合は車いす対応座席なし

宇和海 // 2000系3両編成＝JR四国〔松山運転所〕 // 2号、25号、24·30号【平日】

3号車／指定＋自由（47）　2号車／自由（47）　1号車／自由（52）

運転室 ドア D C 12 B A ～ D C 2 B A D C 1 A ドア 🚲 和 | 運転室 ドア D C 12 B A ～ D C 2 B A D C 1 A ドア 🚲 和 | 和 洗面 ドア D C 13 B A D C 12 B A ～ D C 1 B A ドア 運転室

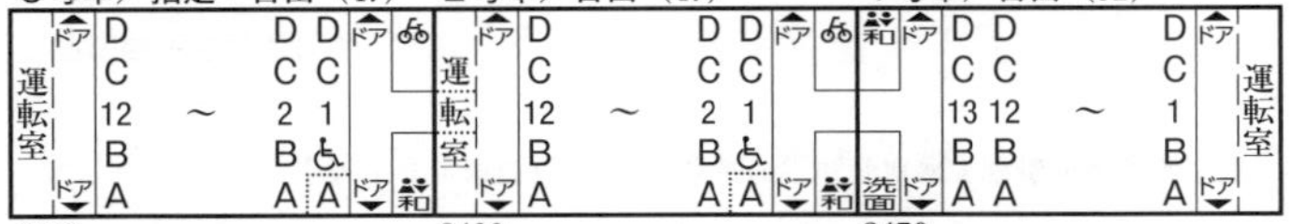

2400　□□□□　2400　□□□□　2450　■□□□

◇ 3号車の8～12 ABCD席は指定席
◇ 3号車に車いす対応座席あり。ただし2100形が入る場合は車いす対応座席なし

宇和海 // 2000系2両編成＝JR四国〔松山運転所〕 // 7·13·19号、12·18号、25号、24·30号【土曜・休日】

2号車／指定＋自由（47）　1号車／自由（52）

運転室 ドア D C 12 B A ～ D C 2 B A D C 1 A ドア 🚲 和 | 和 洗面 ドア D C 13 B A D C 12 B A ～ D C 1 B A ドア 運転室

2400　□□□□　2450　■□□□

◇ 2号車の8～12 ABCD席は指定席
◇ 2号車に車いす対応座席あり。ただし2100形が入る場合は車いす対応座席なし

【⬇ 主な車窓風景】 松山運転所、向井原駅予讃線伊予長浜方面、伊予大洲駅伊予長浜方面、瀬戸内海(宇和海)

▽ 車内販売の営業なし
▼ 座席／普通車＝回転式（座席下ペダル）フリーストッパー型リクライニングシート
▼ 🚲はサイクルルーム（1列車につき自転車2台分）。自転車の積み込み（取扱いは松山・宇和島駅）に際しては、別途、専用指定席券（サイクル宇和海＝松山～宇和島間の指定席特急料金）が必要。設定列車、設定日に関してはJR四国ホームページなどを参照
▼ □■は窓配置のパターン。□は座席2列分の広窓、■は座席ごと独立の小窓

←松山　【⬆ 主な車窓風景】 大洲城、北宇和島駅[予土線]　宇和島→

宇和海　アンパンマン列車（一部車両）// 2000系5両編成＝JR四国〔松山運転所〕// 31号【平日】

5号車／指定＋自由（47）	4号車／自由（47）	3号車／自由（52）	2号車／自由（52）	1号車／自由（52）
運転室 ドア D C 12 B A ～ D C 2 B A　D C 1 B ♿ A ドア 🚲 和	運転室 ドア D C 12 B A ～ D C 2 B A　D C 1 B ♿ A ドア 🚲 和	和 ドア 洗面 D C 13 B A　D C 12 B A ～ D C 1 B A ドア 運転室	運転室 ドア D C 13 B A ～ D C 2 B A　D C 1 B A ドア 🚲 洋	和 洗面 ドア D C 13 B A　D C 12 B A ～ D C 1 B A ドア 運転室
2400	2400	2450	2100	2150
□□□□	□□□□	■□□□	□□□■	■□□□

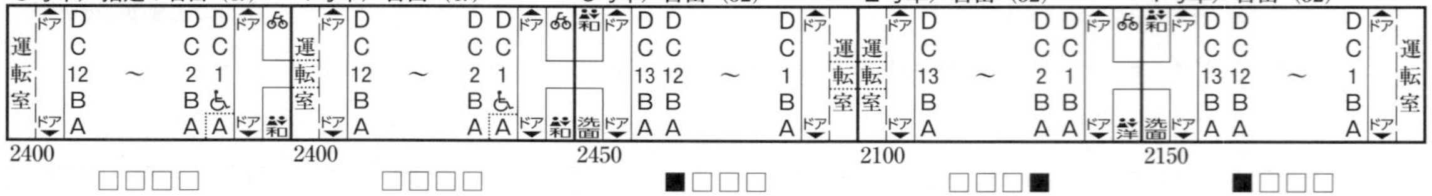

◇ 5号車の8～13ＡＢＣＤ席は指定席
◇ 1～2号車はアンパンマン車両。
　2号車トイレには幼児用補助便座を設置
◇ 4・5号車に車いす対応座席あり。ただし2100形が入る場合は車いす対応座席なし

宇和海 // 2000系4両編成＝JR四国〔松山運転所〕// 4号、31号【土曜・休日】

4号車／指定＋自由（47）	3号車／自由（52）	2号車／自由（47）	1号車／自由（52）
運転室 ドア D C 12 B A ～ D C 2 B A　D C 1 B ♿ A ドア 🚲 和	和 洗面 ドア D C 13 B A　D C 12 B A ～ D C 1 B A ドア 運転室	運転室 ドア D C 12 B A ～ D C 2 B A　D C 1 B ♿ A ドア 🚲 和	和 洗面 ドア D C 13 B A　D C 12 B A ～ D C 1 B A ドア 運転室
2400	2150	2400	2450
□□□□	■□□□	□□□□	■□□□

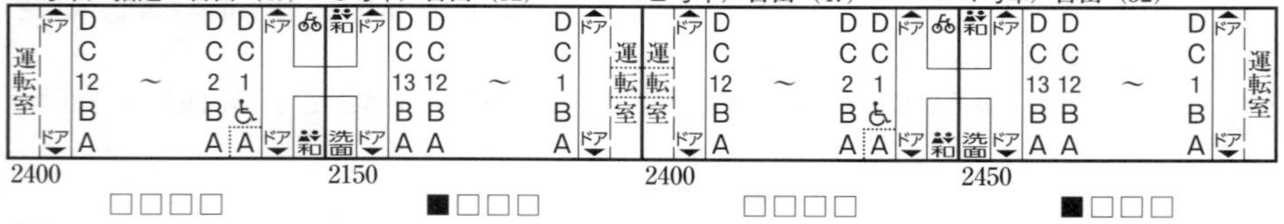

◇ 4号車の8～13ＡＢＣＤ席は指定席
◇ 1～2号車はアンパンマン車両。
　2号車トイレには幼児用補助便座を設置
◇ 4号車に車いす対応座席あり。ただし2100形が入る場合は車いす対応座席なし

【⬇ 主な車窓風景】 松山運転所、向井原駅予讃線伊予長浜方面、伊予大洲駅伊予長浜方面、瀬戸内海(宇和海)

▽ 車内販売の営業なし

▼ 座席／普通車＝回転式（座席下ペダル）フリーストッパー型リクライニングシート
▼ 🚲はサイクルルーム（1列車につき自転車2台分）。自転車の積み込み（取扱いは松山・宇和島駅）に際しては、別途、専用指定席券（サイクル宇和海＝松山～宇和島間の指定席特急料金）が必要。設定列車、設定日に関してはＪＲ四国ホームページなどを参照

▼ □■は窓配置のパターン。□は座席2列分の広窓、■は座席ごと独立の小窓

←松山　【⬆ 主な車窓風景】 大洲城、北宇和島駅［予土線］　宇和島→

宇和海 // 2000系2両編成＝JR四国〔松山運転所〕 // 29号、28号、23号【平日】

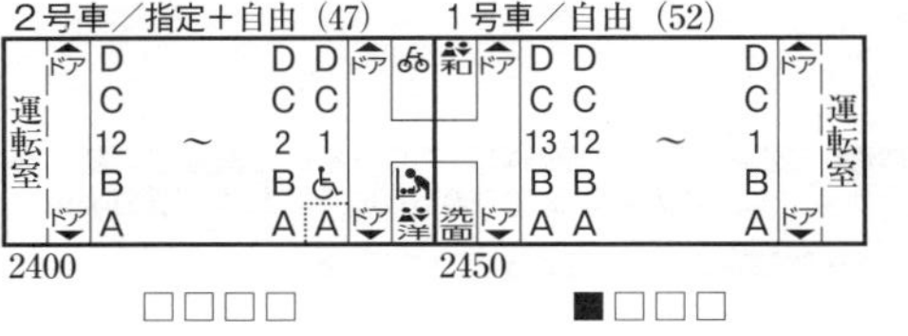

◇2号車の10～12ABCD席は指定席
◇2号車に車いす対応座席あり。ただし、2100形が入る場合は車いす対応座席なし

宇和海 // 2000系3両編成＝JR四国〔松山運転所〕 // 23号【土曜・休日】

3号車／指定＋自由（47）　2号車／自由（47）　1号車／自由（52）

2400　2400　2450

□□□□　□□□□　■□□□

◇3号車の8～12ABCD席は指定席
◇2・3号車に車いす対応座席あり。ただし、2100形が入る場合は車いす対応座席なし

【⬇ 主な車窓風景】 松山運転所、向井原駅予讃線伊予長浜方面、伊予大洲駅伊予長浜方面、瀬戸内海（宇和海）

▽ 車内販売の営業なし
▼ 座席／普通車＝回転式（座席下ペダル）フリーストッパー型リクライニングシート
▼ 🚲はサイクルルーム（1列車につき自転車2台分）。自転車の積み込み（取扱いは松山・宇和島駅）に際しては、別途、専用指定席券（サイクル宇和海＝松山～宇和島間の指定席特急料金）が必要。設定列車、設定日に関してはJR四国ホームページなどを参照
▼ □■は窓配置のパターン。□は座席2列分の広窓、■は座席ごと独立の小窓

←岡山　　高知→

【⬆ 主な車窓風景】 茶屋町駅宇野線宇野方面、瀬戸大橋(大槌島)、瀬戸大橋線分岐部予讃線(高松方面)、飯野山(讃岐富士)、丸亀城、佃駅[徳島線]、吉野川(小歩危)、後免駅土佐くろしお鉄道ごめん・なはり線、高知運転所、高知城

南風 // 2700系3両編成＝JR四国〔高知運転所〕// 3・15・27号、2・14・26号【平日・休日】、7・19号、6・18号【平日】

号車	3号車／自由＋指定 (46)	2号車／指定 (52)	1号車／指定＋⊠ (24 + 12)
形式	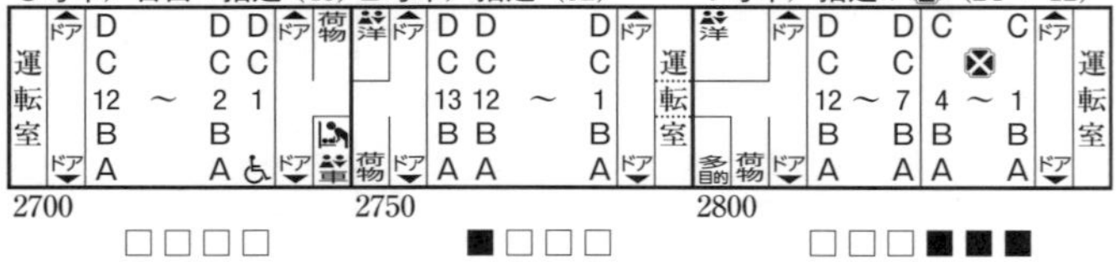 2700	2750	2800
設備	運転室・ドア・♿・ドア・荷物・💺	洋・ドア・荷物・ドア・運転室	洋・ドア・多目的・荷物・ドア・運転室
D	D　D D	D D　D	D　D │ C　C
C	C　C C	C C　C	C　C │ ⊠
席番	12 ～ 2 1	13 12 ～ 1	12 ～ 7 │ 4 ～ 1
B	B　B	B B　B	B　B │ B　B
A	A　A ♿	A A　A	A　A │ A　A
窓配置	□□□□	■□□□	□□□■■■

◇ 1号車普通車はアンパンマンシート
▽ 3号車に車いす対応スペースあり。1CD席は指定席

南風 // 2700系4両編成＝JR四国〔高知運転所〕// 3・15・27号、2・14・26号【土曜日（土曜日が休日の場合も含む)】、7・19号、6・18号【土曜・休日】

号車	4号車／自由＋指定 (46)	3号車／指定 (46)	2号車／指定 (52)	1号車／指定＋⊠ (24 + 12)
形式	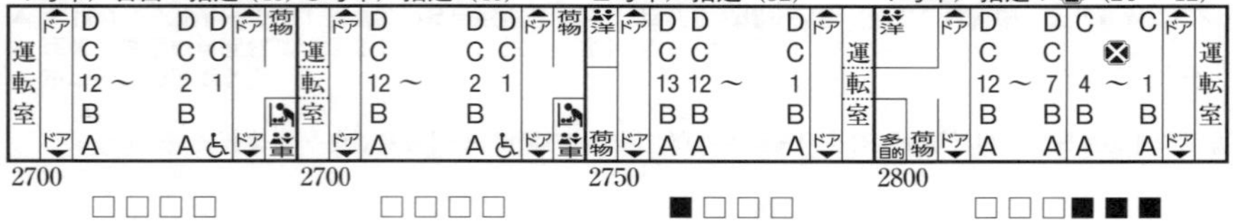 2700	2700	2750	2800
設備	運転室・ドア・♿・ドア・荷物・💺	運転室・ドア・♿・ドア・荷物・💺	洋・ドア・荷物・ドア・運転室	洋・ドア・多目的・荷物・ドア・運転室
D	D　D D	D　D D	D D　D	D　D │ C　C
C	C　C C	C　C C	C C　C	C　C │ ⊠
席番	12 ～ 2 1	12 ～ 2 1	13 12 ～ 1	12 ～ 7 │ 4 ～ 1
B	B　B	B　B	B B　B	B　B │ B　B
A	A　A ♿	A　A ♿	A A　A	A　A │ A　A
窓配置	□□□□	□□□□	■□□□	□□□■■■

◇ 1号車普通車はアンパンマンシート
▽ 3・4号車に車いす対応スペースあり。4号車1CD席は指定席

◇ アンパンマン列車
◇「南風」7号は、岡山～宇多津間「うずしお」13号（6～8号車）と併結運転
「南風」6号は、岡山～宇多津間「うずしお」6号（6～8号車）と併結運転

▼ 座席／普通車＝回転式（座席下ペダル）フリーストッパー型リクライニングシート。シートピッチ980mm。座席背面に大型テーブル設置
グリーン車＝回転式（座席下ペダル）フリーストッパー型リクライニングシート。シートピッチ1170mm。フットレスト付き
▼ ⓘ／各座席に設置
▼ 車いす対応トイレにおむつ交換台、ベビーチェア設置
▼ 無料公衆無線LAN設置

【⬇ 主な車窓風景】 山陽本線広島方面・吉備線、瀬戸大橋(塩飽諸島)、多度津駅予讃線松山方面、金刀比羅宮、吉野川(大歩危)

▽ 車内販売の営業は、2019.03.15をもって終了
▼ □■は窓配置のパターン。□は座席2列分の広窓、■は座席ごと独立の小窓

←岡山　　高知→

【⬆ 主な車窓風景】 茶屋町駅宇野線宇野方面、瀬戸大橋(大槌島)、瀬戸大橋線分岐部予讃線(高松方面)、飯野山(讃岐富士)、丸亀城、佃駅[徳島線]、吉野川(小歩危)、後免駅土佐くろしお鉄道ごめん・なはり線、高知運転所、高知城

南風 // 2700系3両編成＝ＪＲ四国〔高知運転所〕 // 1・5・9・11・13・17・21・23・25号、4・8・10・12・16・20・22・24・28号

3号車／自由＋指定 (46)	2号車／指定 (52)	1号車／指定＋⊠ (24 + 12)
運転室 ドア D C 12 B A ～ D C 2 B A ♿ D C 1 ドア 荷物	洋 ドア D C 13 B A D C 12 B A ～ D C 1 B A ドア 運転室 荷物	洋 多目的 荷物 ドア D C 12 B A ～ D C 7 B A C ⊠ 4 B A ～ C 1 B A ドア 運転室
2700	2750	2800
□□□□	■□□□	□□□■■■

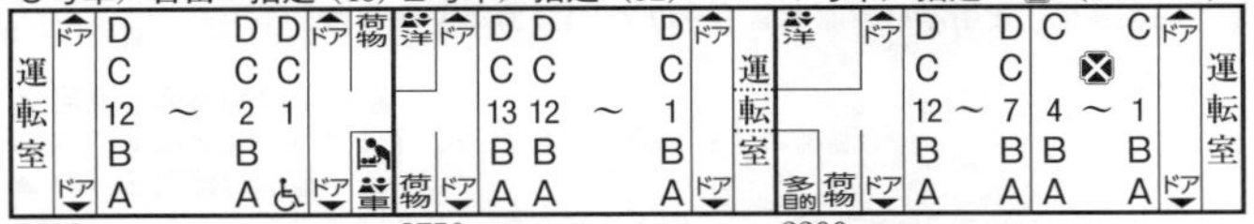

▽ 3号車に車いす対応スペースあり。１ＣＤ席は指定席

【⬇ 主な車窓風景】 山陽本線広島方面・吉備線、瀬戸大橋(塩飽諸島)、多度津駅予讃線松山方面、金刀比羅宮、吉野川(大歩危)

◇「南風」1号は、宇多津～高知間「しまんと」3号（6・7号車）と併結運転
「南風」21号は、宇多津～高知間「しまんと」7号（6・7号車）と併結運転
「南風」23号は、岡山～宇多津間「うずしお」29号（6・7号車）と併結運転
「南風」4号は、宇多津～高知間「しまんと」4号（6・7号車）と併結運転
「南風」22号は、岡山～宇多津間「うずしお」22号（6・7号車）と併結運転
「南風」28号は、宇多津～高知間「しまんと」6号（6・7号車）と併結運転

▼ 座席／普通車＝回転式（座席下ペダル）フリーストッパー型リクライニングシート。シートピッチ980mm。座席背面に大型テーブル設置
グリーン車＝回転式（座席下ペダル）フリーストッパー型リクライニングシート。シートピッチ1170mm。フットレスト付き
▼ ⑪／各座席に設置
▼ 車いす対応トイレにおむつ交換台、ベビーチェア設置
▼ 無料公衆無線LAN設置

▽ 車内販売の営業は、2019.03.15をもって終了

▼ 座席／普通車＝回転式（座席下ペダル）フリーストッパー型リクライニングシート

▼ □■は窓配置のパターン。□は座席2列分の広窓、■は座席ごと独立の小窓

←高松　【⬆ 主な車窓風景】 飯野山(讃岐富士)、丸亀城、佃駅[徳島線]、吉野川(小歩危)、後免駅土佐くろしお鉄道ごめん・なはり線、高知運転所、高知城、太平洋　高知・宿毛（土佐くろしお鉄道）→

しまんと // 2700系2両編成＝JR四国〔高松運転所〕 // 1・5号、2・8号

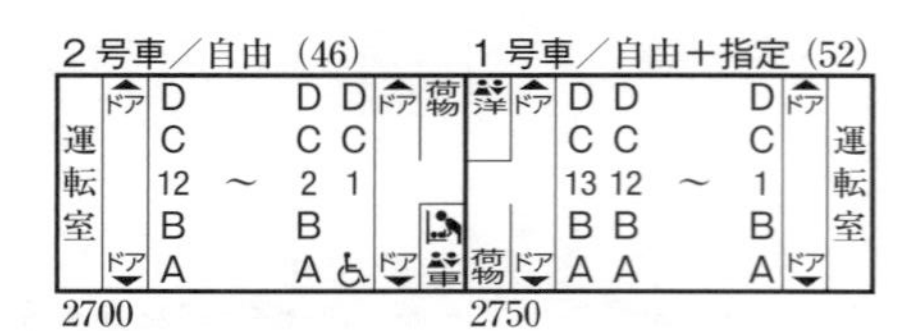

◇ 1号車の指定席は1～7ＡＢＣＤ席
▽ 2号車に車いす対応スペースあり

▼ 座席／普通車＝回転式（座席下ヘダル）フリーストッパー型リクライニングシート。シートピッチ 980mm。座席背面に大型テーブル設置
▼ ⓘ／各座席に設置
▼ 車いす対応トイレにおむつ交換台、ベビーチェア設置
▼ 無料公衆無線LAN設置

しまんと // 2700系2両編成＝JR四国〔高松運転所〕 // 3・7号、4・6号

7号車／自由（46）　6号車／自由＋指定（52）

運転室 | D C 12 B A ～ D C 2 B A, D C 1 A | 荷物 | 洋 | D C 13 B A, D C 12 B A ～ D C 1 B A | 運転室

2700　2750

◇ 6号車の指定席は1～7ABCD
◇「しまんと」3・7号・4・6号は、宇多津～高知間は「南風」1・21号・4・28号と併結
▽ 7号車に車いす対応スペースあり

▼ 座席／普通車＝回転式（座席下ペダル）フリーストッパー型リクライニングシート
　　グリーン車＝回転式（座席下ペダル）フリーストッパー型リクライニングシート
▼ ⓘ／各座席に設置
▼ 車いす対応トイレにおむつ交換台、ベビーチェア設置
▼ 無料公衆無線LAN設置

【⬇ 主な車窓風景】 坂出～宇多津間瀬戸大橋線、多度津駅予讃線松山方面、金刀比羅宮、吉野川(大歩危)、土佐くろしお鉄道若井～荷稲間ループ線手前[予土線]

▽ 車内販売の営業なし

▼ □■は窓配置のパターン。□は座席2列分の広窓、■は座席ごと独立の小窓

土讃線 「あしずり」編成席番表

←高知　【⬆ 主な車窓風景】 高知城、太平洋　宿毛（土佐くろしお鉄道）→

あしずり // 2000系2両編成＝JR四国〔高知運転所〕 // 1·3·9·11号、4·6·10·12号

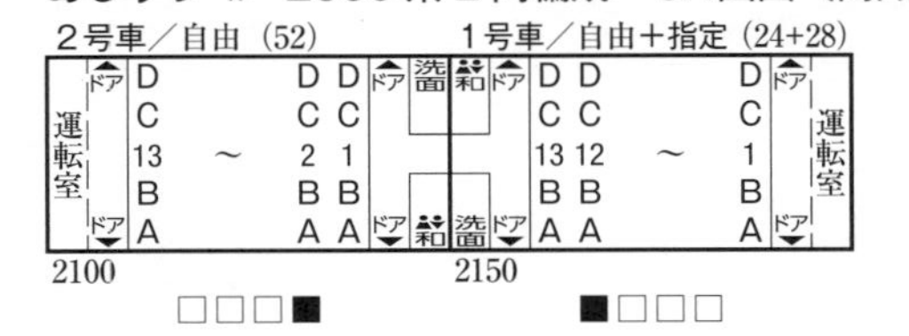

◇1号車の指定席は1～7ABCD

あしずり // 2700系3両編成＝JR四国〔高知運転所〕 // 13号、2号

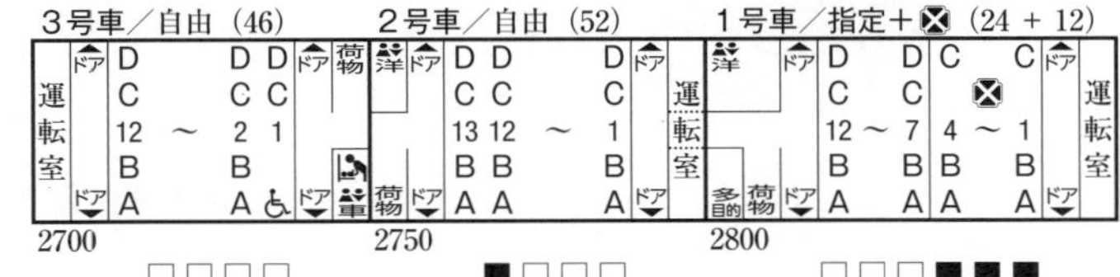

◇ Wi-Fi
◇「あしずり」2号　平日の1号車普通車は自由席
◇3号車に車いす対応スペースあり

あしずり // 2700系2両編成＝JR四国〔高知運転所〕 // 5·7号、8·14号

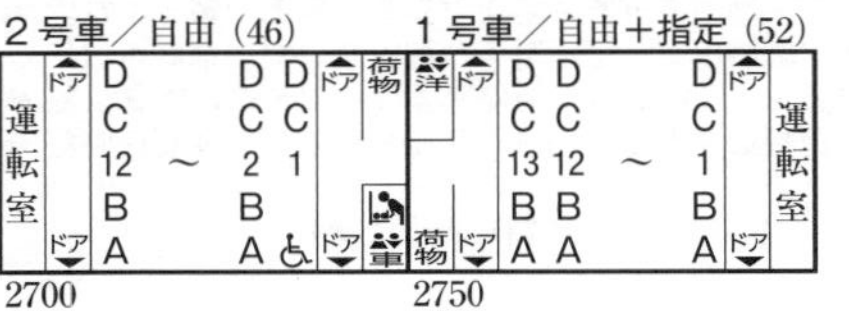

◇ Wi-Fi
◇1号車の指定席は1～7ABCD席
◇2号車に車いす対応スペースあり

【⬇ 主な車窓風景】 土佐くろしお鉄道若井～荷稲間ループ線手前［予土線］

- ▼座席／普通車＝回転式（座席下ペダル）フリーストッパー型リクライニングシート。シートピッチ980mm。座席背面に大型テーブル設置
- ▼ⓘ／各座席に設置（2700系）
- ▼車いす対応トイレにおむつ交換台、ベビーチェア設置
- ▼無料公衆無線LAN設置
- ▼□■は窓配置のパターン。□は座席2列分の広窓、■は座席ごと独立の小窓

予土線 普通「しまんトロッコ」編成席番表 【臨時列車】

←窪川　　【⬆主な車窓風景】 四万十川　　宇和島→

しまんトロッコ // トラ 45000 形＋一般型気動車（キハ 54 形）2 両編成＝JR四国〔松山運転所〕

指定 (40)

D 9 A C B	D 7 A C B	D 5 A C B	D 3 A C B	D 1 A C B
C 10 B D A	C 8 B D A	C 6 B D A	C 4 B D A	C 2 B D A

トラ 152462

【⬇主な車窓風景】 四万十川

◆ 運転日注意。詳細は最新のＪＲ時刻表などで確認。運転日は宇和島発 09:33 発、宇和島発 13:21 発、普通列車に連結して運転
◆ 進行方向の先頭に一般型気動車 1 両を連結して運転
◇ トロッコ車には、窪川発は土佐大正→江川崎間、宇和島発は江川崎→土佐大正間にて乗車できる
▼ ボックス席。座席をはさんでテーブルを設置
▼ トイレ設備は、連結となるキハ 54 形を含めてなし

←高松　【↑ 主な車窓風景】 屋島、瀬戸内海(播磨灘)、池谷[鳴門線]　徳島→

うずしお // 2700 系 2 両編成＝JR四国〔高松運転所〕 // 5・11・17・19・23・33 号、2・10・20・26・32 号

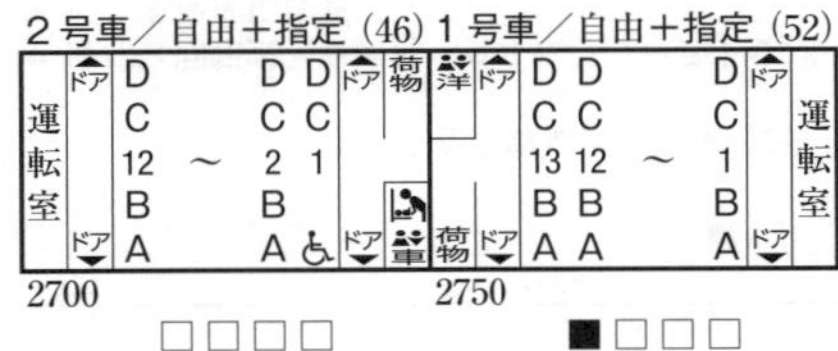

◇ 1 号車の指定席は 1 ～ 7 ABCD席
◇ ただし、「うずしお」23・26 号の平日は 1 ～ 4 ＡＢＣＤ席のみが指定席
▽ 2 号車に車いす対応スペースあり。1 ＣＤ席は指定席

うずしお // 2700 系 3 両編成＝JR四国〔高松運転所〕 // 3・7・25 号、10・16・28 号

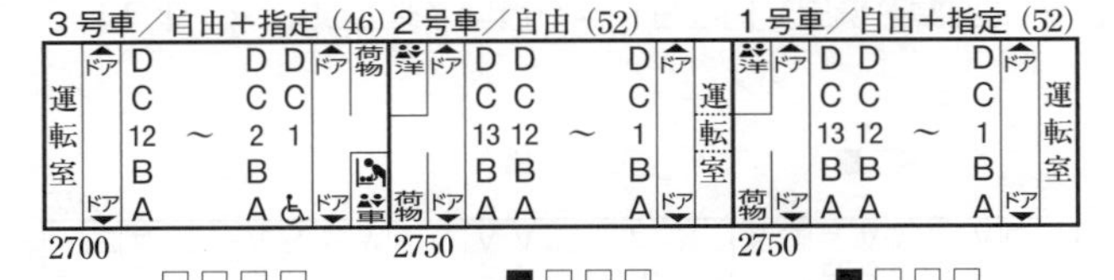

◇ 1 号車の指定席は 1 ～ 7 ABCD席。「うずしお」16 号は全席指定席
◇ ただし、「うずしお」3・25・28 号の平日は 1 ～ 4 ＡＢＣＤ席のみが指定席
▽ 3 号車に車いす対応スペースあり。1 ＣＤ席は指定席

うずしお // 2700 系 5 両編成＝JR四国〔高松運転所〕 // 31 号、4 号

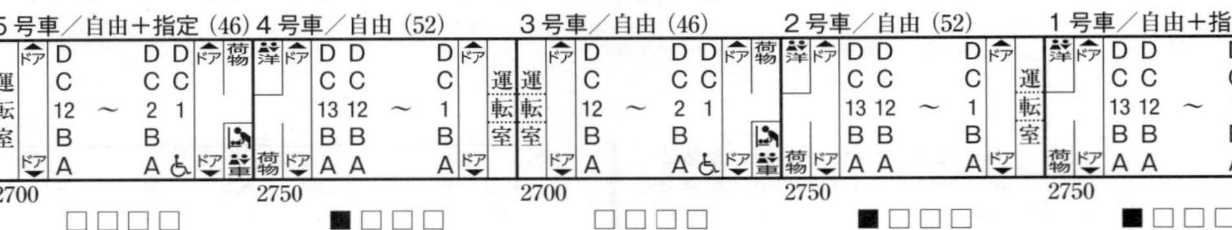

◇ 1 号車の指定席は 1 ～ 7 ABCD席
「うずしお」4 号の平日は 1 ～ 4 ABCD席が指定席
◇ 3・5 号車に車いす対応スペースあり
◇ 5 号車 1 ＣＤ席は指定席

【↓ 主な車窓風景】 高松駅予讃線、栗林公園、佐古駅[徳島線]、眉山

- ▼ 座席／回転式（座席下ペダル）フリーストッパー型リクライニングシート。シートピッチ 980mm。座席背面に大型テーブル設置
- ▼ ⓪／各座席に設置
- ▼ 車いす対応トイレにおむつ交換台、ベビーチェア設置
- ▼ 無料公衆無線LAN設置
- ▼ □■は窓配置のパターン。□は座席２列分の広窓、■は座席ごと独立の小窓

←高松　【⬆ 主な車窓風景】 屋島、瀬戸内海(播磨灘)、池谷[鳴門線]　徳島→

うずしお // 2700系2両編成＝JR四国〔高松運転所〕 // 29号、22号

7号車／自由 (46)　6号車／自由＋指定 (52)

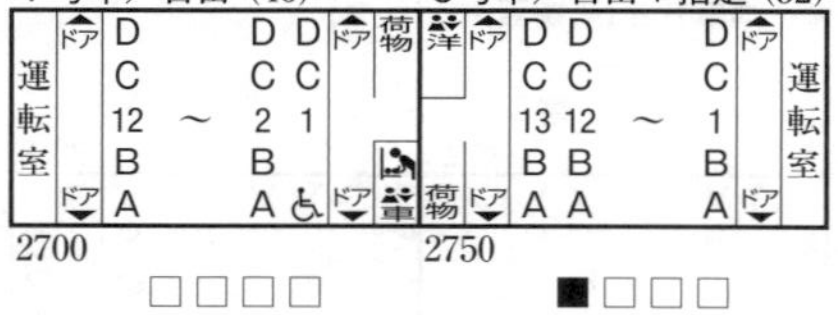

運転室 ドア D C 12 B A ～ D C 2 B A ♿ D C 1 ドア 荷物 🚾 | 🚻洋 荷物 ドア D C 13 B A D C 12 B A ～ D C 1 B A ドア 運転室

2700　2750

□□□□　■□□□

◇「うずしお」29・22号　運転区間は岡山～徳島間。途中、宇多津、高松にて進行方向が変わる。
岡山～宇多津間、「うずしお」29号は「南風」23号と、「うずしお」22号は「南風」22号と併結運転
◇6号車の指定席は1～7ABCD席
▽7号車に車いす対応スペースあり

うずしお // 2700系3両編成＝JR四国〔高松運転所〕 // 13号、6号

8号車／自由＋指定 (46)　7号車／自由 (52)　6号車／指定 (52)

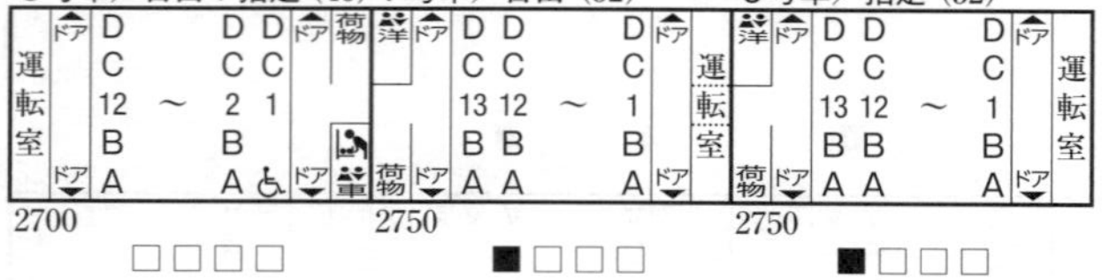

運転室 ドア D C 12 B A ～ D C 2 B A ♿ D C 1 ドア 荷物 🚾 | 洋 荷物 ドア D C 13 B A D C 12 B A ～ D C 1 B A ドア 運転室 | 洋 荷物 ドア D C 13 B A D C 12 B A ～ D C 1 B A ドア 運転室

2700　2750　2750

□□□□　■□□□　■□□□

◇「うずしお」13・6号　運転区間は岡山～徳島間。途中、宇多津、高松にて進行方向が変わる
岡山～宇多津間、「うずしお」13号は「南風」7号と、「うずしお」6号は「南風」6号と併結運転
▽8号車に車いす対応スペースあり。1CD席は指定席

うずしお // 2600系2両編成＝JR四国〔高松運転所〕 // 9·15·21·27·33号、2·12·18·24·30号

2号車／自由＋指定 (46)　1号車／自由＋指定 (52)

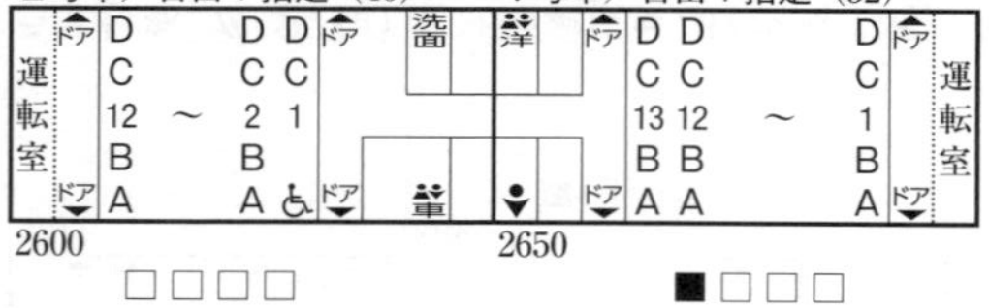

運転室 ドア D C 12 B A ～ D C 2 B A ♿ D C 1 ドア 洗面 🚾 | 洋 ドア D C 13 B A D C 12 B A ～ D C 1 B A ドア 運転室

2600　2650

□□□□　■□□□

◇1号車の指定席は1～7ABCD席。2号車に車いす対応スペースを設置。1CD席は指定席
なお、「うずしお」27·24·30号の平日　指定席は1～4ABCD席
▼ ⓪／全席に設置

【⬇ 主な車窓風景】 高松駅予讃線、栗林公園、佐古駅[徳島線]、眉山

▼ 座席／回転式（座席下ペダル）フリーストッパー型リクライニングシート。シートピッチ980mm。座席背面に大型テーブル設置
▼ ⓪／各座席に設置
▼ 車いす対応トイレにおむつ交換台、ベビーチェア設置
▼ 無料公衆無線LAN設置
▼ □■は窓配置のパターン。□は座席2列分の広窓、■は座席ごと独立の小窓

←高松　　【⬆ 主な車窓風景】 屋島、瀬戸内海(播磨灘)、池谷駅[鳴門線]　　徳島→

うずしお // 2700系5両編成＝JR四国〔高松運転所〕 // 14号

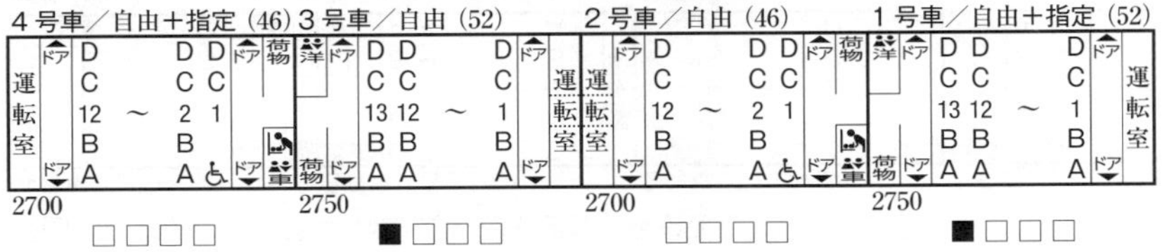

4号車／自由＋指定（46）	3号車／自由（52）	2号車／自由（46）	1号車／自由＋指定（52）
運転室 ドア D C 12 B A ～ D C 2 B A / D C 1 ♿ ドア 荷物	洋 荷物 ドア D C 13 B A / D C 12 B A ～ D C 1 B A ドア 運転室	運転室 ドア D C 12 B A ～ D C 2 B A / D C 1 ♿ ドア 荷物	洋 荷物 ドア D C 13 B A / D C 12 B A ～ D C 1 B A ドア 運転室
2700 □□□□	2750 ■□□□	2700 □□□□	2750 ■□□□

◇1号車の指定席は1～7ABCD席
◇2・4号車に車いす対応スペースあり
◇4号車1CD席は指定席

▼座席／回転式（座席下ペダル）フリーストッパー型リクライニングシート。シートピッチ980mm。座席背面に大型テーブル設置
▼⑪／各座席に設置
▼車いす対応トイレにおむつ交換台、ベビーチェア設置
▼無料公衆無線LAN設置
▼□■は窓配置のパターン。□は座席2列分の広窓、■は座席ごと独立の小窓

うずしお // キハ185系2両編成＝JR四国〔高松運転所〕 // 1号、8号

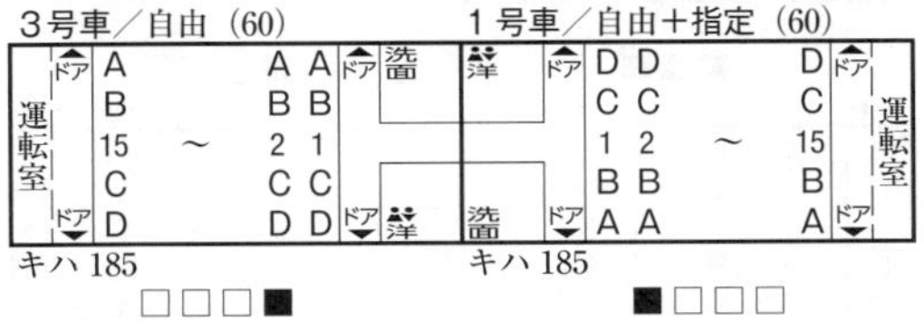

3号車／自由（60）	1号車／自由＋指定（60）
運転室 ドア A B 15 C D ～ A B 2 C D / A B 1 C D ドア 洗面 洋	洋 洗面 ドア D C 1 B A / D C 2 B A ～ D C 15 B A ドア 運転室
キハ185 □□□■	キハ185 ■□□□

◇1号車指定席は9～15ＡＢＣＤ席

★うずしお 「ゆうゆうアンパンマンカー」連結にて運転の場合 // キハ185系3両編成＝JR四国〔高松運転所〕

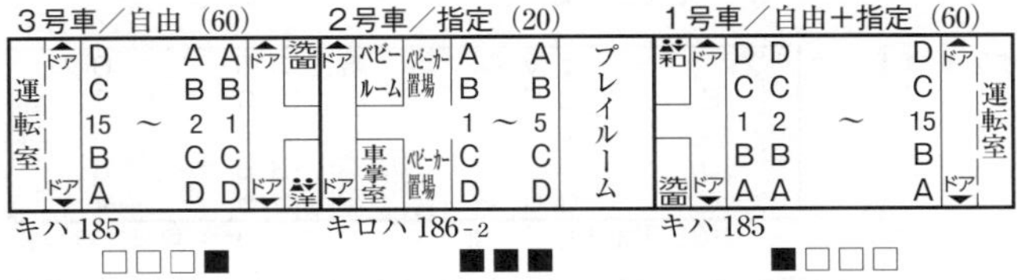

3号車／自由（60）	2号車／指定（20）	1号車／自由＋指定（60）
運転室 ドア D C 15 B A ～ A B 2 C D / A B 1 C D ドア 洗面 洋	ドア ベビールーム 車掌室 ベビーカー置場 ベビーカー置場 A B 1 C D ～ A B 5 C D プレイルーム	和 洗面 ドア D C 1 B A / D C 2 B A ～ D C 15 B A ドア 運転室
キハ185 □□□■	キロハ186-2 ■■■	キハ185 ■□□□

◇1号車指定席は9～15ABCD席
◇2号車は「ゆうゆうアンパンマンカー」
◆「ゆうゆうアンパンマンカー」の連結日の詳細は最新のJR時刻表などで確認

【⬇ 主な車窓風景】 高松駅予讃線、栗林公園、佐古駅[徳島線]、眉山

▼座席／普通車＝回転式（座席下ペダル）フリーストッパー型リクライニングシート
▼□■は窓配置のパターン。□は座席2列分の広窓、■は座席ごと独立の小窓

徳島線「剣山」編成席番表

←阿波池田　　【⬆ 主な車窓風景】 佃駅［土讃線多度津方面］、佐古駅［高徳線］　　徳島→

剣山 // キハ185系2両編成＝JR四国〔高松運転所〕// 3·5号、6·8号

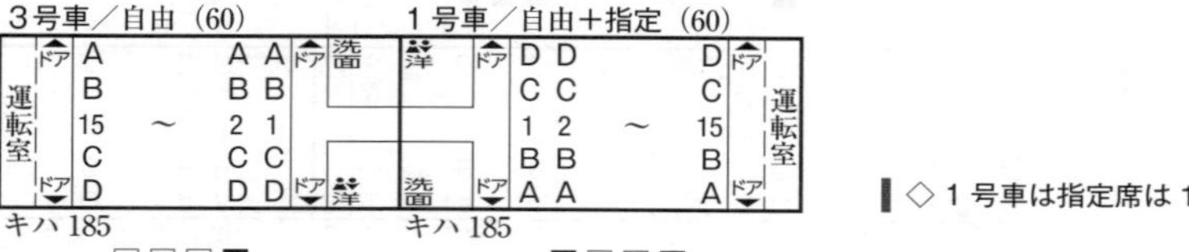

◇ 1号車は指定席は12〜15ABCD席

★剣山「ゆうゆうアンパンマンカー」連結にて運転の場合 // キハ185系3両編成＝JR四国〔高松運転所〕

◇ 2号車は「ゆうゆうアンパンマンカー」
◇ 1号車の指定席は12〜15ABCD席
◆「ゆうゆうアンパンマンカー」の連結日の詳細は最新のJR時刻表などで確認

剣山 // キハ185系2両編成＝JR四国〔高松運転所〕// 1·7·9·11号、4·10号

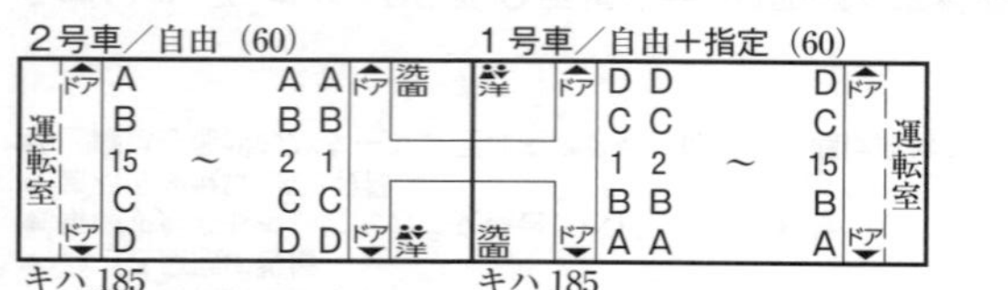

◇ 1号車は指定席は12〜15ABCD席

剣山 // キハ185系4両編成＝JR四国〔高松運転所〕// 2号

4号車／自由（60）　3号車／自由（60）　2号車／自由（60）　1号車／自由＋指定（60）

4号車 キハ185	3号車 キハ185	2号車 キハ185	1号車 キハ185
運転室 D C 16 〜 2 1 B A	D C 1 2 〜 15 B A 運転室	運転室 D C 16 〜 2 1 B A	D C 1 2 〜 15 B A 運転室

□□□■　■□□□　□□□■　■□□□

◇ 1号車12〜15ABCD席は指定席

【⬇ 主な車窓風景】 剣山（四国山地）、吉野川、眉山

▽ 車内販売の営業なし
▼ 座席／普通車＝回転式（座席下ペダル）フリーストッパー型リクライニングシート
▼ □■は窓配置のパターン。□は座席2列分の広窓、■は座席ごと独立の小窓

「むろと」編成席番表

←徳島　　【⬆ 主な車窓風景】 中田駅[廃止＝小松島線]、太平洋　　牟岐→

むろと // キハ185系２両編成＝JR四国〔高松運転所〕 // １号、２号

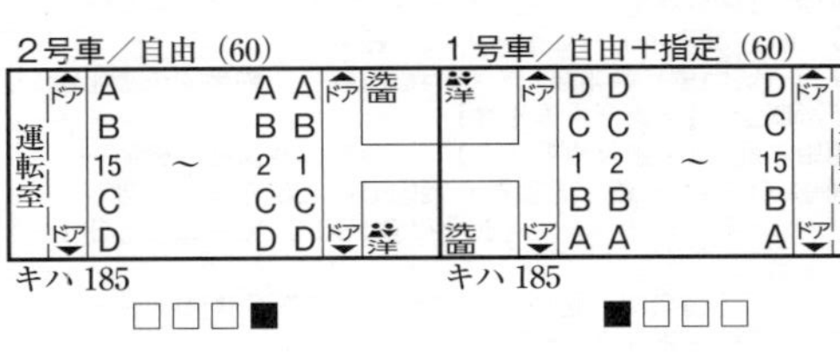

【⬇ 主な車窓風景】 眉山

◇１号車指定席は12～15ＡＢＣＤ席
◇「むろと」２号の阿波海南～牟岐間は普通列車

▽ 車内販売の営業なし
▼ 座席／普通車＝回転式（座席下ペダル）フリーストッパー型リクライニングシート
▼ □■は窓配置のパターン。□は座席２列分の広窓、■は座席ごと独立の小窓

JR九州「ななつ星 in 九州」編成席番表【クルーズトレイン】

←門司港（3泊4日コース始発場面）
←博多（1泊2日コース始発場面）

博多→
長崎→

ななつ星 in 九州 // 77系7両編成＝JR九州〔大分車両センター〕

◆ 基本的な運転パターン（⬅ ➡は列車の進行方向／車窓風景は夜間走行時に通過するエリアは割愛
「令和2（2020）年7月豪雨」による被災のため、肥薩線八代～人吉～吉松間は現在も不通

◇ 3泊4日コース（2024.04～08）

①火曜　博多10：58頃発→鹿児島本線～久大本線→12：44頃着 日田14：02頃発→久大本線→17：10頃着 由布院18：31頃発→久大本線→20：34着 大分
←博多／大分➡　【⬆主な車窓風景】 由布岳
【⬇主な車窓風景】 筑後川

①火曜～②水曜　大分21：57頃発→豊肥本線（車中泊）→02：10頃着 熊本05：34頃発→鹿児島本線（車中泊）→06：43頃着 八代
⬅熊本／大分・八代→　【⬆主な車窓風景】 熊本市街地
【⬇主な車窓風景】（夜間走行）

②水曜　八代　06：51頃発→肥薩おれんじ鉄道→10：34頃着 阿久根12：01頃発→肥薩おれんじ鉄道～鹿児島本線～日豊本線→15：01頃着 隼人
←八代／隼人➡　【⬆主な車窓風景】
【⬇主な車窓風景】 不知火海（八代湾）・東シナ海

③木曜　嘉例川　10：24頃発→肥薩線～吉都線→11：14頃着 えびの　13：05頃発→吉都線～日豊本線→23：28頃着 佐伯
←嘉例川／佐伯➡　【⬆主な車窓風景】
【⬇主な車窓風景】 日向灘

③木曜～④金曜　佐伯23：40頃発→日豊本線～豊肥本線（車中泊）→06：47頃着 豊後竹田　11：22頃発→豊肥本線→12：14頃着　阿蘇14：06頃発→豊肥本線→15：17頃着　熊本15：18頃発→鹿児島本線→17：09頃着 博多
⬅佐伯、熊本／大分、博多→　【⬆主な車窓風景】
【⬇主な車窓風景】 阿蘇山・熊本市街地

▽ 運転経路変更にともない、門司港経由は終了

◇ 1泊2日コース（2024.04～08）

①土曜　博多09：50頃発→鹿児島本線→14：17頃着 八代14：21頃発→肥薩おれんじ鉄道（17：14頃着 牛ノ浜18：13頃発）～鹿児島本線～日豊本線→21：20頃着 鹿児島中央
←博多／鹿児島中央➡　【⬆主な車窓風景】 熊本市街地
【⬇主な車窓風景】 不知火海（八代湾）・東シナ海

①木曜～②金曜　鹿児島中央→日豊本線（車中泊）→01：55頃着 宮崎04：20頃発～日豊本線（車中泊）→12：20頃着 大分
大分13：41頃発→久大本線（14：31頃着 由布院14：42頃発）→久大本線～鹿児島本線→17：36頃着 博多
⬅鹿児島中央、博多／大分→　【⬆主な車窓風景】 由布岳
【⬇主な車窓風景】 日向灘

◇ 乗車等に関しての詳細は、JR九州のホームページなどで確認
◇ 2022.10.15　7周年、車内リニューアルして運行開始。
部屋数は10室に

▽ 車内販売営業
▼ 各部屋／定員2名
▼ 各部屋にシャワー・トイレ・⑪設備完備
▼ シャワー室は共用
▼ ラウンジカーでは、ピアノの生演奏も楽しめる
▼ 3号車には茶室もある

JR九州「36ぷらす3」【DISCOVER KYUSHU EXPRESS 787】編成席番表

←門司港・博多(鹿児島中央・佐世保)　　(博多・門司港)佐世保・鹿児島中央→

【⬆ 主な車窓風景】Ⓐ 鳥栖スタジアム(駅前不動産スタジアム)、久留米駅久大本線、熊本駅豊肥本線、仙厳園(磯庭園)、霧島連山、大分車両センター、大分駅豊肥本線、久大本線、高崎山、鶴見岳、小倉総合車両センター、若戸大橋、吉野ケ里遺跡

(【⬆ 主な車窓風景】Ⓑ 南福岡車両区、鳥栖駅長崎本線、HAWKSベースボールパーク筑後、雲仙岳、八代駅肥薩線、不知火海、桜島、錦江湾、南宮崎駅日南線、日向灘、佐伯湾、津久見湾、臼杵城跡、別府湾、周防灘、帆柱山有明海[車窓展開順序は参考]

36ぷらす3　// 787系6両＝JR九州〔南福岡車両区〕

6号車／指定 (27)	5号車／指定 (30)	4号車／マルチカー	3号車／指定 (12)	2号車／指定 (20)	1号車／指定 (16)
運転室 畳エリア A A‥A A 10～6 4～1 多目的 C C C C D D‥D D 荷物 ドア	洋 ドア 荷物 A A‥A A B B B B 11～7 5～1 D D‥D D 荷物	荷物 洋 ドア 業務 ソファ＋テーブル 業務 洋 ドア	ビュッフェ サービスコーナー 5A② 3A② 1A② 6D② 4D② 2D② ドア	洋 車掌 ドア 業務 ♿ 5D 4D② 3D⑥ 2D⑥ 1D⑥ ドア 多目的 荷物	車掌 洋 ドア 業務 4A④ 3A④ 2D④ 1D④ 業務 運転室 荷物 業務 ドア
クモロ 786-363	モロ 787-363	サロ 787-363	サロシ 786-363	モロ 786-363	クモロ 787-363

【⬇ 主な車窓風景】Ⓐ 南福岡車両区、鳥栖駅長崎本線、HAWKSベースボールパーク筑後、雲仙岳、八代駅肥薩線、不知火海、桜島、錦江湾、南宮崎駅日南線、日向灘、佐伯湾、津久見湾、臼杵城跡、別府湾、周防灘、帆柱山、有明海

(【⬇ 主な車窓風景】Ⓑ 鳥栖スタジアム(駅前不動産スタジアム)、久留米駅久大本線、熊本駅豊肥本線、仙厳園(磯庭園)、霧島連山、大分車両センター、大分駅豊肥本線、久大本線、高崎山、鶴見岳、小倉総合車両センター、若戸大橋、吉野ケ里遺跡[車窓展開順序は参考]

◆ 2020.10.16 から営業運転開始（2022.10.03 から月曜日は新ルート）。
木曜日　博多 10:00 発～熊本～16:26 着 鹿児島中央　おもてなし→ 玉名駅（約 20 分）、牛ノ浜駅（約 20 分）停車
金曜日　鹿児島中央 11:22 発～15:46 着 宮崎　おもてなし→ 霧島神宮駅（約 25 分）、大隅大川原駅（約 45 分）停車
土曜日　宮崎空港 11:37 発～11:47 着 宮崎 11:51 発～16:49 着 大分 16:56 発～17:12 着 別府　おもてなし→ 延岡駅（約 10 分）、宗太郎駅（約 10 分）、重岡駅（約 25 分）停車
日曜日　大分 10:48 発～10:58 着 別府 11:08 発～門司港～16:42 着 博多　おもてなし→ 杵築駅（約 15 分）、中津駅（約 15 分）、門司港駅（約 60 分）停車
月曜日　博多 11：23 発～佐賀～ 12：44 着 肥前浜 13：38 発～ 14：23 着 武雄温泉 14：49 発～上有田～ 15：58 着 早岐 16：03 発～ 16：13 着 佐世保
（途中、肥前浜、江北、早岐にて進行方向が変わる）　おもてなし→肥前浜駅（約 50 分）、上有田駅（約 15 分）停車
佐世保 17：31 発～早岐～ 18：18 着 武雄温泉 18：24 発～佐賀～ 20：06 着 博多（途中、早岐にて進行方向が変わる）

運転日　それぞれにランチプラン・ディナープランを設定。さらに1～3号車の個室利用プランと5～6号車の座席利用プラン設定（旅行商品）。
詳細はJR九州ホームページやJR九州のパンフレットを参照
乗車するには、上記の旅行プラン（旅行商品）のほか、マルス発売（通常の指定席券発売）もある
◆ 車両の進行方向は、博多→鹿児島本線・肥薩おれんじ鉄道→鹿児島中央→日豊本線→門司港と進み、門司港にて進行方向を変えて博多に向かう。
そのため、車両の進行方向は毎週変わる。主な車窓風景は、基本表示と、( ) 内表示にて参考のため掲載
車窓の項に表示のⒶⒷは、A・Bコース。博多駅などではホームにも表示、停車位置案内を実施

▼ 座席／1～3号車は個室。丸中数字は各室の定員。5～6号車は回転式リクライニングシート。1・6号車は畳エリア
2号車4・5D席は車いす対応席（5D席＝付添）。
3号車の半室ビュッフェと4号車のマルチカーは共有スペース
▽‥はミニカウンター。
▼ ⓘ／各個室に2口、2人掛け座席は肘置に、1人掛け座席は壁側に設置

←武雄温泉 【⬆ 主な車窓風景】 諫早駅長崎本線、島原鉄道、長崎市街地 長崎→

かもめ // N 700 S 6両編成＝JR九州〔熊本総合車両所大村車両管理室〕
1・3・5・9・13・17・21・25・29・33・37・41・43・45・47・49・51・53・55・57・61・65号、
2・4・8・12・14・18・22・26・30・34・38・42・46・48・50・52・54・56・58・60・64・66号

6号車／自由（61）	5号車／自由（86）	4号車／自由（86）	3号車／指定（42）	2号車／指定（76）	1号車／指定（40）
運転室 ドア	♥ 洗面 ドア	ドア	洋 洗面 ドア	ドア	♥ 洗面 ドア
A B C 13 12 ～ 2 1	A B C 18 17 ～ 2 1	A B C 18 17 ～ 2 1	A B 12 11 10 ～ 1 (♿♿ 12・11)	A B 20 19 ～ 2 1	A B 11 10 ～ 2 1
D E 13 12 ～ 2 1	D E 18 17 ～ 2 1	D E 18 17 ～ 2 1	C D 12 11 10 ～ 1 (♿♿ 12・11)	C D 20 19 ～ 2 1	C D 11 10 ～ 2 1
荷物 ドア	洋 洋 ドア 荷物	荷物 ドア ♥ 業務	車 ドア 多目的 荷物 ドア	荷物 ドア	洋 洋 ドア 荷物 運転室
722 8100	727 8100	725 8100	725 8000	727 8000	721 8000

かもめ // N 700 S 6両編成＝JR九州〔熊本総合車両所大村車両管理室〕 // 101・103号、102号

6号車／自由（61）	5号車／自由（86）	4号車／自由（86）	3号車／自由（42）	2号車／自由（76）	1号車／自由（40）
運転室 ドア	♥ 洗面 ドア	ドア	洋 洗面 ドア	ドア	♥ 洗面 ドア
A B C 13 12 ～ 2 1	A B C 18 17 ～ 2 1	A B C 18 17 ～ 2 1	A B 12 11 10 ～ 1 (♿♿ 12・11)	A B 20 19 ～ 2 1	A B 11 10 ～ 2 1
D E 13 12 ～ 2 1	D E 18 17 ～ 2 1	D E 18 17 ～ 2 1	C D 12 11 10 ～ 1 (♿♿ 12・11)	C D 20 19 ～ 2 1	C D 11 10 ～ 2 1
荷物 ドア	洋 洋 ドア 荷物	荷物 ドア ♥ 業務	車 ドア 多目的 荷物 ドア	荷物 ドア	洋 洋 ドア 荷物 運転室
722 8100	727 8100	725 8100	725 8000	727 8000	721 8000

【⬇ 主な車窓風景】 武雄温泉駅リレーかもめ、大村湾、稲佐山、出島メッセ長崎

◇ 西九州新幹線武雄温泉～長崎間は 2022.09.23 開業
◇ 武雄温泉駅にて、「リレーかもめ」と同一ホーム（対面）乗換え
▽ 車内販売の営業なし
▽「特大荷物スペースつき座席」を１・２号車に設置。網掛け部は長崎行き列車を表示。武雄温泉行きはその車両の反対側車端席（１号車は 11 ＡＢ席と 10 ＣＤ席、２号車は 20AB席と 19CD席）
▽ 無料 Wi-Fi「Shinkansen Free Wi-Fi」サービス実施
▽ 全席禁煙。喫煙室の設定もなし
▼ 座席／普通車＝回転式（座席下ペダル）フリーストッパー型リクライニングシート
▼ ⓘ／各座席肘掛部に設置
▼ おむつ交換台のあるトイレには🚼を付加
▼ ３号車多機能トイレはオスメイト対応
▼ ３号車 11・12 Ｄ席は車いすスペース（移乗席なし）［11・12 Ａ席は車いす対応移乗席］
▼ ♥はAED

「リレーかもめ」編成席番表 －1

←博多　　武雄温泉→

【⬆ 主な車窓風景】 原田駅[筑豊本線桂川方面]、基山駅[甘木鉄道]、鳥栖スタジアム(駅前不動産スタジアム)、鳥栖駅鹿児島本線、佐賀駅[廃止＝佐賀線]、江北駅長崎本線肥前鹿島方面、武雄温泉駅西九州新幹線かもめ

リレーかもめ // 885系６両編成＝JR九州〔南福岡車両区〕 // 45・53・83号、50・58・84号

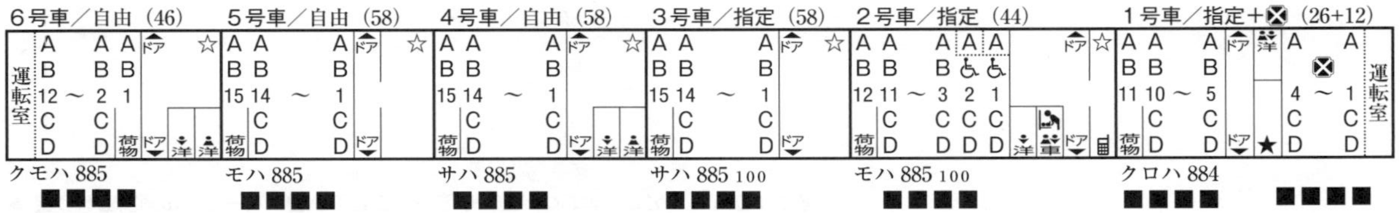

6号車／自由（46）	5号車／自由（58）	4号車／自由（58）	3号車／指定（58）	2号車／指定（44）	1号車／指定＋⊠（26+12）
運転室 / A B C D 12〜2 1 / ドア・洋・和 / ☆	荷物 / A B C D 15 14〜1 / ドア / ☆	荷物 / A B C D 15 14〜1 / ドア・洋・和 / ☆	荷物 / A B C D 15 14〜1 / ドア / ☆	荷物 / A B C D 12 11〜3 2 1（1・2A・B 車いす対応）/ 洋・多目的・ドア・携帯電話 / ☆	荷物 / A B C D 11 10〜5 / ドア・洋・★ / ⊠ A C D 4〜1 / 運転室
クモハ 885	モハ 885	サハ 885	サハ 885 100	モハ 885 100	クロハ 884

◆「リレーかもめ」83号、84号は運転日注意。運転日に関して詳細は、最新のＪＲ時刻表などで確認

【⬇ 主な車窓風景】 南福岡車両区、背振山地(背振山)、吉野ヶ里遺跡、久保田駅[唐津線]

▽ 車内販売の営業なし
▽ ２号車に車いす対応座席を設置

▼ 座席／普通車＝回転式（座席下ペダル）フリーストッパー型リクライニングシート。シートピッチ 980mm
　　グリーン車とともに革張りシートを採用しているが、２～６号車はモケットに変更中
　グリーン車＝回転式フリーストッパー型リクライニングシート。シートピッチ 1150mm
　　３本のレバー操作により、座席の回転、背もたれの角度、座席の高さが調整できる。A·C·D 各席とも独立シート
▼ 先頭車の運転室寄りでは前方の展望が楽しめる
▼ ☆印はコモンスペース。大きな窓を備えており、携帯電話スペースなどに利用できる。★ 印はグリーン席専用サービスコーナー
▼ 携帯電話マーク印は携帯電話コーナー
▼「JR-KYUSHU FREE Wi-Fi」サービス（Wi-Fiマーク）／１～３号車にて利用できる。現在は６両編成の 885 系のみ
▼ ⑪／１・３号車の窓側と２号車座席肘掛部（１・２Ａ席は窓側）に設置
▼ おむつ交換台のあるトイレにはおむつ交換台マーク印を付加
▼ 窓配置は座席ごと独立の小窓（■）

「リレーかもめ」編成席番表 －2

←博多　　武雄温泉→

【⬆ 主な車窓風景】 原田駅[筑豊本線桂川方面]、基山駅[甘木鉄道]、鳥栖スタジアム(駅前不動産スタジアム)、鳥栖駅鹿児島本線、佐賀駅[廃止＝佐賀線]、江北駅長崎本線肥前鹿島方面、武雄温泉駅西九州新幹線かもめ

リレーかもめ // 787 系 8 両編成＝JR九州〔南福岡車両区〕 // 1・13・17・21・25・29・33・37・41・57・61・65・81・85・87 号、
8・12・14・18・22・26・30・34・38・42・54・64・66・82・86・88 号
3・5・9・49 号、4・46 号【土曜・休日】

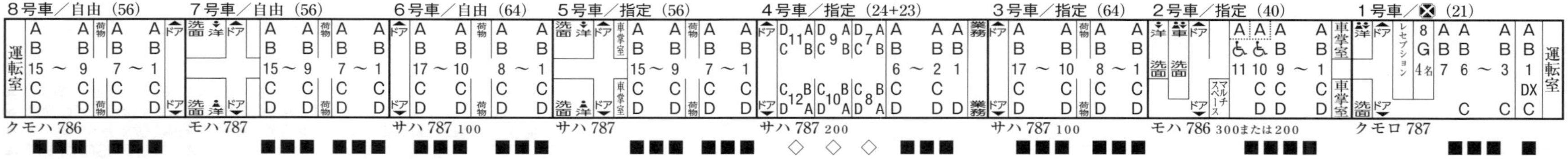

8号車／自由（56）	7号車／自由（56）	6号車／自由（64）	5号車／指定（56）	4号車／指定（24+23）	3号車／指定（64）	2号車／指定（40）	1号車／⊠（21）
運転室 ABCD 15～9 荷物 ABCD 7～1 ドア	洗面 洋 ドア ABCD 15～9 荷物 ABCD 7～1	ドア ABCD 17～10 荷物 ABCD 8～1	洗面 洋 ドア 車掌室 ABCD 15～9 荷物 ABCD 7～1	ドア 11 9 7 (ABCD) 12 10 8 (ABCD) ABCD 6～2 AB 1 D 業務	業務 ドア ABCD 17～10 荷物 ABCD 8～1	洋 車 ドア 洗面 洗面 マルチスペース A A(♿) A(♿) 11 10 ABCD 9～1 車掌室	車掌室 洋 ドア 洗面 レセプション 8 G 4名 AB 7 ABC 6～3 AB 1 DX C 運転室
クモハ 786	モハ 787	サハ 787 100	サハ 787	サハ 787 200	サハ 787 100	モハ 786 300または200	クモロ 787
■■■ ■■■	■■■ ■■■	■■■ ■■■	■■■ ■■■	◇ ◇ ◇ ■■■	■■■ ■■■	■■■■	■■■ ■

◇「リレーかもめ」66 号の 5 号車は、博多→門司港間自由席
◆「リレーかもめ」81・85・87 号、82・86・88 号は運転日注意。運転日に関して詳細は、最新のＪＲ時刻表などで確認

【⬇ 主な車窓風景】 南福岡車両区、背振山地(背振山)、吉野ヶ里遺跡、久保田駅[唐津線]

▽ 車内販売の営業なし
▽ 2 号車に車いす対応座席を設置

▼ 1 号車の 1ABC 席は DX グリーン。フルリクライニングシート（141 度）、フットレスト、モバイル用電源コンセント（⑪）を装備のワンランクアップのグリーン席
▼ 1 号車の 8G はサロンコンパートメント（4 人用グリーン個室）
▼ 4 号車の 7 ～ 12ABCD 席はボックスタイプのセミコンパートメント。座席をはさんでテーブルを設置
▼ その他の座席／普通車＝回転式（座席下ペダル）フリーストッパー型リクライニングシート
　　　　　　　　グリーン車＝回転式（座席下ペダル）フリーストッパー型リクライニングシート
▼ 2 号車のマルチスペースは、横になってくつろぐこともできるスペース
▼ ■◇は窓配置のパターン。■は座席ごと独立の小窓、◇はボックスシートで 1 つ窓

←博多　　　　　　　　　　　　　　　　　　　武雄温泉→

【⬆ 主な車窓風景】 原田駅[筑豊本線桂川方面]、基山駅[甘木鉄道]、鳥栖スタジアム(駅前不動産スタジアム)、鳥栖駅鹿児島本線、佐賀駅[廃止＝佐賀線]、江北駅長崎本線肥前鹿島方面、武雄温泉駅西九州新幹線かもめ

リレーかもめ // 787系8両編成＝JR九州〔南福岡車両区〕 // 49号、4・46号【平日】

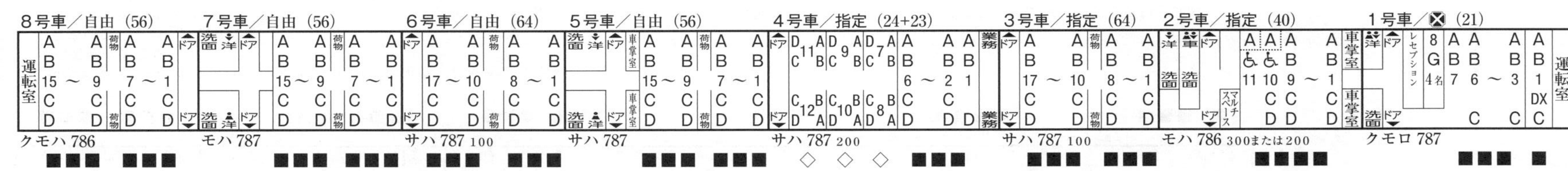

リレーかもめ // 787系8両編成＝JR九州〔南福岡車両区〕 // 3・5・9号【平日】

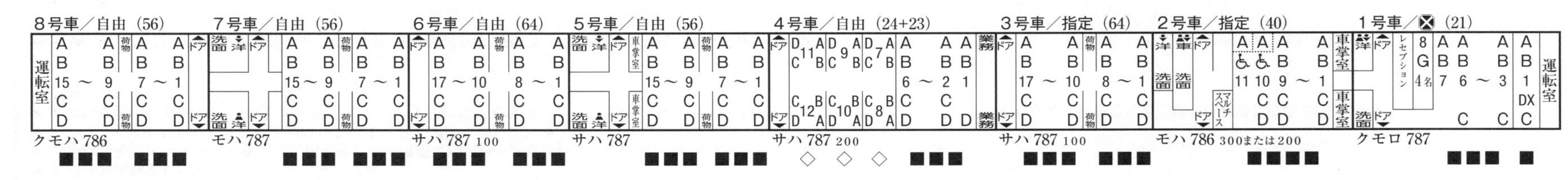

◇「リレーかもめ」9号の3号車は、門司港→博多間自由席

【⬇ 主な車窓風景】 南福岡車両区、背振山地(背振山)、吉野ヶ里遺跡、久保田駅[唐津線]

▽ 車内販売の営業なし
▽ 2号車に車いす対応座席を設置

▼ 1号車の1ABC席はDXグリーン。フルリクライニングシート（141度）、フットレスト、モバイル用電源コンセント(⑪)を装備のワンランクアップのグリーン席
▼ 1号車の8Gはサロンコンパートメント（4人用グリーン個室）
▼ 4号車の7～12ABCD席はボックスタイプのセミコンパートメント。座席をはさんでテーブルを設置
▼ その他の座席／普通車＝回転式（座席下ペダル）フリーストッパー型リクライニングシート
　　　　　　　グリーン車＝回転式（座席下ペダル）フリーストッパー型リクライニングシート
▼ 2号車のマルチスペースは、横になってくつろぐこともできるスペース
▼ ■◇は窓配置のパターン。■は座席ごと独立の小窓、◇はボックスシートで1つ窓

長崎本線「かささぎ」編成席番表 －1

←門司港・博多　　【⬆ 主な車窓風景】 原田駅[筑豊本線桂川方面]、基山駅[甘木鉄道]、鳥栖スタジアム(駅前不動産スタジアム)、鳥栖駅鹿児島本線、佐賀駅[廃止＝佐賀線]　　佐賀・肥前鹿島→

かささぎ // 885系6両編成＝JR九州〔南福岡車両区〕 // 103・105・113・251号、108・110号

6号車／自由（46） 運転室 A B 12〜1 C D クモハ 885 ■■■■
5号車／自由（58） A B 15〜1 C D モハ 885 ■■■■
4号車／自由（58） A B 15〜1 C D サハ 885 ■■■■
3号車／指定（58） A B 15〜1 C D サハ 885 100 ■■■■
2号車／指定（44） A B 12〜1 C D モハ 885 100 ■■■■
1号車／指定＋⊠（26+12） A B 11〜5 C D ★ ⊠ A 4〜1 C D 運転室 クロハ 884 ■■■■ ■■■■

◆「かささぎ」251号は運転日注意。運転日に関しての詳細は、最新のＪＲ時刻表などで確認
▽ 車内販売の営業なし
▽ 2号車に車いす対応座席を設置
▼ 座席／普通車＝回転式（座席下ペダル）フリーストッパー型リクライニングシート。シートピッチ980mm
グリーン車とともに革張りシートを採用しているが、2〜6号車はモケットに変更中
グリーン車＝回転式フリーストッパー型リクライニングシート。シートピッチ1150mm
3本のレバー操作により、座席の回転、背もたれの角度、座席の高さが調整できる。A·C·D各席とも独立シート
▼ 先頭車の運転室寄りでは前方の展望が楽しめる
▼ ☆印はコモンスペース（大きな窓を備えており、携帯電話スペースなどに利用できる）。★印はグリーン席専用サービスコーナー
▼ ⓘ／1・3号車の窓側と2号車座席肘掛部（1・2A席は窓側）に設置
▼ おむつ交換台のあるトイレには印を付加　▼ 印は携帯電話コーナー　▼「JR-KYUSHU FREE Wi-Fi」サービス(📶)／1〜3号車にて利用できる。現在は6両編成の885系のみ
▼ 窓配置は各座席ごと独立の小窓（■）

かささぎ // 787系6両編成＝ＪＲ九州〔南福岡車両区〕 // 101・201号、106・202号

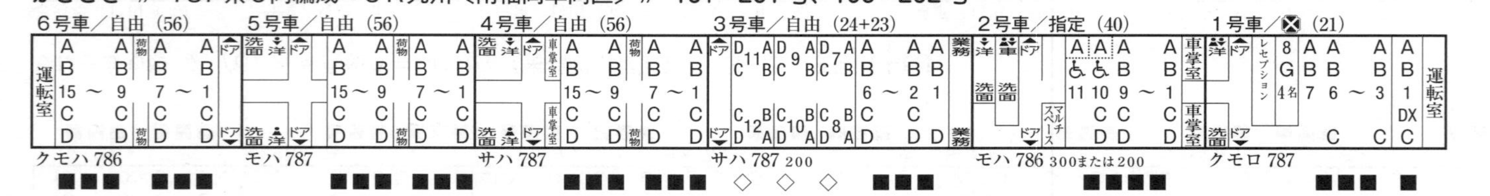

6号車／自由（56） クモハ 786 ■■■ ■■■
5号車／自由（56） モハ 787 ■■■ ■■■
4号車／自由（56） サハ 787 ■■■ ■■■
3号車／自由（24+23） サハ 787 200 ◇ ◇ ◇ ■■■
2号車／指定（40） モハ 786 300または200 ■■■■
1号車／⊠（21） クモロ 787 ■■■ ■

◇「かささぎ」101号の2号車は、門司港→博多間自由席。106号の3号車は指定席
▽ 車内販売の営業なし
▽ 2号車に車いす対応座席を設置
▼ 1号車の1ABC席はDXグリーン。フルリクライニングシート（141度）、フットレスト、モバイル用電源コンセント(ⓘ)を装備のワンランクアップのグリーン席
▼ 1号車の8Gはサロンコンパートメント（4人用グリーン個室）
▼ 3号車（8両編成の場合は4号車）の7〜12ABCD席はボックスタイプのセミコンパートメント。座席をはさんでテーブルを設置
▼ その他の座席／普通車＝回転式（座席下ペダル）フリーストッパー型リクライニングシート　グリーン車＝回転式（座席下ペダル）フリーストッパー型リクライニングシート
▼ 2号車のマルチスペースは横になってくつろぐこともできるスペース

▼ ■◇は窓配置のパターン。■は座席ごと独立の小窓、◇はボックスシートで1つ窓

【⬇ 主な車窓風景】 南福岡車両区、背振山地(背振山)、吉野ヶ里遺跡、久保田駅[唐津線]、江北駅佐世保線[博多〜肥前鹿島間を表示]

←博多　　肥前鹿島→

【⬆ 主な車窓風景】 原田駅[筑豊本線桂川方面]、基山駅[甘木鉄道]、鳥栖スタジアム(駅前不動産スタジアム)、鳥栖駅鹿児島本線、佐賀駅[廃止＝佐賀線]

かささぎ // 787 系 8 両編成＝JR九州〔南福岡車両区〕 // 107・109・111 号、104・112・114 号

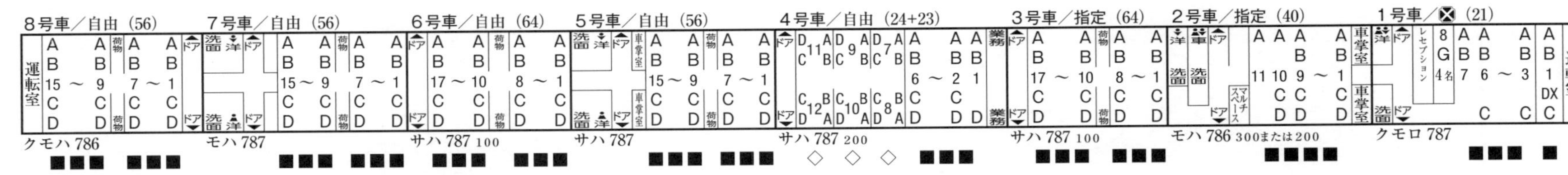

▼ 客席サービス等に関する詳細は、244 頁参照

かささぎ // 783 系 8 両編成（1～4号車＝「ハウステンボス」編成、5～8号車＝「みどり」編成）＝JR九州〔南福岡車両区〕 // 102 号

8号車／自由（60）　7号車／自由（60）　6号車／指定（56）　5号車／指定＋⊠（28+12）　4号車／自由（58）　3号車／自由（58）　2号車／自由（58）　1号車／自由＋⊠（25+12）

クモハ 783　モハ 783 100　サハ 783 200　クロハ 782 100　クハ 783　モハ 783 200　モハ 783 300　クロハ 782 500

【⬇ 主な車窓風景】 南福岡車両区、背振山地(背振山)、吉野ヶ里遺跡、久保田駅[唐津線]、江北駅佐世保線

▽ 車内販売の営業なし
▼ 各車両とも早岐寄りがA室、博多寄りがB室
▼ 座席／普通車＝回転式（座席下ペダル）フリーストッパー型リクライニングシート
　　グリーン車＝回転式（座席下ペダル）リクライニングシート

▼ □■△は窓配置のパターン。□は座席２列分の広窓、■は座席ごと独立の小窓、△は座席配置と窓配置が必ずしも一致しない窓

長崎本線・佐世保線 「みどり(リレーかもめ)」編成席番表 －1

←博多、佐世保 早岐→

【⬆ 主な車窓風景】 原田駅[筑豊本線桂川方面]、基山駅[甘木鉄道]、鳥栖スタジアム(駅前不動産スタジアム)、鳥栖駅鹿児島本線、佐賀駅[廃止＝佐賀線]、江北駅長崎本線肥前鹿島方面、武雄温泉駅西九州新幹線かもめ、早岐駅佐世保線江北方面

みどり(リレーかもめ) // 885 系 6 両編成＝JR九州〔南福岡車両区〕 // 43 号、56 号

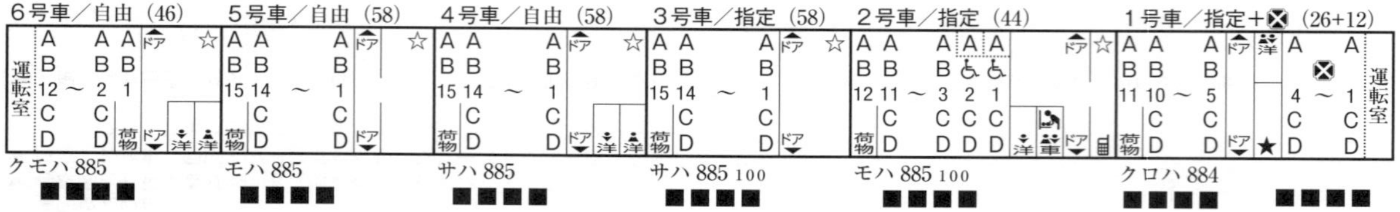

6号車／自由 (46)	5号車／自由 (58)	4号車／自由 (58)	3号車／指定 (58)	2号車／指定 (44)	1号車／指定＋⊠ (26+12)
運転室 A B 12～2 C D、A B 1 C D、荷物、ドア、洋、洋、☆	A B 15 14～1 C D、荷物、ドア、☆	A B 15 14～1 C D、荷物、ドア、洋、洋、☆	A B 15 14～1 C D、荷物、ドア、☆	A B 12 11～3 C D、A ♿ 2 C D、A ♿ 1 C D、荷物、洋、車、ドア、📱、☆	A B 11 10～5 C D、荷物、ドア、洋、★、⊠ A 4～1 C D、運転室
クモハ 885	モハ 885	サハ 885	サハ 885 100	モハ 885 100	クロハ 884
■■■■	■■■■	■■■■	■■■■	■■■■	■■■■ ■■■■

【⬇ 主な車窓風景】 南福岡車両区、背振山地(背振山)、吉野ヶ里遺跡、久保田駅[唐津線]、有田駅松浦鉄道、早岐駅佐世保線佐世保方面、佐世保港

▽ 車内販売の営業なし
▽ 2 号車に車いす対応座席を設置

▼ 座席／普通車＝回転式（座席下ペダル）フリーストッパー型リクライニングシート。シートピッチ 980mm
　　グリーン車とともに革張りシートを採用しているが、2～6 号車はモケットに変更中
　グリーン車＝回転式フリーストッパー型リクライニングシート。シートピッチ 1150mm
　　3 本のレバー操作により、座席の回転、背もたれの角度、座席の高さが調整できる。A･C･D 各席とも独立シート
▼ 先頭車の運転室寄りでは前方の展望が楽しめる
▼ ☆印はコモンスペース。大きな窓を備えており、携帯電話スペースなどに利用できる。★ 印はグリーン席専用サービスコーナー
▼ 📱 印は携帯電話コーナー
▼「JR-KYUSHU FREE Wi-Fi」サービス(📶)／1～3号車にて利用できる。現在は6両編成の 885 系のみ
▼ ⓘ／1・3 号車の窓側と 2 号車座席肘掛部（1・2 A席は窓側）に設置
▼ おむつ交換台のあるトイレには🚼印を付加
▼ 窓配置は座席ごと独立の小窓（■）

←博多、佐世保　　早岐→

【⬆ 主な車窓風景】 原田駅［筑豊本線桂川方面］、基山駅［甘木鉄道］、鳥栖スタジアム（駅前不動産スタジアム）、鳥栖駅鹿児島本線、江北駅長崎本線肥前鹿島方面、武雄温泉駅西九州新幹線かもめ、早岐駅佐世保線江北方面

みどり(リレーかもめ) // 783系8両編成（早岐方から「ハウステンボス」＋「みどり」編成）＝JR九州〔南福岡車両区〕 // 47・51・55号、48・52・60号、2号【土曜・休日】

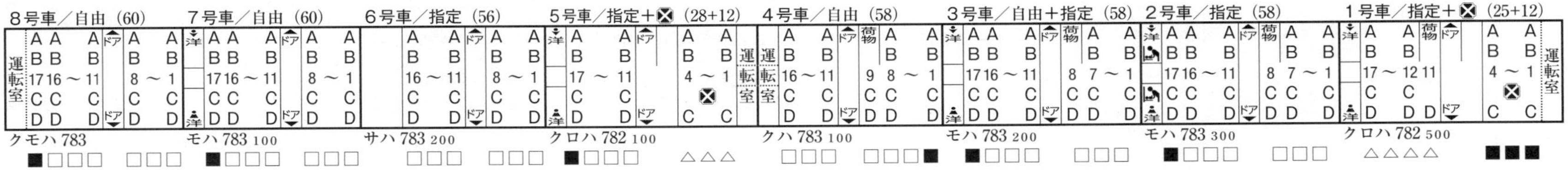

号車	8号車／自由（60）	7号車／自由（60）	6号車／指定（56）	5号車／指定＋⊠（28＋12）	4号車／自由（58）	3号車／自由＋指定（58）	2号車／指定（58）	1号車／指定＋⊠（25＋12）
座席	運転室 ABCD 17 16～11 ドア ドア ABCD 8～1	洋 ABCD 17 16～11 ドア ドア ABCD 8～1	ABCD 16～11 ドア ドア ABCD 8～1	洋 ABCD 17～11 ドア ドア ⊠ ABC 4～1 運転室	運転室 ABCD 16～11 ドア 荷物 ABCD 9 8～1	洋 ABCD 17 16～11 ドア 荷物 ABCD 8 7～1	洋 ABCD 17 16～11 ドア 荷物 ABCD 8 7～1	洋 ABCD 17～12 11 荷物 ドア ドア ⊠ ABC 4～1 運転室
形式	クモハ783	モハ783 100	サハ783 200	クロハ782 100	クハ783 100	モハ783 200	モハ783 300	クロハ782 500
窓配置	■□□□　□□□	■□□□　□□□	□□□　□□□	■□□□　△△△	□□□　□□□■	■□□□　□□□	■□□□　□□□	△△△△　■■■

みどり(リレーかもめ) // 783系8両編成（早岐方から「ハウステンボス」＋「みどり」編成）＝JR九州〔南福岡車両区〕 // 2号【平日】

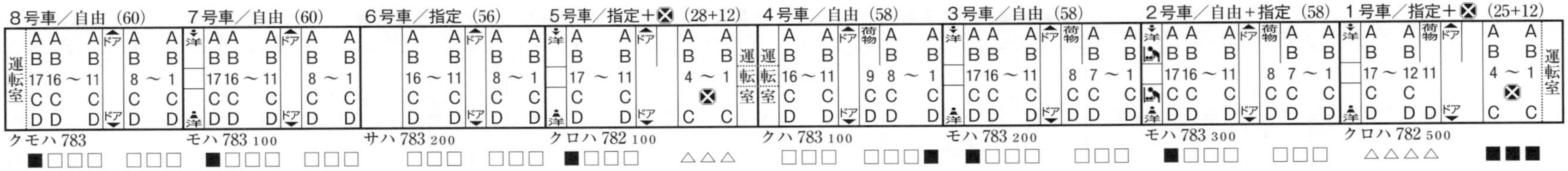

号車	8号車／自由（60）	7号車／自由（60）	6号車／指定（56）	5号車／指定＋⊠（28＋12）	4号車／自由（58）	3号車／自由（58）	2号車／自由＋指定（58）	1号車／指定＋⊠（25＋12）
座席	運転室 ABCD 17 16～11 ドア ドア ABCD 8～1	洋 ABCD 17 16～11 ドア ドア ABCD 8～1	ABCD 16～11 ドア ドア ABCD 8～1	洋 ABCD 17～11 ドア ドア ⊠ ABC 4～1 運転室	運転室 ABCD 16～11 ドア 荷物 ABCD 9 8～1	洋 ABCD 17 16～11 ドア 荷物 ABCD 8 7～1	洋 ABCD 17 16～11 ドア 荷物 ABCD 8 7～1	洋 ABCD 17～12 11 荷物 ドア ドア ⊠ ABC 4～1 運転室
形式	クモハ783	モハ783 100	サハ783 200	クロハ782 100	クハ783 100	モハ783 200	モハ783 300	クロハ782 500
窓配置	■□□□　□□□	■□□□　□□□	□□□　□□□	■□□□　△△△	□□□　□□□■	■□□□　□□□	■□□□　□□□	△△△△　■■■

◆「みどり(リレーかもめ)」48・52号は運転日注意。運転日に関しての詳細は、最新のＪＲ時刻表などで確認。
また、「ハウステンボス(リレーかもめ)」48・52号を運転しない日は4両編成（5～8号車）で運転

【⬇ 主な車窓風景】 南福岡車両区、背振山地（背振山）、吉野ヶ里遺跡、久保田駅［唐津線］、有田駅松浦鉄道、早岐駅佐世保線佐世保方面、佐世保港

◇途中、早岐にて進行方向が変わる、早岐～佐世保間に限り、普通車自由席に乗車券のみで利用できる
◇5号車は、11C席がない車両となる場合もある
◇6号車は、定員の異なる車両となる場合もある（245頁参照）
▽車内販売の営業なし
▼座席／普通車＝回転式（座席下ペダル）フリーストッパー型リクライニングシート
　　　グリーン車＝回転式（座席下ペダル）リクライニングシート
▼□■△は窓配置のパターン。□は座席2列分の広窓、■は座席ごと独立の小窓、△は座席配置と窓配置が必ずしも一致しない窓

「みどり」編成席番表 －1

←博多、佐世保　　　　早岐→

【⬆ 主な車窓風景】 原田駅[筑豊本線桂川方面]、基山駅[甘木鉄道]、鳥栖スタジアム(駅前不動産スタジアム)、鳥栖駅鹿児島本線、佐賀駅[廃止＝佐賀線]、江北駅長崎本線肥前鹿島方面、武雄温泉駅西九州新幹線、早岐駅佐世保線江北方面

みどり // 885系6両編成＝JR九州〔南福岡車両区〕 // 23号、6・10・16・36号、59・63・67号【土曜・休日】

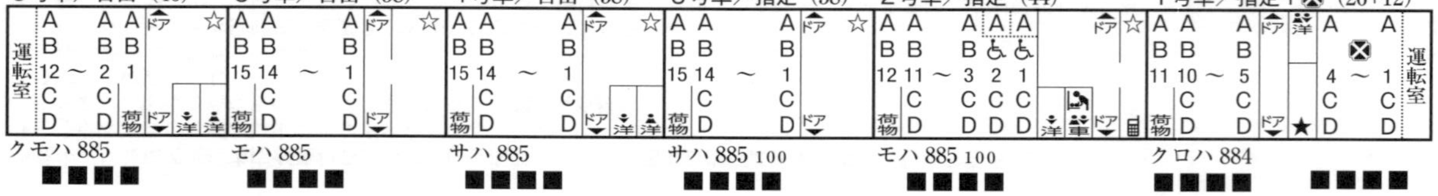

号車	6号車／自由（46）	5号車／自由（58）	4号車／自由（58）	3号車／指定（58）	2号車／指定（44）	1号車／指定＋⊠（26+12）
形式	クモハ885	モハ885	サハ885	サハ885 100	モハ885 100	クロハ884
席番	運転室 A・B・C・D 12〜1（1・2はA・B・C・D） 荷物 ドア ☆ 洋 洋	A・B・C・D 15 14〜1 荷物 ドア ☆	A・B・C・D 15 14〜1 荷物 ドア ☆ 洋 洋	A・B・C・D 15 14〜1 荷物 ドア ☆	A・B・C・D 12 11〜3 2 1（2・1A席は♿） 荷物 ドア ☆ 洋 車	A・B・C・D 11 10〜5 荷物 ドア 洋 ★ ⊠ A・C・D 4〜1 運転室

みどり // 885系6両編成＝JR九州〔南福岡車両区〕 // 59・63・67号【平日】

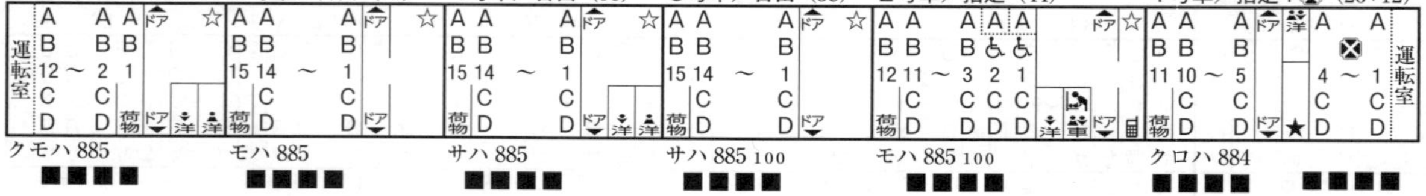

号車	6号車／自由（46）	5号車／自由（58）	4号車／自由（58）	3号車／自由（58）	2号車／指定（44）	1号車／指定＋⊠（26+12）
形式	クモハ885	モハ885	サハ885	サハ885 100	モハ885 100	クロハ884
席番	運転室 A・B・C・D 12〜1（1・2はA・B・C・D） 荷物 ドア ☆ 洋 洋	A・B・C・D 15 14〜1 荷物 ドア ☆	A・B・C・D 15 14〜1 荷物 ドア ☆ 洋 洋	A・B・C・D 15 14〜1 荷物 ドア ☆	A・B・C・D 12 11〜3 2 1（2・1A席は♿） 荷物 ドア ☆ 洋 車	A・B・C・D 11 10〜5 荷物 ドア 洋 ★ ⊠ A・C・D 4〜1 運転室

【⬇ 主な車窓風景】 南福岡車両区、背振山地(背振山)、吉野ヶ里遺跡、久保田駅[唐津線]、有田駅松浦鉄道、早岐駅佐世保線佐世保方面、佐世保港

▽ 車内販売の営業なし
▽ 2号車に車いす対応座席を設置

▼ 座席／普通車＝回転式（座席下ペダル）フリーストッパー型リクライニングシート。シートピッチ 980mm
グリーン車とともに革張りシートを採用しているが、2～6号車はモケットに変更中
グリーン車＝回転式フリーストッパー型リクライニングシート。シートピッチ 1150mm
3本のレバー操作により、座席の回転、背もたれの角度、座席の高さが調整できる。A·C·D 各席とも独立シート
▼ 先頭車の運転室寄りでは前方の展望が楽しめる
▼ ☆印はコモンスペース。大きな窓を備えており、携帯電話スペースなどに利用できる。★ 印はグリーン席専用サービスコーナー
▼ 印は携帯電話コーナー
▼「JR-KYUSHU FREE Wi-Fi」サービス／1～3号車にて利用できる。現在は6両編成の 885 系のみ
▼ ⓘ／1・3号車の窓側と2号車座席肘掛部（1・2A席は窓側）に設置
▼ おむつ交換台のあるトイレには印を付加
▼ 窓配置は座席ごと独立の小窓（■）

←博多、佐世保　　早岐→

【⬆ 主な車窓風景】 原田駅[筑豊本線桂川方面]、基山駅[甘木鉄道]、鳥栖スタジアム(駅前不動産スタジアム)、鳥栖駅鹿児島本線、江北駅長崎本線肥前鹿島方面、武雄温泉駅西九州新幹線、早岐駅佐世保線江北方面

みどり // 783系4両編成（「みどり」編成）＝JR九州〔南福岡車両区〕 // 11・15・19・27・31号、24・28・32・40・44号

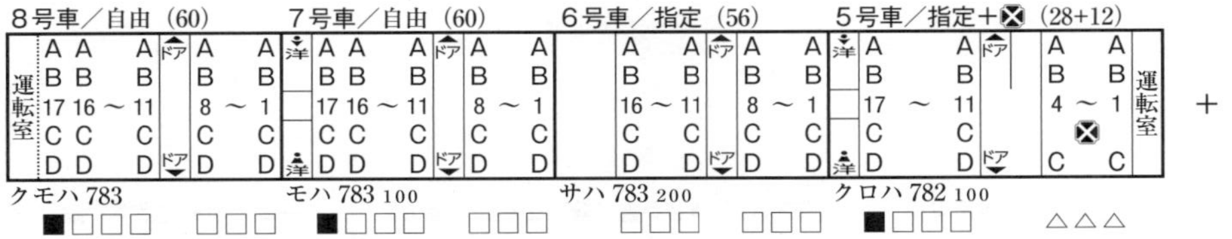

8号車／自由（60）　クモハ783　運転室　A・B・C・D 17 16～11 ドア 8～1　■□□□ □□□
7号車／自由（60）　モハ783 100　洋　A・B・C・D 17 16～11 ドア 8～1　■□□□ □□□
6号車／指定（56）　サハ783 200　A・B・C・D 16～11 ドア 8～1　□□□ □□□
5号車／指定＋⊠（28+12）　クロハ782 100　洋　A・B・C・D 17～11 ドア ／ A・B・C 4～1 ⊠　運転室　■□□□ △△△

＋

◇5号車は、11C席がない車両となる場合もある

★みどり　6号車の定員が異なる編成の場合 // 783系4両編成（CM35編成）＝JR九州〔南福岡車両区〕

8号車／自由（60）　クモハ783 15　運転室　A・B・C・D 17 16～11 ドア 8～1　■□□□ □□□□
7号車／自由（60）　モハ783 115　洋　A・B・C・D 17 16～11 ドア 8～1　■□□□ □□□
6号車／指定（60）　サハ783 7　業務　A・B・C・D 18～13 12 11 ドア 8～1　□□□ □□□
5号車／指定＋⊠（28+12）　クロハ782 407　洋　A・B・C・D 17 16～11 ドア ／ A・B・C 4～1 ⊠　運転室　■□□□ ■■■

＋

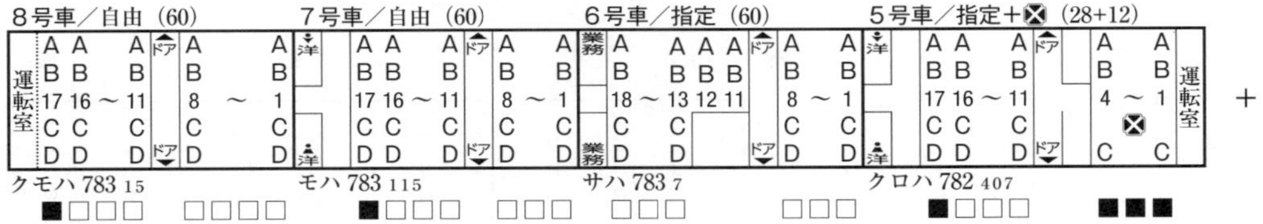

【⬇ 主な車窓風景】 南福岡車両区、背振山地(背振山)、吉野ヶ里遺跡、久保田駅[唐津線]、有田駅松浦鉄道、早岐駅佐世保線佐世保方面、佐世保港

◇途中、早岐にて進行方向が変わる、早岐～佐世保間に限り、普通車自由席に乗車券のみで利用できる

◇博多～早岐間で「ハウステンボス」を連結

▽車内販売の営業なし
▼各車両とも早岐寄りがA室、博多寄りがB室
▼座席／普通車＝回転式（座席下ペダル）フリーストッパー型リクライニングシート
　　グリーン車＝回転式（座席下ペダル）リクライニングシート

▼□■△は窓配置のパターン。□は座席2列分の広窓、■は座席ごと独立の小窓、△は座席配置と窓配置が必ずしも一致しない窓

249

←博多、佐世保　　　　早岐→

【⬆ 主な車窓風景】 原田駅[筑豊本線桂川方面]、基山駅[甘木鉄道]、鳥栖スタジアム(駅前不動産スタジアム)、鳥栖駅鹿児島本線、江北駅長崎本線肥前鹿島方面、武雄温泉駅西九州新幹線、早岐駅佐世保線江北方面

みどり // 783系8両編成（早岐方から「ハウステンボス」＋「みどり」編成）＝JR九州〔南福岡車両区〕// 7号【平日】

号車	8号車／自由 (60)	7号車／自由 (60)	6号車／指定 (56)	5号車／指定＋⊠ (28+12)	4号車／自由 (58)	3号車／自由 (58)	2号車／自由＋指定 (58)	1号車／指定＋⊠ (25+12)
設備・席番	運転室 / A B C D 17 16～11 / ドア / A B C D 8～1 / ドア	洋 / A B C D 17 16～11 / ドア / A B C D 8～1	A B C D 16～11 / ドア / A B C D 8～1	洋 / A B C D 17～11 / ドア / A B C 4～1 ⊠ / 運転室	運転室 / A B C D 16～11 / ドア / 荷物 / A B C D 9 8～1	洋 / A B C D 17 16～11 / ドア / 荷物 / A B C D 8 7～1	洋 / A B C D 17 16～11 / ドア / 荷物 / A B C D 8 7～1	洋 / A B C D 17～12 11 / 荷物 / ドア / A B C 4～1 ⊠ / 運転室
形式	クモハ783	モハ783 100	サハ783 200	クロハ782 100	クハ783 100	モハ783 200	モハ783 300	クロハ782 500
窓配置	■□□□ □□□	■□□□ □□□	□□□ □□□	■□□□ △△△	□□□ □□□■	■□□□ □□□	■□□□ □□□	△△△△ ■■■

みどり // 783系8両編成（早岐方から「ハウステンボス」＋「みどり」編成）＝JR九州〔南福岡車両区〕// 20・60号、7号【土曜・休日】

号車	8号車／自由 (60)	7号車／自由 (60)	6号車／指定 (56)	5号車／指定＋⊠ (28+12)	4号車／自由 (58)	3号車／自由＋指定 (58)	2号車／指定 (58)	1号車／指定＋⊠ (25+12)
設備・席番	運転室 / A B C D 17 16～11 / ドア / A B C D 8～1 / ドア	洋 / A B C D 17 16～11 / ドア / A B C D 8～1	A B C D 16～11 / ドア / A B C D 8～1	洋 / A B C D 17～11 / ドア / A B C 4～1 ⊠ / 運転室	運転室 / A B C D 16～11 / ドア / 荷物 / A B C D 9 8～1	洋 / A B C D 17 16～11 / ドア / 荷物 / A B C D 8 7～1	洋 / A B C D 17 16～11 / ドア / 荷物 / A B C D 8 7～1	洋 / A B C D 17～12 11 / 荷物 / ドア / A B C 4～1 ⊠ / 運転室
形式	クモハ783	モハ783 100	サハ783 200	クロハ782 100	クハ783 100	モハ783 200	モハ783 300	クロハ782 500
窓配置	■□□□ □□□	■□□□ □□□	□□□ □□□	■□□□ △△△	□□□ □□□■	■□□□ □□□	■□□□ □□□	△△△△ ■■■

【⬇ 主な車窓風景】 南福岡車両区、背振山地(背振山)、吉野ヶ里遺跡、久保田駅[唐津線]、有田駅松浦鉄道、早岐駅佐世保線佐世保方面、佐世保港

◇ 途中、早岐にて進行方向が変わる、早岐～佐世保間に限り、普通車自由席に乗車券のみで利用できる
◇ 5号車は、11C席がない車両となる場合もある
◇ 6号車は、定員の異なる車両となる場合もある（249 頁参照）
▽ 車内販売の営業なし
▼ 座席／普通車＝回転式（座席下ペダル）フリーストッパー型リクライニングシート
　　グリーン車＝回転式（座席下ペダル）リクライニングシート
▼ □■△は窓配置のパターン。□は座席2列分の広窓、■は座席ごと独立の小窓、△は座席配置と窓配置が必ずしも一致しない窓

「ハウステンボス」編成席番表

←博多　　　　　　　　　　　　　　　　　　　　　　　　　　　　　　　　ハウステンボス→

【⬆ 主な車窓風景】 原田駅[筑豊本線桂川方面]、基山駅[甘木鉄道]、鳥栖スタジアム(駅前不動産スタジアム)、鳥栖駅鹿児島本線、江北駅長崎本線肥前鹿島方面、武雄温泉駅[西九州新幹線]

ハウステンボス // 783系4両編成(「ハウステンボス」編成)＝JR九州〔南福岡車両区〕// 11・15・19・27・31・35・39号、24・28・32・40・44号

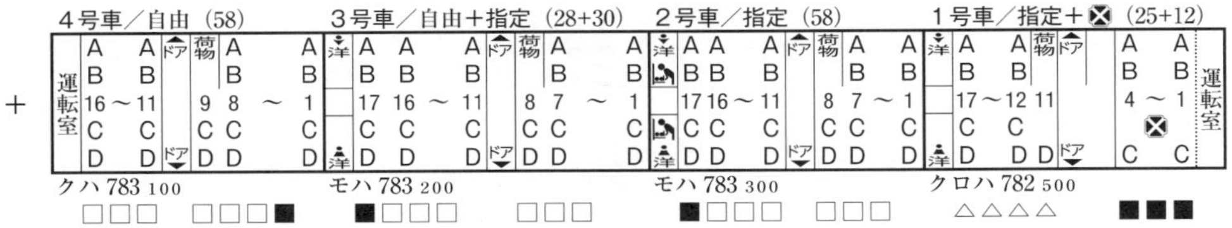

	4号車／自由 (58)		3号車／自由＋指定 (28+30)		2号車／指定 (58)		1号車／指定＋⊠ (25+12)	
運転室	A A	ドア 荷物 A A	洋 A A A	ドア 荷物 A A	洋 A A A	ドア 荷物 A A	洋 A A 荷物 ドア	A A 運転室
	B B	B B	B B B	B B	B B B	B B	B B	B B
	16〜11	9 8 〜 1	17 16 〜 11	8 7 〜 1	17 16 〜 11	8 7 〜 1	17〜12 11	4 〜 1 ⊠
	C C	C C C	C C C	C C C	C C C	C C C	C C	
	D D ドア	D D D	洋 D D D ドア	D D D	洋 D D D ドア	D D D	洋 D D D ドア	C C
	クハ783 100		モハ783 200		モハ783 300		クロハ782 500	
	□□□	□□□■	■□□□	□□□	■□□□	□□□	△△△△	■■■

◆「ハウステンボス」35・39号は運転日注意。詳細はJR時刻表参照
◇ 博多〜早岐間「みどり」と併結運転
◇ 1号車は、11C席がない車両となる場合もある

【⬇ 主な車窓風景】 南福岡車両区、背振山地(背振山)、吉野ヶ里遺跡、久保田駅[唐津線]、有田駅松浦鉄道、早岐駅佐世保線佐世保方面、ハウステンボス

▽ 車内販売の営業なし
◇ 早岐〜ハウステンボス間、ワンマン運転

◆ 2017.03.18から「ハウステンボス」編成のリニューアル編成運転開始。
また、合わせて荷物置場設置の工事も実施。両工事とも完了

▼ 座席／普通車＝回転式(座席下ペダル)フリーストッパー型リクライニングシート
グリーン車＝回転式(座席下ペダル)リクライニングシート

▼ □■△は窓配置のパターン。□は座席2列分の広窓、■は座席ごと独立の小窓、△は座席配置と窓配置が必ずしも一致しない窓

←博多 【⬆ 主な車窓風景】 原田駅[筑豊本線桂川方面]、基山駅[甘木鉄道]、鳥栖スタジアム(駅前不動産スタジアム)、鳥栖駅鹿児島本線、江北駅長崎本線肥前鹿島方面、武雄温泉駅西九州新幹線かもめ ハウステンボス→

ハウステンボス(リレーかもめ) // 783系4両編成(「ハウステンボス」編成)=JR九州〔南福岡車両区〕// 48・52号【臨時列車】

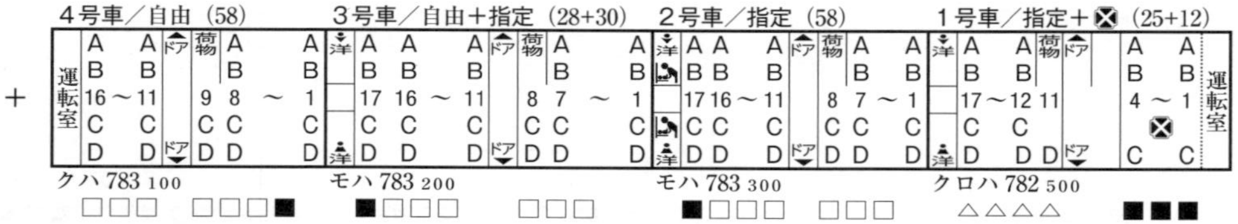

	4号車/自由 (58)				3号車/自由+指定 (28+30)				2号車/指定 (58)				1号車/指定+⊠ (25+12)			
運転室	A A	ドア	荷物	A A	洋	A A A	ドア 荷物	A A	洋	A A A	ドア 荷物	A A	洋	A A 荷物 ドア	A A	運転室
	B B			B B		B B B		B B	♿	B B B		B B		B B	B B	
	16〜11			9 8 〜 1		17 16 〜 11		8 7 〜 1		17 16〜11		8 7〜1		17〜12 11	4 〜 1 ⊠	
	C C			C C C		C C C		C C C	♿	C C C		C C C		C C		
	D D	ドア		D D D	洋	D D D	ドア	D D D	洋	D D D	ドア	D D D	洋	D D D ドア	C C	
	クハ783 100				モハ783 200				モハ783 300				クロハ782 500			
	□□□			□□□■		■□□□		□□□		■□□□		□□□		△△△△	■■■	

◆ 運転日注意。詳細は最新のJR時刻表などで確認
◇ 1号車は、11C席がない車両となる場合もある

【⬇ 主な車窓風景】 南福岡車両区、背振山地(背振山)、吉野ヶ里遺跡、久保田駅[唐津線]、有田駅松浦鉄道、早岐駅佐世保線佐世保方面、ハウステンボス

▽ 車内販売の営業なし
◇ 早岐〜ハウステンボス間、ワンマン運転

◆ 2017.03.18から「ハウステンボス」編成のリニューアル編成運転開始。
また、合わせて荷物置場設置の工事も実施。両工事とも完了

▼ 座席/普通車=回転式(座席下ペダル)フリーストッパー型リクライニングシート
グリーン車=回転式(座席下ペダル)リクライニングシート

▼ □■△は窓配置のパターン。□は座席2列分の広窓、■は座席ごと独立の小窓、△は座席配置と窓配置が必ずしも一致しない窓

「ふたつ星４０４７」編成席番表 【臨時列車】

←江北　【⬆ 主な車窓風景】 武雄温泉駅西九州新幹線かもめ、江北駅長崎本線肥前鹿島方面、有明海、雲仙岳、諫早駅島原鉄道、長崎市街地　武雄温泉、長崎→

ふたつ星４０４７ // キハ40・47形 ３両編成＝ＪＲ九州〔佐世保車両センター〕

３号車／指定（48）　２号車／ラウンジ40　１号車／指定（39）

運転室 D 17 A / D 18 A　荷物　ドア　A A B B 14 13 C C D D　D 11 A / D 12 A　D 9 A / D 10 A　A A A A B B B B 8 7 6 5 C C C C D D D D　ドア　A A A B B B 3 2 1 C C C D D D　ビュッフェ　ソファ　ソファ　ソファ　フリースペース　荷物　ドア　A A A A B B B 13 12 11 10 C C C C D D D D　D 8 A / D 9 A　D 6 A / D 7 A　A A B B 5 4 C C D D　ドア　D A C 1 B C 2 B D A　運転室

キハ147 4047　キシ140 4047　キハ47 4047

◆ 運転日等詳細は、ＪＲ九州ホームページ等にて確認
午前便　武雄温泉 10：22 発　途中、車窓堪能、おもてなしにて江北駅（７分）、肥前浜駅（17 分）、多良駅（７分）、小長井駅（６分）等に停車、長崎駅 13：15 着
◇ 途中、江北駅にて進行方向が変わる

【⬇ 主な車窓風景】 江北駅佐世保線、諫早駅西九州新幹線、稲佐山、出島メッセ長崎

←武雄温泉　【⬆ 主な車窓風景】 武雄温泉駅西九州新幹線かもめ、諫早駅島原鉄道、長崎市街地　長崎→

ふたつ星４０４７ // キハ40・47形 ３両編成＝ＪＲ九州〔佐世保車両センター〕

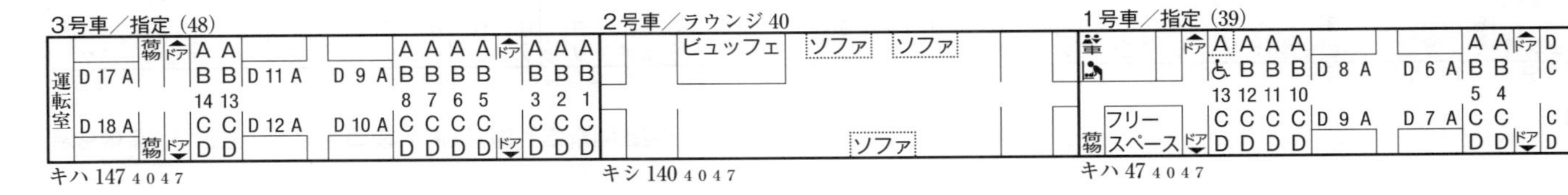

◆ 運転日等詳細は、ＪＲ九州ホームページ等にて確認
午後便　長崎 14：53 発　途中、車窓堪能、おもてなしにて長与駅（13 分）、千綿駅（10 分）、ハウステンボス駅（４分）、早岐駅（７分）等に停車、武雄温泉駅 17：45 着

【⬇ 主な車窓風景】 ハウステンボス、大村湾、諫早駅西九州新幹線、稲佐山、出島メッセ長崎

▼ 座席／回転式（座席下ペダル）フリーストッパー型リクライニングシート
　１号車１・２ＡＢＣＤ席はボックスシート。ボックス席は３名以上の場合に発売
　１号車６～９ＡＤ席、３号車９～12・17・18ＡＤ席はカウンター席。カウンターは窓側に設置
　１号車４・13ＡＤ席、３号車３・５・14ＡＤ席、窓側に戸袋窓。より眺望を楽しむためにはほかの席をお薦め
　ボックス席、カウンター席はマルスにてセレクトが必要
▼ ２号車は、１・３号車利用者の共用スペース。ソファは展望席
▽ 無料Wi-Fi「JR-KYUSHU FREE Wi-Fi」サービス実施
▼ トイレにおむつ交換台を設置

「きらめき」編成席番表 －1

←門司港・小倉　　博多→

【⬆ 主な車窓風景】 西小倉駅[日豊本線]、東田第一高炉跡史跡広場、帆柱山、折尾駅筑豊本線直方方面、遠賀川駅[廃止＝室木線]、香椎駅香椎線、吉塚駅[篠栗線＆廃止＝勝田線]

きらめき // 787 系 8 両編成＝JR九州〔南福岡車両区〕// 1号、4号【土曜・休日】

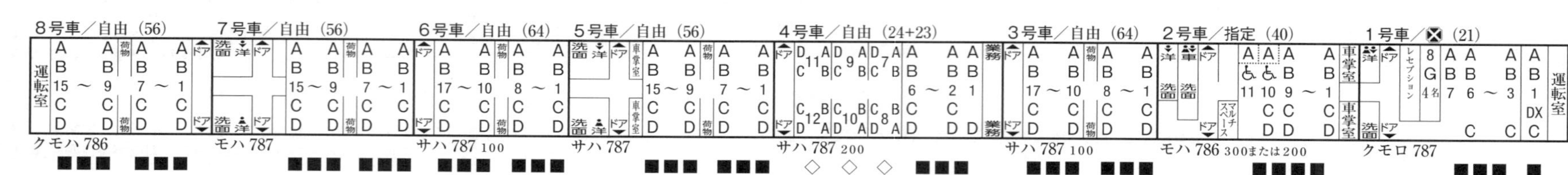

きらめき // 787 系 8 両編成＝JR九州〔南福岡車両区〕// 4号【平日】

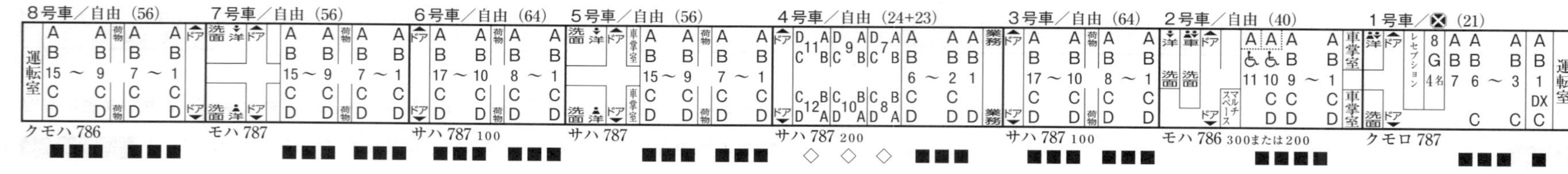

【⬇ 主な車窓風景】 若戸大橋、折尾駅筑豊本線若松方面、香椎線西戸崎方面分岐、西鉄貝塚線並走(香椎～箱崎付近)、九州大学箱崎キャンパス跡地、福岡県庁

- ▽ 車内販売の営業なし
- ▽ 2 号車に車いす対応座席を設置（指定席として運転の列車）
- ▼ 1 号車の 1ABC 席は DX グリーン。フルリクライニングシート（141 度）、フットレスト、⑪ を装備のワンランクアップのグリーン席
- ▼ 1 号車の 8G はサロンコンパートメント（4 人用グリーン個室）
- ▼ 4 号車の 7 ～ 12ABCD 席はボックスタイプのセミコンパートメント。座席をはさんでテーブルを設置
- ▼ その他の座席／普通車＝回転式（座席下ペダル）フリーストッパー型リクライニングシート
  グリーン車＝回転式（座席下ペダル）フリーストッパー型リクライニングシート
- ▼ 2 号車のマルチスペースは横になってくつろぐこともできるスペース
- ▼ ■◇は窓配置のパターン。■は座席ごと独立の小窓、◇はボックスシートで 1 つ窓

←門司港・小倉　　　博多→

【⬆ 主な車窓風景】 西小倉駅[日豊本線]、東田第一高炉跡史跡広場、帆柱山、折尾駅筑豊本線直方方面、遠賀川駅[廃止＝室木線]、香椎駅香椎線、吉塚駅[篠栗線＆廃止＝勝田線]

きらめき // 787系6両編成＝JR九州〔南福岡車両区〕 // 12号、6号【土曜・休日】

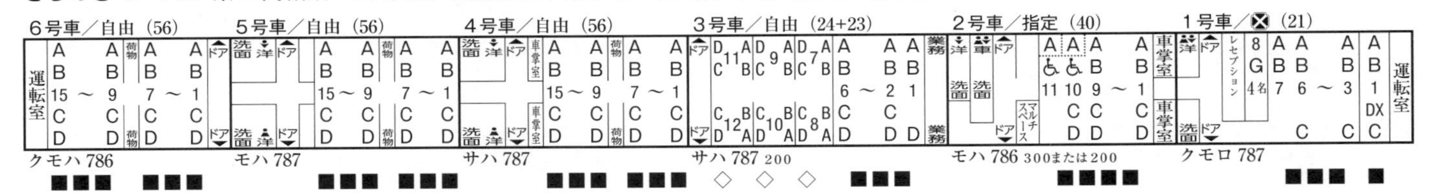

きらめき // 787系6両編成＝JR九州〔南福岡車両区〕 // 6号【平日】

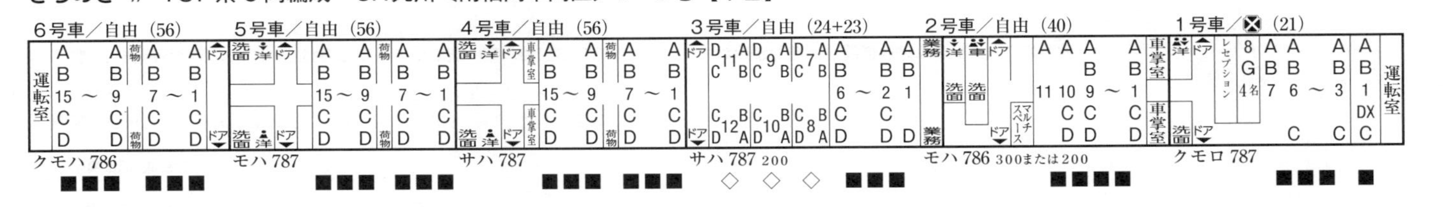

【⬇ 主な車窓風景】 若戸大橋、折尾駅筑豊本線若松方面、香椎線西戸崎方面分岐、西鉄貝塚線並走(香椎～箱崎付近)、九州大学箱崎キャンパス跡地、福岡県庁

▽ 車内販売の営業なし
▽ 2号車に車いす対応座席を設置（指定席として運転の列車）
▼ 1号車の1ABC席はDXグリーン。フルリクライニングシート（141度）、フットレスト、⑪を装備のワンランクアップのグリーン席
▼ 1号車の8Gはサロンコンパートメント（4人用グリーン個室）
▼ 3号車の7～12ABCD席はボックスタイプのセミコンパートメント。座席をはさんでテーブルを設置
▼ その他の座席／普通車＝回転式（座席下ペダル）フリーストッパー型リクライニングシート
　　　　　　　グリーン車＝回転式（座席下ペダル）フリーストッパー型リクライニングシート
▼ 2号車のマルチスペースは横になってくつろぐこともできるスペース

▼ ■◇は窓配置のパターン。■は座席ごと独立の小窓、◇はボックスシートで1つ窓

←門司港・小倉　　　　博多→

【⬆ 主な車窓風景】 西小倉駅[日豊本線]、東田第一高炉跡史跡広場、帆柱山、折尾駅筑豊本線直方方面、遠賀川駅[廃止＝室木線]、香椎駅香椎線、吉塚駅[篠栗線＆廃止＝勝田線]

きらめき // 783系８両編成（博多方から「ハウステンボス」＋「みどり」編成）＝JR九州〔南福岡車両区〕 // ３号

号車	8号車／自由（60）	7号車／自由（60）	6号車／自由（56）	5号車／自由＋⊠（28+12）	4号車／自由（58）	3号車／自由（58）	2号車／自由（58）	1号車／指定＋⊠（25+12）
座席	運転室／17 16〜11（ABCD）／ドア／8〜1（ABCD）	洋／17 16〜11（ABCD）／ドア／8〜1（ABCD）	16〜11（ABCD）／ドア／8〜1（ABCD）	洋／17〜11（ABCD）／ドア／4〜1（ABC）⊠／運転室	運転室／16〜11（ABCD）／ドア 荷物／9 8〜1（ABCD）	洋／17 16〜11（ABCD）／ドア 荷物／8 7〜1（ABCD）	洋／17 16〜11（ABCD）／ドア 荷物／8 7〜1（ABCD）	洋／17〜12 11（ABCD）／荷物 ドア／4〜1（ABC）⊠／運転室
形式	クモハ783	モハ783 100	サハ783 200	クロハ782 100	クハ783 100	モハ783 200	モハ783 300	クロハ782 500
窓配置	■□□□　□□□	■□□□　□□□	□□□　□□□	■□□□　△△△	□□□　□□□■	■□□□　□□□	■□□□　□□□	△△△△　■■■

【⬇ 主な車窓風景】 若戸大橋、折尾駅筑豊本線若松方面、香椎線西戸崎方面分岐、西鉄貝塚線並走(香椎～箱崎付近)、九州大学箱崎キャンパス跡地、福岡県庁

◇５号車は、11C席がない車両となる場合もある
◇６号車は、定員の異なる車両となる場合もある

▽ 車内販売の営業なし

▼ 座席／普通車＝回転式（座席下ペダル）フリーストッパー型リクライニングシート
　　　グリーン車＝回転式（座席下ペダル）リクライニングシート

▼ □■△は窓配置のパターン。□は座席２列分の広窓、■は座席ごと独立の小窓、△は座席配置と窓配置が必ずしも一致しない窓

←門司港・小倉　　博多→

【⬆ 主な車窓風景】 西小倉駅[日豊本線]、東田第一高炉跡史跡広場、帆柱山、折尾駅筑豊本線直方方面、遠賀川駅[廃止＝室木線]、香椎駅香椎線、吉塚駅[篠栗線＆廃止＝勝田線]

きらめき // 783系4両編成（「みどり」編成）＝JR九州〔南福岡車両区〕 // 8号【平日】

8号車／自由（60）　運転室　A・B・C・D　17 16 ～ 11　ドア　8 ～ 1　クモハ 783　■□□□　□□□
7号車／自由（60）　洋　A・B・C・D　17 16 ～ 11　ドア　8 ～ 1　モハ 783 100　■□□□　□□□
6号車／自由（56）　A・B・C・D　16 ～ 11　ドア　8 ～ 1　サハ 783 200　□□□　□□□
5号車／自由＋⊠（28+12）　洋　A・B・C・D　17 ～ 11　ドア　A・B 4 ～ 1 ⊠ C　運転室　クロハ 782 100　■□□□　△△△

きらめき // 783系4両編成（「みどり」編成）＝JR九州〔南福岡車両区〕 // 8号【土曜・休日】

8号車／自由（60）　運転室　A・B・C・D　17 16 ～ 11　ドア　8 ～ 1　クモハ 783　■□□□　□□□
7号車／自由（60）　洋　A・B・C・D　17 16 ～ 11　ドア　8 ～ 1　モハ 783 100　■□□□　□□□
6号車／自由（56）　A・B・C・D　16 ～ 11　ドア　8 ～ 1　サハ 783 200　□□□　□□□
5号車／指定＋⊠（28+12）　洋　A・B・C・D　17 ～ 11　ドア　A・B 4 ～ 1 ⊠ C　運転室　クロハ 782 100　■□□□　△△△

【⬇ 主な車窓風景】 若戸大橋、折尾駅筑豊本線若松方面、香椎線西戸崎方面分岐、西鉄貝塚線並走(香椎～箱崎付近)、九州大学箱崎キャンパス跡地、福岡県庁

◇5号車は、11C席がない車両となる場合もある
◇6号車は、定員の異なる車両となる場合もある

▽ 車内販売の営業なし

▼ 座席／普通車＝回転式（座席下ペダル）フリーストッパー型リクライニングシート
　　　グリーン車＝回転式（座席下ペダル）リクライニングシート

▼ □■△は窓配置のパターン。□は座席2列分の広窓、■は座席ごと独立の小窓、△は座席配置と窓配置が必ずしも一致しない窓

←門司港・小倉　　博多→

【⬆ 主な車窓風景】 西小倉駅[日豊本線]、東田第一高炉跡史跡広場、帆柱山、折尾駅筑豊本線直方方面、遠賀川駅[廃止＝室木線]、香椎駅香椎線、吉塚駅[篠栗線＆廃止＝勝田線]

きらめき // 783系4両編成（「ハウステンボス」編成）＝JR九州〔南福岡車両区〕// 10号【平日】

4号車／自由（58）	3号車／自由（58）	2号車／自由（58）	1号車／自由＋⊠（25+12）
運転室 A A B B 16～11 C C D D ドア ドア 荷物 A A B B 9 8 ～ 1 C C C D D D	洋 A A A B B B 17 16 ～ 11 C C C D D D 洋 ドア ドア 荷物 A A B B 8 7 ～ 1 C C C D D D	洋 A A A B B B 17 16 ～ 11 C C C D D D 洋 ドア ドア 荷物 A A B B 8 7 ～ 1 C C C D D D	洋 A A B B 17～12 11 C C D D D 洋 荷物 ドア ドア A A B B 4 ～ 1 ⊠ C C 運転室
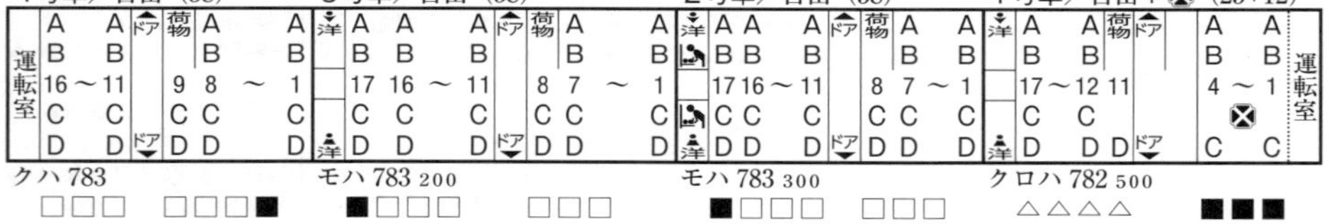 クハ783	モハ783 200	モハ783 300	クロハ782 500
□□□　□□□■	■□□□　□□□	■□□□　□□□	△△△△　■■■

きらめき // 783系4両編成（「ハウステンボス」編成）＝JR九州〔南福岡車両区〕// 10号【土曜・休日】

4号車／自由（58）	3号車／自由（58）	2号車／自由（58）	1号車／指定＋⊠（25+12）
運転室 A A B B 16～11 C C D D ドア ドア 荷物 A A B B 9 8 ～ 1 C C C D D D	洋 A A A B B B 17 16 ～ 11 C C C D D D 洋 ドア ドア 荷物 A A B B 8 7 ～ 1 C C C D D D	洋 A A A B B B 17 16 ～ 11 C C C D D D 洋 ドア ドア 荷物 A A B B 8 7 ～ 1 C C C D D D	洋 A A B B 17～12 11 C C D D D 洋 荷物 ドア ドア A A B B 4 ～ 1 ⊠ C C 運転室
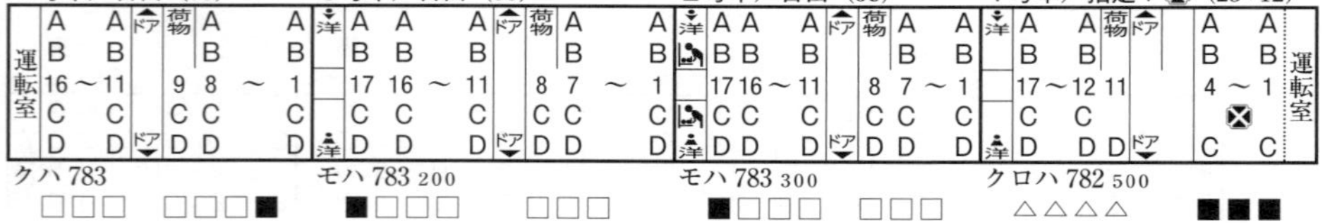 クハ783	モハ783 200	モハ783 300	クロハ782 500
□□□　□□□■	■□□□　□□□	■□□□　□□□	△△△△　■■■

▼ 座席／普通車＝回転式（座席下ペダル）フリーストッパー型リクライニングシート
グリーン車＝回転式（座席下ペダル）リクライニングシート

【⬇ 主な車窓風景】 若戸大橋、折尾駅筑豊本線若松方面、香椎線西戸崎方面分岐、西鉄貝塚線並走(香椎～箱崎付近)、九州大学箱崎キャンパス跡地、福岡県庁

←門司港・小倉　　　　博多→

【⬆ 主な車窓風景】 西小倉駅[日豊本線]、東田第一高炉跡史跡広場、帆柱山、折尾駅筑豊本線直方方面、遠賀川駅[廃止＝室木線]、香椎駅香椎線、吉塚駅[篠栗線＆廃止＝勝田線]

きらめき // 885系6両編成＝JR九州〔南福岡車両区〕 // 5号、2号

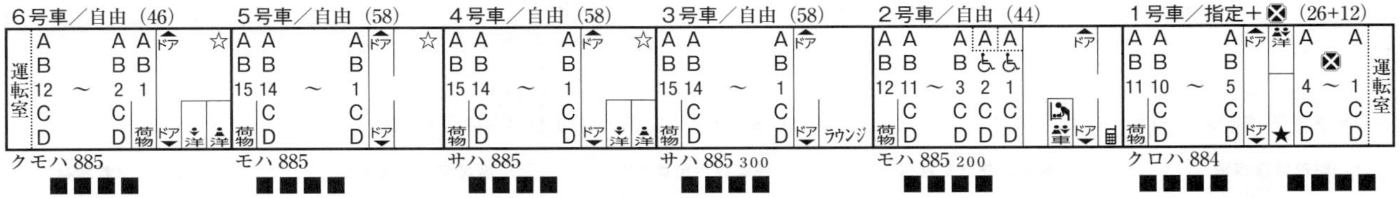

6号車／自由（46）	5号車／自由（58）	4号車／自由（58）	3号車／自由（58）	2号車／自由（44）	1号車／指定＋⊠（26+12）
運転室 A B 12〜1 C D 荷物 ドア 洋 洋 ☆	A B 15 14〜1 C D 荷物 ドア ☆	A B 15 14〜1 C D 荷物 ドア 洋 洋 ☆	A B 15 14〜1 C D 荷物 ドア ラウンジ	A B 12 11〜3 2 1 C D 荷物 ♿ ドア	A B 11 10〜5 C D 荷物 ドア 洋 ★ ⊠ A C D 4〜1 運転室
クモハ 885	モハ 885	サハ 885	サハ 885 300	モハ 885 200	クロハ 884

【⬇ 主な車窓風景】 若戸大橋、折尾駅筑豊本線若松方面、香椎線西戸崎方面分岐、西鉄貝塚線並走(香椎〜箱崎付近)、九州大学箱崎キャンパス跡地、福岡県庁

▼ 座席／普通車＝回転式（座席下ペダル）フリーストッパー型リクライニングシート。シートピッチ 980mm
グリーン車とともに革張りシートを採用しているが、2～6号車はモケットに変更中
グリーン車＝回転式フリーストッパー型リクライニングシート。シートピッチ 1150mm
3本のレバー操作により、座席の回転、背もたれの角度、座席の高さが調整できる

日豊本線「ソニック」編成席番表 －1

←小倉　　博多、大分・佐伯→

【⬆ 主な車窓風景】 別府湾、周防灘、西小倉駅[日豊本線]、東田第一高炉跡史跡広場、帆柱山、折尾駅筑豊本線若松方面、遠賀川駅[廃止＝室木線]、香椎駅香椎線、吉塚駅[篠栗線&廃止＝勝田線]｛⬅博多発にて掲載｝

ソニック // 883系7両編成＝JR九州〔大分車両センター〕
9・13・21・25・29・31・35号、8・16・18・20・24・26・30・38・40・42号 46・48号【土曜・休日】

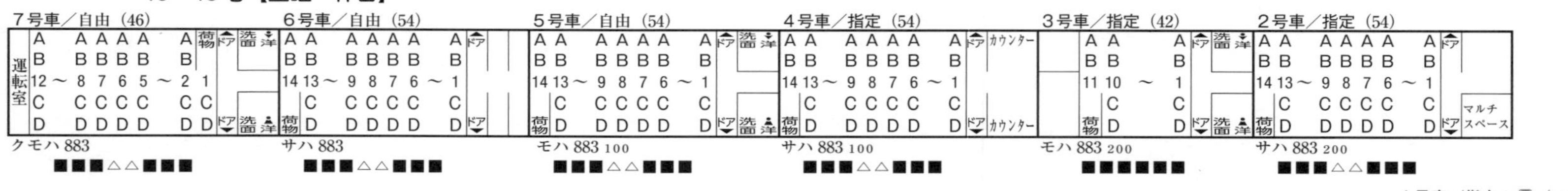

★ソニック　4・5号車の定員が異なる編成にて運転の場合 // 883系7両編成＝JR九州〔大分車両センター〕

7号車／自由（46）　クモハ883
6号車／自由（54）　サハ883
5号車／自由（58）　サハ883 1000
4号車／指定（58）　モハ883 1000
3号車／指定（42）　モハ883 200
2号車／指定（54）　サハ883 200
1号車／指定＋⊠（16+15）　クロハ882

【⬇ 主な車窓風景】 鶴見岳、高崎山、行橋駅平成筑豊鉄道伊田線、城野駅[日田彦山線]、小倉総合車両センター、西小倉駅[鹿児島本線博多方面]、若戸大橋、折尾駅筑豊本線若松方面、香椎線西戸崎方面、西鉄貝塚線並走(香椎～箱崎付近)、九州大学箱崎キャンパス跡地、福岡県庁｛⬅博多発にて掲載｝

◇ 途中、小倉にて進行方向が変わる
◇「ソニック」8・16・18・20・24・26・30・38・40・42号と土曜・休日の46・48号の4号車は、小倉→博多間のみ自由席に変更
▽ 車内販売の営業なし
▽ 1号車に車いす対応座席を設置
▼ 座席／普通車＝回転式（座席下ペダル）フリーストッパー型リクライニングシート
　グリーン車＝回転式（座席下ペダル）フリーストッパー型リクライニングシート。黒革張りのシートで、ヘッドレストも高さが3段階に調整できる
▼ パノラマキャビンでは前方の展望が楽しめる
▼ ⓘ／1～3号車の壁側に設置（現在施工中）
▼ おむつ交換台のあるトイレには印を付加
▼ ■△は窓配置のパターン。■は座席ごと独立の小窓、△は座席配置と窓配置が必ずしも一致しない窓

「ソニック」編成席番表 －2

←小倉 博多、大分・佐伯→

【⬆ 主な車窓風景】 別府湾、周防灘、西小倉駅[日豊本線]、東田第一高炉跡史跡広場、帆柱山、折尾駅筑豊本線直方方面、遠賀川駅[廃止＝室木線]、香椎駅香椎線、吉塚駅[篠栗線＆廃止＝勝田線]{⬅博多発にて掲載}

ソニック // 883系7両編成＝JR九州〔大分車両センター〕
7・57号、52・58・60号、46・48号【平日】
3・43・45・47・51・53・59号、2・4号【土曜・休日】

7号車／自由（46） クモハ883
運転室 | A B 12〜8 7 6 5〜2 1 C D | 荷物 ドア 洗面 洋
■■■△△■■■

6号車／自由（54） サハ883
A B 14 13〜9 8 7 6〜1 C D | 荷物 ドア
■■■△△■■■

5号車／自由（54） モハ883 100
A B 14 13〜9 8 7 6〜1 C D | 荷物 ドア 洗面 洋
■■■△△■■■

4号車／自由（54） サハ883 100
A B 14 13〜9 8 7 6〜1 C D | 荷物 ドア カウンター
■■■△△■■■

3号車／指定（42） モハ883 200
A B 11 10〜1 C D | 荷物 ドア 洗面 洋
■■■■■■

2号車／指定（54） サハ883 200
A B 14 13〜9 8 7 6〜1 C D | 荷物 ドア マルチスペース
■■■△△■■■

1号車／指定＋Ⓖ（16+15） クロハ882
A B 10 9〜8 7 6 C D（6・7 C D 車いす対応） | 荷物 ドア 車掌 洗面 Ⓖ 5〜1 A C D | パノラマキャビン | 運転室
■■■■■ ■■■

【⬇ 主な車窓風景】 鶴見岳、高崎山、行橋駅平成筑豊鉄道伊田線、城野駅[日田彦山線]、小倉総合車両センター、西小倉駅[鹿児島本線博多方面]、若戸大橋、折尾駅筑豊本線若松方面、香椎線西戸崎方面、西鉄貝塚線並走(香椎〜箱崎付近)、九州大学箱崎キャンパス跡地、福岡県庁{⬅博多発にて掲載}

◇途中、小倉にて進行方向が変わる
◇「ソニック」52・58・60号と平日の46・48号、土曜・休日の2・4号の3号車は、小倉→博多間自由席

▽車内販売の営業なし
▽1号車に車いす対応座席を設置

▼座席／普通車＝回転式（座席下ペダル）フリーストッパー型リクライニングシート
　　グリーン車＝回転式（座席下ペダル）フリーストッパー型リクライニングシート。黒革張りのシートで、ヘッドレストも高さが3段階に調整できる
▼パノラマキャビンでは前方の展望が楽しめる
▼Ⓦ／1〜3号車の壁側に設置（現在施工中）
▼おむつ交換台のあるトイレには印を付加

▼■△は窓配置のパターン。■は座席ごと独立の小窓、△は座席配置と窓配置が必ずしも一致しない窓

日豊本線「ソニック」編成席番表 −3

←小倉　　博多、大分・佐伯→

【⬆ 主な車窓風景】 別府湾、周防灘、西小倉駅[日豊本線]、東田第一高炉跡史跡広場、帆柱山、折尾駅筑豊本線直方方面、遠賀川駅[廃止＝室木線]、香椎駅香椎線、吉塚駅[篠栗線＆廃止＝勝田線]｛⬅博多発にて掲載｝

ソニック // 883系7両編成＝JR九州〔大分車両センター〕 // 1号

3・43・45・47・51・53・59号、2・4号【平日】

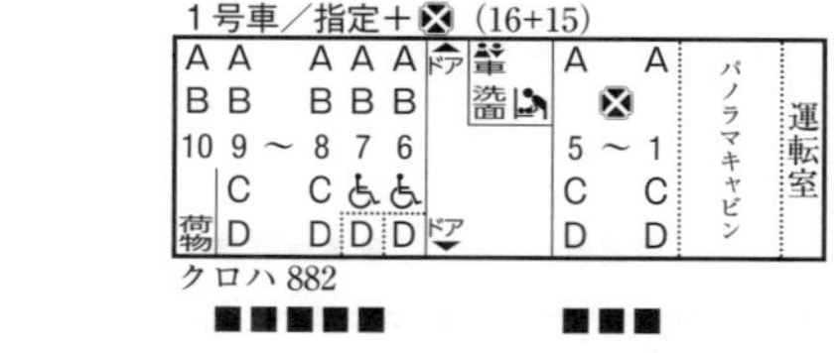

号車	7号車／自由 (46)	6号車／自由 (54)	5号車／自由 (54)	4号車／自由 (54)	3号車／自由 (42)	2号車／指定 (54)	1号車／指定＋⊠ (16+15)
座席	運転室 A B 12〜8 7 6 5〜2 1 C D 荷物	A B 14 13〜9 8 7 6〜1 C D 荷物	A B 14 13〜9 8 7 6〜1 C D 荷物	A B 14 13〜9 8 7 6〜1 C D 荷物 カウンター	A B 11 10〜1 C D 荷物	A B 14 13〜9 8 7 6〜1 C D 荷物 マルチスペース	A B 10 9〜8 7 6 C D 荷物 ♿ ／ ⊠ A 5〜1 C D パノラマキャビン 運転室
形式	クモハ883	サハ883	モハ883 100	サハ883 100	モハ883 200	サハ883 200	クロハ882
窓	■■■△△■■■	■■■△△■■■	■■■△△■■■	■■■△△■■■	■■■■■■	■■■△△■■■	■■■■■　■■■

◇「ソニック」2・4号の2号車は、小倉→博多間自由席

ソニック // 883系7両編成＝JR九州〔大分車両センター〕 // 101号、102号

号車	7号車／自由 (46)	6号車／自由 (54)	5号車／自由 (54)	4号車／自由 (54)	3号車／自由 (42)	2号車／自由 (54)	1号車／指定＋⊠ (16+15)
座席	運転室 A B 12〜8 7 6 5〜2 1 C D 荷物	A B 14 13〜9 8 7 6〜1 C D 荷物	A B 14 13〜9 8 7 6〜1 C D 荷物	A B 14 13〜9 8 7 6〜1 C D 荷物 カウンター	A B 11 10〜1 C D 荷物	A B 14 13〜9 8 7 6〜1 C D 荷物 マルチスペース	A B 10 9〜8 7 6 C D 荷物 ♿ ／ ⊠ A 5〜1 C D パノラマキャビン 運転室
形式	クモハ883	サハ883	モハ883 100	サハ883 100	モハ883 200	サハ883 200	クロハ882
窓	■■■△△■■■	■■■△△■■■	■■■△△■■■	■■■△△■■■	■■■■■■	■■■△△■■■	■■■■■　■■■

【⬇ 主な車窓風景】 鶴見岳、高崎山、行橋駅平成筑豊鉄道伊田線、城野駅[日田彦山線]、小倉総合車両センター、西小倉駅[鹿児島本線博多方面]、若戸大橋、折尾駅筑豊本線若松方面、香椎線西戸崎方面、西鉄貝塚線並走(香椎〜箱崎付近)、九州大学箱崎キャンパス跡地、福岡県庁｛⬅博多発にて掲載｝

◇ 途中、小倉にて進行方向が変わる。101・102号は中津〜大分間の運転

▽ 車内販売の営業なし
▽ 1号車に車いす対応座席を設置
▼ 座席／普通車＝回転式（座席下ペダル）フリーストッパー型リクライニングシート
　　グリーン車＝回転式（座席下ペダル）フリーストッパー型リクライニングシート。黒革張りのシートで、ヘッドレストも高さが3段階に調整できる
▼ パノラマキャビンでは前方の展望が楽しめる
▼ ⓘ／1〜3号車の壁側に設置（現在施工中）
▼ おむつ交換台のあるトイレには印を付加

▼ ■△は窓配置のパターン。■は座席ごと独立の小窓、△は座席配置と窓配置が必ずしも一致しない窓

←小倉　　博多、大分→

【⬆ 主な車窓風景】 別府湾、周防灘、西小倉駅[日豊本線]、東田第一高炉跡史跡広場、帆柱山、折尾駅筑豊本線直方方面、遠賀川駅[廃止＝室木線]、香椎駅香椎線、吉塚駅[篠栗線＆廃止＝勝田線]｛⬅博多発にて掲載｝

ソニック // 883系7両編成＝JR九州〔大分車両センター〕 // 73・81号、72号

7号車／自由（46） クモハ 883 ■■■△△■■■

運転室	A	A A A A	A	荷物	ドア	洗面 洋
	B	B B B B	B			
	12 ～	8 7 6 5 ～	2 1			
	C	C C C C	C C			
	D	D D D D	D D		ドア	洗面 和

6号車／自由（54） サハ 883 ■■■△△■■■

A A	A A A A	A	ドア
B B	B B B B	B	
14 13 ～	9 8 7 6 ～	1	
C	C C C C	C	
荷物 D	D D D D	D	ドア

5号車／指定（54） モハ 883 100 ■■■△△■■■

A A	A A A A	A	ドア	洗面 洋
B B	B B B B	B		
14 13 ～	9 8 7 6 ～	1		
C	C C C C	C		
荷物 D	D D D D	D	ドア	洗面 和

4号車／指定（54） サハ 883 100 ■■■△△■■■

A A	A A A A	A	ドア	カウンター
B B	B B B B	B		
14 13 ～	9 8 7 6 ～	1		
C	C C C C	C		
荷物 D	D D D D	D	ドア	カウンター

3号車／指定（42） モハ 883 200 ■■■■■■■

A A		A	ドア	洗面 洋
B B		B		
11 10	～	1		
C		C		
荷物 D		D	ドア	洗面 和

2号車／指定（54） サハ 883 200 ■■■△△■■■

A A	A A A A	A	ドア
B B	B B B B	B	
14 13 ～	9 8 7 6 ～	1	
C	C C C C	C	マルチスペース
荷物 D	D D D D	D	ドア

1号車／指定＋⊠（16+15） クロハ 882 ■■■■■　■■■

A A	A A A	ドア	車掌	A	A	パノラマキャビン	運転室
B B	B B B		洗面 🚼	⊠			
10 9 ～	8 7 6			5 ～	1		
C	C ♿ ♿			C	C		
荷物 D	D D D	ドア		D	D		

【⬇ 主な車窓風景】 鶴見岳、高崎山、行橋駅平成筑豊鉄道伊田線、城野駅[日田彦山線]、小倉総合車両センター、西小倉駅[鹿児島本線博多方面]、若戸大橋、折尾駅筑豊本線若松方面、香椎線西戸崎方面、西鉄貝塚線並走(香椎～箱崎付近)、九州大学箱崎キャンパス跡地、福岡県庁｛⬅博多発にて掲載｝

◇ 途中、小倉にて進行方向が変わる
◆「ソニック」73・81号、72号は運転日注意。運転日に関して詳細は、最新のＪＲ時刻表などで確認

▽ 車内販売の営業なし
▽ 1号車に車いす対応座席を設置

▼ 座席／普通車＝回転式（座席下ペダル）フリーストッパー型リクライニングシート
　　グリーン車＝回転式（座席下ペダル）フリーストッパー型リクライニングシート。黒革張りのシートで、ヘッドレストも高さが3段階に調整できる
▼ パノラマキャビンでは前方の展望が楽しめる
▼ ⓘ／1～3号車の壁側に設置（現在施工中）
▼ おむつ交換台のあるトイレには🚼印を付加

▼ ■△は窓配置のパターン。■は座席ごと独立の小窓、△は座席配置と窓配置が必ずしも一致しない窓

日豊本線「ソニック」編成席番表 －5

←小倉　　　　博多、大分・佐伯→

【⬆ 主な車窓風景】 別府湾、周防灘、西小倉駅[日豊本線]、東田第一高炉跡史跡広場、帆柱山、折尾駅筑豊本線直方方面、遠賀川駅[廃止＝室木線]、香椎駅香椎線、吉塚駅[篠栗線&廃止＝勝田線]｛⬅博多発にて掲載｝

ソニック // 885系6両編成＝JR九州〔南福岡車両区〕
11・15・17・19・27・33・37・39号、10・12・14・22・28・32・34・36・44・50・54・56号
5・41・49・55・59号、6号【土曜・休日】

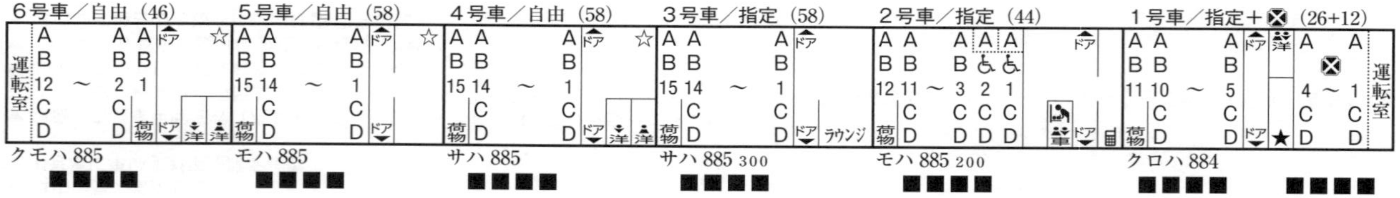

号車	6号車／自由（46）	5号車／自由（58）	4号車／自由（58）	3号車／指定（58）	2号車／指定（44）	1号車／指定＋⊠（26+12）
配置	運転室、A B 12～2 1 C D（1A・1B のみ）、ドア、☆、洋・♀	A B 15 14～1 C D、荷物、ドア、☆	A B 15 14～1 C D、荷物、ドア、☆、洋・♀	A B 15 14～1 C D、荷物、ドア、ラウンジ	A B 12 11～3 2 1 C D（1B・2B 車いす対応）、荷物、おむつ交換台付トイレ、ドア、▮	A B 11 10～5 C D、荷物、ドア、洋、★、⊠ A 4～1 C D、運転室
形式	クモハ 885	モハ 885	サハ 885	サハ 885 300	モハ 885 200	クロハ 884
窓	■■■■	■■■■	■■■■	■■■■	■■■■	■■■■　■■■■

【⬇ 主な車窓風景】 鶴見岳、高崎山、行橋駅平成筑豊鉄道伊田線、城野駅[日田彦山線]、小倉総合車両センター、西小倉駅[鹿児島本線博多方面]、若戸大橋、折尾駅筑豊本線若松方面、香椎線西戸崎方面、西鉄貝塚線並走(香椎～箱崎付近)、九州大学箱崎キャンパス跡地、福岡県庁｛⬅博多発にて掲載｝

◆「ソニック」17号、34号は運転日注意。運転日に関して詳細は、最新のＪＲ時刻表などで確認

◇ 途中、小倉にて進行方向が変わる
◇「ソニック」10・12・14・22・28・32・34・36・44・50・54・56号と土曜・休日の6号の3号車は、小倉→博多間自由席

▽ 車内販売の営業なし
▽ 2号車に車いす対応座席を設置

▼ 座席／普通車＝回転式（座席下ペダル）フリーストッパー型リクライニングシート。シートピッチ980mm
　　グリーン車とともに革張りシートを採用しているが、2～6号車はモケットに変更中
　グリーン車＝回転式フリーストッパー型リクライニングシート。シートピッチ1150mm
　　3本のレバー操作により、座席の回転、背もたれの角度、座席の高さが調整できる
▼ 先頭車の運転室寄りでは前方の展望が楽しめる
▼ ☆印はコモンスペース。大きな窓を備えており、携帯電話スペースなどに利用できる。★印はグリーン席専用サービスコーナー
▼ ▮印は携帯電話コーナー
▼「JR-KYUSHU FREE Wi-Fi」サービス（Wi-Fi）／1～3号車にて実施
▼ ⓘ／1・3号車の窓側と2号車座席肘掛部（1・2A席は窓側）に設置
▼ おむつ交換台のあるトイレには印を付加

▼ 窓配置は座席ごと独立の小窓（■）

←小倉 【⬆ 主な車窓風景】 別府湾、周防灘、西小倉駅[日豊本線]、東田第一高炉跡史跡広場、帆柱山、折尾駅筑豊本線直方方面、遠賀川駅[廃止＝室木線]、香椎駅香椎線、吉塚駅[香椎線&廃止＝勝田線]｛⬅博多発にて掲載｝ 博多、大分・佐伯→

ソニック // 885系6両編成＝JR九州〔南福岡車両区〕 // 5・41・49・55・59号【平日】

6号車／自由 (46)	5号車／自由 (58)	4号車／自由 (58)	3号車／自由 (58)	2号車／指定 (44)	1号車／指定＋⊠ (26+12)
運転室 A A A ドア ☆	A A A ドア ☆	A A A ドア ☆	A A A ドア	A A A A A ドア	A A A ドア 洋 A A
B B B	B B B	B B B	B B B	B B B ♿ ♿	B B B ⊠
12 ～ 2 1	15 14 ～ 1	15 14 ～ 1	15 14 ～ 1	12 11 ～ 3 2 1	11 10 ～ 5 4 ～ 1 運転室
C C	C C	C C	C C	C C C C	C C C C
D D 荷物 ドア 洋 洋	荷物 D D ドア	荷物 D D ドア 洋 洋	荷物 D D ドア ラウンジ	荷物 D D D D 車 ドア 電話	荷物 D D ドア ★ D D
クモハ 885	モハ 885	サハ 885	サハ 885 300	モハ 885 200	クロハ 884
■■■■	■■■■	■■■■	■■■■	■■■■	■■■■ ■■■■

▽ 2号車に車いす対応座席を設置

ソニック // 885系6両編成＝JR九州〔南福岡車両区〕 // 201号、202号

6号車／自由 (46)	5号車／自由 (58)	4号車／自由 (58)	3号車／自由 (58)	2号車／自由 (44)	1号車／指定＋⊠ (26+12)
運転室 A A A ドア ☆	A A A ドア ☆	A A A ドア ☆	A A A ドア	A A A A A ドア	A A A ドア 洋 A A
B B B	B B B	B B B	B B B	B B B	B B B ⊠
12 ～ 2 1	15 14 ～ 1	15 14 ～ 1	15 14 ～ 1	12 11 ～ 3 2 1	11 10 ～ 5 4 ～ 1 運転室
C C	C C	C C	C C	C C C C	C C C C
D D 荷物 ドア 洋 洋	荷物 D D ドア	荷物 D D ドア 洋 洋	荷物 D D ドア ラウンジ	荷物 D D D D 車 ドア 電話	荷物 D D ドア ★ D D
クモハ 885	モハ 885	サハ 885	サハ 885 300	モハ 885 200	クロハ 884
■■■■	■■■■	■■■■	■■■■	■■■■	■■■■ ■■■■

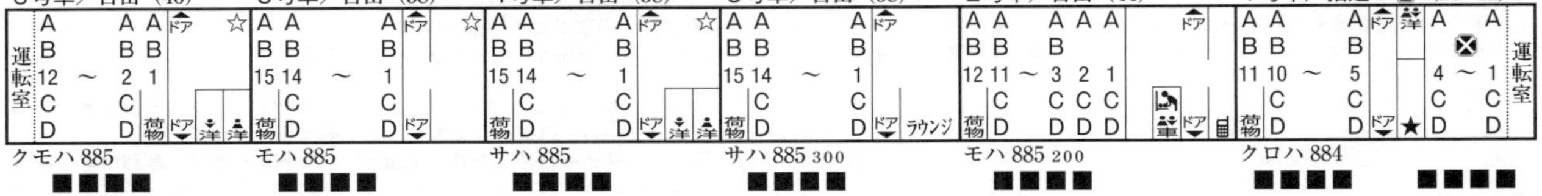

【⬇ 主な車窓風景】 鶴見岳、高崎山、行橋駅平成筑豊鉄道伊田線、城野駅[日田彦山線]、小倉総合車両センター、西小倉駅[鹿児島本線博多方面]、若戸大橋、折尾駅筑豊本線若松方面、香椎線西戸崎方面、西鉄貝塚線並走(香椎～箱崎付近)、九州大学箱崎キャンパス跡地、福岡県庁｛⬅博多発にて掲載｝

◇ 途中、小倉にて進行方向が変わる

▽ 車内販売の営業なし

▼ 座席／普通車＝回転式（座席下ペダル）フリーストッパー型リクライニングシート。シートピッチ 980mm
グリーン車とともに革張りシートを採用しているが、2～6号車はモケットに変更中
グリーン車＝回転式フリーストッパー型リクライニングシート。シートピッチ 1150mm
3本のレバー操作により、座席の回転、背もたれの角度、座席の高さが調整できる
▼ 先頭車の運転室寄りでは前方の展望が楽しめる
▼ ☆印はコモンスペース。大きな窓を備えており、携帯電話スペースなどに利用できる。★印はグリーン席専用サービスコーナー
▼ 電話印は携帯電話コーナー
▼「JR-KYUSHU FREE Wi-Fi」サービス（Wi-Fi）／1～3号車にて実施
▼ コンセント／1～3号車の窓側と2号車座席肘掛部（1・2A席は窓側）に設置
▼ おむつ交換台のあるトイレには印を付加

▼ 窓配置は座席ごと独立の小窓（■）

265

「にちりんシーガイア」編成席番表

←小倉　　博多、宮崎空港→

【⬆ 主な車窓風景】 リニアモーターカー宮崎実験線跡、日向灘、佐伯湾、津久見湾、臼杵城跡、別府湾、周防灘、西小倉駅[日豊本線]、折尾駅筑豊本線直方方面、東田第一高炉跡史跡広場、帆柱山、遠賀川駅[廃止＝室木線]、香椎駅香椎線、吉塚駅[篠栗線＆廃止＝勝田線]｛⬅博多発にて掲載｝

にちりんシーガイア // 787系6両編成＝JR九州〔南福岡車両区〕 // 5号、14号

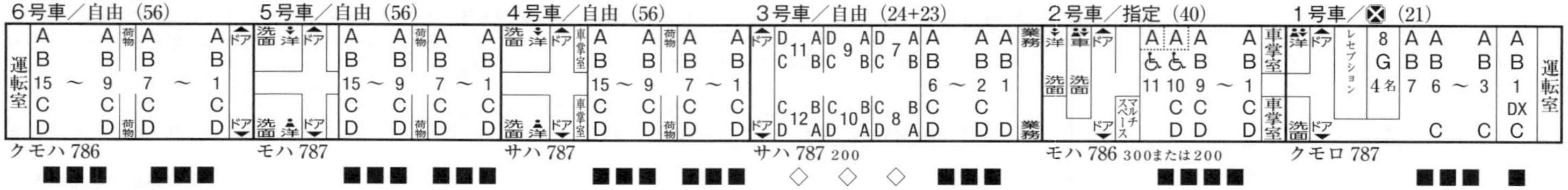

号車	席番	設備	形式	窓配置
6号車／自由（56）	運転室、ABCD 15〜9、荷物、ABCD 7〜1	ドア	クモハ 786	■■■　■■■
5号車／自由（56）	洗面・洋・ドア、ABCD 15〜9、荷物、ABCD 7〜1	ドア	モハ 787	■■■　■■■
4号車／自由（56）	洗面・洋・ドア・車掌室、ABCD 15〜9、荷物、ABCD 7〜1	ドア	サハ 787	■■■　■■■
3号車／自由（24+23）	ドア、ABCD 11・10・9・8・7（ボックス）、ABCD 6〜2、AB 1、業務	ドア	サハ 787 200	◇　◇　◇　■■■
2号車／指定（40）	業務、洋・車・ドア、洗面、スマイルチスペース、AC 11・10（車いす対応）、ABCD 9〜1、車掌室	ドア	モハ 786 300または200	■■■■
1号車／グリーン（21）	車掌室、車・ドア、洗面、レセプション、8G（4名）、ABC 7〜3、ABC 1 DX、運転室	ドア	クモロ 787	■■■　■

◇「にちりんシーガイア」5号の3号車は、土曜・休日　指定席
▽ 2号車に車いす対応座席を設置

▼ 1号車の1ABC席はDXグリーン。フルリクライニングシート（141度）、フットレスト、モバイル用電源コンセント(⑪)を装備のワンランクアップのグリーン席
▼ 1号車の8Gはサロンコンパートメント（4人用グリーン個室）
▼ 3号車の7〜12ABCD席はボックスタイプのセミコンパートメント。座席をはさんでテーブルを設置
▼ その他の座席／普通車＝回転式（座席下ペダル）フリーストッパー型リクライニングシート
　　グリーン車＝回転式（座席下ペダル）フリーストッパー型リクライニングシート
▼ 2号車のマルチスペースは横になってくつろぐこともできるスペース

【⬇ 主な車窓風景】 南宮崎駅日豊本線鹿児島方面、砂土原駅[廃止＝妻線]、延岡駅[廃止＝高千穂鉄道]、大分車両センター、大分駅久大本線・豊肥本線、高崎山、鶴見岳、行橋駅平成筑豊鉄道伊田線、城野駅[日田彦山線]、小倉総合車両センター、西小倉駅[鹿児島本線博多方面]、若戸大橋、折尾駅筑豊本線若松方面、香椎線西戸崎方面、西鉄貝塚線並走(香椎〜箱崎付近)、九州大学箱崎キャンパス跡地、福岡県庁｛⬅博多発にて掲載｝

◇ 途中、小倉にて進行方向が変わる
▽ 車内販売の営業なし
▼ □■◇は窓配置のパターン。□は座席2列分の広窓、■は座席ごと独立の小窓、◇はボックスシートで1つ窓

←小倉・大分　　【⬆ 主な車窓風景】 臼杵城跡、津久見湾、佐伯湾、日向灘、リニアモーターカー宮崎実験線跡　　宮崎・宮崎空港→

にちりん // 787系6両編成＝JR九州〔南福岡車両区〕 11・15号、12号

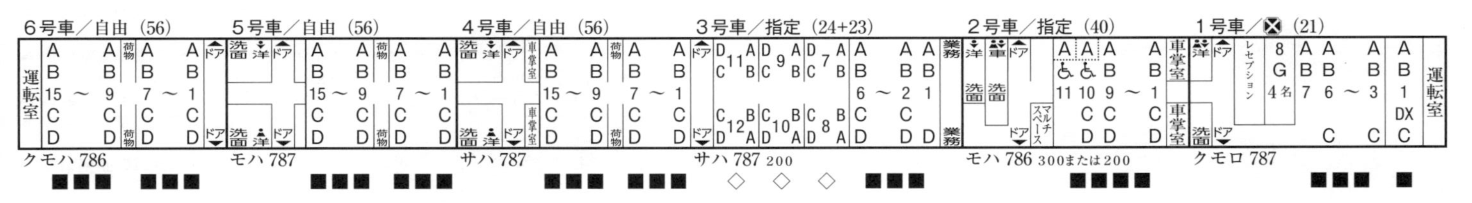

にちりん // 787系6両編成＝JR九州〔南福岡車両区〕 4号

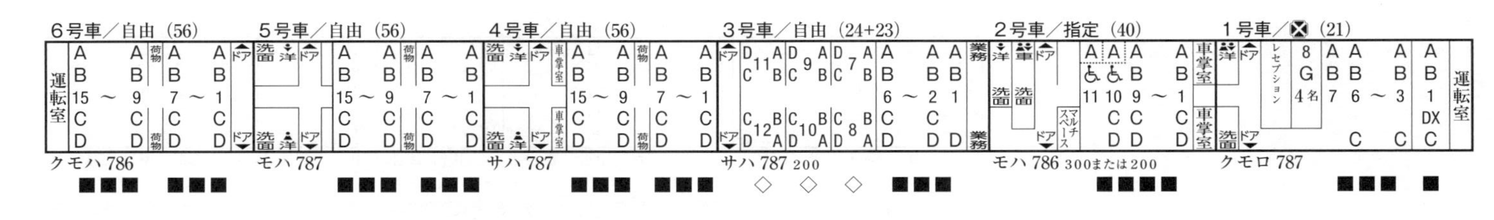

◇「にちりん」4号の2号車は、平日、自由席

【⬇ 主な車窓風景】 大分駅久大本線・豊肥本線、大分車両センター、延岡駅[廃止＝高千穂鉄道]、砂土原駅[廃止＝妻線]、南宮崎駅日豊本線鹿児島方面

- ▽ 車内販売の営業なし
- ▽ 2号車に車いす対応座席を設置
- ▼ 1号車の1ABC席はDXグリーン。フルリクライニングシート（141度）、フットレスト、モバイル用電源コンセント（Ⓘ）を装備のワンランクアップのグリーン席
- ▼ 1号車の8Gはサロンコンパートメント（4人用グリーン個室）
- ▼ 3号車の7～12ABCD席はボックスタイプのセミコンパートメント。座席をはさんでテーブルを設置
- ▼ その他の座席／普通車＝回転式（座席下ペダル）フリーストッパー型リクライニングシート
  グリーン車＝回転式（座席下ペダル）フリーストッパー型リクライニングシート
- ▼ 2号車のマルチスペースは横になってくつろぐこともできるスペース
- ▼ ■◇は窓配置のパターン。■は座席ごと独立の小窓、◇はボックスシートで1つ窓

日豊本線「にちりん」編成席番表 －2

←大分　　【⬆ 主な車窓風景】 臼杵城跡、津久見湾、佐伯湾、日向灘、リニアモーターカー宮崎実験線跡　　佐伯・宮崎・南宮崎・宮崎空港→

にちりん // 787 系 4 両編成＝JR九州〔大分車両センター〕
1・3・7・9・13・17 号、2・6・8・10・16・102 号

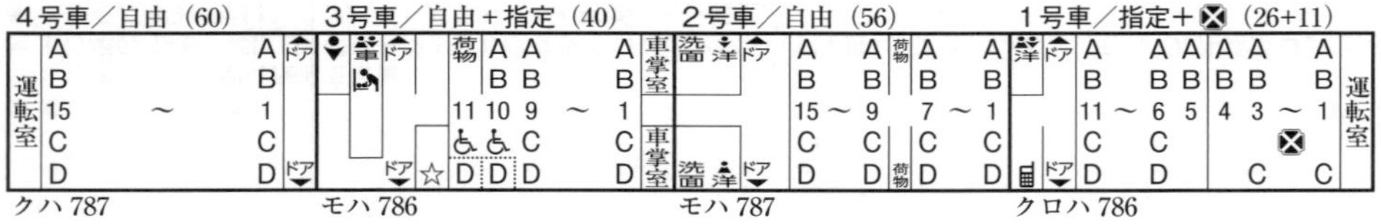

4号車／自由（60）	3号車／自由＋指定（40）	2号車／自由（56）	1号車／指定＋⊠（26+11）
運転室 A 〜 A ドア	🚾 ドア 荷物 A A 〜 A 車掌室	洗面 洋 ドア A A 荷物 A A	洋 ドア A A A A A A
B 〜 B	B B 〜 B	B B B B	B B B B B B
15 〜 1	11 10 9 〜 1	15 〜 9 7 〜 1	11 〜 6 5 4 3 〜 1 運転室
C 〜 C	♿ ♿ C 〜 C 車掌室	C C C C	C C ⊠
D 〜 D ドア	ドア ☆ D D D 〜 D	洗面 洋 ドア D D 荷物 D D	📱 ドア D D C C
クハ 787	モハ 786	モハ 787	クロハ 786

★にちりん　4 号車定員が 56 名の編成の場合 // 787 系 4 両編成＝JR九州〔大分車両センター〕

4号車／自由（56）	3号車／自由＋指定（40）	2号車／自由（56）	1号車／指定＋⊠（26+11）
運転室 A A 荷物 A A ドア	🚾 ドア 荷物 A A 〜 A 車掌室	洗面 洋 ドア A A 荷物 A A	洋 ドア A A A A A A
B B B B	B B 〜 B	B B B B	B B B B B B
15 〜 10 8 〜 1	11 10 9 〜 1	15 〜 9 7 〜 1	11 〜 6 5 4 3 〜 1 運転室
C C C C	♿ ♿ C 〜 C 車掌室	C C C C	C C ⊠
D D 荷物 D D ドア	ドア ☆ D D D 〜 D	洗面 洋 ドア D D 荷物 D D	📱 ドア D D C C
クハ 787 100	モハ 786	モハ 787	クロハ 786

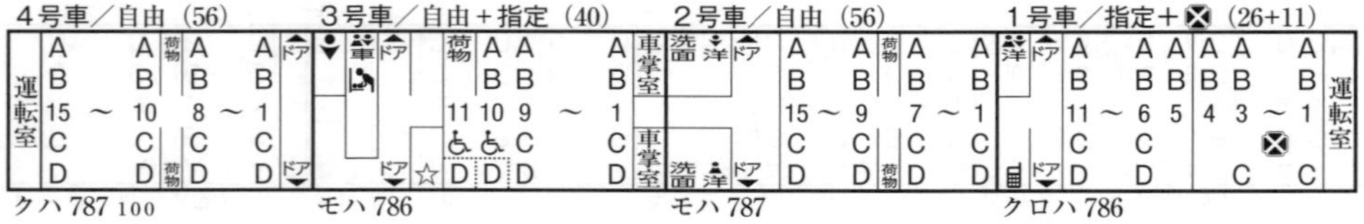

【⬇ 主な車窓風景】 大分駅久大本線・豊肥本線、大分車両センター、延岡駅[廃止＝高千穂鉄道]、砂土原駅[廃止＝妻線]、南宮崎駅日豊本線鹿児島方面

◇「にちりん」102 号は、1 号車普通室も自由席（半室グリーン車を除き全車自由席）
◇ 3 号車座席指定席は、10・11 D席の車いす対応座席

▽ 車内販売の営業なし

▼ ⓘ／1 号車の窓側に設置
▼ 座席／普通車＝回転式（座席下ペダル）フリーストッパー型リクライニングシート
　　グリーン車＝回転式（座席下ペダル）フリーストッパー型リクライニングシート
▼ 📱は携帯電話コーナー。☆はマルチスペース

▼ 窓配置は座席ごと独立の小窓（■）

←小倉　　【⬆ 主な車窓風景】 周防灘、別府湾　　大分→

にちりん // 787系4両編成＝JR九州〔大分車両センター〕
71・75号、70・74号

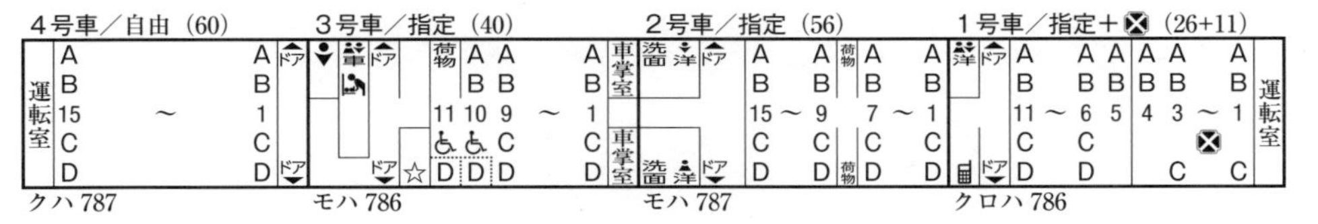

★にちりん　4号車定員が56名の編成の場合 // 787系4両編成＝JR九州〔大分車両センター〕

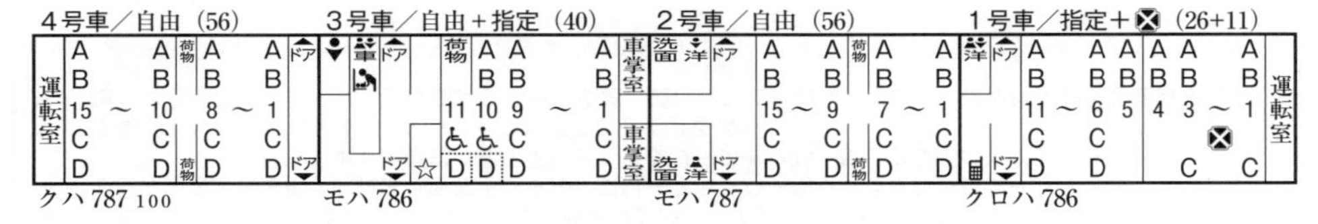

【⬇ 主な車窓風景】 西小倉駅［鹿児島本線博多方面］、小倉総合車両センター、城野駅［日田彦山線］、行橋駅平成筑豊鉄道伊田線、鶴見岳、高崎山

◆「にちりん」71・75・70・74号は運転日注意。運転日に関して詳細は、最新のＪＲ時刻表などで確認。また運転日によっては異なる車両を充当する日もある
▽ 3号車座席指定席は、10・11Ｄ席の車いす対応座席
▽ 車内販売の営業なし

▼ ⓘ／1号車の窓側に設置
▼ 座席／普通車＝回転式（座席下ペダル）フリーストッパー型リクライニングシート
　　グリーン車＝回転式（座席下ペダル）フリーストッパー型リクライニングシート
▼ 📱は携帯電話コーナー。☆はマルチスペース

▼ 窓配置は座席ごと独立の小窓（■）

「かいおう」編成席番表

←直方　【↑ 主な車窓風景】 直方駅平成筑豊鉄道、新飯塚駅後藤寺線、筑豊富士(ボタ山)、桂川駅筑豊本線原田方面　博多→

かいおう // 787系6両編成＝JR九州〔南福岡車両区〕 // 1号、2号

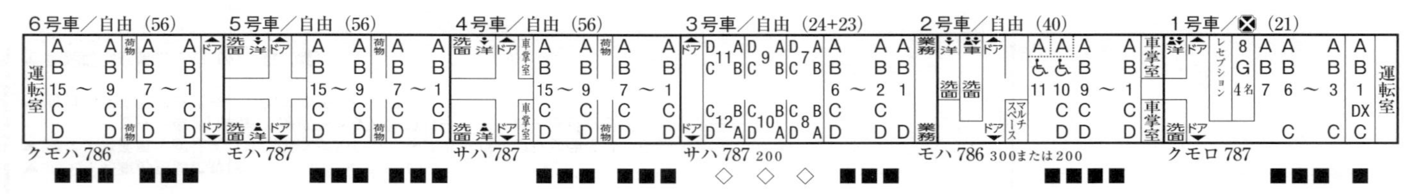

【↓ 主な車窓風景】 吉塚駅鹿児島本線門司港方面、福岡県庁

▽ 車内販売の営業なし
▽ 2号車に車いす対応座席を設置
▼ 1号車の 1ABC席はDXグリーン。フルリクライニングシート（141度）、フットレスト、⑪を装備のワンランクアップのグリーン席
▼ 1号車の 8Gはサロンコンパートメント（4人用グリーン個室）
▼ 3号車の 7～12ABCD席はボックスタイプのセミコンパートメント。座席をはさんでテーブルを設置
▼ その他の座席／普通車＝回転式（座席下ペダル）フリーストッパー型リクライニングシート
　　グリーン車＝回転式（座席下ペダル）フリーストッパー型リクライニングシート
▼ 2号車のマルチスペースは横になってくつろぐこともできるスペース
▼ □■△は窓配置のパターン。□は座席2列分の広窓、■は座席ごと独立の小窓、△は座席配置と窓配置が必ずしも一致しない窓

「ゆふ」編成席番表

←博多　【⬆ 主な車窓風景】 由布岳　大分・別府→

ゆふ // キハ185系3両編成＝JR九州〔大分車両センター〕
1·3·5号、2·4·6号

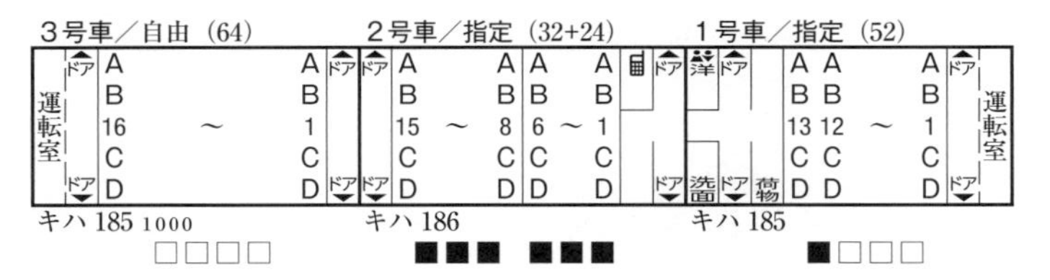

◇ 組込み車両によっては、座席向き（配置）が異なる場合もある

★ゆふ 4両編成にて運転の場合 // キハ185系4両編成＝JR九州〔大分車両センター〕

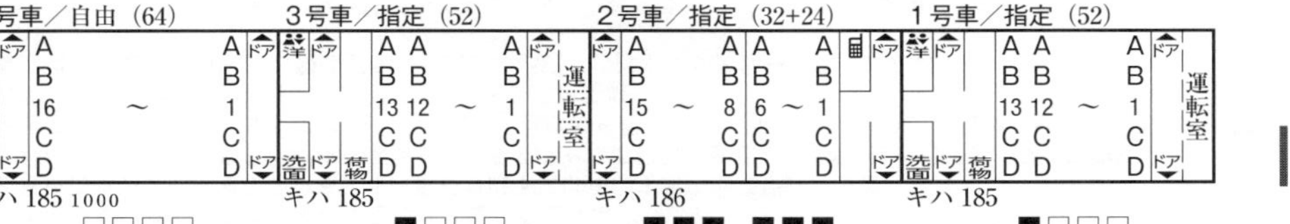

◇ 3号車は自由席にて運転の日がある
◇ 組込み車両によっては、座席向き（配置）が異なる場合もある

【⬇ 主な車窓風景】 南福岡車両区、鳥栖駅長崎本線、久留米駅鹿児島本線熊本・八代方面、耳納山地、筑後川、慈恩の滝、伐株山、旧豊後森機関区扇形庫、恵良駅[旧宮原線]、由布岳、大分駅豊肥本線・日豊本線宮崎方面

◆ 特急「ゆふいんの森」3・4号（273頁参照）の運休時に運転する「ゆふ」73・74号は、上記のキハ185系4両編成を充当
◇ 2両編成にて運転の場合、久大本線内はワンマン運転を実施
▽ 車内販売の営業なし
▼ 座席／回転式（座席下ペダル）フリーストッパー型リクライニングシート
▼ 📱印は携帯電話室
▼ □■は窓配置のパターン。□は座席2列分の広窓、■は座席ごと独立の小窓

←博多　【⬆ 主な車窓風景】 由布岳　由布院→

ゆふいんの森 // キハ 72 系 5 両編成＝JR九州〔直方車両センター〕// 1·5 号、2·6 号

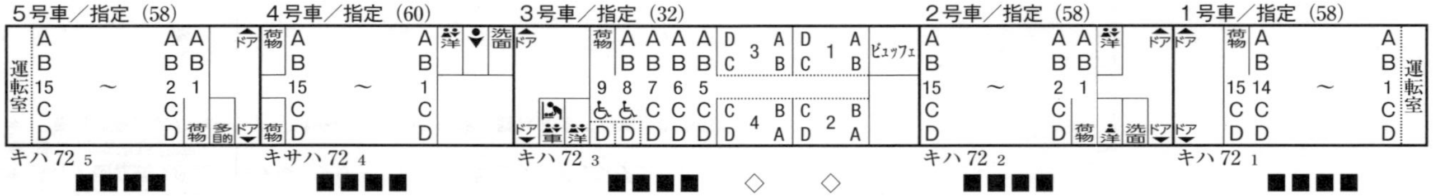

5号車／指定（58）	4号車／指定（60）	3号車／指定（32）	2号車／指定（58）	1号車／指定（58）
運転室 ABCD 15〜1 荷物 多目的 ドア	ドア 荷物 ABCD 15〜1 洋 洗面	ドア 荷物 ABCD 9〜5（♿ 8・9）ABCD 4〜1 ビュッフェ 洋	ABCD 15〜1 洋 荷物 洗面 ドア	ドア 荷物 ABCD 15〜1 運転室
キハ 72 5	キサハ 72 4	キハ 72 3	キハ 72 2	キハ 72 1
■■■■	■■■■	■■■■ ◇ ◇	■■■■	■■■■

◆ 指定日運転。運転日の詳細は最新のJR時刻表などで確認
◇「ゆふいんの森」1·5 号・2·6 号は博多～由布院間を運転
◆ 同編成が車両検査等にて使用できない日は、273 頁の「ゆふいんの森」編成が充当となる場合がある

◇ ハイデッカー構造、運転室寄りでは前方の景色が楽しめる。
ただし、その構造のため乗降口に階段がある。客室間はフラット
▽ 3 号車に車いす対応座席を設置。4 号車寄り廊下には車いす対応昇降装置を設置
▽ 3 号車の 1 ～ 4ABCD席はボックスシート（3 名以上にて利用できる）。座席をはさんでテーブルを設置
▼ おむつ交換台のあるトイレには印を付加。4 号車の共用トイレは温水洗浄式便座。3 号車の廊下部に車いす対応昇降装置を設置
▼ 無料Wi-Fi「JR-KYUSHU FREE Wi-Fi」サービスを実施
▼ ■◇は窓配置のパターン。■は座席ごと独立の小窓、◇はボックスシートで 1 つの窓

【⬇ 主な車窓風景】 南福岡車両区、鳥栖駅長崎本線、久留米駅鹿児島本線熊本・八代方面、耳納山地、筑後川、慈恩の滝、伐株山、旧豊後森機関区扇形庫、恵良駅[旧宮原線]、由布岳

←博多　　【⬆ 主な車窓風景】 由布岳　　由布院・別府→

ゆふいんの森 // キハ70系4両編成＝JR九州〔直方車両センター〕// 3号、4号

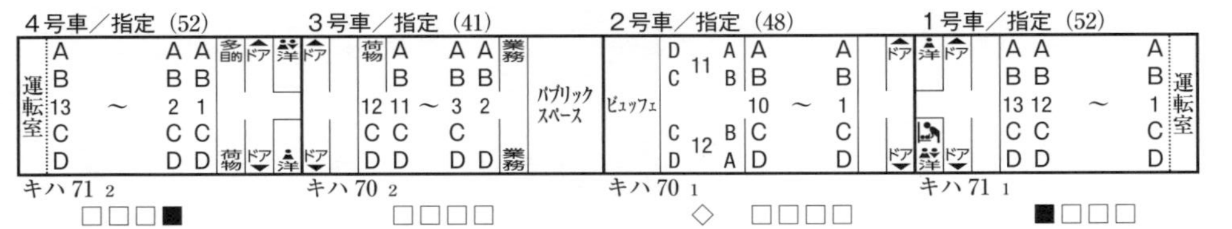

◆ 指定日運転。運転日の詳細は最新のJR時刻表などで確認
◇「ゆふいんの森」3号・4号は博多～別府間（久大本線経由）を運転
◆「ゆふいんの森」1・5号、2・6号は、この編成にて運転の日がある。
　この場合のほか、この編成が検査等にて使用できない日は、271頁の「ゆふ」4両編成にて運転

◇ ハイデッカー構造、運転室寄りでは前方の景色が楽しめる。
　ただし、その構造のため乗降口に階段がある
▽ 2号車の11・12ABCD席はボックスシート（3名以上にて利用できる）。座席をはさんでテーブルを設置
▽ 3号車は、2019.07.12から一部座席を変更、荷物置場等を設置
▽ 回転式リクライニングシート、□間の座席では座席を向かい合わせとした場合、窓側に備え付けてある収納テーブルが使用できる
▼ おむつ交換台のあるトイレには印を付加

【⬇ 主な車窓風景】 南福岡車両区、鳥栖駅長崎本線、久留米駅鹿児島本線熊本・八代方面、耳納山地、筑後川、慈恩の滝、伐株山、旧豊後森機関区扇形庫、恵良駅[旧宮原線]、由布岳、大分駅豊肥本線・日豊本線宮崎方面、別府湾

▽ 車内販売営業
▼ 座席／回転式（座席下ペダル）フリーストッパー型リクライニングシート
▼ 無料Wi-Fi「JR-KYUSHU FREE Wi-Fi」サービスを実施

▼ □■◇は窓配置のパターン。□は座席2列分の広窓、■は座席ごと独立の小窓、◇はボックスシートで1つ窓

273

ＪＲ九州 「或る列車」編成席番表 【企画列車】

←由布院　【⬆ 主な車窓風景】 由布岳、恵良駅[旧宮原線]、旧豊後森機関区扇形庫、伐株山、慈恩の滝、筑後川、耳納山地、久留米駅[鹿児島本線熊本方面]、鳥栖駅[長崎本線]、南福岡車両区　博多→

或る列車 // キロシ 47 形２両編成＝ＪＲ九州〔大分車両センター〕

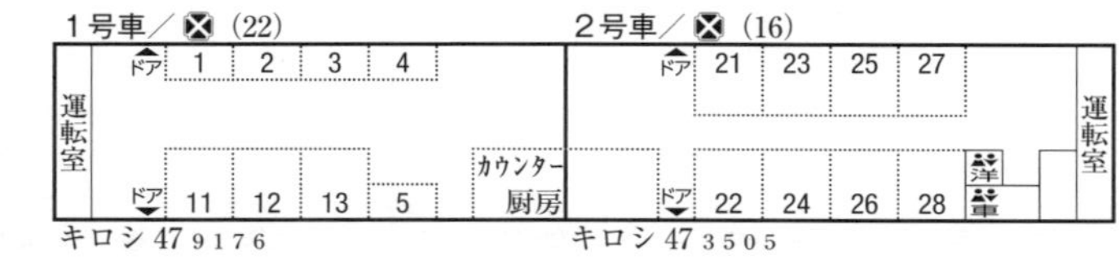

【⬇ 主な車窓風景】 由布岳、夜明駅[日田彦山線]

◆ 2021.11.13 から、スイーツコースからお食事中心のコース料理が満喫できる列車に変更、
博多～由布院間にて運転。運転日、旅行プラン等はＪＲ九州ホームページ等を参照
▽ 無料Wi-Fi「JR-KYUSHU FREE Wi-Fi」サービス実施

◇ 旅行商品として発売（基本プラン、各地発着プランによって料金は異なるが、それぞれにスイーツコースが含まれる）
◇ 乗車申込みは出発日の 10 日前までに、ＪＲ九州旅行支店、駅旅行センター、或る列車ツアーデスクで受付
「或る列車」は、全国の主な旅行会社が設定する団体列車として運行する日もある

▽ 座席は、１号車１～５と２号車は２名利用、１号車 11 ～ 13 は４名利用となっており、各座席にテーブルが設置されている
28 番座席の運転室側（１席）は車いす対応席。またトイレは温水洗浄式便座を装備

←熊本　【⬆ 主な車窓風景】 熊本市街地、阿蘇外輪山　宮地→

かわせみ やませみ // キハ47形2両「かわせみ やませみ」編成＝JR九州〔熊本車両センター〕 // 1·3·5号、2·4·6号

やませみ 2号車／指定（34）

運転室	B A	荷物	ドア	A	A	7 6 5 4	D A	D 1 A	シ
	14			B	B	A A A A	C 2 B		
				13 ～ 10					カウンター
	15			C	C	D D			サービス
	D C	荷物	ドア	D	D	9 8	D 3 A	シ	コーナー

キハ47 9051

かわせみ 1号車／指定（40）

車掌	カウンター	ドア	14	13	12	11	10		7	A	A	荷物	運転室
			A	A	A	A	A	△	A	B	B		
										6 ～ 1			
			C 16	C 15	B	D	D	D	D	C	C		
カウンター	カウンター	ドア	D	D	A	10	9	8	7	D	D	荷物	

キハ47 8087

【⬇ 主な車窓風景】 立野33‰、新阿蘇大橋、崩落した旧阿蘇大橋、阿蘇五岳（杵島岳、烏帽子岳、中岳、高岳、根子岳）

◆ 指定日運転。運転日の詳細は最新のＪＲ時刻表などで確認
▽ 無料Wi-Fi「JR-KYUSHU FREE Wi-Fi」サービス実施
▼ 1号車1～6ABCD席、2号車10～13ABCD席の座席は、
回転式（座席下ペダル）フリーストッパー型リクライニングシート
▼ 1号車7・10～14Ａ席と7～10Ｄ席、2号車4～7Ａ席の窓側にカウンターテーブルがある。
▼ 2号車8・9Ｄ席は「やませみベンチシート」。
座席幅が広く、指定席料金＋210円にて利用できる。この席はおとな1名＋幼児1名での利用も可能
▼ 1号車15ABCD席、2号車1AD席、2ABCD席、3AD席はテーブル設置のボックスシート
▽ 2号車13ＡＤ席の窓は、車窓探訪には避けたい席。
カウンター席、ボックス席、ソファ席、やませみベンチシートはインターネットから予約ができない

豊肥本線「あそぼーい！」編成席番表【臨時列車】

←熊本　　【⬆ 主な車窓風景】 熊本市街地、阿蘇外輪山(大観峰)、大分駅久大本線、高崎山　　別府→

あそぼーい！ // キハ183系4両「あそぼーい！」編成＝JR九州〔熊本車両センター〕

4号車／指定 (9+28)	3号車／指定 (9)	2号車／指定 (44)	1号車／指定 (28+9)
A A A △ A A A ドア 洋	図書室 展望台 A A A A 〓 ビュッフェ ドア	車掌室 A A ロ D3A D1A ドア	洗面 ドア △ A A A 運転室 A A A
展望室 B B B	1 2 3 4	B B C B C B	B B B B B B
10 9 8 7 6 ～ 1		フリースペース 11 ～ 5	10 9 ～ 4 3 2 1
C C C 運転室 C C C	遊び場 5 6 7 8 9	車掌室 C C C4B C2B	C C C 展望室
D D D U D D D ドア 洗面	D D D D D U ○ ドア	多目的 D D ロ D A D A ドア	洋 ドア D D D D D D
キハ183 1002	キハ182 1002	キハ182 1001	キハ183 1001
△△△　■□□		□□□□　◇　◇	■□□　△△△

★あそぼーい！ // キハ183系4両「あそぼーい！」編成＝JR九州〔熊本車両センター〕 // 自由席として運転

4号車／自由 (9+28)	3号車／自由 (9)	2号車／自由 (44)	1号車／自由 (28+9)
A A A △ A A A ドア 洋	図書室 展望台 A A A A 〓 ビュッフェ ドア	車掌室 A A ロ D3A D1A ドア	洗面 ドア △ A A A 運転室 A A A
展望室 B B B	1 2 3 4	B B C B C B	B B B B B B
10 9 8 7 6 ～ 1		フリースペース 11 ～ 5	10 9 ～ 4 3 2 1
C C C 運転室 C C C	遊び場 5 6 7 8 9	車掌室 C C C4B C2B	C C C 展望室
D D D U D D D ドア 洗面	D D D D D U ○ ドア	多目的 D D ロ D A D A ドア	洋 ドア D D D D D D
キハ183 1002	キハ182 1002	キハ182 1001	キハ183 1001
△△△　■□□		□□□□　◇　◇	■□□　△△△

◆ 運転日　平日に運転となる日
▼ 自由席設定日は、車内販売の営業なし。
　客室乗務員によるフォトサービス等もなし
▼ 3号車、木のボールプール、和室、絵本コーナー（「くろクラブ」）は
　利用できない

【⬇ 主な車窓風景】 立野 33‰、新阿蘇大橋、崩落した旧阿蘇大橋、阿蘇五岳(杵島岳、鳥帽子岳、中岳、高岳、根子岳)、緒方駅(碑＝しいたけ発祥の地)、大野川、大分駅日豊本線、別府湾

◆ 指定日運転。運転日の詳細は最新のJR時刻表などで確認

▽ 無料Wi-Fi「JR-KYUSHU FREE Wi-Fi」サービス実施
▽ 客室乗務員が車内販売など実施

▼ 座席／回転式（座席下ペダル）フリーストッパー型リクライニングシート
▼ 1号車1～3ABD席、4号車8～10ACD席はパノラマシート（展望室）。利用の場合は「あそぼーい！（パノラマ）」を選択
　座席は固定式となっているので、進行方向と反対の時は後方パノラマが楽しめる
▼ 車内設備／△＝カウンターベンチ。U＝ソファー。〓＝カウンター。○＝ベビーサークル。ビュッフェ＝「くろカフェ」、ロはロッカー
▼ 2号車1～4ABCD席は座席固定式ボックスシート（3名以上で利用できる）。利用の際は「あそぼーい！（ボックス）」を選択。座席をはさんでテーブルを設置。ボックス席と一般席の間にロッカー設置
▼ 3号車は、白いくろちゃんシート（幼児連れ［未就学児］の場合にゆったり座れる幅の広い転換式座席）。発券時は「あそぼーい！クロ（親子）」を選択

▼ □■◇△は窓配置のパターン。□は座席2列分の広窓、■は座席ごと独立の小窓、◇はボックスシートで1つ窓、△は座席配置と窓配置が必ずしも一致しない窓

「九州横断特急」編成席番表

←熊本　　【⬆ 主な車窓風景】 熊本市街地、阿蘇外輪山(大観峰)、大分駅久大本線、高崎山　　別府→

九州横断特急 // キハ185系2両編成＝JR九州〔大分車両センター〕 // 81・3号、2・84号

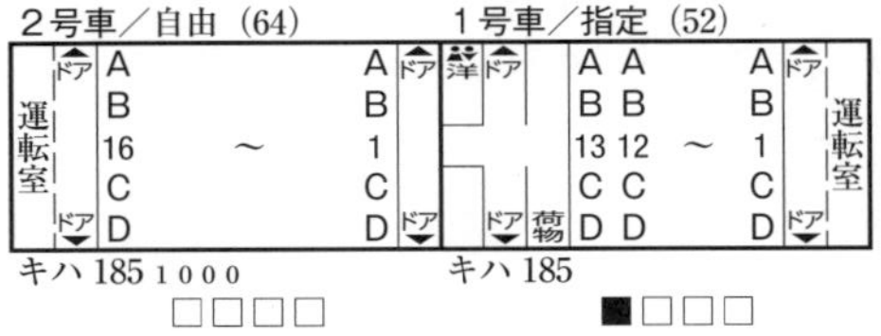

2号車／自由（64） キハ185 1000		1号車／指定（52） キハ185	
運転室 ドア	A B 16 C D 〜 A B 1 C D	ドア 洋 ドア 荷	A A B B 13 12 C C D D 〜 A B 1 C D
	□□□□		■□□□

◆「九州横断特急」81・84号は、「あそぼーい！」運休時に運転。運転日の詳細は最新のJR時刻表などで確認
◇ 2両編成にて運転の場合、ワンマン運転を実施

◇2号車、組込む車両によって座席向き（配置）が異なる場合もある
◇2号車1ABCD席、荷物置場となっている車両もある
◇2号車、定員52名の車両が充当される日もある

★九州横断特急　3両編成にて運転の場合 // キハ185系3両編成＝JR九州〔大分車両センター〕

3号車／自由（64） キハ185 1000	2号車／指定（32+24） キハ186	1号車／指定（52） キハ185
運転室 ドア A B 16 C D 〜 A B 1 C D ドア	ドア A B 15 C D 〜 A B 8 C D ／ A B 6 C D 〜 A B 1 C D 携帯電話室 ドア	洋 洗面 ドア 荷 A A B B 13 12 C C D D 〜 A B 1 C D ドア 運転室
□□□□	■■■ ■■■	■□□□

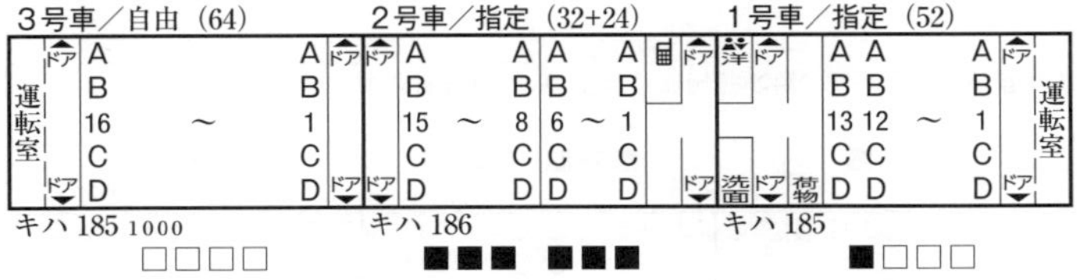

◇ 組込み車両によっては、座席向き（配置）が異なる場合もある

【⬇ 主な車窓風景】 立野33‰、新阿蘇大橋、崩落した旧阿蘇大橋、阿蘇五岳(杵島岳、烏帽子岳、中岳、高岳、根子岳)、緒方駅(碑＝しいたけ発祥の地)、大野川、大分駅日豊本線、別府湾

▽ 車内販売の営業なし
▼ 座席／回転式（座席下ペダル）フリーストッパー型リクライニングシート
▼ 携帯電話印は携帯電話室
▼ □■は窓配置のパターン。□は座席2列分の広窓、■は座席ごと独立の小窓

「あそ」編成席番表

←熊本　　【⬆ 主な車窓風景】 熊本市街地、阿蘇外輪山(大観峰)　　宮地→

あそ // キハ185系2両編成＝JR九州〔大分車両センター〕// 1号、2号

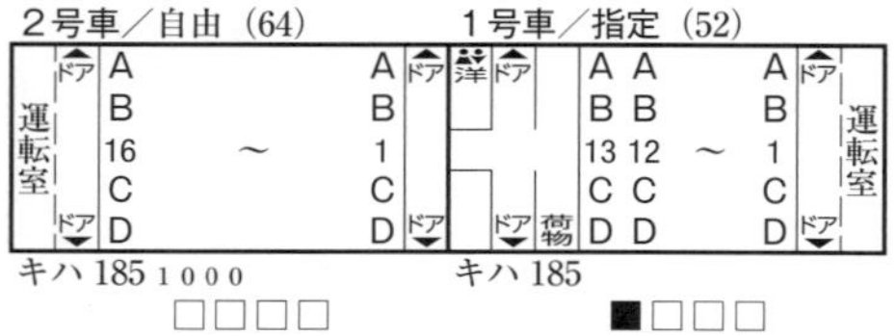

2号車／自由（64）	1号車／指定（52）
運転室・ドア A B 16 C D ～ A B 1 C D ドア	洋・ドア・荷物 A A B B 13 12 C C D D ～ A B 1 C D ドア・運転室
キハ185 1000	キハ185
□□□□	■□□□

◆「あそ」61・62・65・66号は運転日注意。運転日等詳細はＪＲ九州ホームページ、最新のＪＲ時刻表などで確認
◇２両編成にて運転の場合、ワンマン運転を実施

◇２号車、組込み車両によって座席向き（配置）が異なる場合もある
◇２号車１ＡＢＣＤ席、荷物置場となっている車両もある
◇２号車は、定員52名の車両が充当される日もある

★あそ　3両編成にて運転の場合 // キハ185系3両編成＝JR九州〔大分車両センター〕

3号車／自由（64）	2号車／指定（32+24）	1号車／指定（52）
運転室・ドア A B 16 C D ～ A B 1 C D ドア	ドア A B 15 C D ～ A B 8 C D ｜ A B 6 C D ～ A B 1 C D ・ドア	洋・洗面・ドア・荷物 A A B B 13 12 C C D D ～ A B 1 C D ドア・運転室
キハ185 1000	キハ186	キハ185
□□□□	■■■　■■■	■□□□

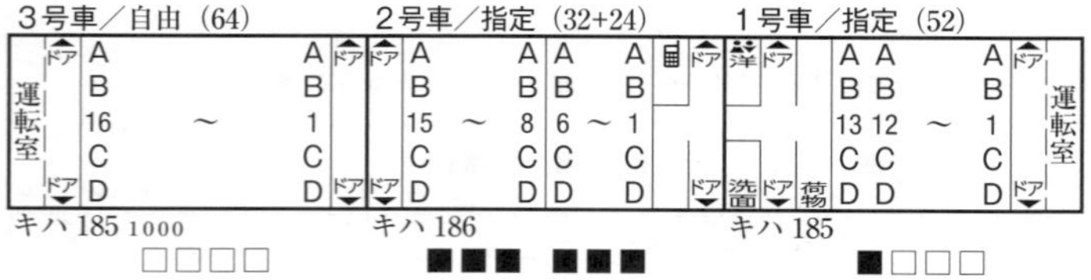

◇組込み車両によっては、座席向き（配置）が異なる場合もある

【⬇ 主な車窓風景】 立野33‰、新阿蘇大橋、崩落した旧阿蘇大橋、阿蘇五岳(杵島岳、烏帽子岳、中岳、高岳、根子岳)

▼座席／回転式（座席下ペダル）フリーストッパー型リクライニングシート
▼□■は窓配置のパターン。□は座席２列分の広窓、■は座席ごと独立の小窓

←熊本　【⬆ 主な車窓風景】 熊本駅豊肥本線、熊本総合車両所(新幹線車両基地)　八代→

SL人吉 // 50系3両編成＝JR九州〔熊本車両センター〕

3号車／指定（44）　オハフ 50 702

展望ラウンジ	13	11	9		7	5	3	1	洋 ドア 業務
	DA / CB	A / B	DA / CB		DA / CB	A / B	DA / CB	A / B	
	14	12	10		8	6	4	2	◎ ドア 業務
	CB / DA	B / A	CB / DA		CB / DA	B / A	CB / DA	B / A	

2号車／指定（48）　オハ 50 701

ビュッフェ	17	15	13	11		9	7	5	3	1	ドア
	DA / CB	A / B	DA / CB	A / B		A / B	DA / CB	A / B	DA / CB	A / B	
カウンター	16	14	12		10	8	6	4	2		ドア
	B / A	CB / DA	B / A		B / A	CB / DA	B / A	CB / DA	B / A		

1号車／指定（40）　オハフ 50 701

車掌室 ドア ◇ ♿	11	9	7		5	3	1	展望ラウンジ
	DA / CB	A / B	DA / CB		DA / CB	A / B	DA / CB	
車掌室 ドア 🚹🚺	12	10	8		6	4	2	
	CB / DA	B / A	CB / DA		CB / DA	B / A	CB / DA	

【⬇ 主な車窓風景】 宇土駅[三角線]

◆ 運転日　2024.03.24　熊本→八代間にて特別運行（招待客のみ）

←鳥栖　【⬆ 主な車窓風景】 鳥栖スタジアム(駅前不動産スタジアム)、久留米駅久大本線、田原坂　熊本→

SL人吉 // 50系3両編成＝JR九州〔熊本車両センター〕

3号車／指定（44）　オハフ 50 702

展望ラウンジ	13	11	9		7	5	3	1	洋 ドア 業務
	DA / CB	A / B	DA / CB		DA / CB	A / B	DA / CB	A / B	
	14	12	10		8	6	4	2	◎ ドア 業務
	CB / DA	B / A	CB / DA		CB / DA	B / A	CB / DA	B / A	

2号車／指定（48）　オハ 50 701

ビュッフェ	17	15	13	11		9	7	5	3	1	ドア
	DA / CB	A / B	DA / CB	A / B		A / B	DA / CB	A / B	DA / CB	A / B	
カウンター	16	14	12		10	8	6	4	2		ドア
	B / A	CB / DA	B / A		B / A	CB / DA	B / A	CB / DA	B / A		

1号車／指定（40）　オハフ 50 701

車掌室 ドア ◇ ♿	11	9	7		5	3	1	展望ラウンジ
	DA / CB	A / B	DA / CB		DA / CB	A / B	DA / CB	
車掌室 ドア 🚹🚺	12	10	8		6	4	2	
	CB / DA	B / A	CB / DA		CB / DA	B / A	CB / DA	

【⬇ 主な車窓風景】 鳥栖駅長崎本線、HAWKSベースボールパーク筑後、有明海、雲仙岳

◆ 運転日　3/1～4、7～11、14～17、20～23。2024.03.23 をもって営業運転終了
◆ 肥薩線沿線応援企画として、鹿児島本線熊本～鳥栖間にて運転。熊本発は蒸気機関車（SL）が先頭、鳥栖発はディーゼル機関車（DL）が先頭となり、両端に機関車を連結

▼ 座席／固定式ボックスシート
▼ 矢印の向きは座席の方向を示している〔→←と向き合えば4人用ボックスシート、→ or ←は2人用座席〕
▼ 1号車の展望ラウンジには12席分のベンチ（フリースペース）設置
　車いすスペースは、カーテンで仕切ることができて、マルチスペースとして利用できる
▼ 2号車の売店前はフリースペース
▼ 3号車の展望ラウンジには、9席分のベンチ（フリースペース）設置
▼ ◇印はラゲージスペース（大きな荷物が置けるスペース）。◎印はベンチ
▼ ▒部にショーケース設置
▽ 無料Wi-Fi「JR-KYUSHU FREE Wi-Fi」サービス実施
▽ 車内販売営業

三角線「A列車で行こう」編成席番表【臨時列車】

←熊本　【⬆ 主な車窓風景】熊本駅豊肥本線、熊本総合車両所(新幹線車両基地)、宇土駅鹿児島本線八代方面　三角→

A列車で行こう // キハ185系2両「A列車で行こう」編成＝JR九州〔熊本車両センター〕// 1·3·5号、2·4·6号

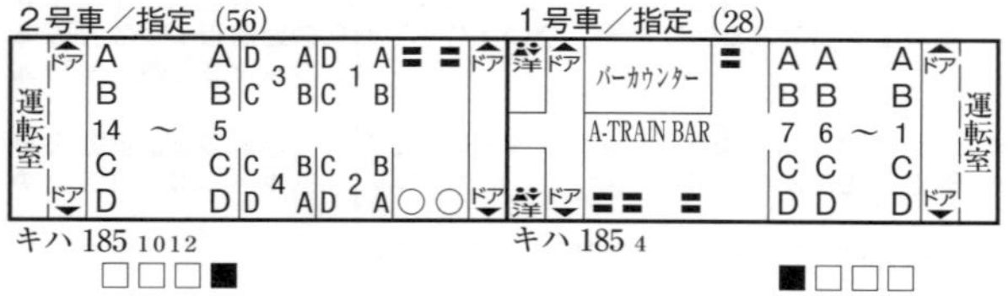

2号車／指定（56）
運転室 ドア A B 14 ～ 5 C D / D C 3 A B C D 4 A B / D C 1 A B C D 2 A B / 〓 〓 ○ ○ ドア
キハ185 1012
□□□■

1号車／指定（28）
洋 ドア バーカウンター A-TRAIN BAR 〓 〓〓 〓 / A B 7 C D / A B 6 ～ 1 C D ドア 運転室
キハ185 4
■□□□

【⬇ 主な車窓風景】有明海(住吉～肥後長浜付近、網田～赤瀬間)

◆ 指定日運転。運転日の詳細は最新のJR時刻表などで確認

▽ 無料Wi-Fi「JR-KYUSHU FREE Wi-Fi」サービス実施
▽ 車内販売営業。バーカウンターでは地元特産品を使ったアルコール飲料やビールなどを販売
▼ 座席／回転式（座席下ペダル）フリーストッパー型リクライニングシート
▼ 2号車1～4ABCD席はセミコンパートメント（ボックス席。3名以上で利用できる）
▼ 〓印はソファ。○印はこどもイス
▼ □■は窓配置のパターン。□は座席2列分の広窓、■は座席ごと独立の小窓

←鹿児島中央　【⬆ 主な車窓風景】 鹿児島車両センター、錦江湾、桜島、喜入石油備蓄基地　指宿→

指宿のたまて箱 // キハ47形2両「指宿のたまて箱」編成＝JR九州〔鹿児島車両センター〕
1·3·5号、2·4·6号

2号車／指定（29）　1号車／指定（31）

キハ47 9079　キハ47 8060

★指宿のたまて箱　3両編成にて運転の場合 // キハ47形＋キハ140形3両「指宿のたまて箱」編成＝JR九州〔鹿児島車両センター〕

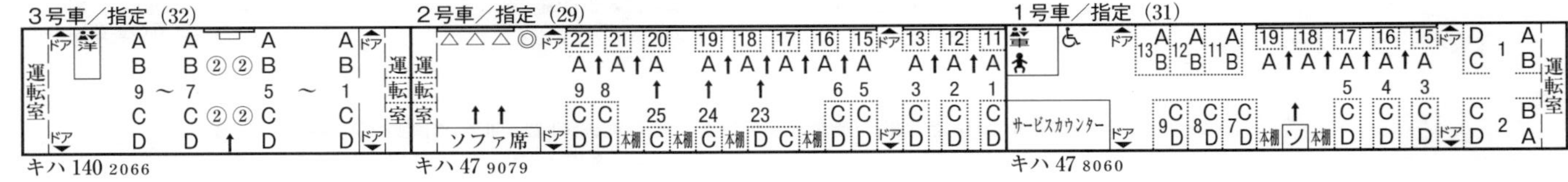

3号車／指定（32）　2号車／指定（29）　1号車／指定（31）

キハ140 2066　キハ47 9079　キハ47 8060

【⬇ 主な車窓風景】 鹿児島中央駅鹿児島本線川内方面

◆ 指定日運転。運転日の詳細は最新のＪＲ時刻表などで確認。夏の臨時列車期間中 7/1 ～ 9/30 毎日運転
◆ ２両編成にて運転の場合　３両編成の３＋１号車、２＋３号車（指宿→）の組合せにて運転する日もある
▽ 客室乗務員が乗務。沿線の観光案内や車内販売などを実施
▽ 連結側ドアは、ドアが開くとミストが噴出す（浦島太郎伝説のたまて箱を開けた雰囲気）
▽ 無料Wi-Fi「JR-KYUSHU FREE Wi-Fi」サービス実施

▼ 座席／１号車の１・2ABCD席はボックスシートで、３名以上にて利用できる。「指宿のたまて箱Ｂ（ボックス）」。座席をはさんでテーブルを設置
２号車の 19CD席は２人掛けシート
１人掛けシートはリクライニングできない。そのほかの２人掛けシートは回転式リクライニングシート
▼ ▭線はカウンター。⬆印は座席の向き。☑はソファ席
▼ △印はこども用固定イス。◎印はベビーサークル
▼ トイレ内にベビーチェアあり
▼ ３号車の▭部は展望スペース。窓側に向いて木製ベンチシート２名分（②）を配置。⬆は矢印の方向に座席が向いたソファ席を設置
▽ １号車１・２・３Ｄ、13・15Ａ席、２号車３・５・９Ｄ、13・15・22Ａ席、３号車１Ａ・Ｄ席は、
戸袋窓が近いため、車窓展望がほかの窓側席と比べて劣る席

←延岡 【⬆ 主な車窓風景】 日向灘、リニアモーターカー宮崎実験線跡 宮崎・南宮崎・宮崎空港→

ひゅうが // 787系6両編成＝JR九州〔南福岡車両区〕 // 1・5号、12・16号

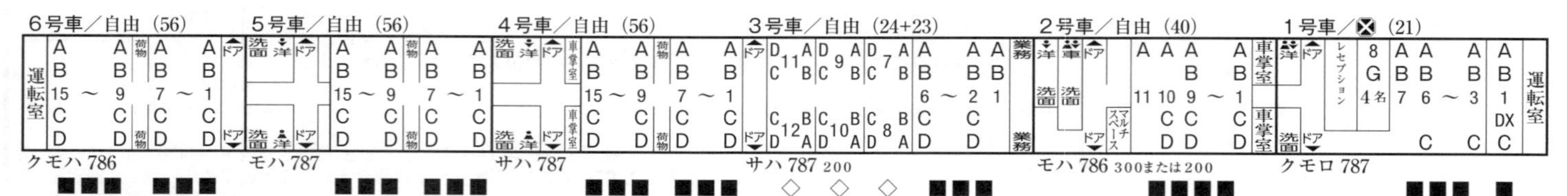

▼ 1号車の1ABC席はDXグリーン。フルリクライニングシート（141度）、フットレスト、モバイル用電源コンセント（⑪）を装備のワンランクアップのグリーン席
▼ 1号車の8Gはサロンコンパートメント（4人用グリーン個室）
▼ 3号車の7～12ABCD席はボックスタイプのセミコンパートメント。座席をはさんでテーブルを設置
▼ その他の座席／普通車＝回転式（座席下ペダル）フリーストッパー型リクライニングシート
　グリーン車＝回転式（座席下ペダル）フリーストッパー型リクライニングシート
▼ 2号車のマルチスペースは横になってくつろぐこともできるスペース

【⬇ 主な車窓風景】 延岡駅[廃止＝高千穂鉄道]、砂土原駅[廃止＝妻線]、南宮崎駅日豊本線鹿児島方面

▽ 車内販売の営業なし
▼ □■◇は窓配置のパターン。□は座席2列分の広窓、■は座席ごと独立の小窓、◇はボックスシートで1つ窓

←延岡　【⬆ 主な車窓風景】 日向灘、リニアモーターカー宮崎実験線跡　宮崎・南宮崎・宮崎空港→

ひゅうが // 787 系 4 両編成＝JR九州〔大分車両センター〕
3・7・9・11・13号、2・4・6・8・10・14号

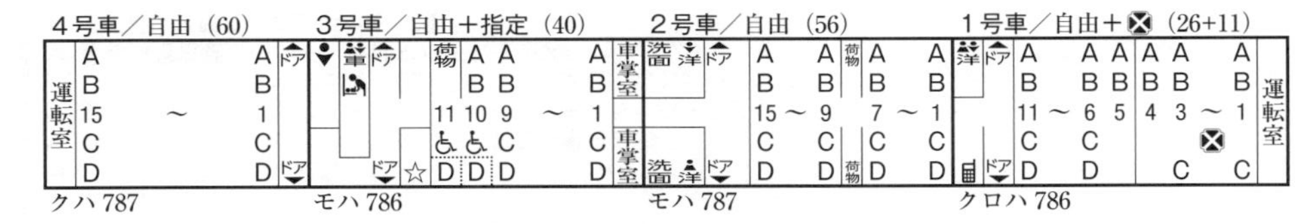

★ひゅうが　4号車定員が56名の編成にて運転の場合 // 787 系 4 両編成＝JR九州〔大分車両センター〕

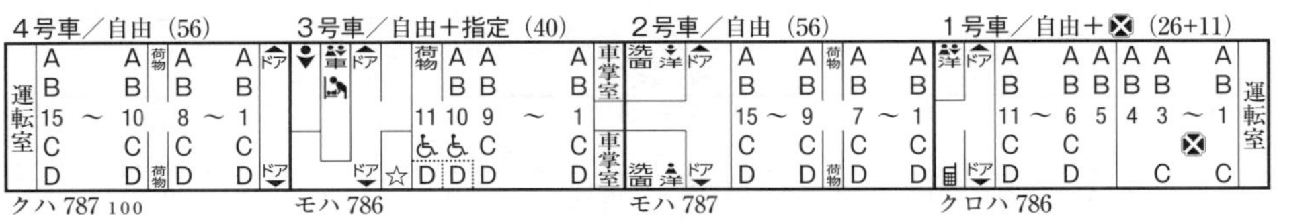

【⬇ 主な車窓風景】 延岡駅［廃止＝高千穂鉄道］、砂土原駅［廃止＝妻線］、南宮崎駅日豊本線鹿児島方面

◇ 3号車座席指定席は、10・11 D席の車いす対応座席
▽ 車内販売の営業なし
▽ 1号車普通室は自由席（半室グリーン車を除き全車自由席）
▼ ⓘ／1号車の窓側に設置
▼ 座席／普通車＝回転式（座席下ペダル）フリーストッパー型リクライニングシート
　グリーン車＝回転式（座席下ペダル）フリーストッパー型リクライニングシート
▼ 📱は携帯電話コーナー。☆はマルチスペース

▼ 窓配置は座席ごと独立の小窓（■）

「きりしま」編成席番表

←宮崎　【⬆ 主な車窓風景】 南宮崎駅日南線、西都城駅[廃止＝大隅線]、国分駅[廃止＝大隅線]、錦江湾、桜島　鹿児島中央→

きりしま // 787系4両編成＝JR九州〔大分車両センター〕 // 3・5・7・9・11・13・15・17・81号、2・4・6・8・10・12・14・16・18・82号、1号【土曜・休日】

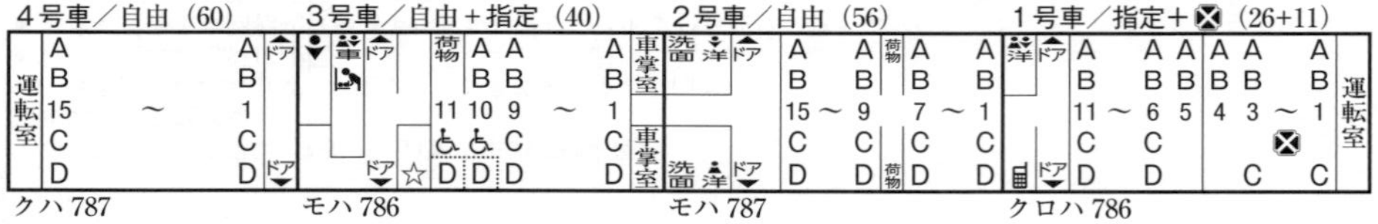

4号車／自由（60）　3号車／自由＋指定（40）　2号車／自由（56）　1号車／指定＋⊠（26+11）

4号車	3号車	2号車	1号車
運転室 A B 15〜1 C D ドア	ドア ♿ 荷物 11 10 9〜1 ☆ 車掌室	洗面 洋 ドア 15〜9 荷物 7〜1	洋 ドア 11〜6 5 4 3〜1 ⊠ 📱 運転室
クハ787	モハ786	モハ787	クロハ786

★きりしま　4号車定員が56名の編成にて運転の場合 // 787系4両編成＝JR九州〔大分車両センター〕

4号車／自由（56）　3号車／自由＋指定（40）　2号車／自由（56）　1号車／指定＋⊠（26+11）

4号車	3号車	2号車	1号車
運転室 A B 15〜10 荷物 8〜1 C D ドア	ドア ♿ 荷物 11 10 9〜1 ☆ 車掌室	洗面 洋 ドア 15〜9 荷物 7〜1	洋 ドア 11〜6 5 4 3〜1 ⊠ 📱 運転室
クハ787 100	モハ786	モハ787	クロハ786

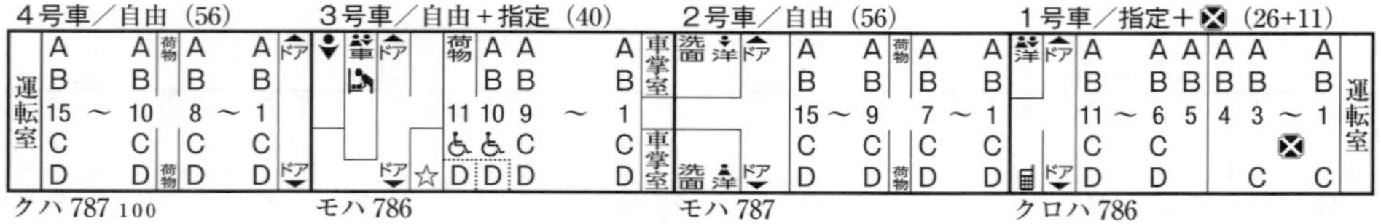

◇4号車が定員56名の編成となる日もある
◆「きりしま」1号、平日は1号車普通席、自由席
「きりしま」81号、82号は臨時列車。運転日等詳しくはJR時刻表等を参照。1号車普通席は自由席

【⬇ 主な車窓風景】 都城駅吉都線、霧島連山、隼人駅肥薩線、仙巌園（磯庭園）

◇ 3号車座席指定席は、10・11 D席の車いす対応座席
▽ 車内販売の営業なし
▼ ⑪／1号車の窓側に設置
▼ 🚼は、現在、設置進捗中のため、未設置の列車もある
▼ 座席／普通車＝回転式（座席下ペダル）フリーストッパー型リクライニングシート
グリーン車＝回転式（座席下ペダル）フリーストッパー型リクライニングシート
▼ 📱は携帯電話コーナー。☆はマルチスペース
▼ 窓配置は座席ごと独立の小窓（■）

「海幸山幸」編成席番表 【臨時列車】

←宮崎　　【⬆ 主な車窓風景】 田吉駅[宮崎空港方面]、日向灘　　南郷→

海幸山幸 // キハ125形2両「海幸山幸」編成＝JR九州〔宮崎車両センター〕 // 1・3号、2・4号

2号車／指定＋自由（30）				1号車／指定（21）			
 ドア◇	A B	A B ♿ ドア	運転席	ドア	🚻	A B … A B	サービスカウンター ドア 運転席
	10 ～ 1					7 ～ 1	
運転席 ドア	C	C ②②② ドア		運転席	ドア ♿	C … C	②②② ドア
キハ125-402				キハ125-401			

【⬇ 主な車窓風景】 南宮崎駅日豊本線鹿児島方面、飫肥の街並み

◆ 指定日運転。運転日の詳細は最新のJR時刻表などで確認

◇１号車は「山幸」、２号車は「海幸」
▽ 無料Wi-Fi「JR-KYUSHU FREE Wi-Fi」サービス実施
◇ ２号車自由席はソファシート（②②②）の６席
▽ 車内販売営業。車内販売のメニュー等詳細は、ＪＲ九州ホームページ「ＪＲ九州の列車たち（Ｄ＆Ｓ列車）」を参照
▼ 座席／回転式（座席下ペダル）フリーストッパー型リクライニングシート
▼ ②部はソファシート、◇部は２人掛け座席
▼ 車いす対応トイレに、ベビーチェアを装備（🚼印を付加）

「おおぞら」編成席番表 －1

←札幌　　　　　　　　　　　　　　　　　　　　　　　　　　　　　　　釧路→

【⬆ 主な車窓風景】 日本ハムファイターズ屋内練習場、サッポロビール園、苗穂工場、苗穂運転所、平和～新札幌間［函館本線旭川方面］、追分駅室蘭本線(交差含む離合)、新夕張駅［廃止＝夕張方面支線］、トマム・ザ・タワー、新狩勝トンネル内にて根室本線滝川方面と合流、狩勝大パノラマ、帯広駅［廃止＝士幌線］、池田駅［廃止＝北海道ちほく高原鉄道］、池田ワイン城、白糠駅［廃止＝白糠線］、釧路運輸車両所

おおぞら // キハ261系4両編成＝JR北海道〔札幌運転所〕 // 3·5·11号、2·8·10号

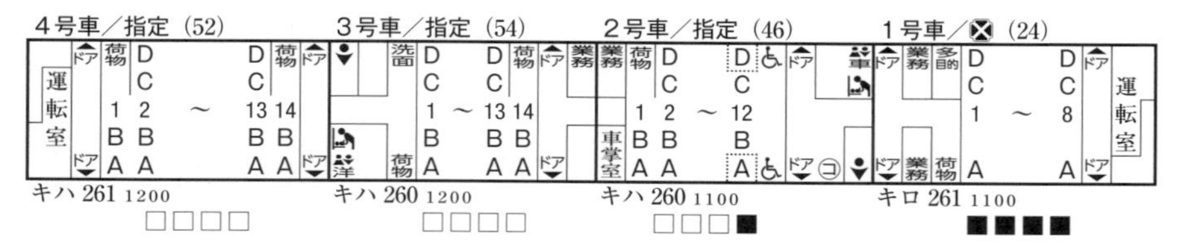

★おおぞら　8両編成にて運転の場合 // キハ261系8両編成＝JR北海道〔札幌運転所〕　◇6両編成の場合は5・6号車を抜いて、7号車は5号車、8号車は6号車にて運転等

8号車／指定（52）	7号車／指定（54）	6号車／指定（54）	5号車／指定（54）	4号車／指定（54）	3号車／指定（54）	2号車／指定（46）	1号車／Ⓖ（24）
運転室 1 2 ～ 13 14	1 ～ 13 14	1 ～ 13 14	1 ～ 13 14	1 ～ 13 14	1 ～ 13 14	1 2 ～ 12	1 ～ 8 運転室
キハ261 1200	キハ260 1200	キハ260 1300	キハ260 1300	キハ260 1300	キハ260 1300	キハ260 1100	キロ261 1100
□□□□	□□□□	□□□□	□□□□	□□□□	□□□□	□□□■	■■■■

【⬇ 主な車窓風景】 札幌市街地、北海道ボールパーク、樽前山、新千歳空港、南千歳駅千歳線苫小牧・新千歳空港方面、帯広駅［廃止＝広尾線］、太平洋

◇ 基本編成を表示
◇ 2024.03.16 改正から全車指定席に変更
▽ 2号車に車いす対応座席を設置
▽ 車内販売の営業なし
池田駅駅弁として親しまれてきた「十勝ワイン漬ステーキ弁当」は、事前に予約すると購入できる可能性がある。詳細はレストランよねくら（☎ 015-572-2032）まで

▼ 座席／普通車＝回転式（座席下ペダル）フリーストッパー型リクライニングシート。シートピッチ 960mm
指定席はグレードアップ指定席（座席の幅拡大・背もたれの角度拡大・可動式ヘッドレスト採用・足を伸ばせるスペース拡大）
グリーン車＝回転式（座席下ペダル）フリーストッパー型リクライニングシート。シートピッチ 1145mm。リクライニング角度は 128 度
電動リクライニング、可動式ヘッドレスト採用、アームレスト・フットレスト付き
▼ 5両編成3号車、8両編成3～6号車は定員54名の車両を表示。この号車に288頁の3号車（定員58名）の車両が組み込まれる場合もある
▼ 多目的室には折畳み式寝台を完備
▼ ⓘ／グリーン車に設置。設置個所は窓側下部 or 肘掛部。㋙は携帯電話充電コーナー（コンセント3箇所設置）
▼ おむつ交換台のあるトイレには印を付加。ベビーチェア（♿）はなし
◆ ♿は、車いすスペース。対応座席等は「みどりの窓口」等にて確認
▼ □■は窓配置のパターン。□は座席2列分の広窓、■は座席ごと独立の小窓

「おおぞら」編成席番表 －2

←札幌　　　　釧路→

【⬆ 主な車窓風景】 日本ハムファイターズ屋内練習場、サッポロビール園、苗穂工場、苗穂運転所、平和～新札幌間[函館本線旭川方面]、追分駅室蘭本線(交差含む離合)、新夕張駅[廃止＝夕張方面支線]、トマム・ザ・タワー、新狩勝トンネル内にて根室本線滝川方面と合流、狩勝大パノラマ、帯広駅[廃止＝士幌線]、池田駅[廃止＝北海道ちほく高原鉄道]、池田ワイン城、白糠駅[廃止＝白糠線]、釧路運輸車両所

おおぞら // キハ 261 系 4 両編成＝JR北海道〔釧路運輸車両所〕 // 1·7·9 号、4·6·12 号

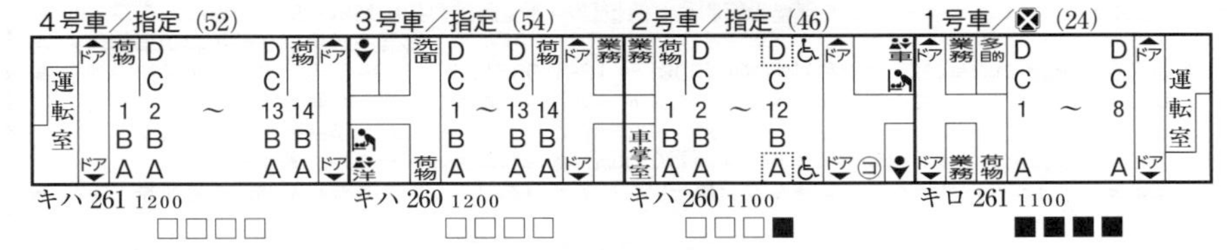

★おおぞら　5両編成にて運転の場合 // キハ 261 系 5 両編成＝JR北海道〔釧路運輸車両所〕

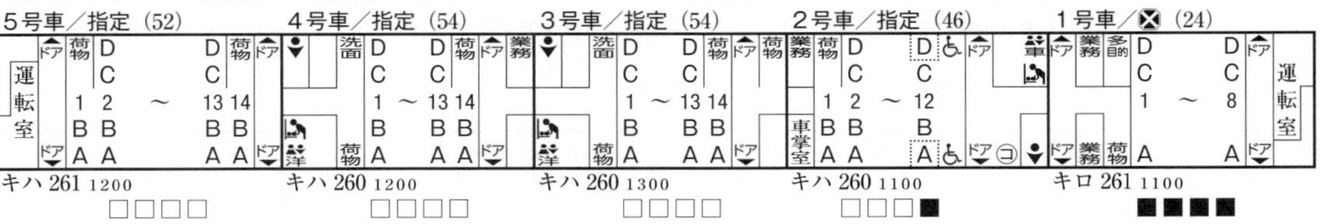

【⬇ 主な車窓風景】 札幌市街地、北海道ボールパーク、樽前山、新千歳空港、南千歳駅千歳線苫小牧・新千歳空港方面、帯広駅[廃止＝広尾線]、太平洋

◇基本編成を表示
◇2024.03.16 改正から全車指定席に変更
▽3号車に車いす対応座席を設置
▽車内販売の営業なし
池田駅駅弁として親しまれてきた「十勝ワイン漬ステーキ弁当」は、事前に予約すると購入できる可能性がある。詳細はレストランよねくら（☎ 015-572-2032）まで

▼座席／普通車＝回転式（座席下ペダル）フリーストッパー型リクライニングシート。シートピッチ 960mm
指定席はグレードアップ指定席（座席の幅拡大・背もたれの角度拡大・可動式ヘッドレスト採用・足を伸ばせるスペース拡大）
グリーン車＝回転式（座席下ペダル）フリーストッパー型リクライニングシート。シートピッチ 1145mm。リクライニング角度は 128 度
電動リクライニング、可動式ヘッドレスト採用、アームレスト・フットレスト付き
▼多目的室には折畳み式寝台を完備
▼⑪／グリーン車に設置。設置個所は窓側下部 or 肘掛部。㋙は携帯電話充電コーナー（コンセント3箇所設置）
▼おむつ交換台のあるトイレには印を付加。ベビーチェア（）はなし
◆♿は、車いすスペース。対応座席等は「みどりの窓口」等にて確認
▼□■は窓配置のパターン。□は座席 2 列分の広窓、■は座席ごと独立の小窓

←札幌　　帯広→

【⬆ 主な車窓風景】 日本ハムファイターズ屋内練習場、サッポロビール園、苗穂工場、苗穂運転所、平和～新札幌間[函館本線旭川方面]、追分駅室蘭本線(交差含む離合)、新夕張駅[廃止＝夕張方面支線]、トマム・ザ・タワー、新狩勝トンネル内にて根室本線滝川方面と合流、狩勝大パノラマ、帯広駅[廃止＝士幌線]

とかち // キハ261系1000代5両編成＝JR北海道〔札幌運転所〕 // 1·3·5·7·9号、2·4·6·8·10号

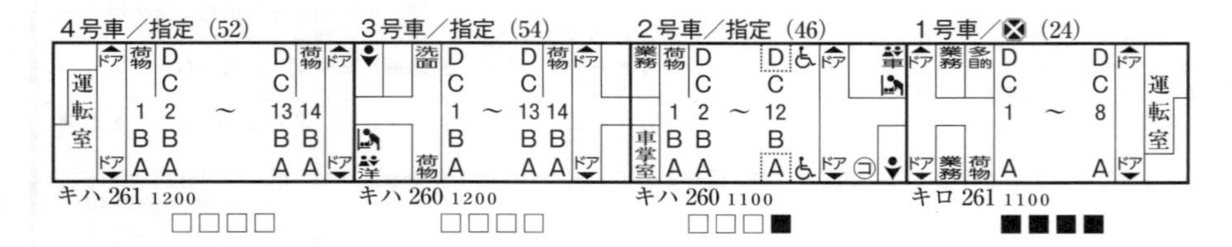

★とかち 6両編成にて運転の場合 // キハ261系1000代6両編成＝JR北海道〔札幌運転所〕 ▌◇5両編成の場合は4号車を抜いて、5号車を4号車に、6号車を5号車に変更

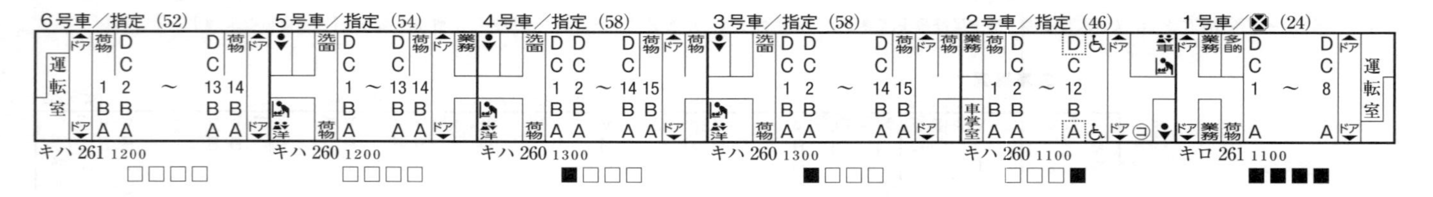

【⬇ 主な車窓風景】 札幌市街地、北海道ボールパーク、樽前山、新千歳空港、南千歳駅千歳線苫小牧・新千歳空港方面

▽2号車に車いす対応座席を設置
◇2024.03.16改正から全車指定席に変更
▽車内販売の営業なし
◇「とかち」9号、4号は、304頁の編成での運転となる日もある。詳しくはＪＲ北海道ホームページ等を参照

▼座席／普通車＝回転式（座席下ペダル）フリーストッパー型リクライニングシート。シートピッチ960mm
指定席はグレードアップ指定席（座席の幅拡大・背もたれの角度拡大・可動式ヘッドレスト採用・足を伸ばせるスペース拡大）
グリーン車＝回転式（座席下ペダル）フリーストッパー型リクライニングシート。シートピッチ1145mm。リクライニング角度は128度
電動リクライニング、可動式ヘッドレスト採用、アームレスト・フットレスト付き
▼6両編成3・4号車は定員58名（キハ260-1301～1308）の車両を表示。この号車に286頁の3号車の車両が組み込まれる場合もある
▼多目的室には折畳み式寝台を完備
▼ⓘ／グリーン車に設置。設置箇所は窓側下部or肘掛部。㋙は携帯電話充電コーナー（コンセント3箇所設置）
◆♿は、車いすスペース。対応座席等は「みどりの窓口」等にて確認
▼□■は窓配置のパターン。□は座席2列分の広窓、■は座席ごと独立の小窓

←札幌　　　　函館→

【⬆ 主な車窓風景】 日本ハムファイターズ屋内練習場、サッポロビール園、苗穂工場、苗穂運転所、平和～新札幌間[函館本線旭川方面]、沼ノ端～植苗間[室蘭本線岩見沢方面]、苫小牧駅日高本線、太平洋、噴火湾、森駅[砂原回り]、駒ヶ岳、大沼、大沼駅[砂原回り]、函館山、七飯駅[藤城回り](クロス)、函館山

北斗 // キハ261系1000代5両編成＝JR北海道〔函館運輸所〕 // 1·3·5·7·9·11·13·15·17·19·21号、2·4·6·8·10·12·14·16·18·20·22号

号車	5号車／指定（52）	4号車／指定（54）	3号車／指定（54）	2号車／指定（46）	1号車／Ⓖ（24）
設備	運転室、ドア、荷物	荷物、ドア、業務、洗面、洋	荷物、ドア、洗面、洋	荷物、業務、車掌室、ドア、車いす、電話、洋	業務、多目的、荷物、ドア、運転室
座席	D C 1 2 ～ 13 14 B B A A	D C 1 ～ 13 14 B B A A	D C 1 ～ 13 14 B B A A	D C 1 2 ～ 12 B B A A（D・A 12 ♿）	D C 1 ～ 8 A A
形式	キハ261 1200	キハ260 1200	キハ260 1300	キハ260 1100	キロ261 1100
窓	□□□□	□□□□	□□□□	□□□■	■■■■

★北斗 // 8両編成にて運転の場合 // キハ261系1000代8両編成＝JR北海道〔函館運輸所〕

号車	8号車／指定（52）	7号車／指定（54）	6号車／指定（54）	5号車／指定（54）	4号車／指定（54）	3号車／指定（54）	2号車／指定（46）	1号車／Ⓖ（24）
設備	運転室、ドア、荷物	荷物、ドア、業務、洗面、洋	荷物、ドア、車掌、洗面、洋	荷物、ドア、洗面、洋	荷物、ドア、洗面、洋	荷物、ドア、洗面、洋	荷物、業務、車掌室、ドア、車いす、電話、洋	業務、多目的、荷物、ドア、運転室
座席	D C 1 2 ～ 13 14 B B A A	D C 1 ～ 13 14 B B A A	D C 1 ～ 13 14 B B A A	D C 1 ～ 13 14 B B A A	D C 1 ～ 13 14 B B A A	D C 1 ～ 13 14 B B A A	D C 1 2 ～ 12 B B A A（D・A 12 ♿）	D C 1 ～ 8 A A
形式	キハ261 1200	キハ260 1200	キハ260 1400	キハ260 1300	キハ260 1300	キハ260 1300	キハ260 1100	キロ261 1100
窓	□□□□	□□□□	□□□□	□□□□	□□□□	□□□□	□□□■	■■■■

【⬇ 主な車窓風景】 札幌市街地、北海道ボールパーク、樽前山、新千歳空港、南千歳駅石勝線・新千歳空港方面、樽前山、ウポポイ、東室蘭駅室蘭本線室蘭方面、有珠山、伊達紋別駅[廃止＝胆振線]、長万部函館本線倶知安方面、国縫[廃止＝瀬棚線]、小沼からの駒ヶ岳、大沼～仁山間[藤城回り](クロス)、函館新幹線総合車両所、函館山、五稜郭駅[道南いさりび鉄道]、函館運輸所

◇ 2024.03.16 改正から全車指定席に変更
▽ 2号車に車いす対応座席を設置
▽ 車内販売の営業なし

▼ 座席／普通車＝回転式（座席下ペダル）フリーストッパー型リクライニングシート。シートピッチ 960mm
指定席はグレードアップ指定席（座席の幅拡大・背もたれの角度拡大・可動式ヘッドレスト採用・足を伸ばせるスペース拡大）
グリーン車＝回転式（座席下ペダル）フリーストッパー型リクライニングシート。シートピッチ 1145mm。リクライニング角度は 128 度
電動リクライニング、可動式ヘッドレスト採用、アームレスト・フットレスト付き
▼ 多目的室には折畳み式寝台を完備
▼ ⓘ／グリーン車に設置。設置個所は窓側下部or肘掛部。㋙は携帯電話充電コーナー（コンセント3箇所設置）
▼ おむつ交換台のあるトイレには印を付加。ベビーチェア（）はなし
◆ ♿は、車いすスペース。対応座席等は「みどりの窓口」等にて確認
▼ □■は窓配置のパターン。□は座席2列分の広窓、■は座席ごと独立の小窓

「北斗」編成席番表 －2

←札幌　　函館→

【⬆ 主な車窓風景】 日本ハムファイターズ屋内練習場、サッポロビール園、苗穂工場、苗穂運転所、平和～新札幌間[函館本線旭川方面]、沼ノ端～植苗間[室蘭本線岩見沢方面]、苫小牧駅日高本線、太平洋、噴火湾、森駅[砂原回り]、駒ヶ岳、大沼、大沼駅[砂原回り]、函館山、七飯駅[藤城回り](クロス)、函館山

★北斗 // 10両編成にて運転の場合 // キハ261系1000代10両編成＝JR北海道〔函館運輸所〕

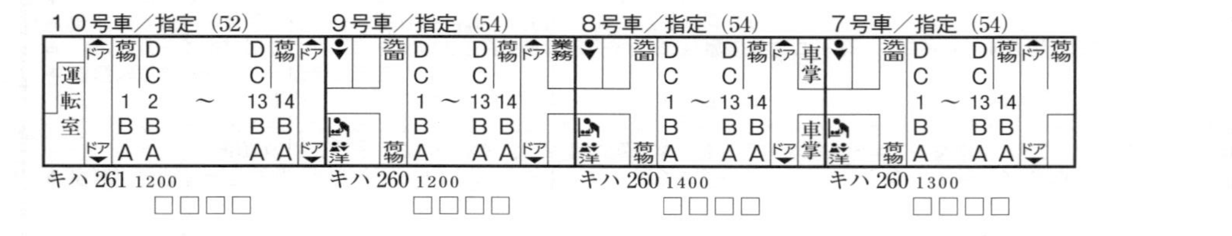

6号車／指定（54）　1～13 14　キハ260 1300
5号車／指定（54）　1～13 14　キハ260 1300
4号車／指定（54）　1～13 14　キハ260 1300
3号車／指定（54）　1～13 14　キハ260 1300
2号車／指定（46）　1 2～12　キハ260 1100
1号車／Ⓖ（24）　1～8　キロ261 1100

【⬇ 主な車窓風景】 札幌市街地、北海道ボールパーク、樽前山、新千歳空港、南千歳駅石勝線・新千歳空港方面、樽前山、ウポポイ、東室蘭駅室蘭本線室蘭方面、有珠山、伊達紋別駅[廃止＝胆振線]、長万部函館本線倶知安方面、国縫[廃止＝瀬棚線]、小沼からの駒ヶ岳、大沼～仁山間[藤城回り](クロス)、函館新幹線総合車両所、函館山、五稜郭駅[道南いさりび鉄道]、函館運輸所

◇ 2024.03.16 改正から全車指定席に変更
▽ 2号車に車いす対応座席を設置
▽ 車内販売の営業なし

▼ 座席／普通車＝回転式（座席下ペダル）フリーストッパー型リクライニングシート。シートピッチ 960mm
指定席はグレードアップ指定席（座席の幅拡大・背もたれの角度拡大・可動式ヘッドレスト採用・足を伸ばせるスペース拡大）
グリーン車＝回転式（座席下ペダル）フリーストッパー型リクライニングシート。シートピッチ 1145mm。リクライニング角度は 128 度
電動リクライニング、可動式ヘッドレスト採用、アームレスト・フットレスト付き
▼ 多目的室には折畳み式寝台を完備
▼ ⑪／グリーン車に設置。設置個所は窓側下部 or 肘掛部。㋙は携帯電話充電コーナー（コンセント3箇所設置）
▼ おむつ交換台のあるトイレには印を付加。ベビーチェア（）はなし
◆ ♿は、車いすスペース。対応座席等は「みどりの窓口」等にて確認
▼ □■は窓配置のパターン。□は座席2列分の広窓、■は座席ごと独立の小窓

←札幌　　函館→

【⬆ 主な車窓風景】 日本ハムファイターズ屋内練習場、サッポロビール園、苗穂工場、苗穂運転所、平和～新札幌間[函館本線]、植苗～沼ノ端間[室蘭本線岩見沢方面]、苫小牧駅日高本線、太平洋、噴火湾、森駅[砂原回り]、駒ヶ岳、大沼、大沼駅[砂原回り]、函館山、七飯駅[藤城回り](クロス)、函館山

北斗 // 261 系 5000 代「はまなす」5両編成＝ＪＲ北海道〔苗穂運転所〕 // 91 号、84 号

4号車／指定 (52)	3号車／指定 (52)	2号車／指定 (52)	1号車／指定 (44)	増1号車／フリー (26)
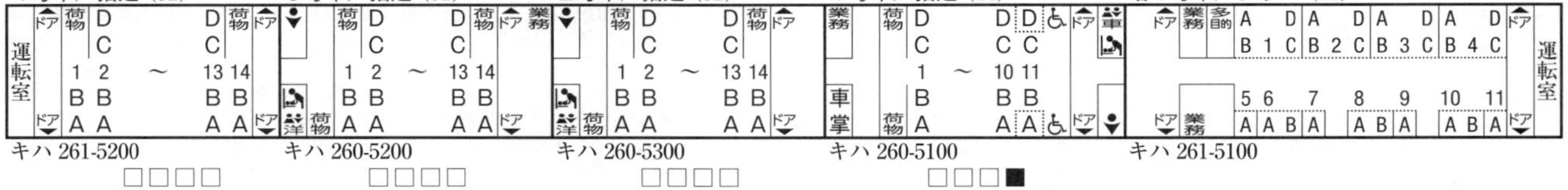 運転室 ドア 荷物 D C 1 2 B A ～ 13 14 D C B A 荷物 ドア	洋 荷物 D C 1 2 B A ～ 13 14 D C B A 荷物 ドア 業務	洋 荷物 D C 1 2 B A ～ 13 14 D C B A 荷物 ドア	業務 車掌 荷物 D C 1 B A ～ 10 11 D C B A ♿ ドア 車	ドア 業務 多目的 A B 1 C D A B 2 C D A B 3 C D A B 4 C D 5 6 7 8 9 10 11 A A B A A B A A B A ドア 運転室
キハ 261-5200 □□□□	キハ 260-5200 □□□□	キハ 260-5300 □□□□	キハ 260-5100 □□□■	キハ 261-5100

【⬇ 主な車窓風景】 札幌市街地、北海道ボールパーク、樽前山、新千歳空港、南千歳駅石勝線・新千歳空港方面、樽前山、ウポポイ、東室蘭駅室蘭本線室蘭方面、有珠山、伊達紋別駅[廃止＝胆振線]、長万部函館本線倶知安方面、国縫[廃止＝瀬棚線]、小沼からの駒ヶ岳、大沼～仁山間[藤城回り](クロス)、函館新幹線総合車両所、函館山、五稜郭駅[道南いさりび鉄道]、函館運輸所

◆ 運転日　4/27 ～ 29、5/3 ～ 6
◇ 2024.03.16 改正から全車指定席に変更
▽ １号車に車いす対応座席を設置
▽ 車内販売の営業なし

▼ 座席／１号車　１～４ＡＢＣＤ席はボックス席、５・７・９・11 Ａ席は１人掛けシート、６・８・10 ＡＢ席はペアシート
２～５号車は回転式リクライニングシート
▼ ⓘ／各座席に設置。Wi- Fｉ設備
▼ おむつ交換台のあるトイレには を付加。♿は車いすスペース
▼ □■は窓配置パターン。□は座席２列分の広窓、■は座席ごとに窓

函館線 普通「ホームライナー」編成席番表

←手稲　　【⬆ 主な車窓風景】 札幌競馬場　　札幌→

ホームライナー // キハ261系1000代5両編成＝JR北海道〔札幌運転所〕 // 1·5号

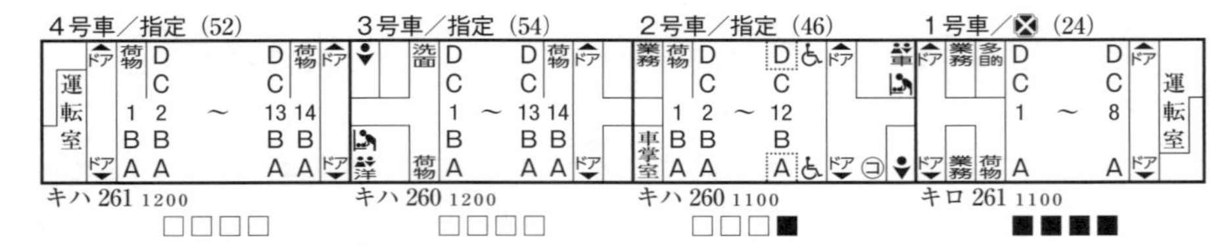

ホームライナー // キハ261系1000代5両編成＝JR北海道〔函館運輸所〕 // 3号

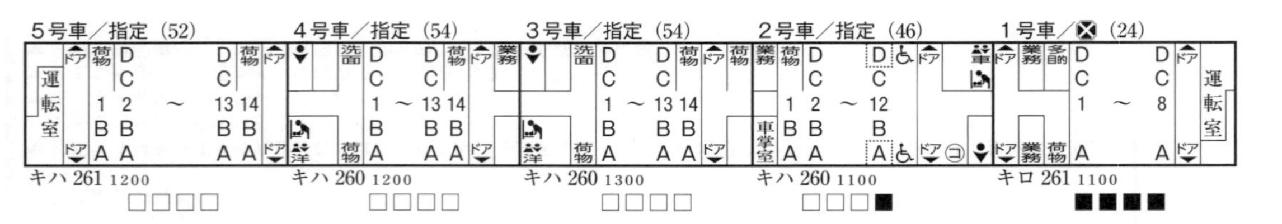

【⬇ 主な車窓風景】 手稲山

▽「えきねっとチケットレス座席指定券」がおトク。普通車指定席210円、グリーン車指定席310円(紙の指定券＝普通車指定席530円、グリーン車指定席780円)[大人]
▽ 2号車に車いす対応座席を設置
◇ 運転日によっては、編成両数が異なる編成が入る日もある

▼ 座席／普通車＝回転式（座席下ペダル）フリーストッパー型リクライニングシート。シートピッチ960mm
指定席はグレードアップ指定席（座席の幅拡大・背もたれの角度拡大・可動式ヘッドレスト採用・足を伸ばせるスペース拡大）
グリーン車＝回転式（座席下ペダル）フリーストッパー型リクライニングシート。シートピッチ1145mm。リクライニング角度は128度
電動リクライニング、可動式ヘッドレスト採用、アームレスト・フットレスト付き
▼ 多目的室には折畳み式寝台を完備
▼ ⓘ／グリーン車に設置。設置箇所は窓側下部or肘掛部。㋘は携帯電話充電コーナー（コンセント3箇所設置）
◆ ♿は、車いすスペース。対応座席等は「みどりの窓口」等にて確認
▼ □■は窓配置のパターン。□は座席2列分の広窓、■は座席ごと独立の小窓

「ライラック」編成席番表

←旭川　　　　　　　　札幌→

【⬆ 主な車窓風景】 忠別川、滝川駅根室本線、砂川駅[廃止＝歌志内線、砂川支線]、岩見沢駅室蘭本線苫小牧方面[＆廃止＝幌内線]、厚別〜白石間[千歳線]、札幌市街地

ライラック // 789系6両編成＝JR北海道〔札幌運転所〕
1·3·5·11·13·15·21·23·25·27·35·37·39·41号、2·4·10·14·16·18·22·24·26·34·36·38·40·48号

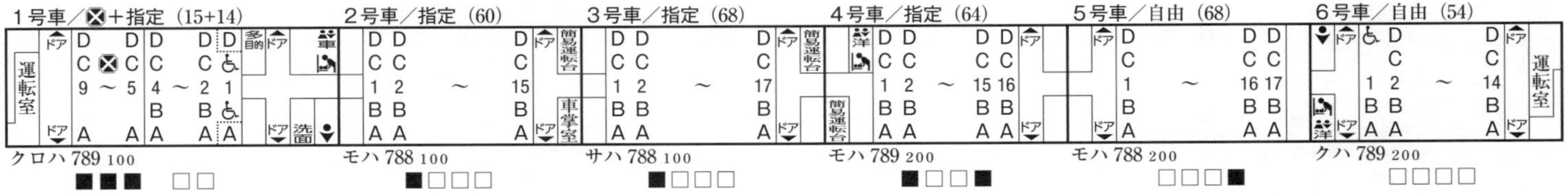

号車	1号車／Ⓖ＋指定（15+14）	2号車／指定（60）	3号車／指定（68）	4号車／指定（64）	5号車／自由（68）	6号車／自由（54）
形式	クロハ789 100	モハ788 100	サハ788 100	モハ789 200	モハ788 200	クハ789 200
座席	運転室／ドア／Ⓖ 9〜5 (D・C・A)／4〜1 (D・C・B・A)／多目的／ドア／洗面・便所	1〜15 (D・C・B・A)／ドア／簡易運転台・車掌室	1〜17 (D・C・B・A)／ドア／簡易運転台	簡易運転台／便所／1〜16 (D・C・B・A)／ドア	ドア／1〜17 (D・C・B・A)	便所／ドア／1〜14 (D・C・B・A)／ドア／運転室
窓配置	■■■　□□	■□□□	■□□□	■□□■	□□□■	□□□□

【⬇ 主な車窓風景】 旭川市街地、深川駅留萌本線[＆廃止＝深名線]、暑寒別岳、苗穂運転所、苗穂工場、サッポロビール園、日本ハムファイターズ屋内練習場

▽ 1号車に車いす対応座席を設置
▽ 車内販売の営業なし
▼ 座席／普通車＝回転式（座席下ペダル）フリーストッパー型リクライニングシート
　　グリーン車＝回転式（座席下ペダル）フリーストッパー型リクライニングシート〔革張りシート〕
▼ ⓘ／グリーン車左右の壁側に設置
▼ おむつ交換台のあるトイレには印を付加
▼ □■は窓配置のパターン。□は座席2列分の広窓、■は座席ごと独立の小窓

「ライラック旭山動物園号」編成席番表 【臨時列車】

←旭川　　札幌→

【⬆ 主な車窓風景】 忠別川、滝川駅根室本線、砂川駅[廃止＝歌志内線、砂川支線]、岩見沢駅室蘭本線苫小牧方面[＆廃止＝幌内線]、厚別～白石間[千歳線]、札幌市街地

ライラック旭山動物園号 // 789系6両編成＝JR北海道〔札幌運転所〕

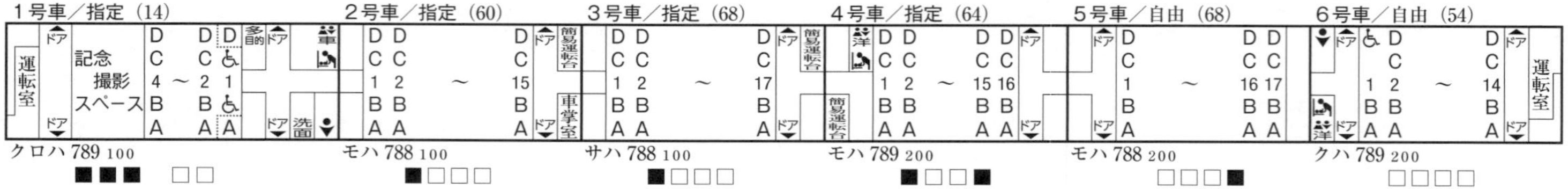

号車	1号車／指定（14）	2号車／指定（60）	3号車／指定（68）	4号車／指定（64）	5号車／自由（68）	6号車／自由（54）
席番	記念撮影スペース、4～2、1（A・B・C・D）	1～15（A・B・C・D）	1～17（A・B・C・D）	1～16（A・B・C・D）	1～17（A・B・C・D）	1～14（A・B・C・D）
形式	クロハ789 100	モハ788 100	サハ788 100	モハ789 200	モハ788 200	クハ789 200
窓配置	■■■　□□	■□□□	■□□□	■□□■	□□□■	□□□□

【⬇ 主な車窓風景】 旭川市街地、深川駅留萌本線[＆廃止＝深名線]、暑寒別岳、苗穂運転所、苗穂工場、サッポロビール園、日本ハムファイターズ屋内練習場

◆ 運転日　最新のＪＲ時刻表などで確認。なお同列車運転日は、同時刻にて運転の「ライラック」は運休

▽ １号車に車いす対応座席を設置
▽ 車内販売の営業なし
▼ 座席／普通車＝回転式（座席下ペダル）フリーストッパー型リクライニングシート
　　　グリーン車＝回転式（座席下ペダル）フリーストッパー型リクライニングシート〔革張りシート〕
▼ ⑪／グリーン車左右の壁側に設置
▼ おむつ交換台のあるトイレには印を付加
▼ □■は窓配置のパターン。□は座席２列分の広窓、■は座席ごと独立の小窓

「カムイ」編成席番表

←旭川　　札幌→

【↑ 主な車窓風景】 忠別川、滝川駅根室本線、砂川駅［廃止＝歌志内線、砂川支線］、岩見沢駅室蘭本線苫小牧方面［＆廃止＝幌内線］、厚別～白石間［千歳線］、札幌市街地

カムイ // 789系1000代5両編成＝JR北海道〔札幌運転所〕
7·9·17·19·29·31·33·43·45·47号、6·8·12·20·28·30·32·42·44·46号

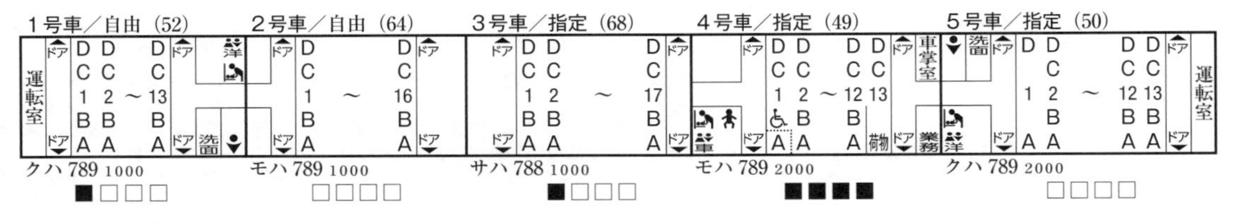

【↓ 主な車窓風景】 旭川市街地、深川駅留萌本線［＆廃止＝深名線］、暑寒別岳、苗穂運転所、苗穂工場、サッポロビール園、日本ハムファイターズ屋内練習場

▽ 車内販売の営業なし

▼ 4号車に車いす対応座席を設置
▼ 座席／普通車＝回転式（座席下ペダル）リクライニングシート
　　4号車座席指定車（uシート）＝回転式（座席下ペダル）リクライニングシート。座席は可動式ヘッドレストを装備。各座席背面にモバイル用電源コンセント設置
▼ ⑪ ／各座席背面に設置
▼ おむつ交換台のあるトイレには、ベビーチェアのあるトイレには を付加
▼ 4号車トイレにはオストメイト設備もある
▼ 洗面所はフィッティングステージ（着替え時などに使用）を備えた多機能化粧室となっている

▼ □■は窓配置のパターン。□は座席2列分の広窓、■は座席ごと独立の小窓

295

「すずらん」編成席番表

←室蘭　　札幌→

【⬆ 主な車窓風景】 東室蘭駅室蘭本線長万部方面、ウポポイ、樽前山、南千歳駅石勝線・新千歳空港方面、新千歳空港、北海道ボールパーク、札幌市街地

すずらん // 789系1000代5両編成＝JR北海道〔札幌運転所〕 // 1・3・5・7・9・11号、2・4・6・8・10・12号

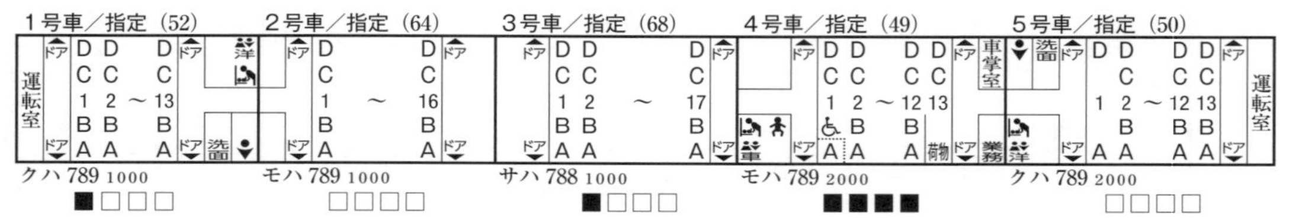

★すずらん　785系にて運転の場合 // 785系5両編成＝JR北海道〔札幌運転所〕

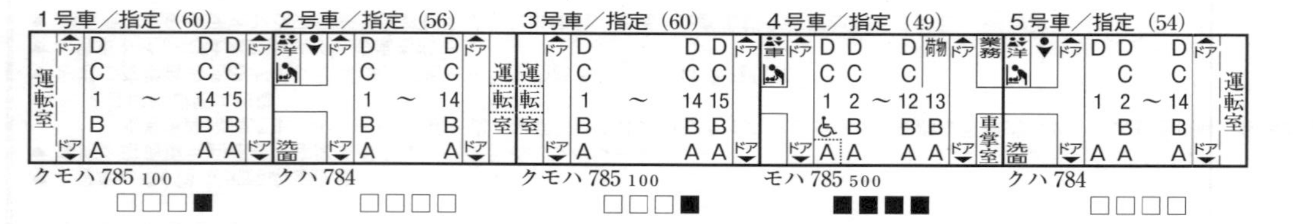

【⬇ 主な車窓風景】 太平洋、苫小牧駅日高本線、沼ノ端〜植苗間［室蘭本線岩見沢方面］、平和〜新札幌間［函館本線］、苗穂運転所、苗穂工場、サッポロビール園、日本ハムファイターズ屋内練習場

▽ 車内販売の営業なし
▼ 4号車に車いす対応座席を設置
▼ 座席／1〜3・5号車＝回転式（座席下ペダル）フリーストッパー型リクライニングシート
　　4号車（uシート）＝シートピッチも広く、座席幅も広くなった大型バケットタイプの座席となっている
▼ 789系 ⓘ／各座席背面に設置。また各座席背面収納テーブルは大型
▼ おむつ交換台のあるトイレには🚼、ベビーチェアのあるトイレには🚸を付加
▼ □■は窓配置のパターン。□は座席2列分の広窓、■は座席ごと独立の小窓

特別快速・快速・区間快速「エアポート」編成席番表 －1

←小樽・札幌　　新千歳空港→

【⬆ 主な車窓風景】 日本海(石狩湾)、札幌運転所、札幌競馬場、桑園駅札沼線(学園都市線)、北海道大学、サッポロビール園、日本ハムファイターズ屋内練習場、苗穂工場、苗穂運転所、平和～新札幌間[函館本線旭川方面]、南千歳駅千歳線苫小牧方面・石勝線

エアポート // 721系5000代6両編成＝ＪＲ北海道〔札幌運転所〕

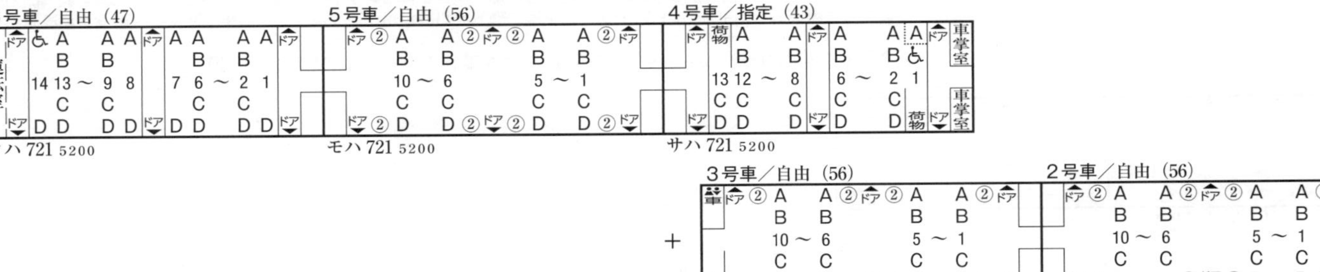

★エアポート // 721系3000代6両編成（改造車両）＝JR北海道〔札幌運転所〕

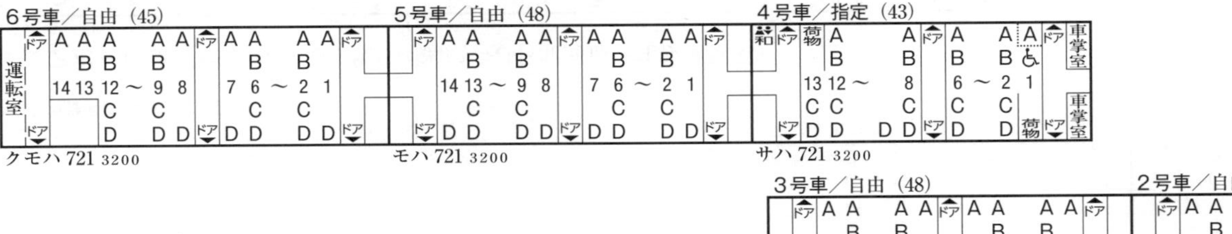

【⬇ 主な車窓風景】 手稲山、札幌市街地、北海道ボールパーク、樽前山、新千歳空港

- ◆特別快速は札幌～新千歳空港間にて運転。途中停車駅は新札幌、南千歳。2024.03.16改正から快速停車駅に桑園が加わる
- ◆区間快速は2024.03.16改正にて誕生。快速との相違点は、北広島～新千歳空港間各駅に停車
- ◆日中時間帯、札幌～新千歳空港間は特別快速１本、快速３本、区間快速２本の毎時６本設定
- ◇2022.04.01から、指定席「ｕシート」チケットレスサービスを導入。「えきねっと」から予約
- ▼席番を表示してある車両は４号車のみ。他は便宜的に、この車両に準拠して座番を表示
- ▼②は２人掛けロングシート
- ▼（　）内の数字は座席数
- ▼４号車に車いす対応座席を設置。♿は車いすスペース
- ▼４号車座席指定車（ｕシート）＝シートピッチを改善。座席はリクライニングシートへ変更。従って座席配置と窓配置とは異なる
- ▼４号車で着席時に窓配置が好適な列＝2·4·9·11列
- ▽無料公衆無線ＬＡＮサービス「JR-Hokkaido Free Wi-Fi」設置

←小樽・札幌　　新千歳空港→

【⬆ 主な車窓風景】 日本海(石狩湾)、札幌運転所、札幌競馬場、桑園駅札沼線(学園都市線)、北海道大学、サッポロビール園、日本ハムファイターズ屋内練習場、苗穂工場、苗穂運転所、平和～新札幌間[函館本線旭川方面]、南千歳駅千歳線苫小牧方面・石勝線

★エアポート // 721 系 4000 代 6 両編成＝JR北海道〔札幌運転所〕

6号車／自由（47） 運転室 ドア ♿ A A A A ドア A A A A ドア / B B B B B / 14 13 12 ～ 9 8 7 6 ～ 2 1 / C C C C C / ドア D D D D D ドア D D D D ドア
クハ 721 4200

5号車／自由（48） ドア A A A A ドア A A A A ドア / B B B B / 14 13 ～ 9 8 7 6 ～ 2 1 / C C C C / ドア D D D D ドア D D D D ドア
モハ 721 4200

4号車／指定（43） ドア 荷物 A A ドア A A A ドア 車掌室 / B B B B ♿ / 13 12 ～ 8 6 ～ 2 1 / C C C C C / ドア D D D ドア D D 荷物 ドア 車掌室
サハ 721 4200

＋

3号車／自由（56） 🚻 ドア ② A A ② ドア ② A A ② ドア / B B B / 10 ～ 6 5 ～ 1 / C C C C / ♿ ドア ② D D ② ドア ② D D ② ドア
サハ 721 4100

2号車／自由（48） ドア A A A A ドア A A A A ドア / B B B B / 14 13 ～ 9 8 7 6 ～ 2 1 / C C C C / ドア D D D D ドア D D D D ドア
モハ 721 4100

1号車／自由（48） 🚻和 ドア A A A A ドア A A A A ドア 運転室 / B B B B / 14 13 ～ 9 8 7 6 ～ 2 1 / C C C C / ドア D D D D ドア D D D D ドア
クハ 721 4100

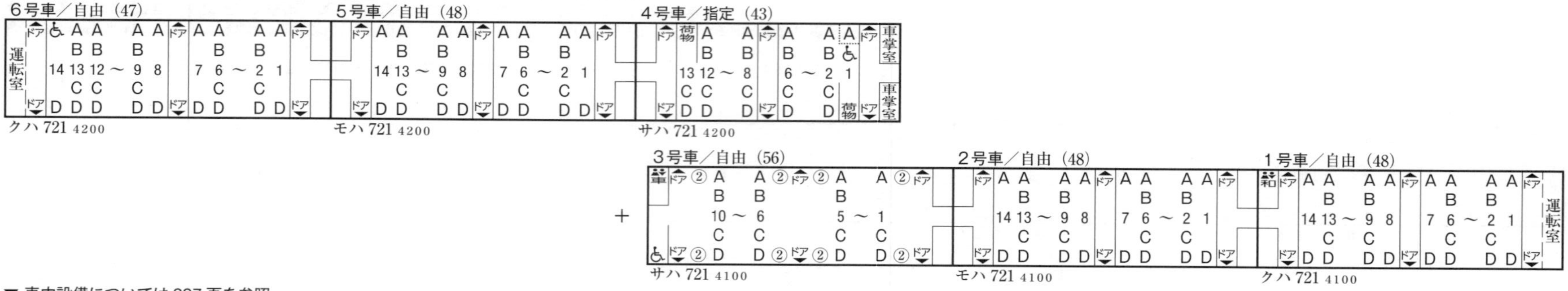

▼ 車内設備については 297 頁を参照

★エアポート // 733 系 3000 代 6 両編成＝ＪＲ北海道〔札幌運転所〕

6号車／自由（47） 運転室 ドア ♿ ③ ③ **③** ドア ③ ③ ④ ③ ドア / ドア ③ ③ ③ ③ ドア **③** ③ ④ ③ ドア
クハ 733 3200

5号車／自由（52） ドア ③ ④ ③ **③** ドア ③ ③ ④ ③ ドア / ドア ③ ④ ③ ③ ドア **③** ③ ④ ③ ドア
モハ 733 3200

4号車／指定（43） ドア 荷物 A A A ドア A A A A ドア 車掌室 / B B B B B B ♿ / 13 12 ～ 9 8 6 5 ～ 2 1 / C C C C C C C / ドア D D D D ドア D D D 荷物 ドア 車掌室
サハ 733 3200
■□□■　■□□■

＋

3号車／自由（52） 🚻 ドア ③ ④ ③ **③** ドア ③ ③ ④ ③ ドア / ドア ③ ④ ③ ③ ドア **③** ③ ④ ③ ドア
サハ 733 3100

2号車／自由（52） ドア ③ ④ ③ **③** ドア ③ ③ ④ ③ ドア / ドア ③ ④ ③ ③ ドア **③** ③ ④ ③ ドア
モハ 733 3100

1号車／自由（50） 🚻洋 ドア ③ ④ ③ **③** ドア ③ ③ ③ ③ ドア 運転室 / ♿ ドア ③ ④ ③ ③ ドア **③** ③ ④ ③ ドア
クハ 733 3100

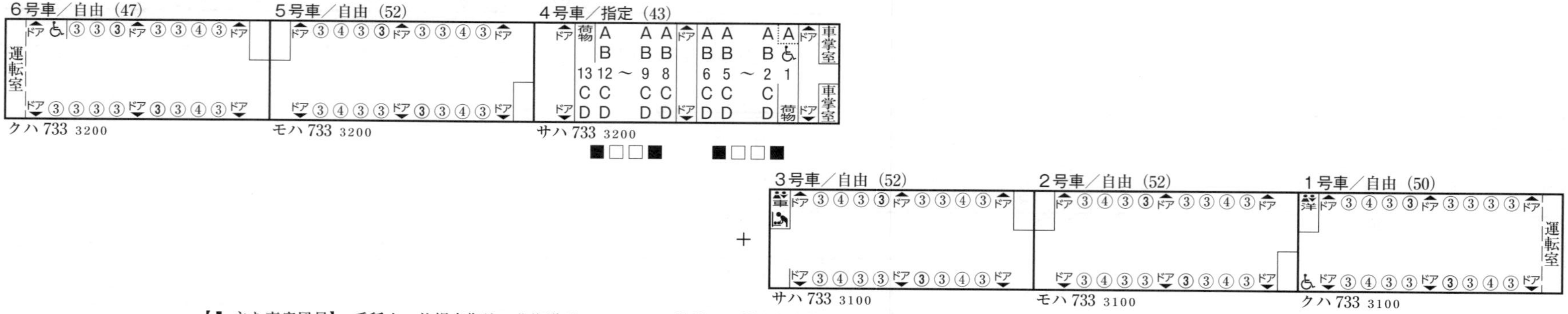

【⬇ 主な車窓風景】 手稲山、札幌市街地、北海道ボールパーク、樽前山、新千歳空港

◆ 特別快速は札幌～新千歳空港間にて運転。途中停車駅は新札幌、南千歳。2024.03.16 改正から快速停車駅に桑園が加わる
◆ 区間快速は 2024.03.16 改正にて誕生。快速との相違点は、北広島～新千歳空港間各駅に停車
◆ 日中時間帯、札幌～新千歳空港間は特別快速１本、快速３本、区間快速２本の毎時６本設定
◇ 2022.04.01 から、指定席「ｕシート」チケットレスサービスを導入。「えきねっと」から予約
▼（ ）内の数字は座席数。丸数字は握り棒の間のロングシート座席数
▼ ４号車に車いす対応座席を設置。♿は車いすスペース
▼ ４号車座席指定車（ｕシート）。■□は窓配置のパターン。721 系は窓配置と座席間隔が必ずしも一致しないので表示割愛
▼ 太字の丸数字は優先席の座席数

◇ 充当車両の本数　721 系 3000 代＝４本、721 系 4000 代＝４本、721 系 5000 代＝３本、733 系 3000 代＝７本。共通運用のため、どの列車にどの車両を充当かは限定できない
▽ 無料公衆無線ＬＡＮサービス「JR-Hokkaido Free Wi-Fi」設置

「オホーツク」編成席番表

←札幌、網走　　遠軽→

【⬆ 主な車窓風景】 日本ハムファイターズ屋内練習場、サッポロビール園、苗穂工場、苗穂運転所、暑寒別岳、深川駅留萌本線[&廃止＝深名線]、旭川市街地、{旭川から}旭川市街地、新旭川駅宗谷本線稚内方面、遠軽駅石北本線網走方面

オホーツク // キハ283系3両編成＝JR北海道〔苗穂運転所〕 // 1·3号・2·4号

▽ 2号車に車いす対応座席を設置

★オホーツク　4両編成にて運転の場合 // キハ283系4両編成＝JR北海道〔苗穂運転所〕 // 1·3号・2·4号

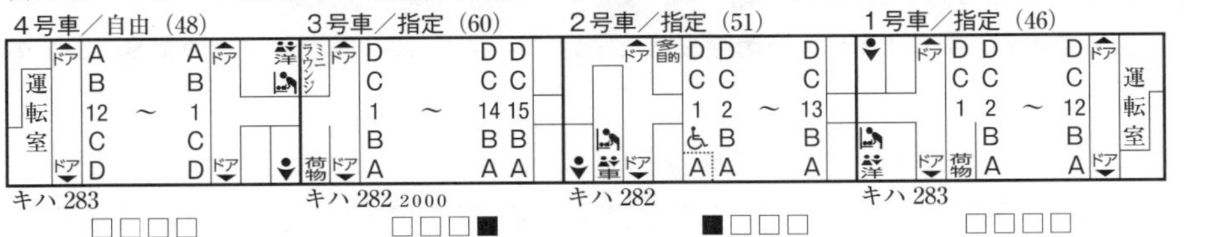

◇ 3号車　指定席の場合を表示
▽ 2号車に車いす対応座席を設置

★オホーツク　5両編成にて運転の場合 // キハ283系5両編成＝JR北海道〔苗穂運転所〕

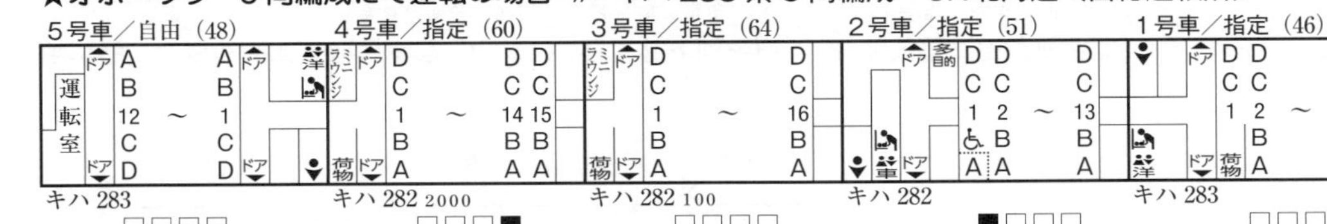

◇ 4号車　指定席の場合を表示
▽ 2号車に車いす対応座席を設置

【⬇ 主な車窓風景】 札幌市街地、白石～厚別間[千歳線]、岩見沢駅室蘭本線苫小牧方面[&廃止＝幌内線]、砂川駅[廃止＝砂川支線、歌志内線]、滝川駅根室本線、忠別川、{旭川から}旭川駅富良野線、旭川運転所、旭山(旭山動物園)、大雪山(旭岳)、遠軽駅石北本線旭川方面、網走湖、網走駅[廃止＝勇網線]

◇ 途中、遠軽にて進行方向が変わる
▽ 車内販売の営業なし
▼ 座席／普通車＝回転式（座席下ペダル）リクライニングシート
▼ □■△は窓配置のパターン。□は座席2列分の広窓、■は座席ごと独立の小窓、△は座席配置と窓配置が必ずしも一致しない窓

「大雪」編成席番表

←旭川、網走　【⬆ 主な車窓風景】 旭川市街地、新旭川駅宗谷本線稚内方面、遠軽駅石北本線網走方面　遠軽→

大雪 // キハ283系3両編成＝JR北海道〔苗穂運転所〕 // 1·3号、2·4号

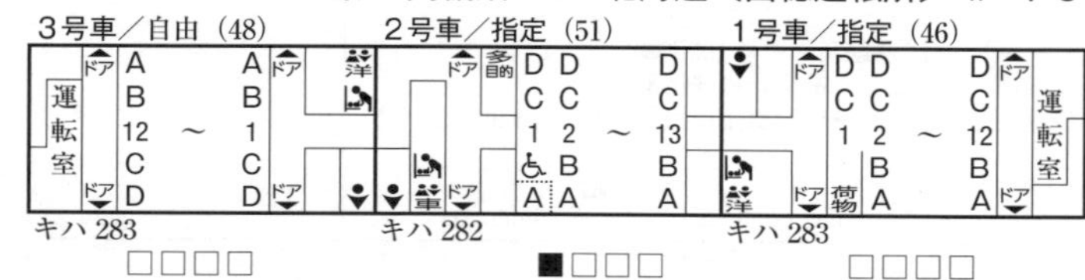

▽ 2号車に車いす対応座席を設置

★大雪　4両編成で運転の場合 // キハ283系4両編成＝JR北海道〔苗穂運転所〕 // 1·3号、2·4号

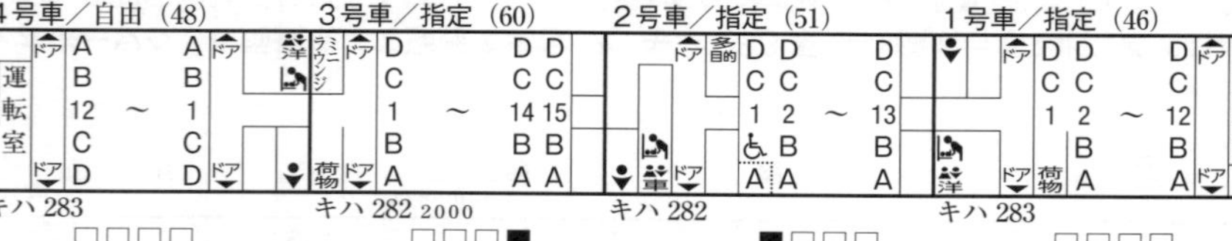

◇ 3号車　指定席の場合を表示
▽ 2号車に車いす対応座席を設置

★大雪　5両編成にて運転の場合 // キハ283系5両編成＝JR北海道〔苗穂運転所〕

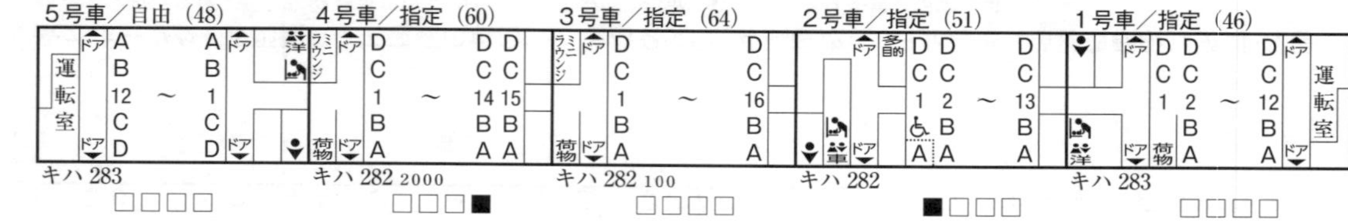

◇ 4号車　指定席の場合を表示
▽ 2号車に車いす対応座席を設置

【⬇ 主な車窓風景】 旭川駅富良野線、旭川運転所、旭山（旭山動物園）、大雪山（旭岳）、遠軽駅石北本線旭川方面、網走湖、網走駅[廃止＝勇網線]

◆ 閑散期にあたる4・5・10・11月の火・水・木曜日を中心に運休となる日がある。運転日に関する詳細は、最新のＪＲ時刻表などで確認
◇ 途中、遠軽にて進行方向が変わる
◇「ライラック」（札幌～旭川間）との旭川駅での乗換えは同一ホーム
▽ 車内販売の営業なし
▼ 座席／普通車＝回転式（座席下ペダル）リクライニングシート
▼ □■△は窓配置のパターン。□は座席2列分の広窓、■は座席ごと独立の小窓、△は座席配置と窓配置が必ずしも一致しない窓

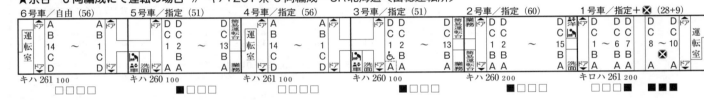

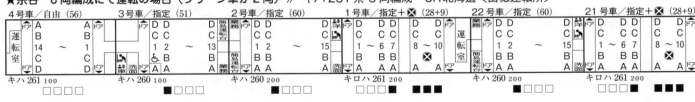

「宗谷」編成席番表

←札幌　　　　稚内→

【⬆ 主な車窓風景】 日本ハムファイターズ屋内練習場、サッポロビール園、苗穂工場、苗穂運転所、暑寒別岳、深川駅留萌本線[＆廃止＝深名線]、旭川市街地、名寄駅[廃止＝深名線]、天塩川、幌延駅[廃止＝羽幌線]、サロベツ原野、利尻島、礼文島

宗谷 // キハ 261 系 4 両編成＝JR北海道〔苗穂運転所〕

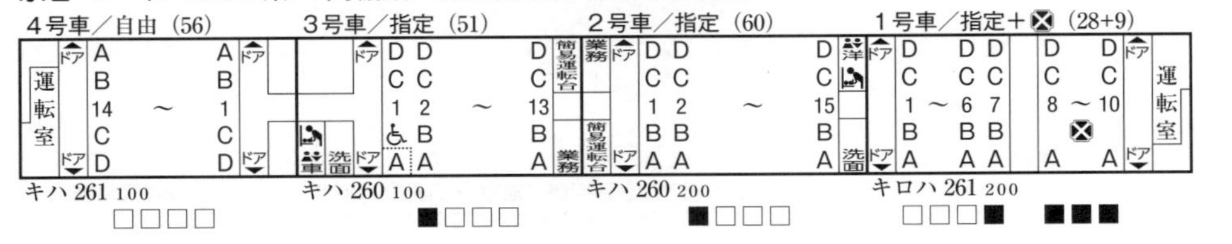

4号車／自由（56） キハ 261 100　3号車／指定（51） キハ 260 100　2号車／指定（60） キハ 260 200　1号車／指定＋⊠（28+9） キロハ 261 200

★宗谷 6両編成にて運転の場合 // キハ 261 系 6 両編成＝JR北海道〔苗穂運転所〕

6号車／自由（56） キハ 261 100　5号車／指定（51） キハ 260 100　4号車／指定（56） キハ 261 100　3号車／指定（51） キハ 260 100　2号車／指定（60） キハ 260 200　1号車／指定＋⊠（28+9） キロハ 261 200

★宗谷 6両編成にて運転の場合（グリーン車が２両） // キハ 261 系 6 両編成＝JR北海道〔苗穂運転所〕

4号車／自由（56） キハ 261 100　3号車／指定（51） キハ 260 100　2号車／指定（60） キハ 260 200　1号車／指定＋⊠（28+9） キロハ 261 200　22号車／指定（60） キハ 260 200　21号車／指定＋⊠（28+9） キロハ 261 200

【⬇ 主な車窓風景】 札幌市街地、白石～厚別間[千歳線]、岩見沢駅室蘭本線苫小牧方面[＆廃止＝幌内線]、砂川駅[廃止＝砂川支線、歌志内線]、滝川駅根室本線、忠別川、旭川駅富良野線、新旭川駅石北本線、旭川運転所、旭山(旭山動物園)、大雪山(旭岳)、名寄駅[廃止＝名寄本線]、美深駅[廃止＝美幸線]、音威子府駅[廃止＝天北線]、南稚内駅[廃止＝天北線]

◆「宗谷」は、キハ 261 系「はまなす」編成を充当となる日もある。この場合は 302 頁を参照。この場合、グリーン車の連結なし
▽ 3 号車に車いす対応座席を設置
▽ 車内販売の営業なし

▼ 座席／普通車＝回転式（座席下ペダル）フリーストッパー型リクライニングシート
　　　グリーン車＝回転式（座席下ペダル）フリーストッパー型リクライニングシート
▼ ⑪／グリーン車内壁側に設置
▼ おむつ交換台のあるトイレには印を付加
▼ □■は窓配置のパターン。□は座席２列分の広窓、■は座席ごと独立の小窓

「宗谷」「サロベツ」編成席番表

←札幌　　　　稚内→

【⬆ 主な車窓風景】 日本ハムファイターズ屋内練習場、サッポロビール園、苗穂工場、苗穂運転所、暑寒別岳、深川駅留萌本線[廃止＝深名線]
旭川市街地、名寄駅[廃止＝深名線]、天塩川、幌延駅[廃止＝羽幌線]、サロベツ原野、利尻島、礼文島

★「宗谷」「サロベツ」　はまなす編成、ラベンダー編成にて運転の場合　// 261系5000代5両編成＝ＪＲ北海道〔苗穂運転所〕

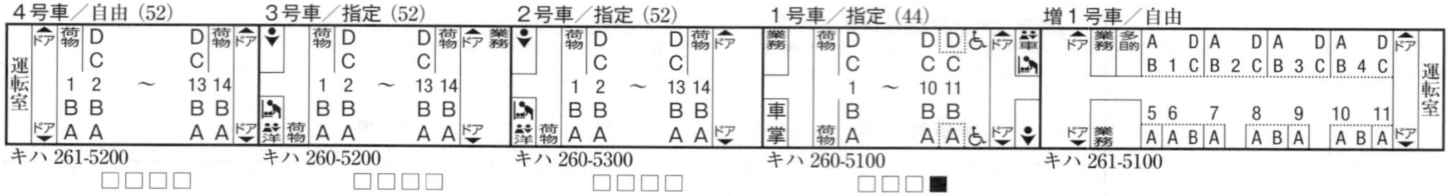

4号車／自由（52）	3号車／指定（52）	2号車／指定（52）	1号車／指定（44）	増1号車／自由
運転室・ドア・荷物 / D C 1 2 ～ 13 14 B A / 荷物・ドア	トイレ・洋・荷物 / D C 1 2 ～ 13 14 B A / 荷物・ドア・業務	トイレ・洋・荷物 / D C 1 2 ～ 13 14 B A / 荷物・ドア	業務・車掌・荷物 / D C 1 ～ 10 11 B A（11 C D A ♿）/ ドア・車いす対応トイレ	ドア・業務・多目的 / A B 1 C D A B 2 C D A B 3 C D A B 4 C D（ボックス席）/ 5 6 A A、7 A、8 9 A B A、10 11 A B A / ドア・運転室
キハ 261-5200	キハ 260-5200	キハ 260-5300	キハ 260-5100	キハ 261-5100
□□□□	□□□□	□□□□	□□□■	

【⬇ 主な車窓風景】 札幌市街地、白石～厚別間[千歳線]、岩見沢駅室蘭本線苫小牧方面[&廃止＝幌内線]、
砂川駅[廃止＝砂川支線、歌志内線]、滝川駅根室本線、忠別川、旭川駅富良野線、新旭川駅石北本線、旭川運転所、
旭山(旭山動物園)、大雪山(旭岳)、名寄駅[廃止＝名寄本線]、美深駅[廃止＝美幸線]、音威子府駅[廃止＝天北線]、
南稚内駅[廃止＝天北線]

◆「宗谷」「サロベツ」、下記運転日、掲載の編成での運転を計画（３～６月分）
はまなす編成
「宗谷」（札幌発）、「サロベツ」４号、３号　3/7・9・14・16・21・23
「サロベツ」２号、１号、「宗谷」（稚内発）　3/8・10・15・17・22・24
ラベンダー編成
「宗谷」（札幌発）、「サロベツ」４号、３号　4/4・6・11・13・18・20、5/10・12・17・19・24・26・31、6/2
「サロベツ」２号、１号、「宗谷」（稚内発）　4/5・7・12・14・19・21、5/11・13・18・20・25・27、6/1・3

▽ １号車に車いす対応座席を設置
▼ 座席／増１号車　フリースペース（１～４ＡＢＣＤ席はボックス席、５・７・９・11Ａ席は１人掛けシート、６・８・10ＡＢ席はペアシート）
１～４号車は回転式リクライニングシート
▼ ⓘ／各座席に設置。Wi-Fi設備
▼ おむつ交換台のあるトイレには🚼を付加。♿は車いすスペース
▼ □■は窓配置パターン。□は座席２列分の広窓、■は座席ごと独立の小窓

「サロベツ」編成席番表

←旭川　　稚内→

【⬆ 主な車窓風景】 旭川市街地、名寄駅[廃止＝深名線]、天塩川、幌延駅[廃止＝羽幌線]、サロベツ原野、利尻島、礼文島

サロベツ // キハ 261 系 4 両編成＝JR北海道〔苗穂運転所〕 // 1·3 号、2·4 号

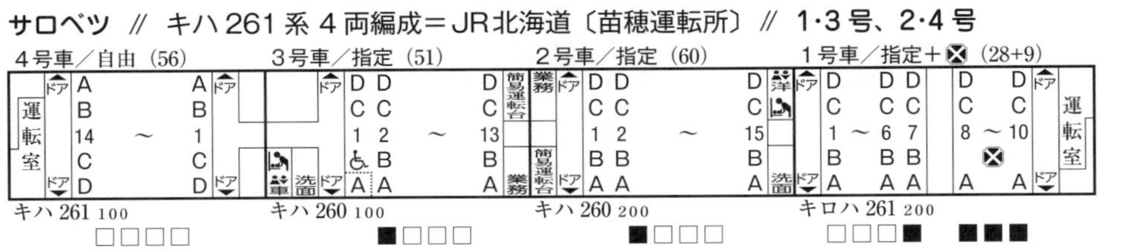

★サロベツ 6 両編成にて運転の場合 // キハ 261 系 6 両編成＝JR北海道〔苗穂運転所〕

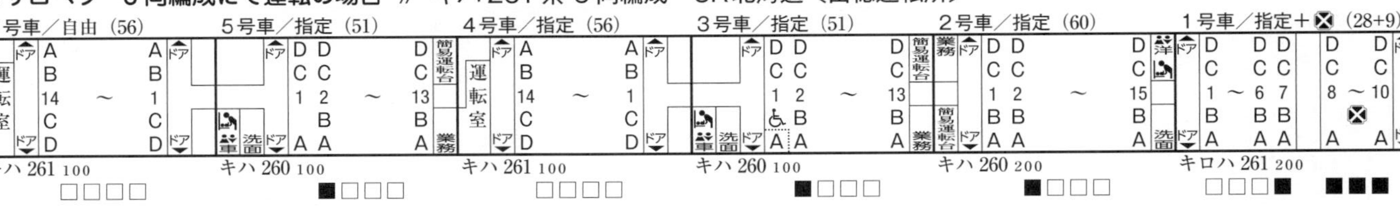

◇ 5 号車を自由席に変更する日もある

★サロベツ 6 両編成にて運転の場合（グリーン車が 2 両） // キハ 261 系 6 両編成＝JR北海道〔苗穂運転所〕

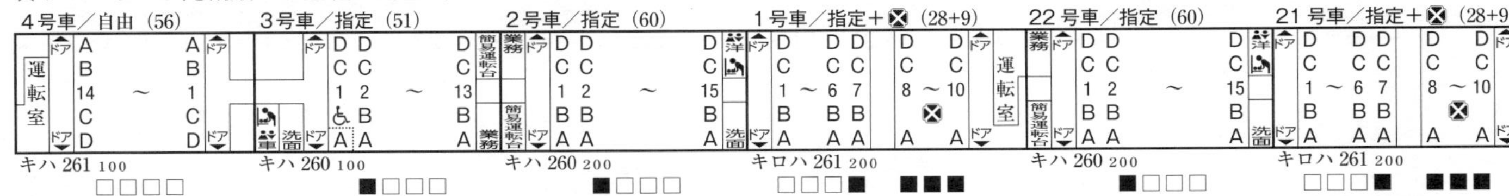

【⬇ 主な車窓風景】 旭川駅富良野線、新旭川駅石北本線、旭川運転所、旭山（旭山動物園）、大雪山（旭岳）、名寄駅[廃止＝名寄本線]、美深駅[廃止＝美幸線]、音威子府駅[廃止＝天北線]、南稚内駅[廃止＝天北線]

◆「サロベツ」3・4号、閑散期にあたる4・5・10・11 月の火・水・木曜日を中心に運休となる日がある。運転日に関する詳細は、最新のＪＲ時刻表などで確認
◆「サロベツ」は、キハ 261 系「はまなす」編成を充当となる日もある。この場合は 302 頁を参照。この場合、グリーン車の連結なし

▽ 3 号車に車いす対応座席を設置
◇「ライラック」（札幌～旭川間）との旭川駅での乗換えは同一ホーム
▽ 車内販売の営業なし

▼ 座席／普通車＝回転式（座席下ペダル）フリーストッパー型リクライニングシート
　　　グリーン車＝回転式（座席下ペダル）フリーストッパー型リクライニングシート
▼ ⑪／グリーン車内壁側に設置
▼ おむつ交換台のあるトイレには印を付加
▼ □■は窓配置のパターン。□は座席 2 列分の広窓、■は座席ごと独立の小窓

←札幌　　【⬆ 主な車窓風景】　　旭川・稚内・釧路・函館→

261系 はまなす // 261系5000代5両編成＝ＪＲ北海道〔苗穂運転所〕

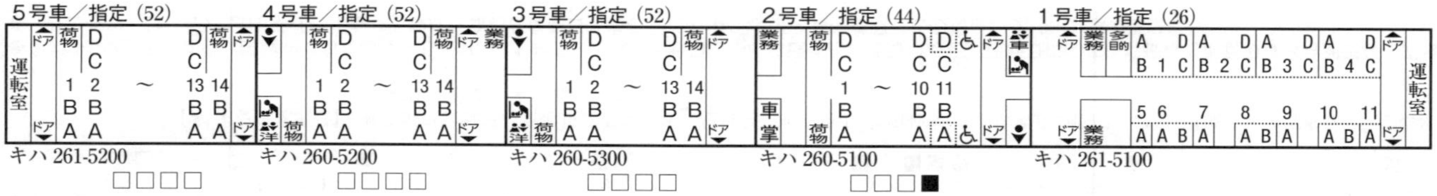

5号車／指定（52）　運転室　D C 1 2 B A ～ D C 13 14 B A　キハ 261-5200　□□□□

4号車／指定（52）　D C 1 2 B A ～ D C 13 14 B A　キハ 260-5200　□□□□

3号車／指定（52）　D C 1 2 B A ～ D C 13 14 B A　キハ 260-5300　□□□□

2号車／指定（44）　車掌　D C 1 B A ～ D C 10 11 B A　キハ 260-5100　□□□■

1号車／指定（26）　A B 1 C D　A B 2 C D　A B 3 C D　A B 4 C D　5 A　6 A B　7 A　8 A B　9 A　10 A B　11 A　運転室　キハ 261-5100

【⬇ 主な車窓風景】

▼ 座席／1号車　1～4ＡＢＣＤ席はボックス席、5・7・9・11Ａ席は1人掛けシート、6・8・10ＡＢ席はペアシート
　2～5号車は回転式リクライニングシート
▼ ⓪／各座席に設置。Wi-Fi設備
▼ おむつ交換台のあるトイレには🚼を付加。♿は車いすスペース
▼ □■は窓配置パターン。□は座席2列分の広窓、■は座席ごとに窓

▽ 主な車窓風景は、運転区間ごとに異なるので割愛

JR北海道「261系 ラベンダー」編成席番表

←札幌　【⬆ 主な車窓風景】 日本ハムファイターズ屋内練習場、サッポロビール園、苗穂工場、苗穂運転所、暑寒別岳、滝川駅函館本線旭川方面、空知川　旭川・稚内・釧路・函館→

261 系 ラベンダー // 261 系 5000 代5両編成＝JR北海道〔苗穂運転所〕

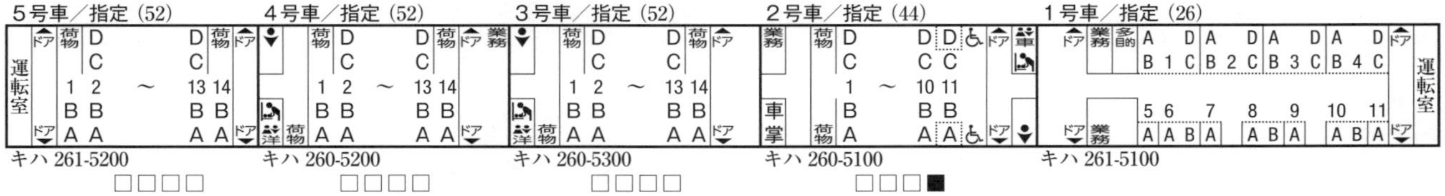

5号車／指定（52）	4号車／指定（52）	3号車／指定（52）	2号車／指定（44）	1号車／指定（26）
運転室 ドア 荷物 1〜14 ABCD 荷物 ドア	荷物 1〜14 ABCD 荷物 ドア 業務 / 洋	荷物 1〜14 ABCD 荷物 ドア / 洋 荷物	業務 車掌 荷物 1〜11 ABCD ♿ ドア 車掌	ドア 業務 多目的 1〜4 ABCD、5〜11 AB ドア 運転室
キハ 261-5200	キハ 260-5200	キハ 260-5300	キハ 260-5100	キハ 261-5100
□□□□	□□□□	□□□□	□□□■	

【⬇ 主な車窓風景】 札幌市街地、白石〜厚別間［千歳線］、岩見沢駅室蘭本線苫小牧方面［＆廃止＝幌内線］、砂川駅［廃止＝砂川支線、歌志内線］、芦別岳

▼ 座席／1号車　1〜4ABCD席はボックス席、5・7・9・11A席は1人掛けシート、6・8・10AB席はペアシート
2〜5号車は回転式リクライニングシート
▼ ⓔ／各座席に設置。Wi-Fi設備
▼ おむつ交換台のあるトイレには🚼を付加。♿は車いすスペース
▼ □■は窓配置パターン。□は座席2列分の広窓、■は座席ごとに窓

▽ 主な車窓風景は、運転区間ごとに異なるので割愛

函館本線・根室本線「フラノラベンダーエクスプレス」編成席番表

←札幌　【⬆ 主な車窓風景】 日本ハムファイターズ屋内練習場、サッポロビール園、苗穂工場、苗穂運転所、暑寒別岳、滝川駅函館本線旭川方面、空知川　富良野→

フラノラベンダーエクスプレス // 261 系 5000 代5両編成＝JR北海道〔苗穂運転所〕

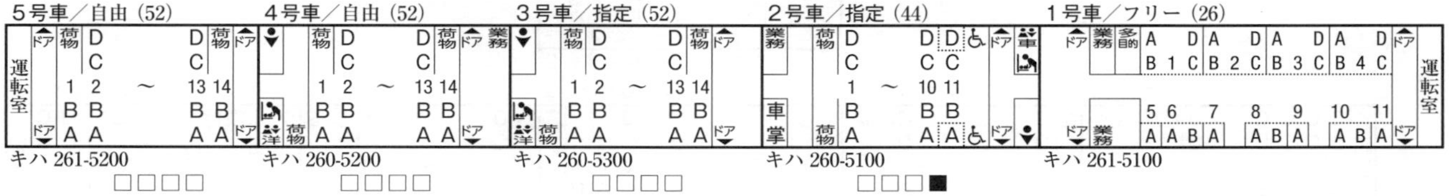

5号車／自由（52）	4号車／自由（52）	3号車／指定（52）	2号車／指定（44）	1号車／フリー（26）
運転室 ドア 荷物 1〜14 ABCD 荷物 ドア	荷物 1〜14 ABCD 荷物 ドア 業務 / 洋	荷物 1〜14 ABCD 荷物 ドア / 洋 荷物	業務 車掌 荷物 1〜11 ABCD ♿ ドア 車掌	ドア 業務 多目的 1〜4 ABCD、5〜11 AB ドア 運転室
キハ 261-5200	キハ 260-5200	キハ 260-5300	キハ 260-5100	キハ 261-5100
□□□□	□□□□	□□□□	□□□■	

【⬇ 主な車窓風景】 札幌市街地、白石〜厚別間［千歳線］、岩見沢駅室蘭本線苫小牧方面［＆廃止＝幌内線］、砂川駅［廃止＝砂川支線、歌志内線］、芦別岳

◆ 運転日　最新のJR時刻表などで確認。3/30・31 運転の臨時特急「ふらの」（札幌〜富良野間）は同編成を充当。全車指定席
▽ 2号車に車いす対応座席を設置
▽ 車内販売の営業なし

▼ 座席／1号車(フリースペース)　1〜4ABCD席はボックス席、5・7・9・11A席は1人掛けシート、6・8・10AB席はペアシート
2〜5号車は回転式リクライニングシート
▼ ⓔ／各座席に設置。Wi-Fi設備
▼ おむつ交換台のあるトイレには🚼を付加。♿は車いすスペース
▼ □■は窓配置パターン。□は座席2列分の広窓、■は座席ごとに窓

JR北海道「ノースレインボーエクスプレス」編成席番表

←札幌　　富良野→

【⬆ 主な車窓風景】 日本ハムファイターズ屋内練習場、サッポロビール園、苗穂工場、苗穂運転所、暑寒別岳、滝川駅函館本線旭川方面、空知川、十勝岳連峰(十勝岳、富良野岳など)、富良野駅富良野線

ノースレインボーエクスプレス // キハ183系5両「ノースレインボーエクスプレス」編成＝JR北海道〔苗穂運転所〕

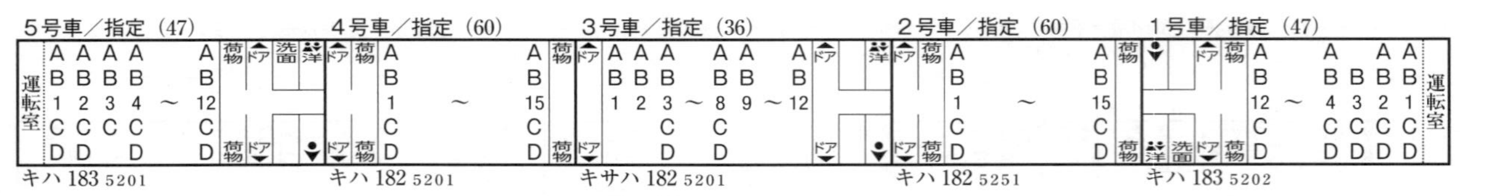

【⬇ 主な車窓風景】 札幌市街地、白石～厚別間[千歳線]、岩見沢駅室蘭本線苫小牧方面[&廃止＝幌内線]、砂川駅[廃止＝砂川支線、歌志内線]、芦別岳

◆ 2023.04.30　団体貸切列車(網走→釧路間)をもってラストラン
▽ 車内販売の営業なし

▼ 座席／回転式（座席下ペダル）フリーストッパー型リクライニングシート。シートピッチ 960mm
▼ 客室はハイデッカー構造（床面 900mm アップ）
▼ 客室には前後に 21 インチモニター、天井には 11 インチモニター装備
▼ 各客室入口には荷物置場、スキー置場がある
▼ テーブルは肘掛部内蔵式のインアーム方式

▼ 窓配置は座席ごと独立の小窓（■）

函館本線「ニセコ号」編成席番表【臨時列車】

←函館　　札幌→

【⬆ 主な車窓風景】 函館運輸所、五稜郭駅道南いさりび鉄道、函館新幹線総合車両所、仁山～大沼間[藤城回り](クロス)、小沼からの駒ヶ岳、国縫[廃止＝瀬棚線]、ニセコアンヌプリ、日本海、札幌運転所

ニセコ号 // キハ261系5000代5両「はまなす」編成＝JR北海道〔苗穂運転所〕

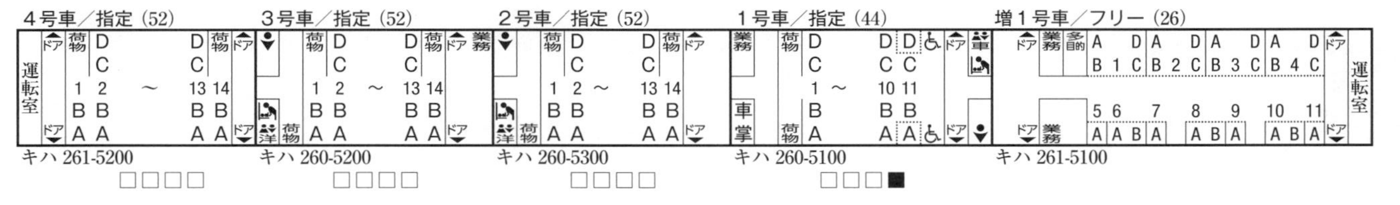

【⬇ 主な車窓風景】 函館山、大沼駅[砂原回り]、大沼、駒ヶ岳、森駅[砂原回り]、噴火湾、長万部駅[室蘭本線]、倶知安駅[廃止＝胆振線]、羊蹄山

◆ 例年９月に運転。詳細は最新のＪＲ時刻表等を確認
◆ １号車は２～５号車、指定席利用客用フリースペース（座席指定券の発売はなし）
札幌発「ニセコ号」では、途中の長万部駅にて、駅弁「かなやのかにめし」を購入できるイベント等が開催される可能性があるので、ＪＲ北海道ホームページ参照

▼ 座席／回転式（座席下ペダル）フリーストッパー型リクライニングシート。シートピッチ960mm
▼ 客室はハイデッカー構造（床面900mmアップ）
▼ 客室には前後に21インチモニター、天井には11インチモニター装備
▼ 各客室入口には荷物置場、スキー置場がある
▼ テーブルは肘掛部内蔵式のインアーム方式

▼ 窓配置は座席ごと独立の小窓（■）

釧網本線 普通「くしろ湿原ノロッコ号」編成席番表 【臨時列車】

←糖路 【⬆ 主な車窓風景】 東釧路駅根室本線根室方面 釧路→

くしろ湿原ノロッコ号＝JR北海道〔釧路運輸車両所〕 // 1･3号、2･4号

機関車 DE 15

1号車／自由（67） オハ 510 1

機器
F E D C B A | D 12 A | D 10 A | D 8 A | D 6 A | D 4 A | D 2 A | E D C B A ドア
S 4 | C B | C B | C B | C B | C B | C B | S 2
S 3 | C 11 B | C 9 B | C 7 B | C 5 B | C 3 B | C 1 B | S 1
和 C B A | D A | D A | D A | D A | D A | D A | E D C B A ドア

2号車／指定（64） オハテフ 510 1

1 E 2 | 3 E 4 | 5 E 6 | 7 E 8 | 9 E 10 | 11 E 12 | 13 E 14 | 15 E 16 | カウンター | 和 | ドア | 車掌室
C | C C | C C | C C | C C | C C | C
C S B | B | B B | B B | B B | B B | B B | B | C S B | C S B
D 3 A | A | A A | A A | A A | A A | A A | A | D 2 A | D 1 A | ドア | 車掌室
5 | 6 7 | 8 9 | 10 11 | 12 13 | 14 15 | 16

＋

3号車／指定（60） オハテフ 500 51

1 E 2 | 3 E 4 | 5 E 6 | 7 E 8 | 9 E 10 | 11 E 12 | 13 E 14 | 15 E 16 | 17 E 18 | 荷物 | 車 | ドア | 車掌室
ストーブ
C | C C | C C | C C | C C | C C | C C | C
B | B B | B B | B B | B B | B B | B B | B
A | A A | A A | A A | A A | A A | A A | A | ♿ | ドア | 車掌室
5 | 6 7 | 8 9 | 10 11 | 12 13 | 14 15 | 16 17 | 18

4号車／指定（74） オクハテ 510 1

1 E 2 | 3 E 4 | 5 E 6 | 7 E 8 | 9 E 10 | 11 E 12 | 13 E 14 | 15 E 16 | 17 E 18 | 19 E 20 | 運転
C | C C | C C | C C | C C | C C | C C | C C | C
B | B B | B B | B B | B B | B B | B B | B B | B
A | A A | A A | A A | A A | A A | A A | A A | A
3 | 4 5 | 6 7 | 8 9 | 10 11 | 12 13 | 14 15 | 16 17 | 18

【⬇ 主な車窓風景】 茅沼駅(丹頂鶴)、釧路湿原

◆ 運転日　最新のＪＲ時刻表などで確認。例年、ゴールデンウィークから夏休みにかけて運転

▼（　）内の数字は座席数
▼ 座席　ＡＢＣ席はボックス席。奇数番号席と偶数番号席が向き合う。Ｅ席はベンチ席（座席向きは転換式）。奇数番号席と偶数番号席が並ぶ。
　１号車ＡＢＣＤ席はボックス席。Ｓ席はベンチ席。また２～４号車の座席は木製、１号車は 50 系 51 形車内のイメージが残る
▼２号車のＳ席（12 席分）は、駅の窓口では発券していない
▽ストーブはダルマストーブ

普通「SL冬の湿原号」編成席番表 【臨時列車】

←釧路　【⬆ 主な車窓風景】 釧路湿原、茅沼駅（丹頂鶴）　標茶・川湯温泉→

SL冬の湿原号＝JR北海道〔釧路運輸車両所〕

5号車／指定（36）
車掌 ドア 展望通路 D D D D D D D D D D D D ドア 荷物
1 2 3 4 5 6 7 8 9 10 11 12
車掌 ドア 機器室 B B B B B B B B B B B B / A A A A A A A A A A A A ドア 洋
スハフ 14507　たんちょうカー

4号車／指定（68）
ドア A 1 D / B C　〜奇数〜　A 17 D / B C ドア
荷物 ドア B 2 C / A D　〜偶数〜　B 18 C / A D ドア
オハ 14 519

3号車／指定（68）
洋 ドア A 1 D / B C　〜奇数〜　A 17 D / B C ドア
荷物 ドア B 2 C / A D　〜偶数〜　B 18 C / A D ドア
オハ 14 526

2号車／指定（44）
A 1 D / B C　A 3 D / B C　A 5 D / B C　A 7 D / B C　A 9・11 D / B C
カフェ　B 2 C / A D　B 4 C / A D　B 6 C / A D　B 8 C / A D　B 10 C / A D　B 12 C / A D
ドア　ドア
スハシ 44 1　カフェカー

1号車／指定（36）
洋 ドア D D D D D D D D D D D D 展望通路 ドア 車掌
1 2 3 4 5 6 7 8 9 10 11 12
荷物 ドア B B B B B B B B B B B B / A A A A A A A A A A A A 機器室 ドア 車掌
スハフ 14505　たんちょうカー

【⬇ 主な車窓風景】 東釧路駅根室本線根室方面

◆ 運転日注意。詳細は最新のJR時刻表などで確認。毎年、１月下旬から２月にかけて、北海道の寒さがもっとも厳しい季節に運転

▼ 座席／固定式ボックスシート。点線囲みが１ボックス。なお１・５号車Ｄ席はカウンター席（座席向きは窓側）。ほかは４名ボックス席
▼ １・５号車のボックス席は高床式。Ｄ席側の釧路川の眺望も楽しめるように配置
▼ ２〜４号車にダルマストーブを設置。２号車の９ＣＤ席、11 ＡＢ席、３・４号車１ＣＤ席、３ＡＢ席の座席を撤去して設置

富良野線 # 普通「富良野・美瑛ノロッコ号」編成席番表 【臨時列車】

←旭川・美瑛　　【⬆ 主な車窓風景】 旭川駅宗谷本線、大雪山(旭岳)～十勝岳連峰(十勝岳、富良野岳など)　　富良野→

富良野・美瑛ノロッコ号＝JR北海道〔旭川運転所〕 // 1·3·5号、2·4·6号

DE 15	オハテフ 510 51	オハテフ 510 2	オクハテ 510 2
機関車	1号車／自由（50）	2号車／自由（70）	3号車／指定（68）

1号車／自由（50） 機器・荷物・和・ドア・車掌室・♿

席番	12 1110 9 8 7 6 5 4 1
A	A A A A A A A A A A A
B	B B B B B B B B B ストーブ B
C	C C C C C C C C C C C
E	14 E 13 12 E 11 10 E 9 8 E 7 6 E 5 4 E 3 2 E 1

2号車／自由（70） 車掌室・ドア・和

E	1 E 2 3 E 4 5 E 6 7 E 8 9 E 10 11 E 12 13 E 14 15 E 16 17 E 18 19 E 20
C	C S B C C C C C C C C C C C C C C C S B
B	B B B B B B B B B B B B B
A	D 2 A A A A A A A A A A A A A A A D 1 A
席番	5 6 7 8 9 1011 1213 1415 1617 18

3号車／指定（68） 車掌室・ドア・運転

E	1 E 2 3 E 4 5 E 6 7 E 8 9 E 10 11 E 12 13 E 14 15 E 16 17 E 18 19 E 20
C	C C C C C C C C C C C C C C C C C C
B	B B B B B B B B B B B B B B B B B B
A	A A A A A A A A A A A A A A A A A A
席番	1 2 3 4 5 6 7 8 9 1011 1213 1415 1617 18

【⬇ 主な車窓風景】 ラベンダー畑(ファーム富田)、根室本線滝川方面

◆ 運転日　最新のＪＲ時刻表などで確認。例年、６月中旬頃から夏休みにかけて運転
◆ 運転日注意。詳細は最新のJR時刻表などで確認
◆ 編成は、３両編成にて運転の日を掲載。２両編成にて運転の場合は、中間車を抜いて３号車は２号車となる
▼ 座席　ＡＢＣ席はボックス席。奇数番号席と偶数番号席が向き合う。Ｅ席はベンチ席。奇数番号席と偶数番号席が並ぶ。各車両とも座席は木製
▽ ストーブはダルマストーブ
▼（　）内の数字は座席数

釧網本線 快速「流氷物語号」編成席番表

←知床斜里　　【⬆ 主な車窓風景】 涛沸湖　　網走→

流氷物語号 // キハ40形2両編成＝JR北海道〔釧路運輸車両所・旭川運転所〕

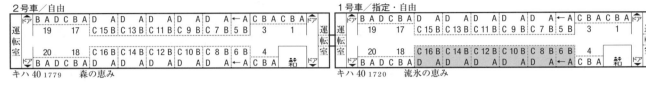

2号車／自由

運	ドア	B A	D C B A	D A	D A	D A	D A	D A	←A	C B A	C B A	ドア	運
転		19	17	C 15 B	C 13 B	C 11 B	C 9 B	C 7 B	5 B	3	1		転
室		20	18	C 16 B	C 14 B	C 12 B	C 10 B	C 8 B	6 B	4	和		室
	ドア	B A	D C B A	D A	D A	D A	D A	D A	←A	C B A		ドア	

キハ40 1779　森の恵み

1号車／指定・自由

運	ドア	B A	D C B A	D A	D A	D A	D A	D A	←A	C B A	C B A	ドア	運
転		19	17	C 15 B	C 13 B	C 11 B	C 9 B	C 7 B	5 B	3	1		転
室		20	18	C 16 B	C 14 B	C 12 B	C 10 B	C 8 B	6 B	4	和		室
	ドア	B A	D C B A	D A	D A	D A	D A	D A	←A	C B A		ドア	

キハ40 1720　流氷の恵み

【⬇ 主な車窓風景】 斜里岳、羅臼岳、オホーツク海

◆ 運転日　例年、オホーツク海に流氷がおしよせる1月末から2月に運転
◇ 指定席は、網掛けのオホーツク側ボックス席（20席）

▼ 座席／指定席　回転式リクライニングシートのほか固定式クロスシート
丸中数字はロングシートの座席数

JR北海道 急行「花たび そうや」編成席番表【臨時列車】

←旭川　　【⬆ 主な車窓風景】 旭川市街地、名寄駅[廃止＝深名線]、天塩川、幌延駅[[廃止＝羽幌線]、サロベツ原野、利尻島、礼文島　　音威子府・稚内→

花たび そうや // キハ40形2両編成＝JR北海道〔苗穂運転所・旭川運転所〕

1号車／指定

運	ドア	B A	D C B A	D A	D A	D A	D A	D A	←A	C B A	C B A	ドア	運
転		19	17	C 15 B	C 13 B	C 11 B	C 9 B	C 7 B	5 B	3	1		転
室		20	18	C 16 B	C 14 B	C 12 B	C 10 B	C 8 B	6 B	4	和		室
	ドア	B A	D C B A	D A	D A	D A	D A	D A	←A	C B A		ドア	

山明 キハ40 1790

2号車／指定

運	ドア	B A	D C B A	D A	D A	D A	D A	D A	←A	C B A	C B A	ドア	運
転		19	17	C 15 B	C 13 B	C 11 B	C 9 B	C 7 B	5 B	3	1		転
室		20	18	C 16 B	C 14 B	C 12 B	C 10 B	C 8 B	6 B	4	和		室
	ドア	B A	D C B A	D A	D A	D A	D A	D A	←A	C B A		ドア	

紫水 キハ40 1791

【⬇ 主な車窓風景】 旭川駅富良野線、新旭川駅石北本線、旭川運転所、旭山(旭山動物園)、大雪山(旭岳)、名寄駅[廃止＝名寄本線]、美深駅[廃止＝美幸線]、音威子府駅[廃止＝天北線]、南稚内駅[廃止＝天北線]

◆ 運転日　例年5月～6月にかけて運転。詳しくは最新のJR時刻表等で確認
◆ 車両は「山紫水明」。運転日によっては他の線区、別列車名にて運転の場合がある。その場合は1両にて運行となる日もある

▼ 5・6AB・7～16ABCD席はボックスシート。向き合う座席間には脱着式テーブルを設置。5・6AB席は←方向向きの固定席
1・3・4ABC、17・18ABCD、19・20AB席はロングシート

←新宿　【⬆ 主な車窓風景】 代々木公園、富士山、相模大野駅江ノ島線、大野総合車両所、海老名駅相模鉄道、小田原駅ＪＲ東海道本線、伊豆箱根鉄道大雄山線、小田原城、箱根湯本温泉街　小田原・箱根湯本→

スーパーはこね、はこね、さがみ、モーニングウェイ、ホームウェイ // ＧＳＥ（70000形）７両編成＝小田急電鉄

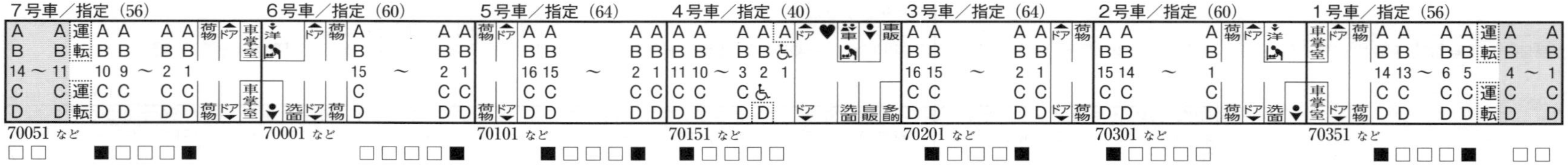

7号車／指定（56）	6号車／指定（60）	5号車／指定（64）	4号車／指定（40）	3号車／指定（64）	2号車／指定（60）	1号車／指定（56）
A A 運 A A A A 荷物 ドア 車掌室	洋 ドア 荷物 A A A	荷物 ドア A A A A	A A A A A ドア ♥ 車 販	A A A A ドア 荷物	A A A 荷物 ドア 洋	車掌室 ドア 荷物 A A A A 運 A A
B B 転 B B B B	B B B	B B B B	B B B B B♿	B B B B	B B B	B B B B 転 B B
14 ～ 11 10 9 ～ 2 1	15 ～ 2 1	16 15 ～ 2 1	11 10 ～ 3 2 1	16 15 ～ 2 1	15 14 ～ 1	14 13 ～ 6 5 4 ～ 1
C C 運 C C C C 車掌室	C C C	C C C C	C C C♿	C C C C	C C C	車掌室 C C C C 運 C C
D D 転 D D D D 荷物 ドア	洗面 ドア 荷物 D D D	荷物 ドア D D D D	D D D D ドア 洗面 自販 多目的	D D D D ドア 荷物	D D D 荷物 ドア 洗面	ドア 荷物 D D D D 転 D D
70051 など	70001 など	70101 など	70151 など	70201 など	70301 など	70351 など
□□ ■□□□■	□□□□■	■□□□■	■□□□□	■□□□■	■□□□□	■□□□■ □□

【⬇ 主な車窓風景】 新宿高層ビル群、新百合ヶ丘駅多摩線、海老名検車区、丹沢山地、富士山

◆ 2018.03.17 から営業運転開始
◇ ＧＳＥ充当列車について詳しくは、小田急電鉄ホームページ「ロマンスカー」もしくは特急ロマンスカー時刻表などを参照
◇ 2018.07.11 から、ＧＳＥ第２編成運行開始

▼ 座席／回転式（肘掛部下レバー）リクライニングシート。シートピッチ 1050mm
　　部は展望席。座席は非回転、シートピッチは 1150mm。１号車１番、７号車 14 番席は車内側に５度傾いている
▼ ４号車に車いす対応席設置。１Ａ・２Ｄ席は車いす対応席。また座席を外し車いす設置スペースとしても活用できる
▼ ４号車、多機能トイレはオストメイト対応
▼ ＶＳＥと比較して、展望席は約 35cm 前方に配置。展望窓は屋根方向に約 30cm 拡大の１枚窓を採用。側窓も屋根方向に 30cm 拡大、100cm と
▼ 車内限定エンターテイメント（現在地の展望映像、８言語対応コンテンツなど）を配信するRomancecar Linkを設置（無料）
▼ インターネット接続サービス「odakyu Free Wi-Fi」が利用できる
▼ １・７号車は荷物棚をなくして車内の居住性をさらに向上、荷物は荷物置場のほか、座席下に収納できるようにしている（２～６号車は荷物棚も完備）
▼ ⑪／全席に設置（各座席肘掛部）
▼ ４号車♥　設置個所はトイレ側壁部に収納

▼ テーブルは肘掛け部に内蔵
▼ 各洋式トイレには温水洗浄機能付き便座を採用
▼ おむつ交換台のあるトイレには印を付加。また女性用トイレにはベビーチェア（）も設置している
▼ □■は窓配置のパターン。□は座席２列分の広窓、■は座席ごと独立の窓（小窓）

▽ 車内販売（ワゴンサービス）の営業は、2021.03.12 をもって終了

◇ 特急券は乗車日の１カ月前の 10 時 00 分から予約・発売開始
小田急線各駅、小田急旅行センター、インターネット予約、小田急トラベル、ＪＴＢ、近畿日本ツーリスト、日本旅行など主な旅行代理店で発売。小田急お客さまセンター☎ 044-299-8200（10:00 ～ 17:00）

←新宿　【⬆ 主な車窓風景】 代々木公園、富士山、相模大野駅江ノ島線、大野総合車両所、海老名駅相模鉄道、小田原駅ＪＲ東海道本線、伊豆箱根鉄道大雄山線、小田原城、箱根湯本温泉街　小田原・箱根湯本→

VSE（50000 形）10 両編成＝小田急電鉄

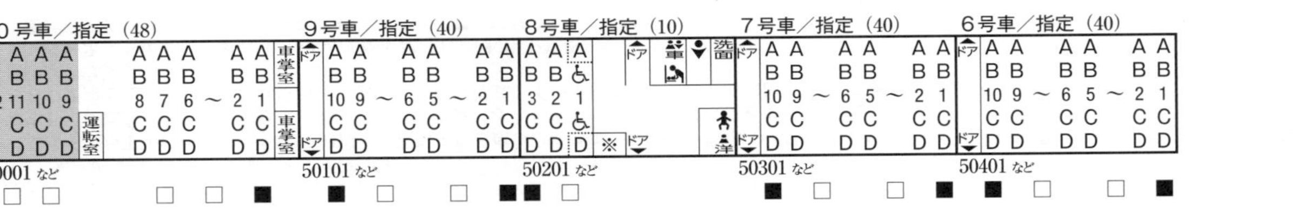

5号車／指定（40）　A A B B 10 9 ～ 6 5 ～ 2 1 C C D D　50501 など

4号車／指定（40）　A A B B 10 9 ～ 6 5 ～ 2 1 C C D D　50601 など

3号車／指定（12）　ドア ※ S3 S1 ♥ S2 洗面　50701 など

2号車／指定（40）　A A B B 10 9 ～ 6 5 ～ 2 1 C C D D　50801 など

1号車／指定（48）　車掌室 A A B B 12 11 ～ 8 7 ～ 5 C C D D 運転室 A A A A B B B B 4 3 2 1 C C C C D D D D　50901 など

【⬇ 主な車窓風景】 新宿高層ビル群、新百合ヶ丘多摩線、海老名検車区、丹沢山地、富士山

◆ＶＳＥは、2023.12.10 をもって営業運転終了

▼座席／回転式（座席下ペダル）フリーストッパー型リクライニングシート（窓側に 5 度向いている）。1 号車 4ABCD・10 号車 9ABCDは非回転
　■部は展望席。前側から 3 列の座席は対面席とすることが可能で、
　展望席 16 席にて「ラウンジ展望席」（先頭車 1 両を貸切りの場合に限る）となる
　シートピッチは、中間車 1050mm、先頭車 1010mm、展望席 1150mm
　3 号車S席はサルーン席。テーブルを中心に 4 名専用のコンパートメント
▼8 号車出入り台には、電動式スロープを設置
▼インターネット接続サービス「odakyu Free Wi-Fi」が利用できる
▼3・8 号車の車いす対応トイレはオストメイト対応
▼印はおむつ交換台がありオストメイト対応のゆったりトイレ。女性用トイレ（洋）にはベビーチェア（）を設置
▼※印はカウンターブース
▼♥印にAEDを設置
▼□■は窓配置のパターン。□は座席 2 ～ 4 列分の広窓、■は座席ごと独立の小窓

▽車内販売（ワゴンサービス）の営業は、2021.03.12 をもって終了

◇特急券は乗車日の 1 カ月前の 10 時 00 分から予約・発売開始
　小田急線各駅、小田急旅行センター、インターネット予約、小田急トラベル、JTB、近畿日本ツーリスト、日本旅行など主な旅行代理店で発売。小田急お客さまセンター ☎044-299-8200（10:00 ～ 17:00）

←新宿、片瀬江ノ島　　【⬆ 主な車窓風景】 代々木公園、富士山、相模大野駅江ノ島線、大野総合車両所、海老名駅相模鉄道、小田原駅ＪＲ東海道本線、伊豆箱根鉄道大雄山線、小田原城、箱根湯本温泉街　　藤沢・小田原・箱根湯本→

スーパーはこね、はこね、さがみ、えのしま、モーニングウェイ、ホームウェイ // EXE α（30000形）10両または6両（1～6号車）編成＝小田急電鉄

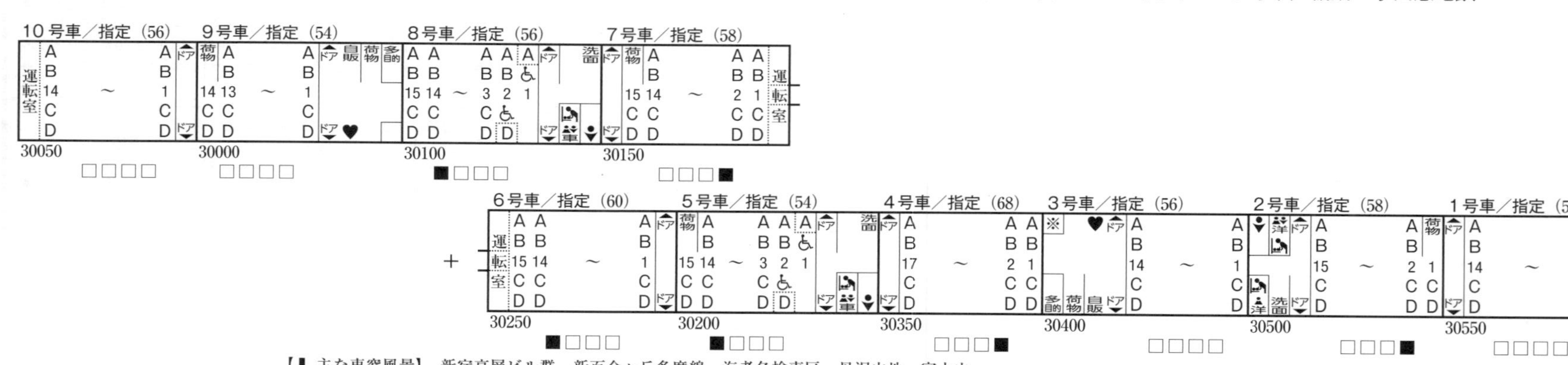

【⬇ 主な車窓風景】 新宿高層ビル群、新百合ヶ丘多摩線、海老名検車区、丹沢山地、富士山

▼ EXE αはEXEのリニューアル編成。リニューアルは2016年度より実施。
充当列車について詳しくは、小田急電鉄ホームページもしくは特急ロマンスカー時刻表などを参照
▼ＥＸＥαにリニューアル改造した編成は、30001・30002・30003・30004・30006編成。未施工は30005・30007編成（315頁参照）

◇「えのしま」は途中、藤沢にて進行方向が変わる
▽ 5・8号車に車いす対応座席を設置。乗降口は車いす対応

▼ 座席／回転式（座席下ペダル）フリーストッパー型リクライニングシート。シートピッチ1000mm
▼ 6・7号車の間は、連結中は通り抜けができる
▼ リニューアル工事により、2号車1AB席、5号車14AB席、7号車15AB席に9号車14AB席はラゲージスペースに変更。5号車1D、2C席、8号車1D、2C席は車いすスペース拡大にて撤去
和式トイレは洋式トイレに更新し、車いす対応トイレ（オストメイト対応）を含めて温水洗浄式便座とした
▼ おむつ交換台のあるトイレには印を付加。2号車の洋式トイレにはベビーチェアも設置　▼ ♥印にAEDを設置
▼ ※印はカウンターブース
▼ インターネット接続サービス「odakyu Free Wi-Fi」が利用できる
▼ □■は窓配置のパターン。□は座席2列分の広窓、■は座席ごと独立の小窓

▽ 車内販売（ワゴンサービス）の営業は、2021.03.12をもって終了

◇ 特急券は乗車日の1カ月前の10時00分から予約・発売開始
小田急線各駅、小田急旅行センター、インターネット予約、小田急トラベル、JTB、近畿日本ツーリスト、日本旅行など主な旅行代理店で発売。小田急お客さまセンター ☎044-299-8200（10:00～17:00）

←新宿、片瀬江ノ島　　藤沢・小田原・箱根湯本→

【⬆ 主な車窓風景】 代々木公園、富士山、相模大野駅江ノ島線、大野総合車両所、海老名駅相模鉄道、小田原駅ＪＲ東海道本線、伊豆箱根鉄道大雄山線、小田原城、箱根湯本温泉街

スーパーはこね、はこね、さがみ、えのしま、モーニングウェイ、ホームウェイ // EXE（30000形）10両または6両（1～6号車）編成＝小田急電鉄

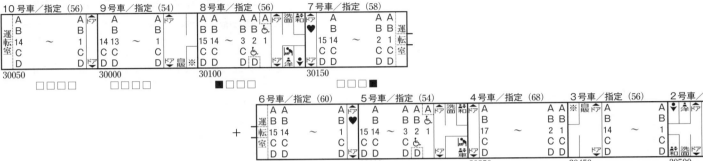

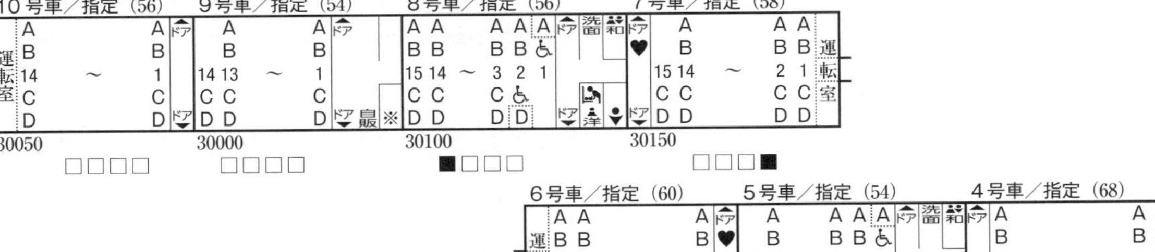

6号車／指定（60）　30250
5号車／指定（54）　30200
4号車／指定（68）　30350
3号車／指定（56）　30450
2号車／指定（58）　30500
1号車／指定（56）　30550

【⬇ 主な車窓風景】 新宿高層ビル群、新百合ヶ丘多摩線、海老名検車区、丹沢山地、富士山

◇ ＥＸＥ 充当列車について詳しくは、小田急電鉄ホームページもしくは特急ロマンスカー時刻表などを参照

◇「えのしま」は途中、藤沢にて進行方向が変わる
▽ 5・8号車に車いす対応座席を設置。乗降口は車いす対応

▼ 座席／回転式（座席下ペダル）フリーストッパー型リクライニングシート。シートピッチ 1000mm
▼ 6・7号車の間は、連結中は通り抜けができる
▼「ＥＸＥα」に順次リニューアル予定。今後施工予定は 30005・30007 編成。
座席は「ＥＸＥα」に合わせて、2号車1ＡＢ席、5号車2ＣＤ席、15ＡＢ席、7号車15ＡＢ席、8号車2ＣＤ、9号車14ＡＢ席なし
▼ おむつ交換台のあるトイレには印を付加　▼ ♥印にAEDを設置
▼ ※印はカウンターブース
▼ インターネット接続サービス「odakyu Free Wi-Fi」が利用できる
▼ □■は窓配置のパターン。□は座席2列分の広窓、■は座席ごと独立の小窓

▽ 車内販売（ワゴンサービス）の営業は、2021.03.12 をもって終了
◇ 特急券は乗車日の1カ月前の10時00分から予約・発売開始
小田急線各駅、小田急旅行センター、インターネット予約、小田急トラベル、JTB、近畿日本ツーリスト、日本旅行など主な旅行代理店で発売。小田急お客さまセンター ☎044-299-8200（10:00～17:00）

←新宿、片瀬江ノ島　【⬆ 主な車窓風景】 代々木公園、富士山、相模大野駅江ノ島線、大野総合車両所、海老名駅相模鉄道、小田原駅ＪＲ東海道本線、伊豆箱根鉄道大雄山線、小田原城、箱根湯本温泉街　藤沢・小田原・箱根湯本・御殿場→

はこね、さがみ、えのしま、ふじさん、モーニングウェイ、ホームウェイ // MSE（60000形）10両または6両（1～6号車）編成＝小田急電鉄

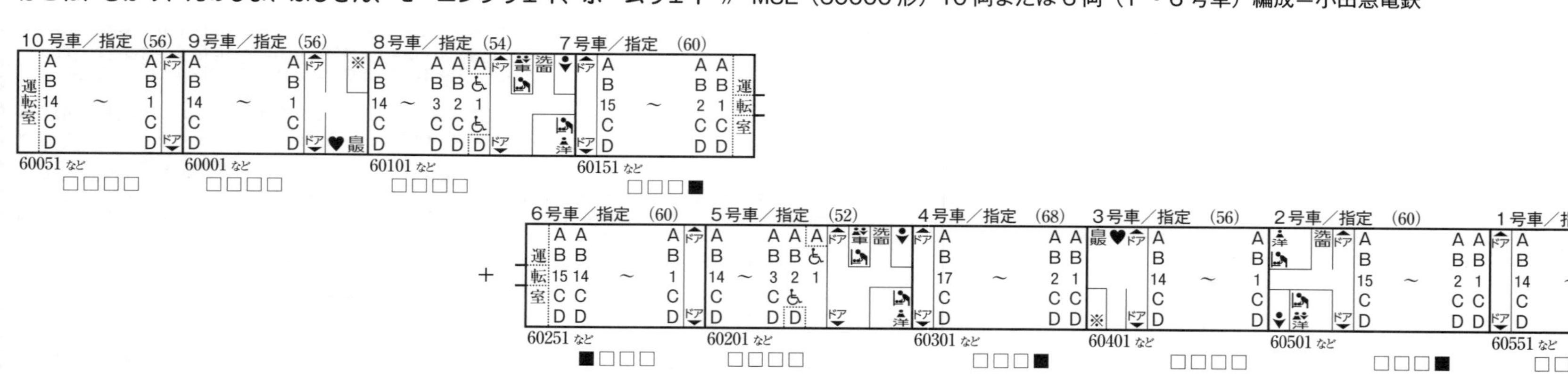

【⬇ 主な車窓風景】 新宿高層ビル群、新百合ヶ丘多摩線、海老名検車区、丹沢山地、富士山

◇ 充当列車について詳しくは、小田急電鉄ホームページもしくは特急ロマンスカー時刻表などを参照
◇「ふじさん」は6両編成にて運転
◇「えのしま」は途中、藤沢にて進行方向が変わる
▽ 5・8号車に車いす対応座席を設置。乗降口は車いす対応

▼ 座席／回転式（座席下ペダル）フリーストッパー型リクライニングシート。シートピッチ983mm
▼ 6・7号車の間は連結中は通り抜けができる
▼ トイレ設備／女印は女性用。印はおむつ交換台・ベビーチェア（印）のあるトイレ
▼ 5・8号車、多機能トイレはオストメイト対応。おむつ交換台も設置（ベビーチェアはなし）
▼ ※印はカウンターブース
▼ インターネット接続サービス「odakyu Free Wi-Fi」が利用できる
▼ ♥印にAEDを設置
▼ □■は窓配置のパターン。□は座席2列分の広窓、■は座席ごと独立の小窓

▽ 車内販売（ワゴンサービス）の営業は、2021.03.12をもって終了
◇ 特急券は乗車日の1カ月前の10時00分から予約・発売開始
小田急線各駅、小田急旅行センター、インターネット予約、小田急トラベル、JTB、近畿日本ツーリスト、日本旅行など主な旅行代理店で発売。小田急お客さまセンター ☎044-299-8200（10:00～17:00）

←北千住、片瀬江ノ島　　藤沢・箱根湯本→

【⬆ 主な車窓風景】 代々木公園、富士山、相模大野駅江ノ島線、大野総合車両所、海老名駅相模鉄道、小田原駅ＪＲ東海道本線、伊豆箱根鉄道大雄山線、小田原城、箱根湯本温泉街

メトロはこね、メトロさがみ、メトロえのしま、メトロモーニングウェイ、メトロホームウェイ // MSE（60000形）10両または6両（1～6号車）編成＝小田急電鉄

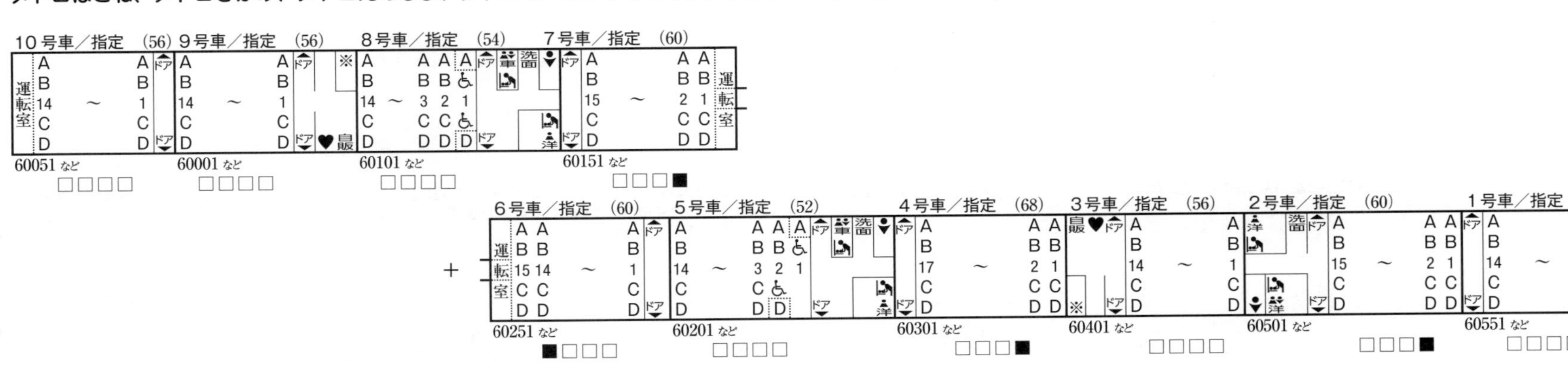

【⬇ 主な車窓風景】 新宿高層ビル群、新百合ヶ丘多摩線、海老名検車区、丹沢山地、富士山

◇充当列車について詳しくは、小田急電鉄ホームページもしくは特急ロマンスカー時刻表などを参照
◇「メトロえのしま」は、途中、藤沢にて進行方向が変わる
▽５・８号車に車いす対応座席を設置。乗降口は車いす対応

▼６・７号車の間は、連結中は通り抜けができる
▼トイレ設備／ 印は女性用。印はおむつ交換台・ベビーチェア（）のあるトイレ
▼５・８号車、多機能トイレはオストメイト対応。おむつ交換台も設置（ベビーチェアはなし）
▼※印はカウンターブース
▼インターネット接続サービス「odakyu Free Wi-Fi」が利用できる
▼♥印にAEDを設置　　▼全車（全室）禁煙
▼□■は窓配置のパターン。□は座席２列分の広窓、■は座席ごと独立の小窓

▽車内販売（ワゴンサービス）の営業は、2021.03.12をもって終了
◇特急券は乗車日の１カ月前の10時00分から予約・発売開始
小田急線各駅、小田急旅行センター、インターネット予約、小田急トラベル、JTB、近畿日本ツーリスト、日本旅行など主な旅行代理店で発売。小田急お客さまセンター ☎044-299-8200（10:00～17:00）
なお、東京メトロ線内では、東京メトロ線を乗車区間に含む特急券のみ発売。 また、発車ホームの特急用券売機では、次便のみ発売

東武鉄道「スペーシアX」編成席番表

←鬼怒川温泉・東武日光　　浅草→

【⬆ 主な車窓風景】 東武ワールドスクウェア｛鬼怒川線｝、男体山、栗橋駅ＪＲ東北本線(クロス)、南栗橋車両管区、南栗橋車両管区春日部支所、曳舟駅亀戸線、東京スカイツリー

スペーシアＸ // Ｎ100系 6両編成＝東武鉄道 // 1・3・5・7・9・11号、2・4・6・8・10・12号

1号車／指定（20） コックピットラウンジ	2号車／指定（35） プレミアムシート	3号車／指定（56） スタンダードシート	4号車／指定（56） スタンダードシート	5号車／指定（30） スタンダードシート ボックスシート	6号車／指定（23） コンパートメント=2～5 コックピットスイート=1
運転室 ①② 4 ②6 ②8	洋 D D D	D D	D D	② D D ♿ ♿ 洗面 多目的 和	ドア
2	1 ～ 11 12	C C	C C	2 C C	5 4 3 2
1 3 5 7 カフェ	B B	1 ～ 14	1 ～ 14	3 ～ 6 7 8	④ ④ ④ ④
① ④ ④ ④	A A A	B B	B B	1 B B	1 ⑦ 運転室
ドア 荷物	荷物 ドア	A A ドア 荷物	A A ドア 荷物	② A A A A ドア	荷物 ドア
N 100-6	N 100-5	N 100-4	N 100-3	N 100-2	N 100-1

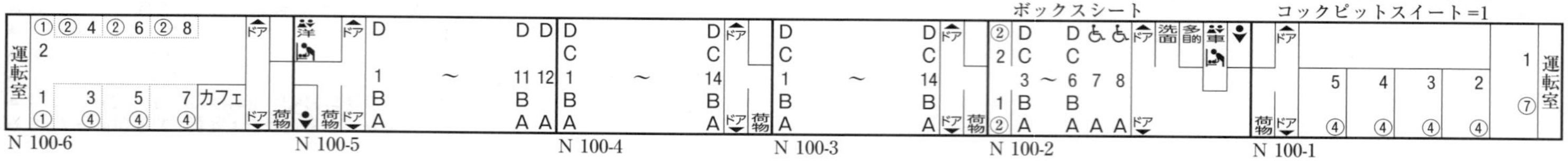

【⬇ 主な車窓風景】 男体山、東武動物公園駅伊勢崎線伊勢崎方面、春日部駅東武アーバンパークライン

▽ 5号車7・8Ａ席は車いす対応座席
▽ 1号車 カフェカウンターにて飲食類販売
▽「TOBU FREE Wi-Fi」が利用できる
▼ コックピットスイートは「プライベートジェット」をイメージした「走るスイートルーム」。最上級の客席。コックピットラウンジは「時を超えるラウンジ」がコンセプトの気品高く落ち着きのある空間
▼ 丸中数字はコンパートメント、ボックスシート等の座席数
▼ 5号車 1・2番は2名ボックスシート（半個室）。丸数字は各個室等の定員
▼ 座席／スタンダードシート＝回転式（座席下ペダル）フリーストッパー型リクライニングシート。シートピッチ 1100mm
　　プレミアムシート＝回転式（座席下ペダル）電動式リクライニングシート［バックシェルタイプ］。シートピッチ 1200mm
▼ ⓘ／全席、全個室に設置
▽ 5号車、多機能トイレはオストメイト対応
▼ おむつ交換台のあるトイレには🚼を付加
▼ 窓配置は座席ごと独立の小窓

◇ 特急券の発売は乗車日の1カ月前の9時00分から（一部旅行会社は10時00分から）
東武鉄道各駅（押上・寄居・越生駅と駅員無配置駅は除く）、インターネット予約、東武トップツアーズ各営業所、ＪＴＢ、近畿日本ツーリスト、日本旅行などの旅行代理店各支店で発売

東武鉄道「きぬ」「けごん」(スペーシア) 編成席番表

←鬼怒川温泉・東武日光　　　　　　　　　　浅草→

【⬆ 主な車窓風景】 東武ワールドスクウェア{鬼怒川線}、男体山、栗橋駅ＪＲ東北本線(クロス)、南栗橋車両管区、南栗橋車両管区春日部支所、曳舟駅亀戸線、東京スカイツリー

きぬ、けごん // 100系6両編成＝東武鉄道

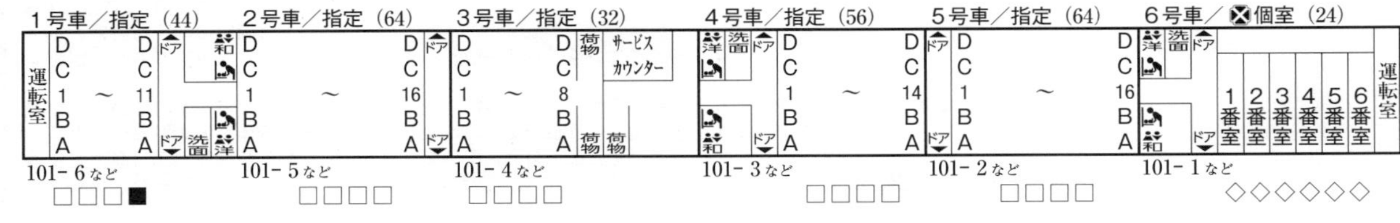

【⬇ 主な車窓風景】 男体山、東武動物公園駅伊勢崎線伊勢崎方面、春日部駅東武アーバンパークライン

▽ 車内販売の営業は、2021.08.31 をもって終了
▽「TOBU FREE Wi-Fi」が利用できる

▼ 座席／バケットタイプ、回転式（座席下ペダル）フリーストッパー型リクライニングシート
　個室はソファ席
▼ □■◇は窓配置のパターン。□は座席２列分の広窓、■は座席ごと独立の小窓、◇は各個室に窓

◇ 特急券の発売は乗車日の１カ月前の９時 00 分から（一部旅行会社は 10 時 00 分から）
東武鉄道各駅（押上・寄居・越生駅と駅員無配置駅は除く）、インターネット予約、東武トップツアーズ各営業所、ＪＴＢ、近畿日本ツーリスト、日本旅行などの旅行代理店各支店で発売

319

←会津田島・新藤原・東武日光・館林・大宮　　【⬆ 主な車窓風景】 東武ワールドスクエア〔鬼怒川線〕、男体山、栗橋駅ＪＲ東北本線(クロス)、南栗橋車両管区、南栗橋車両管区春日部支所、曳舟駅亀戸線、東京スカイツリー　　浅草、運河→

リバティけごん、リバティきぬ、リバティ会津、リバティりょうもう、アーバンパークライナー // 500系3両編成＝東武鉄道

1号車／指定（52）　2号車／指定（45）　3号車／指定（52）

運転室　ドア　荷物　D D C C 1 2 B B A A ～ D C 13 B A（500-3）
洋 華 ドア　D C 1 2 ♿ B A ～ D C 12 B A（500-2）
D C 1 B A ～ D D C C 12 13 B B A A　荷物　ドア　運転室（500-1）

■□□□　□□□□　□□□■

★リバティけごん、リバティきぬ、リバティ会津、リバティりょうもう、スカイツリーライナー、アーバンパークライナー　6両編成にて運転の場合

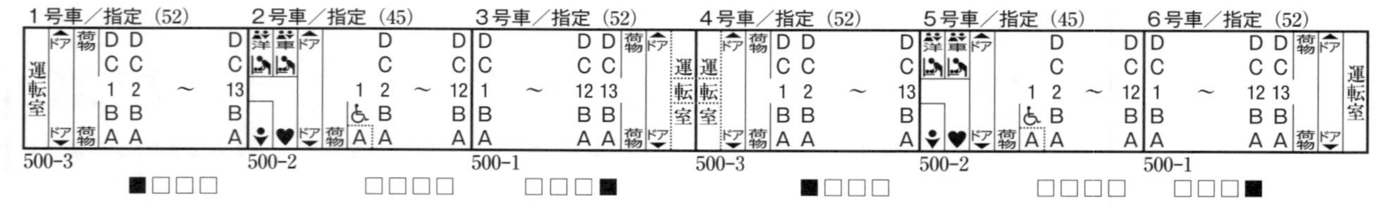

【⬇ 主な車窓風景】 男体山、東武動物公園駅伊勢崎線伊勢崎方面、春日部駅東武アーバンパークライン

◇ 500系"Revaty（リバティ）"は2017.04.21から営業運転開始
「リバティけごん」は浅草～新栃木・東武日光間、「リバティきぬ」は浅草～鬼怒川温泉間、
「リバティ会津」は浅草～（野岩鉄道～会津鉄道）会津田島間、「リバティりょうもう」は浅草～館林・太田・赤城・葛生・伊勢崎間、
「スカイツリーライナー」は浅草～春日部間、
「アーバンパークライナー」は浅草→柏・大宮間ならびに大宮・春日部～運河・柏間にて運転（2020.06.06改正から）
◆ 6両編成にて運転の場合は、3・4号車間の通り抜けはできる。
分割・併結作業を途中駅の春日部・下今市などにて実施する列車（2列車併結運転）もある
◆ 各車両に荷物置場設置工事中。設置工事完了編成を表示。荷物置場設置なしの編成は窓配置が異なる

▼ 座席／回転式（座席下ペダル）フリーストッパー型リクライニングシート
▼ ⓪／各座席（肘掛内側）
▼「TOBU FREE Wi-Fi」が利用できる
▼ 車体動揺防止装置、フルアクティブサスペンションを装備
▼ 車いす対応トイレはベビーチェア（🚼）を装備。オストメイト対応
▽ 車内販売の営業は、2021.08.31をもって終了
▼ □■は窓配置のパターン。□は座席2列分の広窓、■は座席ごと独立の小窓

◇ 特急券の発売は乗車日の1カ月前の9時00分から（一部旅行会社は10時00分から）
東武鉄道各駅（押上・寄居・越生駅と駅員無配置駅は除く）、インターネット予約、東武トップツアーズ各営業所、ＪＴＢ、近畿日本ツーリスト、日本旅行などの旅行代理店各支店で発売

東武鉄道「りょうもう」編成席番表

←葛生・赤城・太田　　【⬆ 主な車窓風景】 久喜駅ＪＲ東北本線(クロス)、東武動物公園駅日光線、南栗橋車両管区春日部支所、曳舟駅亀戸線、東京スカイツリー　　浅草→

りょうもう // 200系6両編成＝東武鉄道

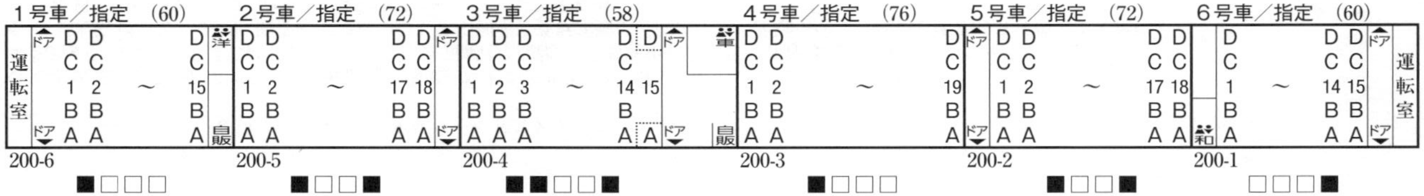

号車	1号車／指定 (60)	2号車／指定 (72)	3号車／指定 (58)	4号車／指定 (76)	5号車／指定 (72)	6号車／指定 (60)
車端	運転室・ドア	[洋] [自販]	ドア	[車] [自販]・ドア	ドア	[和]
D	D D ～ D	D D ～ D D	D D D ～ D D	D D ～ D	D D ～ D D	D ～ D D
C	C C ～ C	C C ～ C C	C C C ～ C	C C ～ C	C C ～ C C	C ～ C C
席番	1 2 ～ 15	1 2 ～ 17 18	1 2 3 ～ 14 15	1 2 ～ 19	1 2 ～ 17 18	1 ～ 14 15
B	B B ～ B	B B ～ B B	B B B ～ B	B B ～ B	B B ～ B B	B ～ B B
A	A A ～ A	A A ～ A A	A A A ～ A A	A A ～ A	A A ～ A A	A ～ A A
車端		ドア				ドア・運転室
車両番号	200-6	200-5	200-4	200-3	200-2	200-1
窓配置	■□□□	■□□■	■■□□■	■□□□	■□□■	□□□■

【⬇ 主な車窓風景】 羽生駅秩父鉄道、久喜駅東北本線クロス、春日部駅東武アーバンパークライン

◇ 特急券の発売は乗車日の１カ月前の９時00分から（一部旅行会社は10時00分から）
東武鉄道各駅（押上・寄居・越生駅と駅員無配置駅は除く）、インターネット予約、東武トップツアーズ各営業所、ＪＴＢ、近畿日本ツーリスト、日本旅行などの旅行代理店各支店で発売

▼ 座席／バケットタイプ、回転式（座席下ペダル）フリーストッパー型リクライニングシート
▼ 3号車15A・D番席が車いす対応席
▼ □■は窓配置のパターン。□は座席2列分の広窓、■は座席ごと独立の小窓

「ＳＬ大樹」「ＳＬ大樹ふたら」「ＤＬ大樹」編成席番表

←下今市　【⬆ 主な車窓風景】 男体山　東武日光・鬼怒川温泉→

ＳＬ大樹　ＳＬ大樹ふたら　ＤＬ大樹 // 14 系３両編成＝東武鉄道

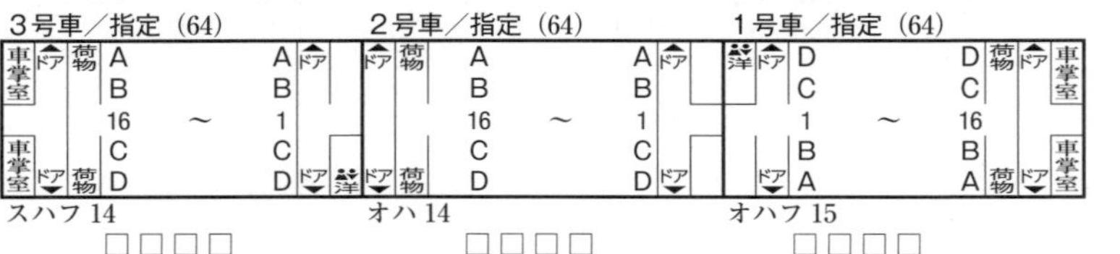

ＳＬ大樹　ＳＬ大樹ふたら　ＤＬ大樹（「ドリームカー」を連結）// 14 系３両編成＝東武鉄道

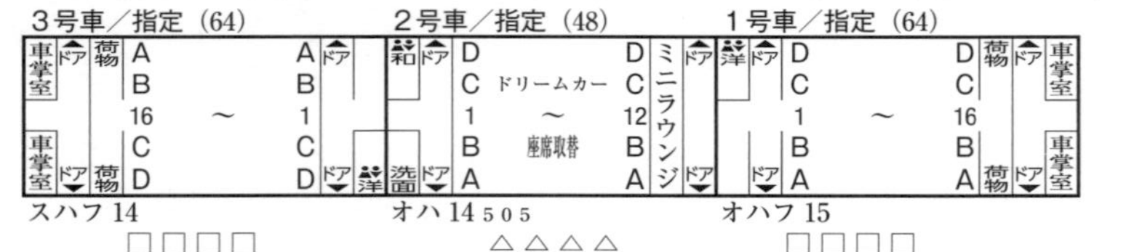

ＳＬ大樹　ＳＬ大樹ふたら　ＤＬ大樹（「展望デッキ」あり）// 14 系・12 系３両編成＝東武鉄道

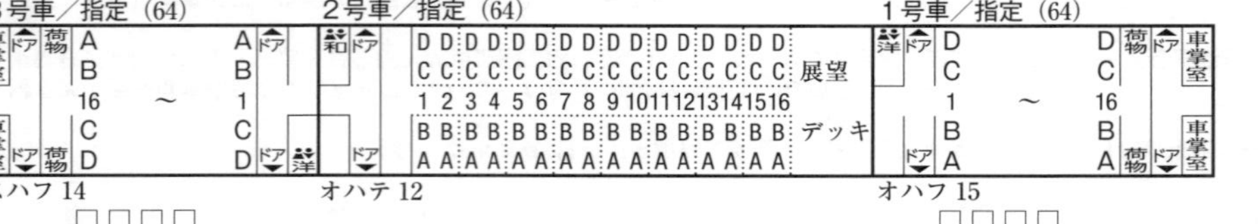

▽ 2021.11.04 から運転開始

【⬇ 主な車窓風景】 東武ワールドスクウェア

◆ ＳＬ大樹は、2017.08.10 から運転開始。運転日などの詳細は、東武鉄道ホームページなどを参照
◆ 2019.04.13 から２号車に「ドリームカー」を連結した編成、運転開始。運転日等詳細は東武鉄道ホームページなどを参照
◆ ＤＬ大樹 は 2020.06.06 改正にて登場のＤＬ牽引列車。運転本数は、同改正から土曜・休日３往復６本から４往復８本に増強。
運転日、運転時刻などの詳細は、東武鉄道ホームページ等を参照
◆ ＳＬ大樹ふたら（下今市～東武日光間）は 2021.10.16 から定期運行開始。運転日等の詳細は東武鉄道ホームページ等を参照

▼ 座席は回転式リクライニングシート、オハテ 12 はボックスシート（点線囲み）。□△は窓配置のパターン。□は座席２列分の広窓、△は座席位置と窓配置が必ずしも一致しない窓
▼ 牽引する蒸気機関車はＣ 11207、Ｃ 11325
▽ 運転日によって、異なる形式の車両が入る日もある
▽ 車内販売営業。ＳＬグッズ、駅弁等を販売

◇ 特急券の発売は乗車日の１カ月前の９時 00 分から（一部旅行会社は 10 時 00 分から）
東武鉄道各駅（押上・寄居・越生駅と駅員無配置駅は除く）、インターネット予約、東武トップツアーズ各営業所、
ＪＴＢ、近畿旅行ツーリスト、日本旅行などの旅行代理店各支店で発売

東武鉄道　ＴＪライナー編成席番表

←小川町　　【⬆ 主な車窓風景】 小川町駅ＪＲ八高線、池袋駅ＪＲ山手線・埼京線　　池袋→

ＴＪライナー // 50090 型 10 両編成＝東武鉄道

1号車／指定（42）

運転室	ドア	D D D	ドア	D D D	ドア	D D D	ドア	D D D
		C C C		C C C		C C C		13 14 15
		4 5 6		7 8 9		10 11 12		
		B B B		B B B		B B B		13 14 15
	ドア	A A A	ドア	A A A	ドア	A A A	ドア	A A A

50090

2号車／指定（45）

D D D	ドア	D D D	ドア	D D D	ドア	D D D	ドア	D D D
1 2 3		C C C		C C C		C C C		13 14 15
		4 5 6		7 8 9		10 11 12		
		B B B		B B B		B B B		13 14 15
♿	ドア	A A A	ドア	A A A	ドア	A A A	ドア	A A A

59090

3号車／指定（48）

D D D	ドア	D D D	ドア	D D D	ドア	D D D	ドア	D D D
1 2 3		C C C		C C C		C C C		13 14 15
		4 5 6		7 8 9		10 11 12		
1 2 3		B B B		B B B		B B B		13 14 15
A A A	ドア	A A A	ドア	A A A	ドア	A A A	ドア	A A A

58090

4号車／指定（48）

D D D	ドア	D D D	ドア	D D D	ドア	D D D	ドア	D D D
1 2 3		C C C		C C C		C C C		13 14 15
		4 5 6		7 8 9		10 11 12		
1 2 3		B B B		B B B		B B B		13 14 15
A A A	ドア	A A A	ドア	A A A	ドア	A A A	ドア	A A A

57090

5号車／指定（48）

D D D	ドア	D D D	ドア	D D D	ドア	D D D	ドア	D D D
1 2 3		C C C		C C C		C C C		13 14 15
		4 5 6		7 8 9		10 11 12		
1 2 3		B B B		B B B		B B B		13 14 15
A A A	ドア	A A A	ドア	A A A	ドア	A A A	ドア	A A A

56090

6号車／指定（48）

D D D	ドア	D D D	ドア	D D D	ドア	D D D	ドア	D D D
1 2 3		C C C		C C C		C C C		13 14 15
		4 5 6		7 8 9		10 11 12		
1 2 3		B B B		B B B		B B B		13 14 15
A A A	ドア	A A A	ドア	A A A	ドア	A A A	ドア	A A A

55090

7号車／指定（48）

D D D	ドア	D D D	ドア	D D D	ドア	D D D	ドア	D D D
1 2 3		C C C		C C C		C C C		13 14 15
		4 5 6		7 8 9		10 11 12		
1 2 3		B B B		B B B		B B B		13 14 15
A A A	ドア	A A A	ドア	A A A	ドア	A A A	ドア	A A A

54090

8号車／指定（48）

D D D	ドア	D D D	ドア	D D D	ドア	D D D	ドア	D D D
1 2 3		C C C		C C C		C C C		13 14 15
		4 5 6		7 8 9		10 11 12		
1 2 3		B B B		B B B		B B B		13 14 15
A A A	ドア	A A A	ドア	A A A	ドア	A A A	ドア	A A A

53090

9号車／指定（45）

D D D	ドア	D D D	ドア	D D D	ドア	D D D	ドア	♿
1 2 3		C C C		C C C		C C C		
		4 5 6		7 8 9		10 11 12		
1 2 3		B B B		B B B		B B B		13 14 15
A A A	ドア	A A A	ドア	A A A	ドア	A A A	ドア	A A A

52090

10号車／指定（42）

D D D	ドア	D D D	ドア	D D D	ドア	D D D	ドア	運転室
1 2 3		C C C		C C C		C C C		
		4 5 6		7 8 9		10 11 12		
1 2 3		B B B		B B B		B B B		
A A A	ドア	A A A	ドア	A A A	ドア	A A A	ドア	

51090

【⬇ 主な車窓風景】 森林公園検修区、坂戸駅越生線、川越駅ＪＲ川越線、富士山

◆ 2019.03.16 から座席指定制に変更
◇ 途中停車駅は、ふじみ野・川越・川越市（上り列車は通過）・坂戸・東松山・森林公園・つきのわ・武蔵嵐山
◇ 運転は、平日は池袋発 17：00 ～ 23：30 までの 30 分間隔と 23：58（23：30・23：58 発は森林公園行）にて 15 本、上りは森林公園 06:02・06:30・07:54・08:18・08:53 発の５本
土休日は池袋発 17：00 ～ 22：00 まで 30 分間隔にて 11 本、上りは森林公園 08：31・08：58・09：27 の３本

▼ 座席／回転クロスシート・ロングシート［連結寄り］（50090 型は通常運行時は川越特急、ＴＪライナー折返し運用の快速急行を除きオールロングシートにて運転）
座席をリニューアルした編成が登場

◇ 指定券は、ＴＪライナーチケットレスサービス（乗車日の１週間前から、発車時刻５分前まで）、各停車駅の自動券売機（当日のみ［上り列車は乗車日の前日から］）にて購入。詳しくは東武鉄道ホームページ参照

東武スカイツリーライン・東京メトロ日比谷線「THライナー」編成席番表

←久喜　【⬆ 主な車窓風景】 東武動物公園駅日光線、南栗橋車両管区春日部支所、曳舟駅亀戸線東京スカイツリー　霞ケ関・恵比寿→

THライナー // 70090 型7両編成＝東武鉄道

1号車／指定（39）　77790
運転室｜ドア｜D D D / C C C / 4 5 6 / B B B / A A A｜ドア｜D D D / C C C / 7 8 9 / B B B / A A A｜ドア｜D D D / C C C / 10 11 12 / B B B / A A A｜ドア｜D D D / ○ 13 14 15 / ○ / ♿

2号車／指定（45）　76790
D D D / 1 2 3 ○ / ○ / ♿｜ドア｜D D D / C C C / 4 5 6 / B B B / A A A｜ドア｜D D D / C C C / 7 8 9 / B B B / A A A｜ドア｜D D D / C C C / 10 11 12 / B B B / A A A｜ドア｜D D D / 13 14 15 / 13 14 15 / A A A

3号車／指定（45）　75790
♿ / ○ / 1 2 3 ○ / A A A｜ドア｜D D D / C C C / 4 5 6 / B B B / A A A｜ドア｜D D D / C C C / 7 8 9 / B B B / A A A｜ドア｜D D D / C C C / 10 11 12 / B B B / A A A｜ドア｜D D D / 13 14 15 / 13 14 15 / A A A

4号車／指定（45）　74790
D D D / 1 2 3 ○ / ○ / ♿｜ドア｜D D D / C C C / 4 5 6 / B B B / A A A｜ドア｜D D D / C C C / 7 8 9 / B B B / A A A｜ドア｜D D D / C C C / 10 11 12 / B B B / A A A｜ドア｜D D D / 13 14 15 / 13 14 15 / A A A

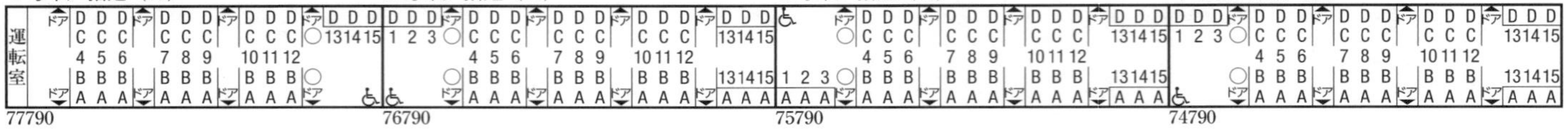

5号車／指定（45）　73790
♿ / ○ / 1 2 3 ○ / A A A｜ドア｜D D D / C C C / 4 5 6 / B B B / A A A｜ドア｜D D D / C C C / 7 8 9 / B B B / A A A｜ドア｜D D D / C C C / 10 11 12 / B B B / A A A｜ドア｜D D D / 13 14 15 / 13 14 15 / A A A

6号車／指定（45）　72790
D D D / 1 2 3 ○ / ○ / ♿｜ドア｜D D D / C C C / 4 5 6 / B B B / A A A｜ドア｜D D D / C C C / 7 8 9 / B B B / A A A｜ドア｜D D D / C C C / 10 11 12 / B B B / A A A｜ドア｜D D D / 13 14 15 / 13 14 15 / A A A

7号車／指定（39）　71790
♿ / ○ / 1 2 3 ○ / A A A｜ドア｜D D D / C C C / 4 5 6 / B B B / A A A｜ドア｜D D D / C C C / 7 8 9 / B B B / A A A｜ドア｜D D D / C C C / 10 11 12 / B B B / A A A｜ドア｜運転室

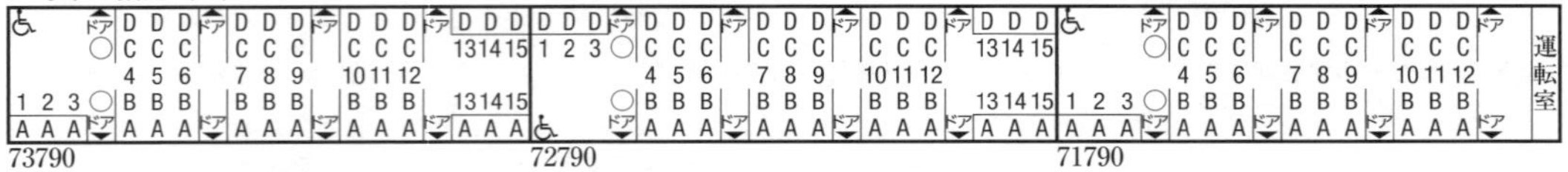

【⬇ 主な車窓風景】 春日部駅東武アーバンパークライン

- ◆ 2020.06.06　ダイヤ改正に合わせて運転開始
- ◇ 途中停車駅は、東京メトロ日比谷線内は広尾・六本木・神谷町・虎ノ門ヒルズ・霞ケ関・銀座・茅場町・秋葉原・上野　東武線内は新越谷・せんげん台・春日部・東武動物公園　下り列車は霞ケ関発にて運転
- ◇ 運転は、平日は久喜発6時台、8時台に各1本。霞ケ関発は 17 ～ 21 時台に毎時1本（計5本）　土休日は久喜発8時台、9時台に各1本。霞ケ関発は 16 ～ 20 時台に毎時1本（計5本）
- ▼ 座席／回転式クロスシート・ロングシート［連結寄り］（通常運行時は、基本的にクロスシート座席を含めてオールロングシートにて運転）
- ◇ 指定券の発売など詳しくは東武鉄道・東京メトロホームページ等を参照
- ▼「TOBU FREE Wi-Fi」が利用できる

東武鉄道「スカイツリートレイン」編成席番表【臨時列車】

←浅草　【⬆ 主な車窓風景】 春日部駅東武アーバンパークライン、東武動物公園駅伊勢崎線伊勢崎方面　太田・大宮・鬼怒川温泉→

スカイツリートレイン // 634 型4両編成＝東武鉄道

4号車／指定（30）　モハ634 11
運転室｜展望席 ②｜荷物｜サロン ⑤｜11 BA　10 BA　9 BA　8 BA　6 BA　5 BA　3 BA　2 BA　1 BA（↑ ペアスイート）｜12D　11D　10D　9D　8D　7D　6D　5D　4D　3D　2D　1D（↓ シングル）｜ドア ⊂

3号車／指定（30）　クハ634 12
洗面｜ドア 売店｜11A 10A 9A 8A 7A 6A 5A 4A 3A 2A 1A（↑ シングル　↓ ツイン）｜ドア ♿｜10C 10D｜8C 7C 6C 5C 4C 3C 2C 1C / 8D 7D 6D 5D 4D 3D 2D 1D｜荷物｜展望席 ②｜運転室

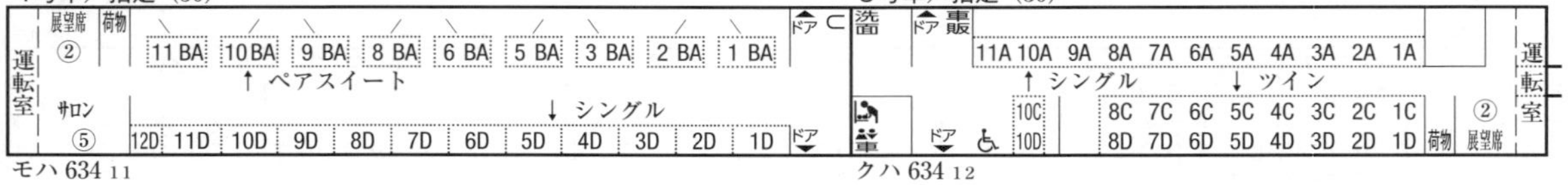

【⬇ 主な車窓風景】 東京スカイツリー、曳舟駅亀戸線

＋

2号車／指定（30）　モハ634 21
運転室｜展望席 ②｜荷物｜サロン ⑤｜11 BA　10 BA　9 BA　8 BA　6 BA　5 BA　3 BA　2 BA　1 BA（↑ ペアスイート）｜12D　11D　10D　9D　8D　7D　6D　5D　4D　3D　2D　1D（↓ シングル）｜ドア ⊂

1号車／指定（30）　クハ634 22
洗面｜ドア 売店｜11A 10A 9A 8A 7A 6A 5A 4A 3A 2A 1A（↑ シングル　↓ ツイン）｜ドア ♿｜10C 10D｜8C 7C 6C 5C 4C 3C 2C 1C / 8D 7D 6D 5D 4D 3D 2D 1D｜荷物｜展望席 ②｜運転室

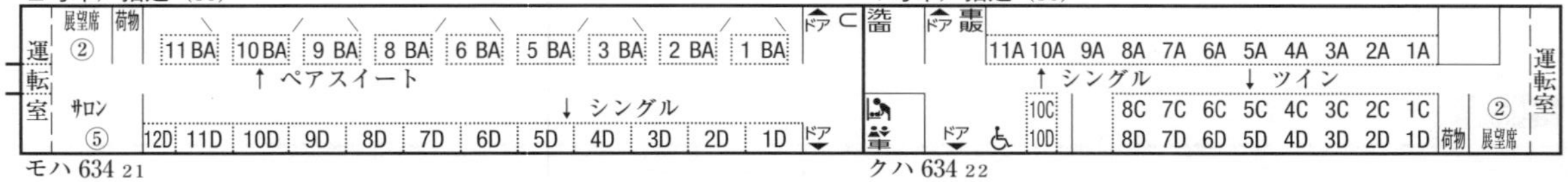

- ◆ 運転日注意。2017.04.16 以降団体列車を中心に運行と変更
- ▼ ペアスイートの座席は ＼ / 印の斜め方向に固定
  シングル・ツインの座席は回転式。ただし窓向き等横方向では固定できない
- ▼ 1・3号車 10CD席は車いす優先座席
- ▼ サロン・展望席の丸数字は席数
- ▼ ⊂印はカウンターテーブル

「スカイライナー」編成席番表

←京成上野　　成田空港→

【⬆ 主な車窓風景】 京成高砂駅[金町線]、京成高砂車庫、新京成くぬぎ山車両基地、印旛沼、
ＪＲ成田線(成田空港連絡線) // 成田スカイアクセス線経由

スカイライナー // AE形８両編成＝京成電鉄

	８号車／指定（40）	７号車／指定（56）	６号車／指定（56）	５号車／指定（40）	４号車／指定（52）	３号車／指定（56）	２号車／指定（56）	１号車／指定（40）
設備	運転室／荷物・ドア	荷物・ドア	荷物・ドア	♿・荷物・ドア／車いす対応トイレ・おむつ交換台・洗面・洋	荷物・ドア／自販・サービスコーナー・♥	荷物・ドア	荷物・ドア	荷物・ドア／運転室
D	D	D	D	D	D	D	D	D
C	C	C	C	C	C	C	C	C
席番	10〜1	14〜1	14〜1	11〜2	13〜2　1	14〜1	14〜1	10〜1
B	B	B	B	B	B	B	B	B
A	A	A	A	A	A	A	A	A
車両番号	AE1-8など	AE1-7など	AE1-6など	AE1-5など	AE1-4など	AE1-3など	AE1-2など	AE1-1など
窓配置	□□□□	□□□□	□□□□	□□□■	□□□■	□□□□	□□□□	□□□□

【⬇ 主な車窓風景】 東京スカイツリー、青砥駅[押上線]、印旛沼、成田山新勝寺 // 成田スカイアクセス線経由

◆ 上記編成は、「スカイライナー」のほか「モーニングライナー」「イブニングライナー」（船橋・成田経由）にも充当
「スカイライナー」は京成上野～成田空港間。日暮里～空港第２ビル間、最速 36 分（ノンストップ）。20 分間隔にて運転。また、一部の列車は青砥・新鎌ケ谷に停車
▼ 座席／回転式（座席下ペダル）フリーストッパー型リクライニングシート（シートピッチ 1050㎜、座面幅 470㎜）
▼ ⓘ／各座席下に設置
▼ おむつ交換台のあるトイレには印を付加。♿は車いすスペース
▼「KEISEI FREE Wi-Fi」が利用できる
▼ ♥印に AED を設置
▼ 荷物スペース（荷物）とデッキ部には防犯カメラを設置
▼ 車内案内モニターでは、日本語・英語・韓国語・中国語による案内表示のほかに、前方・後方展望を放映することができる
◇ スカイライナーの特急券は、乗車日の１カ月前から発売。スカイライナー インターネット予約サービス、
京成上野、成田空港の各駅と空港ビルの案内所、京成トラベルサービス、JTB、近畿日本ツーリストの各支店などで発売
▼ □■は窓配置のパターン。□は座席２列分の広窓、■は座席ごと独立の小窓

「ちちぶ」「むさし」編成席番表

←飯能　　西武秩父、池袋→

【⬆ 主な車窓風景】 西武秩父駅秩父鉄道(御花畑駅)、武甲山、武蔵丘車両検修場、航空自衛隊入間基地、小手指車両基地、所沢駅新宿線、池袋駅ＪＲ山手線・埼京線[⬅池袋発にて掲載]

ちちぶ・むさし // Laview（001 系）8両編成＝西武鉄道

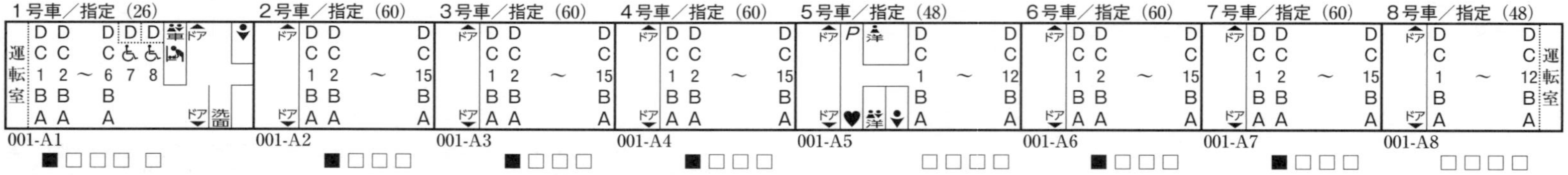

	1号車／指定（26）	2号車／指定（60）	3号車／指定（60）	4号車／指定（60）	5号車／指定（48）	6号車／指定（60）	7号車／指定（60）	8号車／指定（48）	
	D D D D D	ドア D D D	ドア D D D	ドア D D D	ドア P 洋 D D	ドア D D D	ドア D D D	ドア D D	
運	C C C ♿ ♿	C C C	C C C	C C C	C C	C C C	C C C	C C	運
転	1 2 〜 6 7 8	1 2 〜 15	1 2 〜 15	1 2 〜 15	1 〜 12	1 2 〜 15	1 2 〜 15	1 〜 12	転
室	B B B	B B B	B B B	B B B	B B	B B B	B B B	B B	室
	A A A ドア 洗面	ドア A A A	ドア A A A	ドア A A A	ドア ♥ 洋 A A	ドア A A A	ドア A A A	ドア A A	
	001-A1	001-A2	001-A3	001-A4	001-A5	001-A6	001-A7	001-A8	
	■□□□ □	■□□□	■□□□	■□□□	□□□□	■□□□	■□□□	□□□□	

【⬇ 主な車窓風景】 日和田山、東飯能駅［ＪＲ八高線］

◆ 2019.03.16 から営業運転開始
◆ 2020.03.14 から「ちちぶ」「むさし」の全列車に充当
◆ メットライフドームで行われる公式戦（交流戦を含む）開催日は、「ドーム（スタジアムエクスプレス）」を運転。途中停車駅は所沢。
「ちちぶ」（池袋～西武秩父間）の途中停車駅は所沢、入間市、飯能、横瀬。「むさし」池袋～飯能間）の途中停車駅は所沢、入間市

▼ 客用窓は座席面下部から網棚部まで縦 1350mm、横は 1580mm の大型ガラスを採用　▼ 座席／回転式（座席下ペダル）リクライニングシート。シートピッチ 1070mm
▼ 1号車に車いす対応席設置。7・8Ｄ席が車いす対応席　▼ ⓘ／全席に設置（各座席部下）　▼「SEIBU FREE Wi-Fi」サービス実施　▼ テーブルは座席背面と肘掛け部の２か所
▼ *P* はパウダールーム（女性専用）　▼ おむつ交換台のあるトイレには印を付加　▼ □■は窓配置のパターン。□は座席２列分の広窓、■は座席ごと独立の窓（小窓）

◇ 表示の車両形式は第１編成。第２編成はＢとなり、以下ＣＤＥＦ…　となる

◇ 特急券は、乗車日の１カ月前の 07:00 から発売
購入方法は、チケットレスサービス「Ｓｍｏｏｚ」、インターネット予約サービス
特急券券売機・指定券券売機・特急券／指定券券売機のほか、駅窓口にて
取扱い駅は、池袋・練馬・石神井公園～飯能～西武秩父、下山口・西武球場前、西武新宿・高田馬場・田無～本川越、萩山～拝島・国分寺の 53 駅
詳細は西武鉄道ホームページなどを参照

←西武新宿　　【⬆ 主な車窓風景】 ＪＲ山手線・埼京線・湘南新宿ライン並走(西武新宿～高田馬場間)、富士山、南入曽車両基地、航空自衛隊入間基地　　本川越→

小江戸 // 10000 系 7 両編成＝西武鉄道

1号車／指定 (38)	2号車／指定 (64)	3号車／指定 (64)	4号車／指定 (64)	5号車／指定 (64)	6号車／指定 (64)	7号車／指定 (48)
運転室 ドア D D D ドア 洗面	D D ドア	D D ドア	D D ドア	D D ドア	D D ドア	和 自販 D D ドア 運転室
C C C♿	C C	C C	C C	C C	C C	C C
1 ～ 9 10	1 ～ 16	1 ～ 16	1 ～ 16	1 ～ 16	1 ～ 16	1 ～ 12
B B B♿	B B	B B	B B	B B	B B	B B
ドア A A A 自販 ドア 車掌	A A ドア	A A ドア	A A ドア	A A ドア	A A ドア	洗面 A A ドア
クハ 10100	モハ 10200	モハ 10300	サハ 10400	モハ 10500	モハ 10600	クハ 10700

【⬇ 主な車窓風景】 所沢航空記念公園、所沢駅池袋線、川越市街地

◆「小江戸」は西武新宿～本川越間の運転。途中停車駅は高田馬場・東村山・所沢・狭山市

▼ 座席／普通車＝回転式（座席下ペダル）フリーストッパー型リクライニングシート、シートピッチ 1070mm
▼ 窓配置は座席 2 列分の広窓（□）

◇ 特急券は、乗車日の 1 カ月前の 07:00 から発売
購入方法は、チケットレスサービス「Ｓｍｏｏｚ」、インターネット予約サービス
特急券券売機・指定券券売機・特急券／指定券券売機のほか、駅窓口にて
取扱い駅は、池袋・練馬・石神井公園～飯能～西武秩父、下山口・西武球場前、西武新宿・高田馬場・田無～本川越、萩山～拝島・国分寺の 53 駅
詳細は西武鉄道ホームページなどを参照

327

西武鉄道 「S-TRAIN」編成席番表

←飯能　【⬆ 主な車窓風景】 小手指車両基地、所沢駅新宿線、富士山(東急東横線)　西武秩父、(地下鉄有楽町線)豊洲・(地下鉄副都心線～東急東横線～みなとみらい線)元町・中華街→

S-TRAIN // 40000系10両編成＝西武鉄道

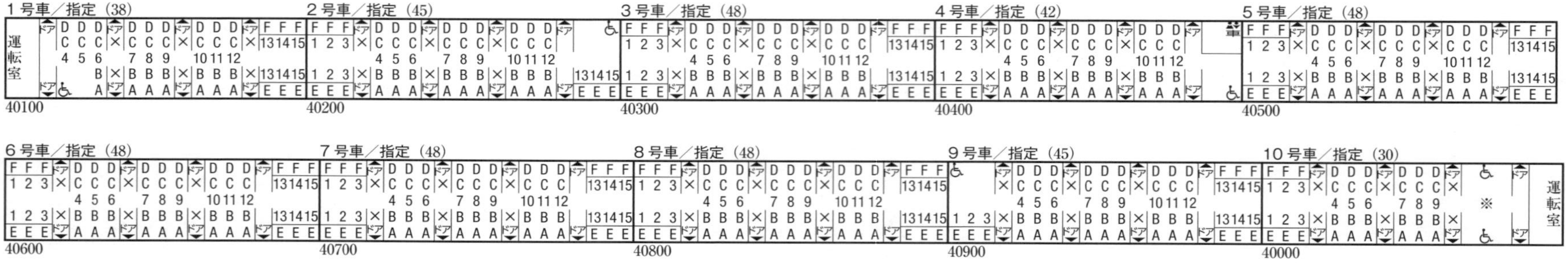

1号車／指定（38）

運転室	ドア	D D D	ドア	D D D	ドア	D D D	ドア	F F F
		C C C	×	C C C	×	C C C	×	13 14 15
		4 5 6		7 8 9		10 11 12		
		B	×	B B B	×	B B B	×	13 14 15
	ドア ♿	A	ドア	A A A	ドア	A A A	ドア	E E E

40100

2号車／指定（45）

F F F	ドア	D D D	ドア	D D D	ドア	D D D	ドア	♿
1 2 3	×	C C C	×	C C C	×	C C C		
		4 5 6		7 8 9		10 11 12		
1 2 3	×	B B B	×	B B B	×	B B B		13 14 15
E E E	ドア	A A A	ドア	A A A	ドア	A A A	ドア	E E E

40200

3号車／指定（48）

F F F	ドア	D D D	ドア	D D D	ドア	D D D	ドア	F F F
1 2 3	×	C C C	×	C C C	×	C C C		13 14 15
		4 5 6		7 8 9		10 11 12		
1 2 3	×	B B B	×	B B B	×	B B B		13 14 15
E E E	ドア	A A A	ドア	A A A	ドア	A A A	ドア	E E E

40300

4号車／指定（42）

F F F	ドア	D D D	ドア	D D D	ドア	D D D	ドア	
1 2 3	×	C C C	×	C C C	×	C C C		
		4 5 6		7 8 9		10 11 12		
1 2 3	×	B B B	×	B B B	×	B B B		
E E E	ドア	A A A	ドア	A A A	ドア	A A A	ドア	♿

40400

5号車／指定（48）

F F F	ドア	D D D	ドア	D D D	ドア	D D D	ドア	F F F
1 2 3	×	C C C	×	C C C	×	C C C		13 14 15
		4 5 6		7 8 9		10 11 12		
1 2 3	×	B B B	×	B B B	×	B B B		13 14 15
E E E	ドア	A A A	ドア	A A A	ドア	A A A	ドア	E E E

40500

6号車／指定（48）

F F F	ドア	D D D	ドア	D D D	ドア	D D D	ドア	F F F
1 2 3	×	C C C	×	C C C	×	C C C		13 14 15
		4 5 6		7 8 9		10 11 12		
1 2 3	×	B B B	×	B B B	×	B B B		13 14 15
E E E	ドア	A A A	ドア	A A A	ドア	A A A	ドア	E E E

40600

7号車／指定（48）

F F F	ドア	D D D	ドア	D D D	ドア	D D D	ドア	F F F
1 2 3	×	C C C	×	C C C	×	C C C		13 14 15
		4 5 6		7 8 9		10 11 12		
1 2 3	×	B B B	×	B B B	×	B B B		13 14 15
E E E	ドア	A A A	ドア	A A A	ドア	A A A	ドア	E E E

40700

8号車／指定（48）

F F F	ドア	D D D	ドア	D D D	ドア	D D D	ドア	F F F
1 2 3	×	C C C	×	C C C	×	C C C		13 14 15
		4 5 6		7 8 9		10 11 12		
1 2 3	×	B B B	×	B B B	×	B B B		13 14 15
E E E	ドア	A A A	ドア	A A A	ドア	A A A	ドア	E E E

40800

9号車／指定（45）

♿	ドア	D D D	ドア	D D D	ドア	D D D	ドア	F F F
	×	C C C	×	C C C	×	C C C		13 14 15
		4 5 6		7 8 9		10 11 12		
1 2 3	×	B B B	×	B B B	×	B B B		13 14 15
E E E	ドア	A A A	ドア	A A A	ドア	A A A	ドア	E E E

40900

10号車／指定（30）

F F F	ドア	D D D	ドア	D D D	ドア	♿	ドア	運転室
1 2 3	×	C C C	×	C C C	×			
		4 5 6		7 8 9		※		
1 2 3	×	B B B	×	B B B	×			
E E E	ドア	A A A	ドア	A A A	ドア	♿	ドア	

40000

【⬇ 主な車窓風景】 富士山(西武池袋線)

◆ 運転は、平日は所沢～地下鉄有楽町線豊洲間。所沢発は6：23、8：39。豊洲18:00・19:00・20:00・21:00・22:00の5本設定。小手指行
土曜・休日は西武秩父・飯能～みなとみらい線元町・中華街間。飯能発09：18、西武秩父発17：07、元町・中華街発07：01（西武秩父行)、16：54（飯能行)、19：55（所沢行）の5本
◇ ドア部　×印の箇所のドアは通常乗降時は開閉しない

▼ 座席／回転式クロスシート・ロングシート（40000系は通常運行時はロングシートにて運転)。※印はパートナーゾーン。♿は車いすスペース
▼ ⓘ／窓側下部、ロングシート座席は肘掛下に設置
▼「SEIBU FREE Wi-Fi」が利用できる（メールアドレスの登録が必要）

◇ 指定券は、チケットレスサービス「Smooz（スムーズ)」、インターネット予約サービスのほか駅にて購入。詳しくは西武鉄道ホームページ参照
◇ 平日と土曜・休日とでは、運転時刻、運転区間が異なる。こちらも詳しくは西武鉄道ホームページ参照

西武鉄道 # 「拝島ライナー」編成席番表

←西武新宿　【⬆ 主な車窓風景】 ＪＲ山手線・埼京線・湘南新宿ライン並走(西武新宿～高田馬場間)、富士山、拝島駅ＪＲ八高線・青梅線・五日市線　拝島→

拝島ライナー // 40000系10両編成＝西武鉄道

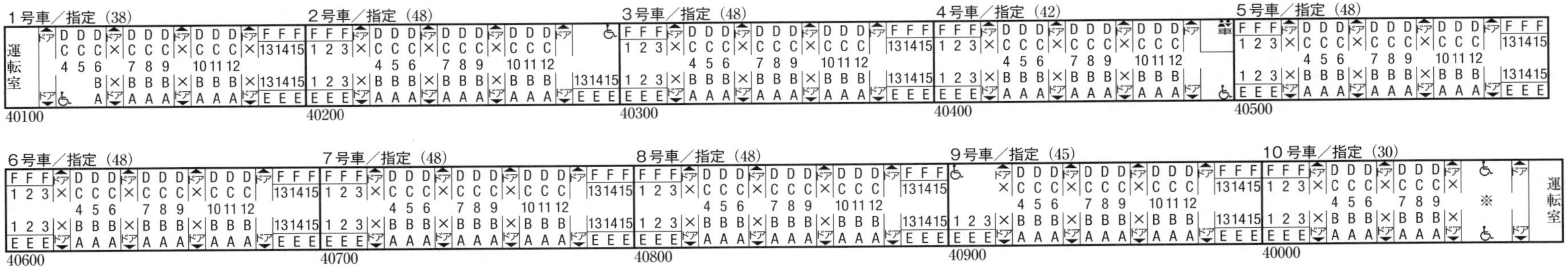

1号車／指定（38）
運転室 ドア D D D ドア D D D ドア D D D ドア F F F
C C C × C C C × C C C × 13 14 15
4 5 6　7 8 9　10 11 12
B × B B B × B B B × 13 14 15
ドア ♿ A ドア A A A ドア A A A ドア E E E
40100

2号車／指定（48）
F F F ドア D D D ドア D D D ドア D D D ドア ♿
1 2 3 × C C C × C C C × C C C
4 5 6　7 8 9　10 11 12
1 2 3 × B B B × B B B × B B B 13 14 15
E E E ドア A A A ドア A A A ドア A A A ドア E E E
40200

3号車／指定（48）
F F F ドア D D D ドア D D D ドア D D D ドア F F F
1 2 3 × C C C × C C C × C C C 13 14 15
4 5 6　7 8 9　10 11 12
1 2 3 × B B B × B B B × B B B 13 14 15
E E E ドア A A A ドア A A A ドア A A A ドア E E E
40300

4号車／指定（42）
F F F ドア D D D ドア D D D ドア D D D ドア 🚻
1 2 3 × C C C × C C C × C C C
4 5 6　7 8 9　10 11 12
1 2 3 × B B B × B B B × B B B ♿
E E E ドア A A A ドア A A A ドア A A A ドア
40400

5号車／指定（48）
F F F ドア D D D ドア D D D ドア D D D ドア F F F
1 2 3 × C C C × C C C × C C C 13 14 15
4 5 6　7 8 9　10 11 12
1 2 3 × B B B × B B B × B B B 13 14 15
E E E ドア A A A ドア A A A ドア A A A ドア E E E
40500

6号車／指定（48）
F F F ドア D D D ドア D D D ドア D D D ドア F F F
1 2 3 × C C C × C C C × C C C 13 14 15
4 5 6　7 8 9　10 11 12
1 2 3 × B B B × B B B × B B B 13 14 15
E E E ドア A A A ドア A A A ドア A A A ドア E E E
40600

7号車／指定（48）
F F F ドア D D D ドア D D D ドア D D D ドア F F F
1 2 3 × C C C × C C C × C C C 13 14 15
4 5 6　7 8 9　10 11 12
1 2 3 × B B B × B B B × B B B 13 14 15
E E E ドア A A A ドア A A A ドア A A A ドア E E E
40700

8号車／指定（48）
F F F ドア D D D ドア D D D ドア D D D ドア F F F
1 2 3 × C C C × C C C × C C C 13 14 15
4 5 6　7 8 9　10 11 12
1 2 3 × B B B × B B B × B B B 13 14 15
E E E ドア A A A ドア A A A ドア A A A ドア E E E
40800

9号車／指定（45）
♿ ドア D D D ドア D D D ドア D D D ドア F F F
× C C C × C C C × C C C 13 14 15
4 5 6　7 8 9　10 11 12
1 2 3 × B B B × B B B × B B B 13 14 15
E E E ドア A A A ドア A A A ドア A A A ドア E E E
40900

10号車／指定（30）
F F F ドア D D D ドア D D D ドア ♿ ドア 運転室
1 2 3 × C C C × C C C ×
4 5 6　7 8 9　※
1 2 3 × B B B × B B B ×
E E E ドア A A A ドア A A A ドア ♿ ドア
40000

【⬇ 主な車窓風景】

◆ 運転は、平日、土曜・休日とも西武新宿 17:15・18:15・19:15・20:15・21:15・22:15 発の６本運転
　高田馬場～小平間の各駅には停車しないので注意。上り列車は、平日朝、拝島駅発 06：18（2号）、06：48（4号）、08：01（6号）の３本
◇ ドア部　×印の箇所のドアは通常乗降時は開閉しない

▼ 座席／回転式クロスシート・ロングシート（40000 系は通常運行時はロングシートにて運転）。※印はパートナーゾーン。♿は車いすスペース
▼ ⓘ／窓側下部、ロングシート座席は肘掛下に設置
▼「SEIBU FREE Wi-Fi」が利用できる（メールアドレスの登録が必要）
◇ 指定券は、チケットレスサービス「Smooz（スムーズ）」、インターネット予約サービスのほか駅にて購入。詳しくは西武鉄道ホームページ参照

329

西武鉄道 「52 席の至福」編成席番表 【団体専用車両】

←飯能　【⬆ 主な車窓風景】 西武秩父駅秩父鉄道(御花畑駅)、武甲山、武蔵丘車両検修場、航空自衛隊入間基地、小手指車両基地、所沢駅新宿線[⬅池袋発にて掲載]　西武秩父、池袋→

52 席の至福 // 4000 系４両編成＝西武鉄道

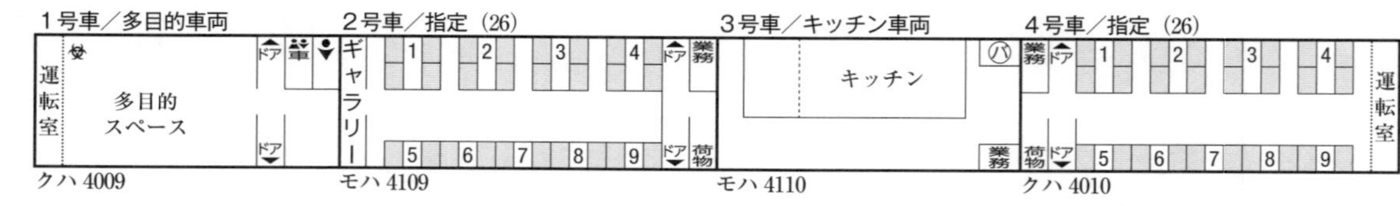

【⬇ 主な車窓風景】 日和田山、東飯能駅[ＪＲ八高線]

◆ 運転日、旅行代金、予約の詳細は西武鉄道ホームページを参照

◇ 途中、飯能にて進行方向が変わる
◇ ブランチコース、ディナーコースがある

▼ 座席番号１～４は４名席、５～９は２名席。座席をはさんでテーブルを設置
▼ 🚸はこども用展望ステップ
▼「52」という数字から、沿線の代表的な観光地「秩父」の自然をトランプ柄に見立てたロゴマークが描かれている。スペードを「水」、ダイヤを「紅葉」、クローバーは「緑」と「至福」を重ね四つ葉に、ハートには気持ちが通う空間と時間の想いが込められている。座席番号にも２号車１～４には「ハート」、５～９は「クローバー」、４号車１～４は「ダイヤ」、５～９は「スペード」が頭についている
▼ Ⓟはバーカウンター
▼ 各テーブル下には ⓪ を設置

京王電鉄 「京王ライナー」「Mｔ．ＴＡＫＡＯ」編成席番表

←京王八王子・高尾・橋本　【⬆ 主な車窓風景】 高幡不動検車区、若葉台検車区　新宿→

京王ライナー、Mt. ＴＡＫＡＯ // 5000系10両編成＝京王電鉄

1号車／指定（39） 5700
運転室 | ドア | D D D C C C 4 5 6 B B B A A A | ドア | D D D C C C 7 8 9 B B B A A A | ドア | D D D C C C 10 11 12 B B B A A A | ドア | 13 14 15 A A A

2号車／指定（45） 5050
D D D 1 2 3 / 1 2 3 A A A | ドア | D D D C C C 4 5 6 B B B A A A | ドア | D D D C C C 7 8 9 B B B A A A | ドア | D D D C C C 10 11 12 B B B A A A | ドア | ♿ 13 14 15 A A A

3号車／指定（45） 5000
D D D 1 2 3 / 1 2 3 A A A | ドア | D D D C C C 4 5 6 B B B A A A | ドア | D D D C C C 7 8 9 B B B A A A | ドア | D D D C C C 10 11 12 B B B A A A | ドア | ♿ 13 14 15 A A A

4号車／指定（45） 5550
D D D 1 2 3 / 1 2 3 A A A | ドア | D D D C C C 4 5 6 B B B A A A | ドア | D D D C C C 7 8 9 B B B A A A | ドア | D D D C C C 10 11 12 B B B A A A | ドア | ♿ 13 14 15 A A A

5号車／指定（45） 5050
D D D 1 2 3 / 1 2 3 A A A | ドア | D D D C C C 4 5 6 B B B A A A | ドア | D D D C C C 7 8 9 B B B A A A | ドア | D D D C C C 10 11 12 B B B A A A | ドア | ♿ 13 14 15 A A A

6号車／指定（45） 5000
D D D 1 2 3 / 1 2 3 A A A | ドア | D D D C C C 4 5 6 B B B A A A | ドア | D D D C C C 7 8 9 B B B A A A | ドア | D D D C C C 10 11 12 B B B A A A | ドア | ♿ 13 14 15 A A A

7号車／指定（45） 5500
D D D 1 2 3 / 1 2 3 A A A | ドア | D D D C C C 4 5 6 B B B A A A | ドア | D D D C C C 7 8 9 B B B A A A | ドア | D D D C C C 10 11 12 B B B A A A | ドア | ♿ 13 14 15 A A A

8号車／指定（45） 5050
D D D 1 2 3 / 1 2 3 A A A | ドア | D D D C C C 4 5 6 B B B A A A | ドア | D D D C C C 7 8 9 B B B A A A | ドア | D D D C C C 10 11 12 B B B A A A | ドア | ♿ 13 14 15 A A A

9号車／指定（45） 5000
D D D 1 2 3 / 1 2 3 A A A | ドア | D D D C C C 4 5 6 B B B A A A | ドア | D D D C C C 7 8 9 B B B A A A | ドア | D D D C C C 10 11 12 B B B A A A | ドア | ♿ 13 14 15 A A A

10号車／指定（39） 5700
♿ 1 2 3 A A A | ドア | D D D C C C 4 5 6 B B B A A A | ドア | D D D C C C 7 8 9 B B B A A A | ドア | D D D C C C 10 11 12 B B B A A A | ドア | 運転室

【⬇ 主な車窓風景】 富士山

◇停車駅は新宿～京王八王子間は明大前・府中・分倍河原・聖蹟桜ヶ丘・高幡不動・北野の各駅。新宿～橋本間は明大前・京王永山・京王多摩センター・南大沢の各駅。
運転は、平日　新宿発京王八王子行は 17:00・18:00・19:00・20:00・21:00・22:00・23:00 発。京王八王子発新宿行は 05:47・06:04・06:27・07:48・08:31・09:07。
新宿発橋本行は 10:15・16:40・17:20・17:40・18:20・18:40・19:20・19:40・21:40・20:20・20:40・21:20・22:20・23:20 発。
橋本発新宿行は 05:45・06:19・07:10・08:26・08:50。京王多摩センター発新宿行は 09:54
土休日　新宿発京王八王子行は 16:00・17:00・18:00・19:00・20:00・21:00・22:00 発。京王八王子発新宿行は 08:20・09:20・10:20。
新宿発橋本行は 15:20・16:20・17:20・18:20・19:20・20:20・21:20・22:20・23:00 発。橋本発新宿行は 08:05・09:05・10:05・11:05

◆「Mｔ．ＴＡＫＡＯ」（新宿～高尾山口間）は、新宿発 09:00・10:00・11:00（所要時間 43 ～ 46 分）、途中停車駅は明大前。
高尾山口発 14:15・15:15・16:15・17:15（所要時間 51 ～ 54 分）、途中停車駅は高尾・めじろ台と「京王ライナー」停車駅

▼座席／回転式クロスシート・ロングシート（5000 系は通常運行時はロングシートにて運転）
▼ ⓪／各座席脚台および 3 人掛けロングシートの肘掛け部に設置。♿は車いすスペース
▼公衆無線ＬＡＮサービス「KEIO FREE Wi-Fi」実施。利用に際しては各公衆ＬＡＮサービス事業者との契約が必要
▼2022 年度増備の 5037 編成から、クロスシート時の座席がリクライニングシート可能に変更

◇指定券は、Ｗｅｂ（京王チケットレスサービス）、停車駅専用券売機にて購入
2019.02.22 乗車分から、京王チケットレスサービスでは７日前の７時から（京王パスポートカードクレジット会員は６時から）購入が可能。
詳しくは、京王電鉄ホームページ等を参照

京浜急行電鉄「モーニング・ウィング号」「イブニング・ウィング号」「ウィング・シート」編成席番表 －1

←泉岳寺・品川　【⬆ 主な車窓風景】 東京湾　横須賀中央・三浦海岸→

モーニング・ウィング1・5号、イブニング・ウィング号2・4・6・8・10・12号、ウィング・シート // 2100形 8両編成＝京浜急行電鉄

8号車／指定（62）

運転室	A	ドア	♿	A	A		A	A	ドア	A	A	A
	B			B	B		B	B		B	B	B
	16		15	14	13	～	5	4		3	2	1
	C		C	C	C		C	C		C	C	C
	D	ドア	D	D	D		D	D	ドア	D	D	D

2100

7号車／指定（72）

A	A	A	ドア	A	A		A	A	ドア	A	A	A
B	B	B		B	B		B	B		B	B	B
18	17	16		15	14	～	5	4		3	2	1
C	C	C		C	C		C	C		C	C	C
D	D	D	ドア	D	D		D	D	ドア	D	D	D

2100

6号車／指定（72）

A	A	A	ドア	A	A		A	A	ドア	A	A	A
B	B	B		B	B		B	B		B	B	B
18	17	16		15	14	～	5	4		3	2	1
C	C	C		C	C		C	C		C	C	C
D	D	D	ドア	D	D		D	D	ドア	D	D	D

2100

5号車／指定（72）

A	A	A	ドア	A	A		A	A	ドア	A	A	A
B	B	B		B	B		B	B		B	B	B
18	17	16		15	14	～	5	4		3	2	1
C	C	C		C	C		C	C		C	C	C
D	D	D	ドア	D	D		D	D	ドア	D	D	D

2100

4号車／指定（72）

A	A	A	ドア	A	A		A	A	ドア	A	A	A
B	B	B		B	B		B	B		B	B	B
18	17	16		15	14	～	5	4		3	2	1
C	C	C		C	C		C	C		C	C	C
D	D	D	ドア	D	D		D	D	ドア	D	D	D

2100

3号車／指定（72）

A	A	A	ドア	A	A		A	A	ドア	A	A	A
B	B	B		B	B		B	B		B	B	B
18	17	16		15	14	～	5	4		3	2	1
C	C	C		C	C		C	C		C	C	C
D	D	D	ドア	D	D		D	D	ドア	D	D	D

2100

2号車／指定（72）

A	A	A	ドア	A	A		A	A	ドア	A	A	A
B	B	B		B	B		B	B		B	B	B
18	17	16		15	14	～	5	4		3	2	1
C	C	C		C	C		C	C		C	C	C
D	D	D	ドア	D	D		D	D	ドア	D	D	D

2100

1号車／指定（61）

A	A	A	ドア	A	A		A	A	A	ドア	A	運転室
B	B	B		B	B		B	B	B		B	
16	15	14		13	12	～	4	3	2		1	
C	C	C		C	C		C				C	
D	D	D	ドア	D	D		D	D	♿	ドア	D	

2100

【⬇ 主な車窓風景】 ＪＲ東海道本線、富士山

◆「モーニング・ウィング号」は、三浦海岸（07:28）・横須賀中央（06:05）→品川・泉岳寺間に平日朝３本設定。上大岡→品川間はノンストップ
◆「イブニング・ウィング号」は2019.10.28から「ウィング号」の名称変更にて誕生。品川駅18:45発～20:25発までに６本設定。14・16号は333頁参照
◇ 2019.10.26からは、土休日に快特にて運転の2100形８両編成にて２号車が座席指定・ウィング・シートの列車を設定、運転開始している。
運転時刻、停車駅などの詳細は、京浜急行電鉄ホームページなどを参照

▼ 座席／転換式クロスシート（ただし、車端寄り座席はボックスシート、先頭車は運転室側向きに座席固定、ドア寄り座席は補助席。補助席は網掛け部）
▽ 車いすスペースを１・８号車設置

◇ 座席指定券「Wing Pass（各月毎の座席指定制）またはWing Ticket（指定された列車の１乗車）」は、ＷＥＢ購入（スマートフォン、パソコン）のほか、
Wing Tiket発売機にて購入できる。詳しくは京浜急行電鉄ホームページ参照

←泉岳寺・品川　【⬆ 主な車窓風景】 東京湾　横須賀中央・三浦海岸→

モーニング・ウィング３号 // 2100 形 8両＋新 1000 形４両編成＝京浜急行電鉄

12 号車／指定（62）

運転室	16		15	14	13		5	4		3	2	1
	A	ドア	♿	A	A		A	A	ドア	A	A	A
	B			B	B		B	B		B	B	B
	16		15	14	13	〜	5	4		3	2	1
	C		C	C	C		C	C		C	C	C
	D	ドア	D	D	D		D	D	ドア	D	D	D

2100

11 号車／指定（72）

18	17	16		15	14		5	4		3	2	1
A	A	A	ドア	A	A		A	A	ドア	A	A	A
B	B	B		B	B		B	B		B	B	B
18	17	16		15	14	〜	5	4		3	2	1
C	C	C		C	C		C	C		C	C	C
D	D	D	ドア	D	D		D	D	ドア	D	D	D

2100

10 号車／指定（72）

18	17	16		15	14		5	4		3	2	1
A	A	A	ドア	A	A		A	A	ドア	A	A	A
B	B	B		B	B		B	B		B	B	B
18	17	16		15	14	〜	5	4		3	2	1
C	C	C		C	C		C	C		C	C	C
D	D	D	ドア	D	D		D	D	ドア	D	D	D

2100

9号車／指定（72）

18	17	16		15	14		5	4		3	2	1
A	A	A	ドア	A	A		A	A	ドア	A	A	A
B	B	B		B	B		B	B		B	B	B
18	17	16		15	14	〜	5	4		3	2	1
C	C	C		C	C		C	C		C	C	C
D	D	D	ドア	D	D		D	D	ドア	D	D	D

2100

8号車／指定（72）

18	17	16		15	14		5	4		3	2	1
A	A	A	ドア	A	A		A	A	ドア	A	A	A
B	B	B		B	B		B	B		B	B	B
18	17	16		15	14	〜	5	4		3	2	1
C	C	C		C	C		C	C		C	C	C
D	D	D	ドア	D	D		D	D	ドア	D	D	D

2100

7号車／指定（72）

18	17	16		15	14		5	4		3	2	1
A	A	A	ドア	A	A		A	A	ドア	A	A	A
B	B	B		B	B		B	B		B	B	B
18	17	16		15	14	〜	5	4		3	2	1
C	C	C		C	C		C	C		C	C	C
D	D	D	ドア	D	D		D	D	ドア	D	D	D

2100

6号車／指定（72）

18	17	16		15	14		5	4		3	2	1
A	A	A	ドア	A	A		A	A	ドア	A	A	A
B	B	B		B	B		B	B		B	B	B
18	17	16		15	14	〜	5	4		3	2	1
C	C	C		C	C		C	C		C	C	C
D	D	D	ドア	D	D		D	D	ドア	D	D	D

2100

5号車／指定（61）

16	15	14		13	12		4	3	2		1	運転室
A	A	A	ドア	A	A		A	A	A	ドア	A	
B	B	B		B	B		B	B	B		B	
16	15	14		13	12	〜	4	3	2		1	
C	C	C		C	C		C				C	
D	D	D	ドア	D	D		D	D	♿	ドア	D	

2100

＋

4号車／指定（35）

運転室	9		8	7	6		5	4	3		2	1
	A	ドア	A	A	A	ドア	A	A	A	ドア	A	A
	B		♿	B	B		B	B	B		B	B
	9		8	7	6		5	4	3		2	1
	C		C	C	C		C	C	C		C	C
	D	ドア	D	D	D	ドア	D	D	D	ドア	D	D

1000 形 1890-4

3号車／指定（32）

8	7		6	5	4		3	2	1	
A	A	ドア	A	A	A	ドア	A	A	A	ドア
B	B		B	B	B		B	B	B	
8	7		6	5	4		3	2	1	
C	C		C	C	C		C	C	C	
D	D	ドア	D	D	D	ドア	D	D	D	ドア

1000 形 1890-3

2号車／指定（30）

			8	7	6		5	4	3		2	1
🚻	♿	ドア		A	A	ドア	A	A	A	ドア	A	A
				B	B		B	B	B		B	B
			8	7	6		5	4	3		2	1
			C	C	C		C	C	C		C	C
		ドア	D	D	D	ドア	D	D	D	ドア	D	D

1000 形 1890-2

1号車／指定（35）

9	8		7	6	5		4	3	2		1	運転室
A	A	ドア	A	A	A	ドア	A	A	A	ドア	A	
B	B		B	B	B		B	B	B		B	
9	8		7	6	5		4	3	2		1	
C	C		C	C	C		C	C	♿		C	
D	D	ドア	D	D	D	ドア	D	D	D	ドア	D	

1000 形 1890-1

【⬇ 主な車窓風景】 ＪＲ東海道本線，富士山

◇ モーニング・ウイング３号（三浦海岸 06:09 発→品川・泉岳寺間）は、2021.05.06 から 12 両編成にて運転開始。
新たに増結となる１～４号車は、新 1000 形 1890 番台の片側３扉、クロスシート、ロングシート変更できるデュアルモード車両。
乗車できる号車は，三浦海岸駅は４号車，横須賀中央駅は１・２号車，金沢文庫駅は 11・12 号車，上大岡駅は６・８・９号車

◇「イブニング・ウィング号」14・16 号は、快速特急８両編成の泉岳寺寄りにこの１～４号車の４両編成を連結して運転。
品川 20：58、21：19 発。途中の金沢文庫まで連結。品川～上大岡間の途中駅での乗降はできない

▽ 車いすスペースを１・４・５・12 号車に設置

▼ 座席／2100 形　転換式クロスシート（ただし、車端寄り座席はボックスシート、先頭車は運転室側向きに座席固定、ドア寄り座席は補助席。補助席は網掛け部）
1000 形 1890 番台「Le Ciel」クロスシート、ロングシート（L／Cシート）切換自動回転式シート。各座席に ⓘ 装備

◇ 座席指定券「Wing Pass（各月毎の座席指定制）または Wing Ticket（指定された列車の１乗車）」は、ＷＥＢ購入（スマートフォン、パソコン）のほか、
Wing Tiket 発売機にて購入できる。詳しくは京浜急行電鉄ホームページ参照

333

←長津田・二子玉川　　【⬆ 主な車窓風景】 多摩川上流側、大岡山駅目黒線目黒方面、ＪＲ東日本東京総合車両センター　　大井町→

Q SEAT［種別＝急行］ // 6020系7両編成＝東急電鉄

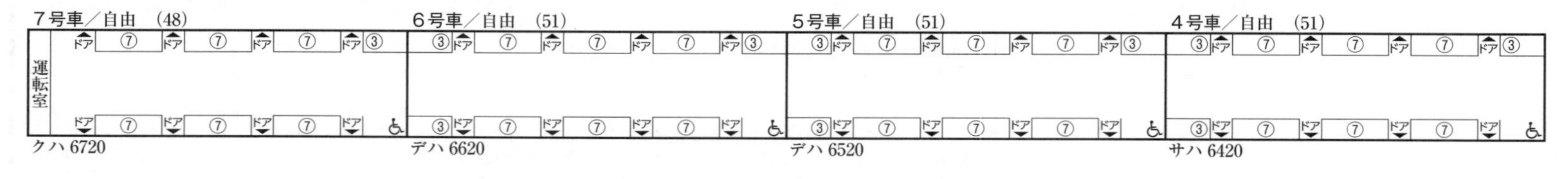

【⬇ 主な車窓風景】 多摩川下流側、富士山、大岡山駅目黒線日吉方面、東京工業大学、東京メトロ鷺沼検車区

◆「Q SEAT」、運転日は平日。大井町発 17:00・17:30・18:00・18:45・19:15・20:00・20:30・21:00・21:40 の９本
◇ 座席指定となる車両は、７両編成の内、オレンジ色にラッピングされた３号車の１両。列車指定券は一律 500 円
◇ 有料座席指定サービス区間は、大井町～鷺沼間。このうち大井町のほか、旗の台・大岡山・自由が丘・二子玉川は乗車可能駅（下車も可能）。
溝の口・鷺沼は降車専用駅。また、たまプラーザ・あざみ野・青葉台はフリー乗降駅で、列車指定券がなくても乗車できる

▼ ３号車　座席／回転式クロスシート・ロングシート（6020 系は通常運行時はロングシートにて運転）
１・２・４～７号車　座席／ロングシート（丸中数字は座席数）。(　) 内の数字は座席数計
▼ ３号車　⑪ は窓側に１箇所、ロングシート座席は座席間に１箇所。♿ は車いすスペース
▼ ３号車　車内フリー Wi-Fi サービスを実施

◇ 指定券は、インターネット販売、駅窓口での販売（大井町駅東急線改札窓口、旗の台駅東口改札窓口、大岡山駅中央改札口、自由が丘駅正面改札口、南口改札口）
詳しくは東急電鉄ホームページを参照

Ｑ ＳＥＡＴ編成席番表

←元町・中華街　【⬆ 主な車窓風景】　渋谷→

Ｑ ＳＥＡＴ［種別＝急行］ // 5050系10両編成＝東急電鉄

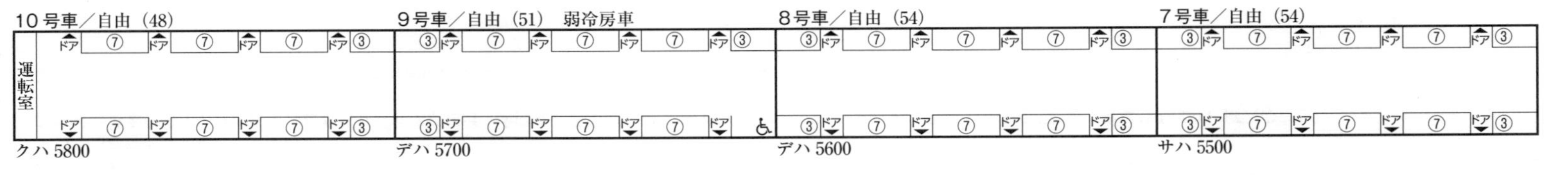

【⬇主な車窓風景】　富士山・東海道新幹線、横須賀線(多摩川付近)

◇ 運転は、平日５本設定（渋谷駅発は19：35・20：05・20：35・21：05・21：35）
◇ 座席指定となる車両は４・５号車
◇ 有料座席指定サービス区間は、渋谷～横浜間。このうち、渋谷、中目黒、学芸大学、自由が丘、田園調布、多摩川、武蔵小杉、日吉、綱島、菊名は乗車・降車可能駅。
横浜～元町・中華街間はフリー乗降区間（列車指定券なしで利用できる）。列車指定券は一律500円

▼ ４・５号車　座席／リクライニングシート・ロングシート（通常運行時はロングシートにて運転）
１～３・６～10号車　座席／ロングシート（丸中数字は座席数）。（　）内の数字は座席数計
▼ ４・５号車　モバイル用電源コンセントは窓側に１箇所、ロングシート座席は座席間に１箇所。車内無料Wi-Fiサービス実施

◇ 指定券は、インターネット販売、駅窓口での販売（東横線内の急行停車駅）
詳しくは、東急電鉄ホームページ等を参照

わたらせ渓谷鐵道「トロッコわたらせ渓谷号」「トロッコわっしー号」編成席番表【臨時列車】

←桐生・大間々　　　　【⬆ 主な車窓風景】 下新田駅両毛線新前橋方面、相老駅東武桐生線、渡良瀬川(沢入付近～原向付近)　　　　足尾・間藤→

トロッコわたらせ渓谷号 // わたらせ渓谷鐵道 【座席定員制 （定員 180 名)】 // 運転区間 大間々～足尾間

4号車／WR2 (80)　3号車／やませみ (94)　2号車／かわせみ (91)　1号車／WR1 (80)

車両	上段	下段
4号車／WR2 (80) わ 99-5080	車掌室・ドア・19(D A C B) ～奇数～ 1(D A C B)・ドア	車掌室・ドア・20(C B D A) ～偶数～ 2(C B D A)・ドア
3号車／やませみ (94) わ 99-5070	洗面・23・21・19・17・15・13・11・9・7・5・3・1 (D A C B)	和・24・22・20・18・16・14・12・10・8・6・4・2 (C B D A)
2号車／かわせみ (91) わ 99-5020	最(後)・A・2・4・6・8・10・12・14・16・18・20・22 (A D B C)	A・1・3・5・7・9・11・13・15・17・19・21・23 (C B D A)
1号車／WR1 (80) わ 99-5010	業務・ドア・2(A D B C) ～偶数～ 20(A D B C)・ドア・車掌室	業務・ドア・1(B C A D) ～奇数～ 19(B C A D)・ドア・車掌室

▼ 1・4号車は固定式ボックスシートの一般車両。2・3号車は固定式ボックスシートのトロッコ車両

トロッコわっしー号 // わたらせ渓谷鐵道 【座席定員制 （定員 50 名)】 // 運転区間 桐生～間藤間

2号車／控え車　1号車／トロッコ車両 (52)

車両	上段	下段
2号車／控え車 WKT-511	ドア・L11 L12 L13 L14 L15・1(A D B C)・3・5・7・L21 L22 L23 L24 L25・ドア・運転室	運転室・ドア・L16 L17 L18 L19 L20・2(B C A D)・4・6・8・L26 L27 L28 L29 L30・ドア・♿
1号車／トロッコ車両 (52) WKT-551	←1(A B)← 2 3 4 5 6 7 8 9 10 11 12 13 14 15(A B)→・♿・ドア・運転室	運転室・売店・5 6(C D)・7 8 9 10 11 12 13 14(C D)・トイレ・ドア・15→(C D)・機器運転台

▼ 座席／テーブルを挟んだ固定式ボックスシートが基本。← は座席向き。L11 ～ L30 はロングシート（各５人掛け）
　　1号車１ＡＢ席、15ＣＤ席は窓ガラスがある席

【⬇ 主な車窓風景】 渡良瀬川(大間々付近～神戸付近)

◆ 運転日注意。詳細は最新のJR時刻表などで確認
◇ トロッコ整理券が必要
前売りは乗車日の１カ月前から、わたらせ渓谷鐵道相老・大間々・通洞の各駅、主な旅行会社、ローソン、ミニストップ各店で発売（乗車券のほかに購入のこと）

▽ 控え車のわ 99-5080、わ 99-5010 はJR12 系客車、トロッコ車両のわ 99-5070、わ 99-5020 は 京王 5000 系が前歴

富士山麓電気鉄道「フジサン特急」編成席番表

←大月、河口湖　　【⬆ 主な車窓風景】 富士山、富士山駅大月方面　　富士山→

フジサン特急 // 8000系3両編成＝富士山麓電気鉄道

3号車／自由（60）　2号車／指定（56）　1号車／指定（34）

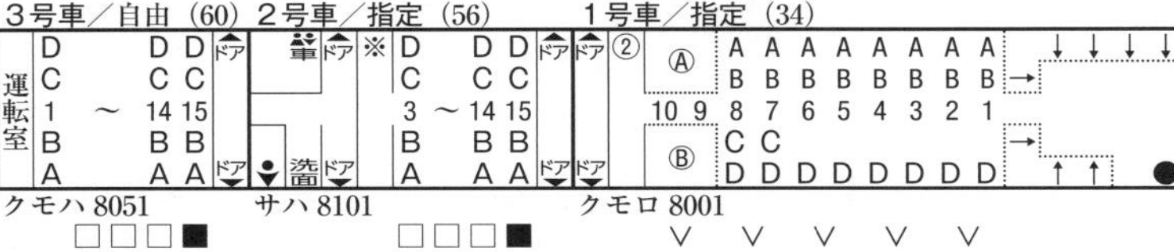

クモハ 8051　サハ 8101　クモロ 8001

【⬇ 主な車窓風景】 大月駅中央本線甲府方面、富士山駅河口湖方面、富士山

▽ 1号車は展望車両。点線枠内はソファ（矢印は座席の向きを表示）。
運転室に面してキッズ運転席を設置（●）。②は2人掛け補助席。1～6D席の窓側には長いテーブルを設置。ⒶⒷは対面シート。3～4名にて利用。
▼ 客室はセミハイデッカー構造
▼ 座席は回転式（座席下ペダル）フリーストッパー型リクライニングシート
▼ □■は窓配置のパターン。□は座席2列分の広窓。■は座席ごとの独立小窓
▼ 2号車の※印は優先席（車いす対応席も設置）

富士山麓電気鉄道「富士山ビュー特急」編成席番表

←大月、河口湖　　【⬆ 主な車窓風景】富士山、富士山駅大月方面　　富士山→

富士山ビュー特急 // 8500系3両編成＝富士山麓電気鉄道

3号車／自由（60）	2号車／指定（57）	1号車／特別車両（26）
運転室　A B 15 C D ～ A B 1 C D　ドア	ドア　A B 15 C D ～ A B 2 C D、A 1　ドア	ドア　カウンター　C D 3 A B、C D 2 A B、C D 1 A B、F 3 E、F 2 E、F 1 E、16、15、14、13、12、11、18、17　運転室
クモハ 8501	モハ 8601	クハ 8551

【⬇ 主な車窓風景】 大月駅中央本線甲府方面、富士山駅河口湖方面、富士山

▽ 1号車は通常列車の場合は特別車両料金（900円）が加算となるほか、スイーツプランとして設定される列車がある
スイーツプランは富士急トラベル株式会社が企画・実施するツアーで、詳しくは、富士山麓電気鉄道ホームページを参照
▼ 自由席は回転式フリーストッパー型リクライニングシートを装備
▼ 指定席の座席は場所によってタイプが異なる。11～16は円卓を囲むように座席を配置
▼ 1号車の窓配置は、座席配置と必ずしも一致しない窓（△）

◇ 途中、富士山駅にて進行方向が変わる
◇ フジサン特急、富士山ビュー特急は、乗車券のほかに特急券が必要
なお着席整理券は、富士急コールセンター（☎0555-73-8181）に予約後、当日改札窓口にて購入。空席がある場合は当日改札窓口にて購入できる
◇ 8000系は元小田急「RSE」（20000形）、8500系は元JR東海371系
◇ 充当列車などの詳細は富士山麓電気鉄道ホームページなどを参照

伊豆急行「THE ROYAL EXPRESS」編成席番表

←横浜・伊東　【⬆ 主な車窓風景】 相模湾(伊豆大島、利島、新島、式根島、神津島)、寝姿山　伊豆急下田→

THE ROYAL EXPRESS // 2100系8両編成＝伊豆急行

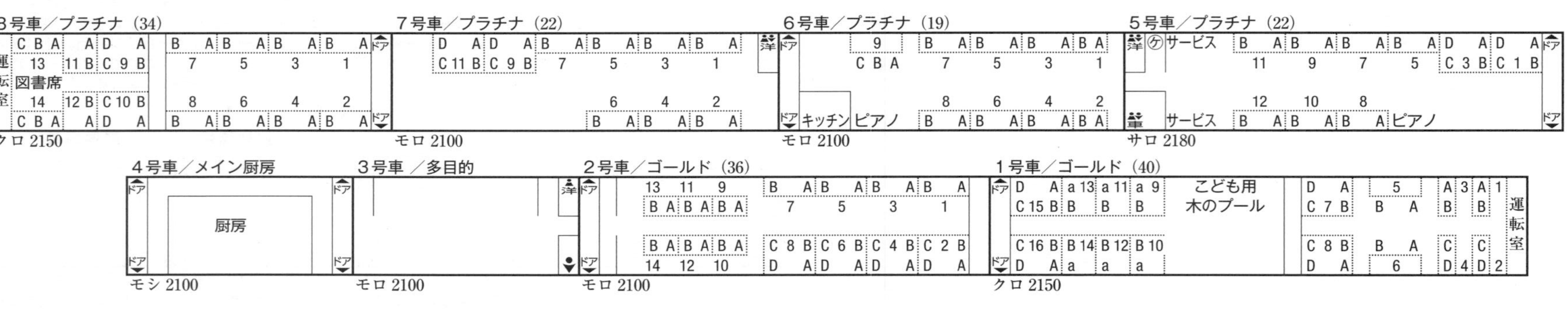

【⬇ 主な車窓風景】 来宮駅付近にてＪＲ東海道本線分岐、大室山

◆ THE ROYAL EXPRESS は 2017.07.21 から運転開始
◆ 運転日、予約に関する詳細は、東急電鉄、伊豆急行ホームページのほか、ツアーデスク（03-6455-0644 10:00 ～ 17:00[定休日：火曜・水曜・休日]）にて

▼ 1号車9～14席は親子席（ファミリーシート）
▼ クルーズプランと食事付きプランがある。クルーズプランは1泊2日（中学生以上）コースにてプラチナクラス席。
食事付きプランはプラチナクラス席、ゴールドクラス席が利用できる。
各プランとも片道のみ「THE ROYAL EXPRESS」が利用できる
▼ 1号車 9～14aB席は親子シート。㋘は化粧コーナー

◆ 2022 夏、同車両は「THE ROYAL EXPRESS ～ HOKKAIDO CRUISE TRAIN ～」としてＪＲ北海道　札幌→池田→釧路→知床斜里→遠軽→旭川→ 札幌間を3泊4日にて周遊する列車として運行する計画。車両はこの8両編成のうち5両を使用

長野電鉄「スノーモンキー」編成席番表

←湯田中　【⬆ 主な車窓風景】 須坂市街地　長野→

スノーモンキー // 2100 系 3両＝長野電鉄

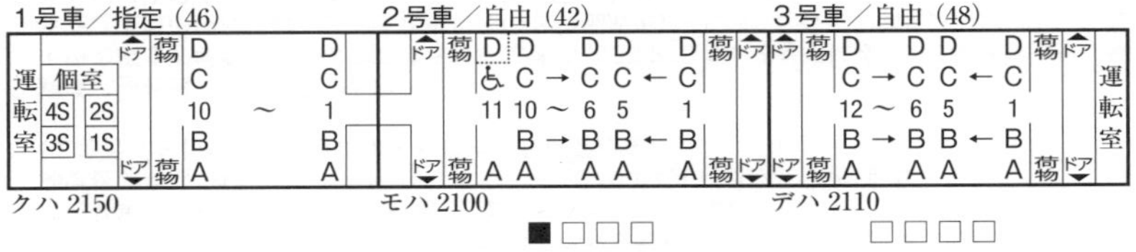

1号車／指定 (46)	2号車／自由 (42)	3号車／自由 (48)
運転室・個室 4S 2S 3S 1S　ドア 荷物 D C 10 〜 1 B A	ドア 荷物 D D D D D / ♿ C → C C ← C / 11 10 〜 6 5 1 / B → B B ← B / A A A A A 荷物 ドア	ドア 荷物 D D D D / C → C C ← C / 12 〜 6 5 1 / B → B B ← B / A A A A 荷物 ドア 運転室
クハ 2150	モハ 2100 ■□□□	デハ 2110 □□□□

【⬇ 主な車窓風景】 須坂車庫、飯縄山

▼ 座席／1号車　回転式シート（個室指定席「Ｓｐａ猿〜ん」はボックス席）
2・3号車は座席矢印方向に向いた固定席

◆ 座席指定券　予約は１ヶ月前〜始発駅発車 10 分前まで。スマートフォン、パソコンから長野電鉄ホームページにて予約（座席予約）［支払いはクレジットカード］
◆座席指定券は１席 300 円。乗車にはこのほか乗車券、特急券 100 円が必要［乗車券、特急券は乗車駅にて購入］
個室は１室 1,200 円（Ｓｐａ猿〜ん）

長野電鉄「ゆけむり」編成席番表

←湯田中　【⬆ 主な車窓風景】 須坂市街地　長野→

ゆけむり // 1000 系 4両＝長野電鉄　長野発

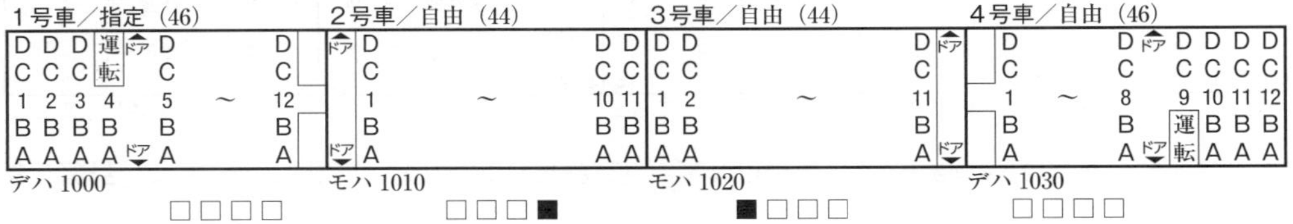

1号車／指定 (46)	2号車／自由 (44)	3号車／自由 (44)	4号車／自由 (46)
D D D 運 ドア D 〜 D	ドア D 〜 D D	D D 〜 D ドア	D 〜 D ドア D D D D
C C C 転 C 〜 C	C 〜 C C	C C 〜 C	C 〜 C C C C C
1 2 3 4 5 〜 12	1 〜 10 11	1 2 〜 11	1 〜 8 9 10 11 12
B B B B B 〜 B	B 〜 B B	B B 〜 B	B 〜 B 運 B B B
A A A A ドア A 〜 A	ドア A 〜 A A	A A 〜 A ドア	A 〜 A ドア 転 A A A
デハ 1000 □□□□	モハ 1010 □□□■	モハ 1020 ■□□□	デハ 1030 □□□□

ゆけむり // 1000 系 4両＝長野電鉄　湯田中発

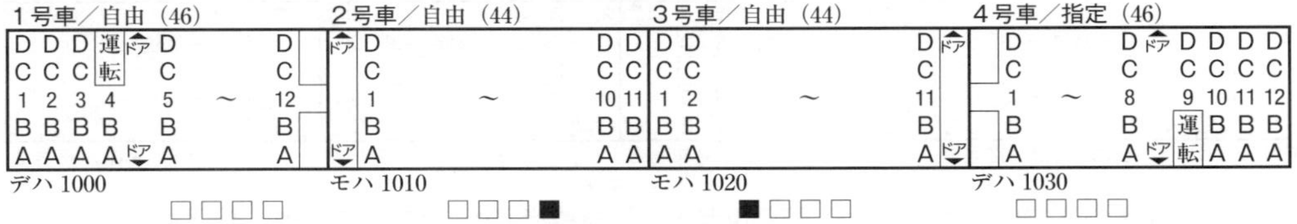

1号車／自由 (46)	2号車／自由 (44)	3号車／自由 (44)	4号車／指定 (46)
D D D 運 ドア D 〜 D	ドア D 〜 D D	D D 〜 D ドア	D 〜 D ドア D D D D
C C C 転 C 〜 C	C 〜 C C	C C 〜 C	C 〜 C C C C C
1 2 3 4 5 〜 12	1 〜 10 11	1 2 〜 11	1 〜 8 9 10 11 12
B B B B B 〜 B	B 〜 B B	B B 〜 B	B 〜 B 運 B B B
A A A A ドア A 〜 A	ドア A 〜 A A	A A 〜 A ドア	A 〜 A ドア 転 A A A
デハ 1000 □□□□	モハ 1010 □□□■	モハ 1020 ■□□□	デハ 1030 □□□□

【⬇ 主な車窓風景】 須坂車庫、飯縄山

◆ 座席指定券　予約は１ヶ月前〜始発駅発車 10 分前まで。スマートフォン、パソコンから長野電鉄ホームページにて予約（座席予約）［支払いはクレジットカード］
◆ 座席指定券は１席 300 円。乗車にはこのほか乗車券、特急券 100 円が必要［乗車券、特急券は乗車駅にて購入］
▼ 座席／回転式シート（展望席側各々４列の座席は固定）

大井川鐵道「SL急行」編成席番表

←千頭　　【⬆ 主な車窓風景】 大井川、川根温泉 ふれあいの泉、茶畑　　新金谷→

SL急行 // 42系7両編成（通称：42系編成）＝大井川鐵道 ▌5両編成の場合は、6・7号車を抜いた編成

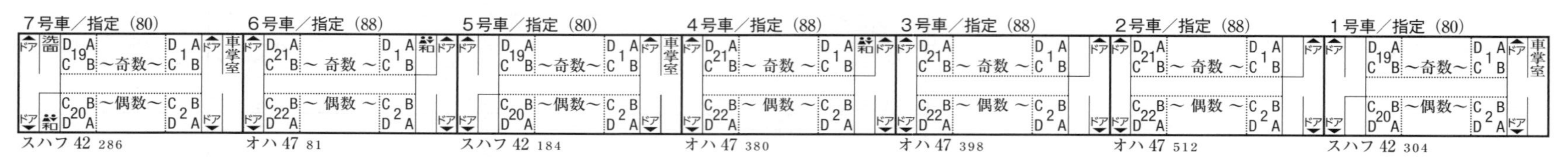

SL急行 // 35系7両編成（通称：35系編成）＝大井川鐵道 ▌5両編成の場合は、6・7号車を抜いた編成

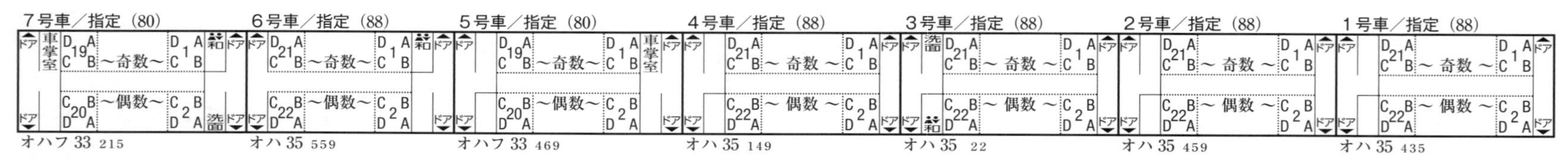

【⬇ 主な車窓風景】 大井川、塩郷ダム、塩郷の吊橋（大井川に架かる吊橋で最長＝長さ 220m）、茶畑

◆ 運転日などの詳細は、大井川鐵道ホームページを参照
　掲載の編成は基本編成。運転日によって使用車両、両数とも異なる場合がある
◇ SL急行券が別途必要。運転当日は、新金谷発は新金谷駅前「プラザ ロコ」内の受付カウンター、千頭発は千頭駅窓口にて発売
◇ 臨時運転のSL急行「きかんしゃトーマス」「きかんしゃジェームス」号に乗車の場合も、乗車券（運賃）のほかに、トーマス・ジェームス料金が別途必要
　この列車の運転日、発売日、購入方法は、大井川鐵道ホームページなどで確認
◇ 蒸気機関車はC11 227、C11 190、C56 44、C10 8 のいずれかが牽引する
◇ SL急行「かわね路」の運転は1日最大3往復を設定

◇ 編成は運転日によって変更となる
　下段の編成の場合、5両編成では5号車にオハフ 33 215 が、2号車にオハ 35 559 が入り、編成図の2・3号車は3・4号車となる日もある
　また、上段の編成では、5～7号車のみの3両編成のほか、4・5号車の間にスハフ 42 186 を連結1～5号車の5両編成にて運転の場合もある
◇ 大井川鐵道の客車は、ほかにオハ 35 857 と日本ナショナルトラスト所有のスハフ 43 2、スハフ 43 3 とオハニ 36 7、
　お座敷車 オロ 80 1、オロ 80 2、展望車 スイテ 82 1 が在籍している
◇ 日本ナショナルトラスト所有客車は、春から秋にかけて毎月1往復程度運用されるが、各車両の席番は割愛

▼ 客室は固定式ボックスシート

しなの鉄道「ろくもん」編成席番表【臨時列車】

←軽井沢　【⬆ 主な車窓風景】 軽井沢駅北陸新幹線、懐古園、千曲川、蓼科山、上田駅上田交通、冠着山(姨捨山)、篠ノ井駅ＪＲ篠ノ井線　長野→

ろくもん // 115系３両編成＝しなの鉄道

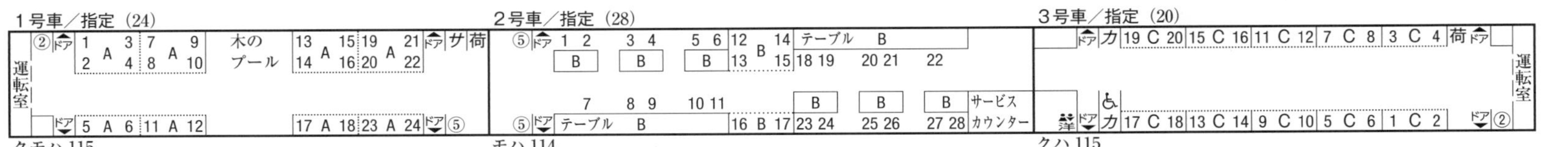

【⬇ 主な車窓風景】 浅間山、上田駅北陸新幹線、上田城跡公園

◆ 運転日など詳細は、しなの鉄道ホームページ等を参照
◇ 洋食コース、和食コース、姨捨ナイトクルーズのほか、乗車券＋指定席プランを設定。
　料理プラン等詳しくも、しなの鉄道ホームページ等を参照
▼ １号車／４名・２名が向かい合う座席。テーブルを設置
▼ ２号車／テーブル席が中心
▼ ３号車／２名が向かい合う座席。テーブルを設置
▼ 丸数字はソファ。中の数字は座れる人数
▼ サ はサブサービスカウンター
▼ カ はカウンター

しなの鉄道「軽井沢リゾート」「しなのサンライズ」「しなのサンセット」編成席番表

←軽井沢・小諸　【⬆ 主な車窓風景】 軽井沢駅北陸新幹線、懐古園、千曲川、蓼科山、上田駅上田交通、冠着山(姨捨山)、篠ノ井駅篠ノ井線　長野・妙高高原→

軽井沢リゾート しなのサンライズ しなのサンセット // ＳＲ１系２両編成＝しなの鉄道

1号車／指定（38）　2号車／指定（42）

運転室 ドア D D D D D ドア D D D D ドア 洋 | D ドア D D D D D ドア D D D D D ドア 運転室
C C C C C　C C C C | C　C C C C C　C C C C C
1 2 3 4 5　6 7 8 9 10 | 1　2 3 4 5 6　7 8 9 10 11
B B B B B　B B B B B | B　B B B B　B B B B B
ドア A A A A A ドア A A A A A ドア ♿ | A ドア A A A A ドア A A A A A ドア

ＳＲクモハ112 100　ＳＲクモハ111 100

◇「軽井沢リゾート」 土曜・休日運転。指定席料金は大人 500 円、小人 250 円
◇「しなのサンライズ」「しなのサンセット」 平日運転。指定席料金は小諸～篠ノ井・長野間 400 円、小諸～上田間、上田～篠ノ井・長野間 300 円

▽ 座席はクロスシート／ロングシート。クロスシート時は座席の回転ができる

あいの風とやま鉄道「一万三千尺物語」編成席番表【臨時列車】

←高岡・富山　　　　　　　　　　　　　　　　　　　　　　　　黒部・泊→

【⬆ 主な車窓風景】 富山湾、ミラージュランド観覧車、富山地方鉄道並走(東滑川〜黒部付近)、魚津駅富山地方鉄道(新魚津)

一万三千尺物語 // 413系3両編成=あいの風とやま鉄道

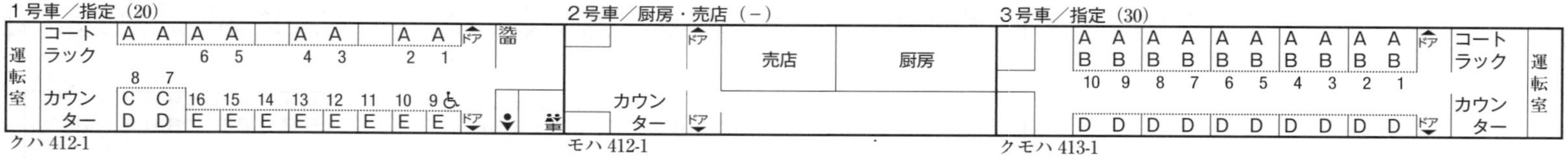

1号車／指定 (20)

運転室	コートラック	A	A	A	A		A	A		A	A	ドア	洗面
		8	7	6	5		4	3		2	1		
				16	15	14	13	12	11	10	9♿		
	カウンター	C D	C D	E	E	E	E	E	E	E	E	ドア	🚻

クハ412-1

2号車／厨房・売店 (−)

	ドア	売店	厨房
カウンター	ドア		

モハ412-1

3号車／指定 (30)

	A B	A B	A B	A B	A B	A B	A B	A B	A B	A B	ドア	コートラック	運転室
	10	9	8	7	6	5	4	3	2	1			
	D	D	D	D	D	D	D	D	D	D	ドア	カウンター	

クモハ413-1

【⬇ 主な車窓風景】 富山駅北陸新幹線・富山地方鉄道、立山連峰、富山地方鉄道並走(滑川〜東滑川付近)

◆ 運転日　土曜・日曜・祝日を中心に運行
◇ 運転は、「富山湾鮨コース」 富山 12:18 → 13:08 泊 13:23 → 14:26 富山
「越中懐石コース」 富山 16:34 → 17:07 黒部 17:21 → 18:11 高岡 18:30 → 18:50 富山
料金等詳しくは、あいの風とやま鉄道ホームページ参照
富山県産銘酒も各種用意

▼ 座席配置は、向かい合う対面シートを基本に、E席は立山連峰向き（9E席は車いす対応席）
▼ 1・3号車座席に ⓒ を設置
▼ 1号車　トイレは温水洗浄便座

◇ 電話予約は、乗車日の3か月前の毎月1日から（1日が土休日の場合はその翌営業日から）。予約センターは 0120-489-130。
詳しくは、あいの風とやま鉄道ホームページ参照

えちごトキめき鉄道 「雪月花」編成席番表 【団体専用車両】

←直江津　【⬆ 主な車窓風景】 直江津駅上越妙高方面　上越妙高、糸魚川→

雪月花 // ＥＴ 122 形 1000 代２両編成＝えちごトキめき鉄道

2号車／指定（22）

運転室　B A / 7 / C D　A A A A A A / B B B B B B / 6 5 4 3 2 1 / C C C C C C　カフェバー　さくらラウンジ　ドア

ＥＴ 122-1002

1号車／指定（22）

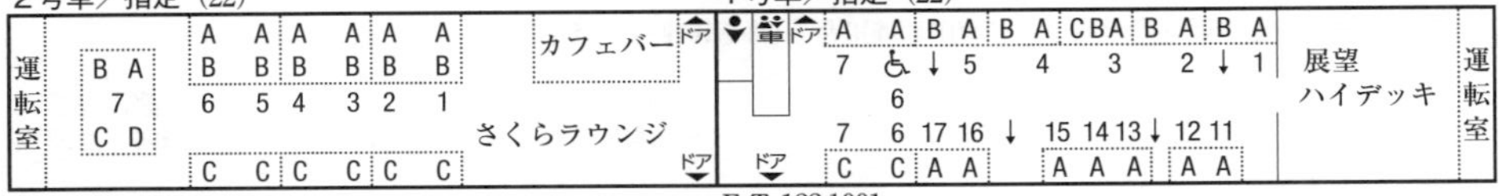

ドア　A A B A B A CBA B A B A / 7 ♿ ↓ 5 4 3 2 ↓ 1 / 6 / 7 6 17 16 ↓ 15 14 13 ↓ 12 11 / C C A A A A A A A　ドア　展望ハイデッキ　運転室

ＥＴ 122-1001

【⬇ 主な車窓風景】 日本海、直江津駅糸魚川方面、妙高山

◆運転日、運転時刻、料金等詳しくは、えちごトキめき鉄道ホームページを参照
◇途中、直江津にて進行方向が変わる
◇午前便、午後便を設定。午前便ではフレンチ、和洋中、午後便では和食が楽しめるコースを設定。
　詳しくは、えちごトキめき鉄道ホームページ、パンフレット等を参照
▽１号車に車いす対応座席を設置
▽２号車７ＡＢＣＤ席は展望ハイデッキ（コンパートメント）。特別料金が必要
▽１号車　展望ハイデッキはフリースペース

▽座席は、２号車はボックスシート、１号車は日本海側向きの座席が基本

のと鉄道 「のと里山里海号」編成席番表 【臨時列車】

←七尾　【⬆ 主な車窓風景】 赤浦潟　穴水→

のと里山里海号 // NT300 形２両編成＝のと鉄道

2号車／指定（42）

展望　ドア　洋　E D C B / F 10　D A / A C 8 B　D A / C 6 B　D A / C 4 B　A A / B B　2　ドア　運転室
運転室　ドア　12 / D C B A　11 / B A　9 / B A　C B / D 7 A　C B / D 5 A　C B / D 3 A　B B / A A　1　ドア

ＮＴ 302
里海車両

1号車／指定（42）

展望　ドア　サービスカウンター　E D C B / F 10　D A / A C 8 B　D A / C 6 B　D A / C 4 B　A A / B B　2　ドア　運転室
運転室　ドア　12 / D C B A　11 / B A　9 / B A　C B / D 7 A　C B / D 5 A　C B / D 3 A　B B / A A　1　ドア　展望

ＮＴ 301
里山車両

【⬇ 主な車窓風景】 七尾南湾、能登島、七尾西湾、能登中島駅[オユ 10]、七尾北湾

◆運転日、運転時刻、料金等詳しくは、のと鉄道ホームページを参照（土曜・日曜・祝日を中心に運転）
◆全席指定の予約制（各飲食プラン有）
　沿線の車窓の見どころでは徐行や一旦停車するほか、鉄道郵便車（オユ 10）が保存・展示されている能登中島に停車、見学時間を設定
　詳細は、のと鉄道ホームページなどを参照

▽座席は、ボックスシートを基本にソファ席、ベンチシート

343

←電鉄富山、宇奈月温泉　【⬆ 主な車窓風景】 寺田駅本線宇奈月温泉方面、上市駅富山方面、立山連峰、あいの風とやま鉄道西魚津～新魚津付近　上市、立山→

14760形2両編成（セミクロス車）// 14761＋14762、14763＋14764、14765＋14766（7編成中の3本）＝富山地方鉄道

1号車（44）　モハ14760

運転室	ドア	1	5	9	13	17	21	25	29	ドア	45	46	47	48	49	50
		2	6	10	14	18	22	26	30							
		3	7	11	15	19	23	27	31							
	ドア	4	8	12	16	20	24	28	32	ドア	51	52	53	54	55	56

2号車（44）　モハ14760

33	34	35	36	37	38	ドア	1	5	9	13	17	21	25	29	ドア	運転室
							2	6	10	14	18	22	26	30		
							3	7	11	15	19	23	27	31		
39	40	41	42	43	44	ドア	4	8	12	16	20	24	28	32	ドア	

▼座席／クロスシート部（1～32番席）は転換式シート（ドア部1列は固定）

★14760形2両編成（セミクロス車）// 14767＋14768、14769＋14770（7編成中の2本）にて運転の場合＝富山地方鉄道

1号車（44）　モハ14760

運転室	ドア	13	17	21	25	29	33	37	41	ドア	45	46	49	53
		14	18	22	26	30	34	38	42				50	54
		15	19	23	27	31	35	39	43				51	55
	ドア	16	20	24	28	32	36	40	44	ドア	47	48	52	56

2号車（44）　モハ14760

1	5	9	10	ドア	13	17	21	25	29	33	37	41	ドア	運転室
2	6				14	18	22	26	30	34	38	42		
3	7				15	19	23	27	31	35	39	43		
4	8	11	12	ドア	16	20	24	28	32	36	40	44	ドア	

★14760形2両編成（クロスシート車）// 14771＋14772、14773＋14774（7編成中の2本）にて運転の場合＝富山地方鉄道

1号車（44）　モハ14760

運転室	ドア	13	17	21	25	29	33	37	41	ドア	45	49	53
		14	18	22	26	30	34	38	42		46	50	54
		15	19	23	27	31	35	39	43		47	51	55
	ドア	16	20	24	28	32	36	40	44	ドア	48	52	56

2号車（44）　モハ14760

1	5	9	ドア	13	17	21	25	29	33	37	41	ドア	運転室
2	6	10		14	18	22	26	30	34	38	42		
3	7	11		15	19	23	27	31	35	39	43		
4	8	12	ドア	16	20	24	28	32	36	40	44	ドア	

▼座席／転換式クロスシート（ドア寄り各1列は固定）
▽全車禁煙

【⬇ 主な車窓風景】 寺田駅立山線、上市駅宇奈月温泉方面、成願寺川、富山湾（電鉄魚津付近）、新黒部駅（北陸新幹線黒部宇奈月温泉駅｛クロス｝）

◇特急は乗車券とは別途に特急料金が必要。電鉄富山～宇奈月温泉間の列車は、途中、上市にて進行方向が変わる
◇一般特急（愛称名なしの特急）はすべて自由席。乗車区間に応じた特急券が乗車券のほかに必要
◇「うなづき特急」（電鉄富山～宇奈月温泉間）は特急料金のほかに座席指定券が必要
　途中、上市にて進行方向が変わる（すべて自由席〔電鉄富山方〕＋指定席）
◇「アルペン特急」（立山～宇奈月温泉間）は特急料金のほかに座席指定券が必要
　途中、寺田、上市にて進行方向が変わる。2本は全車指定席、それ以外は自由席（電鉄富山方）＋指定席

←電鉄富山、宇奈月温泉　【⬆ 主な車窓風景】 寺田駅本線宇奈月温泉方面、上市駅富山方面、立山連峰、あいの風とやま鉄道西魚津～新魚津付近　上市、立山→

16010 形 3 両編成〔観光列車「アルプスエキスプレス」〕＝富山地方鉄道

1 号車／自由（48）　モハ 16014
運転室 ドア □□□ A B 1～12 C D（AB・CD 各 1～12） ドア 洋

2 号車／指定（35）　クハ 112
ドア AB 1 2 CD ／ A 3 BC ／ D ↑3 ↑4 ↑5 ↑6 ↑7 ／ D▽D 8 9 ／ D▽D 10 11 ／ ↑5↑6 AA ／ ↑7↑8 AA ／ ↓9 ↓10 ↓11 ↓12 A A A A ／ カウンター ／ ファミリーシート 4名分 3名分 ドア

3 号車／自由（48）　モハ 16013
ドア □□□ A B 1～12 C D（AB・CD 各 1～12） ドア 運転室

◆ 16010 形は元西武 5000 系（レッドアロー）
▽ 座席指定券は車内にて購入。ほかに特急列車では特急券が必要。特急券は乗車区間によって異なる
ただし、この 2 号車を連結していない日もある。運転日などの詳細は、富山地方鉄道ホームページなどで確認。2 号車を連結しない日は 3 号車を 2 号車として運転

▼ 座席／1・3 号車の座席は向かい合わせに設置。□部は窓向きのテーブル席
2 号車は 1・2ABCD 席はボックスシート。ファミリーシート（テーブル席）と 3ABC 席・5 ～ 8A 席（ソファ席）は固定席。8･9D 席と 10･11D 席は向かい合わせのテーブル席
そのほか、3 ～ 7D 席と 9 ～ 12A 席は窓向きのテーブル席で、背側下部のペダル操作により左右に動く座席が基本

20020 形 3 両編成　キャニオンエキスプレス〔元西武ニューレッドアロー〕＝富山地方鉄道

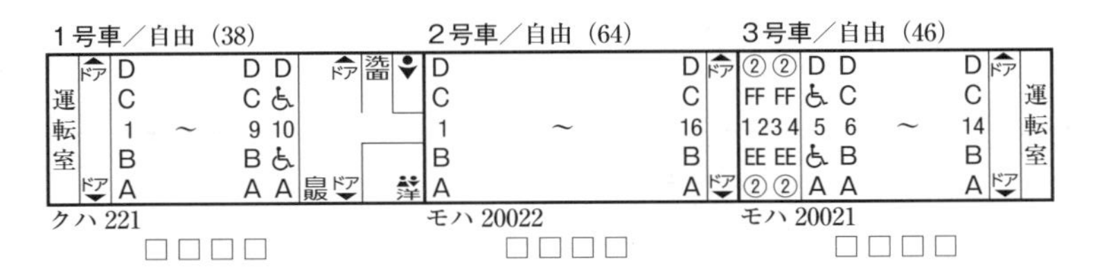

【⬇ 主な車窓風景】 稲荷町工場、寺田駅立山線、上市駅宇奈月温泉方面、成願寺川、富山湾(電鉄魚津付近)、新黒部駅(北陸新幹線黒部宇奈月温泉駅[クロス])

◆ 2022.02.19 から営業運転開始。車両は元西武 10000 系（ニューレッドアロー）
◇ 充当列車等に関しては、富山地方鉄道ホームページ等にて確認
自由席と表示したが、運転日によって指定席となる可能性もある
▽ 1 号車　自販機での販売商品は飲料品ではないので、車内にて確認

▼ 座席／回転式リクライニングシート（座席下ペダル）
3 号車 1 ～ 4 E F 席は一般客席と同じ 2 人掛けシートを配置、優先席。窓はなし

←電鉄富山、宇奈月温泉　【⬆ 主な車窓風景】 寺田駅本線宇奈月温泉方面、上市駅富山方面、立山連峰、あいの風とやま鉄道西魚津～新魚津付近　立山、上市→

10030 形 3 両編成〔ダブルデッカーエキスプレス〕＝富山地方鉄道

1号車（48） モハ 10033

運転室														
	ドア	9	13	17	21	25	29	33	37	41	ドア	45	49	53
		10	14	18	22	26	30	34	38	42		46	50	54
		11	15	19	23	27	31	35	39	43		47	51	55
	ドア	12	16	20	24	28	32	36	40	44	ドア	48	52	56

2号車（69） サハ 31

階上席

87D	86D	85D	84D	83D	82D	81D	80D
87C	86C	85C	84C	83C	82C	81C	80C
	86B	85B	84B	83B	82B	81B	
	86A	85A	84A	83A	82A	81A	

階下席

63	59	55	ドア	76D	75D	74D	73D	72D	71D	70D	ドア	11	7	3
64	60	56		76C	75C	74C	73C	72C	71C	70C		12	8	4
62	58											10	6	2
61	57		ドア		75A	74A	73A	72A	71A		ドア	9	5	1

3号車（48） モハ 10034

														運転室
1	5	9	ドア	13	17	21	25	29	33	37	41	45	ドア	
2	6	10		14	18	22	26	30	34	38	42	46		
3	7	11		15	19	23	27	31	35	39	43	47		
4	8	12	ドア	16	20	24	28	32	36	40	44	48	ドア	

【⬇ 主な車窓風景】 寺田駅立山線、上市駅宇奈月温泉方面、成願寺川、富山湾(電鉄魚津付近)、新黒部駅(北陸新幹線黒部宇奈月温泉駅{クロス})

◆ 10030 形は元京阪 3000 系
▼ 座席／クロスシート。（ ）内の数字は座席数

◇ 特急は乗車券とは別途に特急料金が必要。電鉄富山～宇奈月温泉間の列車は、途中、上市にて進行方向が変わる
一般特急（愛称名なしの特急）はすべて自由席。乗車区間に応じた特急券が乗車券のほかに必要

◇「うなづき特急」（電鉄富山～宇奈月温泉間）は特急料金のほかに座席指定券が必要
途中、上市にて進行方向が変わる（すべて自由席〔電鉄富山方〕＋指定席）

◇「アルペン特急」（立山～宇奈月温泉間）は特急料金のほかに座席指定券が必要
途中、寺田、上市にて進行方向が変わる（２本は全車指定席、それ以外は自由席〔電鉄富山方〕＋指定席）

名古屋鉄道「ミュースカイ」（2000系）編成席番表

←中部国際空港　【⬆ 主な車窓風景】 常滑競艇場、ＪＲ東海道本線並走(神宮前～栄生付近)、金華山(岐阜城)、{犬山城＝犬山線}　名鉄名古屋・新鵜沼・名鉄岐阜→

ミュースカイ // 2000系4両編成＝名古屋鉄道

1号車／指定（44）	2号車／指定（45）	3号車／指定（48）	4号車／指定（44）
運転室 ドア 荷物	ドア 荷物	ドア 荷物	ドア 荷物
D D ～ D	D D ～ D D	D ～ D	D ～ D D
C C ～ C	C C ～ C ♿	C ～ C	C ～ C C
1 2 ～ 11	1 2 ～ 11 12	1 ～ 12	1 ～ 10 11
B B ～ B	B B ～ B	B ～ B	B ～ B B
A A ～ A	A A ～ A	A ～ A	A ～ A A
荷物 ドア	荷物 ドア 洗面 トイレ	荷物 ドア	荷物 ドア 運転室
ク2000	モ2050	モ2150	モ2100
■□□□	■□□□■	□□□□	□□□■

【⬇ 主な車窓風景】 伊勢湾(中部国際空港連絡線)、神宮前駅名古屋本線豊橋方面、ＪＲ中央本線並走(金山～山王付近)、ＪＲ東海道本線並走(名鉄一宮～新木曽川付近)、笠松競馬場、金華山

◇「ミュースカイ」2000系は、名鉄名古屋～中部国際空港間を28分で結ぶ快速特急に使用。8両編成にて運転の列車もある
▽「ＭＥＩＴＥＴＳＵ ＦＲＥＥ Wi-Fi」サービス実施
▼ 2号車に車いす対応座席を設置
▼ 日本語・英語・中国語・韓国語の4か国語での車内案内表示器や車内自動放送による案内を実施
▼ 座席／普通車＝回転式（座席下ペダル）フリーストッパー型リクライニングシート
▼ トイレ内には、折畳み式おむつ交換台（🚼）を設置
▼ □■は窓配置のパターン。□は座席2列分の広窓、■は座席ごと独立の小窓

◇ ミューチケット（指定席券）は、1カ月前から名古屋鉄道各駅（一部の駅は除く）のほか、名鉄ネット予約サービス、名鉄サービスセンター、メルサセンター、JTB、近畿日本ツーリスト、日本旅行などの旅行代理店にて発売

名古屋鉄道「パノラマスーパー」（1000系）編成席番表

←豊橋・内海・河和・西尾　　【⬆ 主な車窓風景】 ＪＲ東海道本線並走（神宮前～栄生付近）　　名鉄名古屋・新鵜沼・名鉄岐阜→

パノラマスーパー // 1000系６両編成＝名古屋鉄道

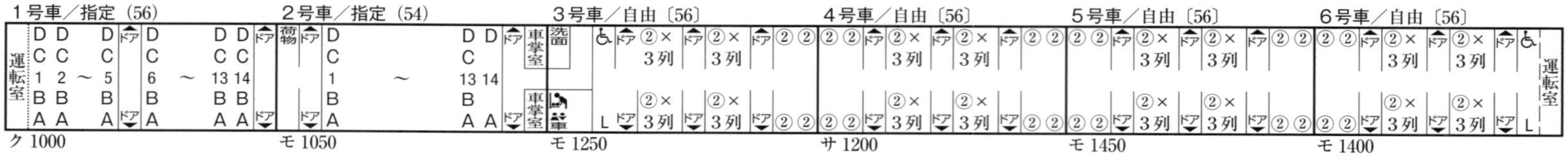

	1号車／指定（56）	2号車／指定（54）	3号車／自由〔56〕	4号車／自由〔56〕	5号車／自由〔56〕	6号車／自由〔56〕
山側	運転室 D D・C C／1 2 ～ 5 D C ドア D C 6 ～ 13 14 D D C C ドア	荷物 ドア D C 1 ～ 13 14 D D C ドア	車掌室 洗面 ♿ ドア ②× 3列 ドア ②× 3列 ドア ② ②	② ② ドア ②× 3列 ドア ②× 3列 ドア ② ②	② ② ドア ②× 3列 ドア ②× 3列 ドア ② ②	② ② ドア ②× 3列 ドア ②× 3列 ドア ♿ 運転室
海側	運転室 B B・A A／1 2 ～ 5 B A ドア B A 6 ～ 13 14 B B A A ドア	ドア B A 1 ～ 13 14 B A A ドア	車掌室 🚻 L ドア ②× 3列 ドア ②× 3列 ドア ② ②	② ② ドア ②× 3列 ドア ②× 3列 ドア ② ②	② ② ドア ②× 3列 ドア ②× 3列 ドア ② ②	② ② ドア ②× 3列 ドア ②× 3列 ドア L 運転室
形式	ク 1000	モ 1050	モ 1250	サ 1200	モ 1450	モ 1400

【⬇ 主な車窓風景】 ＪＲ中央本線並走（金山～山王付近）

◇「パノラマスーパー」は、豊橋～名鉄岐阜間を中心に運用
　列車によっては一般の車両（自由席）を増結、８両編成にて運転の場合もある
◇１・２号車は「ミュー」（座席指定）。ミューチケットは、１カ月前から名古屋鉄道各駅（一部の駅は除く）のほか、名鉄ネット予約サービス、名鉄サービスセンター、メルサセンター、JTB、近畿日本ツーリスト、日本旅行などの旅行代理店にて発売

▼ 座席／普通車（１・２号車）＝回転式（座席下ペダル）フリーストッパー型リクライニングシート。１号車１～５ＡＢＣＤ席は運転室側に座席の向きを固定
▽ トイレが２号車となる編成もある
▽ ３～６号車が一般車（自由席）。〔　〕内は座席定員数。②部は２人掛け座席

2200系 編成席番表

←豊橋・中部国際空港　【⬆ 主な車窓風景】 ＪＲ東海道本線並走(神宮前〜栄生付近)　名鉄名古屋・新鵜沼・名鉄岐阜→

2200系 // 2200系6両編成＝名古屋鉄道

1号車／指定 (45)	2号車／指定 (46)	3号車／自由〔50〕	4号車／自由〔50〕	5号車／自由〔50〕	6号車／自由〔42〕
運転室 ドア 荷物 D D 〜 D 荷物 ドア	洗面 ドア 荷物 D D 〜 D D ドア	L ドア ②②②② ドア L ドア ①①	L ドア ②②②② ドア L ドア ①①	L ドア ②②②② ドア L ドア ①①	L ドア ②②②② ドア L ドア 運転室
C C 〜 C	C C 〜 C				
0 1 2 〜 11	1 2 3 〜 12 13				
B B 〜 B	B B 〜 B				
ドア A A A 〜 A 荷物 ドア	多目的室 ドア A A A 〜 A 荷物 ドア	L ドア ②②②② ドア L ドア ②②	L ドア ②②②② ドア L ドア ②②	L ドア ②②②② ドア L ドア ②②	L ドア ②②②② ドア L ♿ ドア
モ 2200	サ 2250	サ 2400	モ 2450	サ 2350	モ 2300

【⬇ 主な車窓風景】 ＪＲ中央本線並走(金山〜山王付近)

◇ 2200系は、中部国際空港への所要時間が名鉄名古屋から35分、名鉄岐阜から64分の特急などに使用
◇ 1・2号車は特別車「ミュー」(座席指定)。ミューチケット（指定席券）は、1カ月前から名古屋鉄道各駅のほか、名鉄ネット予約サービス、

名鉄サービスセンター、メルサセンター、JTB、近畿日本ツーリスト、日本旅行などの旅行代理店にて発売

▼ 座席／普通車（1・2号車）＝回転式（座席下ペダル）フリーストッパー型リクライニングシート
▽ 3〜6号車は一般車（自由席）。〔　〕内は座席定員数。L部はロングシート、②部は2人掛け座席（座席配置が一部異なる車両もある）

349

近畿日本鉄道「ひのとり」編成席番表

←大阪難波　【⬆ 主な車窓風景】 生駒山、耳成山、三輪山、鈴鹿山地、富吉車庫、ＪＲ関西本線と並走　近鉄名古屋→

ひのとり // 80000系6両編成＝近畿日本鉄道

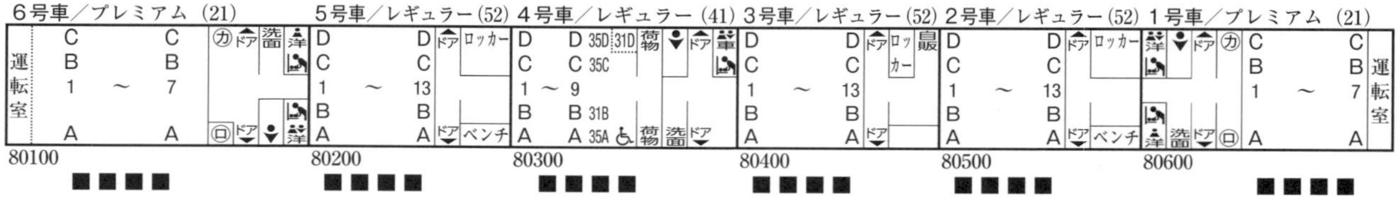

6号車／プレミアム（21） 運転室 C B 1〜7 A　㋕ ドア 洗面 洋 ⓡ ドア 洋 — 80100 ■■■■

5号車／レギュラー（52） D C 1〜13 B A　ドア ロッカー ドア ベンチ — 80200 ■■■■

4号車／レギュラー（41） D C 1〜9 B A　35D 31D 35C 31B 35A ♿ 荷物 ドア 洗面 ドア 車 — 80300 ■■■■

3号車／レギュラー（52） D C 1〜13 B A　ドア ロッカー 自販 ドア — 80400 ■■■■

2号車／レギュラー（52） D C 1〜13 B A　ドア ロッカー ドア ベンチ — 80500 ■■■■

1号車／プレミアム（21） 洋 ドア ㋕ 洋 洗面 ドア ⓡ C B 1〜7 A 運転室 — 80600 ■■■■

ひのとり // 80000系8両編成＝近畿日本鉄道

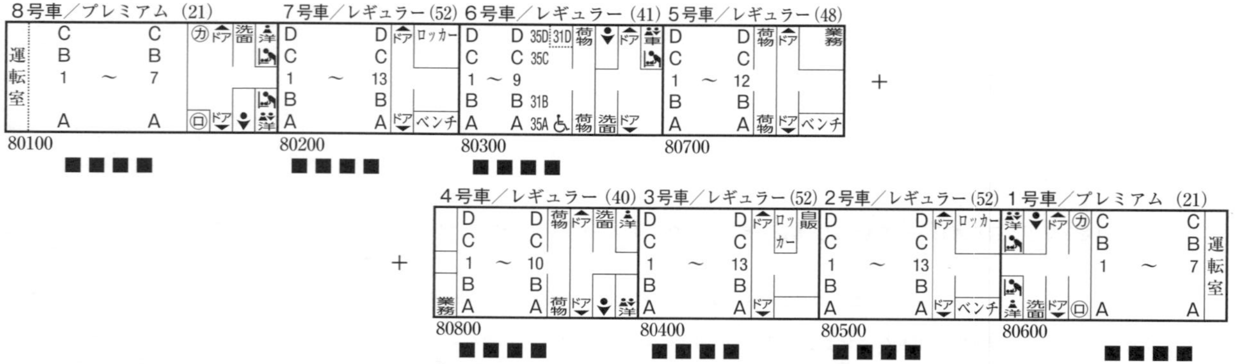

8号車／プレミアム（21） 運転室 C B 1〜7 A　㋕ ドア 洗面 洋 ⓡ ドア 洋 — 80100 ■■■■

7号車／レギュラー（52） D C 1〜13 B A　ドア ロッカー ドア ベンチ — 80200 ■■■■

6号車／レギュラー（41） D C 1〜9 B A　35D 31D 35C 31B 35A ♿ 荷物 ドア 洗面 ドア 車 — 80300 ■■■■

5号車／レギュラー（48） D C 1〜12 B A　荷物 ドア 業務 荷物 ドア ベンチ — 80700 ＋

＋ 4号車／レギュラー（40） 業務 D C 1〜10 B A　荷物 ドア 洗面 洋 荷物 ドア 洋 — 80800 ■■■■

3号車／レギュラー（52） D C 1〜13 B A　ドア ロッカー 自販 ドア — 80400 ■■■■

2号車／レギュラー（52） D C 1〜13 B A　ドア ロッカー ドア ベンチ — 80500 ■■■■

1号車／プレミアム（21） 洋 ドア ㋕ 洋 洗面 ドア ⓡ C B 1〜7 A 運転室 — 80600 ■■■■

【⬇ 主な車窓風景】 高安車庫、五位堂検修車庫（工場）、畝傍山、天香久山

◆「ひのとり」充当列車は、近鉄難波・近鉄名古屋駅、毎時00分発の名阪特急を中心に充当。
詳細は、近鉄ホームページなどのほか、ＪＲ時刻表などを参照
▽ 運賃、特急券のほかに、プレミアム車両はプレミアム特別車両券、レギュラー車両はレギュラー特別車両券が必要。詳細は近畿日本鉄道ホームページなどを参照

▽ 喫煙室は2024.03.01から廃止。全車全室禁煙に
▽ ６両編成の４号車、８両編成の６号車に車いす対応席を設置
▼ 座席／レギュラー車両＝バックシェルタイプ、回転式（座席下ペダル）リクライニングシート、シートピッチは1160mm
プレミアム車両＝バックシェルタイプ、回転式（座席下ペダル）電動リクライニングシート。シートピッチは1300mm。座席は床面より72cm高いハイデッカー仕様
▼ ⓘ／各座席に設置。フリーWi-Fi完備　▼ トイレは温水洗浄便座。トイレにおむつ交換台とベビーチェアを設置
▼ 車いす対応トイレはオストメイト対応
▽ 車内販売の営業なし。プレミアム車両デッキ部にカフェスポット（㋕）を設置。コンビニなどでお馴染みの挽きたてのレギュラーコーヒー、お菓子等の販売機を備えている。ⓡはロッカー
▼ 荷物置場のほか、大型荷物を収納できるロッカーを設置

▼ □■△は窓配置のパターン。□は座席２列分の広窓、■は座席ごと独立の窓（小窓）、△は窓配置と座席間隔が必ずしも一致とは限らない窓配置

◇ 座席指定券は、１カ月前から近畿日本鉄道の「インターネット予約・発売サービス」、主要駅などのほか、近畿日本ツーリスト、ＪＴＢ、日本旅行などの旅行代理店にて発売

「アーバンライナー」（21000系・21020系）編成席番表

←大阪難波　　　　近鉄名古屋→

【⬆ 主な車窓風景】 生駒山、耳成山、三輪山、鈴鹿山地、冨吉車庫、ＪＲ関西本線と並走

アーバンライナー plus // 21000系6両編成＝近畿日本鉄道

号車	6号車／指定（48）	5号車／指定（54）	4号車／指定（56）	3号車／指定（56）	2号車／指定（56）	1号車／⊠（36）
座席	1〜12 ABCD（運転室）	31・35、1〜12 ABCD（31AD 車いす対応、35ABCD 介助者席）	1〜14 ABCD	1〜14 ABCD	1〜14 ABCD	1〜12 ABC（運転室）
車両番号	モ 21100	モ 21200	モ 21300	モ 21400	モ 21500	モ 21600
窓	□□□□	■□□□■	□□□□	□□□□	□□□□	□□□□

★アーバンライナー plus　8両編成にて運転の場合 // 21000系8両編成＝近畿日本鉄道

号車	8号車／指定（48）	7号車／指定（54）	6号車／指定（56）	5号車／指定（56）	4号車／指定（56）	3号車／指定（52）	2号車／指定（56）	1号車／⊠（36）
座席	1〜12 ABCD（運転室）	31・35、1〜12 ABCD	1〜14 ABCD	1〜14 ABCD	1〜14 ABCD（運転室）	1〜13 ABCD（運転室）	1〜14 ABCD	1〜12 ABC（運転室）
車両番号	モ 21100	モ 21200	モ 21300	モ 21400	モ 21700	モ 21800	モ 21500	モ 21600
窓	□□□□	■□□□■	□□□□	□□□□	□□□□	□□□■	□□□□	□□□□

◇「アーバンライナー plus」は、「アーバンライナー」のリニューアル車

アーバンライナー next // 21020系6両編成＝近畿日本鉄道

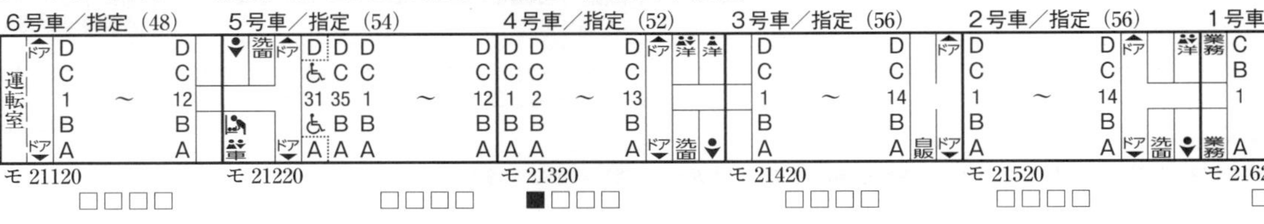

号車	6号車／指定（48）	5号車／指定（54）	4号車／指定（52）	3号車／指定（56）	2号車／指定（56）	1号車／⊠（36）
座席	1〜12 ABCD（運転室）	31・35、1〜12 ABCD	1〜13 ABCD	1〜14 ABCD	1〜14 ABCD	1〜12 ABC（運転室）
車両番号	モ 21120	モ 21220	モ 21320	モ 21420	モ 21520	モ 21620
窓	□□□□	□□□□	■□□□	□□□□	□□□□	□□□□

【⬇ 主な車窓風景】 高安車庫、五位堂検修車庫（工場）、畝傍山、天香久山

◆ 近鉄難波・近鉄名古屋駅、毎時30分発の名阪特急を中心に充当。
　詳細は、近鉄ホームページなどのほか、ＪＲ時刻表などを参照
▽ 5号車（8両編成の場合は7号車）31AD席は車いす対応席、35ABCD席はその介助者席
▽ 喫煙室は2024.03.01から廃止。全車全室禁煙に
▼ ⊠（1号車）はデラックス席（デラックスシート車）。特別車両券「デラックス」が必要
▼ 座席／普通車（レギュラーシート車）＝回転式（座席下ペダル）フリーストッパー型リクライニングシート
　　デラックスシート車＝回転式（座席下ペダル）フリーストッパー型リクライニングシート
　　　ヘッドレスト、フットレストを装備しているほか、オーディオサービスを実施
▽ 車内販売の営業なし　▼ ⑪／各座席に設置
▼ □■は窓配置のパターン。□は座席2列分の広窓、■は座席ごと独立の小窓

◇ 座席指定券は、1カ月前から近畿日本鉄道の「インターネット予約・発売サービス」、主要駅などのほか、近畿日本ツーリスト、JTB、日本旅行などの旅行代理店にて発売

近畿日本鉄道「しまかぜ」(50000系) 編成席番表

←大阪難波・京都・近鉄名古屋　【⬆ 主な車窓風景】 生駒山、耳成山、三輪山、明星車庫、鳥羽湾　賢島→

しまかぜ // 50000系6両編成＝近畿日本鉄道

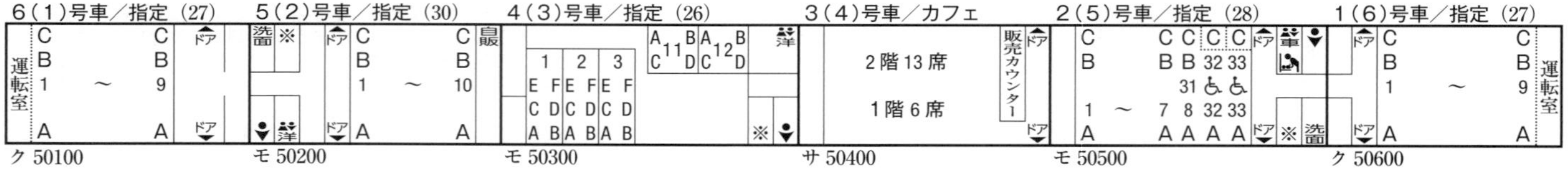

6(1)号車／指定(27)	5(2)号車／指定(30)	4(3)号車／指定(26)	3(4)号車／カフェ	2(5)号車／指定(28)	1(6)号車／指定(27)
運転室 C B 1〜9 A ドア	洗面 ※ トイレ(洋) ドア C B 1〜10 A	最後 1 2 3 (E F / C D / A B) A11B C D A12B C D トイレ(洋) ※	2階13席 1階6席 販売カウンター ドア	C B 1〜7 A, C B 8 A, C B 32 33 / 31 ♿ ♿ / 32 33 A A, ドア トイレ(洋) ※ 洗面	ドア C B 1〜9 A 運転室
ク50100	モ50200	モ50300	サ50400	モ50500	ク50600

【⬇ 主な車窓風景】 高安車庫、五位堂検修車庫(工場)、畝傍山、天香久山、松阪駅付近ＪＲ紀勢本線並走、伊勢神宮外宮

京都発着
【⬆ 主な車窓風景】 西大寺車庫、耳成山、三輪山、明星車庫、鳥羽湾
【⬇ 主な車窓風景】 東寺、ＪＲ片町線並走(新田辺〜木津川台付近)、天香久山、松阪駅付近ＪＲ紀勢本線並走、伊勢神宮外宮

近鉄名古屋発着
【⬆ 主な車窓風景】 ＪＲ関西本線並走(米野〜近鉄八田付近)、明星車庫、鳥羽湾
【⬇ 主な車窓風景】 富吉車庫、鈴鹿山地、松阪駅付近ＪＲ紀勢本線並走、伊勢神宮外宮

◇ 近鉄名古屋発は、( ) 内の号車となる
◇ 大阪発着：火曜を除く毎日運行　京都発着：水曜を除く毎日運行　名古屋発着：木曜を除く毎日運行
　ただし、繁忙期は毎日運転。詳しくは、近鉄日本鉄道ホームページなどを参照
◇ 特急料金に加えて、「しまかぜ特別車両券」が必要。さらに各個室（グループ席）の利用には1室あたりの個室券が必要

▼ 1・6(6・1)号車は展望車両、4(3)号車はグループ席車両、3(4)号車は2階建てカフェ車両
▼ 4(3)号車は個室（グループ席）。1〜3は6人用サロン席、11は4人用和風個室、12は4人用洋風個室
▼ 座席／回転式（肘掛部ボタン式）フリーストッパー型リクライニングシート、シートピッチ1250mm
▼ ⓘ／各座席に設置
▼「しまかぜWi-Fiサービス」を実施。個室では「しまかぜチャンネル」として映像コンテンツが楽しめるほか、無線ＬＡＮによる「Kintetsu Railway Free Wi-Fi」が利用できる
▼ 窓配置は座席ごと独立の小窓（■）
▼ ※は女性用パウダールーム
▼ 全トイレ（洋式・車いす対応洋式）に温水洗浄式便座を設置
▼ おむつ交換台のあるトイレには印を付加

▽ 車内販売実施。詳細は、近鉄日本鉄道ホームページで確認
▽ 喫煙室は2024.03.01から廃止。全車全室禁煙に

▽ 2(5)号車の32C·33C席は車いす対応席、31BC·32A·33A席はその介助者席

◇ 座席指定券は、1カ月前から近畿日本鉄道の「インターネット予約・発売サービス」、主要駅などのほか、近畿日本ツーリスト、JTB、日本旅行などの旅行代理店にて発売

「伊勢志摩ライナー」(23000系) 編成席番表

←大阪難波・大阪上本町・京都・名古屋　　　　賢島→

【⬆ 主な車窓風景】 生駒山、耳成山、三輪山、明星車庫、鳥羽湾(大阪・京都発着)、
J R関西本線並走(近鉄米野～近鉄八田付近)、明星車庫、鳥羽湾(名古屋発着)

伊勢志摩ライナー // 23000系6両編成（リニューアル編成）＝近畿日本鉄道

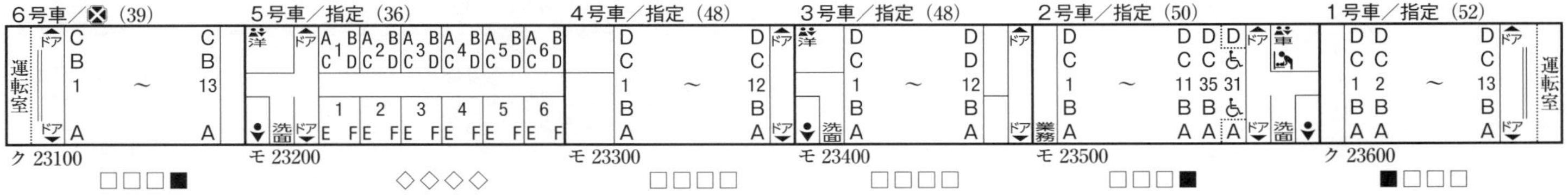

6号車／☒ (39)	5号車／指定 (36)	4号車／指定 (48)	3号車／指定 (48)	2号車／指定 (50)	1号車／指定 (52)
運転室 ‖ ドア C B 1 ～ 13 A	洋 ドア A1B C1D ～ A6B C6D / 1 ～ 6 E F / 洗面 ドア	D C 1 ～ 12 B A ドア	洋 D C 1 ～ 12 B A / 洗面 ドア	D C 1 ～ 11 35 31 B A / 業務 ドア / 車いす対応	車いす対応トイレ 洗面 ドア D C 1 2 ～ 13 B A ‖ 運転室
ク 23100	モ 23200	モ 23300	モ 23400	モ 23500	ク 23600
□□□■	◇◇◇◇	□□□□	□□□□	□□□■	■□□□

【⬇ 主な車窓風景】 高安車庫、五位堂検修車庫(工場)、畝傍山、天香久山、松阪駅付近J R紀勢本線並走、伊勢神宮外宮(大阪・京都発着)、
富吉車庫、鈴鹿山地、松阪駅付近J R紀勢本線並走、伊勢神宮外宮(名古屋発着)

◇ リニューアル編成は、2012.08.04 から営業運転開始

▼ ☒（6号車）はデラックス席（デラックスシート車）。特別車両券「デラックス」が必要
▼ 5号車はサロンカー。4名室がサロン、2名室はツイン、ともにコンパートメント
▼ 座席／普通車（レギュラーシート車）＝回転式（座席下ペダル）フリーストッパー型リクライニングシート、シートピッチ 1050mm
　　デラックスシート車＝回転式（座席下ペダル）フリーストッパー型リクライニングシート、シートピッチ 1050mm
　　　　ヘッドレスト、フットレストを装備
▼ ⑪／各座席に設置
▼ 運転室背面デッキ（‖）にはパノラマデッキを装備
▼ 全トイレ（洋式・車いす対応洋式）に温水洗浄式便座を設置

▼ □■◇は窓配置のパターン。□は座席2列分の広窓、■は座席ごと独立の小窓、◇はボックスシートで1つ窓

▽ 車内販売の営業なし
▽ 土曜・休日に限り車内販売を実施。詳細は、近鉄のホームページなどを参照
▽ 2号車の 31AD 席は車いす対応席、35ABCD 席はその介助者席
▽ 喫煙室は 2024.03.01 から廃止。全車全室禁煙に

◇ 座席指定券は、1カ月前から近畿日本鉄道の「インターネット予約・発売サービス」、主要駅などのほか、近畿日本ツーリスト、JTB、日本旅行などの旅行代理店にて発売

22000 系 編成席番表

←大阪難波・大阪上本町 【⬆ 主な車窓風景】 生駒山、耳成山、三輪山、明星車庫、鳥羽湾 賢島→

←賢島 【⬆ 主な車窓風景】 伊勢神宮外宮、松阪駅付近ＪＲ紀勢本線並走、鈴鹿山地、冨吉車庫 近鉄名古屋→

22000 系（ACE）4 両編成＝近畿日本鉄道

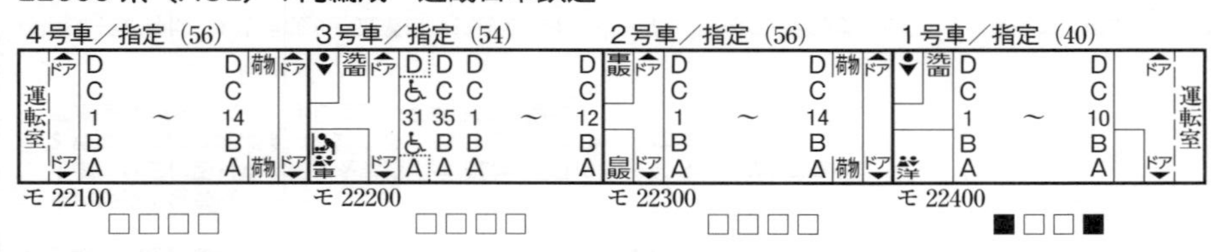

22000 系（ACE）2 両編成＝近畿日本鉄道

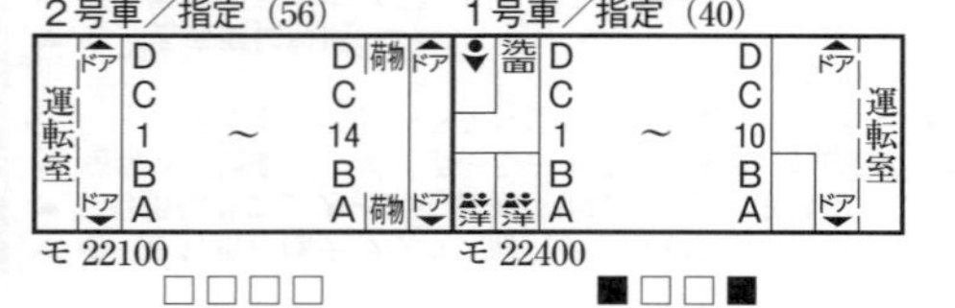

【⬇ 主な車窓風景】 高安車庫、五位堂検修車庫（工場）、畝傍山、天香久山、松阪駅付近ＪＲ紀勢本線並走、伊勢神宮外宮

【⬇ 主な車窓風景】 鳥羽湾、明星車庫、ＪＲ関西本線並走（近鉄八田～米野付近）

◇ 4 両・2 両編成にて運転の場合を表示。号車表示は、大阪難波、大阪上本町発着列車にて掲載
▽ 車内販売の営業なし
▽ 喫煙室は 2024.03.01 から廃止。全車全室禁煙に
▼ 洋式トイレは温水洗浄式便座、各座席に ⓘ 設置
▼ ⓘ／各座席に設置
▼ 座席／普通車＝回転式（座席下ペダル）フリーストッパー型リクライニングシート
▼ □■は窓配置のパターン。□は座席 2 列分の広窓、■は座席ごと独立の小窓
▽ 31AD 席は車いす対応席、35ABCD 席はその介助者席

◇ 座席指定券は、1 カ月前から近畿日本鉄道の「インターネット予約・発売サービス」、主要駅などのほか近畿日本ツーリスト、JTB、日本旅行などの旅行代理店にて発売

近畿日本鉄道 **22600系 編成席番表**

←大阪難波・大阪上本町　【⬆ 主な車窓風景】 生駒山、耳成山、三輪山、明星車庫、鳥羽湾　賢島→

←賢島　【⬆ 主な車窓風景】 伊勢神宮外宮、松阪駅付近ＪＲ紀勢本線並走、鈴鹿山地、冨吉車庫　近鉄名古屋→

22600系（Ace）4両編成＝近畿日本鉄道

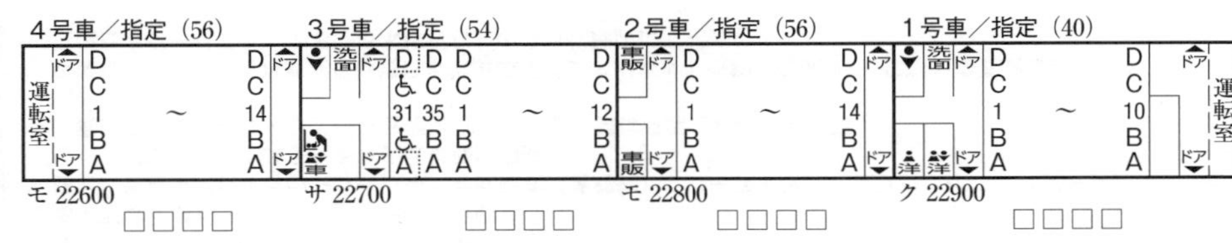

★22600系（Ace）2両編成の場合＝近畿日本鉄道

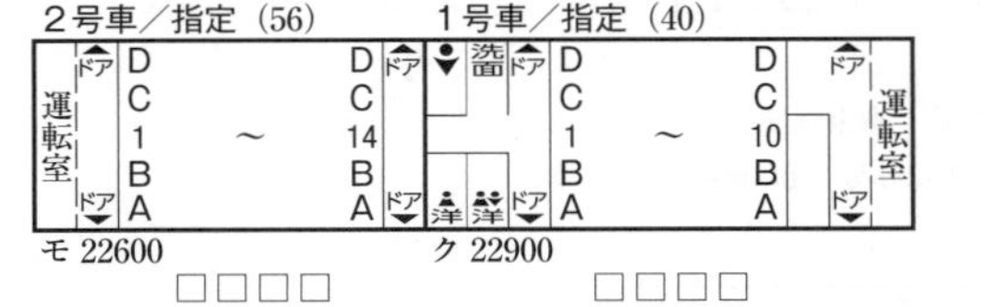

【⬇ 主な車窓風景】 高安車庫、五位堂検修車庫(工場)、畝傍山、天香久山、松阪駅付近ＪＲ紀勢本線並走、伊勢神宮外宮

【⬇ 主な車窓風景】 鳥羽湾、明星車庫、ＪＲ関西本線並走(近鉄八田～米野付近)

▼ 座席／普通車＝回転式（座席下ペダル）フリーストッパー型リクライニングシート
◇ 号車表示は、大阪難波、大阪上本町発着列車にて掲載
▽ 車内販売の営業なし
▽ 喫煙室は2024.03.01から廃止。全車全室禁煙に
▼ ⓘ／各座席に設置
▼ 窓配置は座席２列分の広窓（□）
▽ 31AD席は車いす対応席、35ABCD席はその介助者席

◇ 座席指定券は、１カ月前から近畿日本鉄道の「インターネット予約・発売サービス」、主要駅などのほか近畿日本ツーリスト、JTB、日本旅行などの旅行代理店にて発売

近畿日本鉄道「ビスタEX」（30000系）編成席番表

←大阪難波・京都　【⬆ 主な車窓風景】 生駒山、耳成山、三輪山、明星車庫、鳥羽湾　賢島→

←賢島　【⬆ 主な車窓風景】 伊勢神宮外宮、松阪駅付近ＪＲ紀勢本線並走、鈴鹿山地、富吉車庫　近鉄名古屋→

ビスタEX // 30000系4両編成＝近畿日本鉄道

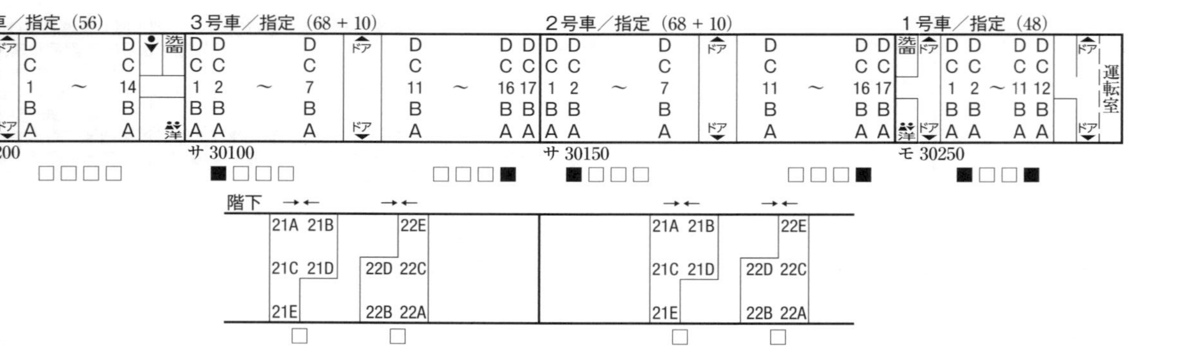

【⬇ 主な車窓風景】 高安車庫、五位堂検修車庫(工場)、畝傍山、天香久山、松阪駅付近ＪＲ紀勢本線並走、伊勢神宮外宮

【⬇ 主な車窓風景】 鳥羽湾、明星車庫、ＪＲ関西本線並走(近鉄八田～米野付近)

◇ 号車表示は、大阪難波、大阪上本町発着列車にて掲載
▽ 車内販売の営業なし

▽ 喫煙室は2024.03.01から廃止。全車全室禁煙に
▽ 階下席は「グループ専用席」(3～5名利用)
▼ 座席／普通車（レギュラーシート車）＝回転式（背越式）フリーストッパー型リクライニングシート、シートピッチ980mm
　　階下＝ボックスシート（矢印は座席の向き）
▼ □■は窓配置のパターン。□は座席2列分の広窓、■は座席ごと独立の小窓

◇ 座席指定券は、1カ月前から近畿日本鉄道の「インターネット予約・発売サービス」、主要駅などのほか近畿日本ツーリスト、JTB、日本旅行などの旅行代理店にて発売

近畿日本鉄道「サニーカー」(12600系) 編成席番表

←大阪難波・大阪上本町・京都　【⬆ 主な車窓風景】 生駒山、耳成山、三輪山、明星車庫、鳥羽湾　賢島→

←賢島　【⬆ 主な車窓風景】 伊勢神宮外宮、松阪駅付近ＪＲ紀勢本線並走、鈴鹿山地、冨吉車庫　近鉄名古屋→

サニーカー // 12600系4両編成＝近畿日本鉄道

4号車／指定 (68)	3号車／指定 (68)	2号車／指定 (64)	1号車／指定 (52)
運転室・ドア／1〜17 (A・B・C・D)／ドア	洋・ドア／1〜17 (A・B・C・D)	電話・ドア／1〜16 (A・B・C・D)	洗面・洋・ドア／1〜13 (A・B・C・D)／ドア・運転室
モ 12600	サ 12750	モ 12650	ク 12700
□□□■	□□□■	□□□□	□□□■

【⬇ 主な車窓風景】 高安車庫、五位堂検修車庫(工場)、畝傍山、天香久山、松阪駅付近ＪＲ紀勢本線並走、伊勢神宮外宮

【⬇ 主な車窓風景】 鳥羽湾、明星車庫、ＪＲ関西本線並走(近鉄八田〜米野付近)

近畿日本鉄道「あをによし」編成席番表

←大阪難波・京都　【⬆ 主な車窓風景】　近鉄奈良→

あをによし // 19200系 4両編成＝近畿日本鉄道

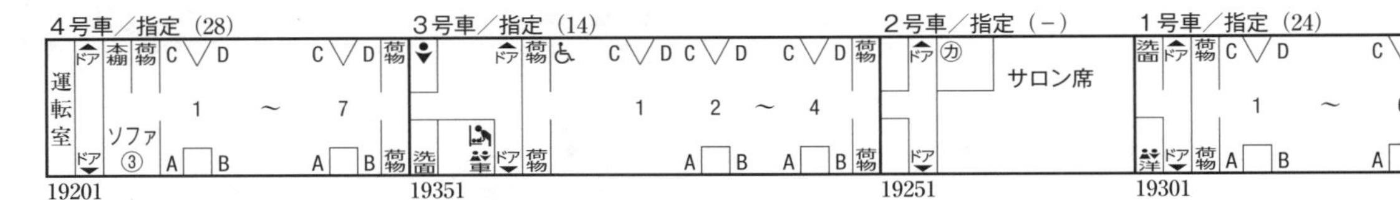

【⬇ 主な車窓風景】

◆ 2022.04.29から運行開始。大阪難波〜京都間を１日１往復、京都〜近鉄奈良間を１日２往復、週６日の運行（毎週木曜日運休）

▼ 座席／普通車＝回転式（背越式）フリーストッパー型リクライニングシート
▼ ㋕は販売カウンター
▼ 窓配置は２名用のツイン席、３〜４名用のサロン席に１つ
ツイン席　ＡＢ席は向かい合う席、ＣＤ席は窓側に斜めに向く席
２号車　サロン席は４名席３組
３号車　２ＡＢ席からデッキ部方向にツイン席３組配置
▼ ⓾／各座席、サロンに設置

◇ 座席指定券は、１カ月前から近畿日本鉄道の「インターネット予約・発売サービス」、主要駅などのほか近畿日本ツーリスト、JTB、日本旅行などの旅行代理店にて発売

近畿日本鉄道「サニーカー」(12400系)編成席番表

←大阪難波・大阪上本町・京都　【⬆ 主な車窓風景】 生駒山、耳成山、三輪山、明星車庫、鳥羽湾　賢島→

←賢島　【⬆ 主な車窓風景】 伊勢神宮外宮、松阪駅付近ＪＲ紀勢本線並走、鈴鹿山地、富吉車庫　近鉄名古屋→

12400系 // 12400系4両編成＝近畿日本鉄道

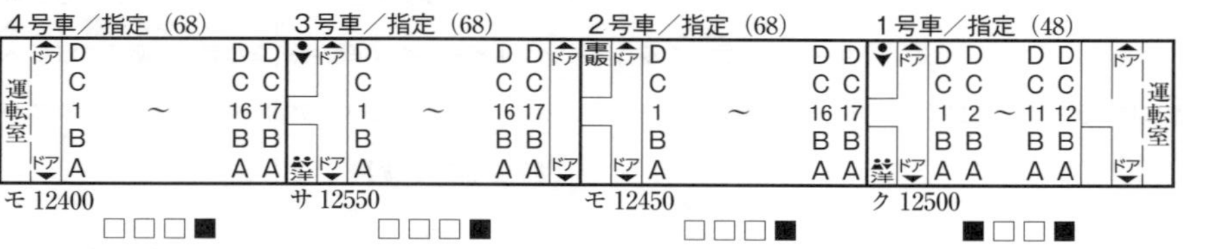

【⬇ 主な車窓風景】 高安車庫、五位堂検修車庫(工場)、畝傍山、天香久山、松阪駅付近ＪＲ紀勢本線並走、伊勢神宮外宮

【⬇ 主な車窓風景】 鳥羽湾、明星車庫、ＪＲ関西本線並走(近鉄八田～米野付近)

▼ 座席／普通車＝回転式（座席下ペダル）リクライニングシート
▼ □■は窓配置のパターン。□は座席2列分の広窓、■は座席ごと独立の小窓

近畿日本鉄道「サニーカー」(12410系)編成席番表

←大阪難波・大阪上本町・京都　【⬆ 主な車窓風景】 生駒山、耳成山、三輪山、明星車庫、鳥羽湾　賢島→

←賢島　【⬆ 主な車窓風景】 伊勢神宮外宮、松阪駅付近ＪＲ紀勢本線並走、鈴鹿山地、富吉車庫　近鉄名古屋→

12410系 // 12410系4両編成＝近畿日本鉄道

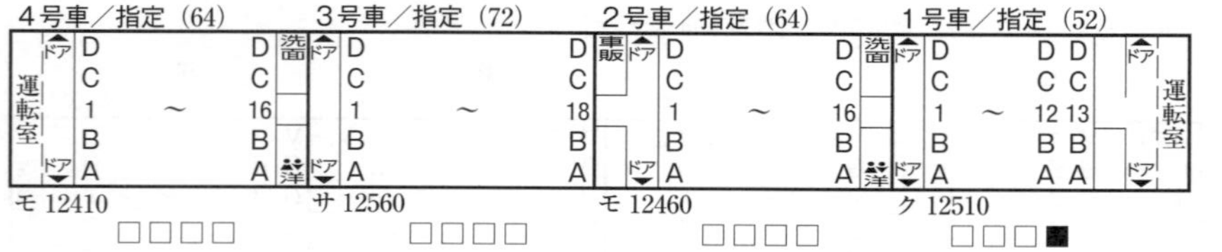

【⬇ 主な車窓風景】 高安車庫、五位堂検修車庫(工場)、畝傍山、天香久山、松阪駅付近ＪＲ紀勢本線並走、伊勢神宮外宮

【⬇ 主な車窓風景】 鳥羽湾、明星車庫、ＪＲ関西本線並走(近鉄八田～米野付近)

▼ 座席／普通車＝回転式（座席下ペダル）リクライニングシート
▼ □■は窓配置のパターン。□は座席2列分の広窓、■は座席ごと独立の小窓

◇ 号車表示は、大阪難波、大阪上本町発着列車にて掲載
▽ 喫煙室は 2024.03.01 から廃止。全車全室禁煙に　▽ 車内販売の営業なし

◇ 座席指定券は、1カ月前から近畿日本鉄道の「インターネット予約・発売サービス」、主要駅などのほか近畿日本ツーリスト、JTB、日本旅行などの旅行代理店にて発売

近畿日本鉄道 「青の交響曲（シンフォニー）」編成席番表 【臨時列車】

←大阪阿倍野橋　　【⬆ 主な車窓風景】 畝傍山、橿原神宮、欽明天皇陵　　吉野→

青の交響曲（シンフォニー） // 近畿日本鉄道 16200 系

1号車／指定（28）　ク 16300
運転室
A E F A A E F A A E F
1 2 3 4 5 6 7 35 8
C D B B C D B B
A B C C A B C C C
ドア　洗面

2号車／—　モ 16250
ラウンジ　20 席　バーカウンター

3号車／指定（37）　モ 16200
ドア
A A E F A A E F A A E F
1 2 3 4 5 6 7 8 9 10
B B C D B B C D B B C D
C C A B C C A B C C A B C
運転室

【⬇ 主な車窓風景】 古市駅長野線、古市車庫、二上山、吉野川

◆ 運転日注意。詳細は近畿日本鉄道ホームページなどで確認
▽ 運賃、乗車券のほかに特別車両券が必要
▽ 車内販売営業

▼ 座席／回転式（座席下ペダル）フリーストッパー型リクライニングシート
　　ただしサロン席（４名）・ツイン席（２名）は座席が向かい合う固定席（点線囲みにて区分）
▼ 各座席窓際下に ⓪ を設置

近畿日本鉄道 16000 系 編成席番表

←大阪阿部野橋　　【⬆ 主な車窓風景】 畝傍山、橿原神宮、欽明天皇陵　　吉野→

16000 系２両編成＝近畿日本鉄道

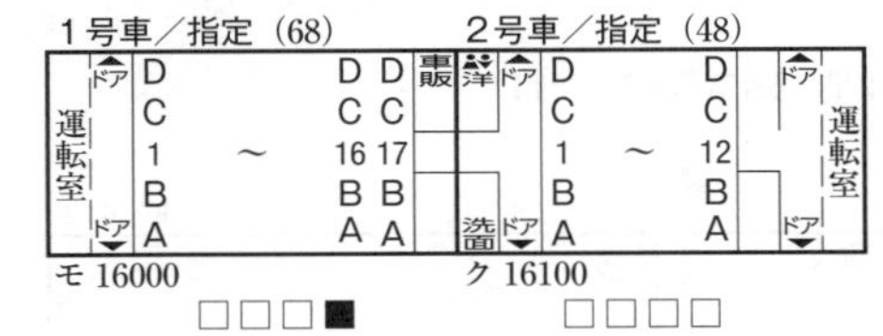

【⬇ 主な車窓風景】 古市駅長野線、古市車庫、二上山、吉野川

◇ 16000 系は２両編成の場合を表示
▽ 車内販売の営業なし
▼ 座席／普通車＝回転式（背越式）シート、シートピッチ 980mm
▽ 喫煙室は 2024.03.01 から廃止。全車全室禁煙に
▼ 窓配置は座席２列分の広窓（□）

◇ 座席指定券は、１カ月前から近畿日本鉄道の「インターネット予約・発売サービス」、主要駅などのほか、近畿日本ツーリスト、JTB、日本旅行などの旅行代理店にて発売

近畿日本鉄道 「さくらライナー」（26000 系）編成席番表

←大阪阿部野橋　【⬆ 主な車窓風景】 畝傍山、橿原神宮、欽明天皇陵　吉野→

さくらライナー // 26000 系 4 両編成（リニューアル車）＝近畿日本鉄道

1号車／指定（48）	2号車／指定（50）	3号車／☒（42）	4号車／指定（40）
運転室、ドア、D C 1〜12 B A、ドア	ドア、D C 31 35 1〜11 B A、ドア、洗面、車いす対応トイレ	C B 1〜14 A、ドア、洗面、洋式トイレ	ドア、D C 1〜10 B A、ドア、運転室
モ 26400	モ 26300	モ 26200	モ 26100
□□□□	■□□□	□□□□	□□□□

【⬇ 主な車窓風景】 古市駅長野線、古市車庫、二上山、吉野川

▼ 座席／普通車＝回転式（座席下ペダル）フリーストッパー型リクライニングシート、シートピッチ 1050mm
▽ ☒（3 号車）はデラックス席。特別車両券「デラックス」が必要
▽ 喫煙室は 2024.03.01 から廃止。全車全室禁煙に
▽ 運転室に隣接して展望スペースあり
▽ 31AD 席は車いす対応席、35ABCD 席はその介助者席
▼ □■は窓配置のパターン。□は座席 2 列分の広窓、■は座席ごと独立の小窓
▼ 車いす対応トイレは温水洗浄式便座
▼ ⑪／各座席窓際下に設置
▽ 車内販売の営業なし

近畿日本鉄道 16600 系 編成席番表

←大阪阿部野橋　【⬆ 主な車窓風景】 畝傍山、橿原神宮、欽明天皇陵　吉野→

16600 系（Ace） // 2 両編成＝近畿日本鉄道

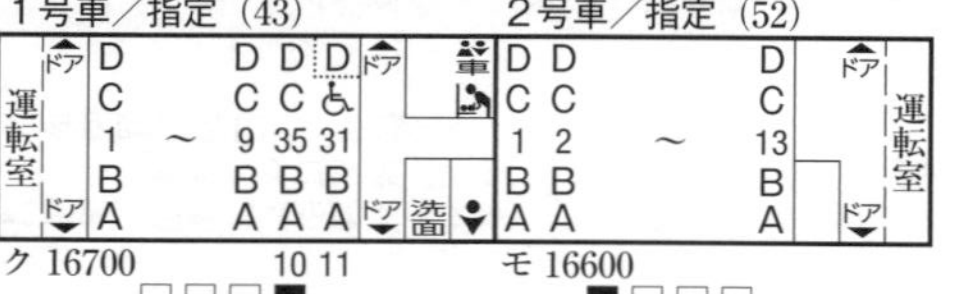

▼ 座席／普通車＝回転式（座席下ペダル）フリーストッパー型リクライニングシート
▽ 31D 席は車いす対応席、35CD 席（10AB 席の通路を挟んだ向い側）はその介助者席
▽ 喫煙室は 2024.03.01 から廃止。全車全室禁煙に
▼ □■は窓配置のパターン。□は座席 2 列分の広窓、■は座席ごと独立の小窓
▼ ⑪／各座席窓際下に設置
▽ 車内販売の営業なし

【⬇ 主な車窓風景】 古市駅長野線、古市車庫、二上山、吉野川

近畿日本鉄道 16400 系 編成席番表

←大阪阿部野橋　【⬆ 主な車窓風景】 畝傍山、橿原神宮、欽明天皇陵　吉野→

16400 系（ACE） // 2 両編成＝近畿日本鉄道

▽ 31D 席は車いす対応席、35AB 席はその介助者席
▼ 座席／普通車＝回転式（座席下ペダル）フリーストッパー型リクライニングシート、シートピッチ 1000mm
▽ 喫煙室は 2024.03.01 から廃止。全車全室禁煙に
▼ □■は窓配置のパターン。□は座席 2 列分の広窓、■は座席ごと独立の小窓
▼ ⑪／各座席窓際下に設置
▽ 車内販売の営業なし

◇ 座席指定券は、1 カ月前から近畿日本鉄道の「インターネット予約・発売サービス」、主要駅などのほか近畿日本ツーリスト、JTB、日本旅行などの旅行代理店にて発売

【⬇ 主な車窓風景】 古市駅長野線、古市車庫、二上山、吉野川

近畿日本鉄道「あおぞらⅡ」（15200系）編成席番表【団体専用車両】

←大阪上本町・京都 【⬆ 主な車窓風景】 →

あおぞらⅡ // 15200系2両編成＝近畿日本鉄道

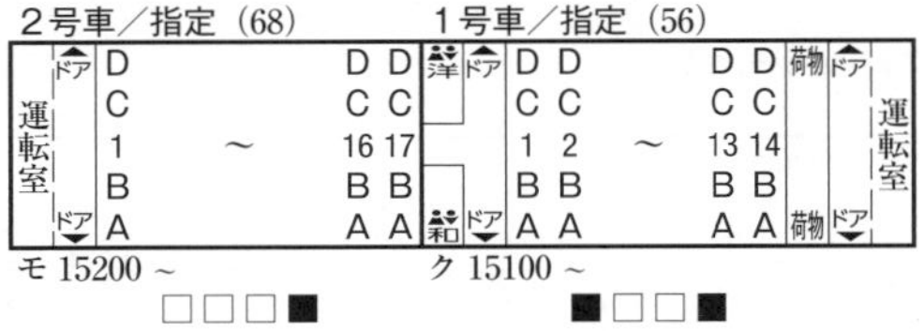

2号車／指定（68）						1号車／指定（56）						
運転室	ドア	D	〜	D	D	洋／和	ドア	D	D	〜	D	D	荷物	ドア	運転室
		C		C	C			C	C		C	C			
		1		16	17			1	2		13	14			
		B		B	B			B	B		B	B			
	ドア	A		A	A		ドア	A	A		A	A	荷物	ドア	

モ 15200 〜 □□□■　ク 15100 〜 ■□□■

【⬇ 主な車窓風景】

◆ 団体専用車両
◇ 運転区間は便宜上の表示

▼ 座席／普通車＝回転式（座席下ペダル）リクライニングシート
▽ 号車札は便宜上の表示。列車の編成両数などにより異なる場合がある

▼ □■は窓配置のパターン。□は座席2列分の広窓、■は座席ごと独立の小窓

近畿日本鉄道「楽」編成席番表

←大阪上本町・京都 【⬆ 主な車窓風景】 生駒山、耳成山、三輪山、鈴鹿山地、富吉車庫、ＪＲ関西本線と並走 近鉄奈良・近鉄名古屋→

楽 // 20000系4両編成＝近畿日本鉄道

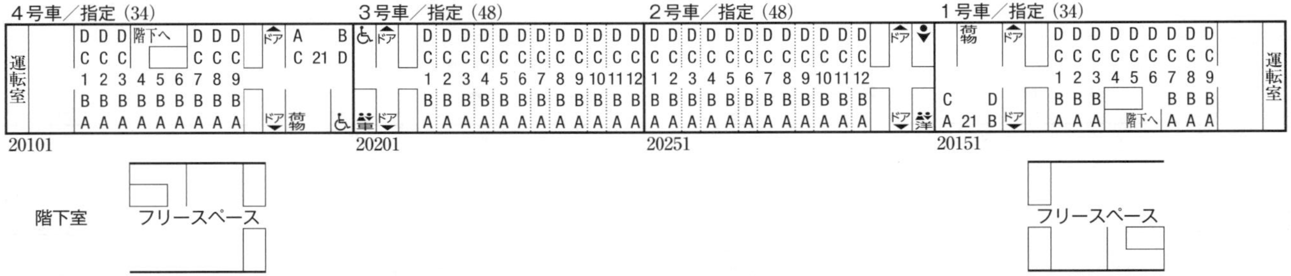

4号車／指定（34）［20101］：運転室｜D C 1 B A ～ D C 9 B A（4・5・6席のD・C側は階下へ）｜ドア｜荷物｜21 A B C D｜♿

3号車／指定（48）［20201］：♿｜ドア｜和｜D C 1 B A ～ D C 12 B A

2号車／指定（48）［20251］：D C 1 B A ～ D C 12 B A｜ドア｜洋

1号車／指定（34）［20151］：荷物｜21 A B C D｜ドア｜D C 1 B A ～ D C 9 B A（4・5席のB・A側は階下へ）｜運転室

階下室　フリースペース（4号車）　フリースペース（1号車）

【⬇ 主な車窓風景】 高安車庫、五位堂検修車庫（工場）、畝傍山、天香久山

◆ 団体専用車両

▼ 1・4号車は2階建て車両。2・3号車はハイデッカー車両
▼ 座席／転換式シート。ただし1・4号車21ＡＢＣＤ席はボックスシート。また2・3号車は座席の転換は可能だが点線仕切りを背にて座席向きを基本配置

近畿日本鉄道「かぎろひ」（15400系）編成席番表【団体専用車両】

←大阪上本町・京都・近鉄名古屋　【⬆ 主な車窓風景】　→

かぎろひ // 15400系2両編成＝近畿日本鉄道

2号車／指定（48）				1号車／指定（44）			
運転室	D		D	D		D D	運転室
	C		C	C		C C	
	1	～	12	1	～	10 11	
	B		B	■ B		B B	
	A		A	■ A		A A	

モ 15400～　□□□□　ク 15300～　□□□■

【⬇ 主な車窓風景】

団体用 // 15200系2両編成＝近畿日本鉄道

2号車／指定（68）				1号車／指定（56）			
運転室	D		D D	D D		D D	運転室
	C		C C	C C		C C	
	1	～	16 17	1 2	～	13 14	
	B		B B	B B		B B	
	A		A A	A A		A A	

モ 15200　□□□■　ク 15100　■□□■

◆ クラブツーリズムの旅行商品専用車両
◆ 運転区間は便宜上の表示
◆ 団体用15200系は12200系からの改造車

▼ 座席／普通車＝回転式（座席下ペダル）リクライニングシート
▽ 号車札は便宜上の表示。列車の編成両数などにより異なる場合がある
▽ ═線はカウンターテーブル。ビールサーバーを設置するとカウンターバーとしても使える
〓は荷物置台（置台を使わない時はライブ会場としても使用可）。荷物置台はカウンターテーブルに設置することもできる
■は添乗員席

▼ □■は窓配置のパターン。□は座席2列分の広窓、■は座席ごと独立の小窓

近畿日本鉄道「つどい」（2013系）編成席番表【臨時列車】

←近鉄名古屋、湯の山温泉　【⬆ 主な車窓風景】　近鉄四日市・賢島→

つどい // 2013系3両編成＝近畿日本鉄道【座席定員制（定員80名）】

1号車（24）		2号車（-）	3号車（48）		
運転室 風のあそびば	DC DC DC DC DC DC	イベントスペース	DC DC DC DC DC	DC DC DC DC DC DC DC	運転室
	6 5 4 3 2 1		15 14 13 12 11	7 6 5 4 3 2 1	
	BA BA BA BA BA BA	バーカウンター	BA BA BA BA BA	BA BA BA BA BA BA BA	こども運転台

ク 2107　モ 2013　モ 2014

【⬇ 主な車窓風景】

◆ 運転日注意。詳細は近畿日本鉄道ホームページなどで確認（名古屋～湯の山温泉間列車に充当の場合）
◇（　）内の数字は各号車の座席数
◇ 途中、近鉄四日市にて進行方向が変わる
▼ 2号車に足湯を設置

▼ 座席／2人掛け固定式。矢印方向に向いて座席を設置

南海電気鉄道「サザン」編成席番表

←難波　　【⬆ 主な車窓風景】 通天閣、天下茶屋駅高野線　　和歌山市・和歌山港→

サザン // 10000系4両編成＝南海電気鉄道

4号車／指定（64）	3号車／指定（60）	2号車／指定（58）	1号車／指定（64）
運転室 ドア 61～(4の倍数−3)～1 ドア	ドア 57～(4の倍数−3)～1 ドア ♀ 洋	ドア 57～(4の倍数−3)～5 ♿ ドア	ドア 61～(4の倍数−3)～1 ドア 運転室
62～(4の倍数−2)～2	58～(4の倍数−2)～2	58～(4の倍数−2)～6	62～(4の倍数−2)～2
(16列)	(15列)	(15列)	(16列)
64～(4の倍数±0)～4	60～(4の倍数±0)～4	60～(4の倍数±0)～8 4	64～(4の倍数±0)～4
ドア 63～(4の倍数−1)～3 ドア	ドア 59～(4の倍数−1)～3 ドア 洗面 洋	ⓢ ドア 55～(4の倍数−1)～7 3 ドア	ドア 63～(4の倍数−1)～3 ドア
モハ10007～	サハ10807～	モハ10107～	クハ10907～
□□□□	□□□■	□□□■	□□□□

◇ 座席番号早見表

65	61	57	53	49	45	41	37	33	29	25	21	17	13	9	5	1
66	62	58	54	50	46	42	38	34	30	26	22	18	14	10	6	2
68	64	60	56	52	48	44	40	36	32	28	24	20	16	12	8	4
67	63	59	55	51	47	43	39	35	31	27	23	19	15	11	7	3

★サザン　3号車定員64名、2号車定員64名の編成にて運転の場合 // 10000系4両編成＝南海電気鉄道

4号車／指定（64）	3号車／指定（64）	2号車／指定（62）	1号車／指定（64）
運転室 ドア 61～(4の倍数−3)～1 ドア	ドア 61～(4の倍数−3)～1 ドア ♀ 洋	ドア 61～(4の倍数−3)～5 ♿ ドア	ドア 61～(4の倍数−3)～1 ドア 運転室
62～(4の倍数−2)～2	62～(4の倍数−2)～2	62～(4の倍数−2)～6	62～(4の倍数−2)～2
(16列)	(16列)	(16列)	(16列)
64～(4の倍数±0)～4	64～(4の倍数±0)～4	64～(4の倍数±0)～8 4	64～(4の倍数±0)～4
ドア 63～(4の倍数−1)～3 ドア	ドア 63～(4の倍数−1)～3 ドア 洗面 洋	ⓢ ドア 63～(4の倍数−1)～7 3 ドア	ドア 63～(4の倍数−1)～3 ドア
モハ10004	サハ10804	モハ10104	クハ10904
□□□□	□□□□	□□□□	□□□□

★サザン　12000系「サザン・プレミアム」にて運転の場合 // 12000系4両編成＝南海電気鉄道

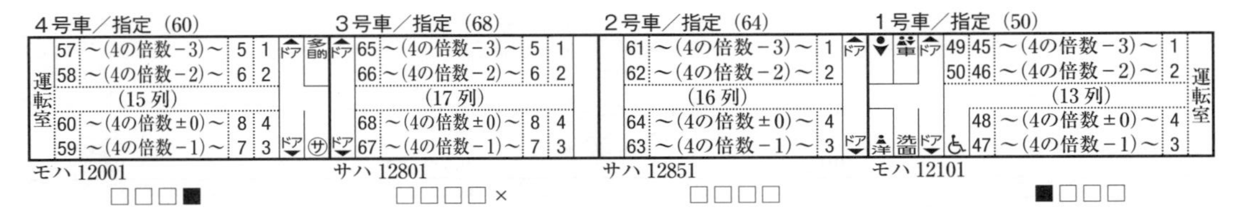

【⬇ 主な車窓風景】 住ノ江検車、りんくうタウン、みさき公園

▽ 座席指定特急が4両編成で運転の場合を表示。8両編成は、難波方に一般車（自由席）を連結して走る

▼ 座席／普通車＝回転式（座席下ペダル）フリーストッパー型リクライニングシート
▽ 11000系は2号車、12000系は1号車に車いすスペースを設置
▼ 無料Wi-Fiサービス「Osaka Free Wi-Fi」が利用できる
▼ ⓢはサービスコーナー

▼ □■×は窓配置のパターン。□は座席2列分の広窓、■は座席ごと独立の小窓、×は窓なし

◇ 座席指定券は、1カ月前から南海電気鉄道の主要駅などのほか、南海・特急チケットレスサービス、JTB、近畿日本ツーリスト、日本旅行などの旅行代理店にて発売

「ラピート」編成席番表

←難波　【⬆ 主な車窓風景】 通天閣、天下茶屋駅高野線、りんくうタウン　関西空港→

ラピート // 50000系6両編成＝南海電気鉄道

6号車／指定 (23) スーパーシート	5号車／指定 (31) スーパーシート	4号車／指定 (48)	3号車／指定 (46)	2号車／指定 (60)	1号車／指定 (44)
運転室 29 25 21 17 13 9 5 1 荷物 ドア	ドア 荷物 41 37 33 29 25 21 17 13 9 5 1 ♥ 洋	45 ～(4の倍数−3)～ 1 荷物 ドア	ドア 自販 荷物 41 ～(4の倍数−3)～ 1 ♥ 洋	57 ～(4の倍数−3)～ 1 荷物 ドア	ドア 荷物 41 ～(4の倍数−3)～ 1 運転室
30 26 22 18 14 10 6	38 34 30 26 22 18 14 10 6	46 ～(4の倍数−2)～ 2	♿ 42 ～(4の倍数−2)～ 2	58 ～(4の倍数−2)～ 2	42 ～(4の倍数−2)～ 2
		(12列)	(11列)	(15列)	(11列)
		48 ～(4の倍数±0)～ 4	48 44 ～(4の倍数±0)～ 4	60 ～(4の倍数±0)～ 4	44 ～(4の倍数±0)～ 4
31 27 23 19 15 11 7 3 荷物 ドア	ドア 荷物 43 39 35 31 27 23 19 15 11 7 3 洗面 洋	47 ～(4の倍数−1)～ 3 荷物 ドア	ドア 荷物 47 43 ～(4の倍数−1)～ 3 洗面 洋	59 ～(4の倍数−1)～ 3 荷物 ドア	ドア 荷物 43 ～(4の倍数−1)～ 3
クハ 50501	モハ 50001	モハ 50101	サハ 50601	モハ 50201	クハ 50701

【⬇ 主な車窓風景】 住ノ江検車、りんくうタウン、関西国際空港

▽ 5・6号車はスーパーシート車。スーパーシートは特別車両料金が必要
▼ 座席／普通車＝回転式（座席下ペダル）フリーストッパー型リクライニングシート
　　スーパーシート＝回転式（座席下ペダル）フリーストッパー型リクライニングシート
▽ 3号車に車いすスペースを設置
▼ 無料Wi-Fiサービス「Osaka Free Wi-Fi」が利用できる

▼ 窓配置は座席ごと独立の小窓（■）

◇ 座席指定券は、1カ月前から南海電気鉄道の主要駅などのほか、南海・特急チケットレスサービス、JTB、近畿日本ツーリスト、日本旅行などの旅行代理店にて発売

◇ 普通車1～4号車の座席番号早見表

57	53	49	45	41	37	33	29	25	21	17	13	9	5	1
58	54	50	46	42	38	34	30	26	22	18	14	10	6	2
60	56	52	48	44	40	36	32	28	24	20	16	12	8	4
59	55	51	47	43	39	35	31	27	23	19	15	11	7	3

南海電気鉄道「こうや」編成席番表

←難波　【⬆ 主な車窓風景】 通天閣、千代田検車　極楽橋→

こうや // 30000 系 4 両編成＝南海電気鉄道

4(8)号車／指定(52)	3(7)号車／指定(48)	2(6)号車／指定(52)	1(5)号車／指定(52)
運転室 49 ~(4の倍数-3)~ 5 1 ドア	ドア 45 ~(4の倍数-3)~ 1 トイレ 洋	㋚ 49 ~(4の倍数-3)~ 5 1 ドア	ドア 49 45 ~(4の倍数-3)~ 1 運転室
50 ~(4の倍数-2)~ 6 2	46 ~(4の倍数-2)~ 2	50 ~(4の倍数-2)~ 6 2	50 46 ~(4の倍数-2)~ 2
(13 列)	(12 列)	(13 列)	(13 列)
52 ~(4の倍数±0)~ 8 4	48 ~(4の倍数±0)~ 4	52 ~(4の倍数±0)~ 8 4	52 48 ~(4の倍数±0)~ 4
51 ~(4の倍数-1)~ 7 3 ドア	ドア 47 ~(4の倍数-1)~ 3 洗面	51 ~(4の倍数-1)~ 7 3 ドア	ドア 51 47 ~(4の倍数-1)~ 3
モハ 30001	モハ 30100	モハ 30100	モハ 30001
□□□■	□□□□	□□□■	■□□□

こうや // 31000 系 4 両編成＝南海電気鉄道

4(8)号車／指定(52)	3(7)号車／指定(52)	2(6)号車／指定(54)	1(5)号車／指定(52)
運転室 49 ~(4の倍数-3)~ 5 1 ドア	ドア 49 ~(4の倍数-3)~ 5 1 洋	53 ~(4の倍数-3)~ 5 ♿ ドア	ドア 49 45 ~(4の倍数-3)~ 1 運転室
50 ~(4の倍数-2)~ 6 2	50 ~(4の倍数-2)~ 6 2	54 ~(4の倍数-2)~ 6	50 46 ~(4の倍数-2)~ 2
(13 列)	(13 列)	(14 列)	(13 列)
52 ~(4の倍数±0)~ 8 4	52 ~(4の倍数±0)~ 8 4	56 ~(4の倍数±0)~ 8 4	52 48 ~(4の倍数±0)~ 4
51 ~(4の倍数-1)~ 7 3 ドア	ドア 51 ~(4の倍数-1)~ 7 3 洗面 トイレ	55 ~(4の倍数-1)~ 7 3 ㋚ ドア	ドア 51 47 ~(4の倍数-1)~ 3
モハ 31001	モハ 31100	モハ 31101	モハ 31002
□□□■	□□□■	□□□□	■□□□

【⬇ 主な車窓風景】 天下茶屋駅南海線、千代田工場、小原田検車

◇ 座席番号早見表

53	49	45	41	37	33	29	25	21	17	13	9	5	1
54	50	46	42	38	34	30	26	22	18	14	10	6	2
56	52	48	44	40	36	32	28	24	20	16	12	8	4
55	51	47	43	39	35	31	27	23	19	15	11	7	3

▼ 座席／普通車＝回転式（座席下ペダル）フリーストッパー型リクライニングシート
▽ 31000 系　2(6)号車に車いすスペースを設置
▼ 無料 Wi-Fi サービス「Osaka Free Wi-Fi」が利用できる
▼ ㋚はサービスコーナー

▼ □■は窓配置のパターン。□は座席２列分の広窓、■は座席ごと独立の小窓
◇ 座席指定券は、１カ月前から南海電気鉄道の主要駅のほか、南海・特急チケットレスサービス、ＪＴＢ、近畿日本ツーリスト、日本旅行などの旅行代理店にて発売

南海電気鉄道「天空」編成席番表 【臨時列車】

←橋本　【⬆ 主な車窓風景】　極楽橋→

天空 // 2200 系 2 両編成＝南海電気鉄道

4号車／自由	3号車／自由		2号車／指定(39)	1号車／指定(37)
運転室 一般車	一般車 運転室	＋	運転室 37 39 33 35 展望 ↓31 29 27 25 23 21↓19 17 15 13 11 9 ドア 5 7 1 3	35 37 31 33 ★↓ 29 27 25 23 21↓19 17 15 13 11 9 7 5↓ ドア ♿ 1 3 運転室
			→ ← デッキ(吹抜け)	→ ← → →
			36 38 32 34 ↓28 30→ 26 24↓22 20 18 16 14 10↓ ←12 ドア 6 8 2 4	34 36 30 32 28 26 24↓22 20↓18 16↓14 12 10↓ ドア 6 8 2 4
			モハ 2208〔08＝橋本の「ハ」を表している〕	モハ 2258〔58＝高野山の「コーヤ」を表している〕

【⬇ 主な車窓風景】

▽ 座席は矢印の方向に向いている。なお、２号車 10･28 番席は斜めの向きで、それぞれ車内中央のテーブル側を向いている
▼ 1･2 号車の▒▒は木製テーブル　★印にてグッズの販売を実施
◇ 座席指定券は、乗車日の 10 日前から前日まで天空予約センターで電話での予約受付け（0120-151519。予約時間 9：00 ～ 17：00）
10 名以上のグループは 14 日前まで Fax にて予約受付け。当日券は南海橋本駅ホーム、高野山駅窓口などで発売。運転日など、詳細は南海電気鉄道ホームページなどを参照
◇ 座席指定券の引渡しは乗車日当日、指定箇所（南海橋本駅ホーム、高野山駅窓口）で発売

「りんかん」編成席番表

←難波　　【⬆ 主な車窓風景】 通天閣、千代田検車　　橋本→

りんかん // 11000系4両編成＝南海電気鉄道

4(8)号車／指定 (52)	3(7)号車／指定 (60)	2(6)号車／指定 (60)	1号車(5)／指定 (64)
運転室 49 ～(4の倍数−3)～ 1 ドア	ドア 57 ～(4の倍数−3)～ 5 1 トイレ 洋	57 53 ～(4の倍数−3)～ 5 ♿ ドア	ドア 61 ～(4の倍数−3)～ 1 運転室
50 ～(4の倍数−2)～ 2	58 ～(4の倍数−2)～ 6 2	58 54 ～(4の倍数−2)～ 6	62 ～(4の倍数−2)～ 2
(13列)	(15列)	(15列)	(16列)
52 ～(4の倍数±0)～ 4	60 ～(4の倍数±0)～ 8 4	60 56 ～(4の倍数±0)～ 8 4	64 ～(4の倍数±0)～ 4
51 ～(4の倍数−1)～ 3 ドア	ドア 59 ～(4の倍数−1)～ 7 3 洗面 洋	㋚ 59 55 ～(4の倍数−1)～ 7 3 ドア	ドア 63 ～(4の倍数−1)～ 3
モハ 11001	モハ 11301	モハ 11101	モハ 11201
□□□□	□□□■	■□□□	□□□□

◇ 座席番号早見表

61	57	53	49	45	41	37	33	29	25	21	17	13	9	5	1
62	58	54	50	46	42	38	34	30	26	22	18	14	10	6	2
64	60	56	52	48	44	40	36	32	28	24	20	16	12	8	4
63	59	55	51	47	43	39	35	31	27	23	19	15	11	7	3

▼ 座席／普通車＝回転式（座席下ペダル）フリーストッパー型リクライニングシート。シートピッチ 1030mm

りんかん // 30000系4両編成＝南海電気鉄道

4(8)号車／指定 (52)	3(7)号車／指定 (48)	2(6)号車／指定 (52)	1(5)号車／指定 (52)
運転室 49 ～(4の倍数−3)～ 5 1 ドア	ドア 45 ～(4の倍数−3)～ 1 トイレ 洋	㋚ 49 ～(4の倍数−3)～ 5 1 ドア	ドア 49 45 ～(4の倍数−3)～ 1 運転室
50 ～(4の倍数−2)～ 6 2	46 ～(4の倍数−2)～ 2	50 ～(4の倍数−2)～ 6 2	50 46 ～(4の倍数−2)～ 2
(13列)	(12列)	(13列)	(13列)
52 ～(4の倍数±0)～ 8 4	48 ～(4の倍数±0)～ 4	52 ～(4の倍数±0)～ 8 4	52 48 ～(4の倍数±0)～ 4
51 ～(4の倍数−1)～ 7 3 ドア	ドア 47 ～(4の倍数−1)～ 3 洗面	51 ～(4の倍数−1)～ 7 3 ドア	ドア 51 47 ～(4の倍数−1)～ 3
モハ 30001	モハ 30100	モハ 30100	モハ 30001
□□□■	□□□□	□□□■	■□□□

▼ 座席／普通車＝回転式（座席下ペダル）フリーストッパー型リクライニングシート

りんかん // 31000系4両編成＝南海電気鉄道

4(8)号車／指定 (52)	3(7)号車／指定 (52)	2(6)号車／指定 (56)	1(5)号車／指定 (52)
運転室 49 ～(4の倍数−3)～ 5 1 ドア	ドア 49 ～(4の倍数−3)～ 5 1 洋	53 ～(4の倍数−3)～ 5 ♿ ドア	ドア 49 45 ～(4の倍数−3)～ 1 運転室
50 ～(4の倍数−2)～ 6 2	50 ～(4の倍数−2)～ 6 2	54 ～(4の倍数−2)～ 6	50 46 ～(4の倍数−2)～ 2
(13列)	(13列)	(14列)	(13列)
52 ～(4の倍数±0)～ 8 4	52 ～(4の倍数±0)～ 8 4	56 ～(4の倍数±0)～ 8 4	52 48 ～(4の倍数±0)～ 4
51 ～(4の倍数−1)～ 7 3 ドア	ドア 51 ～(4の倍数−1)～ 7 3 洗面 トイレ	55 ～(4の倍数−1)～ 7 3 ㋚ ドア	ドア 51 47 ～(4の倍数−1)～ 3
モハ 31001	モハ 31100	モハ 31101	モハ 31002
□□□■	□□□■	□□□□	■□□□

▼ 座席／普通車＝回転式（座席下ペダル）フリーストッパー型リクライニングシート

【⬇ 主な車窓風景】 天下茶屋駅南海線、千代田工場、小原田検車

▼ 無料Wi-Fiサービス「Osaka Free Wi-Fi」が利用できる
▼ ㋚はサービスコーナー
▽ 11000系、31000系　2(6)号車に車いすスペースを設置
▼ □■は窓配置のパターン。□は座席2列分の広窓、■は座席ごと独立の小窓
▽（　）内の号車表示は、8両編成にて運転の場合を示す

◇ 座席指定券は、1カ月前から南海電気鉄道の主要駅のほか、南海・特急チケットレスサービス、JTB、近畿日本ツーリスト、日本旅行などの旅行代理店にて発売

「泉北ライナー」編成席番表

←難波　　【⬆ 主な車窓風景】 通天閣　　和泉中央→

泉北ライナー // 11000 系 4 両編成＝南海電気鉄道

4号車／指定（52）	3号車／指定（60）	2号車／指定（60）	1号車／指定（64）
運転室 49 ~(4の倍数−3)~ 1 ドア	ドア 57 ~(4の倍数−3)~ 5 1	57 53 ~(4の倍数−3)~ 5 ♿ ドア	ドア 61 ~(4の倍数−3)~ 1 運転室
50 ~(4の倍数−2)~ 2	58 ~(4の倍数−2)~ 6 2	58 54 ~(4の倍数−2)~ 6	62 ~(4の倍数−2)~ 2
(13 列)	(15 列)	(15 列)	(16 列)
52 ~(4の倍数±0)~ 4	60 ~(4の倍数±0)~ 8 4	60 56 ~(4の倍数±0)~ 8 4	64 ~(4の倍数±0)~ 4
51 ~(4の倍数−1)~ 3 ドア	ドア 59 ~(4の倍数−1)~ 7 3 洗面 洋	㋚ 59 55 ~(4の倍数−1)~ 7 3 ドア	ドア 63 ~(4の倍数−1)~ 3
モハ 11001	モハ 11301	モハ 11101	モハ 11201
□□□□	□□□■	■□□□	□□□□

▼ 座席／普通車＝回転式（座席下ペダル）フリーストッパー型リクライニングシート。シートピッチ 1030mm

泉北ライナー // 12000 系 4 両編成＝泉北高速鉄道

4号車／指定（60）	3号車／指定（68）	2号車／指定（64）	1号車／指定（50）
運転室 57 ~(4の倍数−3)~ 5 1 ドア	自販 ドア 65 ~(4の倍数−3)~ 5 1	61 ~(4の倍数−3)~ 1 ドア	車掌 ドア 49 45 ~(4の倍数−3)~ 1 運転室
58 ~(4の倍数−2)~ 6 2	66 ~(4の倍数−2)~ 6 2	62 ~(4の倍数−2)~ 2	50 46 ~(4の倍数−2)~ 2
(15 列)	(17 列)	(16 列)	(13 列)
60 ~(4の倍数±0)~ 8 4	68 ~(4の倍数±0)~ 8 4	64 ~(4の倍数±0)~ 4	48 ~(4の倍数±0)~ 4
59 ~(4の倍数−1)~ 7 3 ドア ㋚	ドア 67 ~(4の倍数−1)~ 7 3	63 ~(4の倍数−1)~ 3 ドア	洋 洗面 ドア ♿ 47 ~(4の倍数−1)~ 3
モハ 12021	サハ 12821	サハ 12871	モハ 12121
□□□■	□□□□×	□□□□	■□□□

【⬇ 主な車窓風景】 天下茶屋駅南海線

◇ 座席番号早見表

61	57	53	49	45	41	37	33	29	25	21	17	13	9	5	1
62	58	54	50	46	42	38	34	30	26	22	18	14	10	6	2
64	60	56	52	48	44	40	36	32	28	24	20	16	12	8	4
63	59	55	51	47	43	39	35	31	27	23	19	15	11	7	3

▼ 無料 Wi-Fi サービス「Osaka Free Wi-Fi」が利用できる
▼ ㋚はサービスコーナー
▽ 11000 系は 2 号車、12000 系は 1 号車に車いすスペースを設置
▼ □■は窓配置のパターン。□は座席 2 列分の広窓、■は座席ごと独立の小窓

◇「泉北ライナー」は、11000 系が車両検査時等の場合、12000 系を使用する日がある。
また、2017.01.27 から、泉北高速 12000 系が充当となっている
◇ 座席指定券は、1 カ月前から南海電気鉄道の主要駅のほか、南海・特急チケットレスサービス、JTB、近畿日本ツーリスト、日本旅行などの旅行代理店にて発売

「プレミアムカー」「ライナー」編成席番表

←出町柳・三条　【⬆ 主な車窓風景】 京都競馬場、ひらかたパーク、寝屋川車庫、大阪城　淀屋橋→

プレミアムカー、ライナー // 8000系 8両編成＝京阪電気鉄道

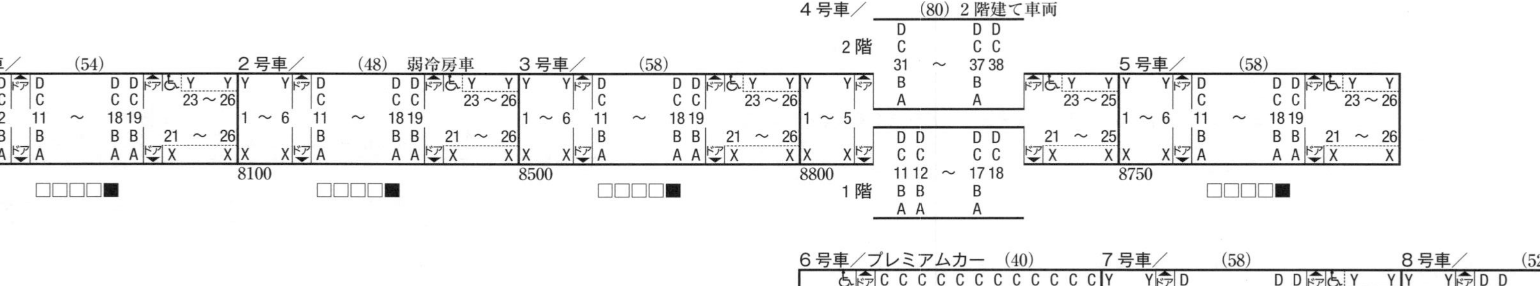

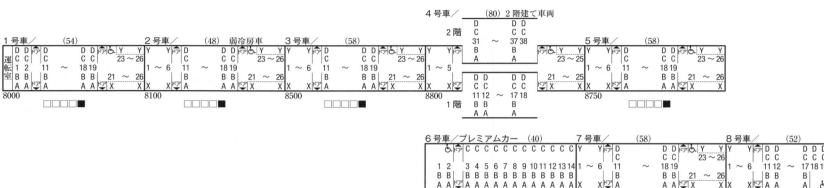

【⬇ 主な車窓風景】 淀車庫

◇「プレミアムカー」は特急と快速急行の一部列車に連結。「プレミアムカー」の6号車のみ座席指定。
このほか、土曜・休日の快速特急「洛楽」にも充当。こちらも6号車「プレミアムカー」のみ座席指定

◇「ライナー」は平日朝・夜に運転。全車指定。停車駅、運転時刻などの詳細は京阪電気鉄道ホームページなどを参照
ただし、1～3・5・7号車21～26X席、23～26Y席、4号車21～25X席、23～25Y席、6号車3B席は指定券非発売

▼ 座席／プレミアムカーは回転式クロスシート、ほかの号車は転換式クロスシートが基本だが、車端寄りはロングシート
（ ）内はライナーにて指定席となる席数

▼ プレミアムカーには ⓘ を各席に設置。8000系のほか、3000系の全車両では無料Wi-Fiサービスを実施

▼ 座席背面大型テーブル（ドア部側及び車端部は大型テーブル）、壁面テーブル、インアームテーブルを装備。
ただし、下り（淀屋橋行き等）列車では2B・14B席、上り（出町柳行き等）では1B・3B席はインアームテーブルのみ

▼ 優先座席は、1～3・5・7号車21～26X席、23～26Y席、4号車21～25X席、23～25Y席、8号車18・19CD席

▼ □■は窓配置のパターン。□は座席2列分の広窓、■は座席ごとの独立の窓（小窓）。表示のない6号車は窓配置と座席配置との間隔が必ずしも一致しない箇所がある

◇ 指定券　「プレミアムカー」は、特急停車駅の「プレミアムカー券／ライナー券うりば」の表示がある駅の発売所
「ライナー」は、「プレミアムカー券／ライナー券うりば」の表示がある駅の発売所のほか、「プレミアムカークラブ」に会員登録するとWEB購入ができる。
以上に関しても詳しくは京阪電気鉄道ホームページを参照

←出町柳・三条　【⬆ 主な車窓風景】 京都競馬場、ひらかたパーク、寝屋川車庫、大阪城　淀屋橋→

プレミアムカー // 3000 系 8両編成＝京阪電気鉄道

号車	定員	上側	下側	車番
1号車	(37)	運転室 ② ドア ①①①① ドア ①①①① ドア ♿ ③	運転室 ② ドア ②②②② ドア ②②②② ドア ③③	3000
2号車 弱冷房車	(45)	③③ ドア ①①①① ドア ①①①① ドア ♿ ③	③③ ドア ②②②② ドア ②②②② ドア ③③	3500
3号車	(45)	③③ ドア ①①①① ドア ①①①① ドア ♿ ③	③③ ドア ②②②② ドア ②②②② ドア ③③	3600
4号車	(45)	③③ ドア ①①①① ドア ①①①① ドア ♿ ③	③③ ドア ②②②② ドア ②②②② ドア ③③	3600
5号車	(45)	③③ ドア ①①①① ドア ①①①① ドア ♿ ③	③③ ドア ②②②② ドア ②②②② ドア ③③	3150
6号車／プレミアムカー	(40)	♿ ドア C C C C C C C C C C C C	1 B A, 2 B A, ドア, 3–14 B A	3850
7号車	(45)	③③ ドア ①①①① ドア ①①①① ドア ♿ ③	③③ ドア ②②②② ドア ②②②② ドア ③③	3550
8号車	(38)	③③ ドア ①①①① ドア ①①①① ドア ② 運転室	③③ ドア ②②②② ドア ②②② ♿ ドア ② 運転室	3050

6号車 席番：

	1	2		3	4	5	6	7	8	9	10	11	12	13	14
C	♿		ドア	C	C	C	C	C	C	C	C	C	C	C	C
B	B	B		B	B	B	B	B	B	B	B	B	B	B	B
A	A	A	ドア	A	A	A	A	A	A	A	A	A	A	A	A

【⬇ 主な車窓風景】 淀車庫

◇「プレミアムカー」は特急と快速急行の一部列車に連結。「プレミアムカー」の６号車のみ座席指定
このほか、平日の快速特急「洛楽」にも充当。こちらも６号車「プレミアムカー」のみ座席指定

▼ 座席／プレミアムカーは回転式クロスシート，ほかの号車は転換式クロスシート（②は２人掛け、①は１人掛け)、車端寄りはロングシート（③は３人掛け）
▼ 優先座席は、１～５・７号車は淀屋橋寄りのロングシート、８号車は同じく淀屋橋寄りの１人掛け座席２席と２人掛け座席
▼ プレミアムカーには ⓘ を各席に設置．無料Wi-Fiサービスを実施
▼ 座席背面大型テーブル（ドア部側及び車端部は大型テーブル)、壁面テーブル、インアームテーブルを装備。
ただし、下り（淀屋橋行き等）列車では 14 Ｂ席、上り（出町柳行き等）では１Ｂ席はインアームテーブルのみ

◇ 指定券　「プレミアムカー」は、特急停車駅の「プレミアムカー券／ライナー券うりば」の表示がある駅の発売所
「ライナー」は、「プレミアムカー券／ライナー券うりば」の表示がある駅の発売所のほか、「プレミアムカークラブ」に会員登録するとＷＥＢ購入ができる。
以上に関しても詳しくは京阪電気鉄道ホームページを参照

京都丹後鉄道「たんごリレー」編成席番表

←西舞鶴・宮津　【⬆ 主な車窓風景】　福知山、豊岡→

★たんごリレー 「丹後の海」編成にて運転の場合 // KTR8000 系 2 両編成＝京都丹後鉄道

1号車／指定（49）

運転室	13	12	～	3	2	1	
	A	A		A	A	A	ドア / 車いす対応トイレ
		B		B	♿	♿	
	C	C		C	C	C	
	D	D		D	D	D	ドア / 洗面 / トイレ

KTR 8002 ほか
□□□■

2号車／自由（48）

	1	2	～	12			
ドア	D	D		D	③	③	運転室
	C	C		C	パブリックスペース		
	B	B		B			
ドア	A	A		A	①	③	

KTR 8001 ほか
■□□□

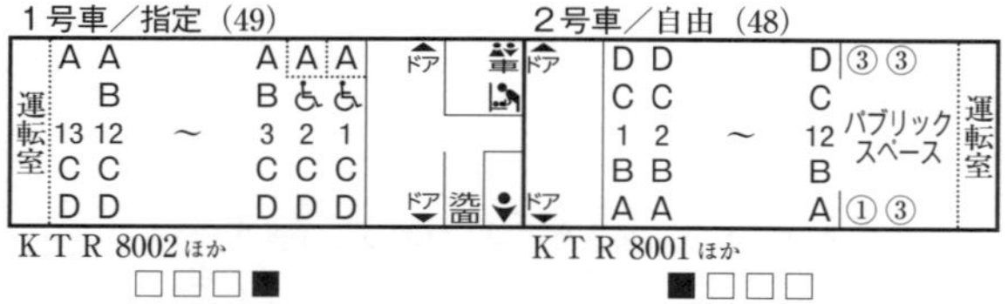

▽「丹後の海」編成
▼ 丸数字はソファー席（パブリックベース）。数字は席数
▼ おむつ交換台のあるトイレには印を付加
▼ 座席／回転式（座席下ペダル）フリーストッパー型リクライニングシート
▼ □■は窓配置のパターン。□は座席 2 列分の広窓、■は座席ごと独立の小窓

★たんごリレー // キハ 8500 形（元ＪＲ東海キハ８５系）を充当の場合 // キハ 8500 形 2 両編成＝京都丹後鉄道

1号車／指定（60）

運転室	1	～	14	15	
	D		D	D	ドア / 洗面
	C		C	C	
	B		B	B	
	A		A	A	ドア / 洋式トイレ

キハ 8500

2号車／自由（60）

	15	14	～	1	
洋式トイレ / ドア	A	A		D	運転室
	B	B		C	
	C	C		B	
洗面 / ドア	D	D		A	

キハ 8500

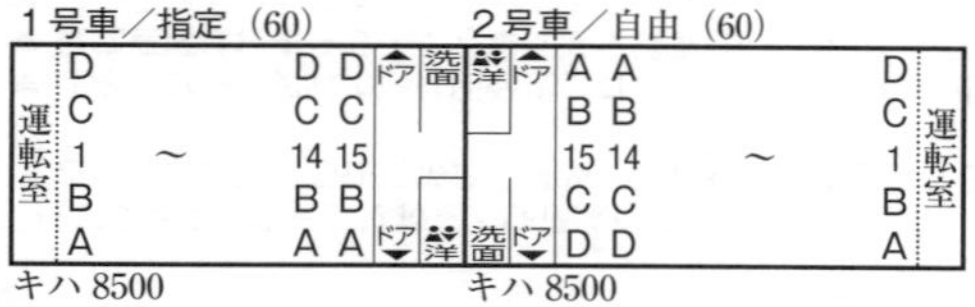

▼ 座席番号表示はＪＲ東海時代にて表示

【⬇ 主な車窓風景】 奈具海岸、天橋立(宮津湾)

京都丹後鉄道「くろまつ」編成席番表【団体専用車両】

←西舞鶴　【⬆ 主な車窓風景】　福知山、豊岡→

くろまつ // KTR700 形 1 両編成＝京都丹後鉄道

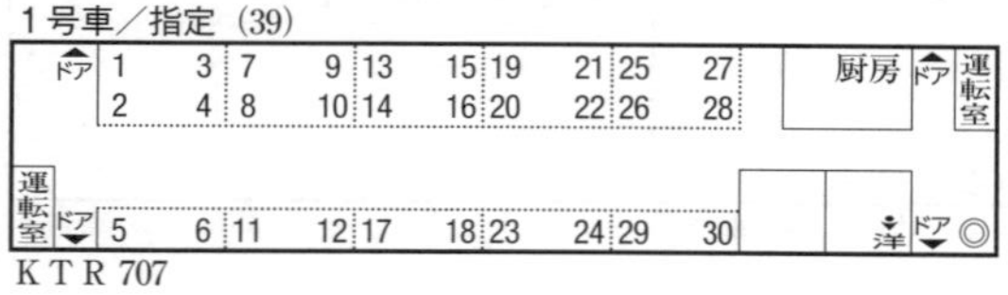

1号車／指定（39）

ドア	1 3	7 9	13 15	19 21	25 27		厨房	ドア	運転室
	2 4	8 10	14 16	20 22	26 28				
運転室 / ドア	5 6	11 12	17 18	23 24	29 30		洋式トイレ	ドア	◎

KTR 707

◆ 運転日は、金・土曜・日曜・祝日
運転日・運転時刻・コース設定などの詳細は、京都丹後鉄道ホームページなどにて確認

▽ ４名・２名のテーブルが付いたボックス席
▽ ◎はこども展望席

◇ 指定席券は、出発日の３か月前から５日前まで。インターネットのほか福知山・宮津・天橋立・豊岡駅などのほか、ＪＴＢ、日本旅行、近畿日本ツーリストにて購入。コースによって料金が異なる。食事などの詳細も、京都丹後鉄道ホームページに掲載されている

【⬇ 主な車窓風景】 栗田湾(奈具海岸)・宮津湾(天橋立)・久美浜湾

西日本鉄道「THE RAIL KITCHEN CHIKUGO」編成席番表

←大牟田　【⬆ 主な車窓風景】 雲仙岳、宮の陣駅(甘木線)、西鉄二日市駅太宰府線　西鉄福岡(天神)→

THE RAIL KITCHEN CHIKUGO // 6050形3両編成＝西日本鉄道

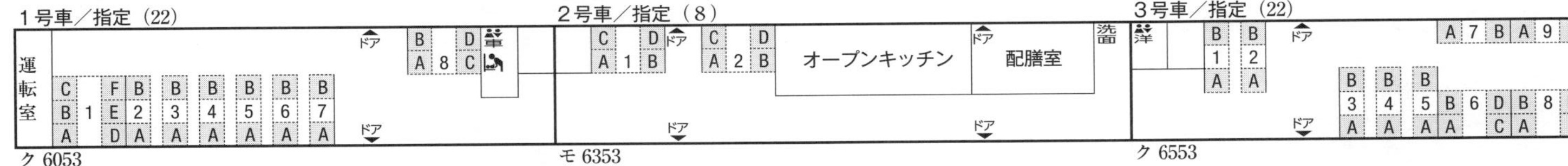

【⬇ 主な車窓風景】 ＪＲ鹿児島本線(大牟田～新栄町付近)、筑紫車庫

◆ 2019.03.23 から運行開始(2018.11.01 からウェブサイト(https://www.railkitchen.jp/)予約受付開始)
◆ 運転日　木曜・土曜・日曜・祝日の運行
◇ コースは、【木曜】「地域を味わうランチコース」 西鉄福岡（天神）11：22 → 12：31 花畑 13：00 → 14：03 西鉄福岡（天神）
【土日祝】「地域を味わうアーリーランチ」 西鉄福岡（天神）09：52 → 11：01 花畑 11：30 → 12：35 西鉄福岡（天神）
「地域を味わうレイトランチ」 西鉄福岡（天神）13：22 → 15：06 西鉄柳川（途中下車 可）→ 15：30 大牟田

▼ 座席配置。それぞれが向かいあって配置(薄網部が座席)
▼ 2号車配膳室側ドアは業務用

◇ 各コースの運行日、料理、料金等詳しくは、西日本鉄道ホームページ等を参照

平成筑豊鉄道　レストラン列車「ことこと列車」編成席番表

←直方　【⬆ 主な車窓風景】 福智山、香春岳　行橋→

ことこと列車 // 400形2両編成 // 平成筑豊鉄道

1号車／指定（18）
ドア ㋺ A D A D A D 厨房 運転
B 4 C B 5 C B 6 C
運転 ドア ㋺ A 1 B A 2 B A 3 B
COTO COTO TRAIN 401

2号車／指定（30）
A D A D A D ㋺ A B A B A B ドア 運転
B 10 C B 11 C B 12 C 16 17 18
運転 13 14 15
A 7 B A 8 B A 9 B A B A B A B ドア
ことこと列車 402

【⬇ 主な車窓風景】 直方駅ＪＲ筑豊本線、田川伊田駅ＪＲ日田彦山線、行橋駅ＪＲ日豊本線

◇ トイレ設備なし（停車駅のトイレを利用）
▼ 座席　1～3・7～9ＡＢ席は2人掛けボックスシート
4～6・10～12ＡＢＣＤ席は4人掛けボックスシート
13～18ＡＢ席は車内側テーブルに向いたソファ席
▼ ㋺はロッカー

◆ 運転日　04/06～09/29 の土曜・日曜・休日　集合時間：直方駅 11:20　運転：直方 11:32 発→行橋 14:52 着（運行ダイヤは変更となる可能性がある）
◆ 昼食付（フレンチコース料理6品）

◇ 事前に予約が必要。☎ 093-521-5956 JTB北九州支店 ことこと列車受付デスク（平日 9:30～17:30。土曜・日曜・休日は休業）
ＷＥＢからの申込みは、ＪＴＢ「たびーと」サイト

南阿蘇鉄道「トロッコ列車ゆうすげ」編成席番表【臨時列車】

← 立野　【⬆ 主な車窓風景】 阿蘇五岳（杵島岳、烏帽子岳、中岳、高岳、根子岳）　高森→

トロッコ列車ゆうすげ // 南阿蘇鉄道 // 3・5号、2・4号

	1号車／指定（45）	2号車／指定（44）	3号車／指定（44）	
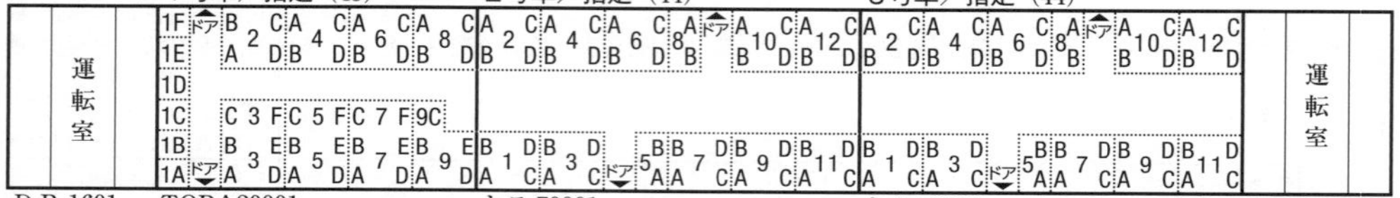 運転室	1F ドア B A 2 CA DB 4 CA DB 6 CA DB 8 CD	A B 2 CA DB 4 CA DB 6 CA DB 8 A B ドア A B 10 CA DB 12 CD	A B 2 CA DB 4 CA DB 6 CA DB 8 A B ドア A B 10 CA DB 12 CD	運転室
	1E			
	1D			
	1C C 3 F C 5 F C 7 F 9C			
	1B B A 3 EB DA 5 EB DA 7 EB DA 9 ED	B A 1 DB CA 3 DC ドア 5 BB AA 7 DB CA 9 DB CA 11 DC	B A 1 DB CA 3 DC ドア 5 BB AA 7 DB CA 9 DB CA 11 DC	
	1A ドア			
DB 1601	TORA20001	トラ 70001	トラ 70002	DB 1602

【⬇ 主な車窓風景】 阿蘇外輪山

◆ 全線運転再開（2023.07.15）後の運転日は、土曜、日曜・休日。
運行時刻はトロッコ列車ゆうすげ２号　高森 09：40 発→ 10：31 着 立野
トロッコ列車ゆうすげ３号　立野 11：35 発→ 12：29 着 高森
トロッコ列車ゆうすげ４号　高森 13：40 発→ 14：30 着 立野
トロッコ列車ゆうすげ５号　立野 15：30 発→ 16：24 着 高森

◆ 運転日、運転時刻等の詳細は南阿蘇鉄道ホームページを参照

◆ トロッコ列車　運賃・料金（高森～立野間片道 運賃＋料金 税込価格）　大人：1,500 円、小児（３歳～小学生）：1,000 円

◇ オンライン予約：南阿蘇鉄道ホームページ　個人予約を 10 日前から３日前まで受付

◇ 当日券：予約席に残りがある場合のみ発売。当日券の販売時刻は高森駅（09：00 ～）、立野駅（10：50 ～ 11：25、14：40 ～ 15：20）。
また空席がある場合は、トロッコ列車車掌からも購入できる

肥薩おれんじ鉄道「おれんじ食堂」編成席番表【団体専用車両】

←新八代・八代　　【⬆ 主な車窓風景】 新八代駅九州新幹線(クロス)、八代駅肥薩線(球磨川橋梁付近にてクロス分岐)、新水俣駅九州新幹線、水俣駅[廃止＝山野線]、出水駅九州新幹線、川内駅九州新幹線、[廃止＝宮之城線]　　川内→

おれんじ食堂 // HSOR-100 形２両編成＝肥薩おれんじ鉄道 // 1·2·3 便

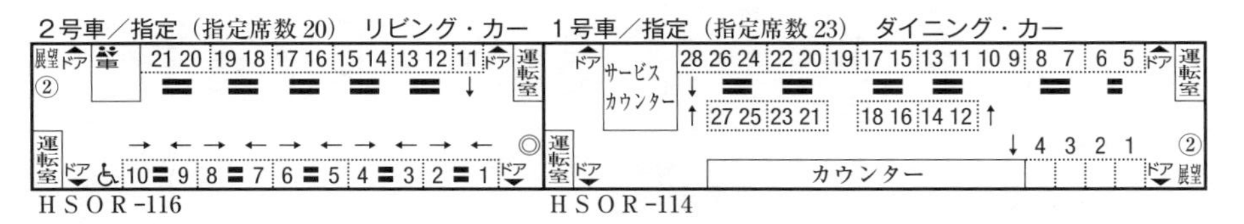

【⬇ 主な車窓風景】 不知火海（八代海）

◆ 運転日　金・土曜・休日のほか、春休み、ゴールデンウィーク、夏休み、冬休み期間を計画
◇「おれんじ食堂」１便（出水→新八代間）はモーニング、「おれんじ食堂」２便（新八代→川内間）はスペシャルランチ、
「おれんじ食堂」３便（川内→新八代間）はサンセット（夏ダイヤ）[サンセット（冬ダイヤ）は川内→出水間］とそれぞれ料理が楽しめる。
料理の内容、料金等詳しくは、肥薩おれんじ鉄道ホームページ等を参照

◇１号車（ダイニング・カー）は、旅行商品「運賃＋座席指定料金＋飲食付き」の飲食パッケージプランの設定
各便の全区間乗車を原則として販売
◇２号車（リビング・カー）は、乗車区間＋座席指定料金にて利用できる（別途、飲食のオプション販売も設定）

▼ 矢印は座席の向き。〓・〓印はテーブル
▼ １号車１～４番席はカウンター席
▼ ２号車１～10 番席は２名にて向かい合うテーブル席
▼ ◎はドリンクカウンター
▼ ②はこども展望席の席数

INDEX

～ＪＲの定期列車および代表的な臨時列車・団体専用車両～

※一部の臨時列車は、INDEXでの掲載を割愛しています。

編成席番図　おもな記号の凡例

車両タイプ

G＝グランクラス
⊠＝グリーン車指定席
⊠＝グリーン車自由席
SA1＝A寝台個室（1人用）
SA2＝A寝台個室（2人用）
<カシオペアスイート><カシオペアデラックス>
A1＝A寝台個室（1人用）<シングルデラックス>
A2＝A寝台個室（2人用）
<カシオペアツイン>
B1＝B寝台個室（1人用）
<ソロ><シングルツイン><シングル>
B2＝B寝台個室（2人用）
<サンライズツイン>
B＝B寝台［特記のない場合は2段式寝台］
Bコ＝B寝台コンパートメント
［2段式寝台×2組で4人用個室としても利用可能］
＝喫煙車または喫煙室
＝禁煙車［禁煙車の増大にあわせて表示省略が基本］

車内設備

ドア・ドア＝乗降用ドア
♿＝車いすスペースまたは車いす対応席のある箇所
⋯は車いす対応座席
♥＝AED設置箇所
☎＝電話設置箇所または電話室設置箇所
＝Wi-Fi設置
＝コンセント
＝携帯電話室
業務＝業務用室
車販＝車内販売準備室
多目的＝多目的室
自販＝自動販売機設置箇所
洗面＝洗面所
和＝和式トイレ（男女共用）
洋＝洋式トイレ（男女共用）
車＝車いす対応トイレ（男女共用）、多機能トイレも含む
＝小用トイレ（男性用）
洋＝洋式トイレ（男性用）
洋＝洋式トイレ（女性用）
従＝トイレ（従業員用）
＝おむつ交換台あり［ベビーチェア を併設、一部 未設置］
＝ベビーチェアあり
※おむつ交換台、ベビーチェアの設置状況は参考情報
※このほか特徴ある設備は、列車・車両ごとに記号などで表記

取材協力

北海道旅客鉄道㈱
東日本旅客鉄道㈱
東海旅客鉄道㈱
西日本旅客鉄道㈱
四国旅客鉄道㈱
九州旅客鉄道㈱

東武鉄道㈱
西武鉄道㈱
京成電鉄㈱
京王電鉄㈱
小田急電鉄㈱
東急電鉄㈱
京浜急行電鉄㈱
名古屋鉄道㈱
近畿日本鉄道㈱
京阪電気鉄道㈱
南海電気鉄道㈱
西日本鉄道㈱
しなの鉄道㈱
のと鉄道㈱
えちごトキめき鉄道㈱
わたらせ渓谷鐵道㈱
あいの風とやま鉄道㈱
京都丹後鉄道
南阿蘇鉄道㈱
肥薩おれんじ鉄道㈱
富士急行㈱
長野電鉄㈱
富山地方鉄道㈱
伊豆急行㈱
大井川鐵道㈱
嵯峨野観光鉄道㈱
(掲載順不同)

編集担当　坂　正博（ジェー・アール・アール）

表紙デザイン　早川さよ子（栗八商店）

本書の内容に関するお問合せは、
（有）ジェー・アール・アール までお寄せください。
☎03-6379-0181　／　mail：jrr@home.nifty.jp

ご購読・販売に関するお問合せは、
（株）交通新聞社 出版事業部 までお寄せください。
☎03-6831-6622　／　FAX：03-6831-6624

列車編成席番表　2024春

2024年3月18日発行

発行人　伊藤　嘉道
編集人　太田　浩道
発行所　株式会社　交通新聞社
〒101-0062　東京都千代田区神田駿河台2－3－11
☎03-6831-6560（編集）
☎03-6831-6622（販売）
印刷所　大日本印刷株式会社

ISBN978-4-330-00724-3
※ 定価は裏表紙に表示してあります
※ 乱丁・落丁はお取り替えします